中国特色社会主义法治理论系列教材
编审委员会

(按姓氏笔画排序)

·中国特色社会主义法治理论系列教材·

黄　进／总主编

国际私法学

（第三版）

霍政欣／著

中国政法大学出版社

2024·北京

图书在版编目（CIP）数据

国际私法学 / 霍政欣著. -- 3 版. -- 北京 ：中国政法大学出版社, 2024. 8. -- ISBN 978-7-5764-1646-6

Ⅰ. D997

中国国家版本馆 CIP 数据核字第 202412KG48 号

出 版 者　　中国政法大学出版社

地　　址　　北京市海淀区西土城路 25 号

邮　　箱　　fadapress@163.com

网　　址　　http://www.cuplpress.com (网络实名：中国政法大学出版社)

电　　话　　010-58908435(第一编辑部) 58908334(邮购部)

承　　印　　保定市中画美凯印刷有限公司

开　　本　　787mm×1092mm　1/16

印　　张　　26.5

字　　数　　537 千字

版　　次　　2024 年 8 月第 3 版

印　　次　　2024 年 8 月第 1 次印刷

印　　数　　1~3000 册

定　　价　　79.00 元

作者简介

霍政欣，现为中国政法大学钱端升讲座教授、博士生导师；兼任中国国际私法学会副会长、联合国教科文组织观察员、国际比较法学会巴黎总部联席会员、北京市国际法学会副会长、北京一带一路法律研究会副会长等职；入选教育部"长江学者奖励计划特聘教授""长江学者奖励计划青年学者"和"新世纪优秀人才支持计划"等国家级重大人才计划。

霍政欣教授的主要研究领域为国际私法、国际法及涉外法治等；现已在上述领域出版中文专著六部、英文专著两部、译著四部、独著教材两部；在《美国比较法学刊》《国际法与比较法季刊》等国际法学刊物上发表英文论文三十余篇；在《中国法学》《法学研究》等国内法学刊物上发表中文论文、译文及评论七十余篇；作为中国法律专家在美国、荷兰、加拿大等国法院参与多起涉外民商事纠纷的解决；主持国家社科基金重大项目两项、国家社科基金重点项目等其他国家级和省部级课题四十余项；曾获中国高等学校第八届科学研究优秀成果奖一等奖、中国高等学校第五届科学研究优秀成果奖三等奖、北京市第十届、第十三届哲学社会科学优秀成果奖二等奖、湖北省第十一届哲学社会科学优秀成果奖一等奖、湖北省第六届哲学社会科学优秀成果奖二等奖、第二届韩德培法学奖青年原创奖、北京市第二十九届五四青年奖章、北京市第二届高等学校青年教学名师、宝钢优秀教师奖等重要奖项，是全国高校黄大年式教师团队——国际法与涉外法治教师团队负责人。

总 序

　　经过六十多年的建设发展，中国政法大学作为国家"211 工程""985 工程优势学科创新平台""2011 计划"重点建设大学和"双一流"建设高校，已从一所普通大学成长为如今具有国际影响力的国内一流大学，被誉为"中国法学教育的最高学府"和"中国人文社会科学领域的学术重镇"。法大一直秉承"厚德、明法、格物、致公"的校训精神，坚持"学术立校、人才强校、质量兴校、特色办校、依法治校"的办学理念，以"经国纬政、法治天下""经世济民、福泽万邦"为办学使命，形成了独特的法学教育教学理念，积累了丰富的法学理论研究成果和法治人才培养经验，汇集了一大批自强不息、追求卓越的学术名师。在建设富强民主文明和谐美丽的社会主义现代化强国、实现中华民族伟大复兴中国梦的新征程中，法大正致力于建设开放式、国际化、多科性、创新型的世界一流法科强校，并积极推进国家法治建设和高等教育事业的发展，以卓越的人才培养、科学研究、社会服务推动国家法治昌明、政治民主、经济发展、文化繁荣、社会和谐及生态文明，书写着充满光荣与梦想、开拓与奋进的时代华章。

　　党的十八大以来，党中央高度重视依法治国，对全面推进依法治国作出决定和部署，民主法治建设迈出重大步伐。十八届四中全会专门研究全面推进依法治国并作出决定，提出全面推进依法治国的总目标是建设中国特色社会主义法治体系，建设社会主义法治国家；提出要在中国共产党领导下，坚持中国特色社会主义制度，贯彻中国特色社会主义法治理论，形成完备的法律规范体系、高效的法治实施体系、严密的法治监督体系、有力的法治保障体系，形成完善的党内法规体系，坚持依法治国、依法执政、依法行政共同推进，坚持法治国家、法治政府、法治社会一体建设，实现科学立法、严格执法、公正司法、全民守法，促进国家治理体系和治理能力现代化；还特别提出要加强法治工作队伍建设，创新法治人才培养机制。党的十九大庄严宣布，经过长期努力，中国特色社会主义进入新时代，这是我国发展新的历史方位。在新时代，我国社会主要矛盾已经转化为人民日益增长的美好生活需要和不平衡不充分的发展之间的矛盾。人民美好生活需要日益广泛，不仅对物质文化生活提出了更高要求，而且在民主、法治、公平、正义、安全、环境等方面的要求日益增长。因此，坚持全面依法治国是新时代坚持和发展中国特色社会主义的基本方略，要坚定不移走中国特色社会主义法治道路，完善以宪法为核心的中国特色社会主义法律体系，建设中国特色社会主义法治体系，建设社会主义法治国家，发展中国特色社会主义法治理论。党的十九届四中全会专门研究了坚持和完善中国特色社会主义制度，推进国家治理体系和治理能力现代化若干重大问题，进一步强调坚持全面依法治国，建设社会主义法治国家，切实保障社会公平正义和人民权利的显著优势，还要继续坚持和完善中国特色社会主义法治体系，提高党依法治国、依法执政能力，推进法治中国建设。党中央关于全面依法治国的一系列战略部署，为我国新时代法学教育和法治人才培养提供了根本遵循，指明了前进方向。

　　坚持全面依法治国离不开法学教育和法治人才培养，新时代中国特色社会主义法治建设对法学教育和法治人才培养提出了新使命、新任务、新要求。习近平总书记2017年5月3日考察中国政法大学时就法学教育和法治人才培养强调指出：全面推进依法治国是一项长期而重大的历史任务，全面依法治国是一个系统工程，法治人才培养是其重要组成部分；办好法学教育，必须坚持中国特色社会主义法治道路，坚持以马克思主义法学思想和中国特色社会主义法治理论为指导，立德树人，德法兼修，培养大批高素质法治人才。他特别强调指出：高校是法治人才培养的第一阵地，要为完善中国特色社会主义法治体系、建设社会主义法治国家提供理论支撑，努力以中国智慧、中国实践为世界法治文明建设作出贡献；对世界上的优秀法治文明成果，要积极吸收借鉴，但也要加以甄别，有条件地吸收和转化，不能囫囵吞枣、照搬照抄；要坚持从我国国情和实际出发，正确解读中国现实、回答中国问题，提出标识性学术概念，打造具有中国特色和国际视野的学术话语体系，尽快把我国法学学科体系和教材体系建立起来。为了认真贯彻落实党的十八大、十八届三中和四中全会精神，十九大和十九届四中全会精神，特别是习近平总书记考察中国政法大学重要讲话精神，中国政法大学秉承先进的法学教育教学理念，充分利用学校教师资源、出版资源和数字网络平台优势，深谋远虑、善作善为，积极组织编写和大力推动出版摆在读者面前的这套全新的立体化、数字化法学系列教材。

　　据我所知，本系列教材的编写人员均为法大在一线从事教学工作多年、拥有丰富法学教学经验和丰硕科研成果、教学特点鲜明的中青年教师，他们在法大深受学生喜爱和好评，有的还连续数年当选"中国政法大学最受本科生欢迎的老师"。本系列教材就是他们立足于法学教育改革和人才培养模式创新的需要，结合互联网资源信息化、数字化的特点，以自己多年授课形成的讲义为基础，根据学生课堂学习和课外拓展的需求与信息反馈，经过细致的加工与打磨，用心编写而成的。本系列教材可以说是各位编写人员一二十年来教学实践与探索的结晶，更是他们精雕细琢的课堂教学的载体和建模。

在我看来，本系列教材在以下几个方面颇具特色：

第一，坚持以中国特色社会主义法治理论为指导。本系列教材定位为马克思主义理论研究和建设工程重点教材的补充教材，教材的编写认真贯彻落实党的十八大、十八届三中和四中全会精神，十九大和十九届四中全会精神，特别是习近平总书记考察中国政法大学重要讲话精神，坚持中国特色社会主义法治道路，坚持以马克思主义法学思想和中国特色社会主义法治理论为指导，坚持"立德树人、德法兼修"的法治人才培养观；坚持从我国国情和实际出发，正确解读中国现实、回答中国问题，提出标识性学术概念，用"中国智慧、中国实践"培养高素质法治人才；坚持全面准确反映中国特色社会主义法治建设丰富实践和法治理论最新理论成果，努力打造具有中国特色和国际视野的法学学术话语体系、学科体系和教材体系，为完善中国特色社会主义法治体系、建设社会主义法治国家提供理论支撑。

第二，知识呈现从整体到细节，巧构法科学习思维导图。法学教育不仅要传授学生法学基础知识，更要帮助学生在脑海中形成脉络清晰的树状知识结构图，对于如何解构法律事实、梳理法律关系、分清主次矛盾、找到解决方法，有一个科学完整的法学方法论，为学生以后从事理论研究或法律实务工作奠定坚实的基础。

第三，重点难点内容突出，主干精炼、枝叶繁茂。得益于数字网络平台的拓展功能和数字设备扫描二维码的方便快捷，本系列教材得以从过去繁琐复杂、全而不精的闭合循环中解脱出来，着力对每个知识点的通说进行深度解读并介绍主要的学术观点，力求提纲挈领、简明扼要。同时，对于每个学科的重点难点内容予以大篇幅的详细对比和研讨，力求重点难点无巨细，使学生通过学习教材能够充分掌握该学科的主要内容，并培养足以应对常见问题的能力。相关知识点的学术前沿动态和学界小众学术观点，则通过二维码栏目向学生打开课外拓展学习的窗口，使学有余力者能够有矿可挖、有据可查、有章可循、有的放矢。

第四，注重理论教学与实践教学相结合，应试教学与实务教学相结合。法学学科是实践性很强的学科，法学教育必须妥善处理理论教学和实践教学的关系。本系列教材充分结合案例教学、情景教学、模拟法庭、法律诊所、社会调查、实习实践、团队研讨和专题研究等教学和学习方法，引导学生探究式学习，从理论走向实践、从课堂走向社会。同时，考虑到学生未来工作或继续深造的发展方向，满足学生准备国家统一法律职业资格考试和研究生入学考试的需要，本系列教材设置了专门的题库和法律法规库并定期更新，通过二维码栏目向学生开放各类考试常考的知识点及其对应的真题、模拟题，并结合法律实务的需求，提供法律法规及案例等司法实务中常用的信息，或跳转到相关资源丰富的实务网站，引领学生从单纯理论知识学习走向理论知识学习与法律实务训练同步、从应对法学考试走向应对法律实务、从全面学习走向深度研究。

第五，加强课堂教学与课下研讨相结合，文字与图表、音视频相结合。本系列教材立意除了强化课堂教学互动外，还在课下为学生提供了丰富、立体的学习资源，既有相关知识点的分析对比图表，也有包含全书的课程讲义PPT。此外，针对重点难点知识，授课教师在PPT的基础上录制讲解视频，并在网络学习平台上开辟师生交流渠道，由教师布置课后作业并通过网络学习平台打分、统计答题信息等方式，有针对性地进行二次讲解和课后答疑，在充分缩短时间和空间距离的前提下，加强师生沟通互动，不断提高教师教学效果和学生学习成效。

本系列教材是中国政法大学中青年教师多年立德树人、教书育人、潜心教学、耕耘讲台的直接成果，也是我国法学法律界同仁长期以来对中国政法大学事业发展关心、支持和帮助的结果。作为系列教材总主编，借此机会，我对法学法律界同仁，对本系列教材编辑委员会的顾问和委员，对所有编写人员和组编工作人员，表示衷心的感谢并致以崇高的敬意！我们相信，本系列教材的出版必将有力地推进中国政法大学法学教学改革创新和法治人才培养质量的提升，也将对我国法学教育起到示范和引领作用。我们也真诚希望海内外广大从事法学教育工作的专家学者能够同我们进行坦诚交流，对本系列教材提出宝贵意见，予以批评指正。

中国政法大学自建校以来，以人为本、尊师重教，薪火相传、筚路蓝缕，淡泊明志、求真务实，崇尚学术、追求真理，开拓创新、放飞梦想，始终奋战在我国法学教育和法治建设的第一线，已经成为我国法学教育和法治人才培养的主力军。法大之所以有今天，是因为有一代又一代法大人自强不息、追求卓越，坚持不懈、努力奋斗。本系列教材的编写、出版，就是今日法大人对法大的贡献，就是今日法大人对法大历史的书写，就是今日法大人承前启后、继往开来的印记。法大的事业乃千秋伟业，胸怀"经国纬政、法治天下"壮志，坚守"经世济民、福泽万邦"情怀的法大人，唯有肩负起时代的使命和人民的重托，同心毕力，奋楫争先，在新的征程上继续砥砺前行！

是为序。

黄　进

2019年12月1日修订于蓟门

第三版前言

本书第二版付梓以来虽不足四年，但我们所处的时代已发生了令人感慨的变化。当下的世界，似乎不再是那个我们曾熟悉的样子：地缘政治格局危机四伏、地区武装冲突此起彼伏、世界经济复苏远低预期、脱钩断链和围栏筑墙愈演愈烈；全球化遭遇强劲逆流，和平发展面临严峻挑战。

面对"世界之变、时代之变、历史之变正以前所未有的方式展开"，为推进高水平对外开放，捍卫国家主权、安全与发展利益，我国近年来加快涉外法治体系和能力建设，涉外法治理论、立法、司法和执法大踏步前进，取得了历史性进展。在此背景下，中国国际私法也进入提速发展期。

从立法角度来看，随着《中华人民共和国对外关系法》（以下简称《对外关系法》）、《中华人民共和国外国国家豁免法》（以下简称《外国国家豁免法》）等法律陆续颁布，《中华人民共和国民事诉讼法》（以下简称《民事诉讼法》）"涉外编"得到系统修改，我国涉外民商事法律体系日趋完善；从司法角度看，最高人民法院公布了《最高人民法院关于适用〈中华人民共和国涉外民事关系法律适用法〉若干问题的解释（二）》（以下简称《法律适用法解释（二）》）、《最高人民法院关于涉外民商事案件管辖若干问题的规定》《最高人民法院关于审理涉外民商事案件适用国际条约和国际惯例若干问题的解释》（以下简称《关于审理涉外民商事案件适用国际条约和国际惯例若干问题的解释》）、《最高人民法院关于修改〈最高人民法院关于设立国际商事法庭若干问题的规定〉的决定》（以下简称《关于修改设立国际商事法庭问题的决定》）等一系列司法解释，涉外民商事领域司法对立法的有力支撑态势由此基本形成；从理论研究角度来看，我国国际私法学者围绕涉外法治、我国法域外适用、国际民事管辖权的冲突与博弈、国际民商事争议解决机制创新等当代中国面临的重大涉外民商事法律问题展开科研攻关，取得了诸多可圈可点的学术成果，中国国际私法学自主知识体系初现端倪。

中国国际私法立法、司法和理论研究在短短数年间取得的进展，令人振奋，亦使得当前各类国际私法教材必须进行实质性修改和更新，否则难逃被抛入故纸堆的命运。为此，自 2023 年下半年起，我就着手对本书进行修订，以全面反映近年来中国国际私法的发展。在保持教材体例、特色和内容基本稳定的前提下，此次修订主要体现在以下几个方面：

一是依据近年来新颁布和修订的法律、司法解释和司法政策以及国际立法的最近发展，对相关章节的内容进行系统更新和修改。其中，变动幅度较大的主题包括：中国国际私法的渊源、国家及其财产豁免、外国法的查明、国际民事诉讼和国际商事仲裁等。

二是参考近年来积累的国内外典型国际私法案例，增补了相关内容，更新了相关案例分析，以增强本书的时代感和吸引力。

三是根据教学实践的反馈，对相关内容进行了优化或扩充，对个别观点进行了修正或进一步提炼。例如，鉴于大多数学生在学习国际私法课程前并未系统学习过仲裁法，本书第十四章增加一节——"国际商事仲裁的程序"，以支撑本章教学更加有效地展开。

四是以近年来我发表的中英文学术论文和参与涉外法治建设的实践为基础对相关知识点展开拓展式研究和个性化阐述，以保持和加强本书与生俱来的特征：一本与众不同的国际私法教科书。

这是本书自 2017 年首版以来更新幅度最大的一次修订。当我完成全部修订工作时，已然是 2024 年的初春时节。然而，残雪庭阴，轻寒帘影，不知春在谁家。唯有窗外树影间跳跃的喜鹊在欢快地鸣叫，歌唱着对春天的信仰。

七年时光，白驹过隙。不觉间，我已由不惑之年，迈向知天命之际。这些年，荆棘载途，青丝染霜，但用心写一本有生命的国际私法教科书，始终是我未变的执着。愿本书第三版的及时出版，能为我国国际私法教育教学和涉外法治人才培养注入一股新鲜活力；如其能续获学界同仁的认可和广大学子的青睐，则幸甚至哉！

霍政欣
甲辰年初春
于北京海淀

第二版前言

本教材首版于 2017 年 9 月面世，转眼已过两年。两年间，它加印过一次，累计销量达 9000 册，不少法学院校还将之作为本科生或硕士研究生的必读书目，这令我倍受鼓舞，与有荣焉。在我看来，这本教材受到同行和市场的肯定和欢迎，主要有两个原因。

首先，它生逢其时，赶上一个伟大的时代。经过长期努力，中国的国际地位得到前所未有的提升，日益走进世界舞台的中央，中国特色社会主义进入了新时代。在此背景下，党中央深刻洞察人类命运前途和时代发展趋势，敏锐把握中国与世界关系的历史性变化，统筹国内国际两个大局，将构建人类命运共同体确立为新时代坚持和发展中国特色社会主义的十四项基本方略之一。推动构建人类命运共同体，必然要求有一流的国际法理论研究与一流的国际法人才队伍做支撑，中国国际法学的教材建设与学科发展由此获得巨大的内在驱动力，其受到的重视、牵动的注意力是以往任何一个时代无法比拟的。从这个意义上说，身处这个时代的中国国际法学者无疑是幸运的。

其次，与传统的国际私法教材不同，这本教材立足于祖国大地，聚焦于中国当代生动的涉外法治实践，注重大数据、新技术的运用，较好地实现了课本内外、课堂上下、线上线下以及理论与实践的有机融合，因而受到教师和青年学生的垂青。两年来，我收到不少法学院校师生的反馈，他们普遍反映这本教材的视野宽广、内容生动、语言明快、素材新颖、中国视角鲜明，一改以往不少国际私法教材难学、难懂和脱离中国实践的刻板面貌。

当然，作为第一版，这本国际私法教材在许多方面尚不成熟，甚至存在某些明显错漏。以至于两年来，我常以美国法学家艾伦茨威格（Ehrenzweig）的一句话安慰自己："任何书籍，第一版都不应出版。"所以，早日修订这本教材，成了我的一大心愿。

尤须强调，两年多来，随着我国改革开放事业的不断发展、人类命运共同体建设和"一带一路"倡议的深入推进，国际私法的中国理念、理论与实践取得了惊人的发展。其中，以下几点尤须提及：

2018 年 1 月 23 日，习近平总书记主持召开中央全面深化改革领导小组会议，审议通过了《关于建立"一带一路"国际商事争端解决机制和机构的意见》，明确要求进行制度创新，依托我国现有司法、仲裁和调解机构，吸收、整合国内外法律服务资源，建立诉讼、仲裁、调解有机衔接的多元化纠纷解决机制，依法妥善化解"一带一路"商贸和投资争端，平等保护中外当事人合法权益，营造稳定、公平、透明、可预期的法治化营商环境。由此可见，党中央已将建立创新性、国际型的民商事争端解决机制，为"一带一路"倡议提供法律保障，确立为一项重大的国家战略任务，这必然要求中国国际私法进行重大理论和制度创新。

2018 年 3 月 11 日，第十三届全国人民代表大会第一次会议通过《中华人民共和国宪法修正案》，其中，宪法序言第十二段的相关表述被修改为"发展同各国的外交关系和经济、文化交流，推动构建人类命运共同体"。由于宪法序言第十二段是我国宪法文本中唯一论述我国对外交往原则的条款，这意味着构建人类命运共同体已成为指导我国涉外法治建设的最高法律原则。构建人类命运共同体理念被写入宪法，这是中国对全球治理与国际法治思想的新贡献。"一方面，构建人类命运共同体需要国际法的支撑；另一方面，这一理念为当代国际法的发展带来新的动力，也为国际法理论研究指明了方向"。[1]

2018 年 6 月 27 日，最高人民法院公布《最高人民法院关于设立国际商事法庭若干问题的规定》(以下简称《关于设立国际商事法庭的规定》)；2018 年 6 月 29 日，最高人民法院第一国际商事法庭、第二国际商事法庭分别在深圳和西安揭牌办公。设立最高人民法院国际商事法庭是新时代加强国际法治合作、为"一带一路"建设提供公正高效司法服务和法治保障的重大举措，亦给中国国际私法的发展注入了新动力。

2019 年 10 月 28 日至 31 日，党的十九届四中全会举行。全会指出，"当今世界正经历百年未有之大变局，我国正处于实现中华民族伟大复兴关键时期"。在此历史背景下，全会发布《中共中央关于坚持和完善中国特色社会主义制度 推进国家治理体系和治理能力现代化若干重大问题的决定》，从 13 个方面系统总结和深刻阐述了我国国家制度和国家治理体系的显著优势，亦即"中国之治"的 13 项制度原则，全面回答了在我国国家制度和国家治理体系上应该"坚持和巩固什么、完善和发展什么"这个重大政治问题。其中，"坚持全面依法治国，建设社会主义法治国家"与"积极参与全球治理，为构建人类命运共同体不断作出贡献"同时被列入"中国之治"的 13 项制度原则。基于"中国之治"制度原则，全会作出 15 项重要决定，包括"坚持和完善中国特色社会主义法治体系，提高党依法治国、依法执政能力"和"坚持和完善独立自主的和平外交政策，推动构建人类命运共同体"。基于此，全会明确要求"加强涉外法治工作，建立涉外工作法务制度，加强国际法研究和运用，

---

[1] 《中国为国际法的创新发展作出重要贡献（权威论坛）》，载《人民日报》2019 年 4 月 17 日，第 17 版。

提高涉外工作法治化水平"。可见，党中央已将涉外法治建设与国际法研究放在应对百年未有之大变局、完善中国特色社会主义制度、推进国家治理体系和治理能力现代化的高度加以运思和推进，具有深远的历史意义。

职是之故，两年多的时间虽短，但中国的涉外法治建设已产生重大理念性创新和结构性变化，并取得诸多历史性进展。因此，为及时反映这些创新、变化与进展，诠释新时代中国国际私法的理论与实践，我于2019年夏启动本教材的修订工作，并在金秋时节完成。

《后汉书·马援传》有云："良工不示人以璞。"我本当如此。但鉴于国际法治的建设与一流国际法治人才的培养迫切呼唤中国国际私法教材和教学进行一场"供给侧改革"，故两年前我不揣浅陋撰写本书，今天又对其进行修订。我衷心希望借此求教于方家同仁，从而共同推动中国国际私法教材与教学的改革；同时，我也希望向广大法科生展现一本有生命、有思想、有温度、有锐度和与众不同的国际私法教科书，从而让更多的青年学子爱上这门伟大的学科。这就是本书写作与修订的初心与使命。

霍政欣

己亥年冬，于北京海淀

* * *　　* * *　　* * *　　* * *

补　遗

第二版修订完成后，在等待付梓的过程中，未料一场异常凶猛的新冠疫情席卷而至，世界似乎被按了暂停键，本书的再版也因此受到影响。在此过程中，第十三届全国人民代表大会于2020年5月28日表决通过《中华人民共和国民法典》（以下简称《民法典》），中国由此进入"民法典时代"。尽管《民法典》并未涵盖涉外民事关系的法律适用编，但依然对中国国际私法的体系、渊源和规则产生了诸多影响。鉴此，笔者决定将《民法典》纳入此次教材的修订任务，对所涉及的规则、理论与制度进行更新。

需要指出，对于已经被废止的法律，此次修订并不做简单的删除处理，这是因为回顾和梳理法律体系的演进过程是法学学者的重要使命，亦为法科生学习法律的重要内容。因此，对于那些原先分散在《中华人民共和国民法通则》（以下简称《民法通则》）、《中华人民共和国民法总则》（以下简称《民法总则》）、《中华人民共和国物权法》《中华人民共和国侵权责任法》（以下简称《侵权责任法》）、《中华人民共和国婚姻法》（以下简称《婚姻法》)、《中华人民共和国继承法》（以下简称《继承法》）、《中华人民共和国收养法》（以下简称《收养法》）等法律中的条文，如其被《民法典》完全吸纳，而未有改变者，本次修订仅作条款信息的更新；对于那些《民法典》作出实质修改或新增的条文，则原则上保留对旧法的介绍，并在此基础上对比分析新旧条款，以此方式体现法律的"新陈代谢"。

另外，在等候本书再版的过程中，近年来致力于法律出版事业的桑磊先生约我为其主编的《法学第一课》写一篇关于如何学习国际私法的小文。该文为我多年研习国际私法的心得，故借此补遗之机，将其主要部分摘录于此，希望对青年学子开启国际私法学习之旅有所助益。

开启国际私法的探索之旅

在法科生必修的十几门核心课程中，国际私法算得上最难学，也是最难教的课程之一。很多同学在学完这门课程之后，往往只能似懂非懂地记得一些碎片化的技术性规则和理论学说；真正窥见国际私法堂奥者，为数不多。其中原因，值得思考。在此，笔者就"国际私法为什么难学""为什么要学好国际私法""如何学好国际私法"这三个基础性话题谈谈自己的心得与看法。

一、国际私法为什么难学？

这些年来，我一直观察和思考中国国际私法教学和人才培养的问题，并致力于推进中国国际私法教学的"供给侧改革"。在我看来，中国国际私法教与学的困境主要有以下几个方面的因素：

第一，作为调整涉外民商事交往的法律部门，国际私法历史悠久，学理精深，往往令初学者生畏。从本质上说，一部国际私法的发展史，就是人类从封闭走向开放、从蒙昧迈进文明的波澜壮阔的发展史。也是基于这一原因，从古代直至当代，国际私法令无数理论家沉迷其中。对于理论家的强大吸引力虽是幸事，但亦导致本学科学理幽邃。所以，早在数世纪前，法国法学家达让特莱（D'Argentré）就曾抱怨，国际私法的教授自己满头雾水不说，更害得学生不知所措；另一位法国学者则将国际私法称为"荆棘密布的学科"（science à broussailles）。当代美国法学家威廉·普罗赛（William Prosser）则颇为形象地写道：国际私法的领地是一片阴郁的沼泽，遍布着摇颤的泥潭；居于此地者，为一群博学而乖戾的教授，他们用怪诞和令人费解的术语为神秘之物创立理论。[1]

第二，国际私法渊源独特、性质独特、功能独特，须以超越学

---

〔1〕 ［美］弗里德里希·K. 荣格：《法律选择与涉外司法》，霍政欣、徐妮娜译，北京大学出版社2007年版，第2页、第112页。

科藩篱的胸怀和超越单个国家的视角才能品味其魅力。一般而言，法学学科可以分为国内法与国际法。尽管在我国的学科与专业设置的框架下，国际私法目前被置于国际法的范畴内，并与国际公法和国际经济法并称为所谓的"三国法"，但这门学科相当独特：它既有国际法渊源，也有国内法渊源；它既调整国际事项，也关注国内问题；它既停泊在"国际法的港湾"，又与国内法有"剪不断理还乱"的万般关联。所以，国际私法并不属于绝对意义上的国际法，也远远超越国内法的涵盖范围。在笔者看来，国际私法好似一座架设在各国国内法之间以及国内法与国际法之间的桥梁，它以其精妙的制度规则力图在主权林立的"威斯特伐利亚"体系和高度一体化的当代世界之间打通"法律梗阻"，以实现德国法学天才萨维尼的梦想——构建现代罗马法体系。用今天时髦的话说，国际私法的要旨在于实现民商事的"全球治理"。[1]

第三，对于中国而言，由于现代意义上的国际私法基本上属于西方舶来品，学科发展的历史相对较短，缺少传统意义上的"本土资源"，我国国际私法教材的西方化和同质化现象一直较为突出，不少教材内容老套，佶屈聱牙，多停留在对西方理论与实践的临摹和介绍上，而对当代中国生动鲜活的国际私法实践充耳不闻。这不可避免地导致我国国际私法课堂教学普遍重理论、轻实践，花费大量课时于经典国际私法法理构造的阐释与解读，而对当代我国涉外民商事实践的关注度明显不足。如此，不仅导致教师苦恼国际私法难教、学生抱怨国际私法难学，而且有将这门学科推入"纯学术游戏"的窠臼之虞。

二、为什么要学好国际私法？

常言道，兴趣是最好的老师。而从笔者的切身体会而言，要建立起对一门学科或课程的兴趣，首先要对其重要性有充分的认知。

对于笔者这一代人而言，最初学习国际私法还是 20 世纪 90 年代的事情。彼时，尽管中国已打开国门并在改革开放的大道上疾驰，但无论是融入世界的深度，还是在国际舞台上的角色，都无法与当今的中国同日而语。所以，那时我们坐在教室听老师大谈涉外合同、涉外侵权、涉外婚姻、国际民事诉讼和国际商事仲裁，总有遥不可及的感觉，觉得与自己相隔甚远！可想而知，学习国际私法的动力和兴趣自然大受影响。

然而，时过境迁。今天，中国已经成长为世界第二大经济体、头号贸易大国和世界工厂；近十年来，我国的出入境人数年均增长一成以上，2019 年已达 6.7 亿人次。即便是尚未踏入社会的大学生，

---

[1]　详见霍政欣：《论全球治理体系中的国内法院》，载《中国法学》2018 年第 3 期。

有过出国（境）经历的也绝不在少数。在这样的背景下，作为调整国际民商事关系的法律部门，其牵动的注意力、受到的关注度及其在当今中国法律体系中起到的作用，是以往任何一个时代都无法比拟的。大到应对美国的"长臂管辖"和单边法律制裁、为"一带一路"提供法治保障，小到处理大量的涉外商事和家事纠纷，国际私法已经渗透到当代中国社会的方方面面，已经与当代中国人的日常生活密不可分了。

因此，在高度全球化的今天，尤其是在我国前所未有地走进世界舞台中央的历史背景下，一位法科生，如果没有学好国际私法，没有领悟这门学科的精髓和原理，是很难在法律领域真正有所建树的。质言之，在 21 世纪，没学好国际私法，难称合格的法律人，遑论优秀或杰出。

三、如何学好国际私法？

国际私法难学，在法学教育界似乎是一种共识。然而，笔者认为，把握住以下几点，就能做到事半功倍，就能沿着一条"风景秀美"的道路开启学习之路，欣赏国际私法之美：

第一，要有历史的维度和视角。国际私法是为解决法律的属地效力与人物跨国流动性之间不断增长的矛盾应运而生的。所以，国际私法的发展史，如前所述，就是一部人类文明史。鉴此，学习国际私法，首先要将自己置身于人类发展的历史纵深，从人类文明史的维度品味国际私法的理论、学说、制度与规则。事实上，从更宏阔的角度来看，法科生在学习任何一门法学课程时，都需要借助历史的维度和视角。历史学是人文社会科学中最根本的基础科学，包括法学在内的所有人文社科领域，都包含在历史学中。[1] 因此，对于从事法学的人士而言，必须注意到，如果将历史学置之度外，法学的专业领域就不成其为完整的学科。

第二，要有超越国际私法的思维和能力。如前所述，国际私法是一门相当独特的法律学科，它连接各国国内法，联通国内法与国际法，以实现民商事的全球治理为己任。所以，无论中外，国际私法课程都是在法学高年级才开设的。从这个意义上说，要真正悟懂这门学科的精髓，需要建立在深入领会其他几乎所有法学学科的基础上。质言之，仅研习国际私法本身，是无法学好这门学科的。换另一个角度来看，我们也可以说，只有学好了国际私法，才能真正打通法学研究的"任督二脉"，才能真正做到法学各学科的融会贯通。事实上，在人类法律史上，那些真正称得上法学集大成者，如

---

〔1〕 ［日］宫崎市定：《宫崎市定中国史》，焦堃、瞿柘如译，民主与建设出版社 2019 年版，第 27 页。

巴托鲁斯、杜摩兰、胡伯、斯托里、萨维尼、戴西和博登海默等，都对国际私法情有独钟，并在该领域倾力耕耘、著书立传，其中奥妙，即在于此。

第三，要有捕捉和分析当代中国鲜活司法实践的眼光和敏锐度。21世纪的中国是一个强大、自信、快速发展的外向型国家，这为国际私法的发展提供了广阔的舞台。每年，我国的各级法院及国际仲裁机构都审理着数量惊人的涉外民商事案件，我国的国际私法实践因而进入素材无比鲜活、发展无比迅速的新时代。青年学生具有强烈的知识探求欲、个性十足的问题回应力和远超上一代人的网络资源捕获与收集能力。因此，只要老师给予学习方法上的恰当引导，朝气蓬勃的年轻人一定能发现和分析当代中国的国际私法实践素材，迸发出超预期的学习热情，展示出超预想的学习能力，从而给中国国际私法教育注入空前的活力。

诸位，既然我们生活在这样一个拥抱世界的时代，既然我们身处于一个生机勃勃的国度，既然时代和国家选择了我们，那么，就让我们选好有生命、有思想、有温度和有锐度的国际私法教科书和经典著作，"打开脑洞"，开启国际私法探索之旅吧！

霍政欣
庚子年初夏，于北京海淀寓所

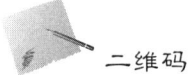
二维码

本书 PPT　　　　　全书拓展资料不定时更新

写一本有生命的国际私法教科书——代前言

由于生命的延伸，对于个体的感受而言，时间总是在加速度地流逝。还没做好与 2016 年道别的准备，2017 年元旦的太阳已然升起。此刻，橘色的阳光坚定地穿越京城厚重的雾霾，温柔地落进书房，赐予我温暖与希望。2017年，是我的不惑之年。人至中年，有一本属于自己的专业教科书，对于学者而言，幸莫大焉。

凡学过国际私法者，我相信都会认同这一观点：这是一门思想性与理论性极强的学科。以至于有西方学者叹曰："冲突法的领地是一片阴郁的沼泽，[1] 遍布着摇颤的泥潭。"[2] 所以，对于学生而言，学好、学透国际私法，绝非易事；而对于教师而言，教好、教透国际私法，则堪称挑战。职是之故，一本体系得当、说理明畅、文风雅致，既有思想厚度，亦反映时代特征的国际私法教科书，就显得极其重要。

坦率地说，自 2005 年踏上法大讲坛以来，用心写这样一本有生命的国际私法教科书一直是我的理想。为实现它，我用了 12 年。所以，摆在读者面前的这本书，即便不是完美的，也一定是虔诚的。

* * *　* * *　* * *　* * *

本教科书以我多年授课形成的讲义为基础，又经过两年左右的加工与打磨最终定稿成书。在体系上，它因循当前中国国际私法教材的惯常做法，分"总论""法律适用""程序"三编；在内容上，它试图同时沿着纵向的历史轴线与横向的比较坐标阐释国际私法的理念、方法与规则；在文风上，它尽可能以明快流畅的行文描述这门伟大的法学学科。此外，需要提及，借助大

---

[1] "国际私法"，在一些国家被称为"冲突法"，详见本书第一章第一节的相关内容。
[2] ［美］弗里德里希·K. 荣格：《法律选择与涉外司法》，霍政欣、徐妮娜译，北京大学出版社2007年版，第2页。

数据的东风，凡因篇幅所限而无法在教材正文中展现的重要英文材料、中外案例以及参考文献、专业术语中西文对照表和课堂教学 PPT 等，本书以二维码的形式呈现，读者可用手机扫描后详阅。

细言之，本书第一编"总论"，旨在讨论国际私法的基础原理、基本概念、学科体系及其发展历程，从而助读者初窥国际私法之堂奥。在这一编中，以下两点尤须提及：

第一，法科生在初学国际私法时，往往会产生一些疑问，例如，一国法院适用外国法，这是否有损本国主权？再如，法官通常仅了解其本国法，因此，要求其适用外国法既不方便，又容易出错，其司法成本也远高于适用本国法。既然如此，为何当代各国均对外国法的适用持开放态度？进而言之，如果法官有权适用外国法，是否即可达到国际私法所追求的目标呢？而国际私法的目的又是什么？这些问题，因极具迷惑性而被称为"冲突法之谜"（conflicts enigma）。只要这些疑问得不到令人信服的回答，学生就不得不带着困惑学习，遑论燃起学习的热情。因此，破解"冲突法之谜"，诠释国际私法的存在理由，遂成为本编开篇重点对待的问题。

第二，第一编对国际私法的发展历史着墨甚多，关于这一部分的重要性，有必要在此作出说明，因为怀特海（Whitehead）曾教导："在任何理解之前，先有表达，在任何表达之前，先有对重要性的感受。"[1] 作为调整国际民事关系的法律部门，国际私法的发展史，从本质上说，是人类从封闭走向开放、从蒙昧迈进文明的波澜壮阔的发展史。也是基于这一原因，从古代直至当代，国际私法所牵动的"法理学肌肉"（jurisprudential muscles）是其他任何法律学科所无法比拟的。那些人类法律史上彪炳千秋的大师，如巴托鲁斯、斯托里、萨维尼、戴西等，"都曾流连其间，并为揭开它的神秘面纱而孜孜不倦"。[2] 如果说，法学巨匠们提出的种种理论好似一颗颗泛着神秘色泽的珍珠，那么，唯有用深邃的历史之轴，方能将它们串成一条完整的项链，如此，国际私法之美方能完整绽放。而以更宏阔的视角来看，从人类文明史与思想史的维度讲述国际私法的历史，对于法科生从更深层次上洞烛法律与认知世界亦特具深意，岂不闻伯尔曼（Berman）曾曰："法律并非机械的发展；她有其历史，她在诉说动人的故事。"[3]

第二编"法律适用"是本书的核心部分，因为经典国际私法体系就是以法律适用规范为基石而构建的。与许多追求大而全的国际私法教材不同，本书无意对民事关系所有领域的法律适用作出面面俱到的描述，而是选取了民

---

[1] Alfred North Whitehead, *Modes of Thought*, New York：MacMillan Company, 1938, p. 21.

[2] [美] 弗里德里希·K. 荣格：《法律选择与涉外司法》，霍政欣、徐妮娜译，北京大学出版社2007年版，第2页。

[3] Harold Joseph Berman, *Law and Revolution：The Formation of Western Legal Tradition*, Harvard University Press, 1983, p. 9.

事能力、物权、合同、侵权、不当得利与无因管理、婚姻家庭及继承等最为重要和最具代表性的民事领域，分辟七章予以讨论。这种体例安排或许在一定程度上有失全面性，但实为契合本科教学安排与法科学习特点的理性选择。不仅如此，在我看来，"深刻的片面"，无论如何，要远胜于"平庸的全面"。

值得强调的是，本编及其他各编的论述，尤其是在分析中国的立法与实践时，在确保阐释全面、客观的前提下，特别注重以批判思维剖析问题，进而提出独立见解，因为我一向认为，对于法科生而言，伯尔曼的另一句名言——"法律必须被信仰，否则形同虚设"应当被这样改写更为恰当："实证法必须被质疑，否则无从进步。"

本书第三编"程序"旨在阐释国际民事诉讼与国际商事仲裁。作为解决国际民事纠纷的两种主要方式，国际民事诉讼与国际商事仲裁向来是国际私法上的重要议题；同时，进入 21 世纪以来，不论是在外国，还是在中国，该领域均产生了诸多显著变化，因此，本编对基本理论的阐述特别注重结合国内外的最新立法与实践，尤其关注中国的理论、立法与司法实践的最新发展。

* * *　　* * *　　* * *　　* * *

这本教科书是我 12 年教学与思考的结晶。它的孕育与诞生，也见证了我从青年到中年的蜕变。在加工讲义形成书稿的过程中，这些年课堂上的点点滴滴，常如雨后的蟾蜍，倏地从记忆的草丛中蹦出，似乎是为了展示时光流逝的意义。

12 年来，我已为 5000 余位法大学子讲授了国际私法。这些军都山下的年轻人代表了中国最优秀的法科生群体，他们在课堂内外表现出的朝气、灵气与锐气一直感染着我，并化作我思考与写作的不竭源泉。从这个意义上说，这些可爱的法大学子，对这本教科书的诞生自有功劳。

"不曾有哪一本书真正是某一个人的作品"，[1] 如果没有诸多师友赋予智慧和哲理的帮助，这本教科书也不可能完成。在这些人中，有些是对我恩重如山的师长，如武汉大学肖永平教授。肖老师是我的学术领路人，即便在我毕业多年以后，他依然在默默地关心着我、注视着我，犹如亲人一般。记得2016 年 6 月的一天，法大网站上刊登了一则新闻，报道了我指导的一位硕士生勇于追梦、最终被联合国教科文组织录取的经历。第二天一早，我习惯性地打开手机，未料收到肖老师发来的微信："有些学生是有梦想的，为师者，应当多鼓励、多指点。祝贺霍老师！"读完这短短几行字，一股暖流已沛然沸腾胸怀：当年，那个逐梦的学生，不就是我吗？来自恩师的嘱托，让我更加深刻地认识到，作为一名大学老师，教书育人是天职，永远是第一位的；而

---

[1] [美] 安妮·阿普尔鲍姆：《古拉格：一部历史》，戴大洪译，新星出版社 2013 年版，致谢。

师者，就是这样一代一代，在育人中传承，在传承中树人。

我还要感谢我所服务的这所大学——中国政法大学。尽管对于我而言，来京创业的 12 年，可谓筚路蓝缕，但幸运的是，在法大这些年，我的人生是幸福、积极而有意义的。

在法大当老师是幸福的。关于"幸福"，我想，应有一个基本条件，那就是一个人与他身边的人有深层次的情感交往；[1] 换言之，个人的幸福和他所在的群体环境是密切相关的。自进入法大执教以来，我很快发现，一个温馨而自由的学术与人文氛围环绕着我，前辈与同仁对我关爱有加，而法大学子更是给予我坚定的支持与热情的鼓励。

我无法忘记，2010 年我身染重疾期间，杜新丽与刘力老师二话不说，放下繁重的工作与家庭事务，替我到昌平上完余下的所有课程；我也无法忘怀，每一次讲完课时，如潮的掌声回荡在教室，浸入我心田。正是有这么多的加持与助成，我才能全心投入我所挚爱的教学工作，并有所收获。

在法大当老师，更是一种责任。在芸芸高校中，法大有自己独特的品格与风骨。在法大这些年，耳濡目染，每一位法大人身上都不可避免地刻上了"法大印"，而所谓的"法大印"，在我看来，就是一种"只向真理低头"的桀骜精神。

在法大这些年，从老一辈大师那里，我慢慢悟懂：所谓真正的学者，也许并不在于提出洞见，而在于留念真理；从新一代学术领袖身上，我逐渐领悟：所谓人生的理想，也许并不是功名利禄，而是让自己的思想有共鸣、学术有传承；从无数奋斗在法治前沿的校友那里，我收获更多的是力量：他们的存在与坚守让我坚信，这也许不是一个最好的时代，但绝对是一个可以经由我们努力而变得更好的"大时代"。作为法大人，我们没有理由不成为法大精神的信仰者、守护者与传承者；作为法律人，我们没有理由不为我们所追求的良法善治而砥砺前行。

还需交代，本教科书虽为我执教一纪、笔喻两载之结晶，然限于学养，偏失遗漏，势所难免。忐忑之中，只有借托马斯·伯恩哈德（Thomas Bernhard）的名言来聊以自慰。在《历代大师》（Alte Meister）中，这位奥地利文学天才感慨道："唯有认识到完美根本不存在时，我们方能获得存在的

---

[1] 何兆武先生曾说，幸福不应该是"pleasure"，而应该是"happiness"。"pleasure"是指官能的或物质的享受，而"happiness"还包括精神上或思想上的一种状态。参见葛兆光序：《那一代中国知识分子的幸福和自由》，载何兆武口述、文靖撰写：《上学记》，生活·读书·新知三联书店 2006 年版，序。

信念。"[1]

霍政欣

完稿于丙申冬，修订于丁酉春

北京海淀

---

[1] 而在 190 年前，路易斯安那州最高法院波特（Porter）法官的感叹，则道出了国际私法这个学科的"特有气质"："在法院与律师所关注的领域中，冲突法最为错综复杂，在这个学科中，几乎找不到两个观点完全一致的学者，也几乎难以发现一位观点保持前后一致的学者。就我们所知，法学理论中，再没有哪个领域如此纷乱；也没有哪个领域能像冲突法这般，教会人们怀疑自己，而对他人的观点宽以待之。" *Saul v. His Creditors*，5 Mart.（n. s.）569，589（la. 1827）.

本书知识结构图

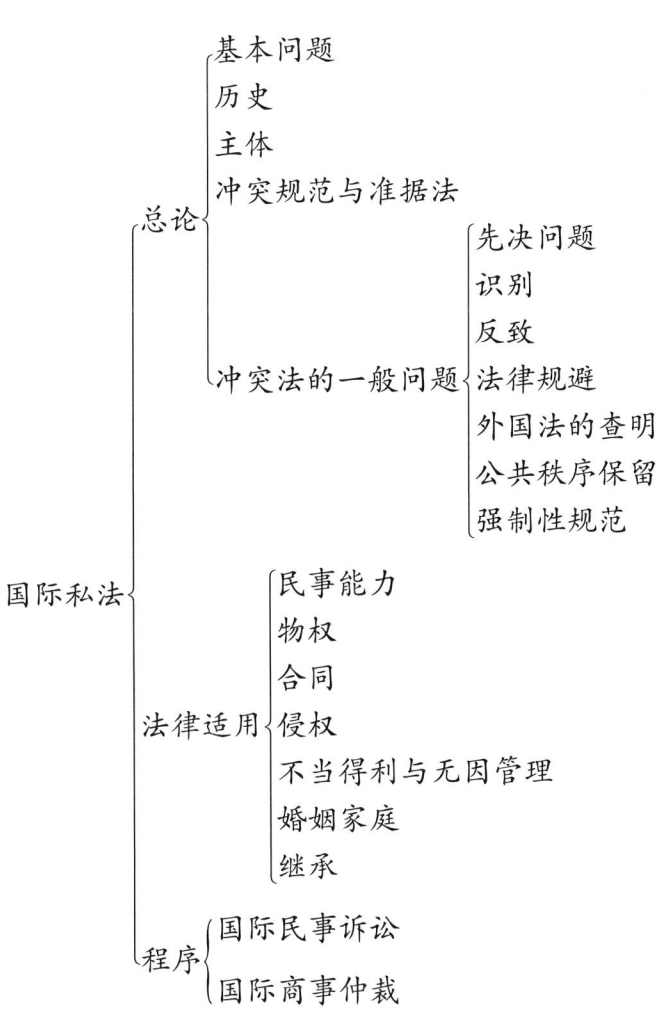

目 录

第一编 总 论

第二编　法律适用

第三编 程 序

第一编

总 论

第一章

国际私法的基本问题

✉导 语

何为国际私法？这是学习本学科需要率先厘清的基本问题。学习任何一个学科，首先关注的应当是这一学科的"基本问题"。尽管基本问题可能永远也没有标准答案，但若放弃讨论之，法科生即便可以成为法律工匠，也永远不可能成为出色的法律人。然而，从某种意义上说，这也是最难回答的一个问题。首先，国际私法的生命在于其在实践中的适用，否则，只能沦为空洞的理论与纯学术游戏。从这个意义上说，只有在对国际私法适用过程中的每个问题具体探讨之后，才能完整地回答这一问题。质言之，何为国际私法，此乃整本书试图阐释的核心问题，只有在读完全书之后，读者方能获得完整的答案，所以，黑格尔（Friedrich Hegel）认为，核心概念的展开就是全部理论。[1] 其次，给国际私法这样一个拥有近千年发展历史的学科下定义，绝非易事，尼采（Friedrich Nietzsche）曾教导："凡有历史者，皆不能定义也。"[2]

尽管如此，我们还是得从"何为国际私法"这一基本问题入手，才能开启国际私法的学习之旅。因为在法科学习中，只有对学习对象有一个初步的认识，我们才能明确学习的目标、划定学习的范围、提挈学习的重点。[3] 鉴此，作为本书开篇，本章的任务是解释国际私法的基本概念及相关基础理论问题。本章分四节，第一节旨在阐释国际私法的概念，第二节探讨国际私法的调整方法，第三节分析国际私法存在的理由，第四节分析国际私法的渊源。

需要指出，本章对国际私法基本问题的分析旨在为读者提供初步的回答，

---

[1] 转引自汪丁丁：《新政治经济学讲义：在中国思索正义、效率与公共选择》，世纪出版集团、上海人民出版社2013年版，第537页。

[2] Bertrand Russell, *A History of Western Philosophy, and Its Connection with Political and Social Circumstances from the Earlist Times to the Present Day*, New York：Simon & Schuster，1945，p. 761.

[3] 阿诺德（Thurman Arnold）曾说：法学上的研究对象，在不少情况下，确实难以定义。然而，法律人绝不能放弃对之下定义的努力。唯有如此，才能实现法律为理性与可知事物之理想。换言之，这是维护"法律理想"的文字费用，尽管这一费用极其巨大，且永无止境。法学家正是在这种无休止的努力中，才能从非理性的世界向理性世界不断地接近。Thurman Arnold, *The Symbols of Government*, *Harcourt*，Brace & World，1962，pp. 36-37.

以助其起步。越是基本的问题，越需要反复理解、反复思考，所以，读者应当了解，在读完全书之后，有必要回头重温本章所涉及的基本问题，并尝试用全书的内容重新回答之、充实之。

第一节　国际私法的概念

国际私法是调整国际民事关系的法律部门，其历史悠久，并在清末传入我国。本节首先介绍国际私法的词源，再结合案例探讨国际私法的调整对象及其牵涉的核心问题——"国际民事法律冲突"。

一、国际私法的词源

"国际私法"［private international law（英），droit international privé（法），internationales Privatrecht（德）］这一名称源自西方，并借由日本作为媒介传到中国。一般认为，"国际私法"这一术语由美国法学家约瑟夫·斯托里（Joseph Story）于1834年首创，后来被大陆法系国家与英格兰所采用。[1]

19世纪末、20世纪初，在清政府移植西方法律制度以及建立现代教育制度的过程中，国际私法这一名称逐渐被我国所接纳。1904年（光绪三十年），清政府颁布了《奏定学堂章程》（旧称《癸卯学制》）。该章程针对大学法政科的国际法课程解释道："交涉法，分国事交涉、民事交涉二种，国事交涉，日本名国际公法；民事交涉，日本名国际私法，可暂行采用，仍应自行编纂。"[2] 此后，国际私法这一名称逐渐被我国法学理论与实务界所接受，并沿用至今。

需要指出，在大部分英美法系国家，"冲突法"（conflict of laws）是一个更常用的名称。这一表述由荷兰学者于17世纪创设。他们之所以使用"冲突法"（conflictus legum），是因为"此术语可以表明法律选择问题系由主权者命令的相互碰撞而引发"。[3] 吊诡的是，尽管这一名称由大陆法系国家的学者首倡，但后来被包括美国在内的英美法系国家广泛接受。

对以上两个名称，学界均有诟病。对国际私法而言，有学者指摘其名不副实，因为我们这个学科可能既非"私法"，也非"国际法"；这是因为当代国际私法在规则上含有一些公法性质的法律规则；在渊源上则不仅包括国际法，还包括国内法。而对冲突法而言，则有观点认为其具有误导性，因为我

---

[1] James Fawcett & Janeen M. Carruthers, *Cheshire*, *North & Fawcett Private International Law* （14th ed.）, Oxford：Oxford University Press, 2008, p.16.

[2] 《大清光绪新法令》第十一册，第七类《教育一》，上海商务印书馆1910年版，第26页。

[3] ［美］弗里德里希·K.荣格：《法律选择与涉外司法》，霍政欣、徐妮娜译，北京大学出版社2007年版，第26页。

们这个学科旨在协调各国的法律冲突，而非制造冲突。[1] 无怪乎有学者说，国际私法是一门从书名页起就有争议的学科。[2]

本书认为，在某种意义上说，名称不过是约定俗成的产物，在此耗费过多学术精力，实无必要。伏尔泰（Voltaire）曾说，"神圣罗马帝国"既不神圣，亦非罗马，甚至难称帝国，但这并不妨碍我们如此称呼之。此言甚当。[3] 鉴此，本学科的名称，是国际私法也好，是冲突法也罢，在本质上仅为称呼而已，无须过度解读，只要符合本国的使用习惯，即为足矣。考虑到"国际私法"这一名称在中国沿用已久，且符合大陆法系国家的习惯表述，本书使用"国际私法"作为本学科的名称。[参见二维码拓展阅读 1-1]

二、国际私法的调整对象

任何法律都有其调整的社会关系，这是划分不同法律部门的首要标准。社会生活关系中具体受国际私法调整的事项，即为国际私法的调整对象。一般认为，国际私法的调整对象是"国际民事关系"（international civil relationships）；如果从一个国家的角度来说，也称"涉外民事关系"（foreign civil relationships）。[4] 国际私法作为法律的一个分立体系或部分，主要就在于其有自己独特的调整对象，亦即国际民事关系。因此，简单地说，国际私法就是调整国际民事关系的法律部门；其调整对象的"涉外性"或"国际性"，使它同民法调整的国内民事关系区分开来；其"私法性"，又使它同其他具有涉外性的法律关系（如国际公法调整的国家之间的关系）区分开来。

所谓民事关系，是指平等主体之间的财产关系和人身关系。由于我国立法采取民商合一的体例，所以，在中国法律语境下，一般认为，民事关系既包括传统上的债权关系、物权关系、婚姻家庭关系，也包括知识产权关系、海事关系、保险关系、票据关系和破产关系等，亦即平等主体之间的一切私法关系。鉴于民法教材对民事关系通常有深入探讨，本书遂不赘述。

需要指出的是，只有具有"国际"或"涉外"因素的民事关系，才构成国际私法的调整对象。因此，要理解国际私法的调整对象，关键是要把握"国际"的含义，尤其是在中国法律语境下，更应注重如何认定某一民事关系是否为"国际"民事关系。

当前，对于如何在司法实践中认定"国际"因素，各国并无一致的做法。有一种观点认为，凡是与本国法以外的某种法律体系发生联系，就可构成国

---

[1] James Fawcett & Janeen M. Carruthers, *Cheshire, North & Fawcett Private International Law* (14th ed.), Oxford: Oxford University Press, 2008, p. 17.

[2] 李双元：《国际私法》（冲突法篇），武汉大学出版社 2001 年版，第 21 页。

[3] [美] 弗里德里希·K. 荣格：《法律选择与涉外司法》，霍政欣、徐妮娜译，北京大学出版社 2007 年版，第 6 页。

[4] 韩德培主编：《国际私法》，高等教育出版社 2000 年版，第 1 页。

际或涉外因素。这是一种较为灵活的做法，为不少英美法系国家的法院所采纳。[1] 另一种做法更注重认定标准的客观性，依之，在民事关系的主体、客体和权利义务据以发生的法律事实中，至少有一个或一个以上的因素与外法域有联系，即为国际民事关系。例如，一位中国公民与一位日本公民在上海登记结婚（主体涉外）；一个中国公司与一个美国公司在北京签订一份标的在日本的销售合同（主体与客体涉外）；再如，2010 年 3 月 28 日，中国吉利控股集团有限公司与美国福特汽车公司在瑞典哥德堡签署收购沃尔沃轿车公司的协议。在该合同关系中，就有好几个涉外因素：①主体一方为美国公司，即主体涉外；②合同在瑞典签订，故法律事实涉外；③沃尔沃轿车的研发、生产及销售网络遍布全球，故合同的客体也具有涉外因素。这一标准因着眼于法律关系的三个要素，因而被称为"三要素说"。

因"三要素说"更加客观，便于法官在实践中适用，故被我国司法实践采纳。最高人民法院于 1988 年公布的《关于贯彻执行〈中华人民共和国民法通则〉若干问题的意见（试行）》（以下简称《民通意见》）第 178 条第 1 款规定："凡民事关系的一方或者双方当事人是外国人、无国籍人、外国法人的；民事关系的标的物在外国领域内的；产生、变更或者消灭民事权利义务关系的法律事实发生在外国的，均为涉外民事关系。"这条规定显然是"三要素说"的忠实体现。

不过，司法实践表明，该标准虽然客观，但过于僵硬，严格依之对国际民事关系予以定性，在某些情况下可能产生不利于个案得到公平解决的结果。例如，某一民事关系虽在形式上符合"三要素说"，但实际上与外国的联系极其微弱，在这种情况下，将之识别为国际民事关系，进而适用国际私法规则，可能会导致适用与该法律关系并无实质联系的外国法。请见案例 1-1：

【**案例 1-1**】 两个经常居所在北京的中国公民王某与李某，在一同参团赴加拿大旅游期间签订了一份合同，约定回京后王某将其一件位于其居所内的字画卖给李某。后来，双方在北京履行该合同时发生纠纷而在北京法院涉诉。在该合同关系中，若严格按照"三要素说"，因合同签订在加拿大（法律事实涉外）应被识别为涉外合同，即使当事人只是非常"偶然"地在加拿大订立合同，他们甚至不知道加拿大法律的有关规定，且在法院审理纠纷时双方早已返回北京。在这种情况下，北京法院如将之按涉外合同处理，适用国际民事诉讼程序，并按我国国际私法关于涉外合同的法律适用规则确定合同适用的法律，不仅欠缺合理性与必要性，亦难以符合当事人的预期与利益。

当然，也会出现与之相反的情况，即某一民事关系虽在形式上不符合

---

[1] Collins of Mapesbury (ed.), *Dicey, Morris and Collins on The Conflict of Laws* (15th ed.), London: Sweet & Maxwell Ltd., 2012, p. 3.

"三要素说"，但实际上与某外国（或地区）具有密切联系，在这种情况下，将之识别为纯国内（域内）民事关系，既不考虑适用涉外民事诉讼程序，也不考虑适用外国（或地区）法，则很可能有违当事人的合理预期，亦会导致案件的审理结果有失公正。请见案例1-2：

【案例1-2】　两家主营业所设在深圳前海的港商独资企业在前海签订一份房屋租赁合同，被租赁的房屋亦位于深圳前海，双方约定合同适用香港法。双方后因房租交付问题发生纠纷而在深圳涉诉。在该合同纠纷中，如严格按照三要素说，该合同的主体、客体和法律事实都没有涉外因素，因此不是涉外民事关系。在这种情况下，该合同纠纷只能适用内地法，而不能适用香港法。然而，合同双方虽均为香港独资企业，属于中国内地法人，但其组成具有明显的涉港因素，且它们之所以选择适用香港法，通常是因为其更熟悉香港法，更希望受香港法支配。在这种情况下，将该合同纠纷识别为域内民事关系，进而排除其选择适用的香港法，显然既不符合双方的预期，亦不利于判决结果得到双方的认可；从长远看，甚至不利于前海自贸区吸引港资，实现以"深港组合港"形式共建21世纪海上丝绸之路的核心枢纽和重要门户的自贸区建设目标。

正是在总结司法实践的基础上，最高人民法院在2012年12月28日公布、2013年1月7日起施行且于2020年修正的《最高人民法院关于适用〈中华人民共和国涉外民事关系法律适用法〉若干问题的解释（一）》（以下简称《法律适用法解释（一）》中，对"三要素说"进行了完善。依其规定，民事关系具有下列情形之一的，人民法院可以认定为涉外民事关系：

1. 当事人一方或双方是外国公民、外国法人或者其他组织、无国籍人。

2. 当事人一方或双方的经常居所地在中华人民共和国领域外。

3. 标的物在中华人民共和国领域外。

4. 产生、变更或者消灭民事关系的法律事实发生在中华人民共和国领域外。

5. 可以认定为涉外民事关系的其他情形。

与1988年公布的《民通意见》相比，《法律适用法解释（一）》保持了"三要素说"的基本构架，但做了两点明显改变：①关于主体涉外的标准，在国籍以外，又增加了经常居所地。这是因为我国2010年公布的《中华人民共和国涉外民事关系法律适用法》（以下简称《涉外民事关系法律适用法》）已将经常居所确立为非常重要的连结点，[1] 因此，增加经常居所这一标准体现了司法实践对立法的及时回应。②《法律适用法解释（一）》增加了一个

---

[1]　关于经常居所的含义以及我国国际私法将之提升为确定属人法首要连结因素的原因，本书将在（第二编）第六章予以详细介绍。

灵活的兜底条款，即"可以认定为涉外民事关系的其他情形"。这一变化是为了克服"三要素说"过于僵硬的缺陷。因此，在认定民事关系是否涉外的标准上，《法律适用法解释（一）》采用的"三要素说"更为灵活，可称为"三要素说的 2.0 版"。

《法律适用法解释（一）》公布以后，一些地方的人民法院在认定民事关系是否涉外的问题上作出了诸多有益的探索，积累了一些值得研究的案例。请见案例 1-3：

【案例 1-3】　2015 年 11 月 27 日，上海一中院在西门子公司申请承认与执行新加坡国际仲裁中心仲裁裁决一案中作出裁定。[1] 此裁定突破了传统"三要素说"的限制，在尊重当事人意思自治等原则的基础上，认定注册于中国（上海）自由贸易试验区内的两家外商独资企业间纠纷具有涉外因素，进而支持了申请人要求承认与执行由新加坡国际仲裁中心作出的仲裁裁决的申请。在裁定书中，针对该案合同关系是否应认定为涉外合同，法院首先指出，尽管双方当事人［即上海黄金置地有限公司与西门子国际贸易（上海）有限公司］均为中国法人，但双方的注册地均在上海自贸区，且性质均为外商独资企业，公司的资本来源、最终利益归属、经营决策一般均与境外投资者有密切关联，因此，双方当事人与普通的内资企业相比具有较为明显的涉外因素。其次法院指出，尽管涉案标的物最终在境内完成交货，但从合同的签订和履行过程来看，标的物是从境外运至上海自贸区，然后再办理了进口手续，因此，标的物的流转过程具有一定的国际货物买卖特征，与一般的国内买卖合同具有较为明显的区别。综上，法院最终认定，本案的合同关系符合《法律适用法解释（一）》规定的"可以认定为涉外民事关系的其他情形"，故系争议合同关系具有涉外因素，双方当事人决定将合同争议提交境外仲裁的仲裁条款有效。［参见二维码 1-2］

值得强调的是，正确把握"国际民事关系"的含义，还须注意以下两个问题：①国际民事关系的涉外性质并不因其中涉外因素的多寡而受到影响；换言之，只要有一个因素与外国有联系，就可以构成国际民事关系。②这里的"国际"不仅指"国家之间"，还包括一个国家内部"不同法域之间"。所谓"法域"（jurisdiction），[2] 是指具有独特法律制度的地区。由于不同国家的宪政制度不同，有些国家的内部，存在不止一个法域的情况。所以，英国法学家戚希尔（Cheshire）和诺斯（North）指出：对国际私法而言，"域外法律制度"（foreign system of law）是指，在法院所在司法区域以外实施的、与法院地法不同的法律制度；它不仅包括其他主权国家的法律，还包括与法院

---

［1］　上海市第一中级人民法院（2013）沪一中民认（外仲）字第 2 号民事裁定书。

［2］　英文"jurisdiction"还有"管辖权"的含义，具体详见本书（第三编）第十三章。

所在地同属一个国家的其他法域的法律。因此，就国际私法而言，对英格兰法院来说，苏格兰法、北爱尔兰法与日本法或巴西法并没有什么不同，它们都是"外法域法"（foreign law）。[1] ［参见二维码拓展阅读1-2］

需要提及的是，我国也是一个多法域国家，且情况非常独特。我国既有施行社会主义制度的法域，也有施行资本主义制度的法域；既有属于大陆法系的法域，也有属于英美法系的法域，还有属于社会主义法系的。所以，我国的多法域格局可被概括为"一国两制三法系四法域"。

此外，当前我国的不同法域都有自己的终审法院，各法域之上无统一的最高司法机关加以协调。在我国独特的多法域格局下由于中国的跨法域法律冲突（区际法律冲突）与其他国家存在明显区别，这决定了在解决中国的区际法律冲突时，我们必须考虑中国的特殊国情，而不能简单移植外国模式或照搬外国经验。

三、国际民事法律冲突

如前所述，国际私法是调整国际民事关系的法律部门，而某一民事关系之所以被定性为国际民事关系，通常系因其与两个或两个以上的国家有联系。在这种情况下，国际私法在调整国际民事关系时，遇到的核心问题是如何解决不同国家的民事法律冲突问题。换言之，国际私法的中心任务在于解决国际民事法律冲突。为直观了解什么是国际民事法律冲突，请看案例1-4：

【案例1-4】 韩国女生李某（时年18岁）和中国男生王某（时年19岁）在得到双方父母同意后，于韩国首尔登记结婚。婚后，两人在首尔居住生活。1年后，王某回到中国在北京某法院提起离婚诉讼，并要求将两人在首尔的婚房判归其所有。该案为一个典型的国际私法案件，牵涉一系列法律冲突问题：①哪一个国家的法院对该案具有管辖权？中国法院，还是韩国法院？②假定中国北京的法院对该案行使了管辖权，那么应适用中国法还是韩国法认定王某与李某之间是否存在有效的婚姻关系？需要指出，首先，依据《韩国民法典》，男性年满18岁、女性年满16岁，在得到父母同意后即可结婚；而依据我国《婚姻法》，男女分别年满22岁与20岁方可结婚。其次，法院在解决离婚以及财产分割问题时，应依据中国法还是韩国法？③假定中国法院作出离婚判决，并将房产判归王某所有，那么中国法院的判决能否在韩国得到承认与执行？

该案归纳出的上述三个问题，第一个是管辖权问题；第二个是法律适用问题，也称法律选择问题；第三个是法院判决在域外的承认与执行问题。从

---

[1] James Fawcett & Janeen M. Carruthers, *Cheshire*, *North & Fawcett Private International Law*（14th ed.）, Oxford: Oxford University Press, 2008, p. 9.

学理分析，这三个问题性质各异。几个世纪以来，法学家们已划出一条红线，法律选择居于一侧，而管辖权与判决的承认居于另一侧。法律选择被当作"实体性"问题，而管辖权与判决的承认则被视为"程序性"问题。[1] 然而，从功能上讲，以上三个问题却是一体的，其本质均为法律冲突问题。对于为什么会产生法律冲突，一般认为，主要源于以下几个原因：

第一，各国的民事法律制度与规则不同。国际社会由不同的国家组成，依据主权平等原则，各国享有独立的立法权。由于各国的政治、经济、文化传统和宗教信仰千差万别，它们制定的法律（尤其在民法领域）势必有所不同。譬如，在案例1-4中，中韩两国关于婚龄的法律规定存在明显差别。

第二，各国人民之间进行民事交往，产生大量的国际民事关系，导致一国法律的域内效力与另一国法律的域外效力同时出现在一个法律关系中。在案例1-4中，如中韩两国人民之间没有交往，自然不会产生国际婚姻家庭关系，遑论中国民法的域内效力与韩国民法的域外效力会出现在同一个民事关系中。

第三，各国在一定条件下承认外国民事法律在内国的域外效力。自乌尔比安以来，法律大别为公法与私法，[2] 根据传统国际法的一般原则，公法通常具有严格的属地效力，[3] 而私法的效力并不局限于法律制定者的主权范围内，尤其是在民事交往日益密切的当代，各国出于公正合理地处理涉外民事交往的实际需要，通常在一定条件下承认外国私法在内国的地位。例如，一对在韩国依据韩国法结婚的夫妇来中国居住，在一般情况下，中国会承认其婚姻的效力，以维护涉外民商事关系的稳定性。

由此可见，民事关系如果与不止一个国家有联系，通常会涉及因国家法律不同而产生法律冲突问题。所以，在国际私法领域，法律冲突是指：涉及两个或两个以上法域的民事法律对某项民事关系的规定不同，却又均主张对该项民事关系行使管辖，从而导致在法律适用上互相抵触的现象。因此，可以这样说：国际私法的调整对象是国际民事关系，其中心任务在于协调国际民事法律冲突。

👉 第二节 国际私法的调整方法

法律的调整方法是指法借以作用于社会关系的方式、手段和办法的总称。

---

〔1〕 ［美］弗里德里希·K.荣格：《法律选择与涉外司法》，霍政欣、徐妮娜译，北京大学出版社2007年版，第5页。

〔2〕 何勤华：《西方法学史》，中国政法大学出版社1996年版，第55页。

〔3〕 需要注意的是：当代国际法的实践发展表明，一国公法性质的法律，如反垄断法、反恐怖主义法、刑法、证券法等，也开始具有域外效力。2019年2月召开的中央全面依法治国委员会第二次会议明确将"加快推进我国法域外适用的法律体系建设"列入依法治国的重要任务。显然，这里的"我国法"主要是指公法性质的法律。详见霍政欣：《国内法的域外效力：美国机制、学理解构与中国路径》，载《政法论坛》2020年第2期。

如果说法律调整对象回答的问题是"法律影响和作用的客体是什么";那么,法律调整方法回答的问题则是"法律怎样对它的调整客体施加影响、发生作用"。

任何法律部门都有其调整方法,这是划分不同法律部门的辅助标准。国际私法不同于其他法律部门,不仅在于它调整的对象是国际民事关系,而且在于它调整这种关系的方法具有独特之处。就现阶段来看,国际私法调整国际民事关系的方法有两种:间接调整方法与直接调整方法。

一、间接调整方法

所谓间接调整方法,是指在有关的国内法或国际条约中规定某类国际民商事关系受何种法律调整或支配,而不直接规定如何调整国际民商事关系当事人之间的权利与义务关系的一种方法。例如,《涉外民事关系法律适用法》第 36 条规定:"不动产物权,适用不动产所在地法律。"这一规定并没有直接规定当事人的权利和义务,仅指明涉及不动产物权时,由不动产所在地法来确定当事人的权利和义务。这种指明某种国际民商事关系应适用何种法律的规范被称为"冲突规范"(conflict rules)。冲突规范是国际私法的特有规范,因此,有时也被称为"国际私法规范"。

早期(如古典时期的希腊与罗马)在解决国际民事法律冲突时,人们没有发展出这种抽象的冲突规范,而是通过创设特别法庭对跨国纠纷行使管辖权,并赋之以相当的自由裁量权,以此找到适当的解决方法。随着人类社会的发展,国际民事交往日益密切,民族国家初现端倪,这种朴素的解决方法因其主观随意性过大以及与国家主义无法兼容而逐渐暴露出缺陷。中世纪晚期及近代,随着人类法理分析能力与法技术的不断提高,法学家逐渐创制出更加抽象、更加客观的间接调整方法,并被司法实践所接纳。间接调整方法因其具有客观性、概括性,并秉持各国法律平等的理念,且符合形式正义,因而被各国理论、立法与司法实践广泛推崇。19 世纪后期至 20 世纪中期,间接调整方法发展到鼎盛时期,成为调整国际民事法律冲突的主要方法。

需要指出,间接调整方法虽具有诸多优点,但也存在着一些难以克服的缺陷;在全球化时代,这些问题愈显严重:①冲突规范不直接规定当事人的实体权利和义务,它无法预见到法律行为的后果。所以,间接调整方法缺乏预见性、明确性、稳定性和针对性。②作为法律适用规范,冲突规范的功能仅在于为涉外民事关系指引应适用的法律,但最终适用的实体法律是否能使个案得到公平正义的解决,其在所不问。因此,冲突规范仅能实现法律适用的形式正义,而无法确保在个案中实现实质正义。③冲突规范只能解决国际民事关系中的法律适用问题,而不能从根本上避免和消除法律冲突,其作用有限。④由于各国冲突规范本身的不同与冲突,反而在一定程度上增加了国际民商事争议的复杂性。

鉴此,自 19 世纪末起,人类社会开始大规模地制定直接适用于国际民事关系的国际实体私法公约，从而形成了解决国际民事法律冲突的新途径——直接调整方法。

二、直接调整方法

所谓直接调整方法，是指用直接规定当事人的权利与义务的"实体规范"（substantive rules）来调整国际民商事关系当事人之间权利与义务关系的一种方法。在当代，国内法、国际条约和国际惯例中均包含大量的这种直接调整国际民商事关系的规范。

例如，《联合国国际货物销售合同公约》直接规定国际货物买卖合同当事人的权利与义务关系，其主要采用的就是直接调整方法。此类公约因而被称为"国际统一实体私法公约"。该公约第57条规定："①如果买方没有义务在任何其他特定地点支付价款，他必须在以下地点向卖方支付价款：（a）卖方的营业地；或者（b）如凭移交货物或单据支付价款，则为移交货物或单据的地点。②卖方必须承担因其营业地在订立合同后发生变动而增加的支付方面的有关费用。"以上规定即属实体规范，它对买方支付价款时双方当事人的权利义务作了明确规定，当事人可以直接据此处理这方面的事项。按照这条规定调整合同买卖双方相关的权利义务关系，就是一种直接调整方法。

直接调整方法直接支配当事人的权利义务关系，而且可以从根本上避免或消除在国际民商事交往中可能发生的法律冲突，在很大程度上避免和克服了间接调整方法的缺陷，因而在当代得到迅速发展，浸成巨观。

三、两种调整方法的关系——兼论国际私法与国际经济法的关系

国际私法的调整方法及其两者间的关系是一个非常复杂的问题，不仅涉及国际私法本身的理论纷争，还在事实上涉及国际私法与国际经济法之间的关系，因为大多数国际经济法学者认为，直接调整方法是该部门法调整国际经济关系的主要方法。[1]

对于上述问题，学界有不同主张。有学者认为，国际私法就是冲突法，因此，国际私法的调整方法就是间接调整方法，而不包括直接调整方法，直接调整方法是国际经济法的调整方法。[2] 有学者主张，尽管国际私法不局限于冲突法，但以冲突规范为标志的间接调整方法是国际私法的主要调整方法；[3] 另有学者提出，国际私法的调整方法主要是直接调整方法，且随着国际私法的发展，直接调整方法将逐步取代间接调整方法。[4]

对此，以韩德培教授与黄进教授为代表的中国国际私法主流学者认为，

---

[1] 王传丽主编：《国际经济法》，高等教育出版社2012年版，第10页。

[2] 参见李浩培：《李浩培文选》，法律出版社2000年版，第3~4页；董立坤：《国际私法论》，法律出版社2000年版，第15页。

[3] 王传丽主编：《国际经济法》，高等教育出版社2012年版，第10页。

[4] 参见姚壮、任继圣：《论国际私法的对象和规范》，载《法学研究》1980年第3期。

间接调整方法和直接调整方法都是国际私法调整国际民商事法律关系所必需的手段。[1] 从这个意义上说，依据我国主流国际私法学者的观点，国际私法是一个庞杂的法律体系，除包括管辖权规则、法律冲突规则以及外国法院判决的承认与执行规则等，还囊括国际统一实体私法公约，亦即国际经济法的主体构成部分。换言之，我国主流国际私法学者认为，由于国际私法赖以产生和存在的条件还没有改变，直接调整方法还不能完全代替间接调整方法，后者在解决国际民商事法律冲突中仍将起重要作用。在现阶段以及可预见的将来，两种方法将长期依存、互为补充，不能相互取代，主要理由如下：

第一，直接调整方法并非在社会生活的所有领域都有可能并适宜使用。从目前情况来看，直接调整方法多适用于国际贸易和知识产权领域；而在其他一些领域，如继承、婚姻和家庭领域，由于各国历史、文化传统的巨大差异，使各国很难达成一致，遑论制定国际统一实体私法条约。譬如，一些伊斯兰国家基于宗教与文化原因在婚姻法律制度上实行一夫多妻制，但其他绝大多数国家将一夫一妻制视为婚姻制度的圭臬；再如，越来越多的西方国家将同性婚姻合法化，但包括中国在内的大部分国家尚不存在承认同性婚姻的法律与社会文化条件。因此，在可预见的将来，间接调整方法仍将在婚姻家庭等重要领域发挥主导作用。

第二，基于国家主权平等原则，各国有权根据本国利益决定是否参加缔约或是否加入相关的国际统一实体私法公约，因此，即使在出现了统一实体私法规范的一些领域，有关条约的缔约国也不可能是世界上所有的国家。职是之故，缔约国和非缔约国以及非缔约国之间的民事法律冲突仍要靠间接调整方法解决。

第三，缔约国往往出于维护本国利益的考量，而对公约的某些规定声明保留，依据《维也纳条约法公约》，"称'保留'者，谓一国于签署，批准，接受，赞同或加入条约时所作之片面声明，不论措辞或名称如何，其目的在摒除或更改条约中若干规定对该国适用时之法律效果"。[2] 因此，声明保留的缔约国和非声明保留的缔约国之间的法律冲突也要借助间接调整方法解决。

第四，公约对它要解决的问题，不一定能作出全面和明确的规定，对公约未能解决的问题，仍须靠间接调整方法来解决。例如，《联合国国际货物销售合同公约》第7条第2款规定："凡本公约未明确解决的属于本公约范围的问题，应按照本公约所依据的一般原则来解决，在没有一般原则的情况下，则应按照国际私法规定适用的法律来解决。"

事实上，国际条约的谈判与制定过程是各当事国相互斗争、相互博弈的过程。在很多情况下，条约的最终文本是各方妥协的产物。所以，大多数国际条约无法对其调整的所有事项均作出明确的规定。即便是其已包含的不少

---

[1] 韩德培主编：《国际私法》，高等教育出版社 2000 年版，第 4~5 页。
[2] 《维也纳条约法公约》第 2 条。

规则，尤其是其关键性规则，因各方博弈而欠缺精确性与可操作性的情况也很普遍。需要指出的是，国际条约的上述局限性是国际立法的内生性特点，因为如果不在一定程度上牺牲规则的全面性与精准度，公约的谈判就会陷入僵局，国际立法工作就无法顺利推进，国际法的发展就会停滞不前。无怪乎有国际法学者认为，国际条约在规则（尤其是核心规则）上的模糊性是一种"建设性模糊"（constructive ambiguity），是国际立法中"必要的恶"（necessary evil）。[1]

第五，间接调整方法虽然具有诸多缺陷，但各国理论界与实务界针对这些缺陷，一直在努力改进，从而使其得到不断优化。这也是间接调整方法具有强大生命力的重要原因。

综上，我国主流国际私法学者认为，间接调整方法和直接调整方法是同时并存、相辅相成的，共同担负着调整和稳定国际民商事法律关系的任务。综合利用间接方法和直接方法调整国际民商事法律关系，也是现代国际私法的特殊性所在。[2]

本书认为，我国主流国际私法学者关于间接调整方法和直接调整方法之关系的结论，从当下的历史阶段来看，是科学和站得住脚的。不过，对于直接调整方法属于国际私法抑或国际经济法的调整范围的学科争论，本书并不完全赞同上述任何一种观点。

事实上，站在人类历史发展的宏阔背景下，我们可以发现，直接调整方法与间接调整方法均为人类解决国际民事冲突的法律方法，只是在不同的历史阶段，它们的地位及其关系有所不同。前已论及，古希腊与古罗马创设了审理涉外纠纷的法庭，并赋予裁判官在司法实践中创制直接适用于此类案件的实体规则的权力，以此方式解决跨城邦的民事法律冲突。质言之，在古典时期，人类的法律思维朴素而直接，他们通过直接调整方式解决涉外民事法律冲突。

到了中世纪后期，随着意大利北部跨城邦贸易的繁荣，该地区法律冲突愈加严重与复杂，在此背景下，擅长抽象学理分析的后期注释法学派（post-glossators）以本地法律规则的分类为着眼点，提出"法则区别说"。该学说以单边主义为视角，以对本地法律规则进行分类为出发点，首倡按一定原则选择相关法律，从而在人类历史上第一次以系统化的方式开启了以间接调整方法调整涉外民事关系的新路径。到了19世纪，这一路径被更善于理论构建的德国法学家萨维尼提出的"法律关系本座说"修正、完善，从而发展到极致。质言之，以"法律关系本座说"为基石的经典国际私法体系秉持多边主义视角与国际主义路线，通过冲突规范调整国际民事法律冲突，以确保法律适用

---

[1] Craig Forrest, *International Law and the Protection of Cultural Heritage*, New York：Palgrave Macmillan, 2010, p. 44.

[2] 韩德培主编：《国际私法》，高等教育出版社2000年版，第4~5页。

过程的客观、平等与公正，因而在 20 世纪上半叶其成为人类调整国际民事法律冲突的主要方法。[1]

二战结束以后，国际经贸往来空前繁荣，人类快步迈入全球化时代，以间接调整方法协调国际民事法律冲突越来越难以适应新的局势。在此背景下，国际社会在经贸领域制定了大量的实体公约以调整跨国民商事交往，《联合国国际货物销售合同公约》《关税与贸易总协定》《世界贸易组织协定》等即为典型例证。这些当代国际条约以实体规范解决国际民商事交往中的法律问题，旨在统一其调整领域的法律规则，因此，它们是通过直接调整方法解决国际民事法律冲突的。

随着民商事领域实体条约数量的迅速增多及其体系的不断扩张，以此类条约为主要研究对象的一个新学科——"国际经济法"自 20 世纪 90 年代以后快速成长起来。从某种意义上说，国际经济法（尤其是国际贸易法）在当代的迅速崛起，可以被视为古典时期万民法与中世纪商人法的"重生"。相较之下，借助冲突规范间接调整国际民事关系的经典国际私法体系则相对式微。

如果将上述发展与演变过程放在大历史的经纬中，我们可以将人类解决国际民事法律冲突的历史演进脉络概括为：从以直接调整方法为主的古典时期，发展到以间接调整方法为主的近代，而当代则进入了直接调整方法复兴的新阶段。

尽管如此，鉴于国际社会的实然状态以及直接调整方法的诸多局限，在可预见的未来，它还不可能完全取代间接调整方法。因此，我国主流国际私法学者认为，直接调整方法与间接调整方法将同时并存、相辅相成，共同担负着调整和稳定国际民商事法律关系的任务。

职是之故，本书认为，间接调整方法与直接调整方法均为人类解决因国际民事交往而生之法律问题的手段，两者并不存在对立关系。无论是将直接调整方法与间接调整方法一并视为国际私法的调整方法，还是将直接调整方法从国际私法中划分出来并将之归类为国际经济法的调整方法，本质而言，不过是这两个学科的人为划分，并无实际意义。本书甚至认为，对该问题过分强调，只会割裂两种调整方法的内在关联，加重我国法学教育与研究早已存在的各学科画地为牢、互为藩篱的顽疾，这对培养法科学生宽广的视角、完整的法律思维与解决实际问题的能力，徒有害而实无益。

以此为前提，本书认为，鉴于当前国际统一实体私法条约已形成数量庞大、结构宏阔的体系，国际私法教材如仍将之涵盖在内，显然既不现实，也无必要。所以，尽管本书并不认为国际私法规范仅局限于冲突规范，但无意将国际统一实体私法纳入写作范围。鉴此，本书仅以法律冲突为着眼点，详细阐述解决国际民商事纠纷的三个主要议题：管辖权、法律选择以及国际民事诉讼与商事仲裁。[参见二维码拓展阅读 1-3]

―――――――――――

[1] 以上两段内容，请读者学完本书第二章"国际私法的历史"后再次思考。

第三节 国际私法的存在理由

从私法的角度考察，法律有两项基本功能：①保障所有权；②保障交易安全。[1]在纯国内民事关系的语境下，一国法律体系通常能正常发挥这两项功能。但是，一旦涉及国际民事关系，则可能出现问题：涉外案件往往牵涉不止一国的法律及执法机制，而不同国家关于所有权及交易的法律制度常常不同，有时甚至是扞格不入；更为重要的是，由于各国主权平等，一国可以拒绝承认或执行依另一国法律产生的权利。因此，在国际社会缺乏统一的立法、司法及执行机构的前提下，法律对国际民事关系的保障力度与实际效力显然远弱于其对纯国内民事关系的保护。在此背景下，法律效力的地域限制与民事交往日益增强的跨国流动性之间的矛盾，亦即"主权"（sovereignty）与"流动性"（mobility）之间的对立，遂成为人类社会不得不面对的难题。[2]

自人类社会跨社群间的交往开始后，这一问题就困扰着各国司法者，并被各国学者所关注。经过长期的探索与努力，到了近代，各国逐渐发展出一套复杂的法律适用规则，这套规则的核心任务是解决涉外民事关系的法律适用问题，以调和主权与流动性的对立与矛盾。这套法律规则就是我们今天所称的"冲突法"或"国际私法"。[3]

需要指出，国际私法发展到21世纪可谓体系复杂、学理精深，但这个学科始终保持着晦涩难懂的特点。[4]其中，尤令人困惑的是，尽管理论繁多，但学者们始终未能对国际私法的基本问题作出令人信服的解答。例如，国际私法的基本前提是：在涉外民商事案件中，本国法与外国法在理论上应具有相同或相似的可适用性，因此，在审理涉外民事案件时，如法院地的冲突规范指向某外国法，法官则应将该外国法作为支配该案实体问题的法律。但是，这一前提似乎缺乏坚实的根基。首先，作为一国司法机关的法院适用外国法，这是否有损本国主权？其次，法官通常仅了解其本国法，在这种情况下，一国司法机关适用外国法既不方便，又容易出错，其司法成本及其对法官素质的要求远高于适用本国法。既然如此，为什么当代各国（极少数国家除外）对外国法的适用均持许可态度？换句话说，国际私法存在的理由究竟是什么？

---

[1] Anthony T. Kronman, "Contract Law and the State of Nature", *J. L. Econ. org.*, 1 (1985), 5.

[2] Friedrich K. Juenger, "A Page of History", *Mercer L. Rev.*, 35 (1984) 419, 420-22.

[3] E. Lorenzen, *Selected Articles on the Conflict of Laws*, Yale University Press, 1947, pp. 13-14.

[4] 普罗赛（William Prosser）评论道："冲突法的领地是一片阴郁的沼泽，遍布着摇颤的泥潭；居于此地者，为一群博学而乖戾的教授，他们用怪诞和令人费解的术语为神秘之物创立理论。"荣格也感叹道："尽管有彪炳史册的大家倾力耕耘于斯，更有如山的著述经年积累于斯，冲突法还是陷于神秘与混乱的泥沼之中，无法自拔。"［美］弗里德里希·K.荣格：《法律选择与涉外司法》，霍政欣、徐妮娜译，北京大学出版社2007年版，第2页。

上揭问题，构成国际私法诸多问题的核心部分，由于始终未得到明确解释，遂被英美法系学者称为"冲突法之谜"（conflicts enigma）。[1] 值得强调的是，由于这些问题涉及国际私法的基本前提与核心理念，因此，只要它们无法厘清，学习者就难以窥见国际私法之堂奥，甚至不得不带着"一头雾水"学习。因此，直面这些问题，并给予明确解答，遂成为本书第一章中须解答的重要问题。

需要指出的是，对于国际私法存在的理由，或者说涉外民事案件适用外国法的理由，法学家们提出了诸多学理予以阐释，包括"礼让说""既得权说""法律关系本座说"等。考虑到在初学阶段援用这些深奥的理论，很有可能降低读者的学习乐趣，本书在此处尝试用易于理解的常识性知识解释国际私法的存在理由。

一、基于公正与互惠的理由

国际私法之所以存在，其最直接的原因是有利于实现公平与正义："如果法院在所有涉外案件中均适用其本地法，将会产生严重的正义灾难。"[2] 设想两位中国香港居民在香港签订了一份买卖合同，约定适用香港法律，并在深圳履行。后来，在合同履行过程中，双方发生争议，并诉至深圳某法院。在这种情况下，深圳的法院适用中国内地法审理该案既有违当事人的意愿，也不符合公平正义，因为当事人之所以选择香港法，通常情况下系缘于他们更熟悉或信赖香港法，而且在订立合同后，他们围绕合同所进行的相关行为系建立在适用香港法的判断之上。再如，沙特阿拉伯某男子在其本国与两位女性先后缔结婚姻关系，依据伊斯兰法，这两个婚姻关系均合法。后来，该男子与其第二个妻子到中国工作。在这种情况下，径依中国法律判定该男子与其第二个妻子的婚姻关系无效，揆情度理，显失公平。

所以，国际私法存在的首要理由是确保在个案中实现公平与正义。英国法学家戚希尔和诺斯有如下经典评述："当情况表明，某外国法会比英格兰法提供一个更公正、更方便、更符合当事人预期的解决方案时，英格兰法官应毫不犹豫地赋予该外国法以效力。这是一个适用于所有案件的神圣原则。"[3]
[参见二维码拓展阅读1-4]

除了在个案中实现公正以外，一国法院适用外国法，保护依外国法成立的民事关系，在很大程度上在于它期望该外国法院在相同情况下也能这么做，从而实现互惠。对此，美国法学家斯托里的评论可谓切中关綮："国际私法的基础在于：所适用的规则源于互利与实用的考量，源于若不如是为之将导致

---

[1] K. Nadelmann, *Conflict of Laws: International and Interstate*, The Hague: Nijhoff, 1972, p.140.

[2] 霍政欣：《国际私法》（英文版），对外经贸大学出版社2015年版，第15页。

[3] James Fawcett & Janeen M. Carruthers, *Cheshire, North & Fawcett Private International Law* (14th ed.), Oxford: Oxford University Press, 2008, p.37.

极度不便的意识，源于实现正义的道义需求，源于正义返回惠及于我们自身的务实期望。"[1] 由此可见，适用外国法既有促进公平正义的价值追求，亦有互惠互利的务实考量。倘若世界各国的法院均在此领域施以互惠，即可极大地便利国际民事交往，提高国际民事关系的稳定性。

二、基于主权的理由

自国际私法诞生时起，就一直存在一种观点：一国法院适用外国法，这是对该国主权的侵害。自国家主权平等原则被确立为国际法的圭臬后，这一指摘便成为长期困扰各国国际私法立法、司法以及理论的难题。从表面上看，这种观点似乎颇有道理："作为一国的司法机关，法院仅应适用其本国法律，如受制于外国法律，则丧失了其司法主权，从某种意义上说，甚至丧失了称其为国家的资格。"[2] 然而，我们不得不说，这一论调乍看有理，实则谬矣！

依据现代国际法，主权是最高权威，是指在法律上不从属于任何其他世俗权威的法律权威。[3] 因此，主权本质上是独立与平等权，它由一国主权者在其管辖范围内行使，其核心是排除外部力量的干涉。由此可见，一国通过其立法与司法机构独立作出外国法具有域内效力的决定，毫不涉及对主权的违反或让渡；恰恰相反，这是一国独立行使主权的体现与结果。

换言之，一国出于维护正义与实现互惠的考量，通过自主立法在涉外民事关系中承认外国法的效力，其司法机关依据其本国立法在涉外民事审判中自主地作出适用外国法的决定，这正是该国行使主权的体现，而与放弃主权毫无干系。因此，那种认为在涉外民事案件中适用外国法有违主权的观点，系建立在对主权的错误认识之上，是站不住脚的。[参见二维码拓展阅读1-5]

三、基于经济分析的理由

法学是一个以社会现象为研究对象的学科，法学的诸多问题仅靠法理论与法技术是无法解决的。现代社会科学的发展已经证明，一个学科的核心问题往往需要借助其他学科的分析手段或以超越单一学科的视角加以研究，方能取得突破性成效。[4] 波斯纳（Richard A. Posner）指出，经济学是社会科学中最发达的学科，法律制度与经济制度有许多交融的地方，从经济学角度

---

[1] Joseph Story, *Commentaries on the Conflict of Laws*, 1834, reprinted by Lawbook Exchange Ltd. p. 37.

[2] T. Alexander Aleinikoff, "Thinking outside the Sovereignty Box, Transnational Law and the U. S. Constitution", *Tex. L. Rev.* 82 (2004), 1989.

[3] [英] 詹宁斯、瓦茨修订：《奥本海国际法》（第1卷第1分册），王铁崖等译，中国大百科全书出版社1995年版，第93页。

[4] See M. D. A. Freeman (ed.), *LLoyd's Introduction to Jurisprudence* (7th ed.), London：Sweet & Maxwell Ltd., 2001, p. 1.

研究法学问题是现代科学研究的必由之路。[1] 现代宏观经济学的奠基人马歇尔（A. Marshall）在《经济学原理》中曾作出经典论断："决定人类行为的最根本、最持久的力量，一类是经济的，一类是宗教的。"[2] 可见，从经济分析的角度来解析国际私法的存在理由，是透彻理解该学科核心理论的必然要求。

有学者提出，在涉外案件中排他性地适用法院地法具有明显的成本优势，有利于降低经济成本，国际私法因而有悖于经济效率原则。这一观点的主要理由有：首先，一国法官通常只熟悉本国法，而适用外国法既费时又费力，故在涉外案件中直接适用法院地法，其经济成本应该更低。其次，法院毫无例外地适用法院地法会鼓励当事人"挑选法院"（forum shopping），而从经济学的角度考察，挑选法院有助于在世界范围内降低社会成本，符合效率原则。这是因为在贸易自由的前提下，资本会流向有成本优势的国家。资本的这一特性有助于实现资本的全球优化配置，也有助于各国发挥其比较优势，从而实现世界范围内经济效率的提高，促进人类福祉；同理，在诉讼领域，当事人也会倾向于选择诉讼成本低廉、审判程序公正、高效的法院。是故，挑选法院是"无形的手"发挥作用的必然结果，这有利于提高效率，在世界范围内降低诉讼成本，并有促进各国改进其司法体制、实现司法良性竞争的功效。[3]

然而，不得不指出，以上理由看似充分，但其推论存在严重缺陷，既缺少国际视野，也没有整体与宏观层面的考量：

1. 支持在涉外案件中排他性地适用法院地法的一个主要理由是：由于当事人预先知晓法院将毫无例外地适用其本国法，故适用法律简单、明确、可预见性强，从而有利于当事人预知其法律行为的后果，降低诉讼成本。其实，这一理由存在一个显而易见的限制，即排他性适用法院地法只可能在国际民事诉讼发生以后有助于提高可预见性，而在诉讼发生前，这一做法只会增加不确定性、减小可预见性，从而提高遵守法律的成本。这是由国际民事诉讼的复杂性与特殊性所决定的。

我们知道，国际民事交往通常涉及不止一个国家，故一旦发生纠纷，往往有不止一个国家的法院可以行使管辖权。这样一来，除非事先签订法院选择条款，否则，国际民事交往中的当事人将无法预知，如今后发生纠纷，诉讼将在何国进行。在此背景下，如果各国法院在涉外案件中排他性适用本国法，势必导致当事人在诉讼开始前无法预知将适用的法律，遑论预见其法律

————————

[1] See Robert Cooter, Thomas Ulen, *Law and Economics*（3rd ed.），Boston：Scott Foresman & Co.，2000，p.1.

[2] 转引自汪丁丁：《在市场里交谈》，世纪出版集团、上海人民出版社 2003 年版，第 1 页。

[3] Nita Ghei & Francesco Parisi，"Adverse Selection and Moral Hazard in Forum Shopping：Conflicts Laws as Spontaneous Order"，*Cardozo L. Rev.*，25（2003）1367，pp.1372-1373.

行为的后果。[1] 此外，需要强调的是，排他性适用法院地法等于剥夺了当事人通过意思自治选择法律的权利；而在私法领域，尤其是合同领域，赋予当事人法律选择权，不仅是私法自治与契约自由原则的必然要求，而且可以大大提高法律适用的合理性与可预见性，从而提高经济效率，促进国际民事交往的安全与稳定发展。

由此可见，排他性适用法院地法在实践中不仅无法提高法律适用的可预见性与效率，反而会增加不确定性，从而提高遵守法律的成本，有损于国际民事交往的发展。

2. 前已论及，在涉外案件中排他性适用法院地法造成的直接后果是鼓励当事人挑选法院；与此相反，依据冲突规则选择适用本国、外国法律，因其有利于实现判决一致，则会抑制挑选法院。支持仅适用法院地法的学者通过类比资本流向成本洼地的规律，得出挑选法院有利于在世界范围内降低诉讼成本、提高司法效率的结论。因此，对挑选法院进行经济分析甚为关键。本书认为，分析挑选法院是否会带来世界范围内社会成本的变动，是一个相当复杂的系统性问题，仅仅通过类比资本的流动属性就得出结论过于草率，论证缺乏严密性，也不符合国际民事诉讼的具体情况与特点。

第一，需要从微观、直接的角度来分析挑选法院现象。挑选法院在本质上是原告为实现其利益最大化，单方面选择某一法院进行诉讼。原告在选择法院时往往有两种倾向：①选择在其本国法院起诉。对他而言，这不仅更加便利，还可以依其母语、按其所熟悉的程序法进行诉讼，从而获得心理上的优势。②在各国均排他性适用法院地法的情况下，为适用对其最有利的实体法，原告也可能舍近求远，选择一个对双方均不经济便捷的法院起诉。无论如何，选择法院是原告权衡选择的结果，必定对其有利。

从诉讼双方的博弈来看，原告单方面挑选法院固然对被告不利，但这并不必然造成诉讼整体成本的明显变动，因为在第一种情况下，原告、被告处于"零和博弈"（zero-sum game）的状态，即原告的获利往往就是被告失去的利益。[2] 例如，原告在其本国法院起诉所降低的诉讼成本，通常直接对应被告因在外国进行诉讼而增加的成本；原告获得心理优势，也直接对应被告的心理劣势；原告获得的有利判决通常直接对应被告获得的不利判决。换言之，在这种情况下，挑选法院对单个诉讼的整体成本影响并不明显，很难判断其是否符合效率原则。但是，在第二种情况下，即原告为获得法律适用上的优势而选取在一个诉讼成本高昂的法院起诉，情况就有所不同了。由于原告选择了对双方均不经济便捷的法院起诉，所以，即便在实体判决结果上，

---

[1] William H. Allen & Erin A. O'Hara, "Second Generation Law and Economics of Conflict of Laws: Baxter's Comparative Impairment and Beyond", *Stan. L. Rev.*, 51（1999）, 1011, 1023.

[2] Moore & Parisi, "Rethinking Forum Shopping in Cyberspace", *Chi-Kent. L. Rev.*, 77（2002）, pp. 1328-1339.

原告、被告仍处于"零和博弈"状态，但是，双方诉讼成本的同时增加无疑会提高该诉讼的整体成本。由此可见，从微观、具体的角度来看，挑选法院增加诉讼成本的可能性远远大于降低诉讼成本的可能性。

接下来，我们再从宏观的角度探讨挑选法院对诉讼及社会的整体及长远影响。首先，挑选法院对原告有利，而对被告不利，这种明显的利益偏向必然会给从事国际民事交往的当事人强烈的心理暗示：如发生纠纷，应争做原告，从而享有选择法院的巨大优势；动作稍有迟缓，则可能陷入被告的不利境地。换言之，挑选法院会刺激双方当事人在提起诉讼上展开速度竞争，这一现象被形象地称为"奔向法庭的赛跑"（race to the courthouse）。[1] 显而易见，在这场"赛跑"中，"起跑速度"至关重要。如此一来，一些原本无需通过诉讼解决的纠纷会因当事人"争先恐后"的心态而被仓促提交法院，国际民事诉讼的数量因此会大大增加。在国际民事争议解决机制中，诉讼通常被认为是一种成本最高的争议解决途径，[2] 因此，挑选法院会提高解决国际民事纠纷的总体社会成本。

第二，一旦原告选定在某一法院起诉，被告会产生天然的怀疑与抗拒心理，这必然会使双方当事人及法院在处理纠纷的实体问题之前花费大量的时间与精力处理管辖权等程序性问题，这显然也会增加诉讼成本。从这个意义上说，挑选法院不仅会导致国际民事诉讼数量的增长，而且会降低诉讼的解决效率，提高诉讼成本。

概言之，挑选法院实质上是赋予原告单方面选择法院的权利，它不仅对被告不公，而且会大大增加诉讼成本上升的可能性；更为重要的是，由于挑选法院刺激当事人展开诉讼竞争，这会导致国际民事诉讼数量的增长与诉讼成本的整体性提高，降低国际民事争议解决的效率。故无论是在微观层面，还是在宏观层面上，挑选法院均不符合效率原则。

由此可见，在审理涉外民商事案件时，法院承认外国法的可适用性，比简单排斥之更加符合效率原则，更有利于促进人类福祉。[3] 如此一来，我们亦不难理解，作为调整涉外民事关系的法律部门，国际私法缘何能历经千年而不衰，始终保持着旺盛的生命力与活力。[参见二维码拓展阅读1-6]

👉 第四节 国际私法的渊源

法律的渊源，亦称法源，英文是"sources"，是指法的表现形式。国际私法的渊源，是指赋予国际私法规范以法律效力的法律文件的表现形式。相对

---

[1] Michael J. Whincop & Mary Keyes, "Economic Analysis of Conflict of Laws in Torts Case: Discrete and Relational Torts", *Melb U. L. Rev.*, 22 (1998), 370, pp. 378-380.

[2] 参见黄进主编：《国际私法》，法律出版社2005年版，第581~584页。

[3] 详见霍政欣：《冲突法之谜的经济分析》，载黄进、肖永平、刘仁山主编：《中国国际私法与比较法年刊·2009（第十二卷）》，北京大学出版社2009年版，第153~186页。

于其他法律部门而言，国际私法的渊源具有以下特点：①两重性，即国际私法既有国内法渊源，又有国际法渊源。细言之，国内法渊源主要有国内成文法和国内判例两种形式，国际法渊源主要有国际条约与国际惯例两种形式。②多样性，即不同国家对国际私法渊源的认定差异较大。

一、国内法渊源

国际私法规范最早是在国内立法中出现的，经过相当长时期的历史发展之后，才逐渐出现了调整国际民事关系的国际条约。直到今天，国内立法仍是国际私法最主要的渊源。事实上，正是源于此，一些学者才对国际私法这个学科以"国际"冠名存有异议。

一般认为，最早以国内立法方式规定冲突规范的是 1756 年的《巴伐利亚法典》；之后，又有 1794 年的《普鲁士邦一般法典》与 1804 年的《法国民法典》等，其中，《法国民法典》的影响尤其深远。[1] 纵观数百年来各国国际私法国内立法的历史，我们可以发现，国际私法的国内立法呈现出以下三种递进的方式：

第一，分散式，即将冲突规范分散规定在民法典的有关章节中，《法国民法典》采用的就是这样一种方式。[2] 受其影响，意大利、西班牙、葡萄牙、希腊、荷兰等国也曾采用这一立法模式。

第二，专章专篇式，即在民法典或其他法典中以专篇或专章比较系统地规定国际私法规范。与前一立法模式相比，这种方式可以相对集中、系统地规定冲突规范，具有明显的进步意义。一些国家（如意大利、葡萄牙、希腊等）在修订民法典时，纷纷放弃分散立法式，转而采用专章专篇的立法模式。当代仍有不少国家采用这种模式，如我国于 1986 年公布的《民法通则》即为一例。《民法通则》专设第八章"涉外民事关系的法律适用"，对涉外民事关系的法律适用问题作了集中规定。在相当长的一段时期内，该章曾构成我国国际私法的主要渊源。

第三，法典式，即以专门法典或单行法规的形式制定系统的国际私法规范。1896 年颁布的《德国民法施行法》最早采取这种做法。[3] 这一立法模式的诞生，标志着国际私法立法逐步走向成熟，开始进入法典化阶段。

---

〔1〕《法国民法典》对人类的影响极其深远。拿破仑对于他本人在创造民法典中的作用极为自豪，他在晚年曾这样评价："我的光荣不在于赢得了 40 场战役，不在于征服了大半个欧洲，因为滑铁卢一役足以让我容颜尽失，但我的民法典却不会被遗忘，它将永世长存。"转引自 ［德］K. 茨威格特、H. 克茨：《比较法总论》，潘汉典等译，法律出版社 2003 年版，第 130 页。

〔2〕以《法学阶梯》为蓝本，《法国民法典》分为"人法""财产及对所有权的各种限制""取得财产的各种方法"三篇，但将《法学阶梯》中的程序法分离出去，从而开启了程序法与实体法的分野。《法国民法典》没有将冲突规范集中规定，而是在三篇不同章节中先规定实体规则，再分别列入相关的冲突规范，此即分散式。

〔3〕在德国，国际私法仅为法律适用法，通常被视为民法的一个分支，故其国际私法立法冠以"民法施行法"。

以上三种方式是国际私法立法自然演进的过程。回顾之，可以概括出晚近国际私法立法的发展趋势与特点：

1. 当代国际私法在立法模式上呈现法典化趋势。从 20 世纪晚期以来一些国家颁布的国际私法立法来看，它们在形式上已有总则、分则之分，法典结构日趋合理，内容也更加丰富。

2. 当代国际私法的调整对象不断扩大，适用范围愈加广泛。传统国际私法的调整范围多局限于债权、物权、婚姻、家庭、继承等领域。当代国际私法的内容已扩展到知识产权、劳动关系、代理关系、产品责任、交通事故、环境污染等，其适用范围明显扩大。

3. 为适应当代民事关系愈加复杂的特点，晚近国际私法立法在越来越多的领域体现了意思自治、最密切联系等弹性法律选择方法，选择性冲突规范的运用也不断增多，法律选择的灵活性不断增强。

4. 当代国际私法立法的人文主义关怀色彩愈加明显，弱方当事人的利益普遍受到倾斜性保护，主要表现为国际私法立法愈加关注对消费者、劳动者及未成年人利益的保护。

国内立法作为国际私法的渊源，在大陆法系国家自不待言；不仅如此，随着两大法系的融合，在一些英美法系国家，国内立法作为国际私法之渊源的地位也在不断提升。英国法学家莫里斯（Morris）再版其著作《冲突法》时，在序言中这样写道："在本版中，英格兰冲突法的三个渊源依次是：制定法（statutes）、判例（decisions of the courts）与学说（opinions of jurists）；而在前一版中，它们的顺序是：判例、制定法与学说。这是因为制定法已经成为本领域最重要的渊源，而且可以预见，未来其地位只会加强，不会减弱。"[1]在澳大利亚、新西兰和加拿大，制定法代替判例法的趋势几乎与英国如出一辙。

所谓判例，系指法院对具体案件的判决具有法律约束力，可以成为以后审理同类案件的依据。在英美法律体系下，司法判例在当今被认为是法律的正式渊源。[2] 在《法律帝国》中，罗纳德·德沃金（Ronald Dworkin）将普通法的历史比作系列小说的撰写，每个法官都负责独立撰写其中的一个章节，正是无数个由各个法官撰写的章节，构成了普通法生生不息的发展演进史。[3] "法官造法"对于普通法演进所起的关键作用，由此可见一斑。职是之故，在英美法系国家，法院判例自然是其国际私法的正式渊源。

在大陆法系国家，虽然传统上并不认为判例是其法律的渊源，但随着两大法系的渗透和融合，判例在大陆法系国家的司法实践中越来越重要，法院

---

〔1〕 J. H. C. Morris, *The Conflict of Laws*, London：Sweet & Maxwell, 2012, preface.

〔2〕 ［美］E. 博登海默：《法理学：法律哲学与法律方法》，邓正来译，中国政法大学出版社1999年版，第539页。

〔3〕 ［美］德沃金：《法律帝国》，李常青译，中国大百科全书出版社1996年版，第204~206页。

的判决被法官和律师援引支持自己的主张是十分常见的事；尤其是在国际私法领域，判例更扮演着独特而重要的角色。在历史上，由于国际私法立法在相当长的一段时期内滞后于司法实践，所以，即便是在德国与法国这两个典型的大陆法系国家，判例也曾起到重要作用。[1]到当代，在大多数大陆法系国家，国际私法的主要渊源是成文法，但在这些国家的法院审理涉外民事案件时，判例也起着不可忽视的作用，构成国际私法的辅助渊源。[2]

二、国际法渊源

国际私法的国际法渊源有国际条约和国际惯例两种形式。依据《维也纳条约法公约》，国际条约是"国家间所缔结而以国际法为准之国际书面协定，不论其载于一项单独文书或两项以上相互有关之文书内，亦不论其特定名称如何"。作为国际私法渊源的国际条约，是指那些含有国际私法规范的条约。

依据我国主流国际私法学者关于国际私法范围的理解，当代国际私法条约的数量很多，按其内容大致可分为以下四类：①关于外国人民事法律地位的国际条约；②关于冲突法的国际条约；③关于实体法的国际条约；④关于国际民事诉讼与国际商事仲裁的国际条约。[3]

权威国际组织在上述国际条约的形成过程中起着重要作用。这些国际组织主要有联合国、海牙国际私法会议、美洲国家组织、国际统一私法协会、欧洲共同体、欧洲联盟与欧洲理事会。其中，海牙国际私法会议是世界上最主要的统一国际私法（主要是冲突法）的常设政府间国际组织。截至2023年底，海牙国际私法会议有91个成员（含欧盟）。[4]自1893年第一届海牙国际私法会议召开以来，海牙国际私法会议已通过了40多项国际私法公约，对于统一各国国际私法规则、促进国际民商事交往发挥了建设性作用。[参见二维码拓展阅读1-7]

我国学者认为，国际惯例是在国际交往中逐渐形成的不成文的法律规范，它只有经过国家认可才有约束力。在国际私法范围内，这种惯例具有两种表现形式：一种是不需要当事人选择而必须遵守的惯例，即强制性惯例；另一种则是只有经过当事人的选择，才对其有约束力的惯例，即任意性惯例。

在日常生活中，"国际惯例"（international practice）常与"国际习惯"（international custom）互换使用，但在国际法学领域，对这两个名词有明确区分。依据《国际法院规约》第38条第1款，国际习惯是"作为通例之证明而

---

[1] J. H. C. Morris, *The Conflict of Laws*, London：Sweet & Maxwell, 2012, p. 8.

[2] 由于国际私法存在"公共秩序保留"制度，即便在大陆法系国家，法官在国际私法案件的审判中也扮演着创造性角色。因现阶段读者尚未学习该制度，故此处仅作出提示。读者学完公共秩序保留后，须重新思考这一问题。

[3] 详见韩德培主编：《国际私法》，高等教育出版社2000年版，第29~30页。

[4] HCCH MEMBERS, 载https：//www.hcch.net/en/states/hcch-members, 最后访问日期：2023年12月31日。

经接受为法律者"。可见，一项规则要成为国际习惯必须具备两个条件：一是在长期实践中重复类似行为而形成普遍的习惯做法；二是这种做法被国家和当事人认可而具有法律效力。为此，西方学者将国际习惯的构成归结为两个因素，即实践和法律确念。而国际惯例则不仅包括具有法律约束力的习惯，而且包括尚不具法律约束力的"通例"。[1] 也有学者将国际惯例作狭义理解，仅指各国长期普遍实践所形成的尚不被各国认可而不具有法律约束力的"通例"或"常例"，以示与国际习惯的区别。

在国际私法领域，被认可为具有法律约束力的国际习惯并不多见。长期以来，法律适用领域虽然也形成了一些习惯做法，如"程序事项适用法院地法""合同适用当事人选择的法律""不动产物权适用不动产所在地法"等，但这些规则不具有普遍的法律约束力，将之归类为国际习惯尚不恰当。在实体法和程序法中，特别是在国际经济贸易领域，具有法律约束力的国际习惯也很少见，大量的是不具有强制性和普遍法律约束力的"常例"或"通例"。这些"常例"或"通例"只有经当事人选用，才对特定的当事人产生法律约束力。因此，国际私法惯例通常是指那些不具有法律约束力的"通例"或"常例"，即那些只有经过当事人的选择才对其有约束力的任意性惯例。

三、法理和学说

法理和学说作为法律渊源由来已久。在古罗马，查士丁尼（Justinian）主持编写的《法学阶梯》和摘录权威法学家言论而编成的《学说汇纂》被纳入《国法大全》中，直接被奉为法律。中世纪，一些研究罗马法的权威学者的见解，也经常被法院引为判决的依据。当代，对于法理和学说是否为国际私法的渊源，学界还存在不同的看法。一般认为，法理和学说只不过是学者们基于立法和实践对法律的概念、规则和制度所作的阐释或提出的观点、理论、主张等，不具有法律规范的作用，一般不应作为法律的渊源，但可以作为法官确定法律规则的辅助性资料。

尽管学说或法理不是严格意义上的国际私法渊源，但权威学者的学说在国际私法的发展中所起的作用不容忽视。从某种意义上讲，国际私法就是从学说发展起来的，而18世纪以前的国际私法，甚至可以被称作"学说法"。在这一阶段，国际私法仅表现为一种学说或学理状态，只是到了18世纪下半叶以后，国际私法才进入"制定法"阶段。第二章，我们学习国际私法历史时，会对国际私法发展历程中的各种学说及其重要意义作出系统探讨。即便在当代，权威学者所阐扬的学说对国际私法立法与实践也具有重要的借鉴和参考价值。[参见二维码拓展阅读1-8]

正是基于这一原因，一些国家和地区的立法或司法将法理或国际私法原

---

[1] ［英］詹宁斯、瓦茨修订：《奥本海国际法》（第1卷第1分册），王铁崖等译，中国大百科全书出版社1995年版，第16页。

理列为国际私法的渊源，以弥补成文立法之不足。例如，在英格兰，权威著述《戴西、莫里斯与考林斯论冲突法》确定的法律选择规则常被法院直接援引；再如，在美国法学会的主持下，由权威冲突法学者编纂的《冲突法重述》在性质上不过是学术作品，但据美国法学会的统计，美国法庭直接援用之的情况非常多见。[参见二维码拓展阅读1-9]

四、中国国际私法的渊源

当代中国的法律体系主要承袭了大陆法系的传统，因此，在中国，成文法是法律（包括国际私法）的正式渊源。尽管如此，由于我国国际私法立法相对滞后，加之我国司法制度的特点，在某种意义上说，典型案例也可以被视为国际私法的辅助性渊源。除国内法律渊源外，中国缔结或加入的国际私法条约以及民商事领域的国际惯例也是我国国际私法的渊源。

对国内立法而言，改革开放以来，我国在国际民事领域颁布了大量的立法。2010年10月28日通过、2011年4月1日实施的《涉外民事关系法律适用法》是当前我国国际私法最重要的渊源。该法的制定与通过是我国国际私法立法的里程碑，标志着我国国际私法立法从此告别以编章式为主、散见式为辅的立法模式，步入以法典化立法为主的新阶段。

不过，由于该法没有系统整合既存于各单行法律中的冲突规范，因此，除该法以外，下列法律包含的冲突规范也构成我国国际私法的重要国内法渊源：《民法典》（第467条）、《中华人民共和国海商法》（以下简称《海商法》）（第268～275条）、《中华人民共和国民用航空法》（以下简称《民用航空法》）（第185～188条）、《中华人民共和国票据法》（以下简称《票据法》）（第96～101条）等。关于国际民事诉讼和国际商事仲裁的国内立法也是我国国际私法渊源的组成部分，主要规定在《民事诉讼法》（第四编）、《中华人民共和国仲裁法》（以下简称《仲裁法》）、《中华人民共和国海事诉讼特别程序法》（以下简称《海事诉讼特别程序法》）、《外国国家豁免法》等法律中。概言之，经过多年努力，一个以《涉外民事关系法律适用法》为核心，以《民事诉讼法》第四编"涉外民事诉讼程序的特别规定"及其他法典或法规为补充的中国国际私法体系已基本形成。

依据《中华人民共和国人民法院组织法》（以下简称《人民法院组织法》），最高人民法院有权对在审判过程中如何具体应用法律、法令的问题进行解释。据此，最高人民法院颁布了大量的司法解释，不少司法解释属于国际私法规范，其中，2012年12月28日公布并经2020修正后于2021年1月1日起实施的《法律适用法解释（一）》、2015年公布并经第二次修正后于2022年4月10日起实施的《最高人民法院关于适用〈中华人民共和国民事诉讼法〉的解释》（以下简称《民诉法解释》）、2018年6月27日公布并经修改后于2024年1月1日起实施的《关于设立国际商事法庭的规定》、2024年1月1日起实施的《法律适用法解释（二）》和《关于审理涉外民商事案件适用国际条约和国际惯例若干问题的解释》尤为重要。最高人民法院在国际民商事领域颁布的司法解释也构成我国国际私法的渊源。

在我国现行法律体制下，司法判例不是法律的渊源，它只对具体案件具有约束力，不能作为法院处理案件的法律依据。但在现阶段，承认权威司法判例在我国国际私法中的渊源地位，对指导法院的审判，发展我国对外民商事关系，维护中外双方当事人的合法权益，推动我国国际私法的立法进程具有重要意义。

在我国的司法实践中，司法判例主要通过三种方式来发挥作用：①最高人民法院对有关涉外民事关系的立法或司法审判中出现的具体问题所作出的"解答""批复"等指示性司法解释，它们是司法判例的高级表现形式。②最高人民法院针对地方各级人民法院的个案请求所作的各种"答复""批复"等，对下级法院审理同类案件无疑具有指导和借鉴作用。[1] ③最高人民法院公布的一些典型案例，对法院的审判有重要的指导作用和很大的影响力。例如，为加强和规范案例指导工作，服务和保障"一带一路"建设，自 2015 年以来，最高人民法院已发布多批涉"一带一路"建设专题指导性案例。这些指导性案例是最高人民法院在梳理、总结近年来涉外民商事海事审判工作经验的基础上，依托最高人民法院案例指导制度，围绕全面增强我国涉外民商事海事审判的国际影响力，为深入推进新时代改革开放提供坚强有力的司法服务保障的重要举措。司法统一是司法公信力的重要保障，指导性案例在人民法院审判工作中一直发挥着积极作用，也在统一司法理念、统一裁判标准方面发挥重要的作用。[2] 此外，最高人民法院有关业务部门编辑出版的案例资料，也可供各级法院审理案件时参考。[3]

国际条约与国际惯例构成我国国际私法的国际法渊源。20 世纪 80 年代以来，我国积极参与国际事务，参加和缔结了大量的国际私法条约。从内容上看，这些条约多为有关相互赋予对方公民和法人民商事法律地位、国际民事诉讼与国际商事仲裁程序、统一实体规范的国际条约，尚无专门的冲突法公约。尽管《民法通则》在《民法典》实施后已被废止，但其关于国际条约和国际惯例在我国民事法律体系中的地位的规定仍值得关注。《民法通则》第 142 条第 2 款规定："中华人民共和国缔结或者参加的国际条约同中华人民共和国的民事法律有不同规定的，适用国际条约的规定，但中华人民共和国声明保留的条款除外。"这表明国际条约是我国国际私法的渊源，且如国际条约

---

〔1〕 在我国的司法文件中，"复函"一般没有司法约束力，而"答复""批复"有约束力。

〔2〕 《最高人民法院发布涉"一带一路"建设专题指导性案例》，载 https：//www. chinacourt. org/article/detail/2019/02/id/3736851. shtml，最后访问日期：2023 年 12 月 31 日。

〔3〕 韩德培、肖永平编著：《国际私法学》，人民法院出版社、中国社会科学出版社 2004 年版，第 9 页。

与我国国内民事法律有冲突，优先适用前者，中国保留的除外。[1]

《民法通则》第 142 条第 3 款规定："中华人民共和国法律和中华人民共和国缔结或者参加的国际条约没有规定的，可以适用国际惯例。"由此可见，国际惯例也是我国国际私法的渊源之一，但其处于补缺地位，且属于任意性适用，而非强制性适用。

【案例 1-5】　居住在美国纽约的中国公民张某为回国过春节，在日本甲航空公司官网购买了一张从纽约经停东京到北京的机票。飞机预计于 2017 年 1 月 27 日农历除夕下午抵达北京首都国际机场。北京时间 1 月 27 日下午 1 时许，航班飞到北京上空后，因为严重雾霾无法降落，被迫返回东京成田机场。到成田机场后，甲公司没有为乘客免费提供食宿，致使张某被迫在机场度过了一个痛苦的除夕之夜。回国后，张某欲在北京起诉甲公司。作为张某的诉讼代理人，应如何制定诉讼策略？

对于本案，首先需要确定，张某主张何种请求权最为适宜？关于这个问题，可以先排除因甲公司未按既定航程将张某按时运送至目的地而提出违约赔偿请求权，这是因为：天气原因导致的延误或航程迂回属于"不可抗力"，无论是依据国际公约，还是各国国内法，航空公司均可以免责，毕竟，对民用航空而言，安全始终是第一位的。因此，可选的诉由似乎是：甲公司因航程迂回而导致乘客在中转机场过夜的情况下，应为乘客提供免费的基本食宿。但是，能否选择该诉由，还取决于是否能找到足够的法律支撑。可见，确定本案适用的法律至关重要。

在国际民用航空运输领域，有一项全球性多边国际公约——《统一国际航空运输某些规则的公约》（以下简称《蒙特利尔公约》），中国、美国与日本均是其缔约国。依据该公约，当国际空运的始发地、目的地国均是缔约国时，公约具有强制适用性。[2] 因此，作为张某的代理人，应先看《蒙特利尔公约》有无相关支撑条款，这也符合《民法通则》第 142 条第 2 款的规定。然而，该公约并无航空公司在本案情况下须为乘客提供免费食宿的规定。这时，应依法院地国即中国的冲突规范确定支配案件的法律。依据《涉外民事关系法律适用法》，涉外合同当事人选择法律的，应适用其选择的法律。[3] 作为一种格式合同，本案中的国际机票载明与本运输合同有关的纠纷适用

---

〔1〕　依据《民法通则》，仅于民事法律领域，在国际条约与国内法冲突的情况下，前者优先适用。从更普遍的意义上说，国际条约与我国国内法如有冲突、何者优先的问题，尚没有答案。需要指出的是，在宪法或对外关系法层面厘定国际条约在我国法律体系中的地位，系统性地解决我国参加与缔结的国际条约在国内的适用与实施问题，是一件关系到中国和平发展的重大课题，亟待解决；否则，国际社会必然会对中国是否尊重国际法与国际规则、是否履行国际义务产生顾虑与猜忌。

〔2〕　参见《蒙特利尔公约》第 1 条、第 49 条。

〔3〕　关于合同的法律适用，详见本书（第二编）第八章。

《蒙特利尔公约》，而如前所述，该公约并无相关条款可以援用。在这种情况下，依据中国的法律规定与司法实践，法院应适用中国国内法。然而，在中国的国内法律、法规及部门规章中，也没有可以支持该诉由的规定。因此，主张航空公司在本案情况下须为乘客提供免费食宿是一项国际惯例，成了张某起诉甲公司的唯一可选策略，因为依据《民法通则》第 142 条第 3 款，国际惯例具有"补缺作用"。

不过，如何证明存在该项国际惯例，对原告来说，并不容易。作为其代理人，可以调查世界主要航空公司的实践，如果全部或者绝大部分航空公司在类似情况下均为乘客提供免费食宿，可以证明这项国际惯例的存在；或者如果能证明甲公司在类似情形下为其他国际航线上的乘客均提供免费食宿，也可以主张这构成该公司的惯例，它应该受此约束。

综上可知，对于国际私法案件，法官处理其实体问题，并不必然适用内国法，而是需要经过一个选择法律的过程，以确定支配案件的实体法，[1] 其结果，既有可能适用内国法，也有可能适用外国法，还有可能适用国际条约或国际惯例。这是国际私法案件与纯国内民事案件的显著区别，因为后者会当然地适用内国实体法。依据中国关于国际私法渊源的法律规定，对于涉外民事纠纷，法院确定其适用的实体法的顺序大体可概括如下：[2]

第一，某一涉外民事案件如果属于我国缔结或参加的某一国际条约的适用范围，应按照该国际条约来处理。

第二，如果不属于我国参加的任何国际条约的调整范围，或有关国际条约对如何处理该案没有规定，则应适用法院地国（即中国）的冲突规范确定应适用的实体法。

第三，如果根据冲突规范所指引的外国法或国际条约对该案无相应的实体规范，通常适用法院地国的实体法。

第四，如果法院地国的实体法亦无相关规定，则可以适用国际惯例。不过，在国际民事诉讼实践中，国际惯例的查明往往相当不易。

值得强调的是，通观 2020 年 5 月全国人大通过的《民法典》，关于国际法与国内民法之间等级关系的重要条款，该法典竟付之阙如。在此背景下，《民法典》实施后，即便在民事法律领域，中国法官在确定适用国际法还是国内法的问题上，似乎也拥有了自由裁量权。这一问题属于立法者的有意安排还是疏忽，尚待观察。[3] 在制定《对外关系法》的过程中，应如何对国际条约在中国法律体系中的地位及其适用和实施进行规定成为焦点问题之一。有观点认为，应在这部调整对外关系的基本法中明确国际条约是中国法律体系

---

〔1〕　在国际私法上，这被称为"准据法"，详见本书（第一编）第四章第三节。

〔2〕　需要指出的是，这只是一般意义上确定准据法的顺序，并不一定适用于所有涉外民事纠纷。

〔3〕　详见霍政欣：《论全球治理体系中的国内法院》，载《中国法学》2018 年第 3 期。

的组成部分，并详细规定其位阶及其适用和实施的方式等事项。但也有观点认为，全国人大及其常委会制定的现行有效的中国法律总数不到三百部，[1] 而人大常委会批准的国际条约有六百多项，国务院核准的国际条约有两万多项，各中央国家机关对外签订的国际性法律文件更多达 26 万多项，因此，除非对这些国际条约及国际性法律文件作系统梳理，否则不宜对其在中国法律系统中的位阶及其适用和实施问题作出具体规定，故主张对其进行相对抽象地原则性规定。

本书同意第一种观点。其一，在《对外关系法》中厘定国际条约在我国法律体系中的地位，系统性地解决我国参加与缔结的国际条约在国内的适用与实施问题，是我国践行和维护以国际法为基础的国际秩序的必然要求和应有之义。其二，《对外关系法》规定国际条约在我国法律体系中的位阶及其适用和实施问题，其潜在的法律风险可以通过制度和规则设计予以化解。首先，我国在缔结或加入相关公约时，通常会对损害我国重大利益和国内法秩序的条款予以保留；此外，《对外关系法》可以通过明确规定国际条约适用的保留例外原则，构筑全面的法律屏障，保证国际条约的适用或实施不会对我国重大利益和国内法基本秩序产生不利影响。其次，《对外关系法》所规定的国际条约，须严格限定为以"中华人民共和国或者中华人民共和国政府"名义缔结或参加的国际条约，而不包含中央政府部门或地方政府对外签订的各类协议。以中华人民共和国或者中华人民共和国政府名义签订的国际条约，均经过中央层面的慎重考虑和严格的法律程序，它们的有效实施不仅是中国应当承担的国际法义务，事关中国的国际公信力，而且不会损害国家利益或国内法秩序。

全国人大常委会于 2023 年 6 月 28 日公布的《对外关系法》显然采纳了第二种观点。该法分两款对国际条约事项进行了规定。该法第 30 条规定，国家依照宪法和法律缔结或者参加条约和协定，善意履行有关条约和协定规定的义务。国家缔结或者参加的条约和协定不得同宪法相抵触。第 31 条规定，国家采取适当措施实施和适用条约和协定。条约和协定的实施和适用不得损害国家主权、安全和社会公共利益。依据上述条款可知：①中国善意履行缔结或参加的国际条约，这符合我国坚持条约应当信守的主张；②以法律形式规范了国际条约同我国宪法的关系，维护了宪法最高的法律地位、法律权威和法律效力，但国际条约在中国法律体系中的具体位阶并不明确；③国际条约的实施和适用不得违反中国公共秩序；④国际条约的适用和实施方式未得到具体规定，还需要结合具体领域和具体公约加以判断。

需要强调的是，在民商事审判领域，最高人民法院通过制定司法解释的

---

[1] 截至 2023 年 10 月 24 日十四届全国人大常委会第六次会议闭幕，中国现行有效的法律共有 299 部。《现行有效法律目录（299 件）》，载 http://www.npc.gov.cn/npc/c2/c30834/202311/t20231102_432724.html，最后访问日期：2023 年 12 月 31 日。

方式较为系统地解决了国际条约和国际惯例的适用问题。最高人民法院审判委员会于 2023 年 12 月 28 日公布了《关于审理涉外民商事案件适用国际条约和国际惯例若干问题的解释》，该解释自 2024 年 1 月 1 日起施行。对于制定该司法解释的背景和必要性，最高人民法院相关负责人表示，国际条约和国际惯例在国内如何适用是人民法院涉外民商事审判面临的重要问题。《民法通则》第 142 条规定了国际条约和国际惯例的适用问题，涉外民商事审判实践中依据该规定审理了大量案件。《民法典》对国际条约和国际惯例的适用问题未作具体规定，而《民法通则》已废止，故学界以及各地法院均呼吁尽快明确人民法院在涉外民商事案件中适用国际条约和国际惯例的相关规则。[1]

在继承《民法通则》第 142 条的基础上，《关于审理涉外民商事案件适用国际条约和国际惯例若干问题的解释》依据《对外关系法》《涉外民事关系法律适用法》等法律，结合司法实践经验，共作出 9 条规定，体现了涉外民商事审判中适用国际条约和国际惯例遵循的三项原则：①善意履行条约义务原则；②尊重国际惯例原则；③维护国家主权、安全和社会公共利益原则。它的主要内容包括以下六个方面：

第一，明确适用国际条约的裁判依据。《对外关系法》第 30 条明确规定了善意履约原则，根据民商事领域国际条约调整平等主体之间的人身关系和财产关系这一特点，该司法解释第 1 条第 2 款明确《海商法》《票据法》《民用航空法》《中华人民共和国海上交通安全法》等单行法调整范围以外的涉外民商事案件以"参照单行法规定"的方式适用国际条约，有效破解了涉外民商事领域适用国际条约裁判依据不足的问题，同时承继《民法通则》精神，明确我国缔结或参加的国际条约与中华人民共和国法律有不同规定的，适用国际条约的规定，但中国声明保留的条款除外。

第二，明确涉多项国际条约时的适用原则。针对司法实践中存在的同一争议涉及两个或者两个以上国际条约的情况，该司法解释第 2 条规定，人民法院应当根据国际条约中的适用关系条款确定应当适用的国际条约。

第三，明确国际条约适用与当事人意思自治之间的关系。在涉外民商事关系应予适用的国际条约中，有部分国际条约允许当事人通过约定排除公约的适用或者改变公约条款的适用效果，但也有部分国际条约具有适用上的强制性，不允许当事人通过约定排除适用。该司法解释第 3 条明确，只有在国际条约允许的范围内，当事人才可以通过约定排除或部分排除国际条约的适用。

第四，明确当事人援引尚未对我国生效的国际条约的，可以作为确定合同权利义务的依据。尚未对我国生效的国际条约不能作为人民法院作出裁判的法律依据。但是，如果当事人在合同中一致援引民商事国际条约确定的相

---

[1] 王丽丽：《最高人民法院发布涉外民商事案件适用国际条约和国际惯例司法解释及典型案例》，载《人民法院报》2023 年 12 月 29 日，第 1 版。

关权利义务条款，此时国际条约的相关条款内容即成为当事人约定的合同条款，该司法解释第 4 条明确人民法院可以此作为确定当事人权利义务的合同依据，前提是不违反我国法律、行政法规的强制性规定，不损害我国主权、安全和社会公共利益。

第五，明确国际惯例的明示选择适用和补缺适用问题。该司法解释第 5 条和第 6 条规定了国际惯例的两种适用情形。一方面，在当事人明确选择适用国际惯例的情况下，可以根据国际惯例直接确定合同当事人之间的权利义务。另一方面，在当事人没有明确作出选择，且我国法律和我国缔结或者参加的国际条约均没有相应规定的情况下，人民法院可以适用国际惯例。

第六，坚持维护国家主权、安全和社会公共利益的原则。该司法解释贯彻《对外关系法》第 31 条关于条约和协定的实施和适用不得损害国家主权、安全和社会公共利益的规定，其在第 7 条明确"适用国际条约和国际惯例损害中华人民共和国主权、安全和社会公共利益的，人民法院不予适用"，充分彰显人民法院坚定维护国家主权、安全和社会公共利益的鲜明司法立场。

该司法解释的适时颁布和实施，有利于提高我国司法的国际影响力和公信力，为服务高水平对外开放，营造市场化法治化国际化一流营商环境，维护公平公正的国际贸易投资秩序作出了重要司法贡献。本书希望，未来我国立法机关在充分总结各方面经验的基础上，尽快通过立法、修法或释法的方式，将国际条约在我国法律体系中的具体位阶及其适用和实施问题作出系统规定，确保国际通行规则得到有效遵守和实施，有力彰显我国坚持改革开放和多边主义的国际形象，为全球治理体系改革和建设贡献中国法治智慧和力量。

在中国，法理与学说不是法律的渊源，当然也不是国际私法的渊源。但权威国际私法学家的学说不仅在实践中对法官和仲裁员的思维、判断有重要的影响，而且可以作为确定国际私法原则或规则的辅助资料。

 本章二维码

1-1　第一章拓展阅读

1-2　案例 1-3 判例
详细资料

第二章

国际私法的历史

✉ 导 语

说到历史，大家普遍认为是对过去已发生之事的记录。然而，历史并不是对过去的简单记录。所谓"历史"，是沿着时间与空间的双轴，以超越一个人可以亲历的范围尺度，把握、解释、理解、说明、叙述我们的世界。[1] 所以，德日进（Teilhard de Chardin）说："历史向我揭示如何建设未来。"[2]

作为调整涉外民事关系的法律部门，一部国际私法的发展史，就是人类拓展交往与发展贸易的历史。回顾国际私法的发展历史，对于我们理解当代国际私法的理论与实践、预测这门学科未来的发展趋势具有重要的意义。从更深层次上说，回顾国际私法的发展史，也是重温人类从闭塞走向开放、从蒙昧迈进文明的波澜壮阔的伟大历程。从这个意义上说，学习国际私法的历史，对于法科生洞烛法律与认知世界亦特具价值。

回顾历史，第一件事自然是溯源。然而，溯源又是危险的，"因为当你找到源头时，总有更早的起点向你召唤"，梅特兰说："这就是整个历史的统一性，任何力图了解她一角的人都必须意识到，她的第一个句子就撕裂了一张无缝的网。"尽管有这种告诫，我们还是要溯源，这是因为国际私法经历了漫长的发展过程，积累了深厚的历史沉淀。缘此，不考察历史就贸然学习，无疑是武断、片面的。[3] 然而，关于国际私法最早起源于何时、何地，学术界并未达成一致。有中国学者认为，国际私法最早在古代中国，主要有两种依据。一种观点认为，汉朝和亲政策下，汉朝公主刘细君远嫁乌孙国王昆莫。昆莫年老退位，其孙岑陬代之。按照乌孙国的风俗，刘细君应续充岑陬之室。但刘细君不从，认为依汉律，此为乱伦，其罪当诛，并上书报奏汉武帝。然而，武帝颁旨，令刘细君遵从乌孙国的习惯法，续充岑陬之室。"天子报曰：

---

[1] ［日］冈田英弘：《世界史的诞生》，陈心慧译，北京出版集团公司、北京出版社 2016 年版，第 14 页。

[2] Harold Joseph Berman, *Law and Revolution：The Formation of Western Legal Tradition*, Harvard University Press, 1983, p. 150.

[3] Frederick Pollock, F. William Maitland, *The History of English Law before the Time of Edward 1*, Vol. 1, Cambridge University Press, 1968, p. 1.

从其国俗。"有学者认为，这创立了涉外婚姻关系适用当事人所在国法律或习俗的法律适用规范，可视为我国国际私法的起源。[1]

对于这一观点，本书实难认同。因为上述历史记载表明，在汉朝统治范围以外的少数民族政权辖地，汉朝公主的婚姻家庭事项适用的是该少数民族的法律。可见，彼时，法律具有严格的属地效力。换言之，如果上述历史记载有任何启示意义的话，它只能表明当时的法律，即便是支配婚姻关系的私法，也仅在统治者的管辖领域内有效，而没有域外效力，这恰恰说明以私法有域外效力为前提的国际私法在那时是不存在的。[2]

另一种观点认为，唐律含有早期的国际私法规范。在对《永徽律》关于"化外人"的规定进行注解时，《唐律疏议》规定："化外人，谓蕃夷之国别立君长者，各有风俗，制法不同。其有同类自相犯者，须问本国之制，依其俗法断之。异类相犯者，若高丽与百济相犯之类，皆以国家法律论定刑名。"不少中国学者认为，上述规定是典型的法律适用规则，因而属于国际私法规范。[3]

与前一观点相比，该观点更有说服力，上述条款毕竟明确认可了外邦法律的效力。不过，本书认为，就此认为其为国际私法规范，仍属牵强。与其他绝大多数中国古代法典类似，《永徽律》是一部刑法典，旨在解释该法典的《唐律疏议》在性质上也属于刑事法律。上述规定的措辞也表明，它主要调整的是刑事关系（犯罪），而非民事关系。因此，尽管不能完全排除上述规定适用于侵权等民事案件的可能性，但将其定性为国际私法规范，依然不是严谨的科学推论。

事实上，由于"重刑轻民"是中国古代法制的基本特点，加之我国封建王朝的统治者长期将外邦视为"蛮夷"，缺少平等的政治与法律观念，明朝中叶以后又走上闭关锁国的道路，[4] 而到清朝晚期，西方列强通过不平等条约获得了"超国民待遇"，亦即蒋廷黻先生所言之"在鸦片战争以前，我们不肯给外国平等待遇；在以后，他们不肯给我们平等待遇"，[5]因此，作为以平等地对待内外国人与内外国法为存在前提的法律部门，国际私法在古代直至近

〔1〕 赵相林主编：《国际私法》，中国政法大学出版社 2014 年版，第 49~50 页。

〔2〕 尽管汉朝与匈奴、乌孙等北方与西域民族政权的关系并不能完全等同于近代主权国家出现之后的国与国之间的关系，但历史资料表明，它们之间的关系事实上是互不隶属的，尤其是汉朝与匈奴，两者处于平等地位，因此，它们的关系非常类似于近代意义上国与国之间的关系。［美］陆威仪：《早期中华帝国：秦与汉》，王兴亮译，中信出版社 2016 年版，第 132~149 页。

〔3〕 赵相林主编：《国际私法》，中国政法大学出版社 2014 年版，第 51 页；另参见韩德培主编：《国际私法》，高等教育出版社 2000 年版，第 55 页。

〔4〕 尽管有历史学家将郑和下西洋的活动与西方海上扩展贸易与建立殖民霸权的活动相提并论，但历史资料显示，郑和航海的目的是外交，而非贸易。"郑和不是一个为了海上发现新世界的职业探险家，而是一个皇室仆人，只为了达成一个僭位称帝者的迫切心愿——获得外交承认。这是一场政治作秀，但我们并不能因此而忽视其重要性。"［加］卜正民：《挣扎的帝国：元与明》，潘玮琳译，中信出版社 2016 年版，第 91~92 页。

〔5〕 蒋廷黻：《中国近代史》，世纪出版集团、上海古籍出版社 2006 年版，第 4 页。

代的中国是难以获得生存与发展的环境与土壤的。有鉴于此，回溯国际私法的发展史，还是先让我们将目光投向西方吧！

第一节 古典时期

公元前 500 年至公元 476 年，是西方古典文明的鼎盛时期。其中，希腊文明在民主政治、艺术、文学与哲学等诸多领域给人类留下了光辉的遗产，素有"西方文明摇篮"之称。所以，尼采说，当我们在言及希腊人时，我们实际上不仅在谈历史，也是在谈现状。相比之下，罗马人在法律方面的贡献则更胜一筹，恰如耶林在《罗马法精神》所言，罗马帝国曾三次征服世界，第一次以武力，第二次以宗教，第三次以法律。那么，在古典时期的希腊与罗马，有没有诞生国际私法呢？这是本节要探讨的问题。

一、希腊

公元前 4 世纪，希腊进入鼎盛期，地中海东部的贸易活动日益活跃。希腊各城邦在政治上互不隶属，而经贸交往非常密切，这似乎为国际私法的产生提供了良好的条件。然而，通过对希腊时期立法与司法实践的研究，学界普遍认为，那一时期没有诞生系统的国际私法规范。

古希腊时代没有产生以冲突规范为代表的国际私法规范，主要有两个原因：①古希腊各城邦国家在政治上虽互不隶属，但在法律上基本统一，缺乏国际私法赖以产生的基本条件。一个雅典演讲者曾发出如下反诘："对我们所有希腊人来说，难道涉及商事案件的法律与正义会有区别吗？"[1] ②希腊各城邦国家缔结了为数众多的实体规范条约，并设有专门受理涉外民商事及海事纠纷的法庭，这些法庭不仅可以直接适用这些实体规范条约，还可以灵活地创制实体规则解决纠纷，[2] 从而在很大程度上减轻了跨国民商事法律冲突的问题。

由此可见，希腊各城邦法律基本统一，加之希腊人以实体规则直接解决可能存在的法律冲突，这使得通过冲突规范以间接方式调整涉外民事关系的国际私法在当时不具备产生与发展的条件。

---

[1] Douglas MacDowell, *The Law in Classic Athens*, New York：Cornell University Press, 1986, p. 234.

[2] 包括船舶抵押与共同海损在内的许多重要法律制度已得到广泛认可。[美] 弗里德里希·K. 荣格：《法律选择与涉外司法》，霍政欣、徐妮娜译，北京大学出版社 2007 年版，第 10~11 页。

二、罗马

罗马鼎盛时期，罗马商人遍及欧、亚、非三大洲，各国商贾云集罗马，国际民商事交往空前密切。在这种背景下，作为罗马固有法律的"市民法"（ius civile）因仅适用于罗马公民之间，且其形式僵化，已无法适应社会实践的发展。公元前242年，罗马效仿希腊的做法，设置专门司法机构与司法职位——外事裁判官，由其处理罗马人与非罗马人以及非罗马人之间发生的民商事纠纷。外事裁判官有权不受既有规则的束缚而直接创设解决纠纷的规则，从而逐渐在实践中发展出一套较市民法更加灵活的法律规则，亦即"万民法"（ius gentium）。[1] 罗马法学家西塞罗（Cicero）指出，万民法系建立于自然理念基础之上，具有普适效力，故可以适用于所有民族。[2]

由于万民法是在司法实践中应运而生的，其适用性更强，因而发展迅速，如此，"万民法虽始为市民法之附属，出身卑微且未臻完善，但浸成巨观，其他所有诸法均须与之协调"。[3] 需要指出的是，万民法的诞生与迅速壮大不仅便利了罗马的民商事交往，而且大大促进了自然法哲学思想的发展。此后，法学家们"相信存在一种法律，它普适于所有民族，这种思想虽经劫难而生生不息，万民法这一术语因而亘古常新；后世则用之来指称国际公法与国际私法"。[4]

那么，万民法究竟能否视为冲突法意义上的国际私法的起源呢？对此，基于现有的学术研究成果，我们可以得出这样的结论：罗马法时期，可能产生了零星的冲突法规则与适用非罗马法的司法实践；[5] 但可以肯定的是，罗马法始终未能形成体系化的冲突法制度。其中原委，本书认为，是与当时的社会、法律发展状况及罗马法学家的思维资质分不开的。

第一，万民法在内容上为实体规范，而没有关于法律适用的规则。可见，与希腊人类似，罗马人在解决涉外民事关系时，也采取朴素的法律思维，通过创制在性质上属于实体规则的万民法直接调整之，并没有发展出更加抽象的冲突规范体系。换言之，罗马人注重实际而不专尚理论，其务实作风阻碍

---

〔1〕 ［美］斯塔夫里阿诺斯：《全球通史：1500年以前的世界》，吴象婴、梁赤民译，上海社会科学院出版社1999年版，第241页。

〔2〕 ［美］弗里德里希·K. 荣格：《法律选择与涉外司法》，霍政欣、徐妮娜译，北京大学出版社2007年版，第12页。

〔3〕 Henry Summer Maine, *Ancient Law*, London: Henry Holt and Company, 1906, p. 50.

〔4〕 ［美］弗里德里希·K. 荣格：《法律选择与涉外司法》，霍政欣、徐妮娜译，北京大学出版社2007年版，第12页。

〔5〕 例如，列瓦德（Lewald）称，他在《法学阶梯》中找到了援用非罗马法的条款；比尔（Beal）指出，他在《国法大全》中发现了几段文字，它们似乎可以被理解为在调整本质上属于法律冲突的问题。不过，除此之外，遍观罗马法学家的浩瀚著述，再也找不到关于法律冲突的系统化阐述，甚至连对这个问题的概括性探讨亦付之阙如。转引自霍政欣：《公共秩序保留的历史、现状与未来——法哲学语境下的思考》，载梁慧星主编：《民商法论丛》（第39卷），法律出版社2008年版，第526页。

着体系化的冲突法制度的滋生与发展。伯尔曼指出："罗马法学家的注意力并不是指向理论性的综合，而是指向对具体案件的协调一致和有序处理。……在他们的精神资质中，没有制度的观念。…… 罗马法是由一种复杂的法律规则网络所组成的，是由各种解决具体法律问题的实际方法所构成的'拼嵌物'。因此，我们可以说，尽管罗马法中存在着概念，却不存在概念之概念。"[1]

第二，罗马"势驾列国，虎视一切，不认国家平等原则，不论内外国人间法律关系或异国人间法律关系，不准当事人适用本国法，在此绝对属地主义之下，既不认外国人之权利享有，国际私法当然无从发生"。[2]

此外，公元 212 年，罗马皇帝安东尼为解决日益告急的税收与兵源问题，颁布《卡拉卡拉敕令》（editto di Caracalla），赋予帝国境内所有居民以罗马公民身份。自此，涉外民商事法律的冲突大为缓解，万民法亦呈萎缩状态，并迅速被市民法所吸收。[3]

因此，古典时期，希腊人与罗马人虽然开始面对具有涉外性质的民事纠纷，但冲突规范显然不是他们应对此类纠纷的手段。美国学者弗里德里希·荣格（Fredrich Juenger）的观察颇具深意："如果古典时代积累的经验确有启示的话，那便是现代意义上的法律选择规则显然不是解决跨国法律问题的唯一回应。"[4]

👉 第二节 中世纪

"中世纪"一词是欧洲人在 17 世纪创造的，意为处于光辉灿烂、成就显赫的古典希腊和罗马与他们自身所处的"现代时期"之间的一个漫长、灰暗的时期。[5] 中世纪始于公元 5 世纪，结束于约公元 15 世纪。[6] 在这一千余年的漫长时期内，中世纪的各个阶段又呈现出不同的发展特点。中世纪早期，西欧处于西罗马帝国崩溃后的各民族大迁徙、大混居的状态，物质生活与精神生活水准都非常低。中世纪中期，西欧政治局面变得更加稳定，城堡林立，进入典型的封建社会。中世纪晚期，尽管欧洲遭受经济衰退与瘟疫的严重影

---

[1] Harold Joseph Berman, *Law and Revolution*：*The Formation of Western Legal Tradition*, Harvard University Press, 1983, p. 150.

[2] 卢峻：《国际私法之理论与实际》，中国政法大学出版社 1998 年版，第 30 页。

[3] Yntema, "The Historic Bases of Private International Law", *Am. J. of Comp. L.*, 2 (1953), 297, 301.

[4] ［美］弗里德里希·K. 荣格：《法律选择与涉外司法》，霍政欣、徐妮娜译，北京大学出版社 2007 年版，第 13 页。

[5] ［美］菲利普·李·拉尔夫等：《世界文明史》（上卷），赵丰等译，商务印书馆 1998 年版，第 466 页。

[6] ［美］斯塔夫里阿诺斯：《全球通史：1500 年以前的世界》，吴象婴、梁赤民译，上海社会科学院出版社 1999 年版，第 327 页。

响，但在意大利北部等地逐渐兴起了威尼斯、热那亚等商业繁荣的独立城邦，大学开始出现，罗马法得到复兴，产生了众多的文学、艺术与思想巨作，这为后来欧洲的崛起与民族国家的诞生奠定了基础。那么，中世纪的欧洲，有没有发展出国际私法体系呢？本节将对此予以探讨。

一、种族法时代

公元 476 年，西罗马帝国在蛮族的大举入侵下灭亡。此后，日耳曼各部落潮水般地涌入，同原帝国各民族杂居在一起，欧洲大陆进入"种族法时代"（Period of Racial Laws），也称"属人法时代"（Personal Law Period）。这一时期，拉丁民族遵守罗马法，日耳曼民族遵守日耳曼法，各民族只受本民族法支配。这是因为当时的法律秩序是依据日耳曼法上的"族裔和平秩序"原则而建立的。根据该原则，只有本族人才能参与族法的制定并受族法的保护，族法不适用于异族人。此外，由于这一时期民族迁徙频繁，一个民族迁居异地后仍保持原有的法律习惯，因此，法律随民族而转移，不以地域为界。公元 817 年，里昂总主教阿格巴尔（Agobar）在给路易一世（Louis the Pious）的信中写道："五人行坐，看起来并没有什么不同，可他们每个人却受制于不同的法律。这样的事，我已习以为常。"[1] 种族法的盛行，可见一斑。需要指出的是，种族法与现代国际私法的属人法是有本质区别的，它不是在法律冲突的情况下选择当事人的属人法，而是各种族人之间发生法律行为时受各自的种族法支配。

尽管如此，种族法规则中仍然隐含了冲突规范适用的可能性，并对国际私法的产生具有一定影响。如在审判中，裁判官通常要询问当事人受何种法律支配，而当事人的回答一般即可作为法律适用的依据。因此，在审判中，只要有关当事人声称他们同属于某一个种族，即可适用该种族的法律。由于罗马法相对于其他种族法更为发达，因此，在商事审判中，当事人往往声称自己是罗马人，以达到适用罗马法的目的。法官即便对当事人的身份存疑，通常也不会戳破这层窗户纸，以促成纠纷得到公平、高效的解决。通过这种实践，法院实际上默示承认了当事人的意思自治原则。所以，有学者说，"人类第一次大踏步地向法律选择制度挺进，是在黑暗的中世纪"。[2]［参见二维码拓展阅读 2-1］

公元 10 世纪以后，欧洲大陆进入封建社会，逐渐形成众多王国割据的局面。这一时期，领土观念日益增强，在一国居住的所有居民，无论其种族，均须服从当地的法律与习惯。于是，法律的绝对属地原则逐渐代替绝对的属

---

〔1〕　［美］弗里德里希·K. 荣格：《法律选择与涉外司法》，霍政欣、徐妮娜译，北京大学出版社 2007 年版，第 13 页。

〔2〕　［美］弗里德里希·K. 荣格：《法律选择与涉外司法》，霍政欣、徐妮娜译，北京大学出版社 2007 年版，第 13 页。

人原则。这一时期也因此被称为"属地法时代"。封建割据及法律的绝对属地原则阻碍了各国人民的往来，影响通商贸易的发展。在此背景下，国际私法也湮没在历史的尘埃之中。直到公元 11 世纪，这种状况才在意大利北部得到改观。

二、意大利法则区别说时代

西欧的经济，经过漫长迟缓的发展，在公元 11 世纪后突然开朗。[1] 威尼斯等意大利北部城市凭借其得天独厚的地理位置，逐渐成为东西方交往的中心。地理位置上的优势，对这一地区在中世纪中晚期的迅速崛起有决定性的影响。历史学家詹姆斯·汤森普（James Westfall Thompson）说："只要看地图，我们就可一目了然，威尼斯是距欧洲中心点最近的港口。日耳曼的商人在此地先与海岸接触，中东的商人也是由此将他们的货物贩运到距市场最近的地方。"[2] 国际商贸的空前繁荣带动了本地区贸易与经济的快速发展，并使威尼斯、米兰、热那亚等城市逐渐发展成独立的城邦国家，称霸地中海。与此同时，近代意义上的大学在这一地区诞生，博洛尼亚大学成为欧洲研究法律的主要中心而享有盛誉。[3]

彼时，这些城邦国家普遍适用罗马法，但各城邦又有自己的特别法——"法则"（Statuta）。由于法则与罗马法相异，法律冲突因而时有发生。依罗马法原则，特别法优于普通法，因此，当罗马法与法则冲突时，优先适用后者。但是，当各城邦之间的法则相互冲突时应适用何法，从罗马法中似乎找不到现成的答案。倘若根据原来的属地主义来解决这个问题，就会出现威尼斯的居民在威尼斯境内签订的合同一旦到米兰境内便完全失去效力的情况。这样的情况显然对跨城邦的商贸交往十分不利，这就迫切需要以新的思维与方法来解决各城邦法则之间的冲突问题。

一开始，解决这一问题的历史重任落在了"注释法学派"（glossators）的身上。注释法学派将《查士丁尼法典》放在与《圣经》并列的高度，以忠实地解释罗马法为己任，他们确信所有法律问题（包括各城邦的法则冲突问题）都能在《查士丁尼法典》中寻到答案。然而，由于罗马为一个统一的大帝国，并不存在 12 世纪意大利城邦之间的法律冲突问题，因此，罗马法学家与《查士丁尼法典》的编纂者都没有认真考虑过这个问题。这就不难理解，为什么注释法学派的学者们费尽周折，甚至不惜歪曲解释《查士丁尼法典》，依然没有找到有效的方法。

由于注释法学派机械、僵化地解释罗马法，不适应时代发展的要求，所

---

〔1〕 黄仁宇：《资本主义与二十一世纪》，生活·读书·新知三联书店 1997 年版，第 59 页。

〔2〕 James Westfall Thompson, *Economic and Social History of Europe in the later Middle Ages* (1300 ~ 1530), New York: The Century Co. 1931, p. 244.

〔3〕 ［美］菲利普·李·拉尔夫等：《世界文明史》（上卷），赵丰等译，商务印书馆 1998 年版，第 627 页。

以，在 13 世纪后半叶被"后期注释法学派"所取代。[1] 后期注释法学派将逻辑推理与辩证方法引入法律研究，更加重视面向社会实际，通过大胆、灵活的方式解释、发展罗马法，将中世纪法学推进了一大步。[2] 博洛尼亚大学教授巴托鲁斯（Bartolus de Saxoferratis）是后期注释法学派的代表人物，被称为中世纪后期最负盛名的法学家。他的影响之大，以至于有这样的法谚："如果一个人不是巴托鲁斯主义者，就不可能成为法学家（Nemo jurista nisi Bartolista）。"[3] ［参见二维码拓展阅读 2-2］

在对法律的适用原则作辩证分析时，巴托鲁斯推得两项原则：①罗马法具有普适效力，所以适用于所有地域所有人。②法则不仅有属人限制，而且有地域限制。以此为前提，他进一步推理，法则依其性质可分为人法与物法两类。关于人的法则是属人的，因此，它不但适用于制定者主权范围内的本邦公民，而且对走到任何地方的该邦公民都有追及效力。同理，人法不适用位于本邦境内的外邦人，因其应受其所属邦的人法管辖。关于物的法则是属地的，其适用只能及于法则制定者管辖范围之内的物，而不具有域外效力。[4] 他还提出，并非所有的外国法律都值得热情欢迎，对那些"令人厌恶的法则"（odious statutes），应严格限制其地域效力。

由此，后期注释法学派背弃了古典时期希腊人与罗马人朴素、直接的法律思维，用辩证分析与法律逻辑推理构建出一套更加抽象的理论体系，以此解决跨城邦的民事法律冲突问题。这是一个具有历史意义的发展，标志着以间接调整方法为手段的国际私法就此诞生。由于该学说从区别法则的性质入手解决法律冲突问题，因而被称为"法则区别说"。"法则区别说"纠正了绝对属地主义的弊端，促进了贸易与经济的成长，对国际私法的后续发展和形成产生了重大影响；它所确立的以法律规则的性质确定法律选择的方法，后来曾被许多国家采纳，至今还是一个很有价值的方法。

不过，该学说也有其历史局限性。首先，巴托鲁斯将法则划分为"人法"与"物法"是缺乏科学性的，因为纯粹的关于人的法律或关于物的法律是不存在的。[5] 后世有学者讥讽巴托鲁斯完全倚赖"文字的空壳"（shell of

---

[1] 后期注释法学派也称"评论法学派"（commentators）。

[2] 参见何勤华：《西方法学史》，中国政法大学出版社 1996 年版，第 79~81 页。

[3] ［德］弗朗茨·维亚克尔：《近代私法史——以德意志的发展为观察重点》（上），陈爱娥、黄建辉译，上海三联书店 2006 年版，第 70 页。

[4] 何勤华：《西方法学史》，中国政法大学出版社 1996 年版，第 79 页。

[5] 有一个著名的例子足以说明问题。在回答英格兰长嗣继承法律规则是否适用于位于意大利的财产这个问题时，巴托鲁斯为如何区分属人法与属地法而绞尽脑汁。最后，他以"法则"的措辞决定其效力范围。如果英格兰法表述为"死者财产由长子继承"，则属于物法，应该适用物之所在法；倘若该法律规则表述为"长子继承死者财产"，答案就转而取决于死者是否为英格兰人，因为此时该"法则"是属人的，而非属物。

words）给法则分类。[1] 其次，"法则区别说"以区分法院地法的性质为着眼点解决法律冲突问题，是典型的单边主义视角，这在民族国家形成之前尚能较容易地得到接受，但国家主权原则被奉为圭臬之后，必然会成为众矢之的。这些缺陷受到 16 世纪兴起的人文主义法学派的激烈批判，也为近代德国历史法学派所克服，西方法学也因此由中世纪过渡到近代。[2]

三、中世纪晚期的法国学说

15 世纪下半叶以后，威尼斯等意大利北部城邦逐渐衰亡，历史学家对此至今还有不同的争执。传统的解释是：1453 年土耳其攻陷君士坦丁堡，使基督徒在地中海东部失去了战略支点。1488 年葡萄牙人又通航经过好望角，随后截断红海间制肉香料的交通，使远东的产品环绕非洲进入西欧，威尼斯等意大利北部城邦的地理优势因而丧失殆尽，国际贸易交往的中心遂从地中海沿岸转向大西洋沿岸。[3]

在此背景之下，地理上承接地中海与大西洋的法国，其海外贸易随之繁荣起来。不过，这一时期的法国，国王虽然在形式上统治全国，但各省实际上处于割据状态，法律极不统一，尤其是存在法律的南北对立：北部盛行日耳曼习惯法，而卢瓦河谷以南适用制定法。所以，当时有谚语说道："易一驿马，换一法律。"[4] 事实上，法国潜在的法律冲突与意大利北部相比，可谓有过之而无不及，因为封建主义在法国持续的时间更长，而罗马法对法国的控制又不及意大利那么牢固。

这种格局对于实现新兴的商人阶级要求建立统一市场的愿望是非常不利的。在这样的历史条件下，解决法律冲突问题成为当时学术界的一个重要议题，也正是在这一时期，意大利人文主义思想及法则区别说从东南部传入法国腹地。法国的学者在继受意大利法则区别说的基础上，对之进行了发展，国际私法的研究中心也逐渐从意大利转移至法国。

法国法则区别说的代表人物是杜摩兰（Dumoulin）和达让特莱（D'Argentré），他们分别生活在法国的南方和北方，各自代表新兴资产阶级的利益和封建主的利益，两人的理论与主张因而截然不同。杜摩兰的生活年代比巴托鲁斯晚约 200 年，他继承了后者的许多观点，也主张把法则分为人法和物法两类，所以，有学者认为他属于意大利学派。然而，这种观点并不准确，因为杜摩兰并没有墨守巴托鲁斯的成规，而是创造性地发展了法则区别说。他极力主张扩大"人法"的适用范围，同时限制"物法"。更为重要的是，他明确提出了"意思自治"（autonomie de la volonté，party autonomy）原则，从而改变了

---

〔1〕 ［美］弗里德里希·K. 荣格：《法律选择与涉外司法》，霍政欣、徐妮娜译，北京大学出版社 2007 年版，第 19 页。

〔2〕 参见何勤华：《西方法学史》，中国政法大学出版社 1996 年版，第 79~81 页。

〔3〕 黄仁宇：《资本主义与二十一世纪》，生活·读书·新知三联书店 1997 年版，第 59 页。

〔4〕 梅仲协：《国际私法新论》，三民书局 1980 年版，第 28 页。

意大利学派过分强调法则性质的做法。杜摩兰认为，在契约关系中，应适用当事人自主选择的习惯法；若当事人未作明示选择，法院应推定当事人意欲选择某一习惯法，即适用当事人默示选择的法律。杜摩兰的主张代表了新兴商人阶级的利益，他提出的意思自治原则符合资本主义追求自由贸易的需要，是契约自由原则在国际私法领域的体现，后来被各国普遍采纳，成为选择合同准据法的首要原则。杜摩兰因而被后世学者称为"国际私法学上的天才"。

与杜摩兰处于同一时代的达让特莱是法国北部布列塔尼省的贵族。他坚决反对契约当事人的意思自治，极力推崇属地原则，并提出"法则三分说"。他认为，法则可分为人法、物法和"混合法则"三类，其中，混合法则是那些同时涉及人与物的法则。他主张扩大物法的适用范围，缩小人法的适用范围，认为混合法则应当从属于物法。[1] 达让特莱的思想反映了当时封建割据势力的要求，带有极其浓厚的属地主义色彩。该学说虽然在法国的影响有限，但却为 17 世纪、18 世纪的荷兰学者所批判地继承。

👉 第三节 近代

历史学家倾向于同意中世纪时期大致结束于 16 世纪初，此后，欧洲历史进入"近代早期阶段"，这一阶段一直延续到 18 世纪末法国大革命和工业革命爆发之际。[2] 近代早期，随着生气勃勃的新兴西方的崛起，世界格局发生剧变。新兴西方在经济、社会、科学以及武器和船舶等领域迅速崛起，走上海外殖民与扩展海外贸易之路，并取得了支配世界的地位。[3]

在此背景下，荷兰人、英国人以及稍晚些时代的德国人、美国人与意大利人为解决其所处时代前所未有的复杂的法律冲突格局，提出了一个又一个令人激动的伟大理论，将经典国际私法理论发展到巅峰，在人类法律发展史上写下了不朽的篇章。

一、荷兰学说

荷兰位于法国北部，中世纪晚期，它曾受哈布斯堡王朝的统治；到 16 世纪中期，则处于西班牙的统治之下。16 世纪后期，信奉加尔文教的荷兰人因宗教与民族原因，与信奉天主教的西班牙统治者展开了卓绝的斗争。1588 年，西班牙派出"无敌舰队（the Spanish Armanda）"，入侵英格兰遭遇惨败，这

---

〔1〕 ［美］弗里德里希·K. 荣格：《法律选择与涉外司法》，霍政欣、徐妮娜译，北京大学出版社2007 年版，第 23 页。

〔2〕 ［美］斯塔夫里阿诺斯：《全球通史：1500 年以后的世界》，吴象婴、梁赤民译，上海社会科学院出版社1999 年版，第 121 页。

〔3〕 参见［美］菲利普·李·拉尔夫等：《世界文明史》（上卷），赵丰等译，商务印书馆 1998 年版，第 803 页。

是西方史上最具决定意义的战斗之一。[1] 假如西班牙征服了英格兰，那么，西班牙人不仅会继续压迫荷兰，而且有可能蹂躏西北欧的其他新教地区。然而，实际结果是荷兰得救了，新教得救了，西班牙就此衰落。[2]

1609 年，荷兰人民的独立革命赢得胜利，荷兰共和国获得了事实上的独立。此后，荷兰凭借其背靠欧洲内地、面朝英国和大西洋的地理优势以及领先于彼时其他欧洲国家的资本主义制度而迅速崛起，其对外贸易、金融业、捕渔业、造船业、航海业尤其繁荣发达，有"海上马车夫"之誉。17 世纪因而成为荷兰的黄金世纪。[3] 所以，古典经济学家的鼻祖亚当·斯密（Adam Smith）常说，17 世纪的世界格局是"荷兰比英国强，英国又比法国强，所有欧洲国家都比中国强"。[4]

但是，作为世界上第一个资产阶级共和国的荷兰所处的国际与国内政治环境并不乐观。对外，周边封建国家对新生的资产阶级政权持敌视态度，荷兰面临着维护国家主权不受干涉的现实难题。为此，以格老秀斯（Grotius）为代表的荷兰公法学者将由法国人让·博丹（Jean Bodin）首先系统提出的国家主权理论进一步阐扬，[5] 并发展到新的高度。对内，革命并不彻底，17 世纪的荷兰不仅上端是由 7 个各自保有独立主权的小国家拼合而成，而且下面每个小单位之内仍有不少市镇保留着若干独立自主的性格，其政治与法律制度的冲突异常严重。所以，这个新国家的体制曾被批评为"胡乱""陈旧""复杂"。[6] 蓬勃发展的对外贸易，加之国内严重的法律冲突，使荷兰同时面临国际与国内两个层面上的法律冲突问题，这很快引起了学者的注意。这样，国际私法的研究中心就由法国转到了荷兰。

由于独特的国际与国内环境，那一时期的荷兰国际私法学者，其内心必然是纠结的：一方面，作为一个严重依赖对外贸易的重商主义国家，承认外国权利、维护涉外民事关系的稳定性是荷兰保持经济繁荣的基石；另一方面，为了维护荷兰的独立自主，他们必须高擎着国家主权至上原则。这样，他们就不得不解释，荷兰的司法机关适用外国法时应如何同国家主权原则相协调。所以，"荷兰的冲突法在表面上颇具国际主义特征，它却不得不为国家主权而

---

〔1〕 英国哲学家、政治学家托马斯·霍布斯（Thomas Hobbes）曾多次说道，1588 年 4 月，西班牙无敌舰队入侵英格兰，他的妈妈因惊吓而早产生下了他。他这样写道："我的妈妈生下了一对双胞胎：我与恐惧（My mother dear did bring forth twins at once, both me, and fear）。"事实上，霍布斯政治哲学思想的一个重要核心就是恐惧，至于霍布斯对"恐惧"的"热衷"，是不是跟这样的出生经历有关，那就是心理学家与历史学家研究的课题了。

〔2〕 ［美］菲利普·李·拉尔夫等：《世界文明史》（上卷），赵丰等译，商务印书馆 1998 年版，第 946~947 页。

〔3〕 ［美］斯塔夫里阿诺斯：《全球通史：1500 以后的世界》，吴象婴、梁赤民译，上海社会科学院出版社 1999 年版，第 164 页。

〔4〕 《国富论》在很多地方提到中国，有些地方至今还有参考意义，譬如第一卷第八章。

〔5〕 1576 年，博丹发表了《政府六论》，在西方政治、法律思想史中，首次系统地论述了国家主权学说。

〔6〕 黄仁宇：《资本主义与二十一世纪》，生活·读书·新知三联书店 1997 年版，第 134 页。

痛苦挣扎"。[1] 质言之，调和适用外国法与主权原则之间的冲突，成为荷兰国际私法学者的中心任务。

荷兰学派的代表人物较多，优利克·胡伯（Ulicus Huber）是其中的执牛耳者。与同时代的其他荷兰学者不同，胡伯不再因循"法则区别说"的逻辑框架，而是将法律冲突放在国际法的框架之中，试图从"主权"与"礼让"这两个孪生概念中直接推演出一套国际私法制度。胡伯认为：

> 问题的解决不能只依靠对民法的推演，还要着眼于实际方便与国家间的默契。尽管一国的法律在另一国不能直接产生效力，但是，按某一地法律系为有效的交易，若因另一地法律有不同规定就变为无效，则会对商业与国际惯例造成极大不便。[2]

从国家主权观念出发，胡伯认为一国并没有承认外国法律效力的义务，但在不损害本国主权和利益的前提下，出于"礼让"的考虑，应承认依据外国法成立的权利。以此为基础，胡伯提出了著名的三原则：[3]

1. 任何主权者的法律在其境内有效，但在境外无效。

2. 凡居住在其境内的人，不管是常住的还是临时的，都应受其法律的约束。

3. 根据礼让，已在一国领域内取得的权利在其他所有地方均应保持其效力，只要这样做不致损害其他主权者或其公民的权利或利益。

这三项原则，前两项实质上是国际公法上的原则，是主权国家属地管辖权的发展和延伸；第三项才是国际私法原则，它阐释了承认依外国法成立之权利的原因、目的与例外。细言之，荷兰法院承认依据外国法成立的权利，"礼让"构成其原因，维护此种权利在各地的稳定性构成其目的，损害主权者或其公民的权力或利益则构成其例外。由此可见，胡伯将承认在外国"获取之权利"（right acquired）的理由植根于礼让之中。所以，荷兰"法则区别说"又被称为"国际礼让说"（Comitas Gentium）。

胡伯继承和发展了达让特莱的学说，他们虽然都主张属地原则，但有本质的不同。胡伯的学说是为了调和适用外国法与国家主权之间的矛盾，代表了资产阶级的利益；而达让特莱的学说则主张闭关自守，代表的是封建领主的权益，不利于资本主义经济的发展。另外，"国际礼让说"把国家主权思想引进国际私法领域，并在国家关系和国家利益的基础上讨论适用外国法的原

---

〔1〕 [美] 弗里德里希·K. 荣格：《法律选择与涉外司法》，霍政欣、徐妮娜译，北京大学出版社2007年版，第28页。

〔2〕 U. Huberus, *Praelectiones Iuris Romani et Hodierni Par* 2, *lib* 1, *tit.* 3（1689）*reprinted in E. Lorenzen*, Selected Articles on the Conflict of Laws, Yale University Press, 1947, pp. 164-165.

〔3〕 Ernest G. Lorenzen, "Huber's De Conflictu Legum", *Yale Law School Legal Scholarship Repository*, 1919, p. 376.

因，这是一种全新的视角，对国际私法的发展做出了重要贡献。诚如有学者所言，胡伯的学说做出了五个方面的伟大贡献："①敲响了法则区别说的丧钟；②将冲突法停泊在国际法的港湾中；③强调判决的一致性；④遥启了既得权理论；⑤引入了公共政策保留。"[1] 该学说后来经由苏格兰传播，为英格兰与美国学者接受和发展，构成英美国际私法的基石。

胡伯力图调和横亘在主权与跨国贸易实际需求之间的矛盾，其贡献固然不可小觑；但不容否认的是，他的学说说服力不强，理论上存在缺陷：①该理论的核心概念"礼让"模糊不清，饱受诟病。②胡伯一方面坚持认为基于国家主权原则，法院不适用外国法，但另一方面又认为法院应承认依外国法创设的权利，这在逻辑上无法自圆其说，因为从本质上说，承认依外国法成立的权利，就是承认该外国法的效力。③他一方面强调判决的一致性，一方面引入了公共秩序保留，这也凸显了其理论存在结构性缺陷。因为一国法院只要可以援用公共秩序排除外国法的适用，判决一致的理想就永远遥不可及。[2]［参见二维码拓展阅读 2-3］

二、英美学派

（一）英格兰学说

相对欧洲大陆国家而言，英国的国际私法理论起步较晚，这是由英国特定的历史、政治与法律环境造成的。首先，与意大利、法国与荷兰等前述欧洲大陆国家不同，自 1066 年诺曼征服后，在强大的王权统治下，英格兰逐渐形成了统一适用于全境的法律，亦即"普通法"（common law），因而缺乏以法律冲突为基础的国际私法产生的土壤。其次，在处理涉外案件时，英格兰法院早期多以案件发生在国外，无法组成合适的陪审团为由拒绝审判；后期则将案件发生的有关外国地点假想为英格兰某地，从而直接适用本国法。这样的司法实践显然不利于国际私法的发展。[3]［参见二维码拓展阅读 2-4］

18 世纪后，这种情况发生了重大变化。1707 年，英格兰与苏格兰合并，1801 年又与爱尔兰合并，但依据英苏与英爱合并条约，后两个地区的法律制度保持不变。由于苏格兰与爱尔兰的法律属于大陆法体系，英国遂成为多法区域国家，跨区域的法律冲突问题因而日益显现出来。与此同时，随着海外殖民地的扩张与对外贸易的迅速发展，英国与世界各国的商贸交往日益密切。在此背景下，英格兰学者经由苏格兰学者介绍，开始关注并吸收欧洲大陆的理论与实践，以解决英格兰面对的法律冲突问题。由于荷兰的学说对苏格兰具有决定性影响，加之威廉三世（William Ⅲ）同时为英国国王与荷兰 7 省都

---

[1] ［美］弗里德里希·K. 荣格：《法律选择与涉外司法》，霍政欣、徐妮娜译，北京大学出版社 2007 年版，第 28 页。

[2] 关于公共秩序保留制度，详见本书第五章第六节。

[3] 详见［美］弗里德里希·K. 荣格：《法律选择与涉外司法》，霍政欣、徐妮娜译，北京大学出版社 2007 年版，第 32~35 页。

督，英格兰早期的国际私法因而带有浓厚的荷兰印记。[1]

1896 年，牛津大学法学教授戴西（Dicey）出版了《关于冲突法的英格兰法摘要》一书。在该著作中，戴西提出了著名的"既得权说"（the Theory of Vested Rights），标志着英格兰国际私法发展到一个新的阶段。戴西的主张可概括如下：①解决国际民事纠纷，首先应确定英格兰的法院是否有管辖权。②凡依据他国法律有效取得的任何权利，一般都应该被英格兰的法院所承认与执行；而非有效取得的权利，英国法院则不应承认与执行。③如承认与执行这种依外国法合法取得的权利与英格兰成文法的规定、英格兰的公共政策和道德原则以及国家主权相抵触，则可作为例外不予承认与执行。④为了判定某种既得权利的性质，只应该依据产生此种权利的该外国的法律。⑤依据意思自治原则，当事人协议选择的法律具有决定他们之间的法律关系的效力。⑥英国法院仅对可作出有效判决与自愿服从其管辖的人行使管辖权。

概言之，"既得权说"的核心是：一国法官在承认与执行依据外国法有效取得的权利时，法官既不是适用外国法，也不是承认外国法在内国的效力，而只不过是保护诉讼人根据外国法或外国判决已取得的权利，即"既得权"。戴西提出"既得权说"显然是受到胡伯学说的影响。与胡伯的理论类似，"既得权说"使戴西也陷入了逻辑窠臼之中。因为权利是依据法律产生的，保护某一权利，无非就是承认赋予该权利的外国法的域外效力；戴西一方面坚持不能适用外国法，另一方面又要求承认和保护外国法律创设的权利，这无疑是自相矛盾的。

不过，需要强调的是，在英美国际私法理论的发展史上，"既得权说"产生了很大的影响，1934 年哈佛大学教授比尔（Beale）在主编美国《第一次冲突法重述》时，就将"既得权说"作为该"重述"的理论基础。即使是现在，保护既得权，维护国际民商事法律关系的稳定，仍然是国际私法的重要目的和任务。[2]

（二）美国学说

英国的北美殖民地继承了英格兰普通法。美国独立建国后，因采用联邦制，各州成文法与判例法逐渐产生分歧，法律冲突问题遂浮出水面。南北战争结束后，美国不断向西扩张，陆续有新的州并入，尤其是原法属殖民地路易斯安那与西属殖民地佛罗里达等州并入美国后，跨州法律冲突问题日显严重。此外，自 19 世纪以后，大量移民涌入新大陆，在美国的不同国籍居民间的民事纠纷也与日俱增。再者，随着资本主义工商业的迅速发展，美国与世界各国的交往也愈加密切，跨国法律冲突也越来越多。在此背景下，美国国际私法快速发展起来。

---

〔1〕 卢峻：《国际私法之理论与实际》，中国政法大学出版社 1998 年版，第 38 页。

〔2〕 James Fawcett & Janeen M. Carruthers, *Cheshire, North & Fawcett Private International Law*（14th ed.），Oxford：Oxford University Press，2008，pp. 24-26.

为美国国际私法学说奠定基础的是哈佛大学教授、美国最高法院法官约瑟夫·斯托里（Joseph Story）。1834 年，斯托里出版了经典著作《冲突法评述》（*Commentaries on the Conflict of Laws*），该书继承、吸收了荷兰国际礼让说，并以胡伯的礼让说为其理论体系的基础，结合美国、英格兰及荷兰等地的司法实践，创立了自己的礼让说。

如前所述，胡伯"国际礼让说"最重要的特征，是其对国家主权的强调，这是由当时荷兰刚刚摆脱西班牙殖民统治、国家主权亟待加强的时代背景所决定的。斯托里生长于 18 世纪末、19 世纪初，这一时期的美国恰与 17 世纪的荷兰具有非常近似的时代背景。1776 年，美国赢得了独立战争的胜利，摆脱了英国的殖民统治。但是，发表《独立宣言》的实际上是独立的 13 个"州"，而非一个统一的"美国"。在独立后的几年内，邦联的脆弱让各州人民在州际以及国际事务中吃尽苦头。北美的人民逐渐意识到光有独立是不够的，"团结则存在，分裂则毁灭"。在此背景下，1787 年费城制宪会议制定《美国宪法》，把 13 个独立的邦统一为一个强大的、足以保护人民的自由和安全的国家。因此，斯托里指出："所谓国家或民族，系指人们为提升其共同安全和利益之目的，通过联合的力量而团结在一起的政治组织或社会团体。"[1]这一时代背景有助于我们理解，为什么斯托里会将荷兰的"国际礼让说"作为其冲突法理论构架的基石，并在国家主权的旗帜下，探讨承认外国法效力的问题。[2]

斯托里的国际私法学说，其核心原则在于以下三项：①根据主权至上原则，一国法律在其领土内，不论内外国人，不论何种法律关系，具有绝对支配力；②依据各国主权平等原则，一国法律不具有域外效力，不能支配本国领域外的人与物；③依据礼让观点，甲国法律因乙国礼让表示，或可及于乙国领域内，故一国法律之域外效力，纯系被动之结果，而非当然可适用外国法；[3]换一个角度说，一国适用外国法，完全系其主动为之。在《冲突法评述》中，斯托里指出，一国法院对外国法律制度的尊重或遵从是为了体现礼貌，是自由裁量权的表现形式，而非原则，也与权利无关。他论述道：

国家之上没有更高权威，这一点为每一个主权国家所信奉，也是主权的基本属性。同理，依据主权，一国的本国法在其境内是最高法（supreme law）。一国遵从外国法律是其主动性的选择，而非另一国以权利为由命令其

---

[1] J. Story, *Commentaries on the Constitutional Law*（1st ed.），Harvard：Harvard University Press，1834，p. 58.

[2] 霍政欣：《公共秩序保留的历史、现状与未来——法哲学语境下的思考》，载梁慧星主编：《民商法论丛》（第 39 卷），法律出版社 2008 年版，第 522~537 页。

[3] 卢峻：《国际私法之理论与实际》，中国政法大学出版社 1998 年版，第 39 页。

为之。[1]

由此可见，斯托里反对法律的域外效力，主张法律原则上具有属地性，这是由他所处的时代背景决定的。彼时的美国，对内，联邦权处在不断巩固的阶段，美国有强调法律属地主义的强烈需要；对外，美国尚未登上世界舞台的中心，其国家利益并未显著外溢，没有扩张其国内法域外效力的现实需要。不仅如此，作为主要由欧洲移民构成的移民国家，这一阶段的美国还面临着欧洲强国基于属人管辖时常主张对美国境内的行为适用欧洲母国法的严峻挑战。职是之故，美国早期在公法上坚守属地主义原则，在私法上摒弃国籍原则而力倡住所地原则，这样的国家立场并非受制于宪法规定，更非偶然形成，而是在当时历史背景下做出的必然选择。[2]也许有人会指出，斯托里曾说，某些时候承认外国法的效力，是因为存在一种义务。[3] 但是，只要对其著作稍加研究，就会发现，依其之见，这只是一种道义上的义务，一种"在法律上无法履行的义务"（imperfect duty）。他坚持认为，每个国家必须是"自己的最终裁判者"（the final judge of itself），不仅裁判这种义务的性质与程度，而且对在什么情况下履行义务最为适当具有最终裁判权。[4]

斯托里还提出，一国对外国法的认可乃基于其自愿，考虑到国家有权利和义务保护其公民免受不正当及有害之外国法的损伤，如果外国法有悖于法院地的"已知政策"（known policy）或会损害其利益，则其应拒绝认可。[5]

斯托里的学说虽被不少学者指摘为缺乏创造性，但其进步意义不容小觑。首先，斯托里将欧洲的国际私法理论介绍到美国，并将其加以改进、发扬，从而揭开了美国国际私法的发展序幕。其次，斯托里在研究方法上颇具新意，他不再像欧陆学者那样专注于从理论上探讨为何适用外国法，以及如何适用外国法，而是从分析大量的案例入手，对国际私法进行研究，开创了判例分析法的先河，从而对国际私法理论的发展产生了深远影响。更为重要的是，在对美国、英国及欧洲大陆约 500 个案例进行分析与综合后，他将这些案子依所涉及的法律关系的不同进行了分类，并依此来确定法律适用的原则。这在人类历史上是第一次从法律关系的角度，而不是法律规则的性质来分析法律适用问题，从而彻底摆脱了"法则区别说"长达数百年的束缚。这一研究

---

[1] J. Story, *Commentaries on the Conflict of Laws* (6th ed.), Harvard：Harvard University Press, 1865, Sec. 8.

[2] 参见霍政欣：《国内法的域外效力：美国机制、学理解构与中国路径》，载《政法论坛》2020 年第 2 期。

[3] J. Story, *Commentaries on the Conflict of Laws* (6th ed.), Harvard：Harvard University Press, 1865, Sec. 33.

[4] J. Story, *Commentaries on the Conflict of Laws* (6th ed.), Harvard：Harvard University Press, 1865, Sec. 33.

[5] J. Story, *Commentaries on the Conflict of Laws* (6th ed.), Harvard：Harvard University Press, 1865, Sec. 33.

视角很快被德国学者所吸收，进而对"法律关系本座说"的创设起到了重要的启发作用。难怪马丁·沃尔夫（Martin Wolff）将他尊称为"全世界的幕后老师"。[1]

三、德国学派

欧洲的民族国家，其历史背景各有不同，其中，"最奇特之处，无逾日耳曼民族与新兴德国的关系"。[2] 尽管日耳曼民族长期以来表现出鲜明的民族性格，并在文学、哲学、音乐等艺术各方面做出了杰出的贡献，但1871年之前，他们却一直没有属于自己的国家。[3]

进入19世纪以后，一方面，德意志各邦普遍奉行重商主义，主张自由贸易，对英荷开放，对外经贸日益活跃，经济迅速发展，经历着空前的繁荣。另一方面，尽管普鲁士已经崭露头角，并将奥地利摒弃于藩篱之外，但德意志的统一大业还未完成，德意志各邦的法律，尤其是民法与商法差别巨大，成为资本主义发展的重要限制因素。这就是19世纪中叶德国国际私法学派诞生时德国所处的整体时代背景。

德国学派的代表性人物是柏林大学教授、历史法学派的集大成者弗德里奇·卡尔·冯·萨维尼（Friedrich Carl von Savigny）。1849年，年逾古稀的萨维尼出版了其封笔之作——《现代罗马法体系》第8卷，系统地提出了"法律关系本座说"。该学说的创立，被誉为国际私法发展史上的"哥白尼革命"，这标志着经典国际私法大厦就此建立。

萨维尼指出"法则区别说"的学者思维过于狭隘，他认为，该学说是从一国法律规则出发探讨法律冲突问题，这种单边主义思维方式无法得到令人满意的结论。萨维尼认为，为了满足"组成国际法律共同体的各国相互交往"的需要，各国在处理法律冲突问题时，最好采取互惠原则，应以平等的心态对待外国人与外国法。[4] 他之所以持有这一观点，部分是受基督教普遍主义

---

[1] M. Wolff, *Internationales Privatrcht*, Gottingen；Heidelberg：Springer-Verlag, 1993, p. 17.

[2] 黄仁宇：《资本主义与二十一世纪》，生活·读书·新知三联书店1997年版，第376页。

[3] 普法战争以法国的失败而告终（1870年9月1日，色当战役），法兰西第二共和国消失。德国最终实现了统一。1871年1月18日，在凡尔赛宫镜厅，普鲁士国王威廉一世宣布成为德国皇帝。参见［美］菲利普·李·拉尔夫等：《世界文明史》（下卷），赵丰等译，商务印书馆1999年版，第369页。

[4] 作为历史法学派的巨擘，萨维尼认为，与语言相似，法律植根于一个民族的历史之中，由各个民族的信仰、习惯及共同意识所决定，其本质是"民族精神（Volksgeist）"。正是这个原因使他坚决反对以罗马法与《法国民法典》为基础编撰德国民法典。可见，萨维尼的法律观是浸透了民族主义的。然而，萨维尼的冲突法理论前提却是国际主义或普遍主义的。初看上去，两者之间似乎存在对立与冲突。这种矛盾事实上并不存在，因为萨维尼虽认为法律是民族精神的体现，但他并不是一位种族主义者；相反，他坚信，世界各民族、各国家是平等互利的，这要求在处理法律关系的问题上必须实行互惠。由于本国公民与外国人地位平等，这必然要求法律关系也被平等对待，不论它们由哪个国家的法院审判。由此可见，萨维尼的"法律关系本座说"与其法律思想是协调一致的。

道义的影响，部分是基于各国"开明的自我利益"（enlightened self-interest）的考虑。[1]

以此为前提，萨维尼认为，解决国家之间的法律冲突，应当撇开单边主义思维的束缚，转而以多边主义的视角从法律关系的性质入手作为分析的出发点。从这一理念出发，萨维尼提出，冲突法的基本原则是"每一种法律关系，应依其性质，由其'本座'（seat）所归属的法律加以确定"。[2] 简言之，本座就是涉外法律关系在性质上所归属的地点。他进一步指出，这一原则是法律演进的必然产物，而非国际"礼让"的体现，因为"礼让"只是一种模糊的主观性推断。由此，萨维尼在理论的高度开启了依据法律关系的性质来解决法律适用的新路径。

为了进一步阐明他的理论，他把"法律关系"分为"人""物""债""行为""程序"等几大类，并且为各类法律关系规定了相应的本座。他指出：人的身份能力应以住所为本座；物权法律关系应以物之所在地为本座；债的本座应为债的履行地；行为方式均应以行为地为其本座；程序问题应以法院地为本座；等等（见表 2-1）。他认为，这样一来，涉外民事案件的法律适用即可得到客观、公平、中立的解决。

表 2-1 民事法律关系的本座

民事法律关系的类别	本座
人	住所
物	物之所在地
债	履行地
行为	行为发生地
程序	法院地

萨维尼的"法律关系本座说"对近代国际私法的发展起到了决定性影响：

第一，它抛弃了"法则区别说"的束缚，强调从法律关系的性质入手，而非法院地法自身的性质来探讨法律冲突的解决方法，从而在方法论上实现了从单边主义向多边主义的变革。法则区别说的学者，其目光是单边主义的，他们通过对本地规则的性质进行分类来解决问题；与此不同，萨维尼的目光是多边主义的，他好似以"上帝之眼"俯视人类社会，通过架设在国际民事纠纷与各国民事实体法之间的法律适用规范确定各国民法的地域效力。质言之，通过在各国民法体系之上创立一套旨在指引各国民法适用的法律选择体

---

[1] 霍政欣：《公共秩序保留的历史、现状与未来——法哲学语境下的思考》，载梁慧星主编：《民商法论丛》（第 39 卷），法律出版社 2008 年版，第 533 页。

[2] Friedrich Carl von Savigny, "System des heutigen römischen Rechts", *Vol. 8, Brster Band*, 1849, p. 28.

系，"法律关系本座说"得以协调各国民法因跨国民事活动产生的冲突，从而构建一个稳定、和谐的国际民事法律秩序。用当代国际法语言来说，"法律关系本座说"旨在构建的是民商事领域的全球治理体系。[1] 从这个意义上说，"法则区别说"建立了一个解决各国民法效力冲突的二维法律构架，而萨维尼的"法律关系本座说"则建立了一个旨在沟通和协调各国民法效力冲突的三维法律构架。

第二，萨维尼以高度抽象、严密的法律逻辑推理建立了一套中立、客观的法律适用体系，依之，不管涉外民事纠纷由哪一国的法院审理，判决结果均可保持一致。因此，这一理论如能被世界各国所采纳，可保证法律适用过程的客观性与公平性，从而解决了国际私法的程序正义问题，亦即实现"冲突法正义"。事实上，萨维尼为其著作所起的书名——《现代罗马法体系》足以暗示其宏大的理想与笃定的信念：他所阐扬的法律制度，好比现代版的罗马法，具有普适效力，适用于所有民族，终将被各国接受。

第三，萨维尼的学说大大推动了 19 世纪欧洲国际私法成文立法的发展，并对国际私法的统一化进程起到了积极的促进作用。时至今日，"法律关系本座说"的影响仍然可见，譬如，现代各国国际私法立法的基本模式和最密切联系原则均可看到它的影子。有学者评价道：萨维尼的影响日久弥长，在整个 19 世纪，他的思想被奉为冲突法的传统智慧。还有学者指出：萨维尼为我们这个学科点燃了"真理之光"，"从而开启了当代国际私法的序幕"。[2]

当然，"法律关系本座说"亦为特定时代的产物，绝非完美。首先，它把复杂的法律关系过于简单化，并认为每一种法律关系有且仅有一个本座，这种僵硬的方法显然无法适应日益纷繁复杂的司法实践。此外，该学说旨在解决法律适用过程的客观性，而不关注也无法解决法律适用的结果是否公平正义。换言之，萨维尼的理论好比路标，仅为涉外民事法律关系指向其应适用哪国法律，而该国的实体法最终是否能公正地解决该案，则在所不问。因此，到了法学理论与实践更加关注实质正义的当代，该理论受到了越来越多的批判。从某种意义上说，20 世纪后半叶爆发的"美国冲突法革命"正是肇始于对萨维尼理论大厦的猛烈攻击。[参见二维码拓展阅读 2-5]

四、新意大利学派

"1848 年前，意大利实际上是由各小邦国拼成的百衲衣。"[3] 长久以来，意大利的民族精英们一直梦想着恢复这个古老国家在罗马时代和文艺复兴时期享有的那种光荣与领导地位。为了实现这一目标，统一意大利的呼声日益

---

[1] 参见霍政欣：《论全球治理体系中的国内法院》，载《中国法学》2018 年第 3 期。

[2] [美] 弗里德里希·K. 荣格：《法律选择与涉外司法》，霍政欣、徐妮娜译，北京大学出版社 2007 年版，第 6 页。

[3] [美] 菲利普·李·拉尔夫等：《世界文明史》（下卷），赵丰等译，商务印书馆 1999 年版，第 369 页。

高涨，并且终于在 19 世纪打响了驱逐奥地利人、统一意大利半岛的独立解放战争。此外，由于长期遭受外族入侵并处于内乱状态之中，意大利的经济社会发展明显滞后，19 世纪起，大量意大利人选择"用脚投票"，掀起了移民新大陆的浪潮。所以，19 世纪中叶意大利的历史背景，可用"一种呼声、一个浪潮"加以概括。

正是在这样的形式下，以孟西尼（Mancini）为代表人物的意大利学派登上了历史舞台。为区分 13 世纪的意大利法则区别说与 19 世纪的意大利学说，后者常被称为"新意大利学派"。孟西尼是意大利当时一位著名的政治家与法学家，也是议会议员。1851 年，孟西尼在都灵大学发表了题为"国籍乃国际法的基础"的著名演讲。在该篇演讲中，他将国籍提到了前所未有的高度，认为国籍是构成法律选择的最为重要的基础。他的学说可归纳为三个主要原则：

第一，国籍原则。他认为一个人无论在哪里都应服从其本国的法律的支配，因此，法院在审理涉外民事案件中有关人的身份能力、亲属关系、继承关系时，都应适用当事人的本国法。

第二，意思自治原则。按照该原则，合同应适用当事人自主选择的法律。

第三，公共秩序原则。依据此原则，如果外国法违反本国的公共秩序，就不予适用，应适用法院地法。

需要强调，孟西尼提出"国籍国法说"，是特定历史条件的产物。如前所述，19 世纪的意大利出现了移民海外的浪潮，大量的欧洲移民漂洋过海，到北美新大陆定居。在此情况下，若将住所作为自然人最重要的连结点，不利于意大利对其海外移民的控制，有违其政治、经济利益。职是之故，孟西尼将国籍提到了前所未有的高度，认为国籍是构成法律选择的最为重要的基础。"国籍国法说"反映了包括意大利在内的许多欧洲大陆国家控制、保护其海外移民的思想，顺应了时代发展的要求，因而成为 19 世纪欧洲大陆占统治地位的学说。孟西尼对国籍的成功阐扬，也宣告了萨维尼理想的破灭，萨维尼曾乐观地认为，他的学说，包括自然人的本座是其住所，将被全世界接纳。这一对立的产生，导致多边主义追求的判决一致的希望被无限期搁置。[1]

👉 **第四节　当代**

二战结束以后，国际格局发生了历史性变化。首先，世界殖民体系瓦解，许多原殖民地、附属国经过艰苦卓绝的斗争，摆脱了帝国主义的统治，赢得

---

〔1〕 值得注意的是，斯托里等美国国际私法学者一直坚守住所地法，这是因为美国是一个接受移民的国家。生活在这里的许多人，尽管其住所已在美国，但依然保持原先欧洲国家的国籍。因此，若美国采取"国籍国法说"，势必造成其境内很多法律问题受制于欧洲国家，不利于其对新移民的控制，也与美国的国家利益不符。如此一来，就很容易理解斯托里为何坚守"住所地法说"，而反对"国籍国法说"。

了独立，获得了国际民事交往的主体资格。其次，随着经济一体化程度的加深与科学技术的迅猛发展，人类全面进入全球化时代，跨国民商事交往空前密切，国际民事关系呈现出愈加复杂的态势。最后，在反思纳粹暴行的基础上，战后概念主义与形式主义法学式微，更加关注实质正义的现实主义法学与新自然法学迅速复兴。在这样的历史条件下，当代国际私法不论是在理论上，还是立法及司法实践上，均获得了迅速发展。

一、美国

在美国，20 世纪 30 年代以后掀起了一场声势浩大的"冲突法革命"，并在 20 世纪六七十年代发展到巅峰。在对传统理论和方法进行猛烈抨击的基础上，美国的国际私法学者提出了许多不同的理论主张，并被誉为另一次"哥白尼革命"。在这场革命中，"新颖的方法纷繁多样，软化、主观的多边主义，基于利益分析的单边主义，外加少许的目的论，构成其基本元素"。[1] 以下是几种有代表性的理论：

第一，"政府利益分析说"（Governmental Interests Analysis）。该学说的主要倡导人是美国学者布雷纳德·柯里（Brainerd Currie）。柯里相信，与人的欲望相似，各国（州）在涉外案件与本地案件中，对于施行其法律背后的政策均有"利益"。以此为基础，他指摘传统冲突法不仅没有考虑到这种政府关切，而且非理性地损害了法院地的利益，对于增进其他任何一州的利益亦无助益。职是之故，柯里认为："没有法律选择规则，情况会更好。"与萨维尼的法律关系本座说不同，柯里不将关注点集中于法律关系与特定国家法律之间的联系，而强调实体规则的目的，以及主权者实现这些目的的权利。柯里认为，主权者制定、通过法律是为了保护公民及居民，因为他们选举、交税，他们的福祉理应成为立法者的首要关切。柯里相信，法院有能力确定相关的政策与政府利益。

概言之，柯里的体系可以总结为以下三点：第一点，如果法院发现只有一个国家（州）有利益，此时出现的是"虚假冲突"，法院应当适用该国（州）的法律；第二点，如果有两个或两个以上的国家（州）有利益，此时出现的是"真实冲突"。在这种情况下，法院应视其所在国（州）是否有利益而定：若法院地国（州）有利益，则适用法院地国（州）的法律；若法院地国（州）无利益，则要么在不违背公正原则的前提下放弃管辖，要么继续审理，并适用法院地法，除非有更好的办法。第三点，在法院地国（州）和外国（州）均无利益的情况下，适用法院地法。

"政府利益分析说"批判了传统冲突法制度的弊端，并正确地预见了美国冲突法的发展趋势——寻求个人利益与国家利益的平衡，对美国国际私法理

---

[1]　[美] 弗里德里希·K. 荣格：《法律选择与涉外司法》，霍政欣、徐妮娜译，北京大学出版社 2007 年版，第 155 页。

论与立法的发展起了重要作用。但该学说的单边主义色彩过于浓厚，过分追求法院地国的利益，并企图彻底抛弃冲突规范制度，因而备受诟病。

第二，"优先选择原则"（Principle of Preference Theory）。该学说由美国学者卡弗斯（Cavers）提出，他认为传统的冲突规范不过是"管辖权选择规则"（jurisdiction-selecting rules），即这些规则将宽泛的民事关系，如侵权或合同，通过侵权行为地或合同缔结地等传统连结点，与特定国家的法律联系起来。这套规则仅在于保证法律适用过程的中立性与客观性，而对最终适用的实体规则的内容毫不关心。鉴此，他发出诘问："法院是在裁判争议，如果它对法律选择将如何影响争议不加考虑，又如何能做出明智的选择呢？"[1] 职是之故，他主张直接就相关国家的实体法规则进行比较，选择那种更好的、更适合案件公正解决的实体法作为准据法。卡弗斯的学说直击传统冲突法的要害，旨在确保个案公平正义，以实现实质正义为目标，具有明显的进步意义。然而，该学说缺少客观衡量标准，什么是公正？什么是"更好的"法律？这些完全依赖法官的自由裁量，容易导致法院地法本位主义，从而产生法律适用上的"返家趋势"。

第三，"最密切联系说"（Doctrine of the Most Significant Relationship）。该学说由哥伦比亚大学教授威利斯·里斯（Willis Reese）所提倡，被誉为20世纪最富创意、最有价值和最实用的国际私法理论，其基本观点可概括为：在确定某一法律关系应适用的法律时，不应机械地适用硬性的冲突规范，而应看哪一个国家（州）与案件的事实和有关当事人有最密切的联系，根据特定法律领域中的多个连结因素，在充分考虑国际（州际）体制的需要、法院地的相关政策、有利益关系的其他国家（或州）的相关政策、当事人的合理期望、有关法律的目的，以及判决结果的确定性、可预见性和一致性等方面以后，结合每一个具体案件，灵活地选择准据法。简言之，最密切联系说认为，与某一特定问题有最密切联系的国家（州）的法律应该成为该问题的准据法。[2]

"最密切联系说"实际上是在"法律关系本座说"的基础上发展起来的。但"法律关系本座说"认为每一法律关系有且仅有一个本座，因而按此建立起来的法律选择体系过于机械、僵化；"最密切联系说"恰恰反对这种机械、硬性的法律选择规范，认为法律关系应由法院根据具体情况，选择适用与该关系有最密切联系的法律，因而按该理论制定出来的法律规范是一种灵活、弹性的冲突规范。因此，"最密切联系说"不是对"法律关系本座说"的简单承袭，而是对它的扬弃。里斯教授正是以最密切联系原则为指导编纂了1971年美国《第二次冲突法重述》。20世纪70年代以后，该原则不仅在美国，而

---

[1] David F. Cavers, "A Critique of the Choice-of-Law Problem", *Harvard L. Rev.* 47（1933），173，194.

[2] See Herma Hill Kay, *Conflict of Laws*（1st ed.），Barbri Group, 1998, pp. 64-65.

且在世界其他很多国家得到重视和采用。然而，利之所在，弊亦随之。最密切联系说赋予法官以较大的自由裁量权，这固然具有灵活性，但也容易导致主观随意性，降低法律适用结果的确定性和可预见性。［参见二维码拓展阅读2-6］

尽管这一时期美国各个冲突法学说的内容并不相同，但是，单边主义的抬头、对实质正义的强调以及赋予法官更多的自由裁量权，构成了它们共享的核心理念，而这些理念无疑是对以法律关系本座说为基石的经典国际私法体系的颠覆，因而被定性为一场"革命"。美国"冲突法革命"引领着20世纪下半叶国际私法的发展，对世界各国国际私法的立法、理论与实践起到了重大影响。有学者评价道：整个20世纪，美国人的名字主宰着国际私法理论的发展。美国"冲突法革命"对这个法律领域做出了令人激动的贡献；如果没有它，该领域可能早在几代人之前就陷入停滞不前的境遇了。[1]［参见二维码拓展阅读2-7］

二、欧洲国家

与20世纪美国国际私法高潮迭起的"革命"不同，这一时期的欧洲，其国际私法的发展更加稳健。对于美国"冲突法革命"中的各种学说，欧洲学者大多持冷静观望态度，对其中彻底抛弃冲突规范的激进学说总体持批判态度，但也注意借鉴、吸收美国学说中的合理元素。在欧洲学者提出的理论中，有影响的主要有以下几种：

第一，"比较法学说"。其倡导者为德国法学家拉贝尔（Rabel）。拉贝尔在其著作《冲突法——比较法研究》中指出，各国国际私法的巨大差异阻碍了国际贸易的发展和人民的友好往来。因此，应采用比较法的方法来研究各国国际私法，探求异同，比较长短，再通过签订国际条约的方式将各国国际私法统一起来。

第二，"协调论"。该学说由当代法国国际私法的领军人物巴蒂福尔（Batiffol）提出。1956年，巴蒂福尔出版了《国际私法哲学》一书。在该书中，巴蒂福尔将特殊主义与普遍主义有机地结合起来，提出了国际私法的任务在于充当不同法律制度的协调者的观点。在研究方法上，巴蒂福尔反对先验主义，主张在系统考察各国法律制度与司法判例的基础上，采用实证、对比的方法，进行国际协调。

第三，"直接适用的法"。1958年，希腊裔法国学者弗朗西斯卡基斯（Francescakis）发表了《反致理论与国际私法的体系》一文，首次提出了"直接适用的法"（lois d'application immdeiate）的概念，并在其后的著述中进

［1］ William Tetley, "A Canadian Look at American Conflict of Law Theory and Practice, Especially in the Light of the American Legal and Social Systems", *Colum. J. Transnat' l L.*, *38*（1999）, pp. 299-373.

一步阐述了这一理论。弗朗西斯卡基斯认为，随着国家职能的改变及其对经济活动干预的加强，国家制定了一系列具有强制力的法律法规，用于调整某些特殊的法律关系，以维护国家利益和社会公共利益。这些具有强制力的法律规范在调整涉外民事关系时，可以撇开冲突规范的指引而直接适用。这种能被直接适用的法律规范，就是"直接适用的法"。弗朗西斯卡基斯这一理论的提出，引起了许多学者的关注，并被包括中国在内的许多国家的立法所采纳，至今仍是国际私法研究的热点之一。关于此点，本书将在本编第五章第七节予以详述。

第四，"自体法"。20 世纪后半叶以来，"既得权说"已经被英国理论界所抛弃。当代英国学者认为，英国法院适用外国法并非对外国表示礼让，或保护当事人的既得权利，而是为了实现公平正义、维护当事人的合理利益。以此为基础，以约翰·莫里斯（John Morris）为代表的当代英国国际私法学者提出"自体法"（Proper Law）理论，引入最密切联系原则等弹性连结因素以替代硬性连结点，以克服传统国际私法过于僵硬、只关注程序公平、忽视实质正义的缺陷。"自体法"理论是英国对当代国际私法理论最主要的贡献之一。[1]

晚近欧洲国际私法立法出现了一个引人注意的现象，即许多国家制定了单行的国际私法法规，且这些法规在形式上日趋完善，内容上日益全面，国际私法立法呈现出法典化、系统化趋势。[2]

尤其值得强调的是，20 世纪下半叶以来，随着欧洲一体化程度的加深，欧洲国际私法统一化经过半个多世纪，取得了丰硕的成果，不仅统一或协调了各成员国的国际私法，而且在欧盟层面上产生了具有丰富法律渊源的统一国际私法。具体而言，在法律适用领域主要包括：2008 年《关于合同之债的法律适用条例》（以下简称《罗马条例Ⅰ》）、2007 年《关于非合同之债的法律适用条例》（以下简称《罗马条例Ⅱ》）以及 2010 年《关于离婚及司法别居的法律适用条例》；在管辖权、司法协助以及判决的承认与执行领域主要包括：2012 年《关于民商事管辖权与判决承认与执行的条例》（以下简称《布鲁塞尔条例Ⅰ》）、2003 年《关于婚姻事项与父母亲责任事项的管辖权及判决承认与执行的条例》（《布鲁塞尔条例Ⅱ》）、2001 年《成员国法院之间民商事取证合作的条例》以及 2007 年《在成员国送达民商事司法与司法外文书的条例》；等等。

欧盟统一国际私法的出现，在法律渊源上突破了传统国际私法渊源的范围。传统国际私法认为，国际私法的法律渊源主要包括国内法渊源和国际法渊源两大部分。在欧洲经济共同体时期以及欧盟前期，由于国际私法的统一

---

[1] J. H. C. Morris, "The Proper Law of a Tort", *Harvard L. Rev.*, 64（1951），881.

[2] 例如，奥地利在 1978 年通过了《奥地利联邦国际私法法规》，1989 年《瑞士联邦国际私法法规》生效，这些都是当代欧洲国际私法立法的典型代表。

化主要采用条约方式，欧盟统一国际私法在性质上还属于国际法的范畴；但自《阿姆斯特丹条约》生效以来，欧盟直接进行国际私法立法，并将以前的国际私法公约转化成欧盟立法。[1] 这不仅使国际私法统一化的方式发生了变化——使欧盟国际私法的性质发生了变化，即使欧盟国际私法从由国际法渊源和"超国家法"渊源组成的法律体系逐步朝"超国家法"的方向发展。[参见二维码拓展阅读2-8]

尽管英国于2016年通过公投的方式决定退出欧盟，这对欧盟的发展是一个重大挫折，同时，"脱欧"也将对英国与欧盟的国际私法产生诸多影响。[2]但是，欧盟代表着人类社会一体化发展的趋势，其未来并不会因此次英国"脱欧"而裹足不前，本书对此充满信心。[参见二维码拓展阅读2-9]

 本章二维码

2-1 第二章拓展阅读

---

[1] 例如，1980年《关于合同债务的适用公约》（以下简称《罗马公约》）被转化为《罗马条例Ⅰ》；1968年《布鲁塞尔关于民商事案件管辖权及判决执行的公约》（以下简称《布鲁塞尔公约》）被转化为《布鲁塞尔条例Ⅰ》等。

[2] See Andrew Dickson, "Back to the Future: the UK's EU Exit and the Conflict of Laws", *Journal of Private International Law*, 12 (2016), pp. 195-210.

第三章

国际私法关系的主体

📧 导 语

　　法律关系建立在"人"与"人"之间。此处的"人"是指法律关系的具体承受者或参加者，亦即法律关系的主体。在民法上，具有法律关系主体资格者，有自然人与法人两类实体。[1] 在国际私法上，自然人与法人也是两类最常见的主体，因而被称为国际私法的基本主体。除此之外，国家与国际组织在一定条件下也参与国际民商事交往，成为国际私法的主体。与自然人和法人相比，国家与国际组织参与国际民商事交往的场合与范围更为有限，且其行为及财产涉及特权与豁免问题，故被称为国际私法的特殊主体。

　　由于国际私法的主体往往具有涉外性，而如何衡量主体是否具有涉外性一般须借助国籍与住所（或经常居所）等标准，所以，国际私法在探讨自然人与法人时，通常需先行讨论自然人与法人的国籍、住所的冲突及其解决途径。作为国际私法的特殊主体，国家和国际组织的豁免与特权问题也是国际私法的关注重点。

👉 第一节　自然人

　　"自然人"（natural person）是基于自然规律而出生和存在的生命体。民法上研究作为民事关系主体的自然人，通常集中于自然人的权利能力与行为能力。这两个问题也是国际私法需要讨论的；然而，如前所述，由于在国际私法语境下首先需要对自然人是否具有涉外属性作出判断，所以，本书先讨论自然人的国籍与住所问题；权利能力与行为能力问题将于本书第二编——"法律适用"中再行讨论。

一、自然人的国籍冲突及其解决

（一）国籍的含义与国籍冲突

　　"国籍"（nationality）是指一个自然人属于特定国家的国民或公民的法律

---

〔1〕　龙卫球：《民法总论》，中国法制出版社2002年版，第112页。

资格。在国际公法上，国籍具有两方面的意义：一方面，国籍是一个人对国家承担忠诚义务的根据；另一方面，也是国家对其行使外交保护的依据。在国际私法层面，国籍的意义包括：①它是区别一个人是本国人还是外国人或无国籍人的标志，也是判断某一民事法律关系是否为涉外民事法律关系的重要因素。②由于法国、意大利等不少国家将本国法（即国籍国法）作为自然人的属人法，[1] 因而国籍成为适用属人法的一个重要连结点。③由于现代国家通常签订了大量的双边条约，自然人的国籍也是决定他能否享有某种外国人待遇的制度根据。④在国际民事诉讼中，国籍有时是一国法院行使管辖权的依据之一。

按照现代国际法，国籍问题原则上是每个国家主权范围内的事项。换言之，每个国家有权依据自己的法律决定谁是其国民。所以，要判断某一自然人是否具有某国国籍，原则上应依该国法律决定，而不能适用其他国家的法律来决定。例如，如果一个人按照中国法律不具有中国国籍，其他国家就不能认为他是中国公民。

一个自然人是否具有某个国家的国籍，原则上由该国法律决定，这看似不会发生法律冲突问题，然而，由于各国赋予自然人以国籍所采取的方法不同，剥夺自然人国籍的做法也不尽相同，因而各国国籍法的规定存在着很大的差异。职是之故，当今世界，国籍的冲突现象甚为常见，这既包括积极冲突，即一个人在同一时间具有两个或两个以上国籍，也包括消极冲突，即其不具有任何国籍的法律状态。

以比较法为视角观之，国籍的取得方式可分为两种：①因出生而取得，亦即原始国籍；②因加入而取得，亦即继有国籍。这两种取得方式均有可能产生国籍冲突。

就原始国籍而言，有的国家采用血统主义（多为移民输出国），如日本，依据该国《国籍法》第 2 条第 1 款，出生时，父或母是日本国民时，即为日本公民；有的国家采用出生地主义（多为移民输入国），如美国，依据美国《宪法第十四修正案》，在美国领土出生，即可取得美国国籍。[2] 假设一对国籍为日本的夫妇到美国工作，在美国生下一子，则该男婴同时具有日本与美国国籍，因而可能成为双重国籍者。相反，若一对国籍为美国的夫妇，到日本工作，在日本生下一子，则该男婴有可能面临没有任何国籍而成为无国籍者的危险。值得一提的是，尽管移民输出国与输入国在原始国籍的取得上分别采用了血统主义原则与出生地原则，但这两种看似扞格不入的原则本质上

---

〔1〕　属人法（lex personalis）是以法律关系当事人的国籍、住所或经常居所作为连结点的系属公式。它一般用来解决人的身份、能力、亲属、继承关系等方面的法律冲突问题。国际上对属人法有两种不同的理解，大部分大陆法系以当事人的本国法（国籍国法）为属人法；英美法系国家则以当事人的住所地法为属人法。关于系属公式，本书将在本书第四章第二节予以详述。

〔2〕　Section 1. All persons born or naturalized in the United States, and subject to the jurisdiction thereof, are citizens of the United States and of the State wherein they reside.

反映了相同的理念，即国民是国家的财富。尽可能令自然人成为本国国民，是国家的基本利益所在。

就继有国籍而言，有些国家的国籍法规定，外国人与本国公民结婚，即可申请加入本国国籍。在这种情况下，该外国国民一旦获得该国国籍，即有可能成为双重国籍者。

（二）国籍冲突的解决

一个具有两个或两个以上国籍的自然人，如其因涉外民事纠纷而被诉至某国法院，这时，为确定管辖权及应适用的法律，法院往往需要确定以他的哪一个国籍为依据。纵观各国国际私法立法与司法实践，主要的解决方法包括以下几种：

1. 自然人同时具有的两个以上的国籍中，若有一个是内国国籍（即法院地国的国籍）时，国际上的通行做法是：内国国籍优先，以内国法为其国籍国法，而不论当事人的国籍是同时取得还是先后取得。理由是每一个主权国家都有权决定谁是其国民，它没有义务屈从于另一国所作出的与其国籍法相冲突的赋予国籍的规定。例如，1978 年《奥地利联邦国际私法法规》第 9 条规定：自然人的属人法为其国籍所属国法。如一人除具有外国国籍外，又具有奥地利国籍，则以奥地利国籍为准。1996 年《列支敦士登关于国际私法的立法》第 10 条规定：自然人的国籍国法是该自然人的属人法，如果一个人除了外国国籍以外还有列支敦士登国籍，则以列支敦士登国籍为准。

2. 当事人所具有的两个或两个以上国籍均为外国国籍时，各国实践存在较大分歧，概括起来，主要有以下几种解决方法：

（1）以取得在后的国籍优先，其理由是当事人享有变更国籍的自由权。如 1939 年《泰国国际私法》第 6 条第 1 款规定："在应适用当事人本国法时，如当事人在不同时期取得两个以上国籍，则适用最后取得国籍所属国家的法律。"

（2）以当事人的住所或经常居所地所在国的国籍优先，理由是双重国籍人既然在他的这个本国境内设有经常居所或住所，可见他同该国的关系较之他同其他本国的关系更为密切。例如，2001 年《俄罗斯联邦民法典》第 1195 条规定：自然人的国籍国法视为其属人法；如一个非俄罗斯联邦公民有多个国籍，则该人的住所地国法视为其属人法。

（3）与当事人有最密切关系的国家的国籍优先，即依当事人的"实际国籍"决定其属人法。在确定"实际国籍"或"关系最密切国家"的国籍时，首先以客观标准衡量，例如，当事人在哪一国出生，在哪一国设定住所或者惯常居所，在哪一国行使政治权利，在哪一国从事业务活动，等等。如仅考虑这些客观因素还不够，为准确地确定他的实际国籍，还须研究他的内心究竟倾向于哪一国，即求助于主观标准。这种方法被不少国家的立法所采纳，如前述《奥地利联邦国际私法法规》第 9 条还规定："其他具有多重国籍者，应以与之有最强联系的国家的国籍为准。"

3. 对当事人所具有的两个或两个以上的国籍不作内国国籍和外国国籍的区分，仅以与当事人有最密切联系的国家的国籍为准，即采用完全意义上的"实际国籍"原则。如 1987 年《瑞士联邦国际私法法规》第 23 条第 2 款规定："当事人拥有几个国籍的，除本法另有规定外，以与当事人有最密切联系的国家的国籍作为确定所适用法律的依据。"这一规定摒弃了传统的内国国籍优先的做法，而采取了以与当事人有最密切联系的国籍为准的原则。它不仅适用于当事人有两个或两个以上外国国籍的情形，而且适用于当事人既有瑞士国籍又有外国国籍的情形。瑞士国际私法学家冯·奥弗贝克（A. von Overbeck）教授将这一规定称为"具有明显的国际主义特征的条款"。[1] 这一做法被晚近一些国际私法立法所借鉴，如 1999 年《哈萨克斯坦共和国民法典》第 1093 条、1999 年《白俄罗斯共和国民法典》第 1103 条等。[2]

国籍的消极冲突可分为三种类型：①生来便没有国籍，前述关于一对美国籍夫妇在日本生下一子的例子便有可能产生这种情况；②原来有国籍后来因身份变更或政治上的原因才变得没有国籍，例如，苏联作家亚历山大·索尔仁尼琴曾因政治原因被剥夺苏联国籍并遭驱逐出境。③属于何国国籍无法查明，这主要出现在战乱或国际难民潮时期。

对于国籍的消极冲突，各国立法与实践通常以当事人住所地或经常居所地国家的法律为其国籍国法。[3] 如无住所或经常居所，则适用居所所在地或法院地所在国的法律。例如，《奥地利联邦国际私法法规》第 9 条第 2 款规定：无国籍人或国籍不能确定的人，其属人法应为其有经常居所地的国家的法律。《瑞士联邦国际私法法规》第 24 条第 3 款规定：本法适用于无国籍人或难民时，应以住所取代国籍。2001 年《韩国国际私法》第 3 条第 2 款规定：当事人的国籍不能确定或当事人没有国籍时，适用其经常居所地所在国的法律，没有经常居所地的，适用其居所所在国的法律。

（三）中国关于国籍及国籍冲突的法律规定

根据 1980 年公布的《中华人民共和国国籍法》（以下简称《国籍法》），我国关于中国国籍的取得与丧失的主要规定可概括如下：［参见二维码 3-1］

第一，国籍的取得采用出生地主义与血统主义相结合的原则，以解决国籍的消极冲突问题。《国籍法》第 4 条规定，父母双方或一方为中国公民，本人出生在中国，具有中国国籍（出生地主义）。第 5 条规定，父母双方或一方为中国公民，本人出生在外国，具有中国国籍（血统主义）；但父母双方或一方为中国公民并定居在外国，本人出生时即具有外国国籍的，不具有中国国籍。第 6 条规定，父母无国籍或国籍不明，定居在中国，本人出生在中国，

---

[1] 参见陈卫佐：《瑞士国际私法法典研究》，法律出版社 1998 年版，第 63 页。
[2] 万鄂湘主编：《〈中华人民共和国涉外民事关系法律适用法〉条文理解与适用》，中国法制出版社 2011 年版，第 149 页。
[3] 关于自然人住所与居所的概念，详见本章第二节解析。

具有中国国籍。此外，外国人或无国籍人愿意遵守中国宪法和法律，经申请批准可以加入中国国籍。

第二，确立了"一个国籍"原则，不承认中国公民具有双重国籍。《国籍法》第3条规定，中华人民共和国不承认双重国籍；第9条规定，定居外国的中国公民，自愿加入或取得外国国籍的，即自动丧失中国国籍。值得一提的是，目前关于中国是否应承认双重国籍的讨论已经成为社会热点之一。

此外，需要指出，全国人大常委会在1996年与1998年分别通过《全国人民代表大会常务委员会关于〈中华人民共和国国籍法〉在香港特别行政区实施的几个问题的解释》与《全国人民代表大会常务委员会关于〈中华人民共和国国籍法〉在澳门特别行政区实施的几个问题的解释》。根据这两个解释，凡具有中国血统的香港与澳门居民，不论是否具有英国或葡萄牙公民身份，只要符合国籍法的相关规定，都是中国公民。这实际上是对国籍法规定的一个变通或突破。[参见二维码3-1]

对于我国内地居民，由于《国籍法》不承认双重国籍，因此，在理论上，内地居民在我国法院涉诉时通常不会出现国籍的积极冲突问题。对于外国人以及港澳居民在我国内地法院涉诉出现的国籍积极冲突，《涉外民事关系法律适用法》第19条规定："依照本法适用国籍国法律，自然人具有两个以上国籍的，适用有经常居所的国籍国法律；在所有国籍国均无经常居所的，适用与其有最密切联系的国籍国法律……"可见，我国在解决国籍的积极冲突时，以自然人具有经常居所地的国籍国为准，如果自然人在其所有国籍国均无经常居所，则以最密切联系原则作为确定国籍国的标准。

对于自然人国籍的消极冲突，《涉外民事关系法律适用法》第19条也明确作出了规定："……自然人无国籍或者国籍不明的，适用其经常居所地法律。"由于该法将经常居所地确立为自然人属人法的首要连结点，因无国籍或国籍不明而导致自然人无法确定其本国法时，以经常居所地法取而代之自然是合理的。需要指出的是，如果当事人无经常居所地，则需结合《涉外民事关系法律适用法》第20条予以解决，该条规定为："依照本法适用经常居所地法律，自然人经常居所地不明的，适用其现在居所地法律。"

二、自然人的住所冲突及其解决

（一）住所、经常居所与居所的含义

"住所"（domicile）是指一人以久住的意思而居住的某一处所。住所的概念因不同时代、不同国家而有所不同。一般认为，住所包括主观要素和客观要素：从主观上讲，当事人在某一地有久住的意思；从客观上讲，当事人在某一地有长久居住的事实。只有这两方面的要素结合起来，才能构成当事人的住所。简言之，居住者的长住意图和久住事实是决定住所的两个主要因素。

与住所相近的术语还有"经常居所"（habitual residence）与"居所"（residence）这两个术语。尽管与住所一样，后两个术语也没有国际通行的标准定义，但通常认为，住所的构成要件最为严格，经常居所的要件次之，居所的要件最为宽松。经常居所，有时也译作"惯常居所"，在海牙国际私法会议主持制定的不少国际私法公约中被使用。尽管如此，这一概念从未得到统一解释，因而各国有权对之进行自主解释。[参见二维码拓展阅读 3-1]

关于自然人的住所，我国有多部法律与司法解释予以定义。例如，《民法典》第 25 条规定："自然人以户籍登记或者其他有效身份登记记载的居所为住所；经常居所与住所不一致的，经常居所视为住所。"此外，依据《民诉法解释》第 4 条，公民的经常居住地是指公民离开住所地至起诉时已连续居住 1 年以上的地方，但公民住院就医的地方除外。

上述规定表明，自然人原则上以户籍确定其住所，经常居所与住所不一致的，经常居所视为住所。不过，由于上述法律及司法解释制定的时间跨度较大，立法背景不同，它们也存在一些不一致的地方。

第一，《民诉法解释》第 4 条使用了"经常居住地"的表述，而《民法典》第 25 条使用的措辞是"经常居所"，二者在表述上存在细微差别。[1] 鉴于《涉外民事关系法律适用法》使用的也是"经常居所"，并参考《法律适用法解释（一）》对"经常居所地"所作的定义（详见下文），本书认为，"经常居所"与"经常居住地"在含义上并无实质差异。因此，未来中国立法与司法解释应注意提高术语表述的统一性与协调性，宜统一使用"经常居所"，逐步消除文字表述上的差异。

第二，《民诉法解释》第 4 条明确指明其适用的对象是"公民"；而《民法典》第 25 条的适用对象是"自然人"，鉴此，可推论如下：《民诉法解释》第 4 条仅适用于确定中国公民的住所；与此不同，《民法典》的适用对象并不限于中国公民，它既适用于确定中国籍自然人的住所，也适用于确定外国籍以及无国籍自然人的住所。部分基于这一原因，除以户籍登记的居所确定住所以外，《民法典》第 25 条还认可"其他有效身份登记记载"的居所作为住所。职是之故，《民法典》第 25 条的适用范围明显广于《民诉法解释》第 4 条，这在一定程度上体现了该法典的国际主义视野，具有进步意义。

关于自然人的经常居所，《法律适用法解释（一）》第 13 条作了较为明确的规定："自然人在涉外民事关系产生或者变更、终止时已经连续居住一年以上且作为其生活中心的地方，人民法院可以认定为涉外民事关系法律适用法规定的自然人的经常居所地，但就医、劳务派遣、公务等情形除外。"

由此可见，在我国语境下，自然人经常居所地的判断主要有两个标准：一是时间标准，即连续居住 1 年以上；二是生活中心标准，即除时间要求之外，自然人经常居所地应该是自然人生活的中心。此外，该司法解释还设置了例外情形，即自然人有就医、公务、劳务派遣等居住情形，即使符合上述

---

[1] 我国早期的立法及司法解释通常使用"经常居住地"的表述，如已被废止的《民法通则》第 15 条、《民通意见》第 9 条等。

两个标准，也不构成该自然人的经常居所。[1]

相比之下，居所的要求最为宽松。一般认为，居所是指一个人在一定时间内居住的处所。可见，住所与居所的区别在于住所是久住之处，而居所只是暂住或客居之地。在法律意义上，设定居所的条件比住所宽得多，不要求当事人有久住的意思，只要有居住的事实即可。设立居所的要件也比设立经常居所的要求宽松，前者既无具体的居住时间的要求，也无将此地视为生活中心的要求。所以，《涉外民事关系法律适用法》第20条规定："依照本法适用经常居所地法律，自然人经常居所地不明的，适用其现在居所地法律。"

（二）住所冲突的解决

同自然人的国籍一样，自然人的住所也是国际私法上最重要的连结因素之一。世界上有不少国家（尤其是英美法系国家）以当事人的住所地法为其属人法，有些国家甚至以住所作为确定某些指定财产关系准据法的连结点。由于各国对住所的规定不同，也会发生一个人同时取得两个或两个以上的住所（住所的积极冲突）或一个人无任何法律意义上的住所（消极冲突）的情况。

对于住所的积极冲突，其解决原则与解决国籍的积极冲突大体相似：如内国住所与外国住所之间发生冲突，以内国住所优先，而不论其取得的先后；如外国住所与外国住所之间发生冲突，异时取得的，一般以最后取得的住所优先，同时取得的，一般以其经常居所、居所或与当事人有最密切联系的那个国家的住所为住所。

对于住所的消极冲突，各国在实践中主要采取两种解决方法：①以经常居所代替住所，即以经常居所地法代替住所地法；如无经常居所，则以居所代替。②以曾存在过的最后住所为住所；如无最后住所，则以居所代替住所。在当事人连居所也没有的情况下，一般以当事人的现在地法代替住所地法。

关于自然人的住所冲突，《民通意见》第183条规定："当事人的住所不明或者不能确定的，以其经常居住地为住所。当事人有几个住所的，以与产生纠纷的民事关系有最密切联系的住所为住所。"可见，在那时的司法实践中，我国法院依最密切联系原则解决自然人住所的积极冲突；而如遇自然人住所的消极冲突，则以其经常居住地代替住所。

需要指出的是，《涉外民事关系法律适用法》《法律适用法解释（一）》并无专门用于解决自然人住所冲突的条款，这是因为该法将"经常居所"作为确定自然人属人法的主要连结点，住所在中国国际私法上的重要性因而显著降低。

---

[1] 关于我国法律语境下如何认定经常居所地的问题，详见本书（第二编）第六章第一节。

第二节　法人

"法人"（legal person, juridical person）是人类创造的人。以比较法的视角观之，在大陆法系上，法人的概念肇始于1896年《德国民法典》，自此，正式宣告现代民法生活的舞台上有两类主体角色：自然人与法人；在英美法系上，一般认为，1897年的英格兰判例"萨勒姆诉萨勒姆与有限公司案"正式确立公司法人具有独立的法律人格。[1] 法人虽然不像自然人那样鲜活生动，但它与人类的文明、财富的创造、个人能力的发挥休戚与共。当今世界，大部分财富是由法人所创造和控制的。[2]

同自然人相似，国籍与住所对法人也具有重要意义，它们是判断法人是内国法人还是外国法人以及确定相关民事关系是否为涉外民事关系的重要标准；同时，国籍与住所亦为确定法人的属人法的主要连结因素。所以，有英国法官曾指出："当讨论法人时，我们的起点应尽可能将之与自然人相类推。"[3] 鉴于国际上对法人的国籍与住所这两个问题还没有形成一致的做法，学者们提出了不同的观点，各国在实践中也有不同的标准，本节遂以比较法为视角，对各国关于法人的国籍与住所的立法与实践进行探讨，并着重介绍中国的立法与实践。

此外，由于各国关于法人的规定千差万别，在一国成立的法人要到外国以法人的名义从事民商事活动，其法人的资格还须得到外国的承认。所以，外国法人的认可制度也是国际私法上需要研究的问题。

一、法人国籍的确定

（一）成员国籍主义

"成员国籍主义"，也称"资本控制主义"，主张法人的国籍依组成法人的成员之国籍来确定。这种主张的理由是：法人是人为创造的组织，是由其设立人建立起来的，法人的权利实际上属于设立法人的自然人，因此，法人只能与其设立人保持同一国籍；换言之，法人国籍的确定，要看法人的资本控制在哪一国公民手中，再根据资本控制者的国籍来确定法人的国籍。

这种主张在实践中曾为一些国家所接受，尤其适合处于战争或非正常关系阶段的有关国家，它可以有效地判断敌人和敌产，进而采取查封、扣押等措施，以维护本国安全与利益。请见案例3-1：

---

[1] *Salomon v. Salomon and Company Ltd.* [1897] AC 22.

[2] ［马来西亚］罗修章、王鸣峰：《公司法：权力与责任》，杨飞等译，法律出版社2005年版，中文版序言。

[3] De Deers Consolidated Mines Ltd. V. Howe [1906] A. C. 455, 458.

【案例 3-1】 第一次世界大战期间，英国法院审理了一个案件，其焦点问题是：一家公司在英国注册成立，公司的董事会秘书也是英国人，但该公司由德国公民实际控制，这家公司应被识别为英国公司还是德国公司？上诉法院认为，由于公司与控制其的自然人具有独立的人格，因此，该公司应依其注册地在英国而被识别为英国公司。在终审中，英国上议院则认为，在个案中有必要确定公司的实际控制人，以此判断公司的国籍。在该案中，由于公司的实际控制人为德国公民，而德国与英国彼时正处于交战状态，故应将该公司定性为敌国公司。[1]［参见二维码 3-3］

应该说，成员国籍主义在有关国家处于交战状态等特殊局势下确有其必要性，但总体而言，该观点在当代受到了越来越多的批评。一方面，它与现代民法上确立的法人具有独立民事主体资格的基本原则相抵触；另一方面，它施行起来非常困难：①弄清法人的资本真正为何国人控制并非易事。②控制法人资本的股东经常变动，股东的国籍也随之变动。③在股东国籍不同时，究竟应依人数多少还是出资额多少决定其国籍，没有一定标准。④如果是发行无记名股票的股份有限公司，其国籍就更难确定了。因此，在当代，这种主张的合理性与可适用性备受质疑，采用者为数寥寥。

（二）设立地主义

"设立地主义"，或称"登记地主义"，主张法人的国籍应依其设立地而定，凡在内国设立的法人即为内国法人，凡在外国设立的法人即为外国法人。该主张的理由是：法人之所以成为民事法律关系的主体，全靠一国依法对该组织章程的批准或登记；换言之，是设立地国家的法律创造了法人，故法人登记地或批准地所在的国家理应成为其国籍所属国。

这种主张有下列优点：①登记地或成立地确定不移，容易辨识，适宜实际操作。②不经法人登记地国的同意，该法人不能变更自己的国籍，有利于保持法人国籍的稳定性。③如果法人的行为严重违反法律或社会公共利益，登记地国易于通过撤销登记而解散该法人。由于这一主张具有不少优点，因而被世界上不少国家所采用。[2]

但是，该主张也存在不少弊端：①仅依设立地确定法人的国籍，有被当事人利用之虞。例如，当事人可以到限制较宽松的国家去成立法人，而将经营中心设于另一国，从而达到规避纳税的目的。在 20 世纪八九十年代，这一情况曾在我国大陆地区较为常见。那时，为了吸引外资，我国在税收上对境外企业赋予比本地企业更加优惠的超国民待遇。所以，为享受税收上的优惠，

---

[1] Daimler Co. v. Continental Tyre and Rubber Co. ［1915］1 K. B. 893；［1916］2A. C. 307.

[2] 有些教科书还列出确立法人国籍的"准据法主义"，依之，法人是依一定国家法律的规定，并基于该国明示或默示许可而成立的，故法人的国籍应依法人设立时所依据的法律来确定。需要指出的是，尽管准据法主义与设立地主义在着眼点上有所不同，但两者在实质上并无区别，因为在本国领域内设立公司的事项上，各国只会适用其本国法。

不少内地企业或个人选择到境外注册成立公司，再以境外企业的身份返回内地经营。②设立地与法人有时并没有实质性联系。③对外国人在内国设立的、实际上为外国投资人控制的法人一概认定为内国法人，在某些情况下，有损害内国安全与利益之虞。

（三）住所地主义

这种主张认为，应依法人的住所地确定法人的国籍，即法人的住所在哪一国家，该法人就应是哪国法人。这种主张的理由是：法人的住所是法人的经营管理或经济活动的中心，依其确定法人的国籍有利于经营地所在国对法人业务的监管。这种主张固然具有合理性，但其也存在诸多缺点：①究竟应以何处为法人的住所，学者的见解和各国的实践尚不一致，主要有"管理中心说"与"营业中心说"等。[1] 所以，以法人的住所为依据确定其国籍，难免产生法律冲突，增加不确定性。②由于法人往往可以较为容易地选定或改变住所，尤其是在以管理中心确定法人住所的情况下，所以，在实践中，如采用住所地主义则很难阻止法人通过故意改变其住所来改变国籍，从而实现规避法律的企图。

（四）复合标准说

"复合标准说"，又称"混合标准说"，主张综合法人的住所和设立地两项标准来确定其国籍。该说是在国际经济交往日趋频繁与复杂，以及法人发挥的作用日益加强的背景下出现的一种新主张。该主张一经提出，就在国际和国内立法实践中得到了有力支持。例如，1970年国际法院在审理"比利时诉西班牙案"中，就使用了这一标准确定巴塞罗那电车、电灯和电力有限公司的国籍。[2] "复合标准说"有利于防止当事人规避法律，但在法人住所和设立地不一致的情况下，容易导致其成为无国籍法人，因此，其亦非万全之策。

纵观上述关于确定法人国籍问题的主张，我们可以看出：每一种确定法人国籍的主张均有一定道理，但均非完美，都有缺陷。实际上，究竟应如何确定法人的国籍，国际上尚无统一的标准，各国在实践中通常是根据本国的利益确定具体标准，并随情势的变化而变化。因此，在确定某一法人的国籍时，需要结合个案，依据相关国家的法律规定和司法实践加以判断。

二、法人住所的确定

（一）管理中心所在地说

各国关于法人住所的规定并不一致，第一种做法是"管理中心所在地说"，亦称"主事务所所在地说"。该说认为，法人的管理中心是法人的首脑

---

[1] 详见本节"二、法人住所的确定"中关于法人住所的讨论。

[2] *Belgium v. Spain. Barcelona Traction，Light and Power Company，Limited*［1970］ICJ 1；ICJ Reports 1970，p. 3.

机构，好比法人的"大脑"，它决定该法人活动的大政方针并监督其施行，因此，应以法人的管理中心所在地为法人的住所地。这种主张为不少国家的立法所采纳。如《日本民法典》第 50 条规定："法人以其主事务所所在地为住所。"值得注意的是，由于在实践中法人改变其管理中心非常容易，采取此说确定法人的住所，易被当事人所利用，如在内国从事经营活动的法人，若想规避内国法律的适用，则只需将管理中心或主事务所设在国外，即可轻易达到此目的。

（二）营业中心所在地说

"营业中心所在地说"主张法人以自己的资本实际从事营业活动的主要所在地为法人的住所地。该说的理由如下：①一个法人以其资本进行营业活动的地方，是该法人实现其经营目的的地方，与该法人的生存与发展有着重要关系；②与管理中心相比，法人的营业中心地更加稳定，不容易转移，不太可能因当事人意欲规避法律而任意变更。此说虽有合理之处，但亦有不足，例如，从事保险、运输或银行业的法人，其营业范围往往跨越多个国家，因而没有营业中心地；再如，从事港口建设等行业的法人的营业中心地常随地而转移，确定其营业中心所在地往往比较困难。

（三）章程规定说

该说主张法人的住所应依其章程的规定来确定。其理由是：法人的登记，一般会在其章程中指明住所。因此，法人的住所应依章程的规定来确定；在章程无规定时，则以主事务所所在地为法人的住所。该说被不少国家所采纳。例如，依据《法国民法典》第 1835 条与第 1837 条，公司章程应载明公司的住所；第三人得援用章程中确定的公司住所。"章程规定说"比较方便、简单，但在实际生活中，不少法人虽然在章程中规定了住所，而其管理中心地或营业中心地可能并不在规定的住所所在地，也容易被当事人利用以达到规避法律的目的。

综上可见，各国关于确定法人住所的理论与实践并不统一，亦无完美的做法。所以，与确定法人的国籍一样，在实践中确定法人的住所，需要在个案中结合具体国家的法律加以具体判断。

三、外国法人的认可

（一）概念

外国法人的认可是指内国根据相关法律对外国法人的资格进行审查，承认并允许其在内国从事涉外民事活动的过程，它是外国法人进入内国从事民商事活动的前提。需要指出的是：认可一个外国法人，并不是将其转化成内国法人，而仅意味着该外国法人在内国也被认为有法人资格；换言之，这种认可是对已存在的外国法人的法律人格的"确认"（recognition），而不是"重新赋予"（re-creation）其法律人格。例如，《中华人民共和国公司法》（以下简称《公司法》）第 247 条明确规定，外国公司在中国境内设立的分支机构不具有中国法人资格。外国公司对其分支机构在中国境内进行经营活动承担民事责任。

外国法人的认可包含两方面的内容：一是外国法人依有关外国法律是否已有效成立；二是依外国法已有效成立的外国法人，内国法律是否也承认它作为法人在内国活动。对于前一个问题，应当依法人的属人法决定，而后一个问题应由认可地所在国的法律来进行判断。因此，一个外国法人要进入内国从事民商事活动，必须同时符合其属人法和认可地法所规定的条件。

（二）外国法人的认可方式

一般来说，外国法人在内国法律上是否被认可是各国自行决定的事情。各国出于开展国际民商事活动的需要，通常会对外国法人的法律人格加以认可，或至少会在互惠的基础上加以认可。至于以何种方式认可外国法人，各国法律的规定并不一致，概括起来，主要有以下两种：

第一，国际立法认可方式，就是有关国家通过制定国际条约保证相互认可对方国家的法人。如1956年海牙《承认外国公司、社团和财团法律人格的公约》采用的就是这种方式。

第二，国内立法认可方式，就是内国在本国法律中规定认可外国法人的条件，然后根据这些条件对具体的外国法人进行审查和认可。具体而言，这种方式又可分为以下三种：①特别认可程序，即内国对外国法人通过特别登记或批准程序加以认可。该主张由比利时学者劳伦特（Laurent）首倡，被许多国家采纳。这种方式便于控制外国法人在内国的活动，但程序繁琐，过于严格，不利于国际民商事交往。②概括认可程序，也称相互认可程序，即内国对属于某一外国的法人概括地加以认可。例如，法国于1957年5月30日制定了一项法律，承认凡经比利时政府认可而成立的法人，均可在法国行使其权利。[1] ③一般认可程序，即内国对于外国特定种类的法人，不问其属于何国，一般都加以认可。

在实践中，各国对外国法人的认可往往不会采取单一的方式，而是分不同种类，或采用特别认可，或采用概括认可，或参加国际条约对缔约国的法人进行认可。外国法人一经内国认可，即表明该外国法人所具有的权利能力和行为能力在该内国得到确认，有资格在该内国从事民商事活动。至于外国法人在内国可以在多大的范围内从事民商事活动，则应受制于内国法的规定。

四、中国关于法人国籍、住所及外国法人认可的立法与实践

关于法人国籍的认定，20世纪50年代社会主义改造时期，我国在实践中曾采用成员国籍主义，即以法人资本实际控制在何国人手中的情况来确定之。请见案例3-2：

---

[1]　韩德培主编：《国际私法》，高等教育出版社2000年版，第71页。

【案例3-2】 上海永安公司，在成立时登记为美商，太平洋战争爆发后，为逃避日本帝国主义的迫害，改为华商，抗日战争胜利后，又恢复为美商。在社会主义改造时期，我国政府认为，由于该公司实际由中国人投资，且一直为中国人所经营掌握，遂将该公司认定为我国私营企业，而没有将之当作外国法人对待，从而于1956年对该公司实行公私合营，直至1966年对其完全实现国营，改名为上海第十百货商店。

不过，由于成员国籍主义的缺陷过多，我国已不再用该标准确定法人的国籍。依据我国现行立法，我国对于法人国籍的确定，采取注册登记主义。《公司法》第2条规定："本法所称公司，是指依照本法在中华人民共和国境内设立的有限责任公司和股份有限公司。"《公司法》第243条进一步规定："本法所称外国公司，是指依照外国法律在中华人民共和国境外设立的公司。"请见案例3-3：

【案例3-3】 2010年3月，中国浙江吉利控股集团有限公司（以下简称吉利集团）与美国福特汽车公司在瑞典哥德堡正式签署收购沃尔沃轿车公司的协议，吉利集团以18亿美元收购沃尔沃轿车公司，获得沃尔沃轿车公司100%的股权以及相关资产。在收购谈判过程中，吉利集团曾提出，一旦收购完成，沃尔沃轿车公司将成为中国企业，这将使其获得相对于外国车企的诸多优势。例如，在中国现行汽车产业政策下，外国车企不能单独在中国建厂，必须和中国的某一家汽车企业合资以后才能启动中国国产化的事宜或者只能在中国做代工。因此，沃尔沃轿车被吉利收购后，可以避开上述政策，迅速推进国产化进程，抢占中国的豪华车市场。这一理由成为说服外方签约的一个重要因素。然而，收购完成后，中国相关部委依据《公司法》的规定，以沃尔沃轿车公司系在瑞典设立为由，仍将之认定为外国公司，因而要求其在成都、大庆建厂等事项均须按照外国车企的要求与程序予以申报、审批，沃尔沃轿车的国产化计划因而延期。对沃尔沃轿车被收购后将成为中国企业的错误判断，被视为吉利集团在此收购过程中其法律工作的一大失误。［参见二维码3-4］

关于法人的住所，我国《民法典》第63条规定："法人以其主要办事机构所在地为住所。依法需要办理法人登记的，应当将主要办事机构所在地登记为住所。"《公司法》第8条亦作相似规定："公司以其主要办事机构所在地为住所"。可见，我国法律以主要办事机构所在地作为确定法人住所的标准。依据通说，主要办事机构所在地应理解为既可能是管理中心所在地，也可能是营业中心所在地，这一标准因而较为灵活。

我国关于外国法人认可的立法规定主要体现在《公司法》第244条，其规定为："外国公司在中华人民共和国境内设立分支机构，应当向中国主管机关提出申请，并提交其公司章程、所属国的公司登记证书等有关文件，经批准后，向公司登记机关依法办理登记，领取营业执照。外国公司分支机构的审批办法由国务院另行规定。"《公司法》第 246 条第 1 款还要求，外国公司的分支机构应当在其名称中标明该外国公司的国籍及责任形式。此外，依据 2020 年修订的《外国（地区）企业在中国境内从事生产经营活动登记管理办法》第 2 条："根据国家有关法律、法规的规定，经国务院及国务院授权的主管机关（以下简称审批机关）批准，在中国境内从事生产经营活动的外国企业，应向省级市场监督管理部门（以下简称登记主管机关）申请登记注册。外国企业经登记主管机关核准登记注册，领取营业执照后，方可开展生产经营活动。未经审批机关批准和登记主管机关核准登记注册，外国企业不得在中国境内从事生产经营活动。"上述规定表明，在对外国法人认可的问题上，我国采取了特别认可程序。

第三节　国家和国际组织

国家是国际公法最重要的主体，[1] 但在当代社会，国家参与国际民商事活动的情况并不罕见，譬如，国家可以国家的名义享有物权、对外发行国债或股票，国家也可以与外国法人或自然人缔结民商事合同等，所以，国家也可以称为国际私法关系的主体，在国际民事活动中取得民事权利、承担民事义务。不过，与自然人和法人不同，国家作为国际私法的主体，其参与国际民商事活动的场合与范围较为特殊，同时，国家毕竟是主权者，其身份特殊，享有特权，所以，国家仅是国际私法关系的特殊主体。

当代国际法确认，政府间国际组织也是国际公法的重要主体。[2] 与国家类似，政府间国际组织也可以自己的名义参与国际民商事活动，成为国际私法关系的主体；同时，此类组织参与国际民商事活动应与其职能和宗旨有关；另外，政府间国际组织在国际法上享有一定的特权与豁免，所以，此类组织与国家一样，只是国际私法关系的特殊主体。

一、国家

（一）国家作为国际私法主体的特殊性

自 20 世纪以来，国家越来越多地参与到商业与贸易活动中，国家成为国际私法关系主体的情况因而愈加常见。在国际民事关系中，国家不是以主权者的身份出现，而是以平等的民事主体身份与其他自然人、法人发生民事交

---

〔1〕 James Crawford，*Brownlie's Principles of Public International Law*（8th ed.），Oxford：Oxford University Press，2012，p. 116.

〔2〕 James Crawford，*Brownlie's Principles of Public International Law*（8th ed.），Oxford：Oxford University Press，2012，p. 168.

往。然而，国家毕竟是国家，与自然人、法人相比，国家作为国际私法关系的主体具有明显的特殊性，主要表现在以下几个方面：

第一，国家作为主权者，其身份特殊。这种身份决定了国家参加国际民商事活动的场合和范围十分有限，国家只是国际民事法律关系的特殊主体，或者说国际私法关系的特殊主体。

第二，国际私法调整的是平等主体之间的国际民事法律关系，所以，国家一旦参与国际民事活动，就应遵守民事法律关系的平等原则，以国际私法关系的主体身份出现，自我限制其主权者的地位。

第三，国家参加国际民事活动必须以国家本身的名义并由其授权的机关或负责人进行。以独立法人身份出现并以自己的名义参加国际民事活动的国有公司和企业不能代表国家。

第四，国家作为国际私法关系的特殊主体，以国库的财产为后盾，享有相应的民事权利，承担相应的民事义务，对自己所负的债务以国库的财产对外承担清偿责任。因此，国家承担的是无限责任。

第五，尽管国家作为民事主体与对方当事人享有同等的民事权利和承担同等的民事义务，但它毕竟是主权者，国家及其财产享有豁免权，除非国家同意，否则国家免受外国的司法管辖和行政管辖。不过，国家享有豁免权只是表明国家与其他民事主体之间的纠纷解决方式可能不同，如可以通过外交途径解决等，但这并不表明它们之间实体法上的权利义务有差别。因此，它们在实体法关系上是平等的，符合民事法律关系的基本要求。

需要指出的是，国家及其财产豁免作为国际法上的一个原则虽然早已确立，但是，关于这一原则的适用范围，各国实践始终存在着分歧和对立。20世纪后期以来，国际上出现了大量有关国家及其财产豁免的国内司法判例、学术论著和一些国内立法，而现代国家对外经济贸易日益增加，一国政府和外国私人之间的法律争端也随之大量增加。因此，国家及其财产豁免问题受到了广泛关注，这不仅是国际公法上的重要问题，也是国际私法上需要讨论的重要问题。

（二）国家及其财产豁免的基本理论

"国家及其财产豁免"（immunities of states and their property）是从国家主权平等原则引申出来，系指在国际交往中，一个国家及其财产未经其同意免受其他国家的管辖与执行措施的权利。这一原则源于罗马法上的古老法谚——"平等者之间无管辖权"（par in parem non habet imperium），属于习惯国际法的一部分。[1]

国家及其财产豁免包括"司法管辖豁免"（immunity from jurisdiction）与"执行豁免"（immunity from execution）。司法管辖豁免是指国家不得作为被

---

[1] E. g., *Holland v. Lampen-Wolfe* [2000] 1 WLR 1573, 1583; Al-Adsani v. UK (2000) 123 ILR 24, 54.

告、国家财产不得作为诉讼标的在外国法院被起诉。由于它主要涉及国家的法律人格，英国国际法学家伊恩·布朗利（Ian Brownlie）称之为"属人理由的豁免"（immunity ratione personae）。执行豁免是指对国家所有的财产不能在另一国法院采取诉讼保全措施和强制执行措施。这是因为国家即使通过明示或默示的方式放弃司法管辖豁免，也不意味着同时放弃诉讼程序豁免和执行豁免。所以，未经国家的同意，不得对国家的财产采取诉讼保全和执行措施。由于执行豁免主要涉及国家的财产，布朗利称之为"属无理由的豁免"（immunity ratione materiae）。[1]

关于国家及其财产豁免的理论，各国学说和实践存在着较大分歧，主要有绝对豁免理论和限制豁免理论。"绝对豁免论"（The Doctrine of Absolute Immunity）是古老的国家豁免理论，它主张不论一国的行为和财产性质如何，在其他国家均享有绝对的豁免，除非该国放弃其豁免权。绝对豁免论是国家主权至上原则的体现，对于发展国家间的正常交往曾起到积极的作用，在 19 世纪后期几乎得到世界上所有国家的支持。20 世纪中期以后，随着国家越来越频繁地参与民商事活动，坚持绝对豁免论不仅会对同国家进行交易的自然人与法人不公，也不利于国家的长远商业利益，越来越多的国家因而逐步放弃了这一理论。

"限制豁免论"（the doctrine of restrictive immunity）产生于 19 世纪末，主张把国家的活动分为主权行为和非主权行为，或公法行为和私法行为。一个国家的主权行为在他国享有豁免，而非主权行为在他国不享有豁免。抽象地说，它仍然坚持国家豁免是国际法上的一般原则，但将国家不享有豁免的情况作为各种例外规定得非常具体。1976 年《美国外国主权豁免法》（FSIA）、1978 年《英国国家豁免法》（SIA）就是如此。具体而言，区分国家行为性质的标准主要有 3 种主张：目的标准、行为性质标准和混合标准。现在，赞成"行为性质标准"的占多数，在识别国家行为的性质上，他们主张适用法院地法。

总体而言，限制豁免论有利于在国家参与的国际民事纠纷中确保作为相对方的外国自然人或法人获得平等的地位，有利于提高国家的商业信用，促进自然人与法人与外国国家进行交易，符合国家的长远利益，因而被越来越多的国家采纳。[参见二维码拓展阅读 3-2]

在各国关于国家豁免的立法中，《美国外国主权豁免法》经过多年发展已经形成了较为系统的体系，对于维护美国国家利益发挥着重要作用。鉴于中美关系当下越过"非敌非友"的临界点，进入以斗争、重组、转折为特征的新历史时期，对这部法律进行研究与分析，因而特具重要意义。

《美国外国主权豁免法》系统地规定了美国法院处理外国主权管辖豁免的

---

[1] James Crawford, *Brownlie's Principles of Public International Law* (8th ed.), Oxford University Press, 2012, p. 488.

问题，其涵盖针对三类实体的诉讼：①外国国家本身；②外国的从属政治单位；③外国的"机构"或"工具"。在该法语境下，外国国家与政府没有区别，且外国政府不仅包括该国中央政府，还包括组成该国国家权力机关的各部门。与前两类实体不同，该法未对外国机构或工具作出详细明确的界定。一般认为，这类实体须同时满足以下条件：①独立的法人、公司或其他组织；②为外国国家或其从属政治单位所有，或其大部分所有权权益为外国国家或其从属政治单位所有；③不是美国公民，亦不是依据第三国法律创设的机构。[1]

《美国外国主权豁免法》对外国官员是否属于外国主权实体没有明确规定。2010年联邦最高法院在判例中认为，该法的文本和立法史表明，"外国国家"不包括基于代表国家从事职务行为的外国官员个人；联邦最高法院同时指出，外国官员尽管不是《外国主权豁免法》语境下的"外国国家"，但他们依然可以享有普通法上的外国主权豁免。[2]

《美国外国主权豁免法》共创设了9项独立的管辖豁免例外：①放弃；②商业行为；③违反国际法的征用；④美国境内某些类别财产的权利；⑤非商业侵权；⑥执行仲裁协议和仲裁裁决；⑦船舶优先权与抵押权；⑧反诉；⑨国家资助的恐怖主义行为。

对于《美国外国主权豁免法》规定的管辖豁免例外，有几点需要强调：其一，上述9项构成外国主权在美国法院享有管辖豁免的排他性、穷尽性例外。对此，联邦最高法院明确指出："地区法院审理外国国家为被告的每一起诉讼，其门槛是必须符合这9项例外中的至少一项。"[3] 其二，上述第9项例外，亦即恐怖主义例外系1996年修订立法后首次加入。随着"9·11事件"爆发，"反恐"成为美国优先国家战略，恐怖主义例外又分别在2008年和2016年得到扩充和修订。[4] 其三，从美国近几十年来积累的司法实践来看，放弃、商业行为、征用、非商业侵权、仲裁裁决的执行与恐怖主义是最常被使用的豁免例外。其四，依据该法，在外国主权是否享有司法豁免权的事项上，美国法院有义务主动审查，即便被告不应诉或没有选择出庭抗辩管辖权。

最后，需要指出，2004年12月16日第59届联大通过了《联合国国家及其财产管辖豁免公约》的草案并开放签署，公约将于第30份批准书、接受

---

〔1〕 David P. Stewart, *The Foreign Sovereign Immunities Act*：A Guide for Judges (2nd ed.), Federal Judicial Center, 2018, p.36.

〔2〕 Samantar v. Yousuf, 560 U.S. 305, 130 S. Ct. 2278 (2010).

〔3〕 Verlinden B. V. v Central Bank of Nigeria, 461 U.S. 480, 483 (1983).

〔4〕 National Defense Authorization Act for Fiscal Year 2008, Pub. L. No. 110–181, Div. A, § 1083 (2008), 122 Stat. 338, 338–44 (NDAA) (codified at 28 U.S.C § 1605A); Justice Against Sponsors of Terrorism Act (JASTA), Pub. L. No. 114–222 § 3 (a), Sept. 28, 2016, 130 Stat. 853 (codified at 28 U.S.C § 1605B).

书、核准书或加入书交存联合国秘书长后第 30 天生效。2005 年 9 月 14 日，时任外长李肇星代表中国政府签署了《联合国国家及其财产管辖豁免公约》。尽管截至本书写作之时，该公约尚未生效，但其通过足以表明绝对豁免论呈式微之势已是不争之事实，限制豁免论已得到国际社会的普遍认同。[参见二维码拓展阅读 3-3]

（三）中国的立法与实践

中国一向坚持国家及其财产享有豁免权这一国际法原则。1991 年《民事诉讼法》对享有司法豁免权的外国人、外国组织和国际组织在民事诉讼中的豁免权作了原则性规定。1986 年《中华人民共和国外交特权与豁免条例》虽然就与国家豁免有密切联系且部分重叠的外交豁免问题作了规定，但对国家豁免问题未作出回答。

值得一提的是，2005 年 10 月，全国人大常委会审议通过了《中华人民共和国外国中央银行财产司法强制措施豁免法》（以下简称《外国中央银行财产司法强制措施豁免法》），并决定将之列入香港和澳门两个特别行政区基本法附件三以适用于特别行政区。这是我国第一部关于国家财产豁免的专门立法。制定该法的直接原因是为了满足香港维护其国际金融中心地位的需要。香港回归后，英国法在香港不再适用，香港在外国央行财产管辖豁免方面出现了法律空白，这不利于维护香港国际金融中心的地位。[1]《外国中央银行财产司法强制措施豁免法》的公布实施标志着我国在国家财产豁免立法领域迈出了重要一步，也为外国央行在华财产提供了法律保障，有利于吸引外国央行资产来华；该法适用于港澳特别行政区，有助于维护香港特区的国际金融中心地位以及促进澳门特别行政区金融业的发展。[参见二维码 3-1]

在国际条约方面，中国缔结或参加的一些双边或多边国际条约涉及国家及其财产豁免问题，如中国于 1980 年加入的于 1969 年颁布的《国际油污损害民事责任公约》第 11 条规定，缔约国就油污损害赔偿案件放弃对油污损害所在缔约国的管辖豁免。因此，在该公约的调整范围内，中国当然应当严格遵守这种规定。

目前为止，中国内地法院尚未审理涉及外国国家及其财产豁免的案件。但自中华人民共和国成立以来，中国在其他一些国家和地区的法院被诉的情况却时有发生，比较著名的有"贝克曼诉中华人民共和国案""湖广铁路债券案"等，在这些案件中，中国政府多次表明了其在国家豁免问题上坚持绝对豁免的立场。

值得强调的是，2011 年 8 月 26 日第十一届全国人民代表大会常务委员会第二十二次会议通过了《全国人民代表大会常务委员会关于〈中华人民共和国香港特别行政区基本法〉第十三条第一款和第十九条的解释》，明确指出，香港特区，包括香港法院，有责任适用或实施中央人民政府决定采取的国家

---

[1] 参见赵相林主编：《国际私法》，中国政法大学出版社 2014 年版，第 81 页。

豁免规则或政策。据此，香港终审法院在"刚果（金）欠债案"给予刚果（金）绝对的外交豁免权，宣布香港法院对于刚果（金）没有司法管辖权。此次释法意义重大，其不仅是香港终审法院首次主动提请全国人大常委会释法，而且是中国国家立法机关首次在国家豁免问题上阐明立场。

【案例3-4】 2008年4月22日，中国中铁股份有限公司（中铁）同刚果（金）政府订立了一项合作协议，中方以在该国的基建投资换取双方合资开采当地矿产。合资者包括中铁在香港注册的三家子公司。根据协议，它们须向刚果（金）政府支付2.21亿美元的采矿"入门费"。2008年5月16日，中铁子公司收到传票。第一被告是刚果（金），三家中铁子公司位列第二至四名被告，中铁母公司其后被追加为第五名被告。原告是一家名为"FG Hemisphere Associates LLC"的美国基金公司（以下简称FG），这家基金投资公司的主要业务之一是收购并追讨扣押债务，尤其是欠债国家的扣押债务。

2004年11月，FG低价收获了一家南斯拉夫公司的债权转让书。欠债者正是刚果（金）政府及其国家电力公司。转让权利包括两项国际仲裁的裁决：刚果（金）及其电力公司连本带利须向债权持有人支付1亿多美元。2011年5月，FG获知中刚签约，立即提请香港高院强制执行针对刚果（金）的两项裁决。FG声称中铁各公司拟支付的"入门费"，已构成了刚果（金）的在港资产，其中债款部分应直接归还FG。该案最后诉至香港特区终审法院。2011年6月8日，香港特区终审法院作出判决，指出香港法院应否采取中央人民政府的国家豁免规则或政策，涉及中央管理的事务或中央和香港特区的关系，依据《中华人民共和国香港特别行政区基本法》（以下简称《香港特别行政区基本法》）的规定，提请全国人大常委会解释《香港特别行政区基本法》第13条第1款和第19条第3款。这是终审法院成立以来首次提请全国人大常委会释法。

2011年8月26日，全国人大常委会对《香港特别行政区基本法》上述条款作出如下解释：①管理与香港特区有关的外交事务属于中央人民政府的权力，中央人民政府有权决定在香港适用的国家豁免规则或政策；②香港特区，包括香港法院，有责任适用或实施中央人民政府决定采取的国家豁免规则或政策，不得偏离上述规则或政策，也不得采取与上述规则或政策不同的规则；③《香港特别行政区基本法》第19条第3款规定的"国防、外交等国家行为"包括中央人民政府决定国家豁免规则或政策的行为；④采用为香港特区法律的香港原有法律中有关国家豁免的规则，从1997年7月1日起，在适用时，须作出必要的变更、适应、限制或例外，以符合中央人民政府决定采取的国家豁免规则或政策。最终，香港终审法院根据全国人大常委会的释法作出终局判决，宣布香港法院对于第一被告刚果（金）没有司法管辖权，原告败诉。［参见二维码3-5］

综上，中国在国家豁免问题上曾坚持的长期立场可以概括如下：①坚持国家及其财产豁免是国际法上的一项原则，反对限制豁免论；②坚持国家本身或者说以国家名义从事的一切活动享有豁免权，除非国家自愿放弃；③在对外贸易和司法实践中，中国已经把国家本身的活动和国有公司或企业的活动区别开来，认为国有公司或企业是具有独立法律人格的经济实体，不享有豁免权；④赞成通过达成国际协议的方式来消除各国在国家豁免问题上的分歧；⑤如果外国国家无视中国主权，对中国或其财产强行行使司法管辖权，中国保留对该国进行报复的权力；⑥中国到外国法院特别出庭抗辩该外国法院的管辖权，不得视为接受该外国法院的管辖。

需要指出的是，在新的国际、国内环境下，我国继续坚持绝对豁免论已不再符合国家利益与国际法发展趋势，主要理由如下：

第一，如前所述，限制豁免论有助于在涉及国家的国际民事纠纷中给予各方当事人一个相对平等的地位，有利于此类纠纷得到公平合理的解决；同时，限制豁免论有助于国家提升商业信用，符合国家的长远利益，因而得到当代国际社会的普遍认同。

第二，中国当前已经成为世界第二大经济体与主要对外投资国之一，且已从债务大国转变成债权大国，如果坚持主权绝对豁免原则，虽然在刚果（金）案这样的具体个案中可能获利，但从长远来看却不利于中国政府和企业追讨海外债务。尤其值得强调的是，我国目前正在大力推进"一带一路"倡议，大量中国企业已经或将要到"一带一路"沿线国投资或从事经营活动，考虑到这些国家大多为法制相对落后、政府信用等级相对较低的国家，在此背景下，继续坚持绝对豁免论，显然已经不再符合中国的利益。需要指出，虽然绝大部分国家（包括大多数"一带一路"沿线国）已采纳限制豁免论，但对等、互惠毕竟是国际法的基本原则：今天是自己的矛，明天可能被他国拿来当武器，而中国的法律之盾显然尚未备好。

第三，中国主张绝对豁免论不可避免地导致当事人无法在中国法院起诉其他任何一个国家；反之，中国却有可能在包括美国在内的采取限制豁免论的国家被诉。

第四，前已提及，中国政府早在 2005 年就签署了《联合国国家及其财产管辖豁免公约》，尽管该公约并未生效，我国全国人大常委会也未批准之，但依据国际法，条约对签署国并不是完全没有效力的，一国签署一项国际公约后，即便该公约不具有约束力，该国也不得采取与公约公然违背的行为。[1]

综上所述，本书认为，在中国发展进入新时代的历史背景下，继续坚持绝对豁免论既不符合国际潮流，也不再符合中国的国家利益，中国有必要从绝对豁免论转向限制豁免论，适时制定体现限制豁免论的《外国国家豁免

---

[1]　［英］詹宁斯、瓦茨修订：《奥本海国际法》（第 1 卷第 2 分册），王铁崖等译，中国大百科全书出版社 1998 年版，第 640 页；另参见《维也纳条约法公约》第 18 条。

法》，并在条件成熟后批准《联合国国家及其财产管辖豁免公约》。

2023 年 9 月 1 日，全国人大常委会表决通过《外国国家豁免法》，自 2024 年 1 月 1 日起施行。《外国国家豁免法》实施后，意味着我国以往的绝对国家豁免政策正式调整为限制国家豁免制度，这是我国加强涉外领域立法、统筹推进国内法治和涉外法治的重要立法进展，具有重大现实意义。

《外国国家豁免法》立足我国国情和现实需要，并参考国际条约、其他国家豁免立法和实践，对外国国家管辖豁免原则及其例外、执行豁免原则及其例外、特别程序等问题进行较为系统地规定，建立健全了我国的外国国家豁免制度。该法共 23 条，主要内容如下：

一是确立外国国家管辖豁免的原则与例外。在规定维护国家主权平等的基础上，该法明确外国国家原则上在我国法院享有管辖豁免（第 3 条），但在以下例外情形下不享有管辖豁免，包括外国明示和默示接受管辖（第 4 条、第 5 条、第 6 条），以及商业活动争议（第 7 条）、劳动和劳务相关合同争议（第 8 条）、相关人身和财产损害争议（第 9 条）、财产性争议（第 10 条）、知识产权争议（第 11 条）、仲裁争议（第 12 条）等外国国家非主权行为引发的诉讼，我国法院可以行使管辖权。与《联合国国家及其财产管辖豁免公约》相比，我国法律没有规定国家参加公司或其他集体机构例外、国家拥有或经营的船舶例外；与《美国外国主权豁免法》相比，我国法律没有将外国国家违反国际法进行征收、恐怖主义等事项列入例外范围。总体上说，《外国国家豁免法》规定的管辖豁免例外的范围相对适中。

二是确立外国国家财产免于司法强制措施的原则和例外。该法规定外国国家财产原则上免于司法强制措施，放弃管辖豁免不视为放弃司法强制措施豁免（第 13 条）。但在以下三类例外情形下不享有司法强制措施豁免（第 14 条、第 15 条），包括：一是外国国家明示放弃豁免；二是外国国家指定财产用于执行；三是为执行我国法院的生效裁判，且外国国家的财产位于中华人民共和国领域内、用于商业活动并与诉讼有联系的情形。以下六类外国国家财产不应视为商业活动财产：外交财产、军事财产、央行财产、文化遗产或档案、科学文化或历史价值物品、非用于商业活动的其他财产。

三是确立外国国家豁免法的适用范围。一方面，该法规定了适用于该法的外国国家的定义，包括外国国家本身、外国国家的国家机关和组成部分以及代表外国国家行使主权权力的组织和个人（第 2 条）。另一方面，该法规定了国际法上的其他几类豁免制度不适用该法，包括高级官员的个人豁免、外交人员豁免、领事人员豁免、特别使团人员豁免、驻国际组织代表团豁免、国际会议代表团豁免等（第 20 条）。上述豁免由我国其他法律及国际条约和习惯国际法予以保障。

四是确立适用于外国国家豁免案件的特殊诉讼程序。该法规定，法院审理涉及外国国家的案件原则上适用我国民事诉讼法及相关法律（第 16 条）。同时，鉴于外国国家作为案件当事方的特殊性，该法对国家豁免案件中的送达、缺席判决等特殊程序作了专门规定（第 17 条）。

五是明确外交部在处理外国国家豁免案件中的作用。该法规定，外交部就案件中相关国家是否构成外国主权国家、外交照会是否送达及何时送达等有关国家行为的事实问题向法院出具的证明文件，法院应当采信；该法还规定，外交部可就涉及外交事务等重大国家利益的问题向法院出具意见（第 19 条）。由于国家豁免问题既涉及法院处理的法律解释适用问题，也涉及外交部门处理的外交事务等重大国家利益，上述规定有利于确保国家外交政策的统一，维护国家间关系稳定。

六是确立对等原则。国际法是国家间的相互关系法，对等互惠是国际法的本质。在立法中规定对等原则符合国际惯例，英国、澳大利亚、新加坡、俄罗斯等国豁免立法均有类似规定。这也符合我国立法实践，我国民事诉讼法、外交特权与豁免条例、领事特权与豁免条例等也有相关规定。该法结合我国相关立法和各国立法，规定外国给予我国国家及财产的豁免待遇低于该法规定的，我国实行对等原则（第 21 条）。[1]

《外国国家豁免法》的实施表明我国处理外国国家豁免问题的两个转变，即从绝对豁免向相对豁免的立场转变、从外交处理为主转向司法为主、外交为辅的工作方法转变。由于《外国国家豁免法》的一些规定比较概括原则，不少事项还需要在司法和外交实践中加以明确。其中，以下两个问题尤其值得思考。[2]

第一，如何认定一项国家行为是否属于商业行为。《外国国家豁免法》第 7 条第 2 款规定，此法所称商业活动是指非行使主权权力的关于货物或者服务的交易、投资、借贷以及其他商业性质的行为。中国法院在认定一项行为是否属于商业活动时需要综合考虑交易的性质和目的。有观点认为，这一规定同时采用性质和目的标准，会导致商业活动的认定门槛较高。本书认为，该法采取的是混合标准或综合标准，要求法院综合性质和目的加以衡量，而非重叠适用这两个标准，因此，它不会明显提高认定的门槛，但会导致认定的标准相对主观，从而降低明确性和可预见性。

第二，如何认定一项国家行为属于民事侵权行为。《外国国家豁免法》第 9 条规定，对于外国国家在中国领域内的相关行为造成人身伤害、死亡或者造成动产、不动产损失引起的赔偿诉讼，该外国国家在中国法院不享有管辖豁免。该条将外国国家在中国领域内发生的行为作为一个重要的限定，这就将外国国家在外国实施侵权行为而使中国公民法人和其他组织在中国境内受到损失的情况排除在外。在经济全球化时代和互联网时代，这样的规定是否合

---

〔1〕　参见马新民：《我国出台外国国家豁免法——涉外法治建设的里程碑》，载《人民日报》2023 年 09 月 4 日，第 15 版。

〔2〕　参见左海聪：《一部具有中国特色的外国国家豁免法》，载《法治日报》2023 年 9 月 18 日，第 6 版。

理，有待探讨。例如，外国国家在互联网上实施的行为造成我国公民人身伤害或财产损失、外国国家破坏海洋环境的行为损害了我国渔民近海养殖的海洋环境并造成身体伤害或经济损失，这些是否属于外国国家豁免法上的外国侵权例外？

二、国际组织

（一）国际组织作为国际私法关系主体的特殊性

广义上的国际组织（international organization）是指两个以上国家或其政府、人民、民间团体基于特定目的，以一定协议形式建立起来的各种机构。它包括政府间组织（inter-governmental organization）和非政府组织（nongovernmental organization，NGO）。本节讨论的仅限于政府间组织，即若干国家（政府）为特定目的以条约建立的常设机构。这是一种严格的国际法意义上的国际组织。[1]

为了实现特定的目的，国际组织除了需要维持其组织内部的工作机能外，还要对外开展活动。国际组织对外开展活动的基础是在其活动范围内拥有必要的法律地位，这种地位的前提条件是它必须具有一定的法律人格，即它不仅在成员国领域内，还在国际范围内都需要具有这种法律人格。国际组织的法律人格，就是它依法独立享受权利和承担义务的资格。没有这种资格，国际组织就不可能成为法律关系的主体。

概言之，一个国际组织并不当然地具有法律人格，其是否具有法律人格，取决于国际组织各成员国所共同制定的关于建立该组织的基本文件的规定。一些国际组织，特别是某些负有重大国际责任的国际组织，为了实现其宗旨，在其法定职能范围内往往具有相应的法律人格以行使其权利并承担其义务。国际组织的这种法律人格，是有别于其成员国法律人格的一种相对独立的法律人格，但它是一个相对的概念，而不是绝对的概念。因为国际组织法律人格的存在与范围问题，以及国际组织到底能在多大程度上享有权利和承担义务，尚无一致的标准，在国际习惯法上也不明确，也没有普遍性条约作出统一规定。在实践中，这个问题一般是在特定范围内，以专门条约予以具体解决。[2]

从国际组织的实践来看，作为法律人格者，国际组织在其成员国领域内一般有资格订立契约、购置财产、进行诉讼，其会所、会员国赴会代表及其机关官员，均享有相应的特权与豁免。所以，国际组织不可避免地会与有关国家的自然人、法人或国家和其他国际组织进行民商事交往，结成国际民商事法律关系，成为国际私法关系的主体。不过，与国家类似，国际组织也只是国际私法关系的特殊主体，其特殊性主要表现在以下几个方面：

---

[1] 参见梁西：《国际组织法（总论）》，武汉大学出版社 2001 年版，第 4 页。
[2] 参见梁西：《国际组织法（总论）》，武汉大学出版社 2001 年版，第 8~10 页。

第一，国际组织参加国际民商事活动是以其自身的名义进行的，它的成员国对国际组织的债务不负连带责任。

第二，国际组织从事的民商事活动必须是执行其职能和实现其宗旨所必需的民商事活动；换言之，国际组织从事的民商事活动应与其职能和宗旨有关。

第三，与国家不同，国际组织是若干成员国为了达到一定的共同目标而创立的国际性组织。国际组织作为国际民商事法律关系主体的资格，是由成员国之间通过缔结条约、协议或共同制定组织章程等方式确立的。因此，国际组织的职能和活动范围必须严格遵守有关条约和组织章程的规定。上述特点决定了国际组织能够参与国际民商事活动的范围非常有限，不可能像自然人和法人那样广泛地参与国际民商事活动，其只是国际私法关系的特殊主体。

第四，国际组织由于行使职能的需要，在国际上享有一定的特权与豁免，这种特权与豁免也适用于参与国际民商事活动的国际组织。[1]

（二）国际组织在国际民商事交往中的特权与豁免

政府间国际组织的特权与豁免是在一般外交特权与豁免的基础上发展起来的。早期的一些国际组织大多直接适用有关外交特权与豁免的法律规则。联合国成立以后，制定了一系列以联合国为中心的有关国际组织的法律地位、特权和豁免的公约后，才逐渐确立了政府间国际组织的豁免权。例如，1946年《联合国特权和豁免公约》第2条第2款规定："联合国及其财产和资产，不论位于何处和由何人执管，享受对任何形式的法律诉讼的豁免权，但如遇特殊情况而经联合国明确放弃此种豁免权者不在此限。对豁免权的放弃不能被理解为扩及任何执行措施。"此外，1947年《联合国各专门机构特权与豁免公约》以及1947年联合国和美国关于联合国会所的协定和1954年联合国教科文组织同法国之间的协定、1994年《马拉喀什建立世界贸易组织协定》等，对相关的国际组织的特权与豁免问题也作了具体规定。

国际组织的特权与豁免是广义的，国际组织在国际民商事交往中的特权与豁免只是其中的一部分。根据有关国际条约的规定，国际组织在国际民商事交往中的特权与豁免主要有：国际组织及其财产享受对当地国的司法管辖与执行豁免；国际组织的会所、公文档案不受侵犯；国际组织的财产和资产免受搜查、征用、没收、侵夺和其他任何形式的干涉；等等。

国际组织的特权与豁免来自成员国的授权，那么，成员国为什么要授予这种特权与豁免权呢？对此，主要有"职能说"与"代表说"两种观点。"职能说"认为，国际组织之所以享有主权国家才享有的特权与豁免权，是成员国为了使国际组织更好地履行其作为国际组织的职能，完成有关公约及其组织章程规定的宗旨和任务。"代表说"认为，成员国之所以授予国际组织以特权与豁免权，是因为国际组织在一定程度上或某些方面代表着成员国的愿

---

[1] 参见黄进主编：《国际私法》，法律出版社2005年版，第204~205页。

望和利益。

以上两种观点都有一定道理，但多数学者支持职能说。国际法委员会在制定《维也纳外交关系公约》的过程中也认为，"国际组织的豁免权只能建立在职能的基础上"。中国主流学者认为，仅仅用"职能说"尚不能全面概括国际组织享有特权与豁免的根据，还必须适当结合"代表说"才能较圆满地解释国际组织享有特权与豁免的依据问题。[1]

 本章二维码

3-1 第三章主要法规与司法解释

3-2 第三章拓展阅读

3-3 案例3-1判例详细资料

3-4 Identity Crisis Rattles Volvo's Chinese Owner
网页链接

3-5 案例3-4判例详细资料

---

[1] 韩德培主编：《国际私法》，高等教育出版社2000年版，第77页。

第四章

冲突规范与准据法

✉ 导 语

　　通过前几章的学习，我们知道，国际私法的中心任务是调整国际民事法律冲突，而利用冲突规范调整法律冲突则是国际私法的特有方法。事实上，自近代以降，尤其是萨维尼提出"法律关系本座说"以来，国际私法的学科体系就是围绕冲突规范构建与展开的。与此同时，在适用冲突规范的长期实践中，各国学者为了阐释冲突规范、解决冲突规范衍生的问题，提出了各种概念与理论，其中，不少学理属于国际私法所独有，且以抽象著称。所以，美国学者威廉·普罗赛（William Prosser）曾抱怨："冲突法的领地是一片阴郁的沼泽，遍布着摇颤的泥潭；居于此地者，为一群博学而乖戾的教授们，他们用怪诞和令人费解的术语为神秘之物创立理论。"[1]

　　这些术语与理论尽管抽象、晦涩，但它们蕴含着国际私法的"基因密码"，是学习、掌握国际私法的关捩。鉴于此，本书分设两章对这些概念与理论进行介绍，并尽量以通俗的语言辅以图示或实际案例阐释之。细言之，本章介绍冲突规范及其相关概念，包括连结点、系属公式、准据法等；下一章介绍为解决冲突规范所衍生的种种问题而创设的各种概念与学理，大陆法系学理通常将这些问题称为"冲突法总论"（general part），而英美法系将之称为冲突法的"普遍问题"（pervasive problems）。

👉 第一节　冲突规范

　　在介绍国际私法的调整方法时，本书曾引出冲突规范的概念，并指出利用冲突规范调整国际民事关系属于间接调整方法。从某种意义上说，经典国际私法就是以冲突规范为基础构建的学科体系，所以，冲突规范可以被视为国际私法的核心概念。现在，让我们从重温冲突规范的定义开始本节的学习吧！

---

[1] 转引自［美］弗里德里希·K. 荣格：《法律选择与涉外司法》，霍政欣、徐妮娜译，北京大学出版社 2007 年版，第 2 页。

一、冲突规范的概念和特点

所谓"冲突规范"（conflict rules），是指由国内法或国际条约规定的，指明某种国际民商事关系应该适用何种法律的规范。如"自然人的民事行为能力，适用经常居所地法律"就是一条冲突规范，它指明具有涉外因素的自然人的民事行为能力问题应由其经常居所地法律来解决。冲突规范也称"法律适用规范"（rules of application of law）或"法律选择规范"（choice of law rules）；由于它是国际私法特有的规范，有的国内立法与国际条约遂将之称为"国际私法规则"（rules of private international law）。例如，《联合国国际货物销售合同公约》（CISG）第 1 条第 1 款 b 项就使用了这一名称。［参见二维码4-1］

需要指出，冲突规范是一类较为特殊的法律规范，同一般的法律规范相比，它具有以下特点：

第一，与一般的实体法规范不同，它是法律适用规范。冲突规范仅指明某种国际民事关系应该适用何国法律，冀以客观、公正、中立的方式解决国际民事关系的法律适用问题，它本身并不规定当事人的实体性权利与义务。

第二，与一般的程序规范不同，它是法律选择规范。冲突规范并不直接规定诉讼或仲裁参与人的权利和义务，而是在"竞相适用的法律"（competing laws）中指定其一以调整国际民事关系。因此，冲突规范终究不同于以诉讼或仲裁关系为调整对象的程序规范，它的主要作用在于引导法院或仲裁机构选择和适用法律，从而最终确定国际民事关系当事人的实体权利与义务。

第三，冲突规范是间接规范。作为国际私法间接调整国际民事关系所依赖的法律规范，冲突规范只有与其指引的某国（或地区）实体法规范相结合，才能最终确定当事人的权利与义务。因此，冲突规范只是一种间接规范，好比架设在某种国际民事关系与某国实体法之间的桥梁，为该民事关系指引其应适用的某国实体法。所以，冲突规范本身不能构成当事人作为或者不作为的准则，当事人也很难据之预见法律关系的后果，因而缺乏一般法律规范所具有的明确性和可预见性。[1]

基于以上几点，当代国际私法学者指出，以多边主义为基石的冲突规范，其本旨是在法律关系与实体法律之间设置"法域选择"（jurisdiction-selecting）规则，它不关注法律适用的结果，只试图确保法律选择过程的客观性，[2] 因而只能实现"冲突法正义"（conflicts justice），而难以保证"实质正义"（material justice）。[3]

---

〔1〕　参见韩德培主编：《国际私法》，高等教育出版社、北京大学出版社 2000 年版，第 93 页。

〔2〕　［美］弗里德里希·K. 荣格：《法律选择与涉外司法》，霍政欣、徐妮娜译，北京大学出版社 2007 年版，第 17 页。

〔3〕　在笔者看来，所谓冲突法正义，是指在涉外民事纠纷的解决过程中法律适用过程的正义，是形式正义的一种。

二、冲突规范的结构与连结点

通说认为，冲突规范在结构上是由范围和系属两部分组成的。[1]"范围"（category）又称为"连结对象"（object of connection）、"起作用的事实"（operative facts）、"问题的分类"（classification of issues）等，它是冲突规范所要调整的国际民事关系或所要解决的法律问题。通过冲突规范的"范围"，我们可以判定该规范适用于解决哪一类国际民商事关系。

"系属"（attribution），顾名思义，意指"法律关系的归属"，旨在规定"范围"中的民事关系和法律问题应适用的法律，它指令法院或其他纠纷解决机构在处理某一国际民事法律问题时应如何适用法律。其语词结构常表现为"适用……法律"或"依……法律"。例如，在"不动产物权，适用不动产所在地法律"这条冲突规范中，"不动产物权"是范围，"适用不动产所在地法律"就是系属。

在冲突规范的系属中，有一个很重要的部分叫做"连结点"（point of contact）或"连结因素"（connecting factor），它是冲突规范借以确定国际民事关系应该适用什么法律的根据。如上述冲突规范中的"不动产所在地"就是连结点。从形式上看，连结点是把冲突规范中"范围"所指的法律关系与一定地域的法律联系起来的纽带或媒介；从实质上看，这种纽带或媒介又反映该法律关系与一定地域的法律之间存在着内在的、实质的联系，它表明某种法律关系应受一定地域法律的约束，应受一定主权者的立法管辖。

因此，每一条冲突规范至少应有一个连结点，没有这个连结点，便不能把范围中的法律问题与应该适用的法律联系起来。需要指出，连结点的选择不是任意的，更不是虚构的，必须在客观上能够体现这种内在的联系。例如，上述关于不动产物权的冲突规范，其连结点是不动产所在地，这是因为不动产的属性导致其权属只能受制于其所在地国的法律，适用其他国家的法律既无可能，也不现实。所以，英国学者戚希尔和诺思指出，所谓"连结点"或"连结因素"，就是指那些能在法院需要处理的事实情况和某一特定法域之间建立起自然联系（natural connection）的明显事实。[2]

依据不同的标准，连接点可以分为不同的类别。连结点可分为客观连结点和主观连结点。"客观连结点"（objective point of contact）主要有住所、国籍、惯常居所、物之所在地、行为地、履行地、法院地等，这种连结点是一种客观实在的标志。"主观连结点"（subjective point of contact）主要包括当事人的合意和最密切联系地，只不过当事人的合意由当事人商定，而最密切联系地由法官或其他裁判者决定。

连结点还可分为"静态连结点"（constant point of contact）和"动态连结

---

〔1〕　韩德培主编：《国际私法》，高等教育出版社 2000 年版，第 94 页。

〔2〕　转引自李双元：《国际私法》（冲突法篇），武汉大学出版社 2001 年版，第 184 页。

点"（variable point of contact）。静态连结点是指固定不变的连结点，主要指不动产所在地以及涉及过去的行为或事件的连结点，如婚姻举行地、法人登记地、侵权行为地等。动态连结点是指可变的连结点，如国籍、住所、动产所在地等。动态连结点的存在不仅加强了冲突规范的灵活性，也为当事人规避法律提供了可能。［参见二维码 4-2］

三、冲突规范的类型

根据冲突规范中系属的不同规定，冲突规范可分为四种基本类型：单边冲突规范、双边冲突规范、重叠适用的冲突规范和选择适用的冲突规范。

"单边冲突规范"（unilateral conflict rules），是明确规定适用某国法律的冲突规范。它既可以明确规定适用内国法，也可以明确规定适用某一特定外国的法律，但在立法实践中，绝大部分单边冲突规范明确规定适用内国法。例如，我国《民法典》第 467 条第 2 款规定："在中华人民共和国境内履行的中外合资经营企业合同、中外合作经营企业合同、中外合作勘探开发自然资源合同，适用中华人民共和国法律。"单边冲突规范中的连结点明确地指向一个法律体系，当它指向适用内国法时，就不可能适用外国法；而当它指向某外国法时，也不可能适用内国法。这种冲突规范适用起来直截了当，但其范围非常有限，且灵活性差，因此，除在少数特殊的领域外，当代国际私法立法较少采用单边冲突规范。

"双边冲突规范"（bilateral conflict rules）是指其系属并不直接规定适用内国法还是外国法，而只规定一个可以推定的系属，再根据这个系属并结合案件的具体情况去确定应适用某法律的冲突规范。例如，"不动产物权，适用不动产所在地法律"就是一条双边冲突规范，它并没有具体规定适用什么国家的法律，而是看不动产位于哪一个国家，如果位于内国，就适用内国法；如果位于外国，就适用外国法。可见，双边冲突规范平等地对待内国法、外国法，以客观、中立的方式解决法律适用问题，因而具有广泛的适用性。事实上，萨维尼的"法律关系本座说"所建立的冲突规范体系就是以双边冲突规范为基础的，该类冲突规范因而是经典国际私法体系的基石性规范。

"重叠适用的冲突规范"（double conflict rules）是指其系属中有两个或两个以上的连结点，并且同时适用于某种国际民事关系的冲突规范。例如，1902 年在海牙订立的《关于离婚与司法别居的法律冲突和管辖权公约》第 2 条规定："离婚之请求，若非依夫妇之本国法及法院地法均有离婚之原因者，不得为之。"这表明离婚问题必须同时适用夫妇之本国法和法院地法，只有两者均认为有离婚原因时，才准许当事人离婚。这条冲突规范体现了增加离婚难度、以达到维护涉外婚姻稳定性的立法意旨。《涉外民事关系法律适用法》第 28 条规定："收养的条件和手续，适用收养人和被收养人经常居所地法律……"这也是典型的重叠适用的冲突规范，依之，收养的条件和手续要同时适用收养人和被收养人经常居所地的法律。这条冲突规范体现了立法者对涉外收养的条件与手续从严要求的立法意旨。

"选择适用的冲突规范"（alternative conflict rules）是指其系属有两个或两个以上的连结点，但只选择其中之一所指引的准据法调整某种国际民商事关系的冲突规范。根据选择的方式和条件的不同，它又可分为两种：

第一，无条件选择适用的冲突规范。在这种冲突规范中，各连结点指引的可供选择的法律具有同等价值，并无主次轻重之分。例如。《涉外民事关系法律适用法》第22条规定："结婚手续，符合婚姻缔结地法律、一方当事人经常居所地法律或者国籍国法律的，均为有效。"这条冲突规范表明，在中国国际私法的语境下，涉外婚姻的形式要件，只要符合婚姻缔结地法律、一方当事人经常居所地法律或者国籍国法律其中任何之一的，即为有效。这表明立法者希望尽可能不使涉外婚姻因形式问题而产生效力上的瑕疵，以维护涉外婚姻家庭的稳定性。

第二，有条件选择适用的冲突规范。它是指系属中有两个或两个以上的连结点，但只允许依顺序或有条件地选择其中之一指引的法律来调整某一国际民商事关系的冲突规范。例如，《民法通则》第145条规定："涉外合同的当事人可以选择处理合同争议所适用的法律，法律另有规定的除外。涉外合同的当事人没有选择的，适用与合同有最密切联系的国家的法律。"这就是一条有条件选择适用的冲突规范，它要求法院在处理涉外合同纠纷时，首先适用当事人选择的法律；只有在没有选择时，才适用与合同有最密切联系的国家的法律。

在当代国际私法的立法实践中，上述四种冲突规范常常交替出现。从表面上看，使用不同类型的冲突规范是立法技术的要求，但从本质上看，这不仅仅是立法技术问题。一国究竟采用何种类型的冲突规范来调整某一特定的国际民事关系，取决于该国的有关政策与立法意旨。

细言之，如果国家认为某一国际民事关系特别需要依据本国的实体法处理时，就可以采用单边冲突规范；如果国家认为有必要对某一国际民事关系从严掌握时，可采用重叠适用的冲突规范；如果国家认为某些国际民事关系可以从宽掌握时，便可采用双边冲突规范或选择适用的冲突规范。因此，把冲突规范理解为脱离政治、经济与社会实践的纯学术公式或抽象规范的观点是不准确的。[1]

第二节　系属公式

由于国际民事关系纷繁复杂，各国立法因而存在大量的冲突规范，这些冲突规范又由各不相同的系属所构成，导致对冲突规范的理解及对其功用的

---

[1] 韩德培、肖永平编著：《国际私法学》，人民法院出版社、中国社会科学出版社2004年版，第58页。

把握愈加不易。所以，为了便于理解、适用各类冲突规范，学者们把一些常见的系属按其性质进行归类，从而得出较为抽象的系属表现类别，亦即系属公式。本节介绍系属公式的含义以及常见的系属公式。

一、系属公式的含义

所谓"系属公式"，就是把一些解决国际民事法律冲突的双边冲突规则固定化，使之成为国际上公认的或为大多数国家采用的处理原则，以便解决同类性质的国际民商事关系的法律适用问题。比如：自然人是否具有行为能力，一般按其本国法或住所地法；判断自然人是否已婚，亦依据其本国法或住所地法。于是，我们把这些用来解决人的身份、能力、婚姻家庭等法律关系的系属归为一类，从而抽象出"属人法"，属人法就是一个重要的系属公式。

需要指出，由于单边冲突规范对某类国际民事关系适用内国法或外国法作了明确规定，缺乏必要的抽象性，因而无法发展为系属公式；选择适用的冲突规范和重叠适用的冲突规范中的系属包括两个或两个以上的连结点，它们不符合系属公式的单一性，故亦不会抽象为系属公式。所以，系属公式只能从双边冲突规范发展而来。[1]

还须提及，系属公式与系属是两个不同的概念。简而言之，系属公式是将一些常用的系属进行抽象化、公式化的结果。可见，系属公式与系属是两个不同逻辑层面上的概念，不可混淆之。

二、常见的系属公式

当代国际私法立法中，常见的系属公式包括：属人法、物之所在地法、行为地法、当事人合意选择的法律、法院地法、旗国法、最密切联系地法等。

"属人法"（lex personalis），是以法律关系当事人的国籍、住所或经常居所作为连结点的系属公式。它一般用来解决人的身份、能力、亲属、继承关系等方面的法律冲突问题。在 1804 年《法国民法典》颁布以前，欧洲国家均以当事人的住所地法为其属人法，但由于《法国民法典》改用当事人的本国法或国籍国法为属人法，许多受其影响的欧洲大陆国家和其他非欧洲国家也改采用本国法为属人法。不过，以美国为代表的大多数英美法系国家及拉丁美洲国家仍坚持以当事人的住所地法为属人法。这样一来，国际上对属人法便有两种不同的理解，即本国法（lex partriae）和住所地法（lex domicilii），从而形成了属人法方面的两大派别。为了调和上述两大派别在属人法方面的矛盾，越来越多的当代国际条约与国内法开始采用经常居所地法代替住所地法或本国法作为属人法。我国《涉外民事关系法律适用法》在属人法的条款中使用的连结点即为"经常居所地"。关于属人法上的本国法、住所地法以及经常居所地法各自的优缺点，本书留待第六章介绍自然人权利能力与行为能

---

[1] 韩德培主编：《国际私法》，高等教育出版社 2000 年版，第 103 页。

力的法律适用时再行详述。属人法中还有一种法人属人法，一般是指法人的国籍国法，常用来解决法人的权利能力和内部关系等方面的法律适用问题。

"物之所在地法"（lex situs），是指民事法律关系的客体物所在国家的法律，它常用来解决有关物权（特别是不动产物权）的法律冲突问题。关于物之所在地法的含义、支配的事项等具体内容，本书将在第七章关于物权的法律适用中予以详述。

"行为地法"（lex loci actus），是指当事人的法律行为或非法行为发生地所属法域的法律，其理论基础是"场所支配行为"（locus regit actum）这一古老法谚。由于法律行为的多样性，行为地法又派生出下列四种更加具体的系属公式：①合同缔结地法（lex loci contractus），一般用来解决合同的成立、合同内容的合法性、合同的方式等方面的法律冲突问题；②合同履行地法（lex loci solutionis），一般用来解决合同内容（特别是合同履行方面）的法律冲突问题；③婚姻举行地法（lex loci celebrationis），一般用来解决国际婚姻关系（尤其是婚姻方式方面）的法律冲突问题；④侵权行为地法（lex loci delicti），一般用来解决国际侵权行为之债的法律冲突问题。

"当事人合意选择的法律"（lex voluntatis），是指双方当事人按其意愿自主选择的那个法域的法律。当法律采用这一系属公式时，表明它承认当事人享有选择法律的自主权，故又称意思自治原则。它主要用来解决合同关系的法律适用问题，但晚近国际私法将这一系属公式逐渐扩展适用于侵权、继承甚至动产物权等领域。

"法院地法"（lex fori），是审理国际民事案件的法院所在地国家的法律，它主要用来解决程序方面的法律适用问题，但在某些场合下也用来解决实体法方面的法律冲突问题，譬如，《涉外民事关系法律适用法》第27条规定："诉讼离婚，适用法院地法律。"

"旗国法"（law of the flag），是指悬挂或涂印在船舶或飞行器上的特定旗帜所属国家的法律，即旗帜所属国的法律，常用来解决船舶、航空器在运输过程中发生纠纷时的法律冲突问题。

"最密切联系地法"（law of the place of the most significant relationship），是指与国际民商事法律关系有最重要、最真实联系的地方的法律。它的思想滥觞于萨维尼的"法律关系本座说"，在美国冲突法革命中被哥伦比亚大学教授威利斯·里斯（Willis L. M. Reese）系统、明确地提出，并被美国《第二次冲突法重述》确立为法律适用的基本原则之一。目前，它既是一条解决法律选择问题的指导原则，又作为一个系属公式出现于许多冲突规范之中，适用于许多不同性质的国际民事关系，尤其是涉外合同关系。《涉外民事关系法律适用法》不仅在合同、侵权、区际冲突等方面明确规定适用该原则，而且在该法的"一般规定"中将其作为补缺原则予以运用。该法第2条第2款规定："本法和其他法律对涉外民事关系法律适用没有规定的，适用与该涉外民事关系有最密切联系的法律。"

表4-1是对上述几种主要系属公式的概括：[1]

表4-1 主要系属公式一览表

名称	含义	适用的领域
属人法	法律关系主体的国籍、住所或经常居所所在地的法律	人的身份、能力、亲属、继承等
物之所在地法	法律关系的客体物所在地的法律	物权等
行为地法	法律行为发生地的法律	法律行为的方式和相关的法律关系
当事人合意选择的法律	双方当事人自愿选择的法律	合同等
法院地法	审理案件的法院所在地的法律	程序问题等
旗国法	悬挂旗帜所属法域的法律	因运输工具发生的问题
最密切联系地法	与国际民事关系有最重要联系的法域的法律	合同、侵权、商事关系等

👉 第三节　准据法

国际私法通过冲突规范为涉外民事关系指引应适用某国（地区）特定的实体法，在学理上被称为"准据法"。准据法是国际私法的特有术语。本节探讨准据法的含义、特点以及适用准据法的两个特殊问题：区际法律冲突与时际法律冲突。

一、准据法的概念与特点

"准据法"（applicable law，lex causae）是国际私法的一个特有概念，是指经冲突规范指引，用以确定国际民事关系当事人的权利义务关系的具体实体法规则。上述概念表明，准据法具有以下特点：

第一，准据法必须是能够确定当事人权利义务关系的实体法。以国际私法的视角观之，一国的法律可分为程序法、冲突法和实体法，但只有实体法才有可能成为准据法。事实上，一国的冲突规范之所以要援用准据法，就是因为只有它才能够具体确定当事人的实体权利和义务。需要指出，可以成为准据法的，既可能是一国的国内实体法，也有可能是国际统一实体法。

在介绍国际私法渊源时，本书曾指出，国际私法的国际法渊源既包括国际条约，也包括国际惯例。就国际实体法条约而言，如果不是经冲突规范援

---

[1] 韩德培、肖永平编著：《国际私法学》，人民法院出版社、中国社会科学出版社2004年版，第60页。

用而直接适用于缔约国及其自然人和法人的条约，它就不是准据法。但在下列情况下，国际实体法条约也会成为准据法：①非条约缔约国的公民或法人选择某一国际条约作为调整他们权利义务关系的准据法；②如果一国的冲突规范援用某一公约缔约国的国内实体法为准据法，而该国视其缔结或参加的国际条约为其国内法的一部分或其参加或缔结的某国际条约规定在此情况下可以适用之。譬如，《联合国国际货物销售合同公约》第 1 条第 1 款 b 项规定："如果国际私法规则导致适用某一缔约国的法律，也可以适用该公约。"就国际私法领域的国际惯例而言，由于主要是任意性惯例，故只有在当事人按照"意思自治"原则选择它们作准据法时，它们才对当事人有约束力。因此，在下列情况下，国际惯例也可能成为准据法：①当事人选择国际惯例作为准据法；②有些国家的冲突法规定，依冲突规范的指引应适用内国法时，如果内国法律或该国缔结与参加的国际条约无此规定，也可以适用国际惯例。例如，我国《民法通则》第 142 条第 3 款曾规定："中华人民共和国法律和中华人民共和国缔结或者参加的国际条约没有规定的，可以适用国际惯例。"

第二，准据法必须是经冲突规范指引所适用的实体法。准据法的本质特征是它必须经过冲突规范的指引，那些直接适用于国际民事关系的法律，不论是国际统一实体法，还是国内法中的专用实体规范，亦即"强制性规范"或"直接适用的法"，都不能被称为准据法。在现代国际私法中，冲突规范和强制性规范是两种相互独立、相互排斥又相互依存的调整国际民事关系的手段，它们代表两种不同的理念与方法论，前者属于概念论，而后者属于目的论。自 20 世纪下半叶以来，随着国家职能的改变，国家对经济的干预也扩展到国际民商事关系中，它希望某些意志能毫无例外地在国际民事关系中得到体现。强制性规范由此产生和发展起来，这些法律是指那些在调整国际民事关系时，为了维护国家的政治、经济和社会制度而必须遵守的法律，它撇开冲突规范的援引，直接适用于国际民事关系。因此，它们不能被称为准据法。[1]

第三，准据法不是冲突规范逻辑结构的组成部分，它是必须结合具体案情事实才能确定的具体法律规则。例如，在"不动产物权，适用不动产所在地法律"这条冲突规范中，"适用不动产所在地法律"是系属，为了确定某一不动产物权的准据法，法院必须将系属中的"不动产所在地"这一连结点与该案情中的具体情况结合起来考察，如果不动产所在地在中国境内，中国法的有关规定就是该不动产物权的准据法。如果不动产所在地在外国，该外国法的有关规定就是该不动产物权的准据法。[2] 可见，准据法不是笼统的法律制度或法律体系，而是具体的"法律规则"，即具体的实体法条文。

因此，如果将冲突规范、系属公式与准据法放在一起考察，我们可以得

---

〔1〕　关于强制性规范，或直接适用的法，请见本书第五章第七节"强制性规范"。
〔2〕　参见肖永平：《冲突法专论》，武汉大学出版社 1999 年版，第 49~52 页。

出这样的结论：系属公式是将（双边）冲突规范中的系属进行抽象化得出的结果，而准据法是在具体案件中适用冲突规范得出的结果。三者的关系如图4-1所示：

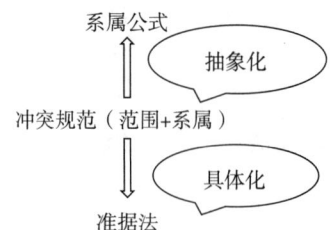

图4-1 系属公式、冲突规范与准据法逻辑关系图

二、确定准据法的两个特殊问题

（一）发生区际法律冲突时准据法的确定

当一国冲突规范指定适用某外国法时，被指定的国家可能是单一法律制度国家，如日本或韩国；也可能是多法域国家，如美国或英国。如果是后者，就可能出现区际法律冲突。当然，如果冲突规范直接以"住所""经常居所""物之所在地""行为地"（如合同订立地、合同履行地、婚姻缔结地、侵权行为地）等具体地点作为其连结点，可以直接以这些连结点所指向的该国具体法域的法律作为准据法，区际法律问题因而可以得到解决。但是，如果冲突规范的连结点并非如此具体，适用该国哪一法域法律的问题就不那么容易解决了。譬如，在某涉外合同纠纷中，当事人选择适用美国法，但美国系联邦制国家，每个州的法律并不相同，这时，就需要解决究竟应以美国哪一州的法律为准据法的问题。以比较法为视角观之，对于这种区际法律冲突，各国国际私法立法与司法实践主要有以下两种不同的解决方法：

第一，根据所指向的多法域国家的区际私法，即该国用以调整其国内各法域之间法律冲突的法律的有关规定加以确定。许多国家在其国际私法立法中明确将这种做法确定为解决区际法律冲突的首要方法。例如，《德国民法施行法》第4条第3款规定："如果被指引的是具有多个区域性法律体系的国家的法律，但并未指定应以哪一个区域性法律为准，则由该国法律决定应适用哪一区域的法律体系。"《奥地利联邦国际私法法规》第5条第3款亦有类似规定，依之，如外国由几部分法域组成，则适用该外国法所指定的那一法域的法律。

第二，依据最密切联系原则确定准据法。不少国家的国际私法立法将最密切联系原则作为解决区际法律冲突的次要方法。例如，《德国民法施行法》第4条第3款接着规定："如果无此种规定，则适用与案件有最密切联系的那一区域的法律体系。"与此类似，《奥地利联邦国际私法法规》第5条第3款规定：如无此种规则，则适用与之有最强联系的那一法域的法律。

在我国，对于如何解决区际法律冲突问题，最早由《民通意见》予以回应，其第 192 条规定："依法应当适用的外国法律，如果该外国不同地区实施不同的法律的，依据该国法律关于调整国内法律冲突的规定，确定应适用的法律。该国法律未作规定的，直接适用与该民事关系有最密切联系的地区的法律。"这表明，《民通意见》采用了上述国际上通行的将两种方法结合使用的做法，亦即首先依据该外国的区际私法规则，如无此规则，再依据最密切联系原则予以解决。《民法典》实施后，《民法通则》被废止，其司法解释亦随着失效，上述规定因而成为历史。

《涉外民事关系法律适用法》改变了《民通意见》的上述规定。《涉外民事关系法律适用法》第 6 条规定："涉外民事关系适用外国法律，该国不同区域实施不同法律的，适用与该涉外民事关系有最密切联系区域的法律。"本条表明，我国法官依据冲突规范应适用某外国法时，如该国为多法域国家，应直接适用最密切联系原则作出法律选择的判断，而无须适用该国的区际私法。这一规定与该法第 9 条相契合，《涉外民事关系法律适用法》第 9 条规定："涉外民事关系适用的外国法律，不包括该国的法律适用法。"区际私法在性质上属于法律适用法，因而不在应适用的外国法的范围内。

在司法实践中，我国法官依据冲突规范指向某外国法，而该外国为多法域国家时，如果冲突规范的连结点足够具体，如"住所""经常居所""物之所在地""行为地"等，就可以直接适用该连结点所指引的该国具体法域的法律。如冲突规范的连结点不够具体，则法官须依据最密切联系原则确定应适用的法律。

需要提及，《涉外民事关系法律适用法》并没有对如何适用最密切联系原则确定准据法提供必要的分析方法，这就使得法官在司法实践中的自由裁量权较大。一般而言，在适用最密切联系原则的过程中，法官不仅要考虑连结点的数量，也要考察连结点的密切程度，亦即联系的质量，还要考虑案件的处理结果。因为最密切联系原则不仅关注法律的选择过程是否最合适、最公正合理，而且同样关注法律适用的结果是否最公正合理，它要求适用的法律能够得到最佳的结果。[1]

（二）发生时际法律冲突时准据法的确定

这里所称的时际法律冲突，是指准据法所属国存在新旧法交替，在新法与旧法之间存在的冲突。在一般情况下，适用什么时候的法律并不难解决，从各国实践看，凡是要求确认一个过去发生的法律关系，一般只适用法律关系成立时有效的法律。换言之，对权利的取得，一般应采用"保护既得权"和"法不溯及既往"的原则。据此，许多冲突规范明确规定了应适用何时的法律。如《涉外民事关系法律适用法》第 28 条规定了"收养的效力，适用收养时收养人经常居所地法律"，这就明确指出了依该规定援用收养人经常居所

---

[1]　万鄂湘主编：《〈中华人民共和国涉外民事关系法律适用法〉条文理解与适用》，中国法制出版社 2011 年版，第 26 页。

地法，不管它如何变更，均应以"收养时"的法律作准。

但是，在实践中，有些冲突规范并没有明确指出适用何时的法律，因而需要解决适用何时的法律作为准据法的问题。此外，冲突规范本身也可能发生变更，在这种情况下，也需要解决适用何时的冲突规范的问题。换言之，时际法律冲突的问题主要出现于以下两种情形：

第一，法院地国的冲突规范在国际民事法律关系确立后发生了变更。在这种情况下，究竟应适用什么时候的冲突规范来指定准据法。

第二，法院地国的冲突规范未变，但其指定的准据法发生了改变。在这种情况下，究竟应适用某一国际民事法律关系成立时的旧法，还是适用改变后的新法。

对于上述两种情况下的时际法律冲突应如何解决，以比较法的视角观之，各国国际私法理论与实践的主要处理方法可概括如下：

1. 在法院地国的冲突规范发生变更的情况下，解决的办法一般按新法对其是否具有溯及力所作的明确规定来确定应适用的法律。如果新法规定其有溯及力，就适用新法；如果新法规定其没有溯及力，或对此无规定，通常按照"法不溯及既往"的原则来处理，即对新法生效前所产生的涉外民事关系适用旧法。《涉外民事关系法律适用法》对此问题未作规定，《法律适用法解释（一）》第2条规定："涉外民事关系法律适用法实施以前发生的涉外民事关系，人民法院应当根据该涉外民事关系发生时的有关法律规定确定应当适用的法律；当时法律没有规定的，可以参照涉外民事关系法律适用法的规定确定。"

2. 对于冲突规范所指定的准据法发生变更时如何确定准据法的问题，应分两种情况区别对待：

（1）在因立法程序修改、废除或颁布新法而产生新旧法规定不同的场合，一般应依准据法国的法律来确定，而新法对它是否具有溯及力以及溯及的范围和条件，通常会作出明确规定。例如，《最高人民法院关于适用〈中华人民共和国婚姻法〉若干问题的解释（一）》第33条规定，婚姻法修改后的一审、二审婚姻家庭纠纷案件，一律适用修改后的婚姻法。如果新法对其是否具有溯及力未作出明确规定，则通常按照"法律不溯及既往"的原则确定适用的法律，即新法只对它生效以后所产生的民事关系适用，而对它生效以前产生的民事关系，则仍然适用旧法。

（2）在涉外合同当事人依"意思自治"原则选择的准据法发生变更的场合，是否应适用新法，在国际私法理论与实践上是有争论的。一种观点认为，应该适用涉外合同关系成立时的旧法，理由是当事人协议选择的法律，是他们根据该涉外合同关系成立时的情况决定的，一旦旧法订入合同，就成了合同中的一项具体条件，不能随准据法的变更而改变，如依新法就等于改变了当事人之间的权利义务关系。另一种观点认为，应该以新法代替旧法，理由是当事人既然选定某国法为准据法，就表明他们已把他们之间的法律关系交给这个国家的整个法律制度支配，包括其法律的发展变化在内。我国学者一般认为，为了便于妥善解决因准据法变更而发生的时际法律冲突，最好在新法颁布时就该法是否具有溯及力及溯及范围和条件作出明确规定；如无此规定，则应适用法律关系成立时有效的法律或合同当事人的约定；如果要适用新法，除非涉及国家的重大利益和法律的基本原则，最好通过当事人协商解决。[1]

《最高人民法院关于适用〈中华人民共和国合同法〉若干问题的解释（一）》（已失效）从有利于稳定合同关系和尊重当事人意思出发对《中华人民共和国合同法》（以下简称《合同法》，已失效）实施引发的时际法律冲突问题进行了规定。然而，在该司法解释颁布前，围绕适用《合同法》还是之前的《中华人民共和国涉外经济合同法》（以下简称《涉外经济合同法》）产生了诸多争议。[参见二维码4-3]请见案例4-1：

【案例4-1】　内地A公司与香港B公司于1998年12月通过电话签订了一份货物买卖合同，双方约定按照以前的惯例，如因合同发生的纠纷，适用中华人民共和国法律。合同约定的交货期是1999年12月。但到1999年12月31日，A公司仍没有履行合同，B公司遂在A公司营业所所在地法院起诉，要求A公司承担赔偿责任。双方围绕该合同是否成立以及因此决定的A公司是否需要承担违约责任展开了激烈的辩论。

该案涉及的合同成立于《合同法》实施之前，但合同约定的履行期限跨越合同法实施之日或者履行期限在合同法实施之后，后当事人因履行合同产生纠纷，并诉至法院。在《合同法》实施之前，在我国，涉外合同适用的是《涉外经济合同法》，依据该法第7条，涉外合同只能采用书面形式订立；与此不同，1999年10月1日实施的《合同法》第10条规定，合同有书面、口头和其他形式。可见，如果该纠纷适用《涉外经济合同法》，合同不成立，A公司因而无须承担违约责任；而如适用《合同法》，合同成立，A公司因而须承担违约责任。

B公司的代理人提出，本合同应适用《合同法》，理由包括：其一，当事人既然选定合同适用中国内地法，就表明他们已把他们之间的法律关系交给内地的整个法律制度支配，包括其法律的发展变化在内。其二，从诚信与善意的角度看，认定合同不成立显然并不符合当事人的愿意。A公司的代理人则认为，应适用《涉外经济合同法》，理由包括：其一，当事人在订立合同时选择中国内地法，那时生效的法律，亦即《涉外经济合同法》就构成合同的一部分，不能因嗣后内地法的变更而改变；其二，依据常理，当事人在订立合同时不会预知内地法会发生改变。其三，"法无溯及力"是一项基本原则，

---

[1] 韩德培、肖永平编著：《国际私法学》，人民法院出版社、中国社会科学出版社2004年版，第101页。

用嗣后的法调整之前发生的行为是不合理的。客观而言，双方的理由均有其合理性，该案表明：在涉外合同当事人依"意思自治"选择的准据法发生变更的场合下，是否应适用新法，是存有争论的。

此外，需要指出，有观点认为，时际法律冲突还会在以下情况下产生：法院地国的冲突规范未变，但当事人的国籍、住所或物之所在地等连结点发生了改变，因而需要确定是适用原来的连结点所指引的法律，还是适用新的连结点所指引的法律。[1] 譬如，关于某人的民事行为能力，一国冲突规范指定适用其国籍国法，但该人在缔结涉外法律关系时是意大利公民；而就该法律关系发生纠纷时，已经成为德国公民，这时，究竟应以意大利法还是以德国法确定该人的行为能力，便成为了一个问题。

尽管这一问题看似属于时际法律冲突，但本书认为，这种冲突并不是严格意义上的时际法律冲突。这是因为在前述冲突规则或其指定的准据法发生变化的情况下，两个相继出现的法律均出自同一国家的立法者，后法代替了前法；与此不同，在因连结点改变所导致的法律冲突中，相继出现的两种法律系出自不同国家的立法者，并且在各自的国家同时有效，因此，将这种冲突归类于时际法律冲突并不妥当。[2]

本章二维码

4-1 Article 1 of *United Nations Convention on Contracts for the Interhational Sale of Goods*（CISG）

4-2 **Connecting Factors**

4-3 《最高人民法院关于适用〈中华人民共和国合同法〉若干问题的解释（一）》（已失效）

---

〔1〕 韩德培主编：《国际私法》，高等教育出版社 2000 年版，第 114 页。

〔2〕 参见赵相林主编：《国际私法》，中国政法大学出版社 2014 年版，第 97 页。

第五章

冲突法的一般问题

✉ 导　语

　　本书多次提及，经典国际私法体系是建立在萨维尼"法律关系本座说"基础之上的。萨维尼曾认为，他的理论是"现代罗马法"，必将被世界各国所采纳，"法律关系本座说"所追求的判决结果一致的目标遂将得以实现。然而，积累了百余年的经验已经证明，萨维尼的理论并没有真正实现它所追求的判决一致的目标。更为甚者，以双边冲突规范为基础调整国际民事关系的经典国际私法体系在司法实践中滋生了诸多复杂问题，暴露出种种弊端，如此，人为的解决方法成为必要。

　　多年来，为解决经典国际私法体系的各种问题，以实现萨维尼念兹在兹的法律理想——"判决结果一致"，各国学者（尤其是大陆法系学者）创设出诸多概念，其中包括"先决问题""识别""反致""法律规避""公共秩序保留""强制性规范"等。如今，大陆法系上通常将这些问题统称为"冲突法总论"，而英美法习惯称之为冲突法的"普遍问题"。鉴于这些问题在本质上是为了解决冲突规范所衍生之问题而提出的，且大多是冲突法上需要普遍关注的问题，本书因而将之称为"冲突法的一般问题"。

☞ 第一节　先决问题

　　"先决问题"（preliminary question），顾名思义，就是需要首先解决的问题。在诉讼中，解决争讼问题如需以解决另一问题为前提，前者为主要问题，后者即为先决问题。事实上，在司法实践中，先决问题是经常出现的，譬如，法院在审理合同纠纷时，一般首先需要确定当事人之间是否存在有效的合同关系；再如，法院审理离婚诉讼，通常首先需要确定当事人是否缔结了有效的婚姻关系。这些都属于广义上的先决问题。

　　但是，国际私法上的先决问题并非一般意义上的先决问题，而是涉外民事纠纷因涉及复杂的法律冲突而导致的一类特殊的先决问题。这类先决问题在司法实践中出现以后，成为困扰涉外民事纠纷得到合理解决的难题，并引起国际私法学者的思考与关注，他们进而提出了诸种解决方法。本章将结合实际案例探讨国际私法上先决问题的概念与构成要件、学者们为确定先决问题准据法提出的主要方法以及中国在此问题上的立场。

一、先决问题的概念和构成要件

前已提及，国际私法上的先决问题是一类特殊的先决问题。为了便于读者理解，让我们先看一个产生此类先决问题的典型国际私法案例——"施韦伯尔诉昂加尔"案吧![1]

【案例 5-1】 一对犹太夫妻，他们在匈牙利设有住所，后来他们决定移居以色列。在去以色列的途中，他俩在意大利的一个犹太人居住区依据犹太教方式离婚。对他们的离婚，匈牙利法是不承认的（当时匈牙利仍是他俩的住所地），意大利法也认为无效（意大利是离婚发生地），但是，以色列法则认可之。随后，他俩均在以色列获得住所。在以色列取得住所后，女方到加拿大安大略旅行，并与另一男子结婚，但随后，她的第二个丈夫以她的第二次婚姻是重婚为由，在加拿大安大略省请求法院宣告婚姻无效。

审理该案的安大略省法院不仅要考虑妻子的再婚能力问题，而且需要考虑她依据犹太教方式离婚的效力问题。在这里，再婚能力是主要问题，而离婚效力则是先决问题。需要指出，该案中先决问题特具复杂性：首先，由于这是一个国际私法案件，因而需要经过冲突规范的指引来确定争讼问题的准据法。其次，该案的主要问题，即女子的再婚能力，依据法院地的冲突规范指向外国法——以色列法。如此一来，法庭在如何确定先决问题准据法的问题上就产生了分歧。一部分法官认为，先决问题，即该女子第一次离婚的效力问题，是一个与主要问题相独立的问题。因此，先决问题也应当依据法院地的冲突规范来指引。另一部分法官则认为，先决问题不具有独立性，应附属于主要问题，因此，先决问题应当按照主要问题的准据法所属国——以色列的冲突规范来处理。最后，关于如何确定先决问题，法院地的冲突规范与主要问题准据法所属国的冲突规范指向的法律不同，并导致不同的判决结果：安大略省的冲突规则指向匈牙利法，而依据匈牙利法，离婚无效；但如适用以色列的冲突规范，则其指向的法律认可该离婚的效力。[参见二维码 5-1]

从这个案子中，我们可以看出，与纯国内民事案件相比，涉外民事案件的先决问题可能复杂得多，这是因为纯国内案件的简单之处在于：其先决问题与主要问题一样，均依照法院地法解决，不会涉及法律冲突问题。所以，在纯国内民事案件中，一般无须专门研究先决问题。与此不同，涉外民事案件则可能因牵涉到外国法的适用而引起支配先决问题的法律产生冲突。当然，也不是所有涉外民事案件中的先决问题均具有如此复杂性，均须国际私法予

---

[1] *Schwebel v. Ungar* (1963) 42 DLR (2d) 622.

以特别研究。细言之，构成国际私法上需要特别研究的先决问题，如案例5-1中的先决问题，必须具备以下三项条件：

第一，主要问题依法院地国的冲突规范必须以外国法作为准据法。

第二，需要先行解决的问题具有相对独立性，可以作为一个单独的争议向法院提起诉讼，并且有自己的冲突规范可供援引。

第三，在确定先决问题的准据法时，法院地的冲突规范与主要问题准据法所属国的冲突规范不同，从而会导致不同的判决结果。如果两国的冲突规范相同，就没有专门讨论先决问题的必要，因为不管适用法院地的冲突规范，还是适用主要问题准据法所属国的冲突规范，其结果都是一样的。因此，第三个条件是实质要件。当然，另外两个条件也是缺一不可，否则，就无须对先决问题单独考虑适用什么国家的冲突规范。[参见二维码拓展阅读5-1]

二、先决问题准据法的确定

涉外民事纠纷引发的这类复杂的法律适用问题最早被德国学者梅尔基奥尔（Melchior）和温格勒尔（Wengler）所"发现"，自此以后，这一问题被冠以"先决"（preliminary）或"附带问题"（incidental question）之名，开始进入国际私法学者的思考范围之中。对于先决问题准据法的确定，在国际私法理论与实践中，主要有以下几种立场：

第一，以梅尔希奥、温格勒尔为代表的一部分学者提出"准据法说"，即主张依主要问题准据法所属国的冲突规则来确定先决问题的准据法，其理由主要包括：①先决问题是附属于主要问题的，两者具有天然的关联，不应将之人为地割裂开来，因此，用这一方法确定先决问题的准据法，有利于求得与主要问题协调一致的判决结果；②准据法国之法律（包括对先决问题的冲突规则）与本案最有关联性，而法院地之司法秩序与该先决问题并无直接联系；③采用这种选择方法，有利于实现判决的国际一致性，即不论案件在相关国家中的哪一国法院起诉，都能获得较为一致的判决。譬如，在前述"施韦伯尔诉昂加尔"案中，加拿大法院最后依据多数法官的意见适用了主要问题所属国——以色列的冲突规范，认定该女子的离婚有效，而其中的主要考量即在于：采用这一方法，该女子的第二个丈夫无论是在加拿大还是在以色列提起该诉讼，其判决结果均是一致的。在司法实践中，英国、加拿大、澳大利亚和美国对先决问题大多采用这种方法。

第二，以拉沛（Laape）和科麦克（Cormack）等为代表的一部分学者提出"法院地法说"，即主张依法院地国的冲突规则来解决先决问题的准据法，主要理由包括：①既然先决问题是独立于主要问题的，其应与解决主要问题的准据法一样，概由法院地国的冲突规则决定。唯有如此，才能保持法院地法内部的一致性。②先决问题通常涉及婚姻、离婚及其他身份事项，这些问题对法院地来说甚至比主要问题更具意义，与法院地关系更为密切，故理应受法院地法冲突规范的支配。

第三，进入 20 世纪中期以来，以沃尔夫（Wolf）、克格尔（Kegel）为代表的学者提出，造成先决问题难解的根源是经典国际私法体系已陷入"两害之间取其一"的境地：内部的不一致（即单纯采用第一种方法导致的结果），或者国际范围的不协调（即单纯采用第二种方法导致的结果）。两种选择，同样令人不悦，鉴于此，他们主张，单纯使用第一种方法或第二种方法均不合理。在此前提下，一部分学者主张以准据法为原则，以法院地法为例外，即原则上应适用支配主要问题准据法所属国的冲突规则；但是，"如果这种牺牲内部和谐以成就国际和谐的做法超出了可容忍的程度"，则应作为例外，适用法院地国的冲突规则解决先决问题的准据法。不过，容忍的门槛在什么时候会被逾越，这些学者并没有告诉我们，只有留待司法自由裁量加以解决了。[1] 另有学者则主张以法院地法为原则，以准据法为例外，即原则上应适用法院地法的冲突规范，但在先决问题与法院地没有联系以及适用法院地法会导致不合理结果的情况下，则应适用主要问题准据法所属国的冲突规则。遗憾的是，对于如何认定先决问题与法院地国确无关联以及在哪些情况下适用法院地的冲突规范确定先决问题准据法会导致不合理的结果，这些学者或语焉不详，或彼此争论不休。[2]

美国冲突法革命以后，随着国际私法理念的变革，学者们倾向于用更加灵活的方法解决这一问题，避免根据片面的立场来进行划一的解决。所以，许多当代国际私法学者主张，应对个案进行单独分析，看先决问题适用哪一国冲突规范所指引的法律更有利于案件得到最公正的解决，即以此作为确定其准据法的标准。正如有学者指出："先决问题并没有真正的问题；毋宁说，有多少个引发先决问题的案件，就会有多少个问题。"[3] 这种灵活的方法固然有其合理性与优越性，但不可避免地会以牺牲确定性与可预见性为代价。

事实上，由于构成国际私法须专门研究的先决问题需要具备上述三个条件，解决此类先决问题的准据法的情况因而罕见，根据莫里斯的统计，在英国、英联邦和美国的判例中，涉及先决问题的判决，甚至无约束力的法官意见都极为罕见。所以，尽管上述方法均非完美，但面对呈现在眼前的问题，法院与律师甚至常毫无觉察，难怪有学者嘲讽道，"这朵主要种植于德国的奇葩"几乎只在学术温室里才能绽放吐蕊。[4]

---

〔1〕 ［美］弗里德里希·K. 荣格：《法律选择与涉外司法》，霍政欣、徐妮娜译，北京大学出版社 2007 年版，第 98 页。

〔2〕 参见王葆莳：《国际私法中的先决问题研究》，法律出版社 2007 年版，第 118~151 页。

〔3〕 Collins of Mapesbury (ed.), *Dicey, Morris and Collins on The Conflict of Laws* (15th ed.), London: Sweet & Maxwell, 2012, p. 56.

〔4〕 ［美］弗里德里希·K. 荣格：《法律选择与涉外司法》，霍政欣、徐妮娜译，北京大学出版社 2007 年版，第 98 页。

三、中国的立场

我国国际私法在立法上并没有对先决问题作出明确规定。在相当长的一段时期内，仅有《民通意见》第188条可以视为对一类具体的先决问题作出了规定，其规定为："我国法院受理的涉外离婚案件，离婚以及因离婚而引起的财产分割，适用我国法律。认定其婚姻是否有效，适用婚姻缔结地法律。"对我国法院审理涉外离婚案件时，如何确定结婚的准据法，该条款直接规定了连结点，即婚姻缔结地。尽管这一规定与国际私法上的先决问题并不完全契合，但在一定程度上可以视为我国法院在此类具体先决问题准据法的确定上采用了法院地法说。

由于立法长期未对国际私法上的先决问题作出明确规定，我国法院常常忽视先决问题的存在。从公开的涉外民事判决书中，本书尚未找到专门处理该问题的判例。立法与司法的缺位也导致我国国际私法学界对这一问题的研究长期处于薄弱状态。请见案例5-2：

【案例5-2】 李伯康于1938年在家乡广东台山与范素贤结婚，婚后一直无子女。1943年李伯康前往美国定居，住在加利福尼亚州洛杉矶。1967年11月，李伯康与周乐蒂（美国籍）在美国内华达州结婚。1981年7月，李伯康在美国洛杉矶去世，去世时依然保有中国国籍。在李伯康的遗产中，有一栋位于广州的四层楼房。1986年5月，已离开广东台山到香港定居多年的范素贤得知李伯康在美国去世后，到广州某公证处办理了继承上述房产的有关证明，同年7月领得房屋产权证。周乐蒂在美国得知这一情况后，立即委托代理人在广州某区人民法院起诉，要求继承其亡夫留下的上述房产。

法院认为，范素贤（香港居民）是李伯康（定居美国38年）之结发妻子，李伯康在未与范素贤解除婚姻关系的情况下，与在美国的周乐蒂结婚属重婚，确认无效，并根据《婚姻法》第2条之规定，判决驳回原告请求继承上述房产之诉。

在该案中，主要问题是周乐蒂是否有权继承李伯康在广州的不动产，而先决问题是她与李伯康的婚姻是否有效。依据当时适用的《民法通则》第149条与《继承法》第36条，主要问题应适用不动产所在地法，即中国法。由此可见，本案中的先决问题并不满足国际私法上需要专门研究的先决问题的构成要件，即主要问题依据法院地的冲突规范应适用某外国法。尽管如此，本书认为，我国法院在处理本案的先决问题（即周乐蒂与李伯康的婚姻是否有效）时依然存在不妥之处。这是因为该先决问题具有涉外性，所以，法院应当依据我国的冲突规范指引其应适用的准据法，而不应当径行适用我国实体法解决该问题。依据《民法通则》第147条，中国公民与外国人结婚适用婚姻缔结地法律，故法院应适用美国内华达州法律确定其婚姻的效力。由此可见，受理该案件的法院根本没有注意到本案中存在先决问题，尽管该先决问题并不符合本节所探讨的需要国际私法专门研究的先决问题。

2010 年制定的《涉外民事关系法律适用法》依然没有对先决问题作出规定。直到 2012 年 12 月最高人民法院颁布《法律适用法解释（一）》，这一问题才得到较为明确的规定。2012 年的司法解释第 12 条规定："涉外民事争议的解决须以另一涉外民事关系的确认为前提时，人民法院应当根据该先决问题自身的性质确定其应当适用的法律。"

从这一规定的措辞来看，它强调了先决问题自身的性质，因此，最高人民法院的原则立场应该是采用"法院地法说"。需要指出的是，尽管该条并未直接规定人民法院应当依据我国的冲突规范确定先决问题应当适用的问题，而仅规定应根据该先决问题自身的性质来确定之。这样的表述似乎可以理解为给予法院一定的自由裁量权，因为它没有具体说明法院应当依据什么标准来判定先决问题自身的性质。但是，由于《涉外民事关系法律适用法》第 9 条明确规定，涉外民事关系适用的外国法律，不包括该国的法律适用法，[1] 所以，人民法院事实上并不适用外国的冲突规范。鉴于此，本书认为，在涉外民事审判中，人民法院只能根据法院地国（中国）的冲突规范确定先决问题的准据法。

第二节　识别

在各国立法采纳萨维尼阐扬的"法律关系本座说"后，司法实践上出现了一个棘手的问题，而这一问题的出现，有可能导致"判决结果一致"的目标落空。

譬如，一个英格兰人与一个法国人在法国签订了一份合同，合同约定适用英格兰法，并在法国履行。履行完毕后，英格兰当事方以合同的订立系受到对方胁迫为由，要求法国当事方返还依合同获得的标的物。对于该纠纷，英格兰与法国的法院审理很可能会作出不同的判决结果。如在英格兰法院起诉，依据英格兰法，受到"胁迫"（duress）订立的合同是"可撤销的"（voidable），[2] 合同被撤销后，受到胁迫的一方得提出"归复之诉"（restitutionary claim）。在英格兰法上，归复并非独立于合同的诉因，而只是使当事人之间的关系回复到合同未发生的状态，这仍属于合同法的调整范畴。[3] 因此，英格兰法官会适用"合同自体法"[4] 亦即当事人选择的英格兰法确定当事人之间的权利义务关系。

---

〔1〕　详见本章第三节反致的内容。

〔2〕　[日] 望月礼二郎：《英美法》，郭建、王仲涛译，商务出版社 2005 年版，第 332 页。

〔3〕　George Panagopoulous, *Restitution in Private International Law*, London：Hart Publishing, 2000, p. 51.

〔4〕　关于合同自体法的具体内容，详见本书（第二编）第八章第一节。

然而，如该纠纷由法国法院受理，情况就大有不同了。依据法国法，胁迫构成合同无效的原因，且导致合同自始无效。[1] 由于合同自始无效，当事人之间的合同关系溯及既往地消失，在这种情况下，英国当事方要求法国当事方返还依合同获得的标的物，属于不当得利请求权。依据法国民法，不当得利是独立的请求权，本案因而超出合同法的调整范围。依据法国国际私法规范，不当得利适用不当得利产生地法——法国法。由此可见，本案若由法国法院审理，很可能会得出一个与英格兰法院截然不同的判决结果。

上揭问题，国际私法上称为"识别"，自其被"发现"以来，如何避免这一问题架空"法律关系本座说"追求的判决结果一致的目标，成为百余年来国际私法学者殚思极虑的问题之一。

一、识别的概念

国际私法上的"识别"（characterization），又称"定性"（qualification）或"分类"（classification），是指在适用冲突规范的过程中，依据一定的法律观念，对有关的事实构成定性，将其归入一定的法律范畴，或对有关的冲突规范所使用的法律名词进行解释，从而确定应援引哪一条冲突规范的认识过程。作为一个不同于法律选择的独立问题，"识别"于19世纪晚期开始在司法实践中显露，[2] 旋即被德国学者弗兰兹·康恩（Franz Kahn）与法国学者巴丹（Bartin）所"发现"。后来，经过劳伦森（Lorenzen）与贝克特（Beckett）等人的阐扬，这一"隐存的法律冲突"逐渐引起各国国际私法学者的关注，并最终发展成为国际私法的基本理论问题之一。[3]

通过前面的学习，我们已经知道，在审理一个涉外民事案件时，法院在处理实体问题之前，通常需要先确定该案件所适用的准据法。因为只有选定了适当的准据法，法院才能依此确定当事人的实体权利与义务，进而对案件作出裁判。准据法的选择不是任意的，需要依据一定的冲突规范来指引。因此，准据法通常被定义为"通过冲突规范所援引的，据以确定某一涉外民商事法律关系双方当事人具体权利义务的实体法规则"。例如，一个关于合同纠纷的涉外案件被提交到法院后，法院通常会以当事人选择的法律作为支配该案的准据法，然后再依据该法确定双方的具体权利与义务。这里，法院为确定准据法所援引的冲突规范是"合同适用当事人自主选择的法律"。

不过，援引该冲突规范应有一个前提，即该涉外案件已经被归类为合同。但何谓合同，冲突规范本身并没有说明，因此，尚须法院就具体案情予以考量。可见，准据法需要援引一定的冲突规范来确定，而适用哪一条冲突规范，

---

〔1〕　参见《法国民法典》第1111条。

〔2〕　定性问题最先出现在著名的 Maltese Marriage Case 一案中。*Cour d'Appel d'Alger* 24 Dec. 1889；1891 Clunet 1171.

〔3〕　Collins of Mapesbury（ed.），*Dicey, Morris and Collins on The Conflict of Laws*（15th ed.），London：Sweet & Maxwell，2012，p. 39.

首先需要将案件纠纷归类于一定的法律范畴。有鉴于此，英国大法官施特劳（Staughton L. J.）将准据法的确定过程比做"三步曲"（Three-step process）。他指出：[1]

"第一阶段是法院需要对争讼问题进行定性。比如说，这是一个婚姻的形式要件问题，还是动产的跨国继承，抑或合同的解释问题？第二阶段是冲突规范的选择，即选定争讼问题对应的冲突规范。第三阶段是准据法的确定，法院根据第二阶段中选定的冲突规范之连结因素的指引，来确定某一法律体系，并以该法支配第一阶段被定性的争讼问题。"

由此可见，法院在处理涉外民事案件时，碰到的第一个问题便是识别，它决定着具体应援引哪一条或哪一类冲突规范，从而直接影响到准据法的确定。因此，有国际私法学者总结道："识别是一个先于、并有别于法律选择阶段的重要过程，是一道不得不跨的门槛，是一个无法回避的过程。"[2]［参见二维码拓展阅读 5-2］

二、识别的对象

尽管识别在国际私法上的重要性被各国学者普遍认可，但一百多年来，各国学者对"识别的对象是什么"这一问题始终未能达成一致，归纳起来，大致有以下几种主要观点：

第一，识别的对象是冲突规范。戴西和莫里斯即持这种观点，他们提出，识别就是对英国冲突规则进行更加精确表述的过程。值得注意的是：一部分欧洲学者从冲突规则由"范围"与"系属"两部分构成的结构入手，进一步细化了该观点，从而衍生出两种更加具体的见解。以巴丹和沃尔夫为代表的一些学者认为，识别的对象并不是冲突规范的全部，仅仅是其中"范围"的部分，而不包括"系属"。[3] 以康恩与贝克特为代表的另一些学者则认为，识别不仅是对"范围"的解释，也需要对"系属"尤其是其中的连结因素作出阐释；换言之，识别的对象是冲突规则的全部。[4]

第二，识别的对象既包括冲突规范，也包括案件事实。例如，德国学者努斯鲍姆（Nussbaum）认为，识别是依据法律概念对事实进行分类，或在更广泛的类别中去对法律概念进行分类的任何过程。美国《第二次冲突法重述》

---

〔1〕　*Wacmillan Inc.* v. *Bishopsgate Investment trust Plc*（No. 3）（1996）1 W. L. R. 387.

〔2〕　Collins of Mapesbury（ed.），*Dicey，Morris and Collins on The Conflict of Laws*（15th ed.），London：Sweet & Maxwell，2012，p. 39.

〔3〕　如在"动产继承适用被继承人死亡时的住所地法"这一冲突规则中，该观点认为，识别的对象仅仅是其中的"动产继承"这一部分。

〔4〕　Beckett，"The Question of Classification（Qualification）in Private International Law"，*British Yearbook of International Law*15（1934），p. 46.

也认为，识别在本质上包括两个方面：一方面是根据合适的法律范畴或具体的法律规则对特定的事实情况进行分类；另一方面，也是依据一定的法律意识对法律范畴和法律规范所使用的概念或术语作出正确的解释。[1] 英国学者戚希尔（Cheshire）和诺斯（North）从英国法的概念出发，提出识别的对象包括两个方面，即诉因（cause of action）和法律规则（rule of law）。[2] 考虑到英美法系的诉因与大陆法系的案件事实在本质上并无二致，戚希尔和诺斯的观点因而可归为此种观点。[3]

本书认为，要辨明识别的对象，首先要认识识别的本质。我们知道，冲突规范是一种间接规范，是一国实体法律的折射和反映。由于不可能、也没有必要对每一条实体法律规则均指明其对应的冲突规范，立法者遂将国内实体法律规则分成若干组，然后为每一组制定一条冲突规范。[4] 缘此，冲突规范在表述中必然要引用实体法中发展出来的"集合概念（Sammelbegriff）"，如行为能力、婚姻能力、合同之债等。所以，与实体法律规范相比，冲突规范具有更高的抽象性与概括性。冲突规范的意义不在于其被制定出来，更在于它在实际中被适用。"纸上的冲突规范"并不是冲突规范的归宿，付诸适用并产生预期效果才是冲突规范的归宿。

德国法学家拉伦茨指出，"判断法律事件的法律家，大多以'未经加工过的案件事实'作为工作的起点"；[5] 换言之，不论是律师还是法官，在面对一个具体案件时，首先面对的永远是事实。如此一来，抽象的冲突规范从制定出来到在具体案件中得以适用，就必然存在实践化的过程。这个过程就好比架设在具体案件事实与抽象冲突规范之间的一座桥梁，缺少了它，就必然导致冲突规范与司法实践相互脱离。这个必不可少的过程就是国际私法所称的识别，它是在涉外民商事案件中选择适用冲突规范、进而确定准据法的必经阶段。质言之，国际私法上的识别，实质上就是在具体案件中适用冲突规范，使"纸上的冲突规范"产生预期效果的过程，亦即冲突规范的适用过程。可见，识别在本质上属于法律适用的范畴。

这样一来，识别的对象就一目了然了。它应当是案件事实，这是"判断法律事件的起点"，而识别就是将之抽象化的过程；从另一个角度看，识别也是对冲突规范的解释过程，即将冲突规范中的抽象概念（即"范围"）演绎为特定事实进行具体化的过程。那么，这两个过程是否有先后之分？本书认

〔1〕 转引自肖永平：《冲突法专论》，武汉大学出版社 1999 年版，第 79~80 页。

〔2〕 在 *Sayers v. International Dri. lling Co. NV* 案中，丹宁勋爵认为，在一个案件中，一种法律体系应适用于所有争讼点（all issues），包括诉讼请求与抗辩请求。Francis Rose（ed.），*Restitution and the Conflict of Laws*，1995，Harvard：Harvard University Press，1971，p. 75.

〔3〕 诉因是指原告起诉的根据，具体指原告起诉寻求司法救济所依据的事实。薛波主编：《元照英美法词典》，法律出版社 2003 年版，第 203 页。

〔4〕 J. D. Falconbridge，"Conflicts Rule and Characterization of Question"，*Canadian Bar Review*，30（1952），p. 107.

〔5〕 ［德］卡尔·拉伦茨：《法学方法论》，陈爱娥译，商务印书馆 2003 年版，第 161 页。

为，识别是一种法律思维的过程，在该过程中，案件事实被"规范相当地"（normgeerecht）升华为抽象的法律概念，使之符合冲突规范的适用模式，并被据为小前提，而冲突规范则被"事实相当地"具体化为针对该案件事实的大前提。可见，识别的过程就是案件事实与冲突规范之间"对向交流的过程"，是在案件事实与冲突规范间互动互通，是在冲突规范（大前提）与案件事实（小前提）之间"眼光的往返流转"，这是法律适用过程的一种特殊表现形式。[1] 换言之，作为人脑的思维过程，上述两个过程是一种"对向交流"的过程，同时并行，并不存在截然的先后之分。

职是之故，本书认为，识别的对象既包括案件事实，也包括冲突规范；识别的过程就是对事实的涵摄与对冲突规范的解释过程，这种相互解明的过程在诠释学上被称为"诠释学意义上的循环"。一言以蔽之，定性的对象既是冲突规范，也包括案件事实；定性的过程就是对事实的涵摄与对冲突规范的解释过程，这两个方面在本质上是统一的，是一体之两面。形象地说，定性好比一座桥梁，一端架设在案件事实这边，另一端与冲突规范相连，在将案件事实运用一定的法律观念归纳为抽象概念后，就到达了对应的冲突规范的彼岸；反之亦然。

此处，有两点值得强调：首先，此处所说的"作为识别对象的冲突规范"特指法院地法的冲突规范，而不包括经法院地冲突规范所指引的外国冲突规范。因为对外国冲突规范的解释，属于外国法的查明过程，应依其所属的法律体系，而非法院地法进行。将这一过程也纳入识别的范畴，只会增加识别的复杂性，徒有害而实无益。其次，作为识别对象的冲突规范，仅指冲突规范中的"范围"，而不包括"系属"。这是因为对系属的解释并不出现在识别过程中，而是在识别结束、确定了应适用的冲突规范后，在适用冲突规范的过程中具体化连结点时才出现的问题。[2]

三、识别冲突及其产生原因

从一般意义上讲，识别是人类思维活动的一个普遍现象。人们常常要凭借一定的思想观念与分类标准，对眼前的现象或事实加以鉴别和分类，把它们归入一定的范畴，以便更好地理解它们。在处理纯国内案件时，识别也是一个很重要的过程。不同的是，面对国内案件时，法官只依法院地的法律概念与规则进行定性，不发生识别冲突问题，因而不需要专门研究定性的依据。但对国际私法案件来说，一个争讼问题依不同国家的法律观念识别，有可能会导致适用不同的冲突规范，进而适用不同的准据法，最终导致同一个纠纷在不同的国家法院审理，其判决结果可能会迥然不同。这一现象，学理上称

---

[1] 参见黄茂荣：《法学方法与现代民法》，中国政法大学出版社 2001 年版，第 191 页。

[2] 详见霍政欣：《识别对象的再认识》，载黄进、肖永平、刘仁山主编：《中国国际私法与比较法年刊·2007（第十卷）》，北京大学出版社 2007 年版，第 280~298 页。

为"识别冲突"。

由于存在识别冲突，在国际民事诉讼中，原告往往会择地、择由而诉，以达到适用对自己有利的冲突规范与准据法之目的。显而易见，这一现象如得不到有效遏制，经典国际私法所追求的判决结果一致的目标将岌岌可危。正是基于这个原因，定性成为国际私法上的一个重要问题。归纳起来，识别冲突产生的原因主要有以下几点：

第一，不同国家对同一事实赋予不同的法律性质，因而可能援引不同的冲突规范。请见案例5-3：

【案例5-3】　英国法院在1911年审理的霍尔斯案（Re Hoyles）。在该案中，一个住所在加拿大安大略省的英国人未立遗嘱而死亡，留下一张涉及维多利亚土地的抵押利益契约。但是，对于土地的抵押权，英国法和加拿大安大略省的法律认为属于不动产，而维多利亚省的法律认为属于动产。因此，究竟如何识别，就关系到继承人对这一土地抵押契约的继承权是适用不动产所在地法还是被继承人死亡时的住所地法来裁判的问题。

第二，不同国家往往把具有相同内容的法律问题分配到不同的法律部门。请见案例5-4：

【案例5-4】　英国法院在1933年审理的普拉扬诉柯伯案（Société de Prayon v. Koppel）。该案涉及一个以德国法作为准据法的合同。依据德国法，该合同纠纷已过诉讼时效，但依英国法尚在诉讼时效之内。因此，英国法院面临这样的问题：若依德国法进行识别，时效问题属于实体法范畴，由于时效已过，原告的诉讼请求因而得不到支持；但若依彼时的英国法进行识别，时效问题属于程序问题，根据程序问题适用法院地法的原则，英国法得以适用，原告的请求可以获得支持。结果英国法院依英国法进行识别，支持了原告的诉讼请求。

第三，不同国家对同一问题规定的冲突规范的理解不尽一致。尽管各国都是用一定的法律名词或术语来规定冲突规范的范围，但由于各国社会制度以及文化历史传统的差异，不同国家对同一问题规定的冲突规范所使用的法律名词或概念并不一定相同。有时即使表面上相同，各自对冲突规范含义的理解也不完全一致。例如，各国法律都主张"不动产依不动产所在地法"，但各国对什么是不动产、什么是动产有不同理解。缘此，各国法院在处理涉外案件时，有必要对冲突规范进行解释，看它适用于多大的范围、在哪些场合中适用。

【案例 5-5】 阿布格诉日内瓦村案。[1] 该案标的——法国南部一座被废弃的私人小教堂内壁上的湿壁画（fresco），系创作于 11 世纪的艺术珍品，由当地 4 名农民共同拥有。原告为这 4 名农民中的两位，他们声称，另两位农民在未经其同意的情况下将该教堂里的湿壁画售予某住所在日内瓦的瑞士公民。他俩遂在法国起诉，要求现持有人返还。被告主张，依据法国与瑞士签订的条约，关于动产的纠纷应由被告住所地法院管辖，法国法院因而没有管辖权。所以，法国法院需要解决的第一个问题便是：这组湿壁画应被识别为动产还是不动产？

由于提起诉讼时，诉讼标的物位于法国，法国法院遂按法国法对其究竟是动产还是不动产予以定性。对于不动产的认定，《法国民法典》区分了两种不同类别的不动产（第 517 条）：①土地与建筑物，依其"性质"为不动产（immeubles par nature）（第 518 条）；②由不动产所有人为不动产的便益与利用安置的动物与物件，依其"用途"为不动产（immeubles par destination）（第 524 条）。法国初审法院认为，湿壁画依其性质为不动产；二审法院——法国蒙彼利埃上诉法院认为，湿壁画依其用途为不动产；而法国最高法院则认为，湿壁画属于动产。三级法院对同一诉讼标的作出了三种不同的识别，足可见对于某些类别的物应识别为动产还是不动产，何其难矣！

第四，不同国家有时有不同的法律概念或独特的法律概念。例如，对于财产的分类，大陆法系一般分为动产和不动产，英美法系则分为"personal property"和"real property"，并无动产与不动产之分。又如，许多国家有取得时效与诉讼时效两种制度，而我国只有诉讼时效制度。在一个涉外民商事案件中，有关国家的法律如果出现这种差异，也需要先进行识别，然后才能适用适当的冲突规范以确定应适用的准据法。

四、识别冲突的解决方法

识别冲突究竟应如何解决，这是一个国际私法学界讨论了一百余年的问题。各国学者对这个问题的解决主张不一，主要有如下几种观点：

（一）法院地法说

"法院地法说"（lex fori）主张以法院地国家的实体法作为识别的标准。该说为康恩和巴丹首倡，得到许多国际私法学者的支持，其理由主要有：①冲突规范是法院地法的一部分，其使用的名词或概念只能依照法院地法进行解释。②受理案件的法官对法院地法最为熟悉，会不由自主地运用法院地法的法律观念对案件进行识别。③识别是适用冲突规范的先决条件，在没有解决识别冲突之前，外国法还没有获得适用，因此，除法院地法外，不可能有其他法律作为识别的依据。

---

[1] *Foundation Abegg v. Ville de Genève*, D. (1988), 325.

有学者反对此说，他们认为，如果只依法院地法进行识别，有时会导致按其性质本应适用外国法而最终得不到适用的结果；有时则会导致本不应适用外国法最终却得到适用的结果。而且，法院地法如果没有关于被识别对象的法律制度时，更会出现麻烦。此外，即使国内的冲突规范所使用的名词术语与国内民商法的术语相同，但由于作为国际私法调整对象的事实本身具有广泛的世界性，其内容与涵义往往更为广泛。因此，不宜只依法院地国的实体法进行识别。

为了克服上述弊端，有人提出法院在对涉外民事案件进行识别时，不必完全拘泥于本国法的规则与概念，无须严守其法技术要求，而应以较为自由、宽松的方式解释本国法。若本国法并无对应的法律规则或概念，法院不能当然地否定有关法律关系，而应以本国法内最相近的法律规则或概念对之归类、解释。通过冲突规则中"范围"的放宽，解释时采用较宽松的态度，冲突规则便可以与时俱进，适应国际私法案件的特殊要求了。这种方法被称为"自由法院地法"（liberal lex fori）或"开明法院地法"（enlightened lex fori）。这样一来，"合同""侵权""不当得利""公司"等法律概念在国际私法中的含义较其在国内实体法中的就要更加宽泛。由于该方法克服了严格依据法院地法对涉外民商事案件进行定性的弊端，因而受到许多学者的大力推崇。[1]

（二）准据法说

"准据法说"（lex causae）为法国学者德帕涅（Despagnet）所主张，后被沃尔夫加以发扬。该说认为，用来解决争议问题的准据法同时就是对争议问题的性质进行识别的依据。如果不这样进行识别，内国冲突规范即使指定适用外国法，其结果也与没有适用一样。支持这一学说的学者为数寥寥。因为识别旨在正确适用冲突规范以指引准据法，即识别发生在准据法确定之前，而该说主张依准据法进行识别，这就意味着要先行确定准据法，如此便陷入逻辑上的自相矛盾、无法自圆其说的境地。

（三）分析法学与比较法说

"分析法学与比较法说"（the theory of analytical jurisprudence and comparative Law）为德国比较法大师恩斯特·拉贝尔（Ernst Rabel）所提倡。他认为，冲突规范中所使用的概念与实体法中所使用的概念并不必然是同一的。由于冲突规范是使法官能就涉及不同国家法律问题的法律作出选择的规则，识别过程就必须按照分析法学的原则和在比较法研究的基础上形成的基本法律原则来进行。这一方法听起来很有道理、很吸引人，却没有可操作性。道理很简单：实践中能普遍适用的基本法律原则几乎为零。因此，在司法实务中采用分析法学和比较法说进行识别的例子并不多见。

（四）个案识别说

"个案识别说"（qualification case by case）为德国学者克格尔（Kegel）

---

〔1〕　霍政欣：《不当得利的国际私法问题》，武汉大学出版社 2006 年版，第 205 页。

所支持。该说主张识别没有什么统一的规则，归根到底，它是一个冲突规范的解释问题。在适用冲突规范时，由于涉及内外国法律的适用问题，对于识别应该根据冲突规范的目的，考虑是适用法院地法还是适用准据法才比较合适。这种理论遭到一些学者们的反对，他们认为，这种理论是一种相对主义、不可知论，会使识别标准成为一种游移不定的东西，不利于识别冲突的解决。

（五）二级识别说

英国学者戚希尔于 1938 年、罗伯逊（A. Robertson）于 1942 年先后提出识别问题可以通过"一级识别"（primary characterization）和"二级识别"（secondary characterization）来解决。他们认为，一级识别的任务是"把问题归入到适当的法律范畴"或按照法律分类对事实加以归类；二级识别是"给准据法定界或决定其适用范围"。两者的区别在于：一级识别发生在准据法选出之前，必须依法院地法识别；二级识别发生在准据法选出之后，要依准据法进行识别。但有一些学者对该理论持批判或反对态度，他们指出，将识别分为"一级识别"和"二级识别"是人为的、不现实的，且容易导致专断的结果；而且，不同学者对"一级识别"和"二级识别"的划分标准也经常不一致；另外，几乎没有哪一个国家的法院采用过这种理论处理涉外民商事案件。

（六）中国的立场

中国主流国际私法学者认为，识别问题是在适用冲突规范的过程中产生的，识别的目的主要在于厘清有关事实的法律范畴的归属和解释冲突规范中范围的含义，以便恰当地适用冲突规范，选择合适的准据法。法官一旦确定了对某一国际民商事案件按某一冲突规范选择准据法，就不再有识别问题了，只需按冲突规范指引的实体法来确定当事人的权利和义务。因此，所谓的"二级识别"是不存在的，它是对"识别"的内涵无限扩大的结果。所谓的"二级识别"，实质上属于外国法的查明和解释问题。[1]

纵观上述各种学说，虽然它们各有所长，但亦均具缺点。"法院地法说""准据法说""二级识别说"的缺陷在于它们都试图用一种固定的模式来解决形形色色的识别问题，过于僵化；"个案识别说"虽颇具灵活性，但其弹性太大，从而使识别缺乏确定性。其实，解决识别冲突的正确方法恰恰是在这两个极端之间找到一种平衡。从本质上说，这是由法律的内在特点决定的。

有鉴于此，本书认为，究竟应依什么法律进行识别不能一概而论，应注意把握以下原则，以保持灵活性与可确定性的有机协调：一国法院在处理国际民商事案件时，应从有利于促进国际民事交往、保护民事关系的稳定、维护当事人的合法权益、便利案件处理的角度出发，来确定识别标准。一般说来，各国法院在司法实践中普遍依法院地法对与案件有关的事实或问题进行识别，但在依法院地法进行识别时，不必完全拘泥于本国法的规则与概念，

---

[1] 韩德培、肖永平编著：《国际私法学》，人民法院出版社、高等教育出版社 2004 年版，第 79 页。

而应以较为自由、宽松的方式解释本国法，即应当以"自由法院地法"为原则。

此外，作为例外，在某些情况下，应适当考虑用其他有关法律制度进行识别，如：①如果有关冲突规范是由条约规定的，应依该条约作为识别的依据；②特殊的或专门的国际民事法律关系，如动产或不动产的识别，应根据财产所在地国家的法律规定来确定。简言之，依法院地法进行识别是一般性规则，但有若干例外。

长期以来，中国国际私法立法并未对识别问题进行规定，在司法实践中，我国法院通常严格依据法院地法对国际私法案件进行识别。因此，如遇当事人提出的诉讼请求在中国法中没有对应的法律规则或概念，法院势必陷入尴尬的境地。

《涉外民事关系法律适用法》对识别作出了规定，其第 8 条规定："涉外民事关系的定性，适用法院地法律。"这是我国国际私法立法首次对识别问题作出的明确规定，填补了立法空白，其积极意义值得肯定。但是，该规定对识别简单地规定适用法院地法，未能体现国际私法案件的特殊性，亦与上文提出的以"自由法院地法"为原则并辅以若干例外的建议相距甚远。因此，本书建议，为使上述规定更加契合当代国际私法实践，促进涉外民事案件得到公平正义的解决，最高人民法院未来应在司法解释中对此处的"法院地法"予以宽松解释，以克服本条过于僵化的缺陷。

第三节　反致

与识别问题类似，反致也是国际私法学者长期以来争论不休的问题。从表面上看，反致是法院在审理涉外民事案件时需要处理的一个技术性问题，即当法院地的冲突规范指向某外国法时，法院是否应适用该外国的冲突规范？如果适用，则有可能出现依据该外国的冲突规范指回法院地法，或指向第三国法的情况，而这就是国际私法上的反致。

从本质上说，各国立法与司法实践中采用反致制度也是为克服经典国际私法体系的缺陷而产生的，这一点，与识别问题别无二致。质言之，萨维尼主张，人的本座是其住所，故与自然人的身份、能力相关的法律纠纷应适用其住所地法。但在孟西尼成功倡导国籍原则以后，不少国家将国籍确立为自然人属人法的连结因素，由此开启了住所地法与国籍国法（本国法）的分野。在此背景下，涉及属人法的事项，在不同国家审理时有可能适用不同的准据法，进而导致不同的判决结果。为使萨维尼孜孜以求的判决结果一致的目标不会因此而落空，法官与学者们遂提出反致，主张在法院地国冲突规范指向某外国法的情况下，法官适用该外国的冲突规范，再依该外国的冲突规范确定应适用的准据法。如此一来，纠纷适用的法律会与其在该外国法院审理适用的法律相同，从而令判决结果一致，故而挑选法院得到有效遏制。

由此可见，反致可以缓解住所地法与国籍国法的冲突，从而确保经典国际私法的目标——判决结果一致不会因属人法连结点的分歧而被架空，这是其得到广泛采纳与关注的主要原因，尽管它在司法实践中最初出现可能并非基于此。[1] 为了让读者对反致有由浅入深的系统认识，让我们从反致的概念与类别开始学习吧。

一、反致的概念与类型

（一）反致的概念

国际私法上的"反致"（renvoi），指某种法律关系依法院地的冲突规范应适用某外国法，而根据该外国的冲突法，应适用法院地法或其他第三国法律。反致问题最早出现在 17 世纪法国的判例中。[2] 到 19 世纪，其他一些欧洲国家的法院也出现了采纳反致现象的判例，其中包括英国的科利尔诉瑞瓦兹案（Collier v. Rivaz，1841 年），德国的露贝克案（Lübeck，1861 年）等，但影响最大并对反致制度的发展起到关键性作用的还是法国的福果案（Forgo，1882 年）。[3]

【案例 5-6】 巴伐利亚公民弗朗西斯·夏维埃·福果（François-Xavier Forgo），5 岁随母前往法国定居，于 68 岁时未立遗嘱而死于法国，留下许多动产。福果去世时没有直系亲属，其母亲的旁系血亲在法国提起诉讼，要求继承这笔遗产。福果在法国虽有事实上的住所，但其住所并非依法获得法国政府的许可而设立，依当时的法国法律，其不能被视为法律住所，他的住所因而仍然在巴伐利亚。所以，本案依法国冲突法，法院应适用被继承人死亡时的住所地法（即巴伐利亚法），而根据巴伐利亚的继承法，旁系亲属有继承权。但是，依据《法国民法典》，非婚生子旁系亲属无继承权，财产应归属国库。结果法国法院根据自己的冲突规范本应适用巴伐利亚法律，但在解释巴伐利亚法时，系指其国际私法，而依巴伐利亚的国际私法，动产继承依被继承人死亡时事实上的住所地法。福果既有事实住所于法国多年，法国法院遂反致适用法国法。据此，法国法院判定福果的旁系亲属没有继承权，其遗产遂因无人继承而收归法国国库。[参见二维码 5-3]

显然，法国法院在福果案中采用反致的目的是扩大内国法的适用，并因适用内国法而获利益。该案在理论界与司法界引发了激烈争议，自此，反致成为国际私法学者间争执的焦点，有人为之叫好，有人对之发难，并由此成

---

[1] 早期的司法实践表明，法院适用反致往往是为了扩大法院地法的适用，如经典的"福果案"。

[2] 即 1652 年法国罗安（Rouan）地方最高法院一个案件中判定，根据法国另一法域的国际私法规定，反致适用诺曼底法律。Woff, *Private International Law*, 189（2nd ed., 1950）.

[3] *Administration des Domaines v. Heritiers Forgo*, Cass. Req., Decision of 22 Feb. 1882, 1882 S. Jur. I 393.

就了"冲突法领域最引人注目的争鸣"。[1]

（二）反致的类别

国际私法上的反致有广义和狭义之分。广义的反致包括狭义的反致、转致、间接反致和英国的"外国法院说"等类别。

狭义的反致，又称"直接反致"（remission），是指对于某一国际民商事案件，法院按照自己的冲突规范本应适用外国法，而该外国法中的冲突规范却指定应适用法院地法。法国学者称这种反致现象为"一级反致"（renvoi au premier degré）。例如，一个住所在意大利的英国公民未留遗嘱死亡，在英格兰留有动产。按照英国的冲突规则，动产继承适用被继承人的住所地法（意大利法），但意大利的冲突规则规定，动产继承适用被继承人的本国法（英国法）。图解如图 5-1：

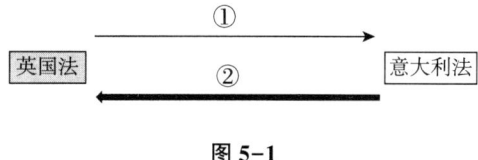

图 5-1

"转致"（transmission）是指对于某一国际民商事案件，甲国法院按照自己的冲突规范本应适用乙国法，而乙国的冲突规范指向适用丙国法。"转致"在法国又称为"二级反致"（renvoi au second degré）。英国法院在 1887 年判决的"特鲁福特"（Truffort）案就是一个典型的转致案例。

【案例 5-7】 特鲁福特是瑞士公民，有一独生子。他在法国设有住所，在英格兰有动产。特鲁福特死于法国，留下遗嘱，将在英格兰的全部财产留给其教子。其独生子在英国法院起诉，要求继承这笔遗产。英格兰冲突法规定，动产继承适用被继承人的住所地法，因此要适用法国法；而法国冲突法规定动产继承适用被继承人本国法，因而指向瑞士法。最后，英格兰法院适用了瑞士实体法的规定裁判此案，判决特鲁福特的独生子继承 90% 的遗产。图解如图 5-2：

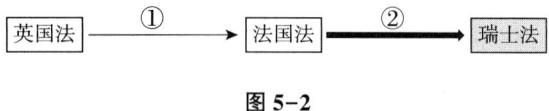

图 5-2

"间接反致"（indirect remission）是指对于某一国际民商事案件，甲国法院依自己的冲突规范应适用乙国法，而依乙国的冲突规范又应适用丙国法，依丙国的冲突规范却应适用甲国法。例如，一名阿根廷公民住所在英国并在

---

〔1〕 ［美］弗里德里希·K. 荣格：《法律选择与涉外司法》，霍政欣、徐妮娜译，北京大学出版社 2007 年版，第 102 页。

英国死亡，在日本留有不动产，现因该不动产继承在日本发生诉讼。根据《日本法例》，继承适用被继承人死亡时的本国法，即阿根廷法；但根据阿根廷国际私法，继承适用被继承人最后住所地法，即英国法；但依据英国国际私法，不动产继承应适用不动产所在地法，即日本法，于是，日本法院据此适用了日本继承法来判决此案，其图解如图5-3：

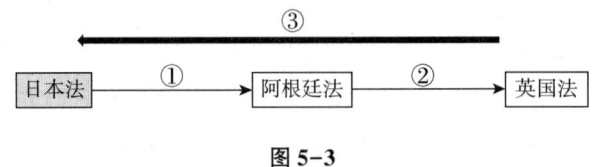

图 5-3

与上述三种反致的类别不同，"外国法院说"（foreign court theory）是一种法律逻辑上更加严密的反致制度，它是英国冲突法中的一项独特制度。概言之，"外国法院说"是指英国法官在处理特定范围（主要涉及遗嘱继承与婚姻等事项）的国际民事案件时，如果依英国的冲突规范应适用某一外国法，而该外国的冲突规范又指回英国法，这时英国法官应"设身处地"将自己视为在外国审判，再依该外国对反致所持的态度，决定最后所应适用的法律。

如果英国冲突规则指向的那个外国（如法国）接受反致，这意味着如果该纠纷在外国审理，该外国的冲突规范指向的英国法是指英国的冲突规范，而英国的冲突规范又指向该外国法。在这种情况下，英国法院则应适用该外国的实体法作为该纠纷的准据法，这就会出现"双重反致"（double renvoi）现象，图解如图5-4：

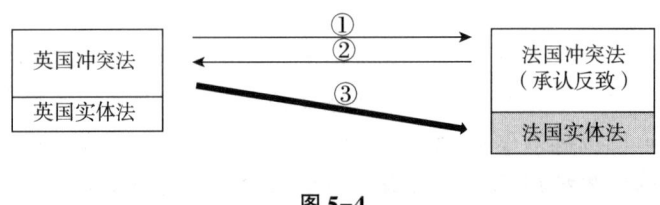

图 5-4

如果英国冲突规范指向的外国（如中国）不接受反致，这意味着如果该纠纷在外国审理，该外国的冲突规范指向的英国法是指英国的实体法，在这种情况下，英国法院则应适用英国的实体法作为本纠纷的准据法，这就会出现"单一反致"（single renvoi）的结果，图解如图5-5：

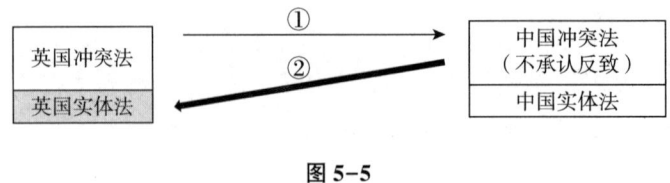

图 5-5

显而易见，英国的"外国法院说"不仅适用外国的冲突规范，同时考虑到该国家是否接受反致的态度，再依此确定案件最终适用的法律。该学说以更精致的方式处理反致事项，有助于在更高程度上实现判决结果一致，因而受到不少国际私法学者的推崇。当然，这一学说不仅要求法官查明外国的冲突规范，还要查明该外国对反致的态度，有时还要查明该外国的内国实体法，这不可避免地会给法官施加沉重的司法负担，增加涉外民事司法审判的难度。

[参见二维码拓展阅读 5-3]

二、反致产生的条件、理论与中国的立场

（一）产生的条件

在司法实践中，反致的产生需要满足特定的条件，包括主观要件、法律要件与客观要件。

第一，审理案件的法院认为，其冲突规范指向的外国法，既包括该国实体法，又包括该国冲突法。如果法院地国把其冲突规范指向的外国法理解为该外国的实体法，就不会发生反致问题。所以，认为本国冲突规范指向的外国法是该外国的全部法律制度是反致产生的主观条件。

第二，相关国家的冲突法规则不一致，彼此存在冲突。换言之，不同国家就同一国际民事法律关系制定的冲突规范的连结点不同，或在连结点表面相同的情况下，各自对连结点有不同的解释。所以，相关国家冲突规范的冲突是反致产生的法律条件。

第三，致送关系没有中断，这是反致产生的客观条件。即使在上述两个条件下，如果法院地的冲突规则指向适用本国法或在其他环节中不能形成相互的指定关系，反致关系也不会形成。例如，关于不动产的法定继承，甲国规定适用不动产所在地法，乙国规定适用被继承人的本国法，且都认为本国冲突法指引的对方法律包括冲突法。若一个乙国公民死于甲国，并在甲国遗留下不动产，其继承人在甲国提起继承诉讼，甲国法院依本国冲突规范适用不动产所在地法即甲国法，并不发生指引乙国法的情况；反之，如在乙国提起诉讼，乙国法院依本国冲突规范适用被继承人的本国法即乙国法，也不发生指引甲国法的现象，这样，反致现象就不会发生。可见，即便相关国家的冲突规范存在冲突，但如没有形成致送关系，反致也不会出现。

（二）理论上的分歧与发展

对于反致，国际私法理论上曾存在激烈对峙，大致可分为赞成与反对两派。赞成派的理由主要有：①采用反致可在一定程度上促进判决一致，即对于同一国际私法案件，不论在哪个国家起诉，由于适用的法律相同，因此可以得到相同或相近的判决。维护国际私法追求的基本目标，避免当事人挑选法院，这是采用反致最有力的理由。②采用反致不仅不会损害本国主权，还可以扩大内国法的适用。因为除转致以外，反致和间接反致的结果就是内国法得以适用。扩大法院地的适用，是采用反致最实际的原因。③采用反致可保证外国法律的完整性。依一国冲突规范指引至某外国法时，从逻辑上说，

该外国法应为该国的一切法律。因为一国的冲突规范与其实体规范是连为一体、不可分割的。④采用反致现象可以增加法律选择的灵活性，有利于得到更合理的判决结果，等等。

反致现象的反对派也毫不相让，他们除了对赞成者的理由给予一一驳斥外，还提出了如下反对理由：①采用反致会导致恶性循环，他们用俏皮的语言将反致戏称为"四壁镶镜的逻辑橱柜"（logic mirror cabinet）、"国际法律乒乓球赛"（international law ping pong），以此形容反致所导致的逻辑困局。[1] ②采用反致有损内国主权。因为承认反致就是将法律冲突的解决受制于外国冲突法，这等于是在处理国际民商事案件时放弃了本国的立法权。③采用反致于实际不便。一国法官的任务就是适用内国法，最多依据本国冲突规范的指引适用外国实体法。而承认反致，就使一国法官必须适用外国的冲突法，还要研究该国包括识别和公共秩序在内的一系列法律制度，这在实际上会造成诸多不便。④采用反致在实质上等于否定了内国冲突规范的妥当性。内国冲突规范所指引的准据法是内国立法者斟酌再三、择其适宜者而采用的。如果承认反致，则否认了内国冲突规范的妥当性。

上述赞成与反对的理由虽各有可取之处，但都过于绝对。经过一百多年的论战，各国理论界与实务界在反致问题上的分歧正在逐渐缩小："讨论的基础，已从完全接受与截然拒绝的两端向中间靠拢。真理似乎已逐渐明朗，即在有些领域，适用反致不仅便利，而且可提高公正性或扩大本国法的适用，故应接受；而在另一些领域，不仅不便，而且毫无益处，故应拒绝。"[2] 从20世纪60年代以来的各国立法与司法实践来看，大多数国家对反致采取了有条件的肯定态度，即将其限制在与人的身份能力有关的法律关系范围之内，如人的能力、婚姻、家庭、继承、收养等；而在合同与侵权等债的领域，大多排除其适用。[3]

理论、立法与司法实践的发展趋势是有其历史背景的。从国际私法的发展过程来看，反致得到重视与采纳不过是为弥合属人法的两大主张——萨维尼、斯托里的"住所地法说"和孟西尼的"国籍国法说"——之间的冲突应运而生的，而两大主张之间的分歧主要体现在关乎人之身份能力的法律关系（亦即属人法）中。因此，为达到协调国际冲突、实现审判结果一致以及扩大本国法适用之目的，在这些领域仍有适用反致之必要。与此不同，在合同、侵权等债法领域，随着当事人意思自治与最密切联系等弹性法律选择规范的出现，反致已失去其缓冲硬性连结点之分歧的历史意义。

---

〔1〕［美］弗里德里希·K. 荣格：《法律选择与涉外司法》，霍政欣、徐妮娜译，北京大学出版社2007年版，第101页。

〔2〕Collins of Mapesbury（ed.），*Dicey, Morris and Collins on The Conflict of Laws*（15th ed.），London：Sweet & Maxwell，2012，p. 87.

〔3〕James Fawcett & Janeen M. Carruthers，Cheshire，*North & Fawcett Private International Law*（14th ed.），Oxford：Oxford University Press，2008，pp. 72-77.

细言之，合同由当事人自主选择的法律所支配，在当事人没有选择法律时，适用与之有最密切联系的法律，这是得到各国普遍认可的法律适用规则。[1] 除非存在强有力的相反证据，当事人选择的法律应当理解为是直接可以解决纠纷的实体规则，而非冲突规则。若在合同领域内采用反致，势必会使当事人的愿望落空，从而有悖于保护或尊重当事人之期待的初衷。另外，从根本上说，最密切联系原则亦与反致扞格不入。因为根据最密切联系理论，某涉外法律关系适用某国法律，是基于该法律关系与该国有最密切、最真实的联系，而适用反致，往往导致该国法律并不能得以适用，从而使最密切联系原则徒有其名。职是之故，现代各国立法、司法实践以及有关国际条约，通常将反致现象排除在合同领域之外。[2]

侵权行为之债适用侵权行为地法，是国际私法上最早确立的原则之一，在传统侵权行为的法律适用中起着主导作用。虽然各国学者对采用侵权行为地法的原因提出了不同的理论依据，但其理由实质上集中在有利于保护侵权行为地的公共利益，有利于保护当事人的正当期望，以及适用起来简单、明确等方面。不过，随着国际民事法律关系的复杂化与多样化，这一传统冲突规则的缺陷也愈加明显，因此，晚近国际私法理论与立法开始将最密切联系原则引入侵权的法律适用领域，主张应依案件的具体情况适用与侵权有最密切联系国家的法律，莫里斯称之为"侵权行为自体法"。21 世纪以来，国际私法立法与理论甚至开始将意思自治原则引入侵权领域。[3] 由此可见，不论是传统的侵权行为地法，还是当代的侵权自体法，抑或意思自治，这些法律适用规则都与反致格格不入：采用反致会使侵权行为地法的上述优点几近丧失殆尽，更与最密切联系原则和意思自治原则水火不容。因此，各国立法通常排除反致在侵权领域的适用。[4]

由此可见，有限制地采纳反致是当代国际私法的必然选择，这被各国晚近国际私法立法所体现。例如，2011 年波兰《关于国际私法的法令》第 5 条规定：依据本法应适用的外国法指定所涉法律关系适用波兰法时，应适用波兰实体法规则。但上述条款不适用于下列情况：①外国法系依据意思自治所指引；②涉及法律行为的形式；③涉及合同之债、非合同之债以及因单方法律行为引起的债，且本法对这些债的法律适用已有规定。依据 2001 年《韩国国际私法》第 9 条，如果依据本法应适用某外国法，而依据该外国法应适用

---

[1] 关于合同的法律适用，详见本书（第二编）第八章。

[2] 英国上诉法院于 1960 年阐明："反致在合同领域无计可施。" 1980 年《关于合同之债法律适用的罗马公约》也排除了反致的适用，其第 15 条规定：凡依本公约确定适用的任何国家的法律，系指适用该国现行的法律规则，而非其国际私法规则。英国、葡萄牙、德国等许多欧洲国家均参加了该条约。

[3] 关于侵权的法律适用，详见本书（第二编）第九章。

[4] 根据英国《国际私法》（Miscellaneous Provision, 1995）第 9 条第 5 款，反致现象不适用于侵权与不法行为；美国的判例也表明在确定侵权的准据法时，排除反致现象的适用。

韩国法，则应适用韩国实体法规则；但上述条款不适用于当事人协议选择适用的法律、依据本法指引支配合同的法律等情形。2009 年修订的《德国民法施行法》第 4 条规定：如果其他国家的法律被指引，则该国的国际私法亦予以适用，除非其违背指引的本意；如果该其他国家的法律转致德国法律，则适用德国的实体规则。当事人选择适用某一国法律时，只能选择适用该国的实体规则。值得注意的是：依据上述三国国际私法的规定，有限制地采纳反致，还达到了扩大法院地法适用的结果。

（三）中国的立场

早在《民法通则》的起草过程中，我国国际私法学者就围绕反致进行了激烈的争论。有学者支持接受反致，另一些学者则以反致不符合冲突法的宗旨以及会给法官增加司法负担为由坚决反对采纳之。由于两派争执不下，《民法通则》对反致问题没有作出明文规定。1988 年，最高人民法院公布了《民通意见》，其中第 178 条第 2 款规定："人民法院在审理涉外民事关系的案件时，应当按照民法通则第八章的规定来确定应适用的实体法。"这表明我国当时在司法实践中对反致现象持完全的排斥态度。不过，有意思的是，在《民通意见》实施后，我国广州海事法院曾在"卡帕玛丽轮抵押合同纠纷"案中将"反致"原理运用到法律适用过程中。[1]

【案例 5-8】 1990 年 9 月 27 日，申请人和柏林人银行（共同称为银行方）与被申请人（作为借款方）签订贷款合同，约定由银行方贷款给被申请人总额为 310 万美元的款项，用于经营被申请人所属的塞浦路斯籍"卡帕玛丽"（Kappa Mary）轮［该轮于 1992 年 10 月 16 日更名为"帕玛"（Pamar）轮，仍为塞浦路斯籍］；柏林人银行委托申请人为其代理人，负责处理上述贷款本金和利息的偿还以及贷款的日常管理事务；被申请人应分 6 次，以等量连续分期付款的形式向代理人偿还贷款，每隔 6 个月偿还 285 000 美元。同日，申请人作为抵押权人，被申请人作为船主，双方签订了船舶抵押合同，约定抵押权人和柏林人银行联合向船主提供 310 万美元的贷款，被申请人将其所有的"帕玛"轮设置抵押。1990 年 9 月 27 日，申请人作为抵押权受益人在塞浦路斯利马索尔由当地登记官作了抵押登记。因其他海事请求权人申请扣押并拍卖"帕玛"轮，申请人于 1994 年 7 月 27 日向广州海事法院提出债权登记申请，请求法院确认至 1995 年 3 月 31 日止，申请人对被申请人抵押债权本息共 3 663 920.10 美元。审理过程中，被申请人对申请人的债权请求全部予以承认。双方选择适用中国法律；申请人还向法院提供了《塞浦路斯共和国海商法（暂行）》。

广州海事法院认为，当事人双方选择适用中国法律，根据《海商法》第 271 条第 1 款的规定："船舶抵押权适用船旗国法律。""帕玛"轮悬挂塞浦路

---

[1] 参见金正佳主编：《中国典型海事案例评析》，法律出版社 1998 年版，第 17~18 页。

斯共和国国旗，故处理本案的实体争议应适用塞浦路斯共和国的法律。据此，广州海事法院根据《海商法》第 271 条第 1 款与《塞浦路斯共和国海商法》第 31 条的规定，于 1996 年 2 月 29 日判决确认申请人英国钱斯利公司对被申请人希腊山奇土海运有限公司所属"帕玛"轮的抵押债权成立；其抵押债权为 3 663 920. 10 美元。

本案的事实虽然复杂，但由于被申请人在庭审中对申请人的债权请求全部予以承认，确定本案适用的法律遂成关键。在判决书中，广州海事法院确定本案适用塞浦路斯海商法的逻辑可归纳如下：当事人选择适用中国法，法院据此适用中国《海商法》中的冲突规范（亦即第 271 条第 1 款），再据其指引，最终适用了塞浦路斯的实体法规则。

上述法律适用推理过程存在明显问题，法律适用过程并不构成国际私法上的反致。首先，《民法通则》《海商法》以及当时的《涉外经济合同法》均将意思自治确立为涉外合同法律适用的首要原则，因此，当事人选择适用中国法的意愿应被尊重。依据《民通意见》第 178 条第 2 款，此处当事人选择的中国法，应当是中国的实体法，而不包括冲突法。所以，广州海事法院应当直接适用中国《海商法》中的实体法规则以确定当事人之间的权利义务关系。可见，广州海事法院适用《海商法》第 271 条第 1 款，即"船舶抵押权适用船旗国法律"的规定，违反了最高人民法院的司法解释。其次，反致指某涉外法律关系依法院地的冲突规范应适用某外国法，而根据该外国的冲突法，应适用法院地法或其他第三国法律；本案中，在法院地的冲突规范指向法院地法的情况下，法院再次适用了法院地的另一冲突规范，这显然不符合反致的规定。

《涉外民事关系法律适用法》首次以立法的形式对反致作出了明确规定。该法第 9 条规定："涉外民事关系适用的外国法律，不包括该国的法律适用法。"这一规定表明，我国立法因循了最高人民法院在此问题上的态度，对反致完全采取了排斥态度。

本书认为，在立法上选择完全排斥反致，其主要原因系立法者担心采取反致，即便是有限制地采纳，也会增加法官的司法负担。尽管立法者的顾虑并非完全没有道理，但作为一部 21 世纪的国际私法立法，上述规定不论是在措辞上，还是在对待反致的实质立场上，均难称完美，因此，有必要在未来的立法中得到修正。

第一，本节多次提及，因属人法存在国籍国法与住所地法之争，在该领域采用反致有助于促进判决结果的一致，维护国际私法的宗旨。因此，完全排斥反致，不利于实现判决结果一致，不利于阻止当事人挑选法院。

第二，如前述德国、韩国及波兰的现行国际私法立法所示，当代不少国家的立法规定，在属人法等事项上，如依据法院地冲突规范指向的外国法又指回法院地法的，应适用法院地实体规则。可见，这些国家立法中采纳反致，在很大程度上是出于扩大法院地法适用之目的。因此，如果我国立法规定在此情况下采用反致，可以扩大中国法的适用，这不仅不会增加法官的司法负担，而且会降低适用外国实体法带来的重荷。

第三，即便我国立法完全排斥反致，上述条款的措辞也存在瑕疵。从国际私法的角度来看，一国的法律可分为实体法、冲突法（法律适用法）与程序法。《涉外民事关系法律适用法》第9条规定，涉外民事关系适用的外国法律，不包括该国的法律适用法。这似乎表明外国的程序法应包括在内，但程序问题适用法院地法是各国国际私法公认的基本原则。从这个意义上说，这条规定在措辞尚不如《民通意见》第178条第2款的表述科学、严谨。

第四节　法律规避

法律规避，顾名思义，就是规避本应适用的法律，从而使对自己有利的法律得以适用的一种逃法或脱法行为。在司法实践中，法律规避绝非罕见，尤其是在税法、家庭法、合同法以及国际私法等领域。从本质上说，这甚至是理性人趋利避害的自然反应。当然，作为立法者与司法者，他们对法律规避持天然的敌视态度，或至少不会鼓励这种行为。道理很简单，如果法律规避成为一种普遍现象，那么，他们制定的法律制度与规则势必被架空，从而危及正常的法律与社会秩序。

国际私法上的法律规避是普遍意义上法律规避中的一种特定类别，它的出现对以"法律关系本座说"为基石的经典国际私法体系所维护的涉外民事法律秩序构成挑战，因而受到国际私法立法、司法与学理的关注，并成为冲突法的一般问题之一。

一、国际私法上法律规避的概念

国际私法上的"法律规避"（evasion of law）特指涉外民事法律关系中的当事人利用冲突规范，通过故意制造或改变某种连结点，以避免本应适用的法律，从而使对自己有利的法律得以适用的一种逃法或脱法行为。1878年法国最高法院审理的"鲍富莱蒙案"（Princesse de Bauffremont）是国际私法史上经典的法律规避案件。[1]

【案例5-9】　该案原告是法国鲍富莱蒙王子的妃子，原为比利时人，因与法国王子结婚而取得法国国籍。后来，原告欲与鲍富莱蒙王子离婚，并与德国塞斯阿登堡公国王子比贝斯哥（Bibesco）结婚。但当时法国的法律不准离婚，只允许别居。于是，她移居德国并归化为德国人，旋即与该德国王子结婚。德国法不仅允许离婚，而且视法国等天主教国家的别居等同于离婚，

---

[1]　Civ. 18 mars 1878, S. 78. 1. 193.

故此婚姻在德国为有效。鲍富莱蒙王子遂在法国提起诉讼，申请法院宣告其妻加入德国国籍及离婚、再婚均属无效。法国最高法院认为，依照法国法，离婚虽然应适用当事人的本国法，但鲍富莱蒙妃子取得德国国籍的动机，显然是为了逃避法国法律禁止离婚的规定，因而构成了法律规避，判决她归化为德国人及离婚、再婚均属无效。

前文已提及，国际私法上的法律规避是一种特定类别的法律规避，且依据国际私法理论，不是任何改变连结因素从而导致应适用法律的改变都是国际私法意义上的法律规避。构成国际私法上的法律规避，需要具备下列主观、客观条件：

第一，从主观上讲，法律规避是当事人有目的、有意识造成的；换言之，当事人有逃避某种法律的主观动机。

第二，从规避的对象上讲，被规避的法律必须是依冲突规范本应适用的强制性或禁止性法律。

第三，从行为方式上看，当事人是通过人为地制造或改变一个或几个连结点的构成事实来达到规避法律的目的，如改变国籍、住所地、物之所在地所指向的客观地点。这种行为表面上看来是合法的。

第四，从客观结果上看，当事人的规避行为已经完成，如按照既有的冲突规则，就要适用对当事人有利的法律。

二、法律规避的效力

法律规避的效力一直是国际私法上的争论焦点。由于法律规避行为既涉及被规避的法律，又涉及行为人故意改变连结点的行为和因此而成立的法律关系；被规避的法律有时是内国法，有时是外国法；而且法律规避只是一种间接的违法行为，从形式上看尚属合法，因此，有关法律规避的效力问题，各国在立法、理论和司法实践方面存在着较大分歧，大致可归纳为以下三种观点：

1. 部分学者（尤其是英美法国家的学者）肯定法律规避的效力。这种观点秉持"放任主义"（laissez-faire）的理念，认为既然冲突规范给予当事人选择法律的可能，就应该允许当事人凭借其智慧取得有利于自己的结果，只要其行为不是通过直接的违法行为来损害他人即可。不过，这种完全肯定法律规避的观点受到了越来越多的批评，如果采纳之，必然造成法律关系的不稳定，甚至影响整个社会的安定。所以，在当代国际私法立法上明确肯定法律规避的例子极其罕见，即便是信奉"放任主义"理念的英美国家的法院，也不会当然地肯定法律规避的效力。

2. 与上述观点相反的是法律规避"绝对无效说"。该说认为，法律是神圣与严肃的，任何人都不能以欺诈的方法来利用法律，"欺诈使一切归于无效"（fraus omnia corrumpit）。因此，无论当事人规避的法律是内国法，还是外国法，也不论当事人规避的法律其内容是否合理、公正，规避法律的行为一律无效。这一观点曾为一些国家的立法所采用，尤其是在法律实证主义盛行的年代。即便在当代，也有少数大陆法国家采纳。譬如，《葡萄牙民法典》第 21 条规定：“因存有欺诈意图，以规避原应适用之准据法而造成之事实状况或法律状况，在适用冲突规范时，概不考虑该状况。”

“绝对无效说”虽然有一定道理，但过于偏激武断，缺乏灵活性。例如，当事人规避的外国法如果是明显违背基本人权或公平正义理念的“恶法”（如纳粹德国当局颁布的歧视犹太人的法律或种族隔离时期南非当局颁布的歧视黑人的法律等），一概否定其效力，显然有悖于当代法律所追求的实质正义观。所以，采用“绝对无效说”的当代国际私法立法为数寥寥。

3. 鉴于“绝对无效说”的弊端，有学者提出了法律规避“相对无效说”，以济前说之穷。具体而言，“相对无效说”又分为两种具体观点：

第一种观点主张，应对法律规避作具体分析，规避内国法无效，规避外国法律有效。法国法院在 1922 年审理佛莱（Ferrai）案时就采取了这一立场。

【案例 5-10】　佛莱夫妇为意大利人，为了规避意大利法律中只许别居、不许离婚的限制性规定（意大利法比法国法受到天主教的影响更甚，直到 20 世纪 70 年代其法律才允许离婚），两人商定由妻子归化为法国人，并向法国法院提出离婚请求。当时，法国已在法律中取消了限制离婚的规定。法国最高法院在审判该案时不仅没有否定女方规避意大利法律的行为，而且依法国冲突规范适用当事人本国法，作出了准予离婚的判决。综合上述鲍富莱蒙案与本案可知，法国最高法院法官在涉外民事审判中的立场是：规避本国法无效，而规避外国法有效。

该案的判决被不少国际私法学者所诟病，他们认为，规避外国法也应被认定为法律规避。因为规避毕竟是一种不道德的行为，而且在规避外国法的同时，也规避了内国的冲突规范，因为依内国冲突规范，该外国法可能就是本应适用的法律。

由于对规避外国法的效力尚有争议，因此，当代大多数国家的国际私法立法采取了第一种更加灵活的观点立场：明确否定当事人规避内国法律的效力，而对规避外国法律的效力不作规定，将这一问题交给法官根据具体案情予以判定。

三、中国的立场

我国国际私法立法未对法律规避的效力作明文规定，但最高人民法院的两份司法解释分别对这一问题作了回应。《民通意见》第 194 条规定：“当事人规避我国强制性或者禁止性法律规范的行为，不发生适用外国法律的效力。”可见，与当代许多国家的立场近似，这一司法解释明确否定当事人规避我国强制性或禁止性法律的行为，但对于规避外国强行法的行为是否有效并没有规定。依我国多数学者的意见，由于国际私法所调整的法律关系不仅涉及本国和某外国两个国家，而且常常涉及三个或四个国家的法律，当事人既可适用外国法来规避本国法，也可适用第二国法来规避第三国法，而第二国法和第三国法对法院来说都是外国法。因此，国际私法上的法律规避应包括一切法律规避在内，既包括规避本国法，也包括规避外国法。至于法律规避的行为是否有效，应视不同情况而定：首先，规避本国法一律无效。其次，对规避外国法要具体分析、区别对待，如果当事人规避外国法中某些正当的、合理的规定，应该认为规避行为无效；反之，如果规避外国法中反常的规定，则应认定该规避行为有效。[1]

《涉外民事关系法律适用法》依然没有对法律规避的效力问题作出规定。《法律适用法解释（一）》中对这一问题作了规定。《法律适用法解释（一）》第9条规定："一方当事人故意制造涉外民事关系的连结点，规避中华人民共和国法律、行政法规的强制性规定的，人民法院应认定为不发生适用外国法律的效力。"该条款再次表明了中国在司法实践当中对法律规避的态度，即规避中国法律的行为归于无效，而对规避外国法的效力不作规定。

不过，与上述《民通意见》第194条相比，这一规定也有一些不同之处：①依其规定，当事人法律规避的对象不仅包括法律中的强制性规定，而且包括行政法规中的此类规定。②该规定对涉外民商事关系当事人法律规避行为的主观要件作出了明确限定，即当事人制造民事关系的连结点必须是基于故意。可见，仅从当事人对法律适用的约定不能必然得出存在法律规避的结论。在司法实践中，曾有法官错误地认为，如我国就某个问题有强制性规定，而当事人约定适用外国法，即可判定当事人存在法律规避。[2]③该规定指出，法律规避的主体是"一方当事人"，那么，如遇双方当事人共同故意制造连结点，规避我国法律、行政法规的强制性规定的情况，这是否符合本条所界定的法律规避呢？从法律规避的概念及其功能上看，这种情形无疑应该属于法律规避。鉴此，本书认为，该条关于"一方当事人"的表述构成法律语言上的瑕疵。

👉 第五节　外国法的查明

法院在审理涉外民事案件时，如依其冲突规范指向某外国法，那么，接下来就需要对该外国法的内容予以查明，这直接关系到准据法的确定，并直接影响到案件的实体结果。除此之外，外国法的查明还在国际民事诉讼管辖权以及国际民事司法协助等程序方面起到重要作用。譬如，英美法系国家的

---

〔1〕　韩德培、肖永平编著：《国际私法学》，人民法院出版社、高等教育出版社2004年版，第93页。
〔2〕　赵相林主编：《国际私法》，中国政法大学出版社2014年版，第124页。

法院在确定是否基于"非方便法院"中止行使管辖权时，通常要对涉及的外国法内容予以确定；[1] 再如，在裁定是否应承认与执行外国判决结果时，法院亦须查明判决作出国相关法律的内容。由此可见，在国际私法上，外国法的查明意义重大。[参见二维码拓展阅读 5-4]

然而，由于"没有法官能知晓全世界所有的法律；他至多谙熟其本国法"，在司法实践中，查明外国法一直是令法官颇感头痛的一项任务。1923年，美国联邦最高法院法官霍姆斯（Holmes J.）在审理一件涉外纠纷时，曾为查明案件的准据法——西班牙法的内容而大伤脑筋。在历尽周折完成此项工作后，霍姆斯感叹道："外国法仿佛被一堵密不透风的石墙所包围。身居其外者，若想探知一二，何其难矣！"[2] 源于外国法查明的重要性及其难度，这一问题成为国际私法上反复讨论的问题，并被归为冲突法的一般问题之一。

一、外国法的性质

以比较法为视角观之，对于如何查明外国法，以及外国法无法查明时应做何处理，不同国家的规定存在较大差异。质言之，这些差异系源于不同国家对外国法的性质有不同的认定：如果外国法被归为事实，那么，依据"谁主张，谁举证"的民事诉讼基本原则，当事人应承担举证责任；而如果外国法被认定为法律，那么，查明外国法的内容就是法官的职责了。鉴此，本节首先需要讨论的问题是：外国法是法律，还是事实？

"法官知法"（iura novit curia）是大陆法系上的古老法律格言，受其影响，大陆法系传统上将外国法视为法律。萨维尼提出的"法律关系本座说"秉持国际主义路线，将本国法与外国法放在平等的地位上，这进一步强化了外国法为法律的立场。因此，大陆法系国家通常将外国法视为法律，要求法官"依职权"（ex officio）查明外国法。

传统上，包括美国在内的英美法系国家倾向于将外国法视为"事实"。美国冲突法的奠基人斯托里在《冲突法评述》中指出：外国法"必须被当作事实来加以证明"。[3] 值得注意的是，斯托里并没有直说外国法就是事实；他只是提议，当事人，而非法官，应当承担证明外国法内容的责任。所以，在英美法系国家，查明外国法主要是当事人的责任，法官不主动为之。

不过，到了 20 世纪后期，随着法律的日益融合与司法实践的发展，两大法系国家在此问题上的对立在一定程度上得到弥合。譬如，1966 年美国《联邦民事程序规则》增加了第 44 条第 1 款，明确将外国法内容确定为"法律问题"，标志美国法对外国法性质的认定发生了转捩。[4] 再如，英国 1981 年颁

---

[1] 关于非方便法院原则，具体参见本书（第三编）第十三章的相关内容。
[2] *Diza v. Gonzales*, 261 U. S. 102, 1923.
[3] J. Story, *Commentaries on the Conflict of Laws*, Boston：Harvard University Press, 1841, p. 895.
[4] 参见霍政欣：《美国法院查明外国法之考察》，载《北京科技大学学报（社会科学版）》2007 年第 4 期。

布的《最高法院法》第 65 条第 5 款规定："在高级法院由法官和陪审团审理的案件，为处置诉讼或其他事项而须查明适用于案件事实的其他国家的法律，任何关于该国法的证据，概交由法官而非陪审团确定其效力。"[1] 这意味着，尽管英国法依然将外国法定性为"事实"，但已非严格意义上的事实，因为在英国法上，事实问题应由陪审团查明，而法官则负责适用法律。

二、外国法内容的查明方法

由于大陆法系和英美法系对外国法性质的认定在传统上存在分歧，两大法系国家在外国法的查明方法因而存在显著不同；即便在法律趋同化愈加明显的当代，两大法系国家在外国法查明方法上的区别依旧明显。从当前各国的做法来看，大致有"当事人举证主义""法官查明主义""折中主义"三种。

在英美法系国家，法庭采取的是"对抗式"（adversarial）审判方式，事实一般由当事人举证，法官处于相对被动的地位，通常不会主动查明事实。由于在这些国家，外国法在传统上仅仅是"事实"，而不是法律，因此，外国法的内容须由当事人举证证明，法官无依职权查明的义务。证明的方法可以是当事人提出的刊载有关法律内容的权威文件（如官方公报、法院判决书中所引证的条款等），也可请专家证明。如果双方当事人对所应适用的外国法有一致理解，双方可向法院提出一项协议声明，法官据此确定该外国法的内容，不必再用其他方式证明，即使当事人对外国法的共同理解是错误的。如果双方当事人对该外国法的内容有争议，由法院断定哪一方的主张是正确的。

在大陆法系国家，庭审采用"纠问制"（inquisitorial system），法官起主导作用，加之大陆法系传统上将冲突规范所指引的外国法视为法律，法官应得依职权查明外国法的内容。

到了当代，尽管两大法系国家在很大程度上保留了各自的传统，但单纯采用一种方法的国家越来越少，"折中主义"成为一种趋势。

具体而言，当代大陆法系国家多采取法官依职权查明为主、当事人查明等其他途径为辅的做法。譬如，依据 2005 年《德国民事诉讼法典》第 293 条："当事人对于法官不知之法律，也有举证之责；但法院对其不知之法律，亦得依其职权，以其他方式查明。"在司法实践中，如果德国法官认为其知晓相关外国法的内容，则无须经过查明的过程，可直接按其理解的外国法予以适用。如果法官认为其不知晓相关外国法的内容，则需要进行外国法的查明。

在选择用何种途径查明外国法方面，德国法官有相当大的自由度：可以通过德国法学教科书、德国法院审理的其他已生效判决中对相关外国法的认定（德国定期汇集公布或出版此类信息）、外国驻德国使领馆等途径阐明。在

---

[1] *The Supreme Court Act*, 1981, para 65（5），U.K.

较为复杂的案件中，最常见的方式是委托法学专家查明外国法。[1]

当代英美法系国家多采取当事人查明为主、法官查明为辅的做法。譬如，依据美国《联邦民事程序规则》第44条第1款："一方当事人如提出涉及外国法的事项，他需通过诉状或其他合理的书面形式作出通知。法院在确定外国法内容时，可以考虑任何相关资料或渊源，包括证言，不论此证言是否由当事人提出，亦不论此证言依《联邦证据规则》是否可采信。法院对外国法内容的确定应被视为对法律问题所作的裁决。"可见，该条款确立了查明外国法的二元制主体结构，即当事人与法官均为查明外国法的法定主体。当事人为查明外国法的主体，是英美法系的传统做法，这里被保留下来。值得注意的是：该条款首次明确规定了法官在查明外国法上的责任。它规定法院在确定外国法时，可以不受限制，"考虑任何相关资料或渊源……不论是否由当事人提出"。这赋予法官相当大的自主权，依之，法官可以主动查明外国法，而无须依赖当事人。如此一来，就改变了英美法系国家法官传统上在调查取证方面较为被动的局面。对此，美国民事程序咨询委员会予以特别强调：对于当事人提出的外国法事项，法院可以自行予以调查；即便当事人没有提出外国法事项，法院亦可以提出，并独立查明。[2] [参见二维码拓展阅读5-5]

不过，总体而言，在美国，查明外国法主要还是由当事人及其律师完成的。其中，当事人的律师所聘请的专家作证，包括亲自作证、书面证词与宣誓书，被公认为最重要的证明方式。事实上，在司法实践中，美国法院适用外国法时没有援引专家证言的情况罕见。对于专家的资格，《联邦证据规则》仅有如下概括性规定："拥有必要之知识与技能、经受过必要之培训或教育者。"[3] 如果在一个诉讼中，关于某一外国法的内容，不同专家给出了相互冲突的证言，该专家需要出庭接受交叉询问。在同等情况下，法院通常会采信在该外国从事法律实务的专家意见，如果该专家是该外国公民，其证言的分量则会更重。

三、外国法无法查明时的处理方法

在采用一切可能的办法仍不能查明外国法的内容时该如何处置，各国立法与司法实践的做法不尽相同，主要有以下几种不同的解决方法：

第一，直接适用法院地法。这是大多数国家采取的办法。例如，1978年《奥地利联邦国际私法法规》第4条第2款规定："如经充分努力，在适当时期内外国法仍不能查明时，应适用奥地利法。"1987年《瑞士联邦国际私法法规》第16条第2款规定："如果应适用的外国法内容无法查明，则应适用

---

[1] 主要由马克思普朗克比较法与国际私法研究所的专家承担。

[2] *Fed. R. Civ. P.* 44.1., Advisory Committees Notes, 1966.

[3] 在美国司法实践中，主要有以下三类专家：第一类是所要查明的外国法所属国的公民，通常是在该国得到认可的法律专家；第二类是通晓该外国法律的美国法学教授；第三类是拥有该外国法律执业资格的法律实务工作者。

瑞士法"。

第二，类推适用法院地法。如 1972 年《英国民事证据法》第 4 条第 2 款规定："……如果当事人提不出证据，或法院认为证据不足，则法院可用推定的方法适用类似的英国法。"美国也采取类似方法，当事人不能证明外国法时，推定外国法与美国法相同，但这种推定仅限于英美法系国家（诸如英国、加拿大、澳大利亚等）的法律。

第三，驳回当事人的诉讼请求或抗辩。采取这种做法的主要理由是：适用某一外国法是内国冲突规范的指引，这意味着不允许适用其他法律来代替；此外，若外国法的内容无从知悉，如同当事人不能证明其请求原因、事实或其抗辩事实的情形一样，法院得认为当事人的诉讼请求或被告的抗辩无根据，而予以驳回。例如，依据前述《德国民事诉讼法典》第 293 条规定，如果负责提供外国法证据的一方举证不能，法院可以证据不足为由，驳回其诉讼请求或抗辩。美国也曾有在当事人无法举证外国法时驳回诉讼的判例，例如，在"沃顿诉阿拉伯美国石油公司"案中，原告由于没有提供沙特阿拉伯有关法律的证明而被驳回诉讼。[1]

第四，适用有关的补充性法律或相近的法律，即如果冲突规范指向某个国家的实体法，当该实体法无法查明时，就适用可对该准据法起到补充的法律，或适用与该外国法近似的其他国家的法律。《葡萄牙民法典》第 23 条第 2 款的规定即属于这一做法，依之，不能查明外国法内容时，须采用补充适用之准据法。[2] 因此，如果葡萄牙冲突规范指向适用某非洲国法，但无法查明该国法律；如经查该非洲国家的法律在整体上移植了法国法，在这种情况下，葡萄牙法官可用法国法作为补充适用的法律。在实践中，在适用这一方法时，法官常考虑的因素包括：两种法律是否源于同一法系，两种法律在立法时的借鉴程度，两种法律是否互为模本，等等。[3]

第五，适用一般法理。这种主张认为，外国法无法查明或欠缺规定时，应依据法理进行裁判。日本的学说和判例大多持此主张。

四、外国法适用错误的救济

在处理涉外民事案件时，可能发生的外国法的错误适用有两种情况：①因适用内国冲突规范错误造成外国法的错误适用；②适用外国法本身的错误。

第一种情况，是指法官依照内国冲突规范的指引，本应适用外国法但却适用了内国法，或本应适用内国法却适用了外国法，或本应适用某一外国法却适用了另一外国法的情况。这些情况虽然在形式上属于外国法的错误适用，

---

[1] *Walton v. Arabian American Oil* Co. 233 F. 2d 541 (2d Cir. 1956).

[2] 引自唐晓晴等译：《葡萄牙民法典》，北京大学出版社 2009 年版，第 9 页。

[3] 参见涂广建：《澳门国际私法》，社会科学文献出版社 2013 年版，第 164 页。

但本质上是适用内国冲突规范所发生的错误，具有违反内国法的性质。在国际私法的理论与实践中，对于这一类错误，一般都认为和违反内国其他法律具有相同的性质，允许当事人依法上诉，以纠正这种错误。

第二种情况，即适用外国法本身的错误，是指法官虽然依其冲突规范正确选择了一个应该适用的外国法，但在适用该外国法的过程中发生错误，即对该外国法的条款或内容作了错误的解释或适用，或本应适用该外国的甲法却错误地适用了乙法，并据此作出错误的判决。对于这种真正意义上的外国法的适用错误，是否允许当事人提起上诉，各国的理论与实践有两种不同的态度：

部分国家不允许当事人提起上诉。具体而言，这些国家不允许当事人上诉的理由又可分为两类：①一些国家将外国法视为事实，同时规定上诉审只负责"法律审"，其任务只限于复审下级法院根据事实所作出的法律结论，因此，不受理以下级法院事实认定错误为由提起的上诉案件。在这种情况下，适用外国法的错误自然不得上诉。②还有一些国家（如德国）[1] 虽然将外国法视为法律，但认为本国上诉法院的设立是为了对本国法律作出正确和统一的解释，至于对外国法的解释是否正确，则应由外国的有关法院负责解决，因此，它们一般不接受当事人以外国法适用错误为理由提起的上诉。

另一部分国家允许当事人提起上诉。这些国家通常将外国法视为法律，因此，外国法适用错误自然是上诉的正当理由。譬如，自 1966 年美国修订《联邦民事程序规则》将外国法的事项定性为法律问题后，外国法适用错误在美国无法上诉的法律障碍便不复存在，当事人因而可以就此法律问题提出上诉。此外，不少国家认为，查明外国法的内容通常需要法官具有较高的素质，而且会耗费较多的司法资源，上诉法院尤其是最高法院的法官，其素质在整体上应高于初审法院的法官，且高级别的法院，其拥有的司法资源尤其是国际司法协助资源更多，因此，允许当事人上诉，让上诉法院对外国的内容进行复审，极具必要性与可行性。

五、中国的立法与司法实践

我国立法并没有对外国法的性质予以界定。由于我国《民事诉讼法》第7条规定，人民法院审理民事案件，必须"以事实为依据，以法律为准绳"。因此，不管外国法是事实还是法律，法官都有查明义务。

关于如何查明外国法，我国的最早规定体现在最高人民法院公布的《民通意见》中，该司法解释第 193 条规定："对于应当适用的外国法律，可通过下列途径查明：①由当事人提供；②由与我国订立司法协助协定的缔约对方的中央机关提供；③由我国驻该国使领馆提供；④由该国驻我国使馆提供；⑤由中外法律专家提供。通过以上途径仍不能查明的，适用中华人民共和国

---

〔1〕 参见《德国民事诉讼法典》第 545 条和第 560 条。

法律。"

上条规定列举了 5 种查明外国法的路径，但并没有明确区分查明外国法的责任以及上述途径之间的关系。此外，由于该条措辞使用了"可通过下列途径查明"的表述，而非"应当"，这表明：①这 5 种途径仅为列举性的；换言之，还可以通过其他途径查明外国法。例如，江苏省无锡市中级人民法院曾依据公开出版的《德国民法典》作为确定德国法内容的依据，[1] 还有地方法院通过互联网数据库查明外国法的内容。②在查明外国法时，无须穷尽这 5 种途径。

【案例 5-11】　原告赵某系中国公民，他于 2002 年与本案三被告姜某、高某（美国国籍）及上海鹏欣集团有限公司共同签署出资合同。2006 年，赵某在向三被告指定账户支付 400 万美元的出资款后，以其没有成为美国 MPI 公司的合法股东及董事，被告方已违约为由，诉至上海市第一中级人民法院（以下简称上海一中院），要求三被告返还其出资款并赔偿利息。

法院认为，该案中，原被告在合同中约定解决合同争议适用的法律为中国法律，但本案的核心争点并非合同的效力，而是被告在合同履行过程中是否违约，对此需要先行确认原告是否已具有美国 MPI 公司股东及董事身份的关键事实，而关于原告是否具有美国 MPI 公司股东及董事身份的问题，属于该公司内部事务，应受法人的属人法支配，即法人本国法或住所地法。结合美国 MPI 公司注册于美国特拉华州的事实，法院认为，在认定原告是否具有美国 MPI 公司股东身份这一事实时，应当适用美国特拉华州的法律规定，包括普通公司法（成文法）及相关判例。

法院在庭审中向双方当事人释明了法院关于该案法律适用的认定，并要求各方就此进行美国特拉华州法律规定的举证，当事人对此均无异议。之后，原被告均提交了美国特拉华州普通公司法的有关条文，被告还提供了自 LEX-IS 网站获取的相关判例。因双方提供的法律条文版本略有差异，各方均对对方法律条文的真实性提出异议，原告还对被告所提供判例的真实性提出异议。在对当事人提供的外国法律进行庭审质证中，法院利用了法庭的计算机设备，当庭上网，进入美国特拉华州政府官方网站，下载了现行有效的特拉华州普通公司法，当庭打印后交由双方对比质证，确认了被告提供的条文的真实性。法院还上网进入 LEXIS 网站，核实了被告提供的案例来源。法院还聘请了华东政法大学的教授作为专家证人出庭，对上网查询的过程予以了见证，并发表专家意见，双方当事人对质证程序均无异议。根据经查证的特拉华州普通公司法及相关判例的规定，法院认定原告已经具有美国 MPI 公司股东和董事身份，三被告已完成合同约定的义务，不存在违约行为，据此判决对原告的诉讼请求不予支持。

---

〔1〕　参见江苏省无锡市中级人民法院（2005）锡民三初字第 0059 号民事判决书。

该案是我国法院在外国法律查明途径上的大胆尝试，上海一中院采用高科技手段当庭上网对当事人提供的美国法律予以查证，并请专家证人当庭见证，取得了良好的效果。[1]

从司法实践来看，当事人提供外国法和通过中外法律专家提供外国法的途径适用较多，而通过外国驻我国使馆、我国驻外国使领馆查明外国法的途径操作难度大，花费时间长，查明效果不理想。[2] 通过法律专家提供外国法的内容时，既可以是我国的法律专家，也可以是外国的法律专家。从外国提取的法律意见或法律资料，应当办理公证、认证或其他证明手续。

【案例5-12】 我国某法院在审理原告美国某公司诉被告英国某公司欠款纠纷案中，依据美国律师的意见作出了判决。[3] 在该案中，原告美国某公司以一张欠款收据为主要证据起诉英国某公司，双方约定纠纷适用美国法。在美国法的查明方面，一审法院通过中国司法部委托美国的公证人——某美国律师就涉及美国法的焦点问题出具了法律意见，并采纳了该意见作出判决。被告英国公司不服，上诉称：①一审法院将外国法的查明与适用问题交给美国的一位律师兼公证人处理，并最终依据其出具的法律意见书作出判决，缺乏法律依据；②依据最高人民法院公布的《民通意见》，一审法院可以通过5种途径查明外国法，但查明外国法后，还应独立审查外国法是否适用。一审法院违反了这一规定。上诉法院经审查认为，法院可以通过包括中外法律专家提供等5种途径查明外国法，一审法院委托美国律师就应适用的美国法律作出解释，经查明后依据该法律作出判决并无不妥，遂裁定维持原判，驳回上诉。[4]

《涉外民事关系法律适用法》首次以立法的形式对外国法的查明进行了规定，该法第10条规定："涉外民事关系适用的外国法律，由人民法院、仲裁机构或者行政机关查明。当事人选择适用外国法律的，应当提供该国法律。不能查明外国法律或者该国法律没有规定的，适用中华人民共和国法律。"

与前述司法解释相比，该条规定首次明确区分了查明外国法的责任，依之，我国在原则上采纳了"依职权主义"，即法院、仲裁机构或者行政机关有

---

〔1〕 参见黄进、杜焕芳等：《中国国际私法司法实践研究（2001~2010）》，法律出版社2014年版，第210页。

〔2〕 万鄂湘主编：《〈中华人民共和国涉外民事关系法律适用法〉条文理解与适用》，中国法制出版社2011年版，第79页。

〔3〕 参见黄进、杜焕芳：《"外国法的查明和解释"的条文设计与论证》，载《求是学刊》2005年第2期。

〔4〕 万鄂湘主编：《〈中华人民共和国涉外民事关系法律适用法〉条文理解与适用》，中国法制出版社2011年版，第80页。

查明外国法的义务；但作为例外，在当事人选择适用外国法的情况下，当事人承担查明外国法的责任。当事人之所以选择某外国法，通常是因为他们熟悉、信赖该国法，因此，在这种情况下，由他们承担查明外国法的内容无疑是合理的。此外，随着全球化的发展，尤其是信息技术的突飞猛进，外国法的查明途径日益多样化，因此，该条规定不再详细列举查明的途径，以赋予法官更多的查明途径。最后，该条明确了无法查明外国法的后果，即适用中国法。这一规定固然具有一定合理性，但在该法关于外国法查明途径的规定更加概括、灵活的背景下，如此规定，在司法实践中有可能助长法官未经充分努力便作出外国法无法查明的结论的势头，以达到适用中国法的目的。这可能会导致我国国际私法实践上本已存在的法律适用上的"返家"（going home）趋势愈加明显，从而有架空国际私法体系之虞。[1]

随着我国法院审理的涉外民事案件数量迅速增长，外国法的查明已成为我国法官审理此类案件时愈加需要认真对待的问题，为进一步帮助各级法院妥善处理外国法的查明事项，《法律适用法解释（一）》第15条规定："人民法院通过由当事人提供、已对中华人民共和国生效的国际条约规定的途径、中外法律专家提供等合理途径仍不能获得外国法律的，可以认定为不能查明外国法律。根据涉外民事关系法律适用法第十条第一款的规定，当事人应当提供外国法律，其在人民法院指定的合理期限内无正当理由未提供该外国法律的，可以认定为不能查明外国法律。"

从该条的表述，我们可以得出以下几点结论：①人民法院查明外国法的途径包括当事人提供、国际条约规定的途径和中外法律专家提供等，这样的规定显然较前述《民通意见》的5种途径更为概括、灵活；②当事人选择适用外国法的，应在法院规定的合理期限内提供该外国法的内容，否则，就要承担不能查明该外国法的后果，即适用中国法。该条规定在很大程度上减轻了法官查明外国法的负担，有利于提高该环节的效率。

《法律适用法解释（一）》第16条规定："人民法院应当听取各方当事人对应当适用的外国法律的内容及其理解与适用的意见，当事人对该外国法律的内容及其理解与适用均无异议的，人民法院可以予以确认；当事人有异议的，由人民法院审查认定。"这表明，即便是法官依职权查明外国法的，也应听取当事人的意见。这是因为法官不可能像熟悉本国法那样熟悉外国法，无法确保所取得的外国法的真实性与准确度，所以，对于依职权查明的外国法，法官应在听取双方当事人意见后予以确认。需要指出，依据该条，如果当事人对外国法律的内容及其理解与适用存在异议，法官应进行审查认定，而不能以此为由作出外国法无法查明的结论。但是，近年来的司法实践表明，我国法官以当事人对外国法律的内容及其理解与适用存在异议为由认为外国法

---

[1] Zhengxin Huo, "Two Steps Forward, One Step Back: A Commentary on the Judicial Interpretation on the Private International Law Act of China", *Hong Kong Law Journal*, 43（2013），685，707.

无法查明，进而适用中国法的情况较多。这种做法明显背离上述司法解释的规定，本质上是通过滥用外国法查明机制达到扩大适用本国法的目的，应予以纠正。[1]

随着"一带一路"倡议的推进，我国涉外民商事审判中需要查明一带一路沿线国法律的情况越来越多。由于绝大多数沿线国为发展中国家，它们的法律制度、文化历史、宗教与语言差异很大，查明外国法的重要性与难度在不断上升。在此背景下，为充分发挥人民法院审判职能作用，有效服务和保障"一带一路"建设的顺利实施，最高人民法院于2015年6月公布了《最高人民法院关于人民法院为"一带一路"建设提供司法服务和保障的若干意见》，其中特别强调，要依照《涉外民事关系法律适用法》等冲突规范的规定，全面综合考虑法律关系的主体、客体、内容、法律事实等涉外因素，充分尊重当事人选择准据法的权利，积极查明和准确适用外国法，消除沿线各国中外当事人国际商事往来中的法律疑虑，增强裁判的国际公信力。[2] 由此可见，最高人民法院已从保障"一带一路"倡议顺利推进和提高我国司法国际公信力的高度来看待外国法的查明问题，并要求各级人民法院高度重视该问题，确保"一带一路"沿线国家的法律能够得到积极查明和准确适用。

党的二十大提出，要推进高水平对外开放、统筹推进国内法治和涉外法治。人民法院涉外民商事审判工作肩负着平等保护中外当事人合法权益，保障更高水平开放型经济新体制发展，维护国家主权、安全、发展利益的重要职能。外国法查明是正确审理涉外民商事案件的重要环节，也是长期制约人民法院涉外民商事审判质效的一大难题。随着我国高水平对外开放的持续推进，国际民商事交往日益频繁，涉外民商事案件所涉国家、地区和法域明显增多，案件审理涉及外国法查明的情形越来越多，准确查明外国法的司法需求持续增长。

但如前所述，在我国立法中，仅有《涉外民事关系法律适用法》第10条对外国法律查明作了原则性规定，外国法查明的规则不完善、程序不清晰、可操作性不强，致使涉外民商事审判实践中外国法律"查明难"、查明率低、查明时间长的问题非常突出。由于缺乏统一规范，各地法院查明外国法实践存在标准不统一、说理不充分、认定不正确的情况。《民法典》施行后，《民法通则》以及《民通意见》相应废止，其关于外国法律查明途径的规定不再适用。在此背景下，最高人民法院全面总结外国法查明实践经验，制定了《最高人民法院关于适用〈中华人民共和国涉外民事关系法律适用法〉若干问题的解释（二）》（以下简称《法律适用法解释（二）》），针对司法实践中

---

[1] Zhengxin Huo, "Proof of foreign law under the background of the Belt and Road Initiative", in Poomintr Sooksripaisarnkit (ed.), *China's One Belt One Road Initiative and Private International Law*, New York：Routledge，2018，pp. 135–136.

[2] 《最高人民法院关于人民法院为"一带一路"建设提供司法服务和保障的若干意见》，法发〔2015〕9号。

长期制约外国法查明的重点难点问题进行了系统规范。[1] 该司法解释于 2023 年 8 月 30 日经最高人民法院审判委员会审议通过，自 2024 年 1 月 1 日起施行，对司法实践中存在的查明责任不清、查明途径单一、查明程序不规范、认定标准不统一等长期制约外国法查明的重点难点问题进行了较为系统的规范，其主要内容如下：

1. 明晰外国法的查明责任。对于查明责任，根据《涉外民事关系法律适用法》第 10 条第 1 款的规定，人民法院有义务查明外国法律，"由当事人提供"只是我国法院查明外国法律的途径之一。法律规定选择适用外国法律的当事人负有提供义务，在于此种情形下当事人对外国法律更加熟悉，由其提供有利于提高审判效率。针对实践中部分法院存在混淆查明责任和查明途径的错误认识，《法律适用法解释（二）》第 1 条开宗明义，明确人民法院有查明外国法律的责任，当事人选择适用外国法律时负有提供外国法律的义务。同时，《法律适用法解释（二）》第 2 条明确当事人未选择适用外国法律时，亦不排除人民法院仍然可以要求当事人协助提供外国法律，并于第 2 条第 3 款进一步规定"人民法院依据本条第一款第一项的规定要求当事人协助提供外国法律的，不得仅以当事人未予协助提供为由认定外国法律不能查明"，由此形成清晰完善的以法院查明为主、当事人提供为辅的查明规则。

2. 拓展外国法的查明途径。《法律适用法解释（二）》立足方便快捷查明外国法律、总结外国法律查明实践的发展情况，于第 2 条第 1 款列举了人民法院依职权查明外国法律的 7 种途径。其中，该解释的第 2 条第 1 款的第 1 项、第 2 项、第 3 项及第 6 项中的"由中外法律专家提供"是《民通意见》第 193 条规定的传统查明途径。其第 1 项为"由当事人提供"，相比法院而言，当事人直接参与跨境民商事交往，往往具备提供外国法律的能力或条件，因此，由当事人提供作为人民法院查明外国法律的途径发挥着重要作用。在当事人没有选择适用外国法律的情况下，人民法院仍然可以借助于当事人从事跨境民商事交往的便利条件查明外国法律。同时，为增强传统查明途径的可操作性，本条对《民通意见》第 193 条的规定进行了改造，具体包括：

（1）将原"由与我国订立司法协助协定的缔约对方的中央机关提供"，修改为"通过司法协助渠道由对方的中央机关或者主管机关提供"。修改后，除依据条约请求查明外国法律之外，人民法院还可以通过互惠原则请求查明，程序上由办案法院向最高人民法院提出请求，再由最高人民法院通过司法部或外交部向该国转递请求。

（2）将原"由我国驻该国使领馆提供"和"由该国驻我国使馆提供"的途径合并，并明确办案法院"通过最高人民法院"提出请求，以促进这两种途径真正发挥作用。

---

〔1〕《最高人民法院发布涉外民事关系法律适用法司法解释（二）》，载 https：//www. court. gov. cn/zixun/xiangqing/419042. html，最后访问日期：2024 年 1 月 11 日。

（3）根据近年来外国法查明司法实践的最新发展，从"由中外法律专家提供"的途径中细分出第 5 项和第 6 项。第 5 项规定由"最高人民法院国际商事专家委员会专家提供"，具体指通过最高人民法院委托国际商事专家委员会专家提供外国法律及咨询意见；第 6 项回应当前司法实践的需求，规定"由法律查明服务机构或者中外法律专家提供"，比如，最高人民法院建立了域外法统一查明平台，一些地方法院也设立了域外法查明专家库、商定合作单位等。

（4）新增规定"由最高人民法院建立或参与的法律查明合作机制参与方提供"，吸收了国际司法协助实践的最新成果。例如，2021 年 12 月 3 日最高人民法院与新加坡最高法院签署《中华人民共和国最高人民法院与新加坡共和国最高法院关于法律查明问题的合作谅解备忘录》，规定在不妨碍通过国际公约、双边条约、国内法律等其他方式查明对方国家法律的情况下，实现通过法律查明合作机制相互提供对方国家法律法规信息等。在具体程序上，办案法院可以向最高人民法院提出请求，由最高人民法院向新加坡最高法院转递请求书，从而查明新加坡法律。

《法律适用法解释（二）》第 2 条第 2 款是人民法院应尽合理努力查明外国法律的要求。①一方面，实践中外国法律查明耗时长、争议大，个别法官存在畏难情绪，容易依赖适用中国法律解决当事人争议；另一方面，因各国在制度、文化、经济、历史等方面的差异，很难或无法查明外国法律的情况是客观存在的，因此，本条从两个方面出发，提出制度供给。②人民法院应尽合理努力查明外国法，在通过本款规定的其中一项途径无法获得外国法律或者获得的外国法律内容不明确、不充分的，应当通过其他途径补充查明，而不能简单认定外国法律不能查明。换言之，人民法院应当通过两种或两种以上的适当途径查明外国法律。③因诉讼成本最终可能由当事人承担，不应当、也无必要强制人民法院不计成本地查明外国法律，在确实无法查明或不宜继续查明外国法律时，应依法认定无法查明。各国法律和实践中也均承认存在外国法无法查明的情况。

概言之，《法律适用法解释（二）》第 2 条明确外国法律查明的途径，主要目的是追求查明外国法律的有效性。因此，作为手段的查明途径应当是开放的，而不是封闭的，只要有利于外国法律的查明，原则上合理的途径均可加以利用。比如，法官或当事人完全可以通过行业自律性组织、国际组织、学术机构、法律资料库、互联网等途径获取外国法律。鉴于此，《法律适用法解释（二）》第 2 条第 1 款第 7 项规定了"其他适当途径"，为外国法律的查明途径充分预留了弹性空间。[1]

3. 明确查明外国法的程序和提供形式。《法律适用法解释（二）》第 3 条

---

〔1〕 王海峰、李训民：《〈关于适用涉外民事关系法律适用法若干问题的解释（二）〉的理解与适用》，载《人民司法》2024 年第 1 期。

首先对当事人提供外国法的范围作了规定，包括具体规定、获得途径、效力情况、与案件争议的关联性等内容，如果外国法律为判例法时，还应当提供判例全文。为减少无效劳动，提高查明外国法律的效率和准确性，《法律适用法解释（二）》第6条规定，在查明外国法之前，人民法院可以召集庭前会议或者以其他适当方式，确定需要查明的外国法的范围。当然，前述规定的应当提交的内容，并不限制当事人继续提交有关外国法律的学术著作、学理阐述等参考辅助资料，或者其他对外国法的理解与适用的意见等。

此外，由法律查明服务机构、法律专家出具外国法律意见的，《法律适用法解释（二）》第4条参考《民事诉讼法》第82条关于专家辅助人的规定，强化对法律查明服务机构、法律专家的专业性、中立性要求，规定法律查明服务机构、法律专家在提供法律意见的同时，还应当提交资质资历证明、身份证明和与案件无利害关系的书面声明等。

4. 明确审查认定外国法的程序。外国法是决定当事人权利义务如何分配的准据法，人民法院应当充分保障当事人发表意见的权利。《法律适用法解释（二）》第5条规定，查明的外国法律的相关材料均应在法庭上出示，由当事人对外国法的内容及理解与适用进行充分辩论。在此基础上，《法律适用法解释（二）》第7条规定法律查明服务机构、法律专家可以出庭协助查明外国法。一方面，人民法院认为有必要时可以通知法律查明服务机构或法律专家出庭接受询问；另一方面，当事人可以申请法律查明服务机构或法律专家出庭作出说明，人民法院认为有必要的可以准许。

5. 明确审查认定外国法的标准。外国法律能否确认、如何理解，是外国法律查明制度的重中之重。《法律适用法解释（一）》第16条规定，人民法院应当听取各方当事人对应当适用的外国法律的内容及其理解与适用的意见，当事人对该外国法律的内容及其理解与适用均无异议的，人民法院可予以确认；当事人有异议的，由人民法院审查认定。如前所述，实践中，个别法院直接以当事人存在异议为由认定外国法律不能查明。这种做法不符合法律及司法解释的规定，有损人民法院涉外民商事审判的公信力。当事人对于外国法律的内容及理解存有异议属于实践中常见的现象，人民法院应当对当事人提出的异议进行分析，并作出审查认定。鉴此，《法律适用法解释（二）》第8条对《法律适用法解释（一）》第16条的规定进行了细化，分以下三种情形作出规定。

情形一：当事人无异议。如当事人对外国法律的内容及其理解与适用均无异议，人民法院可以直接予以确认。《法律适用法解释（二）》没有使用"应当"一词，而是表述为"可以"确认，因为在一些特殊场合，比如外国法律内容存在明显错误，或者当事人虚构外国法律内容的，即使当事人对外国法律无异议，人民法院仍应当对外国法律进行审查认定。又如，双方当事人虽对外国法律无异议，但不排除人民法院依职权查明的外国法律不同于双方当事人均确认的法律，尤其是涉及外国强制性法律规定的情形。

情形二：当事人有异议。当事人对外国法律的内容及其理解与适用有异议时如何处理？根据《法律适用法解释（二）》第8条第2项的规定，分为3个递进阶段。首先，当事人有异议的，应当说明理由，拒不说明理由或理由明显不成立，或者显属当事人拖延诉讼的，人民法院不予支持。其次，当事人理由正当、合理的，可以通过补充查明或补充提供材料的方式加以解决，强化人民法院查明外国法律的合理努力原则；最后，如经过补充查明或补充提供材料后，当事人仍有异议的，人民法院需要进行综合分析进而作出审查认定，而不能直接以当事人对外国法律有异议为由认定外国法律不能查明。

情形三：在先的生效判决已经查明。如果一项外国法律在人民法院的先前生效裁判中已被查明和认定，人民法院在其后的案件中可以使用该外国法律的查明结果，无须另行查明或提供。这一规定基本符合外国法律查明的实际情况，也符合涉外民商事审判的效率要求，有利于减少各方当事人的争议，有利于节约外国法律查明的成本。但鉴于外国法律可能被修改或废止，人民法院使用先前生效裁判中查明的外国法律，仍应当将该外国法律的内容交由双方当事人进行充分辩论，如有相反证据证明该外国法律已被修订、废止的，则不应确认，人民法院应继续查明该外国法律的最新情况。

6. 明确了当事人提供外国法律的期限以及不能提供的法律后果。据《法律适用法解释（二）》第1条第2款的规定，当事人选择适用外国法律的，则负有提供该外国法律的义务。如前所述，尽管外国法律的查明具有一定难度，但查明外国法律的过程不能长期甚至无限期拖延下去。鉴此，解释第9条明确了当事人提供外国法律的期限与不能提供的法律后果。

（1）当事人应当在人民法院确定的合理期限内提供外国法律。由于案件情况各不相同，人民法院应结合案件所涉法律关系的复杂程度、办理相关手续的难易程度、成文法与判例法的区别、不同语种所需翻译时间等，确定合理期限。

（2）当事人在人民法院确定的合理期限内有具体理由说明不能提供外国法律的，人民法院可以视情决定是否延长期限。实践中，当事人因客观原因确实无法提供外国法律，如到期后一概认定当事人未履行提供义务，不利于当事人正当权益的保护，因此，当事人有具体理由作出说明的，视情给予当事人一次延期的机会。

（3）当事人在人民法院确定的合理期限内无正当理由未提供的，应当承担不能提供的不利法律后果。一般而言，当事人选择适用外国法律，表明其熟悉该外国法律，愿意将其实体权利义务置于该外国法律的规范之下。如当事人拒不提供外国法律，人民法院可以认定该外国法律不能查明，从而督促当事人积极履行提供外国法律的义务。

7. 明确裁判文书必须记载查明外国法的过程。加强裁判文书说理，是提升审判质效的重要环节，也是促进当事人服判息诉的重要方式。实践中，许多裁判文书在外国法律查明部分表述过于简单，从中既无法得知外国法律的查明过程，也看不出法律适用及不能查明的具体理由。《法律适用法解释（二）》第 10 条对强化裁判文书对查明外国法律的说理作出规定。

首先，无论外国法律最终能否查明，裁判文书都应当载明外国法律的查明过程，使当事人知悉查明途径、查明资料以及质证和认定情况，保障外国法律查明的公开、透明。其次，裁判文书应当载明查明外国法律的内容。实践中，个别案件未记载外国法律的内容，或记载不全面，尤其是外国法律为判例法时，一些裁判文书对外国法律内容的表述常常语焉不详，给当事人造成了不必要的误解。最后，认定外国法律不能查明的，应当在裁判文书中载明不能查明的具体理由。

8. 明确查明费用的处理原则。我国法律和《诉讼费用交纳办法》并未明确查明外国法的费用为诉讼费用。鉴此，《法律适用法解释（二）》第 11 条就当事人将查明费用作为诉讼请求提出时如何处理进行了规定。当事人约定法律查明费用负担的，应充分尊重当事人的意思自治，按照其约定处理；没有约定的，人民法院需要根据当事人主张，结合外国法查明情况和案件具体情况酌情支持合理的查明费用。

9. 明确港澳法查明的参照适用规则。在涉港澳民商事审判实践中，人民法院经常需要查明港澳法。《法律适用法解释（二）》第 12 条对查明香港、澳门特别行政区法律参照适用本解释作了规定。《法律适用法解释（二）》规定的"有关法律和司法解释对查明香港特别行政区、澳门特别行政区的法律另有规定的，从其规定"，为内地与香港、澳门特别行政区进一步建立各类新型的法律查明途径及合作机制预留充分空间。

还需指出，最高人民法院国际商事法庭对外国法的查明有专门规定。2018 年 6 月 29 日，最高人民法院第一国际商事法庭、第二国际商事法庭分别在深圳市和西安市揭牌。为了给国际商事法庭的运行提供制度与规则依据，2018 年 6 月 27 日，最高人民法院公布了配套司法解释——《关于设立国际商事法庭的规定》。《关于设立国际商事法庭的规定》在包括外国法查明的诸多事项上作出了创新性机制与规则构建。在《民事诉讼法》"涉外编"于 2023 年 9 月系统修订后，最高人民法院于 2023 年 12 月 18 日公布《关于修改设立国际商事法庭问题的决定》。《关于修改设立国际商事法庭问题的决定》于 2023 年 12 月 5 日经最高人民法院审判委员会审议通过，自 2024 年 1 月 1 日起施行。《关于修改设立国际商事法庭问题的决定》是最高人民法院全面贯彻党的二十大精神，以涉外审判工作现代化服务保障中国式现代化的一项重要举措。

《关于修改设立国际商事法庭问题的决定》共两条。一是扩大当事人协议选择国际商事法庭管辖的案件范围。关于此点，本书在讨论我国涉外民事管辖权相关章节中再行详述。二是拓展外国法律的查明途径。《关于修改设立国际商事法庭问题的决定》将《关于设立国际商事法庭的规定》第 8 条第 1 款修改为："国际商事法庭审理案件应当适用域外法律时，可以通过下列途径查明：（一）由当事人提供；（二）通过司法协助渠道由对方的中央机关或者主管机关提供；（三）通过最高人民法院请求我国驻该国使领馆或者该国驻我国使领馆提供；（四）由最高人民法院建立或者参与的法律查明合作机制参与方提供；（五）由最高人民法院国际商事专家委员会专家提供；（六）由法律查明服务机构或者中外法律专家提供；（七）其他适当途径"。该条文的修改拓展了国际商事法庭查明外国法律的途径，与《法律适用法司法解释（二）》第2条第1款规定的外国法查明途径保持一致，体现司法解释之间的统一性和协调性。[1]

最后需要提及，在外国法适用错误方面，由于我国对民事案件实行两审终审制，没有事实审和法律审的区别，根据"有错必纠"原则，对中国法院在审理涉外民商事案件时发生的适用外国法的错误，无论是属于适用内国冲突规范的错误，还是属于适用外国法本身的错误，当事人均可对之提起上诉，要求加以纠正。

第六节　公共秩序保留

经典冲突法体系通过冲突规范将某一涉外民事纠纷与特定国家的法律联系起来。它关注的是法律适用过程的公正与客观，但无法保证其指向的外国法是否能在个案中实现公平正义。所以，有学者指摘其为"蒙眼的"（blindfolded）法律选择体系。[2] 因此，在审理某涉外民事纠纷时，如果法院依其冲突规范应适用某外国法，但在查明该外国法后发现，该法的适用与法院地的重大利益、基本政策、道德的基本观念或法律的基本原则相抵触，这时，法院难免陷入困境。因此，为解决这一问题，各国立法与司法求助公共秩序保留制度，以此排除本应适用的外国法，捍卫本国的核心利益。职是之故，公共秩序保留制度被称为"防护盾"与"安全阀"，亦被比作防止法律适用不公正的最后一道"屏障"。[参见二维码拓展阅读5-6]

从更深层次上说，公共秩序保留制度产生与存在的根本原因，在于冲突法体系存在自身无法克服的矛盾：一方面，与其他法律部门一样，冲突法以实现公平与正义为其目标与价值追求；另一方面，自产生之日起，其所建立的法律选择体系便存在先天性缺陷，在某些情况下，可能指向"有害"的外国法律，进而导致"恶法"被适用，从而与实体意义上的公平与正义相背离。为防出现此结果，就需要一种例外性制度进行矫正。鉴此，劳伦森（Lorenzen）一针见血地指出：公共政策（秩序）理论……业已成为一种警告，告诫经典

---

[1]《最高人民法院发布关于修改〈最高人民法院关于设立国际商事法庭若干问题的规定〉的决定》，法释〔2023〕14号。

[2]［美］弗里德里希·K.荣格：《法律选择与涉外司法》，霍政欣、徐妮娜译，北京大学出版社2007年版，第92页。

国际私法体系据以建立的推理存在严重缺陷。[1]

一、公共秩序保留的概念

冲突法上的公共秩序保留（public order），英美法系上称为"公共政策"（public policy），是指一国法院依其冲突规范本应适用外国法时，因其适用会与法院地国的重大利益、基本政策、道德的基本观念或法律的基本原则相抵触而排除其适用的一种保留制度。英国在二战期间审理的"奥本海米尔诉卡特莫尔"案系适用公共秩序保留制度的冲突法经典案例。[2]

【案例5-13】 在该案中，一对德国籍犹太人父子，为逃避纳粹的迫害，从德国逃到英国，暂居在伦敦。不久，父亲因病离世，留有大笔遗产，在继承遗产时发生纠纷。其子要求继承这笔遗产，但管理难民事务的当地官员认为该遗产为无人继承财产，应收归国库。因为依英格兰的冲突规范，动产继承适用被继承人死亡时的属人法，即德国法。但依当时纳粹德国的继承法，犹太人不享有继承权。对此，主审法官克劳斯勋爵（Lord Cross）指出："这样的法律是对人权的粗暴侵害，违反了人类社会的基本道德原则与我国的公共政策，本院应当拒绝适用之。"最后，英国法院排除了本应适用的纳粹德国法，转而适用英格兰法，肯定了原告的继承权，维护了法律与道德的底线。[参见二维码5-4]

由于公共秩序保留制度是为医治冲突法缺陷而产生的，该制度因而几乎与冲突法相伴而生。早在"法则区别说"时代，巴托鲁斯和其他一些早期学者就曾谈及，应对"可憎法则"的地域效力作严格限制。17世纪，深受人文主义法学派影响的胡伯提出了著名的"胡伯三原则"，将其对公共秩序的思考侧重点放在国家主权是否会受到损害的实际考量上，从而与巴托鲁斯的主观考量分道扬镳。在"胡伯三原则"中的第三项原则中，胡伯指出，外国法律如果会"损害法院地政府或其臣民的权利或权力"，[3] 礼让就不要求法院地对之加以认可。

到了19世纪，斯托里重申了这一思想，[4] 并对此有所拓展：一国对外国法的认可乃基于其自愿，考虑到国家有权力和义务保护其公民免受不正义及有害之外国法的伤害，如果外国法有悖于法院地的"已知政策"或会损害

---

[1] E. Lorenzen, *Selected Articles on the Conflict of Laws*, Buffalo: Buffalo Publishing House, 1947, pp. 13-14.

[2] *Oppenheimer v. Cattermole*, (1942), A. C. 249.

[3] 霍政欣：《公共秩序保留的历史、现状与未来——法哲学语境下的思考》，载梁慧星主编：《民商法论丛》（第39卷），法律出版社2008年版，第535页。

[4] 关于斯托里将其理论建立在胡伯礼让说基础上的历史背景，详见本书第二章第三节。

其利益，则其应拒绝认可之。[1]

萨维尼认为，冲突法的基本原则是"每一种法律关系，应依其性质，由其'本座'所归属的法律加以确定"。不过，他指出，考虑到各国的法律中存在一些特殊规则，以上基本原则不是绝对的，而是有限制的。他进一步论述道，每个国家都会有一些法律，因其意义特别重大，故而具有强制适用效力，即使在依据法律选择的一般原则本应适用外国法时也不例外。依其之见，这部分法律或是体现了基本道德与价值观念，或是因事关政治秩序、警察权力及经济福利而对保护大众福祉作用重大。萨维尼还认为，如某外国的法律制度对一国而言是完全陌生的（如民事死亡制度与奴隶制度），则该国没有认可这种制度的义务。[2]

他同时强调，公共秩序保留只是冲突法基本原则的例外，必须对其适用边界加以严格限定。[3] 此外，萨维尼视这些"强制性规则"为"异类"，坚信随着时间的推移与国家的自然进化，它们终会销声匿迹，因此，公共秩序保留制度的适用空间也会越来越小，最终完全消失。[4]

以上论述体现了萨维尼在公共秩序保留制度上的基本观点。与早期的公共秩序理论相比，萨维尼的观点既有相似的地方，也有不同之处。从普遍主义的观点出发，萨维尼创设"法律关系本座说"，该说的最大特点是平等地对待内外国法律。不过，由于各民族的精神不可能相同，甚至存在冲突，故萨维尼也承认，平等对待外国法与本国法，是有内在限制的，[5] 从而引出了公共秩序保留制度的必要性与必然性。从这个角度来看，公共秩序在"法律关系本座说"中所起的本质作用与巴托鲁斯及胡伯的理论并无二致，即为了克服冲突法体系内在的缺陷而创制的"逃避工具"。

不过，萨维尼并没有停留在前人的框架中，他进一步完善和发展了公共秩序保留制度。首先，萨维尼明确指出，公共秩序只是冲突法基本原则的例外，必须严格限制其适用，否则，就会出现"例外吃掉原则"的情况，动摇冲突法体系的根基。[6] 他的这一论述在国际私法历史上第一次明确界定了公共秩序在国际私法体系中的地位与作用，具有重大的理论价值与指导意义。

---

[1] J. Story, *Commentaries on the Conflict of Laws* (6th ed.), Harvard University Press, 1865 Sec. 33.

[2] 萨维尼的这一论述后来衍生公共秩序保留的消极功能与积极功能，而后者于 20 世纪后期逐渐发展成独立于公共秩序保留的"强制性规范"。本书第五章第七节将对此进行详细阐释。

[3] 萨维尼承认，对公共秩序例外的适用边界加以划定，可能是国际私法领域最艰难的任务。

[4] 从以上论述中可以看出，斯托里与萨维尼在公共秩序保留制度上的观点存在明显不同。其中，最显著的区别是，萨维尼从普遍主义角度出发，坚持认为公共秩序保留是法律选择基本原则的例外，必须对之加以严格限定；而斯托里从国家主权的角度来探讨公共秩序，坚持国家本位主义，没有明确限定公共秩序处于"例外性"地位，从而提高了公共秩序在冲突法体系中的地位。

[5] 霍政欣：《公共秩序保留的历史、现状与未来——法哲学语境下的思考》，载梁慧星主编：《民商法论丛》（第 39 卷），法律出版社 2008 年版，第 535～537 页。

[6] Friedrich K. Juenger, *Choice of Law and Multistate Justice* (Special Edition), New York：Transnational Publisher Inc., 2005, p. 80.

其次，从历史发展的角度出发，萨维尼认为，随着人类社会的自然演进与法律的进化，公共秩序保留制度将逐渐萎缩，最终完全消失。这一论述是国际私法历史上关于公共秩序发展趋势的首次预测，其意义不可小觑，尽管后来的发展证明萨维尼的预测并不成功。

作为经典冲突法体系的主要奠基人之一，孟西尼提出，私法在其本质上是属人的，而不是属地的；因此，一个人，不论他走到何地，都受其本国法支配。他同时认为，每个国家都存在一些公法规则，以保证国家的公共秩序与社会构架。这些公法规则，依其性质，必须具有地域效力，必须适用于主权范围内的所有人，而不论其国籍，也不管其本国法的规定是否有所不同。如此，孟西尼便将公共秩序的概念与属地原则联系在一起，从而彻底改变了公共秩序是国际私法基本原则之例外的性质。以此为基础，他将公共秩序与国籍以及意思自治一起列为国际私法的三大基本原则。孟西尼的学说大大提升了公共秩序的地位，为其适用领域的大幅度扩展打下了理论基础。

由此可见，萨维尼、斯托里与孟西尼关于公共秩序的理论的不同点颇为明显。萨维尼仅将公共秩序视为国际私法基本原则的例外，因此，公共秩序在其理论体系中的作用与适用空间被严格限定；斯托里从国家主权的角度出发，提升了公共秩序的地位与适用空间；而孟西尼则将公共秩序提升到国际私法基本原则的高度。概言之，萨维尼的观点影响了德国、瑞士、奥地利等日耳曼法族国家的相关制度与司法实践；斯托里的观点对美国的判例法起到很大作用，尤其是在美国冲突法的形成阶段；而孟西尼的理论则对意大利、法国等拉丁法族国家的立法与司法实践产生了重大影响。

德国法院在审理涉外民事案件时，对公共秩序的适用非常克制，表现出很明显的自我约束特征。值得注意的是，德国法院的自我约束并非源于立法的强制性规定。实际上，德国国际私法对公共秩序保留的规定相当宽松。《德国民法施行法》第 30 条规定："外国法的适用，如违背善良风俗或德国法的目的时，则不予适用。"从字面上看，这个条款，尤其是"德国法律之目的"的措辞，赋予德国法院在援用公共秩序排除外国法适用时以很大的自由裁量权，以至于只要外国法律在内容上与德国法有所不同，德国法院就可以依该条款排除之。[1] 不过，受萨维尼的公共秩序保留理论的影响，德国最高法院并没有对该条款作如此宽泛的理解，而是对之作严格的限制性解释。德国最高法院认为：只有当德国法与外国法的分歧事关政治、社会理念，且适用该外国法的后果将对德国政治、经济生活的基础造成直接的实质性危害时，才能排除适用之。[2] 这样一来，《德国民法施行法》第 30 条的适用范围与条件就被严格限制，这完全符合萨维尼对公共秩序保留所作的定位，即冲突法基本原则的例外。与德国相类似，瑞士法院在适用公共秩序保留时，也非常谨

---

〔1〕　M. Wolff, *Internationales Privatrect Gottingen*, Heidelberg：Springer-Verlag, 1993, p. 63.

〔2〕　Entscheidungen des Reichsgerichts in Zivilsachen 60, 300；63, 19；93, 183；110, 175.

慎与克制。[1]

孟西尼的理论对以法国为代表的拉丁法国家产生了重大影响。在此背景下，法国国际私法理论将公共秩序视为法律选择的基本原则之一，而非其例外。法国法院在处理涉外民事案件时系统化、有意识地强调"公共利益"，往往仅因为外国的法律制度与本国不同，就排除外国法适用的可能。[2] 例如，法国法院会援引公共秩序保留，拒绝承认在外国创设的动产抵押，理由是法国没有这项法律制度。再如，在一个判例中，案件的准据法本应是被告的本国法，即德国法；但是，依据德国法，女婿对岳父没有法定赡养义务。结果，法国贝尔福特地区（Berfort）的法院以德国的此项法律规定违反法国的公共秩序为由，排除了德国法，适用了法国法。[3] 由此可见，法国法院对公共秩序保留制度的适用较为随意与宽松，这与德国法院形成鲜明对比。

受斯托里的理论影响，美国的立法与司法实践长期没有对公共政策（公共秩序）精确定位，美国称为"公共政策（public policy）"。为论述统一和方便，这里用"公共秩序"代替。既没有将之提高到冲突法基本原则的高度，也没有明确限定它只是法律选择一般原则的例外，因此，美国法院在适用公共秩序保留制度时的态度介于德国与法国之间；同理，公共秩序保留在美国司法实践中的适用状况也更难精准界定。正如那丁（Nutting）教授所言："对于在什么情况下法院会适用公共秩序来拒绝承认外国权利这个问题，我可以负责任地回答：'无人知晓'。"[4] 甚至是同一个美国法院，在适用公共秩序问题上，也常表现出反复无常、摇摆不定的态度。以在美国冲突法历史上起到重要作用的纽约州终审上诉法院为例。纽约州终审上诉法院（New York Court of Appeals）即纽约州最高法院。1918 年，在经典判例"卢克斯诉标准石油公司"案中，[5] 该法院对马萨诸塞州的法律予以认可，尽管纽约州法律对因过失致死的规定与马萨诸塞州有重大区别。主审法官本杰明·卡多佐（Benjamin Cardozo）论述如下：[6] .

"如果一个外州（国）法赋予了某权利，我们不能仅因为法院地法不会赋予相似权利，就拒绝帮助原告获得属于他的权利。我们不应狭隘地认为，只要法院地法的处理方法与外国法不同，后者就是错误的；也不能基于法官个人对公平与便利的理解，而随意拒绝执行外国权利。法院不应对外国所承认的权利闭上大门，除非正义的重大原则、道德的基本观念或事关大众福祉的

〔1〕 See M. Gutzwiller, Der Ordre Public im Schweizerischen International-privatrecht, 1939.

〔2〕 J. P. Niboyet, "Traité de Droit international privé", *Recueil Sirey*, 4 (1944), 496.

〔3〕 *Kuntz v. Ka-Kuntz*, Trib. Civ. Belfort (Dec. 9 1973).

〔4〕 C. B. Nutting, "Suggested Limitations of the Public Policy Doctrine", 19 *Minn. L. Rev.*, 2000, pp. 196-200.

〔5〕 *Loucks v. Standard Oil Co.*, 224 N. Y. 99, 111, 120, N. E. 198 (1918).

〔6〕 224 N. Y. 99, 111, 120, N. E. 198, 202 (1918).

传统将会受到严重危害。"［参见二维码 5-5］

由此可见，依卡多佐之见，公共秩序应作限制性解释；其适用条件之严格，与德国法院相比，甚至有过之而无不及。然而，同样是这个法院，18 年后，经由另一位法官——莱曼（Lehman）法官——之口，公共秩序的概念发生了根本性改变。在"梅尔茨诉梅尔茨"案中，[1] 准据法本应为康涅狄格州法，但是，依该州法律，妻子可以对其丈夫提起侵权诉讼，而纽约州法规定，配偶间相互享有侵权诉讼豁免权。于是，纽约法院援用公共秩序，拒绝认可康涅狄格州法。需要指出的是，纽约法院援用公共秩序并不是基于认可配偶间的侵权诉因会对家庭稳定及家庭观念产生危害，而是因为法院认识到，康涅狄格州法反映了立法对现代社会广为存在的保险责任的认可。[2] 该案判决书论述如下："当我们说到州的公共秩序时，我们意指州的法律，不论其存在于宪法、制定法，还是诉讼记录中。"[3] 可见，公共政策在此处的定义与卡多佐的论述相差甚远。[4] 纽约州终审上诉法院在"梅尔茨诉梅尔茨"案中对公共秩序含义的宽泛界定，甚至超过了孟西尼，依该案判决，法院几乎可以在绝大部分涉外案件中以公共秩序为由适用法院地法。

美国法院对公共秩序的态度之所以摇摆不定、难以把握，显然与斯托里的理论体系有直接关系。首先，斯托里没有对公共秩序进行明确定位。在斯托里的冲突法体系中，公共秩序既非例外，也非基本原则，因此其地位与含义较为模糊；其次，斯托里以"礼让"作为其冲突法体系的理论基石，这一概念对美国法官的思维产生了重大影响。正如新泽西上诉法院指出："一国（州）的法律在外国（州）的执行问题，并非属于严格意义上的权利事项。如果得到外国（州）的许可，这完全是因为两国（州）间存在礼让。"[5] 由于礼让不是一个法律概念，其含义含混不清，这就导致以其为基石的冲突法体系必然也存在欠缺精准度的弊病。[6] 直到 20 世纪 70 年代，美国最高法院才通过判例逐渐收紧了对公共秩序保留的解释。[7]

综上可见，萨维尼、斯托里与孟西尼分别对德国、美国与法国的公共秩

---

［1］ *Mertz v. Mertz*，271 N. Y. 466，472，3N. E. 2d 597，599（1936）.

［2］ "梅尔茨诉梅尔茨"案不久，纽约州立法机关就制定了与康涅狄格州相似的法律。

［3］ *Mertz v. Mertz*，271 N. Y. 466，472，3N. E. 2d 597，599（1936）.

［4］ See Friedrich K. Juenger，*Choice of Law and Multistate Justice*（Special Edition），New York：Transnational Publisher Inc，2005，p. 80.

［5］ 38 N. J. Eq. 219，48 Am. Rep. 308（1884）.

［6］ 美国联邦法院在 *Hilton* v. *Guyot* 案中的论述充分说明了这一点："基于'礼让'，外国法院的判决得推定为可执行的。但'礼让'是不确定的概念，尚须根据不同情况而有所区别，不可划一而论……没有一个国家会允忍别国法律对己国法律之干涉和对己国公民之伤害……执行别国法律是否会有此种结果，取决于被要求执行国的具体条件、其立法的特性、其政策，以及其机构的性质……" *Hilton* v. *Guyot*，159 U. S. 164-165（1895）.

［7］ See *Bremen* v. *Zapata Off. shore Co.* 407 U. S. 1（1972）.

序保留制度产生了重大影响；三位法学家在理论上的不同之处也使三国的公共秩序保留制度具有各自鲜明的特点。然而，值得强调的是，尽管各国学理、立法与司法实践对公共秩序的阐释存在明显不同，但由于经典法律选择规则容易招致"有害"的外国规则，各国均意识到，法院地法必须作为最后一道补救手段。外国法若违反了法院地国的公共秩序，则应予以排除。所以，世界各国的国际私法理论、立法与司法无不认可公共秩序保留制度的重要性，无不将之确立为维护公平正义的涉外民事秩序的利器。

二、公共秩序保留的适用

需要强调，公共秩序保留制度的最大特点是其在理论上的不确定性及其实施时的灵活性和伸缩性。恰如戚希尔（Cheshire）所言，长久以来，给"公共秩序"下定义的尝试从未成功。不同时代、不同国家，甚至同一国家、同一时代的学者对公共秩序都有不同的理解与解释。[1] 荣格（Juenger）的比喻更为形象，他指出："对于这个'模糊难触的概念'，至今尚无人能予以定义。此种情形，有如对色情作品的界定，非待看罢，否则，绝不知其意。"[2]

公共秩序保留的这一特征使其成为一把双刃剑。一方面，它有利于法官根据本国利益的需要，随机应变地决定是否适用之。但是，利之所在，弊亦随之，由于缺乏一个确定、统一的概念与使用标准，公共秩序保留容易被漫无边际地滥用。所以，有学者不无担忧地说："公共政策就好比一匹性格暴虐的烈马，一旦骑上，就会失去控制，不知被其带向何方。"[3] 缘此，对待这样一种制度，当代各国均认识到，法官在司法实践中必须把握一些基本原则，只有这样，才能最大限度地发挥其优点、回避其缺陷，才能给这匹烈马套上缰绳。

第一，必须把国内民法上的公共秩序和国际私法上的公共秩序加以区分。公共秩序不仅仅是国际私法上的概念，国内民法中也有公共秩序的概念，民法学家大多称之为公序良俗。国内法上的公共秩序（国内公共秩序，public order interne），是由高标准的道德准则和社会行为所组成的，在大陆法系国家通常作为一般条款，概括地规定在民法典的基本条款中；在英美法系国家，通常体现在国家宪法、权利法案、法律、法规、判例以及公认的自然法的基本原则之中。国内民法上的公共秩序与国际私法上的公共秩序（国际公共秩序，public order externe），虽然基本精神是一致的，归根到底都是维护各个国家本身利益的，但两者的范围与内容是有所不同的。一般来说，国际私法上的公共秩序所涵盖的内容要更为狭窄，构成条件也更为苛刻，只有重大的国

---

〔1〕 James Fawcett & Janeen M. Carruthers, *Cheshire, North & Fawcett Private International Law* (14th ed.), Oxford: Oxford University Press, 2008, p.140.

〔2〕 Friedrich K. Juenger, *Choice of Law and Multistate Justice* (Special Edition), New York: Transnational Publisher Inc., 2005, p.15.

〔3〕 Richardson, 130 Eng. Rep. at 303.

内公共秩序，才能构成国际私法上公共秩序。因此，在实践中，应注意将国内民法上的公共秩序与国际私法上的公共秩序区别开来；否则，就可能妨碍许多合理的国际民商事法律关系的成立，否定许多依外国法已经成立的国际民商事关系，从而妨碍国际民事交往的发展，破坏国际私法的基础。例如，就本国公民来说，法律关于婚龄的规定是强制性的，必须无条件地适用于所属一切公民；但在涉外婚姻中，如本国公民在国外与他国公民结婚，或外国人与外国人在外国结婚而让他们的婚姻在内国发生效力，内国法院就不一定必须排除婚姻举行地法或当事人住所地法有关婚龄的规定的效力，因为这一强行性规定只属于国内民法的公共秩序。如果在涉外婚姻中强制适用本国法律关于婚龄的规定，就会导致"跛脚婚姻"（limping marriage）的大量产生，这不利于维护涉外婚姻家庭关系的稳定。

第二，国际私法条约中的统一冲突规范，是否可以援用公共秩序保留来限制其效力？这是一个颇有争议的问题。在过去的实践中，对于国际条约中的冲突规范，除非条约成员国在缔结或参加该条约时作了保留，一般不能在条约生效后又援用公共秩序保留来限制其效力。然而，二战结束以后出现了一种新趋势：几乎所有的国际私法公约都订立了公共秩序保留条款，允许缔约国在认为根据条约中的规定适用某外国法会与自己的公共秩序相抵触时，可以援用这种保留条款来排除公约中的规定。这种趋势的出现，是为了在保障各缔约国内强行法效力的条件下，推动各国较快达成协议，在较为广泛的范围内签订各项有关的法律适用公约。因此，只要条约中订有公共秩序保留条款，缔约国就可援用它限制其效力。对于早先签订的没有包含公共秩序保留条款的国际私法条约是否可援用公共秩序限制其效力，目前仍存在争议。但越来越多的学者认为，这种公约也暗含公共秩序保留制度，即一个国际公约在无明确的相反规定的情况下，应认为它本身并不排除公共秩序的运用。这种观点特别为劳特派特（Lauterpacht）在1958年国际法院判决的荷兰诉瑞典案时所主张。[1]

第三，晚近国际私法的立法与司法实践表明，各国在适用公共秩序保留时越来越慎重，仅因外国法的内容与内国相关法不同，就以此为由排除该外国法的做法逐渐被摈弃。事实上，关于到底何为违反公共秩序，归纳起来，有"主观说"与"客观说"之争。"主观说"认为，法院依自己的冲突规范本应适用某一外国法，如该外国法本身的规定与法院国的公共秩序相抵触，即可排除该外国法的适用，不问具体案件适用外国法的结果如何。因此，它强调的是外国法内容本身的可恶性和有害性。与此相对，"客观说"不重视外国法本身是否妥当，而注重个案是否违反法院地国的公共秩序。它又细分为两说：① "联系说"。该说认为，是否应援用公共秩序，不仅要看本国法背后体现的公共秩序，而且要看法院地与案件联系的密切程度。换言之，"联系

---

[1] 案情详见李双元：《国际私法》（冲突法篇），武汉大学出版社2001年版，第283~284页。

说"不过分倚赖公共秩序的抽象概念，而更关注案件与法院地的实质联系，并将其作为适用公共秩序的前提条件。衡量案件与法院地是否存在实质联系，主要看法院地与案件中的当事人是否有"人际关联"（personal nexus），以及与案件事实是否有"地域关联"（territorial nexus）这两个因素。需要注意的是，关联的程度并无硬性标准可循，须在个案中灵活判断。②"结果说"。此说主张在援用公共秩序保留时，应主要看外国法适用的结果是否违反法院地的公共秩序。

当前，各国在经济上的相互依存度日渐提高，各国法律的趋同化特征也愈加明显，在此全球化背景下，公共秩序保留理论的"主观说"渐失市场，"客观说"已为各国立法与司法实践所普遍承认与采纳。因此，在司法实践中，应当明确界定公共秩序保留的适用条件，将外国法规定的内容与适用外国法的结果区别开来，只有当外国法适用的结果与法院地的公共秩序相违背时，才能援用公共秩序保留制度排除该外国法的适用，否则，就会出现"例外吃掉原则"的现象。

第四，在排除本应适用的外国法后，不应一律以法院地法代之。在外国法被排除适用以后，内国法官应如何处理法律适用问题？各国学者的主张及做法颇不一致。过去的理论倾向于用法院地法的相应规定取代被排除的外国法，这种做法符合某些国家通过公共秩序保留限制外国法的适用、扩大本国法适用范围的要求。因此，现在仍有许多国家的立法与实践采取这种做法。但有越来越多的学者认为，采取这种做法，会助长滥用公共秩序的错误倾向，与内国冲突法的原意不相符合。他们指出，既然内国冲突规范指定有关的国际民商事法律关系应以有关的外国法作准据法，就表明该国际民商事法律关系与该外国有更密切的联系，适用该外国法更为合理，所以，对这个问题应根据案件的具体情况妥善处理，而不能一概代之以内国法，必要时可考虑适用与该外国法有较密切联系的另一外国法。此外，还有学者主张，在外国法被排除后，法院可拒绝审判。其理由是：冲突法既已规定应适用外国法，便表明它不允许用其他法律代替。因此，在该外国法被排除后，可视同外国法的内容不能证明，作拒绝审判是恰当的。[1]

总之，公共秩序自其产生之日起，就是一个"毁誉参半"的制度。尽管有悠久的历史，但"给公共秩序下定义的尝试从未成功"。缺乏一个确定、统一的概念与使用标准，使得公共秩序饱受非议。但是，由于它的重要作用，各国又毫无例外地将它奉为国际私法的基本制度之一，并作为维护本国重大利益的有力武器，不敢有半点怠慢。难怪有学者发出这样的感叹："一面是鼎沸的讨伐之声，一面却是虔诚的顶礼膜拜，像公共秩序这样的法律制度，实

---

〔1〕 韩德培、肖永平编著：《国际私法学》，人民法院出版社、高等教育出版社 2004 年版，第 88 页。

在是独此一种。"[1]

三、中国的立法与实践

中国国际私法立法与实践对公共秩序保留一向持肯定态度。1986 年公布的《民法通则》第一次在国际私法领域规定了公共秩序保留制度。如前所述，该法第八章"涉外民事关系的法律适用"较为系统地规定了国际私法规范，其中，第 150 条规定如下："依照本章规定适用外国法律或者国际惯例的，不得违背中华人民共和国的社会公共利益。"此外，20 世纪后期公布的其他一些单行法规中也包含了公共秩序保留条款。例如，1992 年《海商法》第 276 条规定："依照本章规定适用外国法律或者国际惯例，不得违背中华人民共和国的社会公共利益。"1995 年《民用航空法》的第 190 条作了相同规定。

上述几条规定表明，直至 2010 年《涉外民事关系法律适用法》的公布，我国国际私法立法上的公共秩序保留条款具有以下几个特点：①这些条款在表述上没有使用国际通行的"公共秩序"，而是代之以措辞较为含糊的"社会公共利益"。②公共秩序保留的对象不仅包括外国法律，还涵盖国际惯例，这是我国立法所特有的。③从行文上看，尚不能判断在公共秩序的适用标准上，上述条款究竟采用了主观说还是客观说。④上述条款对外国法被排除后应如何适用法律的问题尚未规定，尽管在司法实践中，在这种情况下，我国法院莫不以中国法代之。以上规定显然存在一些不足与缺陷，主要包括：

第一，在措辞上使用"社会公共利益"的非正式表述，不利于公共秩序保留制度在实践中得到恰当界定与运用。前已论及，公共秩序保留制度的最大特点，在于其含义的不明确性与灵活性，因此，我国立法使用语义更加模糊的非正式法律表述，只会导致其含义进一步模糊化。此外，从语义上分析，"公共秩序"的含义应广于"社会公共利益"，因为前者还包括法律的基本原则和道德的基本观念等。所以，立法上采用"社会公共利益"的表述，既不严谨，也不科学。

第二，将国际惯例作为公共秩序保留的对象，其必要性颇值怀疑。在谈及国际私法的渊源时，本书曾指出，由于《民法通则》第 142 条第 3 款规定，我国法律和我国参加或缔结的国际条约没有规定的，可以适用国际惯例，所以，我国立法确定的是国际惯例的补缺原则；换言之，国际惯例的适用是任意性的，而非强制性的，因此，在立法上没有必要借助公共秩序保留来排除国际惯例的适用。

第三，由于上述条款并没有明确采纳客观说，这容易助长法院在司法实践中滥用该制度的危险倾向。事实上，2010 年以前的司法实践表明，我国法院对公共秩序保留的援引主要见于地方法院审理的案件。法院在这类案件中，

---

[1] Michael Mousa Karayanni, "The Public Policy Exception to the Enforcement of Forum Selection Clause", *Duquesne Law Review*, 34 (1996), 1009.

既不探究外国法的内容，也不关注外国法的适用后果，[1] 某些地方法院甚至将地方利益、部门利益解释为社会公共利益，因而援用公共秩序保留条款。司法上出现滥用公共秩序保留条款的倾向，虽然主要源于公共秩序保留制度的内生性缺陷，但上述条款的缺陷无疑助长了这一倾向。

《涉外民事关系法律适用法》对公共秩序保留条款作出规定，其第 5 条内容如下："外国法律的适用将损害中华人民共和国社会公共利益的，适用中华人民共和国法律。"与前述条款相比，该条款有明显进步：①它不再将国际惯例纳入公共秩序保留的对象；②该条款的表述明显采纳了客观说，这有利于钳制法官滥用该制度的现象；③它明确规定，在适用公共秩序保留条款排除本应适用的外国法后，应适用中国法律。

当然，这一条款依然存在一些不足：①它依然使用了"社会公共利益"的非正式表述；②在适用公共秩序保留排除外国法后自动适用中国法，这一规定并不完全合理，亦容易助长法官通过扩大解释社会公共利益以达到适用本国法的目的。

有鉴于此，本书认为，未来我国立法应该通过更加严谨、科学的措辞，确立公共秩序保留条款的限制性适用原则，最高人民法院则应对立法中的公共秩序保留条款作出进一步的限制性解释，以达到钳制该制度被滥用的目的。

【案例 5-14】 徐某与胡某生均为中国内地居民。2012 年 1 月，双方在中国澳门特别行政区签订合作协议，共同投资港币 20 000 000 元用于澳门博彩业转码获取码粮经营。合同签订后，徐某于 2012 年 1 月 21 日依约汇款 8 181 000 元给胡某生。随后二人共同至澳门参与经营活动。徐某在协议签订后收到了胡某生给付的分红款人民币 500 000 元。后徐某认为其在经营中被拒绝参与管理经营、了解经营情况和按约定获得分红，故诉至贵州省贵阳市中级人民法院，请求解除双方签订的合作协议，判令胡某生返还其投资款，并支付违约金。

一审法院认为，原被告之间的合同系在澳门特别行政区签订，合同的主要经营活动也发生在澳门，故双方当事人之间应属涉外合同关系。原被告在澳门特别行政区进行的经营活动，其实是为赌客提供资金（筹码），并帮助赌客将筹码兑换为现金的赌博中介活动。根据内地法律之规定，原被告的行为属于非法行为，《澳门民法典》则规定赌债为债务之渊源，澳门《娱乐场幸运博彩经营法律制度》第 23 条亦规定，从事博彩中介活动须领取准照且须受政府之监督，故原被告的行为于澳门应属合法。关于法律选择问题，根据《民法通则》第 145 条和《合同法》第 126 条之规定，与本案合同具有最密切联系的应为我国澳门特别行政区。但本案若适用澳门特别行政区的法律，则明

---

〔1〕 参见肖永平、龙威狄：《论中国国际私法中的强制性规范》，载《中国社会科学》2012 年第 10 期。

显违背了我国的社会公共利益，因此，一审法院根据《民法通则》第 150 条关于公共秩序保留制度的规定，适用内地法。据此，该法院认为，原告诉求不属于合法的民事权利，根据《民法通则》第 5 条之规定，不受法律保护，应予驳回。

一审宣判后，徐某提起上诉。二审法院认为本案确应适用我国内地法律，且一审法院对公共秩序保留原则的适用正确，但判决胡某生返还徐某扣除分红后的剩余投资款 7 681 000 元及相应利息，诉讼费用由二人共同承担。[1]

第七节　强制性规范

在第六节中，我们已经讲到，在构建"法律关系本座说"时，萨维尼意识到，这套体系并非绝对。他指出，一国法律中存在一些特殊规则，构成"严格实定的、强制性法律规则"，它们因体现强烈的道德、政治或经济政策不能由外国法替代，因而不适用多边主义法律选择体系；此外，如果外国法律制度（如奴隶制度）不被本国法所认可，也可以构成"法律关系本座说"的例外。

后世的国际私法学者，如佛朗茨·卡恩（Franz Kahn），以上述观点为基础，一度将公共秩序保留划分为"积极公共秩序保留"与"消极公共秩序保留"。[2] 细言之，卡恩认为，公共秩序保留既具有消极的否定功能（亦即排除外国法的适用），还具有积极的肯定功能（亦即直接适用内国法中的强制性规范）。在"法律关系本座说"提出后的近一个世纪里，强制性规范的概念一直潜伏在公共秩序的理论迷丛中。[3]

从人类社会的发展纵深来看，17 世纪到 20 世纪初，西方处于自由资本主义时代，国家采取自由放任和自由贸易的政策，通常不干预经济活动，故在此阶段，西方各国的公法与私法泾渭分明。在公法领域，国家通过实施刑法、税法等公法打击犯罪、征收税赋；在私法领域，各国奉行私法自治，立法极少介入，一般不用强制性法律调整民商事关系。所以，萨维尼指出，"严格实定的强制性法律规则"是指体现了强烈的道德、政治或经济政策的法律规则，它们属于"异类"，在数量上极少。他还预测，随着时间的推移，它们终会销声匿迹。在这种国家治理模式下，公法不具有域外效力是各国普遍遵循的原则；只有私法才被认为具有域外效力。

然而，进入 20 世纪后，国家的治理模式发生重大改变，"行政国家"取

---

〔1〕　贵州省贵阳市中级人民法院（2014）筑民二（商）初字第 166 号民事判决书、贵州省高级人民法院（2015）黔高民三终字第 7 号民事判决书。

〔2〕　Franz Kahn, "Die Lehre vom ordre public（Prohibitivgesetze）", in *Abhandlungen ous dem internationalen Privatrecht*, Bd., I, Müchen: Duncker & Humblot, 1928, S. pp. 161–246.

〔3〕　参见肖永平、龙威狄：《论中国国际私法中的强制性规范》，载《中国社会科学》2012 年第 10 期。

代"守夜警察"成为各国政府职能体系发展的趋势，国家干预主义遂成为社会经济管理的主流模式，现代福利国家的出现更是击碎了萨维尼的期望，使其预言落空。在此背景下，"严格实定的强制性法律规则"以前所未有的速度扩散，以促进公共福祉。这种立法的重要性不仅体现在数量上的膨胀，而且表现为这些管制性法律调整的是社会高度关注的事项。[1]

随着反垄断法、出口管制法、证券法、反腐败贿赂法、劳动法、破产法等适用于民商事领域的公法在数量上的不断增长和重要性上的不断提升，20世纪中叶以来，公法无域外效力不再被视为绝对原则，传统的国际私法体系受到冲击，"直接适用的法""强制性规范"等概念应运而生。

在此背景下，越来越多的欧洲大陆学者对这类规则进行研究，并进行愈加系统的归纳与提升。到20世纪80年代，强制性规范逐渐从公共秩序保留的迷丛中走出，并被欧洲国际私法立法与理论确立为国际私法上一项独立的重要制度。与此相对应，公共秩序保留则回归其消极否定的功能。

20世纪80年代以后，强制性规范的理论传入中国，经过30余年的讨论与吸收，最终由《涉外民事关系法律适用法》体现，成为我国国际私法上的一项重要制度。然而，与欧盟国际私法上的强制性规则相比，我国立法与司法实践上的此项制度有显著不同，两者"形似而神异"。鉴此，本书将强制性规范列为冲突法的一般问题之一，并专设一节予以阐述。

一、强制性规范的概念

在当代国际私法（尤其是大陆法系国家的理论与立法）上，强制性规范的准确名称是"国际强制性规范"，但各国学理对之尚未形成一致的定义。依据中国主流学者的观点，国际私法上的强制性规范是指为了维护一国在政治、社会、经济与文化等领域的重大公共利益，无须冲突规范指引，直接适用于国际民事案件的实体法强制性规范。[2]

强制性规范滥觞于萨维尼的理论，但该理论产生的直接原因是20世纪30年代美国债券持有人在美国发起的针对德国债务人的诉讼。20世纪20年代，德国制造业在美国发行大量债券，但德国于1931年实施的严格外汇管制规定导致债务人无法支付这些债券的利息。美国债券持有人遂在美国法院提起诉讼并主张适用美国法。德国债务人提出了"特别法"（sonderstatut）理论，认为案件虽不适用德国法，但《德国外汇管制法》由于其强制性也应得到考虑。这一诉讼引发德国学者对强制性规范的重视并进行了大量研究。其后不久，以威汉姆·温格勒（Wilhelm Wengler）和茨威格特（Konrad Zweigert）为代表

---

〔1〕 霍政欣：《国内法的域外效力：美国机制、学理解构与中国路径》，载《政法论坛》2020年第2期。

〔2〕 参见肖永平、龙威狄：《论中国国际私法中的强制性规范》，载《中国社会科学》2012年第10期。

的德国学者进一步完善了特别法的理论。[1]

1958 年，希腊裔法国国际私法学者弗朗西斯卡基斯（Francescakis）提出了"直接适用的法（lois d'application immediate）"的概念，第一次以较为系统的方式对强制性规范的理论进行了阐释。[2] 弗朗西斯卡基斯认为，随着国家职能的改变及其对经济活动干预的加强，国家制定了一系列具有强制力的法律法规，用于调整某些特殊的法律关系，以维护国家利益和社会公共利益。这些具有强制力的法律规范在调整涉外民事关系时，可以撇开冲突规范的指引而直接适用。这种能被直接适用的法律规范，就是"直接适用的法"。

弗朗西斯卡基斯这一理论的提出，引起了许多学者的关注，并被当代一些国家（尤其是大陆法系国家）的国际私法所采纳。尽管这一制度有"警察法"（lois de police）、"自我限制的规则"（self-limiting rules）、"直接适用的法"等不同称谓，但当代国际私法立法使用最多的还是"强制性规范"（mandatory rules，ius cogens rules）。理解当代国际私法上的强制性规范，以下两点尤为重要。

第一，需要强调，国际私法上的强制性规范，如前所述，其准确名称为"国际强制性规则"（internationally ius cogens rules），须与"国内强制性规则"（contractual ius cogens rules）区别开来。一般认为，只有涉及重大公共利益的国内强制性规则才有可能构成国际强制性规则。强制性规范是与任意性规范相对的概念。在国内法语境下，也存在大量的强制性规则，系指不允许个人依自由意志予以变更而必须遵守的法律规范。[3] 但是，并非所有的国内强制性规范均为国际私法上的强制性规范。一般而言，只有关系到重大公益、对于维护国际民事秩序极其重要的国内强制性规范才可以构成国际强制性规范。判断某一国内强制性规范是否具有重大公益、是否关系到国际民事秩序，通常需考虑立法意旨、该规范所属领域的特点等因素。尽管判断哪些规则属于国际强制性规范是一项极其困难的任务，但应当严格、谨慎地解释国际强制性规范是各国普遍遵循的基本原则，否则，国际私法体系会从根基处被动摇。

第二，当代国际私法上完整的强制性规范体系不仅包括法院地国的强制性规范，而且包括准据法所属国的强制性规范与第三国的强制性规范。需要指出，弗朗西斯卡基斯在讨论直接适用的法时，仅涉及法院地法的强制性规范，[4] 但经过几十年的发展，国际私法上的强制性规则已经不再局限于法院

---

[1] 参见卜璐：《国际私法中强制性规范的界定——兼评〈关于适用《涉外民事关系法律适用法》若干问题的解释（一）〉第 10 条》，载《现代法学》2013 年第 3 期。

[2] See generally Voir Francescaki, "Quelques precisions sur les 'lois d'application immediate' et leurs rapports avec les règles de conflits de lois", *Revue Critique* 55 (1996), 1.

[3] 参见中国社会科学院法学研究所《法律辞典》编委会编：《法律辞典》，法律出版社 2003 年版，第 497 页。

[4] Thomas G., Guedj, "The Theory of the Lois de Police, A Functional Trend in Continental Private International Law—A Comparative Analysis with Modern American Theories", *American Journal of Comparative Law*, 39 (1992), 661, 670.

地法。

　　早期国际私法理论认为，公法不具有域外效力。不过，这一观点在当代不再被奉为圭臬，不应盲目排除外国公法的适用逐渐成为主流观点。[1] 依据本国冲突法指向某外国法，而该外国法在该领域有适用的国际强制性规则，在这种情况下，不应仅因该规范为公法而排除之：①当代国际私法的目标是以公平合理的方式解决涉外民事纠纷，经验表明，在此情况下，适用该外国的强制规范有利于实现此目标，有利于维护当事人的利益。[2] ②适用此类规范，有助于提高判决结果的一致性，有利于遏制当事人挑选法院的现象，这亦符合经典国际私法的追求目标。职是之故，当代许多国家的国际私法立法与国际私法条约开始承认外国准据法所属国的强制性规范的可适用性。

　　此外，晚近国际私法理论与立法开始对法院地国与准据法所属国以外的第三国强制性规范的效力持开放态度。随着全球化进程的加深，"人类命运共同体"的概念深入人心，在此背景下，一些国家和地区的国际私法立法与司法实践逐渐考虑第三国的强制性规范的效力，认为在满足特定条件的前提下，为了维护国际民商事秩序、当事人的利益以及个案公平正义、增进共同福祉，可以适用该第三国的强制性规范。这一趋势在欧盟国际私法上体现得尤为显著。

　　由于欧盟各国深度一体化，欧盟内部一国的国际强制性规范，不仅关系其本国重大公共利益，而且有可能对其他欧盟成员国、甚至欧盟整体的公共利益产生影响，所以，晚近欧盟国际私法立法对第三国强制性规范明确持开放态度。例如，1980 年《罗马公约》第 7 条第 1 款规定："依本公约适用一国法律时，对于与案情有密切联系的另一国法律中的强制性规则，可以赋予其效力，前提是依该另一国的法律，这些规则必须适用于合同，而不论合同准据法为何。在考虑是否赋予这些规则效力时，应考虑其性质、目的以及适用或不适用的后果。"显而易见，依据上述条款，对与案情有密切联系的第三国强制性规则是否适用，法院拥有较宽泛的自由裁量权。由于密切联系本身弹性十足，加之一国法官往往并不擅长判断外国法律规则的性质与目的，因而上述条款备受诟病。

　　相形之下，旨在取代《罗马公约》的 2008 年欧盟《罗马条例 I》第 9 条关于第三国强制性规范的条款则更加精致。该条第 3 款规定为："应在其境内或已在其境内履行合同债务的国家，其强制性法律规定可以被赋予效力，但该强制性规定不得使合同的履行归于非法。在确定是否赋予这些规定以强制性效力时，应考虑这些规定的性质、目的以及适用或不适用该规定将产生的后果。"在考虑第三国强制性规范时，上述条款明确将第三国限定在合同履行

---

〔1〕　霍政欣：《追索海外流失文物的法律问题》，中国政法大学出版社 2013 年版，第 93 页。
〔2〕　参见肖永平、龙威狄：《论中国国际私法中的强制性规范》，载《中国社会科学》2012 年第 10 期。

地（包括应履行或已履行）所在国，且排除该国强制性规则使合同履行归于非法的情形，与《罗马公约》第 7 条第 2 款相比，这样的限定使第三国的确定更加具有明确性和可预期性。

质言之，欧盟国际私法将国际强制性规则从法院地国强制性规则与准据法所属国的强制性规范扩展至第三国的强制性规范，这是欧盟一体化导致各国依存度空前提高以及当代欧盟国际私法更加关注实质正义的必然产物。

从这个意义上说，当代国际私法上完整的强制性规范体系，其理念与定义与本节开篇所引中国学者的观点并不完全一致，因为不论是适用准据法所属国的强制性规范，还是第三国的强制性规范，事实上均以适用本国冲突规范为前提，且在这两种情况下，法院适用之并非完全仅为维护法院地国的重大公共利益。

以比较法为视角观之，不论是在欧洲大陆，还是在其他国家，国际私法上强制性规范的理论与实践均处于不断变动与演进之中。在本书看来，强制性规范的理论与体系好比青春期的少年，生长迅速，但其品性远未定型，需要予以持续关注。

二、强制性规范与相关制度的辨析

（一）强制性规范与单边冲突规范

本编第四章第一节曾提及，单边冲突规范是明确规定适用某国法律的冲突规范，它既可以明确规定适用内国法，也可以明确规定适用某一特定外国的法律，但在绝大多数情况下，此类冲突规范指向的是内国法。由于强制性规范与单边冲突规范在很大程度上均以捍卫法院地国的重大利益为目的，极具相似性，所以，有欧洲国际私法学者把前者称为"次单边冲突规范"或"准单边冲突规范"。[1] 然而，必须指出，强制性规范与单边冲突规范具有本质区别：[2]

第一，单边冲突规范是冲突规范，与典型的双边冲突规范不同，它对法律的指引是单向的，通常指向法院地法。与此不同，强制性规范是实体法规范，在大多数情况下，是法院地国的实体法规范，且为公法规范。

第二，单边冲突规范是法律概念主义的产物，是"冲突法正义"的立法表现形式之一；与此相对，强制性规范是法律目的主义的产物，是"实质正义"的立法表现形式之一。换言之，单边冲突规范与多边冲突规范相类似，只是为了解决法律冲突而制定的法律选择规则，并不关注个案的公平正义或当事人的利益；而强制性规范则具有较强的目的性，体现了重要的实体政策，

---

〔1〕 参见徐冬根：《论当代国际私法中的"法律直接适用说"》，载《宁波大学学报（人文科学版）》1993 年第 1 期。

〔2〕 Thomas G., Guedj, "The Theory of the Lois de Police, A Functional Trend in Continental Private International Law—A Comparative Analysis with Modern American Theories", *American Journal of Comparative Law*, 39 (1992), 661, 670.

是一国立法机关为了维护国际民商事秩序、当事人的利益以及个案公平正义、增进共同福祉而制定的具有强制适用性的实体法规则。

第三，从国际私法的发展历史来看，单边冲突规范的提出与运用远远早于强制性规范。

（二）强制性规范与法律规避

本章第四节曾指出，国际私法上的"法律规避"是指涉外民事法律关系中的当事人利用冲突规范，通过故意制造或改变某种连结点，以避免本应适用的法律，从而使对自己有利的法律得以适用的一种逃法或脱法行为。一般情况下，当事人规避的法律应当为强制性或者禁止性法律规范，否则，规避并无必要。因此，当事人故意制造或改变某种连结点以规避本应适用的强制性规范，在司法实践上，这就有可能与国际私法上的强制性规范发生功能上的重叠现象。尽管存在重叠适用的可能性，但是，它们两者之间存在明显区别：

第一，法律规避需要具备主观要件，即当事人具有主观故意性，而强制性规范则无主观要素，其并不考察当事人的主观意图。从这个意义上说，在司法实践中，法官适用强制性规范无须探究当事人的主观意图，其司法任务更轻，隐含的风险也更小。

第二，法律规避是经典国际私法体系排除外国法适用的一项制度，其隐含的前提是：当事人规避法律的客观结果已经达到，亦即依据当事人变更后的连结点，其指向的法律与原先连结点指向的法律不同。由此可见，在适用法律规避的过程中，法院事实上需要对外国法予以考虑。与此不同，在适用法院地的强制性规范时，法院无须援用冲突规范，无须考虑相关外国法。

第三，国际私法上法律规避制度的形成远远早于强制性规范。本章第四节在讨论法律规避时已论及，国际私法上对法律规避的讨论及相关制度构建早在 19 世纪已经开始，而强制性规范直到 20 世纪 80 年代才被确立为国际私法上的一项独立制度。

（三）强制性规范与公共秩序保留

如前所述，强制性规范曾长期被冠以"公共秩序保留的积极功能"之名，寄于公共秩序保留的"篱下"；直至 20 世纪 80 年代，它才被确立为国际私法上的一项独立制度。随着强制性规范在国际私法上获得独立地位，公共秩序保留则回归其消极否定的功能。在此背景下，强制性规范与公共秩序保留的区别就非常明显了：

第一，二者的功用不同。公共秩序保留旨在消极地排除外国法的适用，其关注点依然是外国法的内容（主观论）或外国法适用的结果（客观论）。换言之，它的出发点是建立在适用冲突规范指引外国法的前提之上。与此相反，法院地的国际强制性规范旨在积极肯定法院地某些规范绝对、无条件的直接适用性，并不关注外国法的内容或其在案件中适用的结果。所以，从维护法院地的公共利益的角度来看，两者好比"盾"与"矛"。

第二，二者在国际私法领域适用的范围不同。国际私法上公共秩序保留制度的适用范围较广，并不局限于法律适用领域，它在国际民事司法协助的各个环节（尤其在承认和执行外国法院判决与仲裁裁决）中均扮演重要角色。与此不同，强制性规范的适用，一般仅限于法律适用领域。

第三，二者的适用方式不同。第六节曾多次强调，公共秩序保留制度的最大特点是其在理论上的不确定性及其实施的灵活性和伸缩性，由于始终没有一个准确、客观的定义，法官在援用该制度排除外国法时，通常具有较大的自由裁量权。与此相对，强制性规范一般是一种相对具体的实体规范，法官在适用时的自由裁量权较为有限。基于同理，一国法院容易滥用公共秩序保留排除适用外国法或拒绝承认外国法院判决，这有可能导致其他国家利用对等原则采取报复措施，不利于建立积极、共赢的国际民商事秩序；与此相对，由于强制性规范通常是具体的实体法规定，且通常较少、适用条件比较严格，并开始延展包括准据法所属国与第三国的强制性规范，法院适用之一般不易引起他国的反对，在整体上有利于构建和谐共进的国际民商事秩序。

第四，公共秩序保留制度的功能仅限于维护法院地的社会公共利益，而晚近国际私法立法实践表明，随着强制性规范从法院地国强制性规则与准据法所属国的强制性规范扩展至第三国的强制性规范，其功能不再仅仅局限于对法院地国公共利益的维护。

第五，公共秩序保留是国际私法上历史最悠久的制度，而强制性规范是晚近才被确立的制度。基于同理，前者在理论上已经较为成熟，而后者还在不断地发展与变动之中。

三、中国的立法与实践

在学者的大力倡导下，强制性规范制度在《涉外民事关系法律适用法》有所体现。[1] 该法第 4 条规定："中华人民共和国法律对涉外民事关系有强制性规定的，直接适用该强制性规定。"由于这是我国国际私法立法首次明确引入强制性规范制度，因而被视为该法的一大亮点。

然而，由于上述规定过于粗陋，加之我国理论界与实务界对国际私法上强制性规范的认识与研究并不深入，导致该法实施后的几年内，屡次出现该条被错误适用的情况。例如，在 2012 年 "上海伽姆普实业有限公司与 Moraglis S. A. 承揽合同纠纷上诉案"中，[2] 上海市高级人民法院在判决中将《民法通则》第 142 条第 2 款作为《涉外民事关系法律适用法》第 4 条中的"强制性规定"，[3] 推导出该案若为涉外买卖合同纠纷则应适用《联合国国际货

---

〔1〕 不过，该法第 4 条的规定与学者的立法建议有较大区别。详见肖永平、龙威狄：《论中国国际私法中的强制性规范》，载《中国社会科学》2012 年第 10 期。

〔2〕 上海市高级人民法院（2012）沪高民二（商）终字第 4 号民事判决书。

〔3〕 该款规定："中华人民共和国缔结或者参加的国际条约同中华人民共和国的民事法律有不同规定的，适用国际条约的规定，但中华人民共和国声明保留的条款除外。"

物销售合同公约》的结论。在 2011 年"杨某诉钟某等海上人身损害责任纠纷案"中，[1] 广州海事法院通过援引《涉外民事关系法律适用法》第 4 条推导适用了《民法通则》第 146 条第 1 款，[2] 从而认定加害方和受害方的共同住所地法（中国法）是该案的准据法，误将一条冲突规范认定为"中华人民共和国法律对涉外民事关系的强制性规定"。[3]

鉴此，为弥补立法缺陷，并为法院适用强制性规范提供更加明确的指引，《法律适用法解释（一）》对强制性规范制度进行了较为细致的规定。《法律适用法解释（一）》第 8 条规定如下：

有下列情形之一，涉及中华人民共和国社会公共利益、当事人不能通过约定排除适用、无需通过冲突规范指引而直接适用于涉外民事关系的法律、行政法规的规定，人民法院应当认定为涉外民事关系法律适用法第四条规定的强制性规定：

（一）涉及劳动者权益保护的；
（二）涉及食品或公共卫生安全的；
（三）涉及环境安全的；
（四）涉及外汇管制等金融安全的；
（五）涉及反垄断、反倾销的；
（六）应当认定为强制性规定的其他情形。

除对何为我国国际私法上的强制性规定进行了一般性描述外，上述条款还以不完全列举的方式解决其可操作性问题。需要指出的是：最高人民法院当时在公布该司法解释时，以答记者问的方式对其中的关键条款进行了"解释"，其中，涉及第 8 条的核心观点包括：①强制性法律规范一定包含了本国社会公共利益的考量，这是国家加强对社会经济生活干预在国际私法法律适用领域中的突出表现之一。②上述的列举排序是根据法律与民生的相关程度进行的。③这里的"强制性规定"，与我国之前合同法上的所谓效力性、管理性、强制性规定不同，一定是适用于涉外民事关系的那类强制性规定，对此要从立法目的这一角度进行考察。④"强制性规定"的直接适用，与公共秩序保留条款一样，都是能够达到排除外国法适用目的的一项制度，因此，对于"强制性规定"的理解应当严格、谨慎，如果滥用，将会大大折损国际私

〔1〕 广州海事法院（2011）广海法初字第 373 号民事判决书。
〔2〕 该款规定："……当事人双方国籍相同或者在同一国家有住所的，也可以适用当事人本国法律或者住所地法律。"
〔3〕 参见卜璐：《国际私法中强制性规范的界定——兼评〈关于适用《涉外民事关系法律适用法》若干问题的解释（一）〉第 10 条》，载《现代法学》2013 年第 3 期。

法的积极作用，甚至带来消极后果。[1]

结合《涉外民事关系法律适用法》第 4 条、《法律适用法解释（一）》第 8 条以及最高人民法院关于该司法解释第 8 条的上述"解释"，可以看出我国国际私法上强制性规范的几个特点：

第一，我国国际私法上的强制性规范仅指法院地（即中国）的强制性规范，而不包括准据法所属国与第三国的强制性规范，这与欧盟国际私法有显著的不同。

第二，我国国际私法上的强制性规范是指国际强制性规范，必须与国内法上的强制性规范区别开来，而区别的主要依据是"立法目的"。

第三，对于国际私法上的强制性规范，应予以限制性解释，司法实践应严格、谨慎地适用之，以避免其架空国际私法体系。

【案例 5-15】 日立金融（香港）有限公司诉鑫宇投资股份有限公司等（以下两被告分别简称鑫宇投资公司、东莞鑫宇公司）融资租赁合同纠纷案。该案中，原告以融资租赁方式将设备出租给被告鑫宇投资公司，且被告东莞鑫宇公司向原告出具一份担保书，同意为被告鑫宇投资公司的《融资租赁协议》项下的债务向原告承担连带清偿责任。后被告鑫宇投资公司拒付租金，两名被告亦无意交还设备，而被告东莞鑫宇公司拒绝承担连带担保的责任，因此，原告向广东省东莞市第三人民法院起诉。在担保的法律适用问题上，该法院的论述如下：

虽然原告与被告东莞鑫宇公司对解决因《担保书》产生的纠纷所适用的准据法约定为中国香港特别行政区法律，但是由于我国内地实行外汇管制制度，作为内地企业的被告东莞鑫宇公司在为香港企业即被告鑫宇投资公司向境外金融机构即原告承诺履行担保义务时，必须经外汇管理部门批准、登记。被告东莞鑫宇公司签署的《担保书》约定适用香港特别行政区法律，规避了内地对外担保的审批、登记制度，根据《涉外民事关系法律适用法》第 5 条关于公共秩序保留的规定，审理被告东莞鑫宇公司为被告鑫宇投资公司提供的担保问题时应该适用我国内地的法律。[2]

本书认为，由于《法律适用法解释（一）》第 8 条明确规定，涉及外汇管制等金融安全事项，涉及中华人民共和国社会公共利益、当事人不能通过约定排除适用、无需通过冲突规范指引而直接适用于涉外民事关系的法律、行政法规的规定，人民法院应当认定为《涉外民事关系法律适用法》第 4 条规定的强制性规定，该法院应援用强制性规范直接适用我国内地法，而非通过援用公共秩序保留制度排除香港地区法律后再适用我国内地法。[参见二维码 5-6]

---

[1] 张先明：《正确审理涉外民事案件 切实维护社会公共利益》，载《人民法院报》2013 年 1 月 7 日，第 6 版。

[2] 广东省东莞市第三人民法院（2015）东三法民四初字第 136 号简易程序民事判决书。

本章二维码

5-1 案例 5-1 判例详细资料

5-2 第五章拓展阅读

5-3 案例 5-6 判例详细资料

5-4 案例 5-13 判例详细资料

5-5 案例 Loucks v. Standard Oil Co. 详细资料

5-6 案例 5-15 判例详细资料

第二编

法律适用

第六章

民事能力的法律适用

在讨论国际私法的主体时，我们已经知道，自然人与法人是国际私法关系的基本主体，并学习了如何解决自然人与法人的国籍与住所冲突。在解决了国籍与住所问题后，国际私法还需要关注这两类主体的民事能力问题，亦即自然人以及法人的权利能力与行为能力。

民事能力之所以是国际私法上的重要问题，盖因不同国家关于自然人与法人民事能力的法律规定存在较大差异，这使得该领域存在比较严重的法律冲突。具有民事能力是自然人与法人从事国际民事交往的前提，而不同国家在此领域的法律规定不同，必然会给国际民事交往的稳定与安全带来隐患。所以，作为解决国际民事法律冲突的法律部门，国际私法自然须认真对待其两类基本主体的民事能力问题。

第一节　自然人

一、权利能力

（一）概念

在大陆法系上，自然人的"权利能力"（Rechtsfähigkeit）是指自然人享有民事权利和承担民事义务的资格，是其作为涉外民事关系主体的前提和基础；在英美法系上，对应的概念为"人格"（personality），系指法律认可的作为人的法律地位或资格。[1] 与行为能力相比，权利能力只是一种静态的归属资格，不意味着一切权利、法益或法律关系会对权利主体自动发生。尽管如此，权利主体即便自己没有行为能力，赋予其权利能力也有重要意义，因为他可以因此取得法律效果。所以，拉伦茨说，确定某人具有权利主体资格，意味着将通过行使权利所获得的利益归属于权利主体。[2]

在现代民法上，基于"人生而平等"的理念，各国原则上以自然人生命

---

[1] Bryan A. Garner（ed.），*Black's Law Dictionary*，（9th ed.），St. Paul，Thomson Reuters，2009，p. 1258.

[2] 转引自龙卫球：《民法总论》，中国法制出版社 2002 年版，第 167 页。

的存续为条件，承认其权利能力。换言之，自然人因出生而取得权利能力，因死亡而消灭权利能力是各国普遍遵循的原则。职是之故，与其他事项相比，各国法律在该领域的法律冲突并不显著。不过，自然人的生命从何时开始，又于何时终止，这并不是一个单纯的事实标准问题，而是由法律采取一定的标准加以决断拟制的问题。受政治、经济、宗教、文化、历史等复杂因素的影响，各国立法与司法实践对出生和死亡的概念赋予了不同的含义，同时，现代医学与生物科技的发展也在不断挑战生命的传统观念。所以，自然人的权利能力领域还是出现了诸多法律冲突。

（二）法律冲突

如前所述，由于各国法律对"出生"和"死亡"概念的理解不同或作了不同规定，法律冲突不可避免。细言之，该领域的法律冲突主要表现在以下两个方面：

1. 在民事权利能力的开始方面，各国民法对"出生"的理解与规定有很大差异，概括起来有"阵痛说""与母体分离说""独立呼吸说""出生完成说""存活说""受孕说"等，而且随着社会伦理与科技的进展，相关理论与实践还在不断演进与发展中。例如，德国采用"出生完成说"，《德国民法典》第1条规定："人的权利能力，始于出生完成之时。"[1]葡萄牙与法国等国家则采用"存活说"，《葡萄牙民法典》第1条第1款规定为"人格始于完全出生且有生命之时"；[2]而《西班牙民法典》在此基础上进一步规定，婴儿与母体分离后必须存活24小时以上才被视为出生，才具有权利能力。[3]在美国，20世纪以来，联邦最高法院通过判例逐渐确立胎儿自怀孕的某个阶段后也具有"人格"，享有人的法律地位或资格。[4]《匈牙利民法典》则更加明确地规定："人，如活着出生，其权利能力应从受孕时起算。出生前第300天作受孕时间，但允许证明受孕时间早于或迟于第300日，出生日包括在300天内。"[5]可见，《匈牙利民法典》以人"活着出生"为前提，将权利能力开始的时间溯至"受孕之时"。我国《民法典》除一般性规定自然人的权利能力始于出生以外，还有条件地赋予胎儿在某些领域的民事权利能力。该法第16条规定，涉及遗产继承、接受赠与等胎儿利益保护的，胎儿视为具有民事权利能力。但是，胎儿娩出时为死体的，其民事权利能力自始不存在。

由于各国法律对于自然人权利能力开始的时间标准及相关具体规定不同，法律冲突不可避免地会产生，这在继承关系上表现得尤为明显。德国法学家马丁·沃尔夫（Matin Wolff）曾举例道：一个住所在法国的未婚法国女子与

---

〔1〕 陈卫佐译注：《德国民法典》，法律出版社2006年版，第3页。

〔2〕 唐晓晴等译：《葡萄牙民法典》，北京大学出版社2009年版，第17页。

〔3〕 《西班牙民法典》第30条，载 http://www.wipo.int/edocs/lexdocs/laws/en/es/es122en.pdf，最后访问日期：2017年2月1日。

〔4〕 如：*Roe v. Wade*, 410 U.S. 113, 1973.

〔5〕 转引自李双元、温世扬主编：《比较民法学》，武汉大学出版社1998年版，第97页。

一个住所在英格兰的英国男子同居，生下一无生存能力的婴儿。出生不到1个小时，该婴儿即夭折。但该英国男子在婴儿出生前已死亡，并且立下遗嘱，指定该婴儿为其遗产的继承人。在这种情况下，如依继承关系准据法所属国——英格兰的法律，该婴已取得了权利能力，具有继承人的资格，因而得继承该男子的遗产。但是，如依据婴儿的国籍国法——法国法，该婴儿尚未取得权利能力，不得为继承人。[1] 所以，该男子的财产就成了无主财产![2]

2. 在民事权利能力终止方面，各国均以自然人的死亡为权利能力的终期，但是，对于何时为死亡，即在生理死亡的标志以及在宣告死亡的具体规定方面，各国立法及司法实践有较大分歧。"生理死亡"，又称自然死亡，是指自然人的生命最终结束的客观事实。关于自然死亡的时间界限，各国采用的标准不尽相同，有"呼吸停止说""心跳停止说""脉搏停止说""脑死亡说"等。自然人死亡后，涉及婚姻关系终止、遗产继承开始、债务清偿等一系列问题。所以，各国法律对于自然死亡时间界定的不同，必然会使自然人的权利能力产生冲突。

在宣告失踪和宣告死亡方面，各国的法律规定的差异更为明显。主要体现在以下几个方面：①有的国家同时存在宣告失踪和宣告死亡制度，如我国，而有些国家则只是作单方面规定，如日本仅有宣告失踪制度。[3] ②失踪宣告或死亡宣告的时间各异。例如，《日本民法典》规定自然人生死不明须满7年才能宣告失踪；[4] 而依据我国《民法典》，自然人生死下落不明满2年可宣告失踪，满4年可宣告死亡。③失踪宣告或死亡宣告发生效力的日期不同。有的主张以宣告之日起发生效力；有的主张从最后消息日发生效力；有的主张依宣告所认定的死亡之日起发生效力。④宣告失踪与宣告死亡的实际法律后果不同。此外，一些国家关于"推定存活"（presumption of life）制度的规定也有所不同。[5]

各国关于宣告失踪与宣告死亡制度的不同规定也会使自然人的权利能力产生冲突。例如，中国公民李某长期在日本居住，如果生死不明满5年，那么，根据其本国法——中国法，他可以被宣告死亡；而依据其定居国法——日本法律，满7年者才可以被宣告失踪，且日本没有宣告死亡制度。这样一来，就产生了自然人的权利能力的法律冲突以及由此而引起的法律适用问题。

（三）法律适用

综上可知，尽管世界各国普遍遵循自然人因出生而取得权利能力、因死

---

[1] 《法国民法典》第903条第3款规定："赠与与遗嘱仅对婴儿出生时能生存者，发生效力。"

[2] ［德］马丁·沃尔夫：《国际私法》（上卷），李浩培、汤宗舜译，北京大学出版社2009年版，第308页。

[3] 《日本民法典》第30条。参见渠涛编译：《最新日本民法》，法律出版社2006年版，第11页。

[4] 《日本民法典》第30条。参见渠涛编译：《最新日本民法》，法律出版社2006年版，第11页。

[5] 推定存活是指在数个相互有继承权的自然人同时死亡，而依事实不能确定死亡先后顺序的情况下，法律明确规定他们的死亡顺序的制度。

亡而消灭权利能力的原则，但由于各国民法对"出生"和"死亡"概念的理解不同或作了不同规定，该领域依然存在一定程度的法律冲突。鉴此，国际私法上需要解决自然人权利能力的法律冲突问题。依据各国国际私法的立法和司法实践，解决自然人权利能力的法律冲突，大致有以下三种做法：

第一，适用当事人的属人法。"自然人的权利能力由其属人法支配"最早可以追溯到法国的法则区别说时代。到了近代，这一冲突规则被大多数国家的法典所采纳，目前已经得到各国公认。采用这种做法的理由主要是：权利能力是自然人的基本属性，特定人的这种属性是受一国伦理、历史、社会、经济、政治等方面的条件决定的。需要指出的是，尽管属人法得到各国普遍采纳，但不同国家对属人法的理解并不一致：大陆法系国家大多主张属人法是指国籍国法，或称本国法；英美法系国家通常认为属人法系指住所地法。

第二，适用法院地法。采用法院地法的理由是：自然人的权利能力涉及法院地国的公共利益，关系到法院地国法律的基本原则。所以，认定自然人的权利能力应按照法院地法。"法院地法说"的理由并不充分，而且容易导致当事人"挑选法院"，因此，采用这种做法的国家很少。

第三，适用有关法律关系准据法所属国的法律。这种做法是将权利能力附属于特定的涉外民事法律关系，即特定的涉外民事法律关系应适用的准据法，同时又是该法律关系各方当事人权利能力的准据法。该做法的理由是：权利能力本质上是特定的人在特定的涉外民事法律关系中能否享有权利和承担义务的能力问题，故适用有关法律关系准据法所属国的法律是最妥当的。如权利能力涉及合同关系，则应适用合同准据法所属国的法律制度；如权利能力涉及物权关系，则应适用物权关系准据法所属国的法律判定等。这种做法固然具有其合理性，但忽视了权利能力问题的相对独立性。所以，仅有极少数国家采用。

我国主流国际私法学者认为，既然自然人的权利能力同其本身关系最为密切，故适用属人法作为自然人权利能力的准据法是最合理的；但因属人法原则有不可克服的弊端，对属人法内容作某种补充和改革是完全必要的。此外，如果在某些情况下，适用法院地法或法律关系准据法对案件的处理更为公平合理，也不应排除法院地法或有关法律关系准据法所属国法律。只有这样，才有利于自然人权利能力的稳定和国际民商事交往的发展。[1]

二、行为能力

（一）概念

在大陆法系上，自然人的"民事行为能力"（Geschäftsfähigkeit），是指自然人通过自己的行为引起民事法律关系发生、变更和消灭，并承担相应法律后果的能力，包括取得民事权利、履行民事义务和承担民事责任的能力。在

---

[1] 赵相林主编：《国际私法》，中国政法大学出版社 2014 年版，第 127 页。

英美法系上，对应的概念为"能力"（capacity），系指缔结或产生法律关系的"权力"（power）或"权能"（competence）。[1]

自然人的权利能力始于出生，终于死亡；但是，自然人必须符合一定的条件，法律才赋予其行为能力。换言之，不是每一个具有权利能力的自然人都具有行为能力。关于取得行为能力的条件，世界各国立法的规定并不一致，从比较法上看，各国一般以自然人的发育成长年龄为主要衡量指标，并以精神具体发育情况为补充，建立了主要依据年龄和精神健全双重标准的抽象判断模式。达到法定成年年龄的自然人，如果没有极端精神不正常的情况，原则上视为具有完全行为能力，得为有效法律行为，否则视为欠缺行为能力。

有的国家依年龄和精神状况采取二分制，分为有民事行为能力和无民事行为能力；有的采用三分制，分为完全行为能力人、限制行为能力人和无行为能力人。[2] 由于各国法律对成年年龄、构成限制民事行为能力的条件以及采取的区分制度不尽相同，在国际民事交往中，有关自然人行为能力的法律冲突问题遂不可避免。

（二）法律冲突

以比较法的视角观之，我们可以发现，各国关于成年年龄与构成限制民事行为能力的法律规定存在较为明显的冲突。

1. 关于法定成年年龄，各国法律规定不一。世界各国民事立法均以成年作为自然人享有完全行为能力的年龄标准。成年人一般已经具有相当的知识和社会经验，并且能理智地判断与预见自己行为可能产生的法律后果，所以，法律一般赋予其完全行为能力，使其能够不依赖他人而有意识地独立从事民事活动。由于世界各地、各种族的人们在生理发育等方面的差异很大，各国所规定的成年年龄也有所不同。

在早期，各国关于成年年龄的差异尤为明显，譬如，西班牙曾规定 25 岁成年，德国、法国、荷兰、比利时等国曾以 21 岁为成年年龄。到当代，随着民族的融合与生活水平的整体提高，越来越多的国家将 18 岁定为成年年龄。即便如此，仍有一些国家的规定与此不同。例如，沙特阿拉伯、伊朗、也门等国规定 15 岁成年；古巴、越南、缅甸、柬埔寨等国规定 16 岁成年；东帝汶、朝鲜等国规定 17 岁成年；阿尔及利亚、韩国、加拿大不列颠哥伦比亚等数省、美国阿拉巴马等数州规定 19 岁成年；日本、新西兰等国规定 20 岁成年；[3] 巴林、科威尔、美国密西西比等数州规定 21 岁成年。[4]

各国法律关于成年年龄的规定不同，有可能导致某人在甲国是完全行为

---

[1] Bryan A. Garner（ed.），*Black's Law Dictionary*，（9th ed.），St. Paul，Thomson Reuters，2009，p. 235.

[2] 参见龙卫球：《民法总论》，中国法制出版社 2002 年版，第 221 页。

[3] 根据修正后的《日本民法典》，自 2022 年 4 月 1 日开始，日本公民满 18 岁即为成人。此次日本改变"成人"的定义，旨在促进年轻人自立和社会活性化。

[4] https://en.wikipedia.org/wiki/Age_of_majority#Age_15，最后访问日期：2017 年 2 月 28 日。

能力人，而在乙国则成为限制行为能力人。这种法律冲突直接关系到自然人是否具有民事主体地位，进而影响到相关行为的效力。例如，一个 19 岁的日本人在北京与一个中国人签订合同，依据该日本人的本国法——日本法，他尚未成年，可据此撤销合同；[1] 然而，依据行为地法——中国法，他已成年，具有完全民事行为能力，必须承担合同义务。

2. 关于限制民事行为能力的条件，各国法律也存在明显冲突。在不少大陆法系国家，曾长期有禁治产制度。概言之，该制度滥觞于罗马法，是为了保护虽达到成年年龄但由于先天或后天原因造成其能力低下的人的利益，而禁止或限制其处分自己财产的制度。该制度曾为法国、德国、日本、瑞士、奥地利、意大利等诸多大陆法系国家民法典所承袭。目前仍有部分国家及地区保留了禁治产制度，其中包括意大利、埃塞俄比亚、瑞士等，而大部分国家已废止该制度而以其他制度所替代。[2]

废止或改革禁治产制度盖因旧的禁治产制度未能在实践中达到维护精神障碍者利益的初衷，也反映了当代立法更加关注个人自由的价值追求。[3] 例如，法国于 1968 年 1 月 3 日废除了《法国民法典》的禁治产与准禁治产宣告制度，对精神病人、精神不正常者和生活态度浪费者，舍弃过去司法抽象拟制的做法，不再通过司法拟制抽象剥夺或限制其行为能力，转而进行个案审查，通过实际衡量其精神正常与否，确定其有无行为能力。再如，德国于 1990 年 9 月 12 日公布、1992 年 1 月 1 日生效的《对成年人监护及照顾法律的改革法》全面废止了禁治产宣告制度，代之以新的"照管制度"。目前，德国在确定成年人的行为能力时，也采取个案审查，在个案中通过确定本人实际的精神状况加以判断。[4] 又如，日本于 2000 年 4 月 1 日实施了《有关成年人监护的法律》，该法废止了一个多世纪的禁治产制度，代之以新的成年监护制度。[5] 由于有的国家保留禁治产制度，有的国家废止或改革了此项制度，并在司法实践中采用更加灵活的判断标准，该领域的法律冲突因而更加复杂，更具不确定性。

（三）法律适用

与自然人的权利能力相比，各国关于自然人的行为能力的法律冲突更加明显，且行为能力直接关系自然人是否有能力取得民事权利、履行民事义务和承担民事责任，各国国际私法立法因而对该领域的法律冲突更加重视。以比较法的视角观之，各国国际私法立法与理论在解决自然人行为能力的法律冲突上立场不一致，且经过了一个历史演进过程。

---

[1] 参见《日本民法典》第 4 条与第 5 条。渠涛编译：《最新日本民法》，法律出版社 2006 年版，第 4 页。
[2] 赵相林主编：《国际私法》，中国政法大学出版社 2014 年版，第 131 页。
[3] 参见龙卫球：《民法总论》，中国法制出版社 2002 年版，第 230 页。
[4] 黄立：《民法总则》，中国政法大学出版社 2002 年版，第 85 页。
[5] 赵相林主编：《国际私法》，中国政法大学出版社 2014 年版，第 131 页。

1. 属人法。早在意大利的法则区别说时代，自然人行为能力适用其属人法这一冲突规则就被提出，后来逐渐被世界各国普遍承认和采用。不过，在19世纪以前，属人法仅指住所地法。19世纪以后，越来越多的大陆法系国家将属人法理解为国籍国法。细言之，1804年《法国民法典》第3条第3款规定：关于个人身份与法律上能力的法律，适用于全体法国人，即使其居住于外国时亦同，[1] 这一规定对后世各国立法产生了深远影响。19世纪中叶，经过意大利法学家孟西尼的大力提倡，大部分欧陆国家将国籍确立为属人法的连结因素，从而开启了属人法上本国法和住所地法的分野。

质言之，国籍取代住所成为确立属人法的连结点在理念上源于法国大革命产生的民族意识及其在意大利等国争取民族独立进程中的进一步增强；而从外部环境看，19世纪也是欧洲国家大量移民美洲与澳洲的时期，采取国籍国法原则，有利于这些国家继续控制这些移民。与此相对，美国、加拿大、新西兰等接受移民的国家则一直坚守住所地法为属人法的理论与实践，自然也是基于本国利益的考量。关于此点，本书在介绍国际私法的发展史时曾有专门介绍，此处不再赘述。

主张以国籍国法（本国法）作为行为能力的准据法的理由有：①各国法律皆采取成年制度决定人的行为能力，而决定人的成年年龄与人身发育状况有很大关系，人的发育状况受其地域、人种、气候、风土等地理条件的影响甚巨，所以，以本国法作为决定人的行为能力的准据法，最为妥善。②当事人与国籍的关系最密切，且不易变更，故以本国法作为行为能力的准据法，较为合理。③双重国籍和无国籍问题虽有时发生，但不如复数住所或无住所问题那么多，况且关于住所和居所的观念，各国并不一致，且不确定。④适用当事人的本国法，是尊重当事人所属国的主权。目前，大部分大陆法系国家以本国法确定自然人的行为能力。

主张以住所地法作为行为能力的准据法的理由有：①不问当事人的国籍，径以住所地法作为行为能力的准据法，比较合乎内外国人平等原则。②住所是由个人的自由意思而设立的，表明他有遵守住所地法的意愿。③住所是个人利益的中心基地，以住所地法决定人的行为能力比较合理。④一国法院在处理涉外案件时，如当事人具有多重国籍或无国籍，多以住所地法为属人法。因此，以住所地法决定人的行为能力比较方便。⑤在复合法域国家内，欲适用当事人的本国法，常不可能，故以住所地法决定人的行为能力，较为妥善。⑥在外国人移入居住众多的国家，以住所地法作为行为能力的准据法，较能保证内国的利益。目前，绝大部分英美法系国家和丹麦、挪威、冰岛以及拉丁美洲的一部分国家，仍以住所地法作为自然人行为能力的准据法。[2]

---

[1] 《拿破仑法典》，李浩培、吴传颐、孙鸣岗译，商务印书馆2006年版，第1页。

[2] *James Fawcett & Janeen M. Carruthers*, *Cheshire*, *North & Fawcett Private International Law*（14th ed.），Oxford：Oxford University Press，2008，pp. 179-181.

客观而言，本国法与住所地法均有其合理性，但均有其缺陷。一方面，就本国法而言，其不足之处包括：①如果自然人很早就离开其国籍国而在他国定居，始终以国籍作为确立其属人法的连结因素，其合理性与关联度显然不足。②对于双重国籍者及无国籍者，本国法无法有效适用。③对于中国、美国、澳大利亚等多法域国家，用国籍作为确立其公民属人法的连结点，在很多情况下没有实际意义。另一方面，就住所地法而言，其缺陷有：①在不少情况下，住所，尤其是原始住所，往往同自然人的关联不大，遑论其自由意思或利益中心的体现；②确定自然人的住所须探究其主观意愿，这必然会招致不确定性。[1]

由此可见，本国法与住所地法皆难称完美。对此，戚希尔和诺斯的总结甚为经典："对于确定属人法而言，国籍具有可预见性，但常导致适用不适当的法律；住所虽似恰当，但往往导致适用的法律不具有可预见性。"[2] 这再次印证了法国国际私法学者梅耶（Mayer）的论断，"就冲突法而言，其实根本没有十全十美的解决方法，我们所能做的不过是避免最糟糕的方法而已"。[3] ［参见二维码拓展阅读6-1］

2. 属人法的限制。以属人法作为人的行为能力的准据法，对于保护欠缺行为能力人的利益是很适合的。但是，严格贯彻属人法原则，对内国交易的安全会有不利影响。因为本国人在其国境内与外国人进行交易时，很难了解对方依其属人法是否有行为能力，从而判定其行为是否有效。因此，为保护相对人或善意当事人的利益与内国交易的安全，当代大部分国家对属人法的适用都设有一定的限制，主要有：

第一，行为地法对属人法的限制。很多国家的法律规定，外国人在内国的民事行为能力，依属人法无行为能力而依内国法有行为能力者，应视为有行为能力，以维护法院地国的交易安全与善意当事人的利益。这种限制始于1794年的《普鲁士邦一般法典》，现被许多国家采纳。1861年，法国最高法院在李查蒂案（Lizardi's Case）中也确认了属人法受行为地法的限制这一原则，该案对不少国家的国际私法立法与实践产生了影响。

【案例6-1】 该案被告李查蒂系墨西哥人，时年22岁。他在法国签署了8万法郎的期票，向巴黎一位商人（即本案原告）购买珠宝。待原告要求其付款时，他予以拒绝，理由是：订立合同时，依其属人法即墨西哥法，他没有成年（依彼时墨西哥法，25岁为成年，而当时法国法规定21岁成年）。法国最高法院审理认为，法国人并无知悉所有外国之不同法律以及有关成年

〔1〕 霍政欣：《国际私法》（英文版），对外经贸大学出版社2015年版，第250页。

〔2〕 *James Fawcett & Janeen M. Carruthers*, *Cheshire*, *North & Fawcett Private International Law*（14th ed.），Oxford：Oxford University Press，2008，pp.181.

〔3〕 P. Mayer，Droit International Privé，Paris：Montchrestien（4th ed.），1991，p.12.

的规定的必要，……只要法国人无轻率或不谨慎，且以善意与之交易者，其所缔结的契约，应属有效。这实际上就是主张：依法国法，李查蒂已经成年；法国卖方在缔结合同时，并无轻率或不谨慎，且是善意的，应该予以保护。[1]

第二，不动产所在地法对属人法的限制。有关不动产的行为能力，一般不适用当事人属人法，而适用物之所在地法。如《泰国国际私法》第 10 条第 2 款规定："对于不动产的法律行为能力，依不动产所在地法。"

此外，英美国家的法院在审判实践中主张，即使当事人本国对其行为能力有限制性规定，但如果这些规定不为内国法院所知晓，则内国法院无须适用该限制性规定。这实际上也是对属人法的限制。

总之，关于自然人行为能力的准据法，国际上的通行做法是：原则上依当事人属人法，但有两个例外或限制，一是处理不动产的行为能力适用物之所在地法；二是有关商务活动的当事人的行为能力可以适用行为地法，即只要其属人法或行为地法认为自然人有行为能力，则应认为有行为能力。[参见二维码拓展阅读 6-2]

三、中国的法律规定

(一) 经常居所作为属人法的首要连结点

需要强调的是，在自然人的属人法上，《涉外民事关系法律适用法》既没有因循大陆法系国家的本国法原则，也没有采纳英美法系国家的住所地法原则，而将经常居所地作为确定自然人属人法的首要连结点。这一做法被称为该部立法的一大亮点。[2]

关于《涉外民事关系法律适用法》为何将经常居所确立为自然人属人法的首要连结点，依本书之见，立法者应主要基于以下几个方面的考量：①在当代社会，经常居所通常与自然人的联系更为紧密，在属人法事项上适用经常居所地法通常符合当事人的预期，亦具合理性。②在司法实践中，当事人出于便利等因素考虑，通常在其经常居所地法院提起民事诉讼。在属人法事项上适用经常居所地法，因而有助于扩大法院地法的适用，减轻司法负担。③我国是一个多法域国家，对我国公民而言，大陆居民与港澳台居民在属人法事项上用国籍确定应适用的法律，没有实际意义。④由于海牙国际私法会议在晚近国际条约中使用旨在弥合本国法与住所地法的惯常居所（经常居所）

---

[1] 案情详见韩德培主编：《国际私法新论》，武汉大学出版社 1997 年版，第 236~237 页。

[2] 黄进、姜茹娇主编：《〈中华人民共和国涉外民事关系法律适用法〉释义与分析》，法律出版社 2011 年版，序言第 4 页。

地法作为属人法，我国立法的做法因而可视为体现了晚近国际私法的发展趋势。[1]

不过，令人遗憾的是，《涉外民事关系法律适用法》虽将经常居所提升到如此重要的地位，但它并未对这一重要术语予以定义。为填补立法缺漏，《法律适用法解释（一）》中对经常居所进行了界定，该司法解释第13条规定："自然人在涉外民事关系产生或者变更、终止时已经连续居住一年以上且作为其生活中心的地方，人民法院可以认定为涉外民事关系法律适用法规定的自然人的经常居所地，但就医、劳务派遣、公务等情形除外。"

由此可见，一方面，我国在司法实践中对经常居所地的认定以连续居住1年为基本客观要件，以排除当事人通过短期居住更改属人法的可能性；另一方面，引入生活中心地标准，通过比较各地点与当事人联系的强弱，以确定其经常居所地。[2] 此外，上述条款还排除了就医、劳务派遣、公务等明显不构成自然人生活中心的情形。上述规定旨在填补立法空白，为司法提供较为明确的指引，可以在一定程度上提高法律适用的可预见性，其积极意义自不待言。

尽管如此，上述条款在司法实践中依然存在一些不够明确的地方：①连续居住满1年，何谓"连续"？短暂性地离开居所是否构成计算时间的中断或中止？譬如，在深圳，有大量香港居民周一至周五在内地工作与生活，周末则返回香港与家庭成员团聚。在这种情况下，香港居民在内地的居住是否构成"连续"？[3] ②该条将生活中心作为确定经常居所的一个标准，但何谓"生活中心"？这是一个纯粹的事实，还是需要探究当事人的主观意思？显然，上述司法解释无法对上述问题予以明确回答，这势必给法官在个案中确定经常居所地带来一些不确定性。关于经常居所地的认定，近年来，一些人民法院在涉外审判实践中积累了一些有价值的判例。

【案例6-2】 "郭某闵、李某珍与青岛昌隆文具有限公司股东资格确认纠纷案"[4] 该案从1999年历经多级法院反复审理和最高人民法院提审，终于2016年12月由山东省高级人民法院（以下简称山东高院）作出终审判决。该案主要问题涉及中国大陆一家中外合资企业的股权的继承；该公司股东是一家美国公司；该美国公司的股东郭某伟拥有美国护照，同时是我国台湾地

---

〔1〕 Zhengxin Huo, "Reshaping Private International Law in China：The Statutory Reform of Tort Conflicts"，*Journal of East Asia and International Law*，5（2012），93，94. Zhengxin Huo, "An Imperfect Improvement：The New Conflict of Laws Act of the People's Republic of China"，*Int'l & Comp. LQ*，60（2011），1065，1070.

〔2〕 参见薛童：《论作为自然人生活中心的经常居所地》，载《国际法研究》2015年第6期。

〔3〕 Zhengxin Huo, "Two Steps Forward, One Step Back：A Commentary on the Judicial Interpretation on the Private International Law Act of China"，*Hong Kong Law Journal*，43（2013），685，707.

〔4〕 山东省高级人民法院（2016）鲁民终2270号民事判决书。

区居民；郭某伟去世后，其妻子李某珍和父母为该公司股权发生争议；李某珍系再婚，与前夫育有子女，她是我国台湾地区居民；法院需要处理以下问题：①美国公司的主体资格和股权归属；②郭某伟死亡后的股权继承；③股权是否属于夫妻财产，依据何地法律分配；④法定继承适用何地法律等。[1]

由于对于处理涉外继承关系和夫妻财产关系，《涉外民事关系法律适用法》将经常居所作为连结点，因此，如何判断被上诉人李某珍与郭某伟的经常居所地遂成为本案关键。在该案中，山东高院对如何认定"经常居所地"论述如下：

在自然人经常居所的判定上，《法律适用法解释（一）》采取的是一种叠加标准，即包含两个构成要素：一是"连续居住1年以上"；二是"作为其生活中心的地方"。只有具备了上述两个要素，才能被认为是经常居所。但是，对于何为"连续居住1年以上"，是绝对连续，还是相对连续；是要求连续居住12个月甚至365天以上，还是要求居住时间不少于多少个月或日，上述司法解释并未明确，需要法院在个案中予以判断确认。对于如何认定"作为生活中心的地方"，亦需要法院加以解释。

山东高院认为，所谓"连续居住1年以上"，并不是一种绝对连续状态，而是指一种相对持续的居住状态，在居住期间，即使当事人因工作派遣、短期学习、出国旅游、赴外就医等原因导致其不能始终居住在某一地，但只要其居住状态是相对持续的，且达到1年以上，并不影响对其经常居所的判断。而对于"作为其生活中心的地方"这一标准，则既要注重考察当事人的主观意愿，又要看当事人的客观生活状况，然后进行综合判断。即从当事人的主观意愿、家庭生活、社会关系、主要职业、财产状况等各方面进行综合考察。就两个标准之间的关系而言，该法院认为，二者除了是并列条件的关系，还是判断时重要的相互参考因素。也就是说，在判断是否连续居住时，除了要看当事人在某地居住的连续状态，还要看当事人主观上是否有将其作为生活中心的居住意图。在判断当事人是否将某地作为生活中心时，除了要看当事人主观上的居住意愿，还要看当事人的持续居住状态。[参见二维码6-2]

（二）民事能力的法律适用

在2010年前，我国立法没有关于自然人权利能力的法律适用规则，《涉外民事关系法律适用法》填补了该领域的立法空白，该法第11条规定："自然人的民事权利能力，适用经常居所地法律"；第13条规定："宣告失踪或者宣告死亡，适用自然人经常居所地法律。"可见，我国国际私法立法用经常居所地作为确立自然人权利能力法律适用的连结点。

关于自然人的行为能力，在2010年之前，我国立法与司法实践曾有过规

---

〔1〕　杜涛：《国际私法烧脑案例选：一起公司股东资格确认纠纷引发的思考》，载"华政外国法查明"微信公众号，2017年1月20日推送。

定，但较为粗陋。《民法通则》第 143 条规定："中华人民共和国公民定居国外的，他的民事行为能力可以适用定居国法律。"上述规定显然过于简陋，主要有三点不足之处：①在主体方面，只规定了中国公民在国外的民事行为能力的法律适用，而未规定外国人在我国境内民事行为能力的法律适用。②语句不完整，在法律条文中，"可以"不是必须，它应还包含其他选择。③对该条中的"定居"一词并非法律概念，在理解上易产生歧义。[1]

为弥补上述立法缺陷，最高人民法院公布的《民通意见》对自然人的权利能力作了进一步的补充。《民通意见》第 179 ~ 181 条规定：①定居国外的我国公民的民事行为能力，如其行为是在我国境内所为，适用我国法律；在定居国所为，可以适用其定居国法律。②外国人在我国领域内进行民事活动，如依其本国法律为无民事行为能力，而依我国法律为有民事行为能力，应当认定为有民事行为能力。③无国籍人的民事行为能力，一般适用其定居国法律；如未定居的，适用其住所地国法律。

然而，遗憾的是，上述三条司法解释不仅逻辑不清、措辞不准确，而且缺乏可操作性。①上述三个条款也使用了"定居"等含义不确切的表述；不仅如此，第 179 条使用了我国"境内"，而第 180 条使用了我国"领域内"的措辞。在同一个法律文件中的相邻两条使用了不同的表述，理应具有不同的含义，但看不出两者在该司法解释中的含义究竟有何区别。②在司法实践中，第 181 条几乎没有实践操作性。因为按一般理解，定居只是一种客观事实，而住所不仅需要有客观要件，还需要有主观要件。换言之，自然人获得住所，其难度明显高于其定居。所以，在自然人未定居的情况下，其如何能有住所？尽管上述司法解释的规定随着《民法通则》被废止成为历史，但对其进行回顾与分析，方能完整展示我国法律演进与新陈代谢的过程。

可喜的是，《涉外民事关系法律适用法》对自然人民事行为能力的法律适用作了较为系统的规定。该法第 12 条规定："自然人的民事行为能力，适用经常居所地法律。自然人从事民事活动，依照经常居所地法律为无民事行为能力，依照行为地法律为有民事行为能力的，适用行为地法律，但涉及婚姻家庭、继承的除外。"

上述规定对自然人的民事行为能力进行了全面规定，它将经常居所地法确立为自然人行为能力法律适用的基本原则，并加入了行为地对经常居所地的限制，以维护行为地的交易安全与善意相对人的利益，在整体上与晚近国际私法立法的发展趋势相一致。之所以将婚姻家庭、继承排除在行为地限制之外，盖因立法者担心当事人利用这一规定达到法律规避的目的。

---

〔1〕 赵相林主编：《国际私法》，中国政法大学出版社 2014 年版，第 136 页。

第二节　法人

一、相关概念及法律冲突

法人是指按照法定程序设立，有一定的组织机构和独立的财产，并能以自己的名义享有民事权利和承担民事义务的社会组织。法人的权利能力，是指法人依法享有民事权利和承担民事义务的资格。与自然人一样，法人也具有权利能力，也有权获得民事权利和承担民事义务，不过，那些以人的自然属性为前提的权利与义务除外。这就是法人的一般权利能力。但是，对法人而言，其之所以能成为与自然人相提并论的民事主体，系为了达到自然人无法或难以达到的目的与事业，法律特别授予法人参与民事活动的资格。因此，法人的权利能力是不同于自然人权利能力的一种特殊的权利能力，受其自身性质与法令的限制。[1]

法人的行为能力是法人以自己的名义和意思独立进行民事活动，取得民事权利和承担民事义务的能力。以比较法为视角观之，由于不同国家对法人的本质认识不同，关于法人是否有民事行为能力，不同国家的规定并不一致。[2] 在我国，依据《民法典》，法人具有民事权利能力与民事行为能力。

与自然人的权利能力和行为能力相比，法人的权利能力和行为能力有如下特点：①法人的权利能力和行为能力同时产生，同时消灭。法人一经成立，就在同一时刻产生民事权利能力和民事行为能力；而且在法人续存的整个期间，民事权利能力与民事行为能力始终伴随，并随着法人的终止而消灭。②法人的权利能力和行为能力的范围相同。法人的权利能力和行为能力的范围是一致的，即法人民事行为能力的范围应以法人权利能力的范围为限制标准，具体范围以法人成立时核准登记的经营范围为限。所以，法人的权利能力与行为能力是特殊的权利能力与特殊的行为能力。③法人的民事行为能力是以团体意思为前提，通过法人的机关来实现，法人的行为，其法律后果由法人承担。由于法人的权利能力和行为能力在时间与范围上完全一致，因此，两者法律冲突的解决可以采取完全一致的规则。

以比较法为视角观之，各国民法关于法人的本质与概念、设立条件与程序、权利能力与行为能力、变更与中止等规定不尽相同，差异明显。例如，在法国和意大利，私人之间通过签订合同而成立的经济组织，无论是公司还是合伙，法律上都承认其具有法人资格，而英国、德国和瑞士等国则不允许把单纯的合伙作为法人实体看待；在法人的设立程序上，各国采用的程序不一，有自由设立、特许设立、核准设立、准则设立及强制设立等不同的设立

---

[1]　李双元、温世扬主编：《比较民法学》，武汉大学出版社 1998 年版，第 128 页。

[2]　马俊驹、余延满：《民法原论》，法律出版社 2010 年版，第 123 页。

程序；在法人的解散问题上，有的国家规定法人因自己的决定或破产而解散，有的国家还规定法人可因违背善良风俗而解散；等等。[1] 这样一来，在国际私法实践中，法人的权利能力与行为能力常常发生法律冲突。

二、法人能力的法律适用

（一）各国的通行做法

解决法人权利能力和行为能力的法律冲突，国际上通行的做法是依法人属人法的规定，也就是依法人的国籍或住所（或经常居所）所属国的法律规定。但是，如本书第一编第三章第二节所述，各国对于如何确定法人的国籍或住所还存在较大分歧。

在实践中，许多国家的法律规定，外国法人只有在内国法所许可的范围内才享有权利能力与行为能力，才能从事相应的民商事活动；超出这个范围，即使是该外国法人依其本国法可以享有的能力，在内国依然不能被其享有。换言之，外国法人在内国活动，其在内国的权利能力、行为能力的范围，实际上必须重叠适用其本国法和内国法，受到其本国法和内国法的双重限制。

因此，一个外国法人在内国被承认为法人后，虽具有法人的一般权利能力，并不意味着可以自由地在内国享有任何权利或进行任何活动。外国法人在内国享有什么权利和进行什么活动，即它在内国的特别权利能力的范围，除应受它的属人法支配外，还必须同时受内国法支配。除条约另有规定外，每个国家都有权自由规定外国法人在内国享有权利和进行活动的范围。例如，俄罗斯法律规定，外国法人不得在俄国边疆区获得土地所有权，不管依其属人法是否能享有这种所有权；俄罗斯还设置了 45 种战略性项目，严格限制外国法人进入；[2] 俄罗斯法律甚至禁止外国法人在俄境内从事人寿保险业。

原则上，一个国家如何规定外国法人在内国的权利能力，主要取决于该国政权的性质、对外政策及其与外国法人所属国的关系。一般说来，外国法人被承认后，可以在其章程的范围内享有内国同类法人所享有的权利，但不能享有较内国同类法人更多的权利。特别是外国法人如要在内国从事营业活动，内国完全可以根据自己的法律，按照各类法人的不同情况，加以限制甚至禁止。

（二）中国的立法与实践

《公司法》第 248 条规定，经批准设立的外国公司分支机构，在中华人民共和国境内从事业务活动，应当遵守中国的法律，不得损害中国的社会公共利益，其合法权益受中国法律保护。由此可见，对于外国法人，其在中国的

---

[1] 详见李双元、温世扬主编：《比较民法学》，武汉大学出版社 1998 年版，第 114~139 页。

[2] 包括国防军工、核原料生产、核反应堆项目的建设运营、用于武器和军事技术生产必需的特种金属和合金的研制生产销售、宇航设施和航空器研究、密码加密设备研究、天然垄断部门的固定线路电信公司、联邦级的地下资源区块开发、水下资源、覆盖俄罗斯领土一半区域的广播媒体、发行量较大的报纸和出版公司等。

民事权利能力与行为能力，应重叠适用其本国法和中国法。

不过，上述规定仅规定了外国法人在我国行为能力的法律适用，无法涵盖所有涉外情况下法人民事能力的法律适用问题。相形之下，《涉外民事关系法律适用法》对该问题作了更加全面的规定，该法第 14 条规定："法人及其分支机构的民事权利能力、民事行为能力、组织机构、股东权利义务等事项，适用登记地法律。法人的主营业地与登记地不一致的，可以适用主营业地法律。法人的经常居所地，为其主营业地。"与之前的立法相比，《涉外民事关系法律适用法》第 14 条的规定明显不同。正确把握该条含义，应注意以下几点：

第一，该条的调整范围比较宽泛，包括法人及其分支机构的民事权利能力、民事行为能力、组织机构、股东权利义务等事项。鉴于我国法律也将注册登记地作为确定法人国籍的标准，该条规定在一定程度上可以被视为扩大法人属人法的做法。以比较法为视角观之，这种扩大法人属人法适用范围的做法为当代许多国家的法律所采纳。[1]

第二，依据该条，法人的能力等事项原则上适用登记地法律，但在法人的主营业地与登记地不一致时，可以选择适用登记地法律或主营业地法律。

第三，该条明确，法人的主营业地为其经常居所地。

【案例 6-3】　2014 年 6 月 11 日，最高人民法院审理了中华环保科技集团有限公司（以下简称"环保公司"）因与大拇指环保科技集团（福建）有限公司（以下简称"大拇指公司"）股东出资纠纷上诉案，并当庭宣判。[2] 本案牵涉的法律问题众多，其中还涉及法人能力的法律适用问题。本案中的上诉方——"环保公司"系依照新加坡法律在新加坡注册成立的公司法人，而被上诉方——"大拇指公司"系"环保公司"在中国境内设立的外商独资企业，属于在中国境内依据中国法律注册成立的公司法人。因此，在认定公司法定代表人是否适格、其代理人资格与权限、意思表示是否真实等关键问题上，均需要确定适用哪个国家的法律作为认定依据。

依据《涉外民事关系法律适用法》第 14 条第 1 款，本案上诉人"环保公司"系新加坡法人，"环保公司"的司法管理人以及清盘人是否有权代表公司参加本案诉讼，应当按照新加坡法律的有关规定进行认定。合议庭查明，依据新加坡《公司法》的规定，"环保公司"的司法管理人以及清盘人均有权代表公司进行相关诉讼，亦有权委托代理人参加诉讼，系适格的本案当事人主体。据此，合议庭作出了环保科技公司的司法管理人以及清盘人有权代表公司参加本案诉讼且有权委托代理人参加诉讼的认定。在本案被上诉人的主体

〔1〕　万鄂湘主编：《〈中华人民共和国涉外民事关系法律适用法〉条文理解与适用》，中国法制出版社 2011 年版，第 110 页。
〔2〕　最高人民法院（2014）民申字第 1539 号再审民事裁定书。

资格认定及意思表示是否真实等问题上，合议庭认为，被上诉人大拇指公司系在中国注册成立的公司法人，因此，应当依据中国法律来判断其主体资格、委托代理人是否适格以及其意思表示是否真实，并以中国法律为依据作出了大拇指公司系本案适格主体、有权委托代理人、意思表示真实等法律认定。[1] ［参见二维码6-3］

当然，《涉外民事关系法律适用法》第14条也带来了一个时际法律冲突问题，即外国法人在我国的行为能力与权利能力应适用的法律，是应继续适用《公司法》的规定，还是适用该法的规定？

《涉外民事关系法律适用法》第2条第1款规定："涉外民事关系适用的法律，依照本法确定。其他法律对涉外民事关系法律适用另有特别规定的，依照其规定。"《法律适用法解释（一）》第3条第1款规定："涉外民事关系法律适用法与其他法律对同一涉外民事关系法律适用规定不一致的，适用涉外民事关系法律适用法的规定，但《中华人民共和国票据法》《中华人民共和国海商法》《中华人民共和国民用航空法》等商事领域法律的特别规定以及知识产权领域法律的特别规定除外。"

有鉴于此，对于公司法人的分支机构，本书认为，应继续适用《公司法》第247条之规定，即外国公司分支机构在中国的民事权利能力与行为能力须重叠适用其本国法和中国法。然而，对于非公司类法人，这似乎有待今后的法律或司法解释予以澄清。事实上，由于《涉外民事关系法律适用法》并非一部完整意义上的国际私法典，没有系统性整合原分散在不同法律、法规及司法解释中的冲突规范，这导致该法颁布后产生了诸多类似的时际法律冲突问题，亟待解决。

本章二维码

6-1　第六章拓展阅读

6-2　案例6-2判例详细资料

6-3　案例6-3判例详细资料

---

〔1〕　参见高晓力：《环保科技公司与大拇指公司股东出资纠纷案法律适用解读》，载《中国审判》2014年第7期。

第七章

物权的法律适用

✉ 导 语

"物权"是大陆法系民法中使用的概念，在英美法系国家，与之对应的是"财产"的概念。在民事法律关系中，物权占有特别重要的地位，它与债权并列构成两大基本财产权。物权调整的是财产归属关系，是一种静态的法律关系；而债权调整的是财产的流转关系，是一种动态的法律关系。所以，物权法的重心在于保护所有权不受侵犯，旨在维护财产的"静的安全"；而债法的重心在于保护与促进财产流转，旨在维护财产的"动的安全"。

由于物权法主要调整财产的占有关系，其所要解决的是财产的归属与保护问题，因此，它最直接地反映和保护一个国家的社会所有制关系，而一个国家的社会所有制关系，往往在一个较长的历史时期内保持相对稳定。所以，在一定历史时期一国的所有制关系没有发生根本变更之前，其物权法的内容总是保持相对的稳定性。同时，社会形态不同的国家，其所有制关系的性质也不同，即便是社会形态相同的国家，或者在它们不同的历史时期，其所有制关系也有各自不同的特点。[1] 此外，与债法相比，物权法与一个国家的政治、经济、文化、民族传统关系更加密切，所以，物权法表现出较强的国家性、民族性和地域性，此即物权法所谓的"固有法性"。[2]

由于物权法直接维护国家的基本经济制度，加之其具有浓厚的"本土色彩"，各国在物权法领域的法律冲突较债权法更加严重，这就决定了物权在国际私法上历来都是一个非常重要的问题。需要指出的是，尽管各国法律在物权领域的冲突极其显著，但在国际私法上，该领域有一条为世界各国普遍遵循的法律适用规则——"物之所在地法"。该规则历史悠久，经过漫长的发展过程，已成为物权领域运用最为广泛的冲突法原则，有学者甚至将之视为习惯国际法的一部分。[3]

鉴于此，本章将主要围绕物之所在地法进行论述，探讨其形成与发展的历史、其适用的范围与例外，并在此基础上介绍、分析中国的法律规定，尤

---

[1] 马俊驹、余延满：《民法原论》，法律出版社 2010 年版，第 267~268 页。
[2] 陈华彬：《物权法》，法律出版社 2004 年版，第 41 页。
[3] 参见霍政欣：《国际私法》（英文版），对外经贸大学出版社 2015 年版，第 35 页。

其是《涉外民事关系法律适用法》第五章"物权"的规定。

第一节 物之所在地法原则

一、物之所在地法的概念与历史演进

国际私法上的"物之所在地法"（lex situs），是指物权关系客体物所在地的法律。涉外物权关系适用物之所在地法，是一条为各国普遍接受的法律适用规则。诚如拉贝尔所言："关于有体物的权利，其产生、变更及终止，由其物理位置所在地的法律决定。这是一个普适性原则，已为大量的判例所证实，亦为全部学者所首肯。"[1]

物之所在地法的历史悠久，可追溯至意大利法则区别说时代。当时，针对意大利城邦之间物权的法律冲突问题，巴托鲁斯明确提出，不动产适用物之所在地法，而对于动产，则另依"动产随人"（mobilia personam sequuntur）或"动产附骨"（mobilia ossibus inhaerent）原则，适用动产所有人的住所地法。这一理论对后世国际私法产生了持久、深远的影响，直到19世纪，欧洲各国普遍因循不动产适用不动产所在地法、动产适用其所有人住所地法的做法。这被包括1794年《普鲁士邦一般法典》、1811年《奥地利民法典》、1865年《意大利民法典》、1888年《西班牙民法典》在内的诸多欧洲大陆国家的民法典所体现，也被英国等英美法系国家的判例所确认。[2]

"动产随人"原则之所以在相当长的一段历史时期内被各国遵循，盖因彼时动产种类有限，经济价值也远逊于不动产，立法者故而未将动产的法律适用视为一个独立问题，而是将之附属于其所有人。此外，由于近代以前，人员的跨国流动性低，动产多存放于所有者的住所。在这种情况下，适用所有人的住所地法通常能够有效、合理地解决与动产物权有关的法律问题。

然而，到19世纪下半叶，情况丕变。首先，随着资本主义经济的发展，国际民事交易的规模和频率都大大加强，流动资本增加，动产数目增大，跨国性动产交易致使动产所有者住所地和动产所在地往往分离，一个动产所有者的动产可能遍及数国，并在数国涉及经济活动。其次，随着动产价值的不断提升，动产所在地国的立法者越来越不愿意适用所有人的住所地法解决位于自己境内的动产物权问题。这样，"动产随人"这一古老规则风光不再，受到越来越多的批判。

---

[1] 转引自［美］弗里德里希·K. 荣格：《法律选择与涉外司法》，霍政欣、徐妮娜译，北京大学出版社2007年版，第87页。

[2] *James Fawcett & Janeen M. Carruthers，Cheshire，North & Fawcett Private International Law*（14th ed.），Oxford：Oxford University Press，2008，p. 1209.

在此背景之下，萨维尼提出，动产与不动产，性质上并无任何差异，它们的本座均为物之所在地，原则上均应受所在地法支配。"动产随人"至多只能适用于动产的继承和夫妻财产制等少数领域。[1] 萨维尼的主张契合时代发展的需要，因而很快被欧洲大陆各国的国际私法立法所接受。几乎与大陆法系国家同步，英、美等英美法系国家的判例也抛弃了传统的规则，转而采用了动产与不动产皆适用物之所在地法的原则。[2]

以比较法为视角观之，物权适用物之所在地法是国际私法领域争议最少的一个冲突规则，自19世纪晚期以来，已被两大法系国家广泛采纳。[3] 诚如一位英格兰法官所言："物之转让必须适用物之所在地法，我想，没有人会对这一原则抱有怀疑。"[4] 物之所在地法原则成为解决物权关系法律适用的普遍原则，究其原因，是物权关系本身的性质决定的。

第一，物权关系从表面上看是人对物的关系，但同其他民事关系一样，物权关系本质上也是人与人之间的社会关系，各国统治者从维护本国利益出发，总是不希望位于本国境内的物权关系受制于外国法。

第二，物权关系也是一种人对物直接利用的权利关系，权利人为了圆满实现这种权利，谋取经济上的利益，只有适用标的物所在地的法律最为适当；而且只有标的物置于其所在地的法律控制下，其物权才能得到最为有效的保障。

第三，物权是对世权，具有排他性，权利人对物有无需借助他人行为的直接支配权，如果物权受到侵犯，或者权利人行使物权本身产生的优先权、追及权和物上请求权，或者其他人对标的物提出请求，也只有在适用标的物所在地法律的情况下才能实现。

第四，位于某一国境内的物受其他国家法律的支配，在技术上有许多困难，会使物权关系变得更为复杂，影响国际物权关系的稳定。[5]

正是基于上述原因，在物权关系的法律适用上，物之所在地法原则在各国的立法和司法实践中得到普遍支持和肯定。[参见二维码7-1]

二、物之所在地的确定

如前所述，物之所在地法是物权关系最普遍适用的法律。物之所在地的确定，因而是解决物权冲突适用物之所在地法的前提和首要条件。

不动产是不能移动或移动就会损失其经济价值的物，其处所是固定的。

---

[1] 卢峻：《国际私法之理论与实际》，中国政法大学出版社1998年版，第287页。

[2] ［德］马丁·沃尔夫：《国际私法》（下卷），李浩培、汤宗舜译，北京大学出版社2009年版，第560~565页。

[3] Collins of Mapesbury (ed.), *Dicey, Morris and Collins on The Conflict of Laws* (15th ed.), London: *Sweet & Maxwell*, 2012, p.1337.

[4] Re Anziani (1930) 1 Ch. 420.

[5] 黄进主编：《国际私法》，法律出版社1999年版，第360页。

所以，对不动产而言，其所在地的确定自不待言。与此不同，动产是可以移动的，其处所常常具有短暂性或偶然性，不易确定，对那些处于运动状态的动产来说，情况尤其如此。所以，过去有"动产无场所"之说。动产的这种特性给其所在地的确定带来了一些困难，其所在地的确定对物之所在地法适用于动产物权关系亦至为关键。

在立法与司法实践中，为确定动产的所在地，各国通常在冲突规范中对动产的所在地加以时间上的限定。以比较法为视角观之，绝大部分国家的立法与判例采用物权行为发生时或完成时物的所在地作为动产所在地。例如，1987 年《瑞士联邦国际私法法规》第 100 条第 1 款规定："动产物权的取得与丧失，适用据以取得或丧失物权的事实发生时该动产所在地国法律。"1978 年《奥地利联邦国际私法法规》第 31 条第 1 款规定："对有形物的取得与丧失（包括占有），依此种取得或丧失所依据的事实完成时物之所在地国家的法律。"以英国为代表的英美法系国家也将物之所在地法解释为"转让时动产所在地的法律"，[1]"文克沃斯诉佳士得案"即为典型判例。[2]

【案例 7-1】 窃贼从文克沃斯（Winkworth）位于英格兰的居所内盗窃了其珍藏的一件日本古董——一个象牙雕刻的坠子，并将之运送到意大利，并在那里卖给了一位善意购买人达诺（D'Annone）；随后，达诺将之带往英格兰，并委托佳士得公司进行拍卖。文克沃斯获悉后向英格兰法院起诉，请求法院签发禁令禁止拍卖，并以这件古董的所有权人身份提起文物返还之诉。对于原告的诉讼请求，被告认为，依据文物交易地法——意大利法，他已经获得该日本古董的所有权，因此拒绝返还。

英格兰法院在审理这个案件时面临的一个主要问题便是：是适用英格兰法，还是意大利法？需要注意的是，如果该案适用意大利法，被告已获得该象牙坠子的所有权；而如果适用英格兰法，窃贼无法将所有权转让给第三人，原告的诉讼请求因而可以获得法院支持。英格兰法官在作出适用意大利法的结论时，引用了《戚希尔与诺斯论国际私法》的一段论述：

"因此，现在可以确定的是，因特定动产的转让而产生的财产权上的后果应排他性地适用转让时动产所在地的法律。某一动产被带到某外国，并转让给他人，在这种情况下，如果依据该外国当地的法律，受让人获得了有效的所有权，那么，该动产的原所有权人就丧失了所有权。该外国法所认可的所有权，其效力高于与此不一致的、较早的所有权，不论最初创制所有权依据的是哪一个国家的法律。"[3]

〔1〕 Collins of Mapesbury（ed.），*Dicey, Morris and Collins on The Conflict of Laws*（15th ed.），London：Sweet & Maxwell，2012，p. 1336.

〔2〕 *Winkworth v. Christie, Manson & Woods Ltd.*〔1980〕1 Ch. at 499.

〔3〕 *Winkworth v. Christie, Manson & Woods Ltd.*〔1980〕1 Ch. at 513.

鉴于原告提出，由于古董在英格兰被窃，并在其不知情的情况下被运送到意大利交易，且诉讼时该古董又回到英格兰，该案因而应适用英格兰法的主张，法官解释道：

"如果法院在审理个案时舍弃原则而适用英格兰法，仅仅因为案件恰巧与英格兰有数个连结因素，那么，就会产生在法律上无法容忍的不确定性。所有权的安全对善意的购买人和无辜的盗窃受害者而言具有同等重要性。商业便利也必然要求依据国际私法规则，动产适用物之所在地法。在本案中适用英格兰法，而不考虑其他因素，会摧毁国际私法的根基。"〔1〕

基于以上考虑，英格兰法官将古董交易时的物之所在地法即意大利法选为支配该案实体问题的准据法，依此，法院判决原告败诉，古董的所有权归被告所有。〔2〕〔参见二维码7-2〕

该判决在学界引起了广泛争论，有学者为原告鸣不平，并忧虑该判例会对文物的黑市交易与"漂洗"起到推波助澜的作用，不利于实现个案公正，不利于国际法律秩序的稳定；而另一部分学者则对该判例赞誉有加，将之奉为适用物之所在地法、保障法律适用统一性与可预见性的经典案例。〔3〕

不过，以法国为代表的少数国家在司法实践中将物之所在地法解释为"受诉讼时动产所在地法"，〔4〕"斯特干诺夫诉本西蒙"案即为典型判例。〔5〕

【案例7-2】　该案诉讼标的是一套艺术品，原为斯特干诺夫（Stroganoff）家族所有。1917年俄国十月革命爆发后，苏俄政府颁布国有化令，将该套艺术品收归国有。1931年，苏联政府在柏林将之卖给被告。当这套艺术品进入法国后，原告向法国法院提起诉讼，对之主张所有权，要求被告返还。在审理该案时，法国塞纳大程序法院（Tribunal de Grande Instance de la Seine）明确指出，涉及动产的涉外纠纷应适用诉讼发生时物的所在地法，即法国法，而不是动产所有权发生转让时的所在地法。在审理另一案件时，法国最高法院也对物之所在地法作出了同样的解释，适用了诉讼时物之所在地法——法国法。

如果将英格兰与法国的上述两个判例加以比较，不难发现，即便同样采用了物之所在地法，由于两国对该冲突规则的解释不同，也会导致适用不同的法律，从而出现结果迥异的判决。譬如，在"文克沃斯诉佳士得案"中，

---

〔1〕 *Winkworth v. Christie, Manson & Woods Ltd.* ［1980］1 Ch. at 512.

〔2〕 *Winkworth v. Christie, Manson & Woods Ltd.* ［1980］1 Ch. at 514.

〔3〕 详见霍政欣：《追索海外流失文物的法律问题》，中国政法大学出版社2013年版，第83~85页。

〔4〕 56 *Rev. crit. de. dr. int. privé* 120（1967）；Société *D. I. A. C.* v. *Alphonse Oswald*, 60 *Rev. crit. de. dr. int. privé* 75（1971）.

〔5〕 *Stroganoff-Scherbatoff* v. *Bensimon*, 56 *Rev. crit. de. dr. int. privé* 120（1967）.

如果英格兰法官适用的是诉讼时物之所在地法，那么，支配诉讼标的所有权的法律就应当是英格兰法，而非意大利法，这样一来，原告就可以赢得诉讼。

三、物之所在地法的适用范围

从各国的立法和实践来看，一般认为，物之所在地法的适用范围包含以下几个方面的内容：①动产与不动产的区分；②物权客体的范围；③物权的内容和种类；④物权的取得、转移、变更和消灭的方式及条件；⑤物权的保护方法。

第一，物之所在地法适用于动产与不动产的区分。动产与不动产的区分在法律上具有十分重要的意义。①在民事诉讼中，对不动产纠纷通常实行专属管辖，故不动产与动产的划分直接关系到管辖权的确定。②在民法上，有关不动产与动产的归属与利用的规则是不同的。一般而言，不动产物权的变动采取登记公示的方式，而动产则以交付（占有）为权利变动的标志；对于动产物权适用善意取得制度，而不动产物权则不然。③在国际私法上，不动产适用不动产所在地法，而动产的法律适用则存在适用物之所在地法的例外。关于此点，后文将予以详述。

尽管在一般意义上，动产与不动产的划分系以物的自然属性（亦即物是否能移动）为标准，但"分属这两个范畴的财物在历史上和各个不同法典中，随着社会需求的变化而发生变化"。[1] 以比较法为视角观之，当前各国法律对动产与不动产的划分并无准确划一的标准。譬如，不动产的抵押权在英国属于不动产，但在德国与法国属于动产；再如，在法国，为不动产的便益与利用而在其上安置的动物与物件，依其"用途"为不动产；[2] 德国法则在若干方面将它们作为动产处理，在其他方面又作不动产处理。[3] 而在英美法系上，有一类特殊的物——"不动产附着物"（fixture），即固定地、永久性的安装在不动产上的物，这类物构成不动产的一个组成部分，如拆除或移动该物会对不动产造成损害。[4] 不动产附着物，即便与不动产相剥离，仍受不动产的法律支配。依据英国判例，这类物包括建筑物的门与门框、雕像、壁炉、石雕花园座椅以及固定在墙上百余年的挂毯等。[5] 由于各国在动产和不动产的区分上不完全一致，在国际民事纠纷中，当要决定某物为动产还是不动产时，国际上一般都主张依物之所在地法来进行识别；如果不依物之所在地法进行识别，那么，法院所作的判决很难得到物之所在地国法院的承认与执行。

---

〔1〕 马俊驹、余延满：《民法原论》，法律出版社 2010 年版，第 250 页。

〔2〕 参见《法国民法典》第 524 条。

〔3〕 参见《德国民法典》第 926、1031、1062、1093、1096、1120、1314、1551 条以及《德国民事诉讼法典》第 865 条。

〔4〕 薛波主编：《元照英美法词典》，法律出版社 2003 年版，第 560 页。

〔5〕 *D'Eyncourt v. Gregory* (1866) LR 3 Eq 382；*Phillips v. Lamdin*，(1949) 2 K. B. 33；*Norton v. Dashwood* (1895) 2 Ch. 500.

需要强调的是，对于动产与不动产的区分，本质上属于识别问题，而在识别的法律适用上，如本书第一编第五章第二节所述，各国普遍依据法院地法（"自由法院地法"）。因此，对于动产与不动产的区分，适用物之所在地法，属于识别适用法院地法原则的例外。

第二，物权客体的范围由物之所在地法决定。物权是"对物的权利"，其客体为物，自不待言。但是，对于物权客体的范围，各国的规定并不相同。譬如，对于作为物权客体的物是否限于有体物，各国法律就有不同的规定。英美法系国家法律和《法国民法典》明确规定财产为有体财产和无体财产，这样，物权（财产权）的客体既包括有体物，也包括无体物；而在《德国民法典》中，法律明确规定物为有体标的，但又明确规定权利质权可以作为物权的客体。[1] 此外，在哪些物可以分别作为自然人、法人或国家物权的客体方面，各国法律的规定也不尽相同。但无论如何，物权客体的范围只能由物之所在地法决定。

第三，物权的内容和种类由物之所在地法决定。根据物权法定主义原则，物权的种类是由法律具体规定的。但是，在不同的历史时期和不同的国家法律中，物权的种类是不一样的。对于物权的种类和内容，各国一般都主张依物之所在地法确定。

第四，物权的取得、转移、变更和消灭的方式及条件，一般由物之所在地法决定。物权的取得、转移、变更和消灭是基于一定的法律行为或法律事实而发生的，各国法律对其方式及条件均有自己的规定。在实践中，这些问题一般皆根据物之所在地法决定。

第五，物权的保护方法由物之所在地法决定。当物权人在其物权受到侵害时，他可以依法寻求对其物权的保护。在民法上，物权的保护方法主要有物权人请求停止侵害、排除妨碍、恢复原状、返还原物、消除危险、确认其所有权或其他物权存在、损害赔偿等，但各国的具体规定多有不同。物权人是否有上述请求权以及如何行使，通常均应依物之所在地法决定。

四、物之所在地法的适用例外

物之所在地法是解决涉外物权关系的普遍原则，但并非解决一切动产物权法律关系的唯一规则。在提倡物之所在地法统一支配动产与不动产时，萨维尼就注意到，该规则适用某些类别的物，其效果不佳，因而得排除适用。[2] 从实践上看，某些动产具有特殊性或处于特殊状态，从而使得某些物权关系适用物之所在地法不可能或不合理。职是之故，各国立法均有物之所在地法适用的例外性规定。以比较法为视角观之，动产物权适用物之所在地

---

〔1〕 李双元、温世扬主编：《比较民法学》，武汉大学出版社1998年版，第245页。

〔2〕 〔美〕弗里德里希·K. 荣格：《法律选择与涉外司法》，霍政欣、徐妮娜译，北京大学出版社2007年版，第87~88页。

法的例外主要包括以下几个方面：

（一）运输中的物品

对于运输中的物品（Res in Transitu），其所在地处于经常变动的状态，确定其所在地有相当的困难。即使能够确定，把偶然与物品发生联系的国家的法律作为支配该物品命运的准据法，也未必合理。而且，运送中的物品有时处于公海或公空，这些地方不受任何国家的法律管辖，并不存在有关的法律制度。因此，运送中物品的物权关系适用物之所在地法既不合理，也不符合实际。

在实践中，运送中的物品之物权关系的法律适用问题主要有如下解决办法：①适用送达地法。例如，1987 年《瑞士联邦国际私法法规》第 101 条规定："运输中的货物，其物权的取得与丧失适用货物送达地国家的法律。"又如，2008 年《荷兰王国物权冲突法》第 8 条第 1 款规定：处于运输途中的国际货物运输合同之标的物，其物权关系适用目的国法。②适用发送地法。如 2001 年《俄罗斯联邦民法典》第 1206 条第 2 款规定："因法律行为引起的所有权和其他物权的产生和消灭，如该法律行为系针对运输途中的财产而实施，则依发运地国法确定，但法律另有规定的除外。"③适用当事人选择适用的法律。如 2001 年《哈萨克斯坦共和国冲突法与国际民事诉讼法》第 1110 条规定："因法律行为而处于运输途中的动产物权，适用当事人协议选择适用的法律，当事人未选择时，适用发运国法律。"此外，还有立法及学理主张在这种情况下适用所有人的本国法。

（二）运输工具

由于船舶、飞行器等运输工具经常处于运动之中，难以确定其所在地，加上它们有时处于公海或公空，而这些地方并无有关法律存在。因此，各国通常规定，有关船舶、飞行器等运输工具的物权关系适用登记注册地法或者其旗国法，如 1978 年《奥地利联邦国际私法法规》第 33 条第 1 款规定：水上或空中运输工具的物权依注册国的法律，但铁路车辆依在营业中使用该车辆的铁路企业有其主营业所的国家的法律。《德国民法施行法》也专门对运输工具规定了法律适用条款，依该法第 35 条，对于空中、水上和轨道交通工具的权利，适用其来源国法律：①航空器为其国籍国；②水上运输工具为其注册登记国；③轨道运输工具为其入境许可国。

值得注意的是，上述主张一般并不排除权利人行使法定留置权或法定扣押权时依物之所在地法，或者有关债权人把在外国领水内的船舶依其实际所在地法予以处置的权利。

（三）外国法人终止或解散时有关物权关系

一般而言，外国法人在自行终止或被其所属国解散时，其财产的清理和清理后的归属问题不应适用物之所在地法，而应依其属人法解决，因为财产权的变更是原权利主体能力终止的结果。不过，在内国将其境内活动的外国法人取缔时，与该外国法人的财产有关的某些问题有可能适用内国法，因为这是内国行使公权力的结果，往往要适用内国公法。需要指出，内国将在其境内活动的外国法人取缔，意味着该外国法人的能力在内国终止或不再被认可，但这并不等于该外国法人本身的消灭。

（四）与人身关系密切的财产

与人身关系密切的财产一般也不适用物之所在地法，对于遗产继承、夫妻财产制、家庭关系中产生抚养费等情形下的物权关系，各国在相关法律冲突时，通常还要考虑当事人属人法或其他法律适用原则，而非一概适用物之所在地法。例如，各国在解决夫妻财产关系法律冲突时，大体采用以下两项原则：一是适用意思自治原则；二是适用当事人属人法。关于此点，在讨论婚姻家庭与继承的法律适用时，本书再行详述。

（五）文化财产

"文化财产"（cultural property）系指因宗教或者世俗的原因，具有考古、史前史、历史、文学、艺术或者科学方面重要性，受到法律保护的有形标的。[1]

各国国际私法在传统上大多适用物之所在地法解决文化财产的跨国归属纠纷，这引起了越来越多的批判。不少学者指出，在世界各国关于财产所有权的法律冲突明显，尤其是一些国家的法律倾向于保护善意购买人利益的背景下，将物之所在地法作为支配文物所有权归属的冲突规则，会使窃贼以及精于算计的文物交易商与买家选择到法律对其有利的国家进行相关交易，尽量使有关交易得到法律认可，从而出现所谓的"文物漂洗"现象，这会令保护文化财产的所有努力化为乌有，[2] 前述"文克沃斯诉佳士得案"即为典型例证。

由于在文化财产追索诉讼中适用物之所在地法存在明显缺陷，有学者提议，在涉及文化财产归属的国际民事诉讼中，法院应适用"文物被盗地法"（lex furti）或"文物原属国法"（lex originis）解决涉外文物纠纷。[3] 值得注意的是，为钳制文化财产的国际贩运、支持文化财产原属国追索非法流失文物，当前已经有越来越多的国家在国际私法立法上为文化财产制定专门的法律适用规范与管辖权规范，该领域因而成为当代国际私法发展最引人注目的领域之一。例如，2005 年《保加利亚国际私法法典》第 70 条规定："如果列入一国文化财产的物品非法出境，该国要求返还该物的请求权适用该国的法

---

[1] 参见《关于禁止和防止非法进出口文化财产和非法转让其所有权的方法的公约》第 1 条。

[2] 有学者哀叹："近年来，从埃及、希腊、中国、墨西哥、土耳其等国非法出境的大量珍贵文物流失到对善意购买人有利的欧洲大陆国家（尤其是瑞士、法国、意大利等国）进行交易，以达到漂洗文物的目的，这一趋势令我们坐卧不安，担忧不已。"详见霍政欣：《追索海外流失文物的法律问题》，中国政法大学出版社 2013 年版，第 85 页。

[3] Georges A. L. Droz, "The International Protection of Cultural Property from the Standpoint of Private International Law", in Council of Europe ed. , *International Legal Protection of Cultural Property*: *Proceedings of the Thirteenth Colloquy on European Law*, Brussels, Stationery Office Books, 1983, pp. 114 - 116.

律，除非该国已经选择适用在提出返还请求时该物所在国的法律。"

👉 第二节 中国关于物权法律适用的规定

一、2010 年以前的法律规定

在 2010 年《涉外民事关系法律适用法》公布以前，我国关于物权的法律适用规定散见于《民法通则》及其司法解释、《海商法》与《民用航空法》等法律中。整体而言，在这一阶段，我国物权冲突法的体系不健全，法律规定比较粗陋，尤其是关于动产物权的法律适用，立法上曾长期处于空白状态。

（一）不动产物权

《民法通则》第 144 条规定："不动产的所有权，适用不动产所在地法律。"这条规定表明，对于不动产的所有权的法律适用，我国明确采用不动产所在地法，这与世界各国的做法一致。不过，上述规定显然不够全面：①它仅规定了不动产所有权的法律适用，而不动产的物权远非所有权所能涵盖。②它并没有对不动产的概念予以界定。③它未涉及动产的法律适用问题。

鉴于上述规定存在缺漏，最高人民法院《民通意见》第 186 条作出如下解释："土地、附着于土地的建筑物及其他定着物、建筑物的固定附属设备为不动产。不动产的所有权、买卖、租赁、抵押、使用等民事关系，均应适用不动产所在地法律。"这一规定具有一定积极作用：首先，它对不动产进行了界定。这意味着，在我国，土地、附着于土地的建筑物及其他定着物、建筑物的固定附属设备为不动产，其余的物皆为动产。需要指出，该条款是我国法院在审理涉外物权纠纷时确定标的物为动产还是不动产的依据，但其仅用于识别位于我国境内的标的物；对于位于外国境内的标的物予以识别，我国法院应该依据该外国法，这是世界各国普遍遵循的原则，即关于动产与不动产的识别，应适用物之所在地法。其次，这一规定将不动产所在地法的适用范围进行了扩展。除所有权外，不动产的买卖、租赁、抵押、使用等民事关系也适用不动产所在地法。不过，动产的法律适用问题依然没有得到解决。《民法典》实施后，《民法通则》被废止，《民通意见》亦随之失效。

（二）船舶与民用航空器

此外，对于船舶、民用航空器等特殊动产，我国相关单行法对其物权法律适用作出了专门规定。1992 年《海商法》第十四章就涉外关系的法律适用作了规定，其中，涉及船舶物权的法律适用规定如下：①关于船舶所有权，第 270 条规定："船舶所有权的取得、转让和消灭，适用船旗国法律。"②关于船舶抵押权，根据第 271 条之规定，船舶抵押权也适用船旗国法律；船舶在光船租赁以前或者光船租赁期间，设立船舶抵押权的，适用原船舶登记国的法律。③关于船舶优先权，第 272 条规定："船舶优先权，适用受理案件的法院所在地法律。"

依据上述规定，船舶的所有权，适用船旗国法律。作为交通运输工具，船舶，尤其是远洋船舶，其处于不断变动中，还可能位于公海，因此，适用物之所在地法既不合理，也不现实。《海商法》的这一规定与世界各国的普遍做法一致。

船舶的抵押权，原则上适用船旗国法，但船舶在光船租赁以前或者光船租赁期间设立船舶抵押权的，适用原船舶登记国的法律。之所以规定这一例外，盖因船舶被光船租赁后，承租人往往希望船舶悬挂对其有利的船旗而更改船旗国。[1] 需要指出，依据包括我国《海商法》在内的世界各国海商法，有权对船舶设定抵押权的为船舶所有权人，而光船租赁人一般无权为之。[2] 在这种情况下，如船舶在光船租赁以前或者光船租赁期间设立船舶抵押权的，抵押权适用变更后的船旗国法律，不仅会导致法律适用上的不稳定与不合理，而且对船舶所有权人不公平，还有违最密切联系原则。

船舶优先权是指海事请求人依照法律的规定，向船舶所有人、光船租赁人、船舶经营人提出的海事请求，对产生该海事请求的船舶具有优先受偿的权利。[3] 从我国《海商法》的体例安排与具体条文的规定来看，船舶优先权应属于一种特殊的担保物权。[4] 以比较法为视角观之，绝大多数国家的法律以及主要国际条约均规定海事优先权适用法院地法，我国《海商法》的规定因而符合国际通行做法。[5]

此外，《民用航空法》对涉外民用航空器物权的法律适用作了如下规定：①关于民用航空器的所有权，其第185条规定："民用航空器所有权的取得、转让和消灭，适用民用航空器国籍登记国法律。"②关于民用航空器的抵押权，其第186条规定："民用航空器抵押权适用民用航空器国籍登记国法律。"③关于民用航空器的优先权，其第187条规定："民用航空器优先权适用受理案件的法院所在地法律。"

《涉外民事关系法律适用法》第2条第1款规定："涉外民事关系适用的法律，依照本法确定。其他法律对涉外民事关系法律适用另有特别规定的，依照其规定。"由于该法并未涉及船舶与民用航空器的法律适用，上述《海商法》与《民用航空法》的规定故依然有效。

---

[1] 例如，一家日本石油公司光船租赁一艘中国某远洋公司的油轮，该船舶原先在中国登记，而日本公司希望船舶登记在日本，以便获得日本政府的承认，享受国民待遇。所以，该船在被日本公司租赁后，其船旗国就变成了日本。

[2] 《海商法》第151条："未经承租人事先书面同意，出租人不得在光船租赁期间对船舶设定抵押权。出租人违反前款规定，致使承租人遭受损失的，应当负赔偿责任。"

[3] 参见《海商法》第21~30条。

[4] 对于船舶优先权的性质，我国法学界还存在争议。有学者认为船舶优先权是债权，还有学者认为其是一种程序性权利。

[5] ［加］威廉·泰特雷：《国际冲突法：普通法、大陆法及海事法》，刘兴莉译，法律出版社2003年版，第381页。

二、《涉外民事关系法律适用法》的规定

《涉外民事关系法律适用法》专设第五章"物权",较为系统地规定了物权的法律适用,标志着我国物权冲突法体系趋于完善。细言之,该章包含5条:第36条规定不动产物权,第37条规定动产物权,第38条规定运输中的动产物权,第39条规定有价证券,第40条规定权利质权。鉴于第36条重申了不动产物权适用不动产所在地法的原则,本节重点对剩余4条作一探讨与分析。

(一)动产物权

《涉外民事关系法律适用法》第37条规定:"当事人可以协议选择动产物权适用的法律。当事人没有选择的,适用法律事实发生时动产所在地法律。"这一规定非常具有特色,首先,它将意思自治引入了动产物权领域,而且将意思自治作为确定动产物权的首要原则:只有在当事人未选择法律的情况下,才适用物之所在地法。此外,从本条措辞来看,它对意思自治未作任何限制。因此,依据语义解释,当事人可以协议选择与标的物毫无关联的法律,其选择的法律既可以支配物权的取得与丧失,也可以确定物权的种类和内容。当然,由于我国立法与司法实践排斥反致,所以当事人选择的法律应当是实体法。其次,本条对于物之所在地法加上了"法律事实发生时"这一时间上的限定,但在司法实践中人民法院应如何确定其具体含义,尚不明确。

对于我国《涉外民事关系法律适用法》为何以无限制的方式将意思自治引入动产物权领域,立法者提出以下三点理由:

1. 在实际生活中,动产物权和债权具有明显交叉性。换言之,大部分动产物权的转移是通过合同实现的,而当事人通常在合同中约定,与合同有关的所有纠纷适用某国法。因此,在这种情况下,动产物权适用合同准据法符合当事人的意愿与预期。

2. 动产的种类非常广泛,且动产既可能在国内移动,也可能移出境外;动产既可能由所有人占有,也可能脱离所有人由他人使用。动产物权的情况如此复杂,因此,仅一个物之所在地法无法适应各种动产物权的需要。

3. 冲突规范调整涉外民事关系,民事主体对自己的民事权利具有处分权,允许当事人选择适用的法律不仅表现在人身关系,更表现在财产关系。因此,扩大当事人协议选择适用法律的范围,符合国际私法的发展趋势。[1]

尽管以上观点并非全无道理,但本书认为,将意思自治以无限制的方式引入动产物权领域过于冒进,整体而言,弊大于利:

第一,用动产物权与合同具有交叉性论证意思自治用于前者具有合理性的观点并不具有全面性。我们知道,在国际贸易实践中,大量的合同并不存在法律选择条款,或因当事人无法就法律选择达成一致,或因疏忽。因此,

---

[1] 参见王胜明:《涉外民事关系法律适用法若干争议问题》,载《法学研究》2012年第2期。

在当事人未选择合同适用的法律时，允许当事人就物权选择法律，未必能使相关法律适用问题简单化，也未必符合当事人的预期。

第二，目前，物权适用物之所在地法为世界各国通行的做法，甚至具有某种习惯国际法的地位，在这种情况下，中国另辟蹊径，将意思自治作为物权冲突法的首要原则，这会造成物权法律适用的冲突，从而使相同的物权纠纷在中国法院审理与在外国法院审理会适用不同的法律，进而导致不同的结果。这有违国际私法追求的"判决结果一致"的目标，并会导致当事人"挑选法院"的问题发生。

第三，合同关系是债权，通常仅在双方当事人之间产生法律上的权利义务关系，因此，由当事人选择合同准据法，一般不会对第三方产生影响；与此不同，物权是对世权，其产生的法律后果不仅仅局限于当事人之间，因此，允许当事人就物权选择法律，且不加任何限制，有可能对第三人的利益产生不当影响。

第四，"物权法定原则"为绝大部分大陆法系国家物权法的基本原则，亦为我国《民法典》所体现。《民法典》第116条规定，物权的种类和内容，由法律规定。因此，《涉外民事关系法律适用法》第37条允许当事人选择物权的准据法，且未对准据法支配的事项进行限制，这与物权法定原则相冲突，不符合《民法典》第116条的规定。

综上所述，本书认为，未来我国立法有必要对《涉外民事关系法律适用法》第37条进行修改，必须对意思自治进行限制。限制至少包括以下几个方面：①当事人就动产物权选择的法律应与当事人或标的物有实质性联系或其他合理因素；②当事人仅能就物权的取得与丧失进行法律选择，而不能对物权的种类与内容进行选择；③当事人的选择不得损害第三人利益。[1]

事实上，将意思自治引入动产物权，中国并非孤例，但在其他国家，意思自治适用于动产物权通常会受到必要的限制。例如，《瑞士联邦国际私法法规》仅允许当事人就动产物权的取得与丧失选择适用的法律，而动产物权的内容与行使则须适用物之所在地法；该法还规定，关于动产物权当事人选择的法律，仅限于发送国法律、目的国法律或支配基础法律行为的法律，且当事人选择的法律不得对抗第三人。《瑞士联邦国际私法法规》第100条与第104条。

对于如何理解和确定"法律事实发生时的物之所在地"，我国法院尚未形成对之有一般指导价值的典型案例，但在"福建阳春村村民诉肉身坐佛荷兰持有人案"中，福建省三明市中级人民法院在处理被盗流失海外文物所有权纠纷的法律适用事项上，对此类物权纠纷中"法律事实发生时"作出"偷盗事实发生时"的解释。不仅如此，本案也是我国人民法院对海外流失文物追

---

[1] Zhengxin Huo, "The Statutory Reform of Chinese Private International Law in Property Rights: A Silent Revolution", *Chinese Journal of Global Governance*, 1 (2015), 174, pp. 184–186.

索诉讼行使管辖权并作出判决的第一案，获评新"时代推动法治进程 2022 年度十大案件"，值得关注与研究。

【案例 7-3】 "福建阳春村村民诉肉身坐佛荷兰持有人案"的争议标的物为福建省三明市大田县吴山乡阳春村普照堂中的一尊神像，由宋代高僧章公祖师坐化而成，内含完整的人体遗骸，故称"章公祖师肉身坐佛像"。1995 年 12 月 14 日，佛像被盗，后被运至香港。一位荷兰藏家在香港购得后将之带往荷兰，并于 1996 年被现持有人奥斯卡·凡·奥沃雷姆（Oscar van Over-eem，以下简称奥斯卡）在阿姆斯特丹购得。2015 年 3 月，佛像在被盗近 20 年后出现在匈牙利举行的公开展览上。在与奥斯卡协商无果后，福建省三明市大田县吴山乡阳春村村民委员会和东埔村村民委员会（以下简称村民委员会）于 2015 年 12 月 11 日以文物所有人的身份在福建省三明市中级人民法院（以下简称三明中院）提起归还诉讼，要求奥斯卡返还文物。2016 年 5 月 31 日，原告又在奥斯卡住所地阿姆斯特丹地区法院针对同一请求提起民事诉讼，法院于 2018 年 12 月 12 日以村民委员会不具备荷兰法上的诉讼主体资格为由驳回原告起诉，并未就实体问题作出裁定。

2020 年 12 月 4 日，三明中院作出一审判决，认定涉案佛像归村民所有，判令被告将之返还原告。在该案中，三明中院根据《涉外民事关系法律适用法》第 37 条的规定，从文物返还请求产生的原因对"法律事实发生时的物之所在地"这一连结点进行解释。法院认为，原所有权人因文物被盗而丧失对动产物权的占有，进而产生物权返还请求权，因此偷盗事实是产生物权返还关系的法律事实，而非文物在境外交易的事实。此外，法院还从文化财产国际保护的角度，认为在解释冲突规则时，应作与国际条约宗旨和目的相一致的解释，以促进非法流失文化财产返还原属国。法院进一步指出，适用偷盗事实发生时物之所在地法，有利于原所有权人合理预见其权利受保护的法律，也会对文化财产盗赃物的购买者施加"溯源"查明准据法的义务，从而有助于遏制文化财产的非法跨境流转，促进文化财产市场更加透明、合法化和持续发展。法院同时指出，如果解释为交易时物之所在地法律，则客观上会助长文化财产跨境非法交易，即盗窃者以及中间交易链条的销赃者将文化财产偷运出境后，可以通过挑选冲突规范，寻找在文化财产交易管理最为宽松的国家交易，进而适用交易时物之所在地法使盗赃文化财产的交易"合法化"，此种解释结果将背离国际条约保护文化财产、便利文物返还的宗旨和目的。综上，三明中院认为本案应该适用佛像被盗时所在地法律，即中国法律。在此基础上，三明中院依据中国《物权法》和《中华人民共和国文物保护法》，认定奥斯卡不能依据善意取得制度取得案涉佛像的所有权，并于 2020 年 12 月作出一审判决，判令被告返还。[1] 2022 年 7 月 19 日，福建省高级人民法院

---

[1] 详见霍政欣主编：《国际私法学案例指导研究》，中国政法大学出版社 2021 年版，第 69~81 页。

作出终审判决，维持原判。

（二）运输中的动产物权

《涉外民事关系法律适用法》第 38 条规定了运输中动产物权的法律适用，依之，"当事人可以协议选择运输中动产物权发生变更适用的法律。当事人没有选择的，适用运输目的地法律"。如前所述，运输中的动产，因其所在地处于经常变动的状态，所以，这类动产适用物之所在地法既不合理，也不实际。鉴此，许多国家的国际私法用发送国法或目的国法取代物之所在地法。

对于运输中的动产，我国国际私法立法引入了意思自治，且同上述第 37 条一样，该条也未对意思自治作任何限制。基于同样的考虑，本书认为，未来立法须对该条中的意思自治作必要限制。另外，该条规定，当事人没有选择的，适用目的国法。需要注意的是，该条措辞表明，当事人仅能就"运输中动产物权发生变更"选择法律，主要包括动产物权取得、转移和消灭等事项，而不涉及静态的占有关系。[1]

（三）有价证券

"有价证券"一词为德国学者首倡，目前各国对有价证券的认识并不一致，不论是在理论上，还是立法实践上，其内涵与外延都不尽相同。一般认为，有价证券是指一种表示具有财产价值的民事权利且行使民事权利以持有证券为必要的证券。[2] 有价证券的持有人享有两种不同性质的权利：一是对有价证券本身的所有权；二是有价证券上所记载的权利。[3]

当代，有价证券的种类极其繁多，依据不同的标准，有多种不同的分类。依据其所表示之权利的性质，有价证券可分为债权证券、物权证券以及社员权证券。①以债权为证券权利内容的，为债权证券，这是有价证券中范围最广的一类，票据以及各种债券均属债权证券的范畴。②以物权为证券内容的，为物权证券，以舱单、提单等为典型代表。③以社员权为证券内容的，为社员权证券，公司股东的股东权即为社员权，所以，股票是典型的社员权证券。[4]

《涉外民事关系法律适用法》第 39 条规定了有价证券的法律适用条款："有价证券，适用有价证券权利实现地法律或者其他与该有价证券有最密切联系的法律。"该条规定为选择性冲突规范，允许法官在有价证券权利实现地法或者其他与该有价证券有最密切联系的法律之间择一适用。

---

[1] 万鄂湘主编：《〈中华人民共和国涉外民事关系法律适用法〉条文理解与适用》，中国法制出版社 2011 年版，第 278 页。

[2] 中国社会科学院法学研究所《法律辞典》编委会编：《法律辞典（简明本）》，法律出版社 2004 年版，第 818 页。

[3] 王利明主编：《民法》，中国人民大学出版社 2005 年版，第 145 页。

[4] 万鄂湘主编：《〈中华人民共和国涉外民事关系法律适用法〉条文理解与适用》，中国法制出版社 2011 年版，第 283 页。

与其他一些国家依据有价证券的种类分别制定反映其特点的冲突规范不同，[1]《涉外民事关系法律适用法》第 39 条的规定相当概括，这必然会给其在司法实践中的适用带来一些问题：

第一，如前所述，有价证券的持有人享有两种不同性质的权利，该条仅笼统地规定有价证券的法律适用，从其措辞上尚不能判断它支配的是持有人对有价证券本身的所有权，还是其对有价证券上所记载的权利，或者两者均受其支配。

第二，由于有价证券种类繁多，不同类别的有价证券在性质、特点上存在很大差异，《涉外民事关系法律适用法》第 39 条过于概括的法律适用条款不可能完全适合各类有价证券。

第三，有价证券所体现的权利，如前所述，并不仅限于物权，在这种情况下，对《涉外民事关系法律适用法》第 39 条的适用范围的理解难免出现分歧。从该条处于第五章"物权"来看，其调整范围似应限于有价证券的物权事项；但是，也有观点认为，这是对其第 39 条适用范围的人为缩减，不论是从学理上看，还是实践上，均无合理性。[2] 有鉴于此，本书建议，未来立法有必要对其第 39 条进行完善，以解决上述问题。

此外，需要指出，证券的直接持有是传统的证券持有模式，而随着证券市场的发展，证券的间接持有模式不断获得推广，大有取代直接持有模式的趋势。[3] 为统一跨国证券交易中间接持有证券的若干财产权的法律适用规则，以增加法律调节的可预见性和稳定性，从而促进跨国证券交易的发展，海牙国际私法会议于 2002 年 12 月 13 日通过了《关于经由中间人持有证券的某些权利的法律适用公约》。由于《涉外民事关系法律适用法》并未规定由中间人持有债券的法律适用问题，本书认为，我国未来可以考虑加入该公约，以弥补国内立法的空白。［参见二维码 7-3］

（四）权利质权

《涉外民事关系法律适用法》专设条款规定了权利质权的法律，这颇值得关注。依据我国物权法学理与立法，质权属于担保物权的一种，是指债权人不清偿其债务时，得就债务人或第三人移转占有而供担保的动产或财产权利依法折价或者以拍卖、变卖的价款优先受偿的权利。依据质权标的物的不同，质权可分为动产质权与权利质权。前者是指以动产为标的物的质权，后者是指以债权或者其他财产权利为标的物的质权。由于物权的客体应为物，权利质权又称准质权。[4]

---

[1] 《瑞士联邦国际私法法规》第 105 条与第 106 条；另参见霍政欣：《国际私法》（英文版），对外经贸大学出版社 2015 年版，第 321 页。

[2] 万鄂湘主编：《〈中华人民共和国涉外民事关系法律适用法〉条文理解与适用》，中国法制出版社 2011 年版，第 285 页。

[3] 霍政欣：《国际私法》（英文版），对外经贸大学出版社 2015 年版，第 322 页。

[4] 马俊驹、余延满：《民法原论》，法律出版社 2010 年版，第 440~441 页。

依据《民法典》第 440 条，债务人或者第三人有权处分的下列权利可以出质：①汇票、支票、本票；②债券、存款单；③仓单、提单；④可以转让的基金份额、股权；⑤可以转让的注册商标专用权、专利权、著作权等知识产权中的财产权；⑥现有的以及将有的应收账款；⑦法律、行政法规规定可以出质的其他财产权利。由此可见，能够设质的权利多种多样，其中相当一部分涉及有价证券的权利。

以比较法为视角观之，专门对权利质权设立法律适用条款的国际私法立法并不常见，且国际上尚未形成一致做法，《涉外民事关系法律适用法》之所以专设一条规定权利质权的法律适用，在本书看来，主要是基于如下考量：对于动产质权，由于存在有形物，其担保物权自应适用担保物之所在地法；与此不同，对于权利质权，由于不存在一个有形物，因而没有对应的物之所在地，故在立法上有必要对其连结点作出特殊规定。

细言之，《涉外民事关系法律适用法》第 40 条规定："权利质权，适用质权设立地法律。"因此，确定权利质权的准据法，其前提在于确定质权设立地。依据我国《民法典》第 441~445 条可知，质权设立地，具体而言，需要办理出质登记的，是指权利登记地；不需要办理出质登记的，是指权利成立地，如质押合同订立地、设质权利之证书交付地等。

此外，由于《涉外民事关系法律适用法》第 40 条与上述第 39 条可能同时适用于有价债券，依据"特别法优于普通法"（lex specialis derogat generalis）的基本原则，涉及有价证券的纠纷一般适用第 39 条，但如涉及有价证券权利的质押纠纷，则应适用第 40 条。[1]

本章二维码

7-1 The Law Applicable to Movables

7-2 案例 7-1 判例详细资料

7-3 《关于经由中间人持有证券的某些权利的法律适用公约》全文及简介

---

[1] 霍政欣：《国际私法》（英文版），对外经贸大学出版社 2015 年版，第 323 页。

第八章

合同的法律适用

✉ 导　语

在讨论物权时，我们曾提到，各国法律在物权领域的法律冲突远胜于债权领域。事实上，正是基于这个原因，20 世纪后期以来，国际社会才能在债权领域，尤其是合同领域，陆续缔结了一些国际实体条约。随着合同领域全球性国际实体条约的出现，各国合同法的趋同化趋势愈加明显。鉴此，在学习本章时，我们首先需要明确的问题是：在各国合同法律制度日趋统一的时代背景下，合同的法律适用问题是否还是国际私法理论与实务中的重要问题呢？

答案是肯定的。

第一，合同法律适用的重要性是由合同制度本身在现代社会所起的重要作用所决定的。合同是债产生的最主要原因之一，也是财产流转的最普遍手段，是经济发展与财富增长的生命线。英国法学巨匠亨利·梅因（Henry Maine）在《古代法》第四章中对合同的评价可谓一语中的：所有进步社会的运动，至今为止，就是一个"从身份到契约"的运动。[1]

第二，尽管在现代社会，各国合同法律制度确实呈现出趋同化趋势，但是，囿于各国不同的法律传统与制度，合同的法律冲突并没有在实质意义上得以消灭。无论是在基本制度上，还是具体规则方面，各国合同法仍然存在相当明显的差异。[2] 所以，《比较合同法》是各国法学院一门普遍开设的课程。

第三，尽管 20 世纪中后期以来，国际社会通过努力，在合同领域缔结了一些国际条约，但是，由于国际条约自身的局限性，它不可能完全消除其调整领域的法律冲突，关于此点，本书在第一编第一章第二节探讨直接调整方

---

[1] Sir Henry Maine said: "The movement of the progressive societies has hitherto been a movement from status to contract." *Henry Summer Maine*, Ancient Law, *London*: *Henry Holt and Company*, 1906, Chapter IV.

[2] 譬如，对于合同的定义，大陆法系采用"协议说"，英美法系采用"允诺说"。即便同属于大陆法系，不同国家关于合同的定义亦有明显不同。《德国民法典》采用"私法合同"的概念，而《法国民法典》则采用"债权合同"的概念。参见《德国民法典》第 305 条；《法国民法典》第 1101 条；Restatement（Second）of Contract，§ 1（1979）.

法与间接调整方法时曾有详细论述。

第四，物权的法律冲突虽然严重，但在物权的法律适用领域，各国国际私法普遍遵循"物之所在地法"原则；与此不同，合同领域正好相反，各国关于合同的法律适用理论与实践存在各种分歧，即使在一个国家，在不同时期内对合同的法律适用也有不同的理论与实践。而且合同的种类及其牵涉的事项繁多，针对不同种类的合同以及合同的不同方面是否应适用不同的法律，各国学理与实践并未达成一致。

第五，随着网络时代的到来，大量的合同在网上签订、履行，这使得倚重地理连结因素的传统合同法律适用规则捉襟见肘，经典国际私法关于合同的理论与实践因而亟待重构，以应对时代发展的需要。

综上可知，合同过去是、现在是、并且在可预见的未来依然会是国际私法上的重大理论与现实问题。所以，合同自然是我们学习与研究国际私法的重点议题之一。

☞ 第一节 合同法律适用的原则与方法

一、意思自治原则

合同法律适用上的"意思自治"（party autonomy）是指，合同当事人可以通过协商一致的意思表示，自由选择支配合同的准据法。意思自治是一项古老的法律选择原则，自法国学者杜摩兰对之进行系统阐扬后，被国际社会普遍接受，是各国国际私法确定合同准据法的首要方法。

意思自治原则之所以能被广泛接受，除了它具有确定性、一致性、可预见性及易于解决争议的优点外，还有更为深刻的原因：①资本主义自由经济的发展为意思自治原则的产生提供了社会基础；②当时盛行的平等、自由思想为意思自治原则的产生奠定了思想基础；③私法上的契约自由和私法自治原则必然要求法律适用领域有与之配套的制度。由此可见，意思自治原则一经提出即广受推崇，良有以也。［参见二维码拓展阅读8-1］

（一）选择法律的方式

关于当事人选择法律的方式，今天看来，有两种方式："明示选择"（express choice）与"默示选择"（tacit choice）。明示选择是指当事人以文字或言词明确表示合同应适用的法律。当事人在合同中订立法律选择条款、指明合同适用哪一国法律是最典型的明示选择法律的方式。明示选择法律是意思自治最直接的体现，明确无疑地反映了当事人的意愿，因此受到各国的普遍承认。

默示选择是指当事人未明确表明合同所应适用的法律，但根据合同的有关条款、词语及其他有关事实，推定出当事人希望合同受哪一国家法律支配的意愿。默示选择法律的方式是在实践中逐步形成的。在司法实践中，由于当事人的疏忽或其他原因，大量的合同并没有包含法律选择条款。囿于机械的法律选择规则无法适应国际商业的实际需要，法官与学者们开始对意思自治原则进行延展，认为在这种情况下，可从合同的条款和性质或者从案件总的情况中推究出当事人的意向，从而找到合同的准据法。从这个意义上说，承认合同当事人的默示选择意向，是意思自治原则的进一步扩展和深化。

不过，与明示选择已为各国普遍肯定不同，对于当事人默示选择法律，各国理论与立法有不同立场。一些观点认为，承认默示的意思自治方式在实践中弊大于利。例如，在英格兰的判例中，曾出现法院借口合同系用英文书写而推定当事人有选择英格兰法的意愿。在我国的涉外民商事审判实践中，也曾出现法院以当事人选择中国法院管辖权为由，推定当事人有意选择适用中国法。在这些情况下，意思自治实际上变成了法官的自由裁量和主观臆断，是在用法官的意志代替当事人的意愿，这无疑是违反意思自治本意的。

鉴此，有学者对此评论道："解释与臆断之间的界限不甚明晰。不论是推断，还是猜测，法官都是在替当事人代言。然而，当事人若没有制定法律选择条款，从中可以得出的最现实结论是：他们从未想到这一点，或无法达成一致；要不然，便是出于自身原因故意将之暂不解决。"[1] 此言凿凿，可谓道尽其中关捩。

（二）选择法律的时间与范围

关于当事人选择法律的时间，一般认为，既可以在订立合同时选择，也可以在订立合同后选择；当事人选择法律后，还可以通过协商一致进行变更。不过，从比较法视角来看，对于当事人变更已选择的法律，各国法律大多施加必要的限制，即其变更选择的法律不得使合同归于无效，或使第三人的合法利益遭受到损害，亦即不得恶意变更法律。

关于当事人选择法律的范围，这实际上包含着两个更加具体的问题：①当事人选择的法律，是仅指该国关于合同的实体法规则，还是既包括实体法律规则，也包括冲突规则呢？②当事人能否选择与合同毫无联系的法律？对于第一个问题，世界各国普遍认为，合同当事人根据意思自治原则所选择的法律应是实体法，而不包括该国的冲突法，因为在合同领域适用反致有可能导致当事人意料不到的法律得以适用，这不仅会增加合同法律适用的不确定性，而且不符合当事人的合理预期，有违意思自治原则。关于此点，本书在第一编第五章第三节讨论反致时已有专门论述。

对于当事人能否选择与合同没有联系的法律，则是一个有争议的问题。少数国家的法律规定，当事人不得选择与合同毫无实际联系的法律，其理由是：适用这样的法律过于随意，也无实际合理性。如美国《第二次冲突法重述》第187条第2款规定，合同当事人选择的法律应与合同或当事人有实质

---

〔1〕 ［美］弗里德里希·K. 荣格：《法律选择与涉外司法》，霍政欣、徐妮娜译，北京大学出版社 2007年版，第74页。

性联系或其他合理基础，否则，选择无效。但是，大多数国家的法律允许当事人选择与合同无关的法律，其理由如下：①允许当事人自由选择法律是契约自由的本质要求；②允许当事人选择与合同无关的第三国法律在实践中具有合理性：合同双方当事人往往因为心理或立场原因不愿意适用对方国家的法律，在这种情况下，允许他们选择中立的第三国法律，是一个合理、可行的方案。

（三）选择法律的限制

意思自治原则自杜摩兰提出后，因其理念上的进步性与实践上的合理性很快成为合同法律选择的首要原则；而且随着市场经济的发展与契约自由理念的扩张，当事人选择法律的时间、范围以及方式都更加灵活。但是，到了20世纪后期，各国逐渐意识到，意思自治并不是绝对的，须受必要的限制，以维护公平正义与社会秩序。概言之，依据当代各国国际私法立法，意思自治原则受到的限制主要包括以下几个方面：

第一，意思自治不得违反公共秩序和强制性规则，这是各国限制意思自治原则的通行做法。当事人选法不得违背法院地的公共秩序，对此，各国国际私法确立已久。随着强制性规范理论在当代国际私法上的发展与完善，越来越多的国家立法规定，意思自治不得违反强制性规定。最初，强制性规范仅指法院地国的强制性规范，而晚近立法不仅指法院地的强制性规范，还包括合同准据法所属国的强制性规范，甚至还包括与合同有密切联系的第三国之强制性规范。关于此点，本书第一编第五章第七节在讨论强制性规范时曾做详细介绍，此处遂不赘述。

第二，对于几类特殊合同，或因保护弱方当事人的利益，或因合同的特殊性质须对当事人选择法律作出限制。在当代社会中，有些类别的合同，双方当事人的地位悬殊，其情形有如"瘦小的大卫，仰望着巨人"。因此，如不对意思自治进行必要限制，强势当事方往往会利用优势地位主导法律选择，从而使弱方当事人陷入更加不利的境地。

例如，在雇佣合同中，雇员（劳动者）通常是合同的弱方当事人，因此，在法律适用问题上应该考虑到其被雇主操纵的可能。鉴此，许多国家的国际私法对雇佣合同的意思自治作出了一些限制，主要包括：当事人的选择不得剥夺强制性规则对受雇人所提供的法律保护；在当事人没有选择法律时，适用对雇员有利的法律，通常是劳动者惯常完成其工作地的国家的法律。

再如，在消费者合同中，消费者通常是弱方当事人，需要对其利益予以保护。所以，不少国家的国际私法对此类合同当事人的选法进行了限制，主要包括：当事人选择法律的结果，不得剥夺消费者惯常居所地国法律强制规则所赋予的保护；没有法律选择时，消费者合同受消费者惯常居所国法支配等。

此外，考虑到不动产的特殊性，几乎所有的国家都接受这样的规则：有关不动产的合同，受不动产所在地法支配。

二、最密切联系原则

合同领域的"最密切联系原则"（principle of the most significant relationship）是指在合同当事人没有选择法律或选择无效的情况下，由法院综合分析与合同或当事人有关的各种因素，推断出与案件有最密切联系的地方的法律予以适用的一项原则。

作为一种理论，最密切联系原则很可能是在萨维尼"法律关系本座说"的启发下产生的。如前所述，法律关系本座说的核心思想就是任何一个法律关系在逻辑上和性质上都与一个特定的法域有着固定的联系，这种联系就是法律关系的本座，而本座所在地的法律便是法律关系所应适用的法律。在这种思想的启发下，德国学者吉尔克（Gierke）创立了"重力中心说"或"关系聚集地说"。[1] 在奥汀诉奥汀（Auten v. Auten）案中，[2] 美国纽约州终审上诉法院使用了这一术语，同时提及"连结聚集地"（grouping of contacts）与"最密切联系"（the most significant relationship）两种表述。以上种种措辞最终被确定为"最密切联系"，并成为贯穿美国《第二次冲突法重述》的中心术语。

【案例8-1】 奥汀（Auten）夫妇于1917年在英国结婚，并在英国一起生活达14年，育有两个孩子，1931年，被告奥汀先生抛妻弃子，只身前往美国，并在美国"再婚"。1933年，原告奥汀女士从英国来到美国纽约州，在那里与被告达成别居协议。根据该协议，被告每月支付原告50英镑，以维持原告及其孩子的生活；并约定双方都不得就别居问题以任何形式向对方起诉。随后，原告回到英国继续与子女生活。但是，被告没有按协议向原告支付生活费。1934年，原告向英国法院提出别居之诉，理由是被告通奸。1938年，英国法院裁决被告向原告给付生活费，但因判决跨国的承认与执行问题而未奏效。于是，原告于1947年在美国纽约州法院提起诉讼，请求按双方1933年的别居协议取得被告应给付的款项。被告辩称，原告在英国提起的诉讼已使1933年的协议失效，从而结束了原告按照该协议享有得到扶养费的权利。纽约地方法院根据"缔结地法原则"，适用缔约地（纽约州）法。根据纽约州法，原告在英国提起诉讼，获得了临时给付的裁决，已取消和否定了她与被告之间的协议，法院遂驳回了原告诉求。原告不服提起上诉，二审法院维持原判。原告继续向纽约州终审上诉法院上诉。

终审法院认为，不应机械地依传统的冲突规范来适用法律，而应通过分析方法找出法律关系本身的重力中心地，或连接因素的聚集地，并适用这个地方的法律。终审法院指出，本案中，纽约州与案件的唯一联系是分居协议

---

[1] Otto, Von Gierke, Deutsches Privatrecht, Leipzig, 1895, p. 217.

[2] *Auten v. Auten*, (1954) 308 N. Y. 155, 124 N. E. (2d) 99.

的缔结地和非实质性履行地，并且这种联系带有偶然性和虚假性；而英国则是双方当事人的本国。此外，双方在英国结婚，生育子女，共同生活达 14 年，被告在英国遗弃妻子儿女，原告又是在英国履行抚养教育子女的义务，并履行分居协议，可见，英国法才是与该案件有最密切联系的法律。基于此，终审法院适用了英国法，判决奥汀女士胜诉。[参见二维码 8-2]

由于最密切联系原则具有明显的灵活性和合理性，20 世纪中叶以来，最密切联系原则被许多国家（既包括英美法系国家，也包括大陆法系国家）所采纳，并被赞誉为 20 世纪最富实用性的国际私法理论之一。可以说，在当代各国的国际私法上，最密切联系原则已经处于不可替代的重要地位。在当事人未选择法律或选法无效时，该原则被普遍确立为确定合同准据法的主要原则。

然而，利之所在，弊亦随之。最密切联系原则赋予法官以较大的自由裁量权，这固然具有灵活性，但也导致主观随意性的增加，降低法律适用结果的确定性和可预见性。所以，各国在采纳这一原则的同时，一直致力于对它进行改进与完善。

20 世纪 60 年代末，瑞士法学家施尼策尔（Schnitzer）创设的"特征性履行方法"（characteristic performance test）成为大陆法系上确定最密切联系原则的主要标准。所谓特征性履行，是指双务合同中代表合同本质特征的当事人履行合同的行为。细言之，双务合同是当事人负对待给付义务的合同；也就是说，双方当事人都需要履行合同规定的义务。施尼策尔通过观察发现，在双务合同的双方当事人中，只有其中一方履行合同的义务反映了合同的本质属性。这是因为在实践中，双务合同通常具有一个共性：一方当事人的义务是固定相同的，即承担金钱给付义务；而另一方当事人的义务则随着合同性质不同而不同。所以，施尼策尔指出，在合同中负金钱给付义务的一方当事人，其履行合同的行为反映的只是合同的共性；而另一方交付物品或提供服务的给付行为才反映了合同的本质特征。因此，他把后者对合同的履行称为"特征性履行"。

由此可见，所谓特征性履行，就是指负担金钱给付义务之当事人的相对方对合同的履行。进而言之，按照特征性履行方法，在依据最密切联系原则确定合同准据法的情况下，应根据承担特征性履行义务的一方当事人的连结点（通常是其住所地或经常居所地，或者其营业所在地）来确定。

一般认为，"特征性履行方法"所依据的具体连结点反映了合同的本质，这一连结点在与合同有关的众多连结点中"分量"最重，与合同的联系最为密切，并且在实践中很容易操作，因此，这一学说使最密切联系原则在很大程度上摆脱了主观性过强的弱点，从而备受学术界和司法界推崇。它的运用展示了最密切联系原则这一合同法律适用原则更加光明的前景。自 20 世纪 70 年代开始，越来越多的国家采用特征性履行方法来具体贯彻最密切联系原则。

不过，特征性履行方法也不是完美的。首先，对于某些类别的双务合同，如易货合同、经销合同或出版合同等，双方当事人均负担非金钱给付义务，该方法因而无法适用。其次，即便在可以适用的情况下，依据该方法所指引的法律也未必必然与合同有最密切联系。所以，在将该方法确立为确定最密切联系原则的主要方法时，绝大多数大陆法系国家的国际私法立法规定有但书条款，即如果合同明显与另一个国家的法律有更密切联系，则适用该有更密切联系的国家的法律。

综上所述，特征性履行方法是确定最密切联系原则的主要方法，依之，一般以负担金钱给付义务当事人的相对方的住所或经常居所地或者其营业地国家作为最密切联系地。不过，如果情况证明合同与另一个国家的法律明显有更加密切的联系，则可以不适用特征义务履行方的住所地法或经常居所地法或其营业地法，转而适用该具有更加密切联系的国家的法律。[参见二维码拓展阅读 8-2]

三、合同自体法理论

"合同自体法"（Proper Law of the Contract）的名称是英国学者提出来的。关于其具体内容，在不同历史阶段，具体含义并不一致。

第一阶段是"主观论"。这一阶段的代表人物是戴西（Dicey），他认为合同自体法就是当事人意图或能合理地认为他们意图使合同受其支配的法律。这一观点为 1865 年"劳埃德诉吉伯特"案的判决所采纳。[1]

第二阶段是"客观论"。这一阶段的代表人物是韦斯特莱克（Westlake），他指出，合同自体法是支配合同内在的有效性和效力的法律，是与合同有"最真实联系"（the most real connection）的法律。

第三阶段是"主客观结合论"。这一阶段的代表人物是莫里斯（Morris），他在修订戴西的《冲突法》时提出，合同自体法是指当事人意欲适用于合同的法律，或者在当事人没有作出意思表示，也不能根据情况作出推断时，与交易有最密切和最真实联系的法律。[2] 莫里斯指出这一原则可分解为三个规则：①当事人已明示选择了法律，该法律应被适用；②当事人无明示选择，但依情况可以推断出他们所选择的法律，该法律应被适用；③当事人既无明示选择，又不能依情况推断出他们所选择的法律时，适用与合同有最密切、最真实联系的法律。[参见二维码拓展阅读 8-3]

与大陆法系国家擅长理论构建不同，英美法系国家的法院在确定最密切联系时，将有关客观连结点列为考虑因素，以此做到主客观相结合，限制最密切联系原则的主观随意性。在司法实践中，英美法系国家的法官在确定最

---

[1] 转引自沈涓主编：《国际私法》，社会科学文献出版社 2006 年版，第 221 页。

[2] ［英］J. H. C. 莫里斯主编：《戴西和莫里斯论冲突法》（下册），李双元等译，中国大百科全书出版社 1998 年版，第 1114 页。

密切联系原则时，通常需考虑以下因素：①合同文件的语言及其性质；②文件的用语与样式；③支付所使用的货币；④当事人的营业所、居所、住所及其国籍；⑤有关船舶的旗国；⑥合同缔结地；⑦合同履行地；⑧先前交易的处理方式；⑨保险公司所在地；⑩合同书写的风格。

当代合同自体法理论完成了合同法律适用问题上主观论与客观论的协调和结合，平息了主观论与客观论的纷争。它既肯定了意思自治原则，适应了各国经济社会发展的需要，又补充了意思自治原则的不足，对当事人没有选择的情况作出规定。同时，它还把最密切联系原则吸收进来，在另一个层次上保证了法律适用方法的灵活性，有利于维护当事人和有关国家的利益。[1]

第二节　中国的立法与实践

一、意思自治原则

自 20 世纪 80 年代以来，为适应改革开放的需要，我国国际私法在合同领域的发展相当迅速，且在立法与司法实践中采纳了国际通行的关于合同法律适用的主要原则与方法，已建立起以意思自治原则为主、最密切联系原则为补充的合同法律适用体系。目前，我国在该领域的法律渊源主要包括：《海商法》《涉外民事关系法律适用法》《民法典》以及最高人民法院颁布的相关司法解释。

在上述法律与司法解释中，意思自治原则被确立为合同法律适用的首要原则。细言之，《海商法》第 269 条规定，合同当事人可以选择合同适用的法律，法律另有规定的除外。合同当事人没有选择的，适用与合同有最密切联系的国家的法律。《涉外民事关系法律适用法》第 41 条也明确规定，当事人可以协议选择合同适用的法律。2007 年出台的《最高人民法院关于审理涉外民事或商事合同纠纷案件法律适用若干问题的规定》（以下简称《2007 年涉外民商事合同纠纷解释》，已失效）对当事人选择法律进行了更加细致地规定。尽管该司法解释因与《涉外民事关系法律适用法》在属人法事项上存在冲突而于 2013 年被废止，[2] 但其确立的诸多规则只要在属人法上作出相应调整，依然可以被视为我国法院的通常做法，因而仍然具有较大的研究价值。此外，2013 年实施的《法律适用法解释（一）》也包含了合同的法律适用条款。梳理、分析上述法律及司法解释关于合同当事人意思自治的规定，我们可以总结出中国立法与实践关于该原则的具体做法：[参见二维码 8-3]

第一，合同当事人所选择的法律，其支配的事项包括：合同的成立，合

---

[1] 参见肖永平：《肖永平论冲突法》，武汉大学出版社 2002 年版，第 37~47 页。
[2] 《2007 年涉外民商事合同纠纷解释》将住所作为属人法的连结点，而《涉外民事关系法律适用法》将经常居所地作为属人法的连结点。

同内容的解释，合同的履行，违约责任以及合同的变更、中止、转让、解除、终止等。换言之，合同准据法主要支配合同的实体问题；合同当事人的缔约能力需受独立的法律支配，通常依自然人行为能力的法律适用规则确定其准据法。

第二，关于选择法律的方式，我国《2007年涉外民商事合同纠纷解释》明确规定，合同当事人的法律选择必须是双方明示的。针对有地方法院以当事人选择中国法院管辖为由推定当事人选择适用中国法律的做法，最高人民法院明确表示，涉外合同纠纷的当事人协议选择人民法院管辖的，不得就此推定当事人选择适用我国法律作为合同准据法。

此外，在我国司法实践中，还经常遇到这样的情况，即当事人之间并没有预先对法律适用进行约定，原告起诉时依据的法律为某国法律，而被告对法律适用未提出异议，亦以某国法律进行答辩。在这种情况下，法院通常认定当事人之间已经就法律适用达成了一致意见，除非被告以某国法律进行答辩后又明确提出了法律适用异议。一般认为，这属于明示选择法律的情况。

第三，关于法律选择的时间，我国的规定相当宽松，既可以在订立合同时，也在发生争议后，甚至在人民法院一审法庭辩论终结前，当事人都可以协议选择合同所适用的法律。之所以规定得如此宽松，是因为司法实践中经常发生当事人在一审开庭过程中才对应适用的法律作出选择的情况；当事人在开庭过程中变更已选择的法律的情形亦经常发生；当事人如果对应当适用的法律存在争议，也往往会在庭审的辩论阶段对法律适用问题进行激烈的对抗，而经过辩论之后，当事人有可能对法律适用问题达成共识，从而一致同意适用某一国家或地区的法律。由此可见，宽松的规定符合司法实践。

不过，我国立法与司法实践未对当事人变更法律选择施加必要的限制。如前所述，不少国家的法律规定，当事人变更选择的法律不得使合同归于无效，或使第三人的合法利益遭受到损害。本书认为，未来我国立法或司法解释也应当对当事人变更法律作出必要限制，以防止当事人恶意变更法律。

第四，关于法律选择的内容，如前所述，这包含两个更具体的问题：①由于我国立法与司法实践完全排斥反致，所以，当事人所选择的法律指现行的实体法，而不包括冲突法和程序法。②我国法律不要求当事人选择的法律与合同有联系。

不过，对于当事人是否能够选择未对中国生效或中国未加入的国际条约，理论界还存在争议。有观点认为，是否加入一项国际条约，中国主要基于自身利益加以判断，所以，对于那些中国不加入的国际公约，通常系因其与中国利益不符。在这种情况下，允许当事人选择此类国际条约，有损害中国国家利益之虞。

然而，本书不赞同这种观点。首先，既然我国法律允许当事人有权选择与合同无关的外国法，为什么不能允许他们选择中国未加入的国际公约呢？无论如何，国际条约反映了不止一个国家的意愿与立场，即便其有可能与中国利益不符，也不至于比特定外国的国内法更严重。其次，对于一项国际条约，中国不加入的原因很多，既有可能因其与我国国家利益不符，也有可能基于其他因素。譬如，对于欧盟及其前身欧共体制定的大量民商事公约，我国没有加入，这显然是基于资格问题。最后，即便某项国际条约确与我国利益不符，允许当事人选择之亦无担心的必要，因为公共秩序保留制度与强制性规范足以排除此类公约的适用。鉴此，允许当事人选择此类公约，既是私法自治的本质要求，也不会产生负面效果。

《法律适用法解释（一）》及《关于审理涉外民商事案件适用国际条约和国际惯例若干问题的解释》的规定与本书的观点基本一致。《法律适用法解释（一）》第7条规定："当事人在合同中援引尚未对中华人民共和国生效的国际条约的，人民法院可以根据该国际条约的内容确定当事人之间的权利义务，但违反中华人民共和国社会公共利益或中华人民共和国法律、行政法规强制性规定的除外。"《关于审理涉外民商事案件适用国际条约和国际惯例若干问题的解释》第4条规定："当事人在合同中援引尚未对中华人民共和国生效的国际条约的，人民法院可以根据该国际条约的内容确定当事人之间的权利义务，但违反中华人民共和国法律、行政法规强制性规定或者损害中华人民共和国主权、安全和社会公共利益的除外。"

第五，关于当事人选择法律的限制，上述立法与司法解释规定，对于在中国领域内履行的某些类别的合同，不允许当事人选择外国法，只能适用中国法，主要包括：①中外合资经营企业合同；②中外合作经营企业合同；③中外合作勘探、开发自然资源合同；④中外合资经营企业、中外合作经营企业、外商独资企业股份转让合同；⑤外国自然人、法人或者其他组织承包经营在中华人民共和国领域内设立的中外合资经营企业、中外合作经营企业的合同；⑥外国自然人、法人或者其他组织购买中华人民共和国领域内的非外商投资企业股东的股权的合同；⑦外国自然人、法人或者其他组织认购中华人民共和国领域内的非外商投资有限责任公司或者股份有限公司增资的合同；⑧外国自然人、法人或者其他组织购买中华人民共和国领域内的非外商投资企业资产的合同。

对于上述①②③类合同，因其性质特殊，事关我国重大利益，故自《合同法》起，我国法律便不允许当事人选择适用外国法，《民法典》第467条第2款亦因循之；④～⑧类合同必须适用中国法律，盖因在近年来的司法实践中，外商投资企业股份转让合同纠纷、外商投资企业承包经营合同纠纷、外国投资者并购境内企业的合同纠纷大量出现。根据我国现行的外商投资企业法以及相关行政法规，上述合同均应报经我国有关行政主管部门批准才能生效，对于这些合同，如果允许当事人选择适用外国法，将会导致我国有关的审批制度无法实现，不利于维护我国的社会经济秩序。

二、最密切联系原则

在合同当事人未选择法律或选法无效的情况下，我国立法与司法实践将最密切联系原则作为确定合同准据法的原则，并引入"特征性履行方法"以帮助法官确定与合同有最密切联系的国家的法律。对此，《2007 年涉外民商事合同纠纷解释》的规定最为细致，该司法解释第 5 条将最密切联系原则作为当事人未选法时确定合同准据法的基本原则，并在此基础上引入特征性履行方法，将之确立为适用最密切联系原则的主要方法。为帮助法官适用该方法，它还列举了 17 类合同的特征性履行地法。考虑到《涉外民事关系法律适用法》已用经常居所取代住所作为属人法的主要连结因素，上述条款在此方面进行调整后，依然对司法实践具有直接的参考价值。同时，鉴于特征性履行方法并不必然指向与合同有最密切联系的法律，该条款还规定了例外条款，即如合同明显与另一国家或者地区有更密切联系的，适用该另一国家或者地区的法律。

与此相比，《涉外民事关系法律适用法》的规定则概括得多。依据该法第 41 条，当事人没有选择的，适用履行义务最能体现该合同特征的一方当事人经常居所地法律或者其他与该合同有最密切联系的法律。可见，依据该条，在当事人未选法的情况下，应适用特征性履行方法确定的法律或其他与合同有最密切联系的法律。

本书认为，与《2007 年涉外民商事合同纠纷解释》相比，《涉外民事关系法律适用法》第 41 条的规定退步明显，它未能正确体现最密切联系原则与特征性履行方法之间的关系，容易给司法实践制造难题。细言之，特征性履行是"方法"（test），最密切联系是"原则"（principle），两者位于不同的逻辑层面；然而，该法第 41 条却将两者放在了完全平等的地位上。在这种情况下，如果适用特征性履行方法指向甲国法，但合同与乙国有最密切联系，则法官难免陷入困境。鉴此，本书建议，未来立法应做调整与修改，以正确体现特征性履行方法与最密切联系原则之间的关系。

三、特殊合同的法律适用

值得注意的是，《涉外民事关系法律适用法》第六章"债权"专设 3 个条文规定合同的法律适用问题。除第 41 条规定了一般性条款外，第 42 条与第 43 条还分别对消费者合同与劳动合同规定了具体的法律适用条款。

消费者合同是指以消费者为一方当事人的合同，即以个人或家庭消费为目的购买货物或接受服务而订立的合同。由于与货物或服务提供者相比，消费者通常处于明显弱势地位，因此，当代国际私法常制定专门适用于此类合同的法律适用条款，以保护消费者权益。

从这个意义上说，《涉外民事关系法律适用法》专设消费者合同的法律适用条款，符合晚近国际私法的发展潮流。该法第 42 条规定："消费者合同，适用消费者经常居所地法律；消费者选择适用商品、服务提供地法律或者经营者在消费者经常居所地没有从事相关经营活动的，适用商品、服务提供地法律。"

依据该条，消费者合同原则上适用消费者经常居所地法，但受制于以下两个例外：①消费者选择适用商品、服务提供地法律的，适用商品、服务提供地法律；②经营者在消费者经常居所地没有从事相关经营活动的，适用商品、服务提供地法律。

之所以将消费者经常居所地作为消费者合同法律适用的基本原则，盖因消费者通常熟悉其经常居所地法，适用经常居所地法往往既符合其预期，也最有利于保护其利益。同时，作为理性人，消费者如主动选择适用商品、服务提供地法律的，通常系因商品、服务提供地法比其经常居所地法更有利于保护其利益，所以，在消费者单方选择适用该法的情况下适用该法，符合保护其利益的立法意旨。此外，如经营者在消费者经常居所地没有从事相关经营活动，购买商品或服务的消费者属于"主动消费者"，经营者不知晓，也无法预见其商品或服务与消费者经常居所地之间有任何联系，因此，在这种情况下，如适用消费者经常居所地法，会超出经营者的合理预期，显失公平。为此，该条规定，对于"主动消费者"，适用商品、服务提供地法律。

劳动合同，亦称雇佣合同，是指劳动者与用人单位（雇主）之间确立劳动关系明确双方权利和义务的合同。在此类合同中，劳动者或雇员相对处于被动、弱势的地位，用人单位或雇主可以利用自己的优势地位操纵法律适用，因而有必要制定专门的法律适用条款，以保护弱方当事人的利益。为此，《涉外民事关系法律适用法》专设调整劳动合同的第43条。

需要指出，理解该条首先需要厘清该条与《中华人民共和国劳动合同法》（以下简称《劳动合同法》）第2条的关系。依据后者，中国境内的用人单位与劳动者建立劳动关系，订立、履行、变更、解除或者终止劳动合同，应适用《劳动合同法》。尽管依据这一规定，《劳动合同法》应适用于我国境内用人单位与劳动者之间订立的所有劳动合同，但作为调整涉外劳动合同的特别法律规定，《涉外民事关系法律适用法》第43条应优先适用于涉外劳动合同。此外，最高人民法院在2014年审理的一个案件中明确指出：《劳动合同法》不适用于境内劳动者与境外用工单位形成的劳务派遣关系。[1] 还需要指出，依据《涉外民事关系法律适用法》第4条及《法律适用法解释（一）》第8条，我国法律关于劳动者权益保护的强制性规定，如涉及我国社会公共利益，则应直接适用。

《涉外民事关系法律适用法》第43条规定："劳动合同，适用劳动者工作地法律；难以确定劳动者工作地的，适用用人单位主营业地法律。劳务派遣，

---

[1] "金远航运有限公司与王美金、张兴旺海上人身损害赔偿纠纷案"，最高人民法院（2014）民申字第763号民事裁定书。

可以适用劳务派出地法律。"

该法第 43 条分两部分,第 1 句旨在调整一般的劳动合同,第 2 句旨在调整劳务派遣合同。依据第 1 句,劳动合同原则上适用劳动者工作地法。这是因为在一般情况下,劳动者最熟悉其工作地的法律,适用之更符合其预期。如无法确定劳动者的工作地点,如不断变换地点,适用工作地法不仅不稳定,也未必符合劳动者的预期,所以,在此情况下,适用用人单位主营业地法。不过,不同于第 42 条明显体现出对弱方当事人利益的保护,第 43 条对劳动者权益保护的立法意旨不甚清晰。不仅如此,结合中国的实际情况,本书认为,在很多情况下,《涉外民事关系法律适用法》第 43 条第 1 句的规定未必有利于保护劳动者的权益。例如,如果劳动者被派往劳动保护水平不及中国的国家工作,适用该国法律对劳动者显然不利。尤其在中国大力推进"一带一路"倡议的背景下,未来会有更多的中国劳动者被派到相关国家工作,考虑到"一带一路"沿线国大多为发展中国家,适用劳动者工作地法很可能会与保护劳动者权益的初衷相违背。

劳动派遣是指劳务派遣单位(用人单位)与接受以劳务派遣形式用工的单位(用工单位)订立的劳务派遣协议,按约定向用工单位派遣劳动者的行为。这是近年来我国人才市场较为常见的一种用工方式,可跨地区、跨行业进行。用人单位可以根据本行业的特点或自身工作和发展的需要,派遣所需要的各类人员。实行劳务派遣后,用工单位与用人单位签订劳务派遣合同,用人单位与劳动者签订劳动合同,用工单位与劳动者签订劳务协议。其中,劳动者的利益主要受用人单位的影响。[1] 由此可见,在劳务派遣关系中,涉及用人单位、用工单位与劳动者三方,其中,劳动者是弱势方。

《涉外民事关系法律适用法》第 43 条第 2 句的规定过于概括,从其行文上无法准确判断该款是仅适用于用工单位与用人单位之间的劳务派遣合同,还是适用于劳动者与用人单位之间的劳动合同关系。如果是前者,由于用工单位与用人单位之间并不存在明显弱势当事方,其专门受制于特殊的法律适用条款,欠缺合理性与必要性。如果是后者,该句的规定会导致法律适用的不确定性,也未必有利于对劳动者利益的保护。在这种情况下,依据《涉外民事关系法律适用法》第 43 条,可以适用劳务派出地法律(一般指劳务派遣单位主营业地法律),也可以适用劳动者工作地法律;难以确定劳动者工作地的,适用用人单位主营业地法律。由于该条并未明确要求在此情况下适用对劳动者有利的法律,法律适用因而存在较大的不确定性。职是之故,本书认为,未来立法或司法解释应将有利于保护劳动者权益确立为本条法律适用的指导原则。

---

[1] 万鄂湘主编:《〈中华人民共和国涉外民事关系法律适用法〉条文理解与适用》,中国法制出版社 2011 年版,第 310 页。

本章二维码

8-1　第八章拓展阅读

8-2　案例 8-1 判例详细资料

8-3　《最高人民法院关于审理
涉外民事或商事合同纠纷
案件法律适用若干问
题的规定》（已失效）

第九章

侵权的法律适用

✉ 导 语

　　中文里的侵权是一个外来词，英文为"tort"，最初源于拉丁词"torquere"，原意是指扭曲或弯曲。在英美法系上，侵权行为通常是指侵犯法律规定而非合同约定的权利，并导致诉权产生的不法行为或损害行为；[1] 在大陆法系上，侵权行为一般是指因故意或过失不法侵害他人权利的行为，是债的发生原因之一。[2]

　　从历史上看，侵权在早期一度被国际私法所忽视。然而，到 20 世纪后期，侵权已成为当代国际私法最受重视的问题之一。在过去的半个世纪，侵权领域发表和出版的国际私法著述比其他所有领域都要多；与此同时，各国国际私法立法在侵权领域也取得了令人瞩目的发展。侵权成为当代国际私法的"宠儿"，其原因显而易见。进入 20 世纪后期以来，科学技术一日千里，交通与通讯日益便捷，人员与货物的跨国流动空前频繁，跨越国界的侵权纠纷因而与日俱增。以比较法为视角观之，当代各国的侵权法差异明显，在侵权行为的构成要件、侵权行为的相对人以及损害赔偿的计算方法、赔偿原则、标准等各方面都有不同。职是之故，侵权领域的国际私法理论、立法与实践只有大踏步地发展、完善与重构，才能适应社会现实。

　　需要指出，经过半个多世纪的发展，侵权冲突法得到了质的提升，尽管如此，"侵权依然被视为冲突法上最令人困惑的领域之一"。[3] 侵权引发的法律适用问题之所以难以解决，盖因以下几点：①当代侵权纠纷种类繁多，从诽谤到不正当竞争，再到产品责任侵权，不同种类侵权各有其特点，难以适用统一的法律适用规则。②与作为意定之债的合同不同，侵权是法定之债，当事人通常无法预期，难以就法律适用提前达成一致。③现代交通工具与网络技术的飞速发展，使侵权行为与特定地域的联系越来越弱，传统的侵权法律适用规则因而捉襟见肘，亟待变革。

　　在此背景下，在过去的几十年间，侵权冲突法不论是在理念还是在规则

---

〔1〕　薛波主编：《元照英美法词典》，法律出版社 2003 年版，第 1348 页。
〔2〕　参见马俊驹、余延满：《民法原论》，法律出版社 2010 年版，第 983 页。
〔3〕　霍政欣：《国际私法》（英文版），对外经贸大学出版社 2015 年版，第 284 页。

上，均发生了重大变化。近年来，中国国际私法在侵权领域亦有实质性改变，其力度之大，堪称"变革"。为此，本章先以比较法为视角梳理侵权冲突法的发展脉络，再结合中国的立法与司法实践，勾勒中国国际私法在侵权领域的发展与完善进程。

第一节 侵权法律适用的嬗变

一、传统规则

传统的侵权行为法律适用规则主要受法院地法原则与侵权行为地法原则支配，其中，尤以侵权行为地法原则影响更大。此外，在完善侵权行为地法的过程中，还出现了重叠适用法院地法与侵权行为地法以及当事人共同属人法例外等做法。

（一）侵权行为地法

侵权行为适用侵权行为地法（lex loci delicti）是国际私法上最早确立的原则之一，其历史可追溯到意大利"法则区别说"时代。巴托鲁斯认为，依"场所支配行为"的原则，侵权行为应受侵权行为地法支配。自那时起，侵权行为地法曾长期被世界各国遵循，成为侵权行为法律适用的支配性原则。

尽管如此，各国对侵权行为地法的学理阐释并不相同。法则区别说的倡导者和追随者认为，侵权行为之债的产生是侵权行为这一法律事实引起的，只有侵权行为地与侵权行为有某种自然的联系。因此，侵权行为的赔偿应适用侵权行为地法。法国国际私法学者亨利·巴迪福（Henri Batiffol）等学者认为，侵权行为之所以适用行为地法，是因为：①这种债的发生是基于法律的权威，而非债务人的意思；②对行为者施加责任，是为维护人们的权利平衡，而恰好是在行为地的侵权打破了这种平衡；③适用行为地法也是当地公共秩序的要求，并且易于查明事实和确定法律上的责任。[1] 德国学者冯·巴尔（Von Bar）等认为，侵权行为适用侵权行为地法是为保护行为地国的主权和公共利益，不适用侵权行为地法，就是对行为地国主权的侵犯。以戴西为代表的多数英美学者采用"既得权说"，认为侵权行为地法赋予当事人的损害赔偿请求权类似一种财产权，原告不管在何州起诉，都携带该法所授予的既得权利。诉讼地法院只不过是被请求支持或协助原告取得这一权利。还有一部分英美学者采用"债务说"，如霍姆斯（Holmes）在"斯莱特诉墨西哥全国铁路公司"案中指出："该行为能产生一种债务的唯一来源是行为发生地的法律，因而该法律能决定债务的存在。"[2] 事实上，"债务说"与"既得权说"

---

〔1〕 ［法］亨利、巴迪福：《国际私法各论》，曾陈明汝译，正中书局 1979 年版，第 255 页。

〔2〕 *Slater v. Mexican National R. Co.* 194 U. S. 120（1904）.

同出一源，理论基础并无区别。

不管采用上述哪种学理阐释，在早期交通工具与通信技术不甚发达、人员跨国流动性较低的历史背景下，侵权与侵权行为地的联系紧密，其受侵权行为地法支配，在绝大多数情况下，既符合当事人预期，也具有合理性，因而被各国普遍采纳。然而，随着时代的发展，侵权行为地法的弊端日渐明显。

首先，随着交通工具的日益发达与国际交通的愈加快捷，侵权行为地的偶然性越来越大，在不少情况下，侵权适用侵权行为地法往往既不合理，也不利于保护当事人的正当权益。其次，在新的历史背景下，侵权行为往往兼跨数国，不易确定。尤其是网络侵权，其行为地难以用地域性连结因素确定。最后，尽管各国皆采侵权行为地，但各国对侵权行为地的认定并不相同：有的国家主张以加害行为地为侵权行为地，如《奥地利联邦国际私法法规》第48条第1款采纳了这一主张；有的国家主张以损害发生地为侵权行为地，如1971年美国《第二次冲突法重述》第145条；有的国家主张侵权行为地既包括行为地，也包括损害发生地，甚至还可以包括其他相关的地方，它允许受害人选择已发生的整个行为的各项事实的任一项发生地为侵权行为地，如1964年《捷克斯洛伐克国际私法和国际民事诉讼法》第15条；还有的国家，如法国，对于如何从两者间择一适用，至今尚未形成一致的解决途径。[1] 在此背景下，对侵权行为地法进行限制或加以完善与改进，自然成为国际私法的重要课题。

(二) 法院地法

一般认为，侵权行为适用法院地法的理论系由德国法学家萨维尼系统提出。在《现代罗马法体系》第八卷中，萨维尼提出，侵权责任属于"强行性的、严格的实定法"，无须受制于多边主义方法，故应适用法院地法。

不过，在司法实践中单纯采纳这一原则的国家少之又少，其原因并不难寻。首先，适用法院地法会鼓励原告"挑选法院"，因而附和者为数寥寥。对此，连萨维尼自己也有所意识。[2] 其次，随着侵权法的不断发展，过失侵权乃至无过错侵权的比例不断上升，侵权法的法律功能逐渐由矫正正义转为分配正义，强调侵权人对受害人的补偿，实现侵权人与被害人之间利益与风险的正当分配；[3] 与此相对应，侵权责任被确立为一种典型的民事责任，与刑事犯罪霄壤有别，所以，侵权行为适用法院地法已明显不合时宜。

尽管如此，法院地法在改进或限制侵权行为地法的过程中仍起到了重要的作用，尤其是对英国创设"双重可诉原则"具有启发作用。

---

[1] [美] 弗里德里希·K. 荣格：《法律选择与涉外司法》，霍政欣、徐妮娜译，北京大学出版社2007年版，第65页。

[2] [美] 弗里德里希·K. 荣格：《法律选择与涉外司法》，霍政欣、徐妮娜译，北京大学出版社2007年版，第65页。

[3] 参见宋晓：《双重可诉规则：进退之际》，载《法律科学（西北政法大学学报）》2009年第1期。

（三）重叠适用侵权行为地法与法院地法

一些学者认为，一种行为合法与否，应以行为地法为原则，但为维护法院地的公共秩序，对依行为地法发生的侵权，必须是在法院地法承认的范围内，才能得到赔偿。因此，一种行为是否构成侵权，应受行为地法和法院地法双重支配。英国法院在司法实践中创设采取"双重可诉原则"（rule of double actionability），就是在一定程度上重叠适用侵权行为地法和法院地法，只不过它是以法院地法为主，只参考行为地法。

在"菲利普斯诉艾尔"案中，威尔斯（Willes）法官指出："作为一般规则，在英国提起据称发生在国外的诉讼，必须符合两个条件：①侵权行为必须具有这样的性质，即该行为如果发生在英国，也是可以起诉的；②根据行为发生地法，该行为一定是不正当的行为。"[1] 而且对于该类诉讼，英国法院常常适用法院地法判定侵权行为人的责任。受英国影响，加拿大、澳大利亚、新加坡等不少国家也曾采用该原则，还有一部分大陆法系国家也有类似做法。[参见二维码拓展阅读9-1]

【案例9-1】 1990年8月，伊拉克入侵科威特并强行吞并之。在占领科威特期间，伊拉克航空公司（以下简称伊航）将原属于科威特航空公司（以下简称科航）的十架商用飞机强行据为己有。第一次伊拉克战争结束后，科航在英国以伊航为被告提起诉讼，要求后者返还飞机，并赔偿侵权损失。在类似的国际私法案件中，英国法院应适用"双重可诉原则"确定侵权责任，即伊航的行为依据英国法和伊拉克法均构成侵权，该诉讼请求才具有可诉性。然而，依据伊拉克颁布的法律，科航飞机的所有权已合法地转让给伊航。对此，原告科航不持异议，但要求英国法院排除适用伊拉克法律；而被告伊航则要求法院适用"双重可诉原则"驳回原告的诉讼请求。

英国法院认为，在通常情况下，法院按照因循先例原则应适用侵权行为地法，即便其与法院地法不同。但英国法院强调，伊拉克法律将扣押的科航飞机所有权转让给伊航，无疑违反了国际法：伊拉克武力侵略科威特，将科航飞机强行转移到伊拉克境内，并通过颁布法律将这些飞机的所有权转移给伊航，这些行为整体上是为了消灭科威特作为主权独立国家的身份和地位。伊拉克实施的这些行为严重侵犯国际法最重要的基本原则，在今天是绝不能被接受的。因此，在本案中，原本应适用的伊拉克法应当被完全地排除适用。基于此，英国法院作出原告胜诉的判决。[参见二维码9-2]

不过，需要指出，20世纪90年代以后，双重可诉原则逐渐退出了历史舞台。事实上，英国法院在19世纪创制双重可诉原则，在很大程度上是出于一种实用主义的考虑。19世纪，英国是世界上社会经济发展水平最高的国家，

---

[1] *Phillips v. Eyre* (1870) LR 6 QB 1.

其法律对权利的保护水平也远高于其他国家。这样一来，英国人在外国的一些行为，依行为地法不构成侵权，但依据英国法，构成侵权。于是，不断有外国人到英国法院起诉英国人，指称后者在外国的有关行为构成侵权，进而提出赔偿请求。此类案件的大量出现引起了一些英国学者与法官的关注，他们认为，在这些案件中单纯适用英国法，对英国人是不公平的，不仅不利于保护英国人的权利，也不利于鼓励英国人在海外进行民商事活动。正是在这样的背景下，"双重可诉原则"应运而生。

然而，到了当代，双重可诉原则的缺陷日渐凸显。首先，该原则是一把双刃剑，当英国人是被告时，这固然对保护其利益有利，但如果英国人是原告，法官反而会被之束缚住手脚。其次，该原则是一种国家主义的体现，是对本国被告的偏袒，这与国际私法追求判决一致的形式目标与追求国际实质正义的价值取向背道而驰。最后，随着其他国家政治经济与法律的发展，英国法与外国法在侵权领域的差异逐渐缩小，适用双重可诉原则的必要性随之降低。职是之故，英国1995年制定的《国际私法（综合规定）》在一般规则层面抛弃了双重可诉原则，仅在诽谤、不正当竞争等少数领域保留。[1] 澳大利亚等一些国家也在2000年前后通过立法或判例废止或实质性限制双重可诉原则。[2]

（四）当事人共同属人法

如前所述，单纯采取侵权行为地法的一个主要不足是侵权行为地具有偶然性，尤其是在当事人国籍相同或在同一个国家有住所或经常居所时，他们由于偶然的原因前往某外国，且在该国境内相互之间发生了侵权行为。在这种情况下，适用侵权行为地法律显然有些牵强。因此，不少国家立法虽然将侵权行为地法确立为侵权法律适用的基本原则，但如果侵权事件中的侵权人与被侵权人具有共同属人法，则适用他们共同的属人法。换言之，当事人共同属人法构成侵权行为地法原则的例外。

在当事人具有共同属人法时适用该共同属人法的主要原因包括：①当事人具有同一个国家的国籍或在同一个国家有住所或经常居所，一般与该国有实质性联系；②侵权案件主要涉及经济赔偿，是否赔偿及赔偿多少与一个国家的社会经济水平密切相关，采用共同属人法原则所作出的判决，对当事人来说更易于接受。例如，两个美国加州公民来华短期工作期间，彼此之间发生侵权行为，于此，按照加州法审理，对双方当事人来说是最自然不过的事情；如果适用中国法，对当事人，尤其是被侵权人而言，显失公平，毕竟中国法规定的赔偿数额会远远低于加州法的规定。

---

〔1〕 U. K. *Conflicts Act* 1995（Miscellaneous Provisions），s. 10.

〔2〕 See e. g.，*John Pfeiffer Pty Ltd v Rogerson*〔2000〕HCA 36（21 June 2000）.

二、侵权冲突法的当代变革

20 世纪下半叶以降，在国际私法的嬗变与发展中，侵权是一个最引人关注的问题。当代国际私法的诸多基本理念与规则之争，往往是由侵权的法律适用所引发的；而美国纽约州终审上诉法院在"贝科克诉杰克逊"案（该案详情请见后文）中对传统侵权冲突规范的颠覆，更直接点燃了波澜壮阔的美国"冲突法革命"。在美国"冲突法革命"中，侵权行为地法这一硬性冲突规范被颠覆，全新的法律选择理念脱胎而出，最密切联系原则、意思自治原则以及对弱方当事人予以特殊保护的法律选择原则与理念开始走入侵权的法律适用领域，侵权冲突法因而经历了脱胎换骨式的嬗变。

当代国际私法的变革，在很大程度上说，就是侵权冲突法的变革。侵权之所以成为各国国际私法立法、理论与司法关注的焦点，一方面是源于全球化背景下，具有涉外因素的侵权纠纷频繁、大量发生；另一方面系因侵权案件的双方当事人往往利益对立、矛盾尖锐，如何协调他们的利益，既确保公平正义，也不牺牲国际私法追求的可预见性与判决结果的一致性，自然是对各国国际私法立法者、司法者与学者的重大考验。[参见二维码拓展阅读 9-2]

（一）最密切联系原则

最密切联系原则最早适用于合同领域，被确立为当事人未选法或选择无效时用于确定合同准据法的主要原则。在美国"冲突法革命"中，最密切联系原则被扩展至侵权等领域，并最终确立为侵权法律适用的支配性原则。对将最密切联系原则引入侵权领域起到里程碑作用的是 1963 年美国纽约州上诉法院审理的"贝科克诉杰克逊"案。[1]

【案例 9-2】　1960 年 9 月 16 日星期五，住在纽约州罗切斯特城的威廉·杰克逊（William Jackson）夫妇邀请了同住于该城的乔治亚·贝科克（Georgia Babcock）小姐和她的几个朋友一起乘坐杰克逊夫妇的汽车前往加拿大度周末。当杰克逊先生驾驶着汽车来到加拿大安大略省时，汽车失去控制，汽车冲下公路撞在路边的一堵墙上，贝科克小姐因此受重伤。回到纽约州以后，贝科克对杰克逊先生提起诉讼，指控他在驾驶汽车时有过失行为，并承担赔偿责任。事故发生时有效的加拿大安大略省《乘客法则》（Guest Statute）规定，"除了为了盈利的商业性运载乘客以外，汽车的所有者或驾驶者对乘坐在车内的任何人由于身体受伤所遭受的任何损害或损失以至死亡不负责任"；但纽约州的法律规定，在这种情形下，汽车的所有者或驾驶员须负法律责任。被告根据美国《第一次冲突法重述》第 384 条关于侵权行为适用侵权行为地法的规定，主张法院适用安大略省法律，驳回原告的赔偿请求。初审法院支持了被告的主张并得到上诉法院的确认；原告不服，向纽约州终审上诉法院

---

[1]　*Babcock v. Jackson*, 12 N. Y. 2d 473, 240 N. Y. S. 2d 743, 191 N. E. 2d 279（1963）.

再次提起上诉。

终审上诉法院指出，该案需要明确的问题是：侵权行为地法是否应毫无例外地支配所有侵权纠纷？适用的法律选择规则是否应体现与促进实现正义及提高可预见性有关的其他目的？由于意识到适用传统的侵权规则将导致不公正与僵化的结果，富德法官提出，在本案中，所有的相关因素——汽车的登记地、双方当事人的住所、旅行的起始地以及计划终点均指向同一个方向。换言之，"重力中心"或"连结聚集地"在纽约州的罗切斯特；纽约州法律因而与本案需要解决的事项有最密切的联系。最后，终审上诉法院适用了纽约州的法律，撤销原判，令被告赔偿原告的损失。[参见二维码 9-3]

作为美国"冲突法革命"的最终成果，美国《第二次冲突法重述》重构了美国冲突法体系与规则，其第 145 条规定了侵权法律适用的一般原则，明确将最密切联系原则确立为侵权法律适用的基本原则，并对如何确定最密切联系规定了具体的连结因素。[1] [参见二维码拓展阅读 9-3]

1951 年，英国国际私法学家约翰·莫里斯（John Morris）在《哈佛法律评论》上发表了《论侵权行为的自体法》一文，根据"合同自体法"的概念，提出了"侵权行为自体法"（proper law of the tort）的学说，即侵权行为应适用与侵权案件有最密切联系的法律。在这篇影响深远的论文中，莫里斯提议，法官在处理涉外侵权问题时，应以政策为基础，选择与特定侵权行为及具体争讼事项有"最密切联系"的法律来解决之。依其观点，不应毫无区别地将损害发生地法适用于所有侵权案件，而应视不同情况区别对待，如将过失交通肇事与诽谤区分开来。在确定案件与哪一法律具有最密切联系时，法院不仅要考虑损害发生地法，而且要将侵权行为发生地法、当事人居所地法以及当事人的关系中心所在地法纳入考察范围。另外，在不同案件中，法官拥有适用不同法律的自由裁量权。譬如，汽车司机对受伤乘客的责任，可以依他们的共同住所地法；而关于司机过失的事项，则应由行为发生地法确定。莫里斯希望，与各种宽泛的机械性规则相比，这种灵活的方法可以取得更加合理的效果。[2]

莫里斯的主张被英国的立法与司法实践所采纳。如前所述，自"菲利普斯诉艾尔"案后，英国国际私法实践在侵权领域长期重叠适用法院地法和行为地法。但到 1971 年"博伊斯诉查普林"案略有突破，已有例外情况，即就当事人之间的特别问题而言，亦可受与行为的发生和与当事人有最密切联系的法律支配。[3] 此后，1995 年英国《国际私法（综合规定）》对侵权行为的法律适用作了系统规定，其主要内容为：除对诽谤案件仍适用双重可诉原则

---

〔1〕 American Law Institute, *Restatement（Second）of the Conflict of Laws*, §145（1971）.

〔2〕 J. H. C. Morris, "The Proper Law of a Tort", *Harvard Law Journal*, 64（1951）, pp. 881-895.

〔3〕 *Boys v. Chaplin*〔1969〕2 All ER 1085.

外，凡属在英国国内及国外发生的国际或区际的侵权行为的实质问题（或主要事项），概由侵权行为准据法支配，即适用构成侵权或不法行为之事件的发生地国法。如果事件的因素涉及不同国家，依据上述原则适用的法律应确定如下：①涉及人身伤害的，适用损害发生地法；②涉及财产损失的，适用财产受到损坏时其所在地法；③但不论在什么情况下，通过综合比较，如构成事件的因素与某一个国家的联系最为密切，则应适用该有最密切联系的国家的法律。[1]［参见二维码拓展阅读 9-4］

不仅英美法系国家将最密切联系原则引入侵权，晚近诸多大陆法系国家的国际私法立法也体现了这一趋势。例如，《奥地利联邦国际私法法规》第 48 条第 1 款规定："非契约损害求偿权，依造成此种损害的行为发生地国家的法律。但如所涉及的人均与另外同一国家的法律有更密切联系时，适用该国家的法律。"《德国民法施行法》第 41 条也将最密切联系原则确立为确定非合同之债准据法的首要原则。

（二）意思自治原则

在侵权领域，当代国际私法一个更令人瞩目的现象是引入了意思自治原则。该原则最早适用于合同领域，现在有限的意思自治原则已被一些国家与国际立法引入侵权领域。回顾意思自治在侵权领域的引入与发展历程，可以发现，大体经过了三个阶段：[2]

第一阶段以 1987 年《瑞士联邦国际私法法规》为代表，该法第 132 条规定："当事人可以在侵权行为出现后的任何时候，协议选择适用法院地的法律。"据此，侵权纠纷的当事人可以选择法律，但受制于两项限制：①选择法律的时间只限于侵权行为发生以后。由于侵权是法定之债，当事人通常无法事先预料其发生，法律选择在侵权发生之后，应属合理。②选择的法律限于法院地法。如此，一方面体现了对当事人意愿的尊重，有利于案件得到顺利解决，另一方面也达到了扩大法院地法适用的效果。

第二阶段以 1999 年《德国民法施行法》为代表，该法第 42 条规定："在非合同之债据以产生的事实发生之后，双方当事人可以选择适用于该债务的法律。第三人的权利不受影响。"显然，这一规定全面扩大了当事人的选择范围，不再局限于法院地法，仅有不影响第三人权利的限制；同时，只允许当事人事后选择，而不允许他们事前选择。

第三阶段以 2007 年欧盟《罗马条例Ⅱ》为代表，其也是最新的发展阶段。该条例第 14 条第 1 款规定："当事人可以协议选择适用于非合同之债的法律：（a）协议订立于损害事件发生之后；或者（b）当事各方在从事商业活动的，协议经自由协商，亦可订立于损害事件发生之前。法律选择应是明

---

[1] *U. K. Conflicts Act* 1995（Miscellaneous Provisions），s. 11，12.

[2] 参见宋晓：《侵权冲突法一般规则之确立——基于罗马Ⅱ与中国侵权冲突法的对比分析》，载《法学家》2010 年第 3 期。

示的，或案件各种情形确切表明的，且不得损害第三人之权利。"上述规定不仅对选择范围不加限定，而且不再拘泥于事后选择，在一定条件下开始允许事前选法。这是因为在国际民事活动中，当事人在签订合同时约定，与本合同有关或因本合同引发的一切争议适用某国法，这是颇为常见的情形。在这种情况下，如果一方当事人在履约过程中对另一方当事人实施了侵权行为，且此侵权责任无法与合同责任竞合，那么，该侵权行为适用当事人选择的法律具有诸多优势：不仅符合当事人的意愿，而且反映了最密切联系原则，更有利于纠纷得到公平、合理、高效的解决。可见，允许当事人在订立合同时，就合同以及与合同有密切联系的侵权责任选择适用同一法律，有利于为双方当事人提供公平、可预见的法律环境，有利于交易安全，并可在实践中提升意思自治在侵权领域的适用概率与实际效果。[1] ［参见二维码拓展阅读 9-5］

（三）适用有利于被侵权人的法律

侵权行为法的目的之一是通过对侵权人课以责任从而补偿被侵权人的损失。此目的表明，在侵权行为法律适用方面，应适用有利于原告的法律。一些国家的国际私法立法从保护被侵权人的角度出发，采用利益分析及结果选择等方法，允许在一定范围内选择适用对受害人最为有利的法律。

例如，1982 年《南斯拉夫国际冲突法》第 28 条规定，除对个别情况另有规定外，民事侵权责任，依行为实施地法或结果发生地法，其适用视何种法律对受害人最为有利而定。再如，1979 年匈牙利《关于国际私法的第 13 号法令》第 32 条第 2 款规定："如果损害发生地法对受害人更有利，以该法作为准据法。"《瑞士联邦国际私法法规》更是直接赋予了受害人在特定条件下选择适用法律的权利，该法第 139 条规定：受印刷品、无线电、电视或其他大众传播工具的诽谤而提出的损害赔偿诉讼，原告可以在下述几项法律中选择所适用的法律：①受害人惯常居所地国家的法律；②加害人的营业地或惯常居所地国家的法律；③损害结果发生地国家的法律。[2] 事实上，前述规定也属于当事人意思自治的一种，不过与当事人协议选择法律不同，它只赋予原告在一定范围内选择法律的自由。美国法院在"德克尔诉福克斯河拖拉机公司"案的判决中适用"较好的规则"（better rules），事实上也是便于原告从被告获得赔偿的规则，亦即保护受侵权人政策的贯彻。[3]

（四）区别一般侵权行为和特殊侵权行为

对侵权行为的法律适用，之前各国国际私法通常不区分侵权行为的种类和性质，只笼统地规定法律适用规则。随着时代的发展，侵权行为的种类越来越复杂，各类侵权各有特点，各国侵权法关于不同类别的侵权逐渐确立了

---

〔1〕 霍政欣：《涉外侵权之债的法律适用——以"7·23 甬温线特别重大铁路交通事故"中外籍伤亡乘客的赔偿为视角》，载《法商研究》2011 年第 6 期。

〔2〕 黄进主编：《国际私法》，法律出版社 1999 年版，第 438~439 页。

〔3〕 *Decker v. Fox River Tractor Co.*，324 F. Supp. 1089（E. D. Wis. 1971）.

不同的归责原则、赔偿标准与限度等。在此背景下，晚近国际私法出现了视侵权行为的性质和种类的不同而分别规定准据法的新趋向。例如，美国《第二次冲突法重述》对侵权行为的规定达 30 条之多，不仅规定了一般侵权行为的法律适用，而且对人身损害、诽谤、隐私权、干涉婚姻关系、对有形物的损害、欺诈及虚假陈述、伤害性虚假陈述、跨州诽谤、对隐私的跨州侵犯和恶意控告及滥用法律程序等 10 种特殊的侵权行为分别规定了准据法。《奥地利联邦国际私法法规》以及《瑞士联邦国际私法法规》也区分一般侵权行为和特殊侵权行为，分别规定法律适用规则。

由于侵权行为的复杂性和多样化，在规定侵权行为的一般法律适用原则的同时，还必须专门讨论特殊侵权行为的法律适用，这已经成为当代各国国际私法的发展趋势。除制定侵权法律适用的一般条款外，晚近各国国际私法通常对交通事故、不正当竞争、诽谤、环境侵权、海上侵权、空中侵权、网络侵权等几类特殊侵权制定专门的法律适用条款，以契合这些类别侵权各自的特点。

👉 第二节　中国的立法与实践

一、2010 年以前的法律规定

中国国际私法在侵权领域的立法与实践在 2010 年《涉外民事关系法律适用法》颁布后得到了重构与完善。在此之前，该领域的法律渊源主要体现在《民法通则》和《民通意见》中；此外，《海商法》与《民用航空法》还对海上侵权与空中侵权等特殊侵权规定了法律适用规则；在此之后，《涉外民事关系法律适用法》的相关规定构成主要法律渊源；与此同时，《海商法》与《民用航空法》的规定继续有效。

（一）一般侵权行为

《民法通则》第 146 条对侵权行为的法律适用作出了规定："侵权行为的损害赔偿，适用侵权行为地法律。当事人双方国籍相同或者在同一国家有住所的，也可以适用当事人本国法律或者住所地法律。中华人民共和国法律不认为在中华人民共和国领域外发生的行为是侵权行为的，不作为侵权行为处理。"

由于该条将侵权行为适用侵权行为地法作为基本原则确定下来，关于侵权行为地的认定自然非常重要。为此，《民通意见》第 187 条解释如下："侵权行为地的法律包括侵权行为实施地法律和侵权结果发生地法律。如果两者不一致时，人民法院可以选择适用。"据此，我国在 2010 年之前关于一般侵权行为法律适用的规定可总结如下：

1. 《民法通则》延续了国际私法上侵权行为适用侵权行为地法的传统做法。关于侵权行为地的确定，《民通意见》明确，侵权行为地包括侵权行为实施地和侵权结果发生地，如果两者不一致，人民法院可选择适用。

2. 在当事人具有"共同国籍"或"共同住所"时，可选择适用当事人的共同属人法。值得注意的是，与不少国家的立法将当事人共同属人法作为侵权行为地法的一个例外不同，《民法通则》第 146 条规定，在当事人具有"共同国籍"或"共同住所"时，法官可以在侵权行为地法与当事人共同属人法之间选择适用，而不是必然适用后者。这是因为：在这种情况下，适用当事人的共同属人法虽然通常更具合理性，但鉴于司法实践的复杂性，并不能保证必然如此。所以，《民法通则》赋予法官一定的自由裁量权，以确保个案法律适用的灵活性与公平性。

3. 在一定程度上采取了"双重可诉原则"。依照《民法通则》第 146 条，对于发生在我国境外的行为，如果我国法律不认为是侵权行为的，则不作为侵权行为处理。《民法通则》之所以引入"双重可诉原则"，可能基于以下两点考量：①20 世纪 80 年代，我国法律在侵权领域与西方发达国家差异很大，尤其是在归责原则、损害赔偿等方面，因此，引入"双重可诉原则"可以避免这些国家过于严苛的侵权法律归责在我国适用。[1] ②从该条的实际效果来看，在我国公民因其在境外的行为被诉侵权时，它有利于保护我国当事方的利益。

综上，《民法通则》采用了以侵权行为地法原则为主、以法院地法和共同属人法原则为辅的做法确定侵权行为的准据法。与单纯适用侵权行为地法相比，我国的上述规定在一定程度上增加了法律适用的灵活性，尤其是选择适用侵权行为地法与当事人共同属人法的规定。然而，上述规定依然存在诸多缺陷，难以适应当代司法实践的需要，亟待重构与完善。

第一，上述规定在整体上依然是硬性、机械的传统侵权法律适用规则的体现，没有引入当代国际私法在侵权领域的新理念与新规则，最密切联系、当事人意思自治等弹性选法原则缺位，无法为复杂多变的司法实践留下充足的回旋余地。

第二，《民法通则》第 146 条只规定了侵权行为损害赔偿的法律适用，而侵权行为还包括其他问题，比如侵权责任的认定、免责要件的范围及效力等，所以，该条的规定显失全面。

第三，《民法通则》第 146 条对"双重可诉原则"的引入，如前所述，虽然并非全无道理，但其在理念上的合理性与实践上的必要性饱受诟病。首先，"双重可诉原则"创设于 19 世纪的英国，但到当代，因其在理论上与实践上均无法契合当代法律与实践的发展，已经趋于消亡。其次，《民法通则》第 146 条在司法实践上虽然有利于在某些涉外纠纷中保护中国被告的利益，但当中国公民为原告时，反而有作茧自缚之效果。最后，经过 20 年的发展，我国

---

〔1〕 Zhengxin Huo, "Reshaping Private International Law in China: The Statutory Reform of Tort Conflicts", *Journal of East Asia and International Law*, 5（2012）93, p. 100.

侵权法取得了实质性发展，尤其是 2009 年公布的《侵权责任法》广泛吸纳了法制发达国家侵权法的理论与规则，在此背景下，"双重可诉原则"在实践中的必要性大为降低。

第四，关于当事人共同属人法的认定，上述规定只体现了"国籍"与"住所"，而未将"经常居所"这一当代国际私法上更为重要的属人法连结点包括其中，脱离当代国际私法的发展实践。

第五，关于侵权行为地的确定，《民通意见》允许法官在侵权行为实施地的法律和侵权结果发生地的法律之间择一适用，但未规定选择的标准或指导性原则，这增加了法律适用的不确定性与随意性，容易造成同类案件由不同法院审理出现不同结果的情形。请看案例 9-3、案例 9-4：

【案例 9-3】 在"时崎利民诉北京鸿运天外天餐饮有限公司"案中，[1] 日本公民时崎利民起诉北京鸿运天外天餐饮有限公司，指称其在用餐后因口角遭到后者员工殴打，致使其遭受重伤，眼球被摘除。原告主张，因其为日本公民，长期在日本生活，侵权造成的损害结果主要发生在日本，故应适用日本法确定被告的侵权损害赔偿数额，并据此要求被告赔偿 406 万余元人民币。但法院认为，本案的侵权行为发生在北京，故应适用中国法，并据此判决被告赔偿 22 万余元人民币。

【案例 9-4】 在"甘肃省公路局诉被告日本横滨橡胶株式会社产品责任侵权纠纷"案中，[2] 原告甘肃省公路局诉称，其员工驾驶其所属的福特越野车行驶至西安绕城高速公路时，左前轮胎突然爆破，致使车辆失控，造成其 4 名员工死亡、福特越野车报废。事故报告证实，轮胎爆破系因被告生产的轮胎质量缺陷所致。据此，原告要求被告承担侵权赔偿责任。受诉法院认为，根据《民法通则》第 146 条第 1 款规定，侵权行为的损害赔偿，适用侵权行为地法律。依据《民通意见》第 187 条，侵权行为地法律包括侵权行为实施地法律和侵权结果发生地法律。如果两者不一致时，人民法院可以选择适用。在本案中，肇事轮胎是在日本国生产的，而由该轮胎爆破导致的损害结果发生在中国境内，也就是说，侵权行为地和侵权结果发生地不一致，分处在日本和中国。根据上述原则和法律规定，本案可以选择适用日本法律或中国法律作为审理本案的准据法，但是无论适用哪一国法律，被告都应当承担该案的民事责任，据此判令被告向原告甘肃省公路局赔偿财产损失 55 万余元。需要指出的是，法院并没有就判决依据究竟是中国法还是日本法进行明确说明，这在一定程度上反映出法院在适用《民通意见》第 187 条时的困境。

---

[1] 北京市第二中级人民法院（2001）二中民初字 3311 号民事判决书。
[2] 西安市中级人民法院（2002）西中经初字 074 号民事判决书。

（二）特殊侵权行为

1992 年公布的《海商法》对一部分海上侵权行为的法律适用作了专门规定。该法第 273 条规定："船舶碰撞的损害赔偿，适用侵权行为地法律。船舶在公海上发生碰撞的损害赔偿，适用受理案件的法院所在地法律。同一国籍的船舶，不论碰撞发生于何地，碰撞船舶之间的损害赔偿适用船旗国法律"；第 274 条规定："共同海损理算，适用理算地法律"；第 275 条规定："海事赔偿责任限制，适用受理案件的法院所在地法律"。

从上述规定可以看出，《海商法》关于船舶碰撞法律适用的规定以侵权行为地法为原则，但在碰撞地位于公海以及碰撞船舶同属一个国籍时规定了两项例外。船舶碰撞发生在公海上的，侵权行为地无法确定属于哪一个特定国家，故无法适用侵权行为地。在这种情况下，适用法院地法当属合理。如碰撞船舶具有同一国籍，适用其共同国籍国法，通常最符合其预期，也最合理，故在这种情况下，不论碰撞发生在哪里，均适用其共同国籍国法。共同海损理算适用理算地法，海事赔偿责任限制适用法院地法，这是世界各国海商法的通行做法，亦符合司法实践的需要，故被我国海商法采纳。

关于空中侵权行为的法律适用，我国《民用航空法》第 189 条规定："民用航空器对地面第三人的损害赔偿，适用侵权行为地法律。民用航空器在公海上空对水面第三人的损害赔偿，适用受理案件的法院所在地法律。"上述规定体现了以侵权行为地为原则、以法院地为补充的立法思路，即民用航空器对地面第三人的损害赔偿，原则上适用侵权行为地法；但民用航空器在公海上空对水面第三人的损害赔偿，因侵权行为地不属于任何一个特定国家，故适用法院地法。

《涉外民事关系法律适用法》第 2 条第 1 款规定："涉外民事关系适用的法律，依照本法确定。其他法律对涉外民事关系法律适用另有特别规定的，依照其规定。"由于该法并未涉及海上与空中侵权的法律适用，上述《海商法》与《民用航空法》的规定故依然有效。

二、《涉外民事关系法律适用法》的规定

在我国制定《涉外民事关系法律适用法》的过程中，侵权的法律适用条款也是各方争议最多、最激烈的问题之一。针对侵权行为地法的地位及其含义、是否废止双重可诉原则、共同属人法中连结点的选择、意思自治原则的引入、最密切联系原则的作用以及哪些特殊侵权行为需要单独规定等问题，学界与实务界展开了热烈讨论。[1] 在综合各方意见之后，《涉外民事关系法律适用法》形成了以第 44 条一般侵权责任为基础，以第 45 条产品责任、第 46 条网络侵权与第 50 条知识产权侵权为补充的侵权法律适用体系。

---

[1] 参见齐湘泉：《〈涉外民事关系法律适用法〉起草过程中的若干争议及解决》，载《法学杂志》2010 年第 2 期。

（一）一般侵权行为

《涉外民事关系法律适用法》第 44 条确立了一般侵权责任的法律适用规则，其规定如下："侵权责任，适用侵权行为地法律，但当事人有共同经常居所地的，适用共同经常居所地法律。侵权行为发生后，当事人协议选择适用法律的，按照其协议。"此外，依照该法第 51 条，《民法通则》第 146 条与本法的规定不一致的，适用本法。由此可见，在《涉外民事关系法律适用法》实施以后，关于一般侵权行为的法律适用，该法第 44 条取代了《民法通则》的第 146 条。

在确定侵权行为的法律适用上，《涉外民事关系法律适用法》第 44 条体现了以传统规则为中心、以现代理论为侧翼的架构安排。细言之，侵权行为地法被确立为侵权责任法律适用的基本原则；而共同经常居所地法与当事人意思自治则被确立为适用侵权行为地法的两个例外。这样的构架安排带有明显的妥协与折中色彩，一方面，它将传统侵权冲突法的基石——侵权行为地法保留下来，体现了立法者维护法律适用客观性的良苦用心；另一方面，为克服这一硬性冲突规范的固有缺陷，它小心翼翼地引入共同属人法与意思自治原则，而双重可诉原则被彻底废弃，则透露出立法者对当代国际私法的价值取向——法律适用的灵活性与可预见性的回应与认可。此外，关于当事人共同属人法的认定，它既没有因循大陆法系传统上的国籍国法，也没有采用英美法系上普遍尊崇的住所地法，而是将"经常居所"作为确定属人法的连结点，这一变化既符合我国的司法实践，也契合当代国际私法的发展趋势。

依据上述规定，在涉外侵权纠纷中，确定准据法应依据以下顺序：①看当事人在侵权纠纷发生后能否就法律适用达成协议，如达成协议，从其协议；②看当事人是否具有共同经常居所地，如有，则适用该共同经常居所地法；③如上述两项条件均无法满足，则适用侵权行为地法律。尽管与《民法通则》第 146 条相比，上述规定具有明显进步，但其不足之处依然较为明显。

第一，就侵权行为地而言，虽然它被确立为解决侵权责任的一般原则，但《涉外民事关系法律适用法》通篇未对侵权行为地法的含义作出明确定义。在这种情况下，本书认为，法官可以参照《民通意见》第 187 条，在侵权行为实施地法律与侵权结果发生地法律之间择一适用。虽然从法理上说，该条司法解释的效力似应随《民法通则》第 146 条被取代而终止，但是，在没有新的法律或司法解释出台之前，该规定在司法实践中仍可起到重要的参考作用。对于如何在侵权行为实施地法与侵权结果发生地法之间进行选择，鉴于最密切联系原则已被《涉外民事关系法律适用法》确定为无法可依时的兜底救济规则，[1] 法院应当遵循该原则择一适用。

第二，依据《涉外民事关系法律适用法》第 44 条规定，在当事人未就法律选择达成一致的前提下，如当事人具有共同经常居所，则应适用当事人的

---

[1]《涉外民事关系法律适用法》第 2 条第 2 款。

共同经常居所地法，这与《民法通则》第 144 条规定的明显不同。前已论及，依据《民法通则》第 144 条规定，在当事人具有"共同国籍"或"共同住所"时，法官可以在侵权行为地法与当事人共同属人法之间选择适用，而不是必然适用后者，以确保个案法律适用的灵活性与公平性。从这一点上说，《涉外民事关系法律适用法》第 44 条的规定尚不及《民法通则》第 144 条合理与科学。

第三，《涉外民事关系法律适用法》第 44 条将当事人的意思自治确立为侵权行为地法的例外之一，且仅对意思自治施加了一项限制，即当事人只能在侵权发生之后进行法律选择。这样的限制系源于侵权与合同之债的不同性质：合同是意定之债，当事人当然可以在事前就可能发生的合同纠纷作出法律选择；而侵权是法定之债，当事人一般难以事前预料，遑论就法律适用作出选择。从这个角度看，该条对意思自治施加的限制似应合理。

然而，需要指出，允许当事人在侵权发生之后选法在实践中究竟有多大的意义，颇值怀疑：侵权发生后的双方当事人，利益格局已经明朗，"无知之幕"（veil of ignorance）已被揭开，且彼此关系往往失和，处于利益的对立面，从"理性人"角度观之，他们自然会主张适用对自己有利的法律，在这种情况下，他们就法律选择达成一致的可能性极其微小。故本书认为，该条对意思自治原则的规定，其象征意义远大于实践意义，其必要性与合理性颇值反思。

有鉴于此，本书认为，未来我国修改立法时，可以借鉴《罗马条例 II》，将意思自治限制在因合同而产生的侵权之债，而与合同无关的侵权之债则无需引入意思自治。[1]

（二）特殊侵权行为

除在第 44 条规定一般侵权责任的法律适用外，《涉外民事关系法律适用法》还专门规定了产品责任侵权、网络侵权与知识产权侵权的法律适用条款。

1. 产品责任侵权。《涉外民事关系法律适用法》第 45 条规定："产品责任，适用被侵权人经常居所地法律；被侵权人选择适用侵权人主营业地法律、损害发生地法律的，或者侵权人在被侵权人经常居所地没有从事相关经营活动的，适用侵权人主营业地法律或者损害发生地法律。"

在涉外产品责任侵权案件中，被侵权方通常是消费者，另一方当事人则是产品生产商，而且往往是具有国际生产、销售能力的跨国企业。因此，在此类纠纷中，需要对作为弱势当事方的被侵权人予以保护。从这个意义上说，该条的立法意旨同该法第 42 条关于消费者合同的法律适用条款非常近似。

依照《涉外民事关系法律适用法》第 45 条，产品责任，原则上适用被侵权人经常居所地法。不过，该原则受制于以下两个例外：①被侵权人选择适

---

[1] 参见霍政欣：《涉外侵权之债的法律适用——以"7·23 甬温线特别重大铁路交通事故"中外籍伤亡乘客的赔偿为视角》，载《法商研究》2011 年第 6 期。

用侵权人主营业地法律、损害发生地法律的，适用侵权人主营业地法律或者损害发生地法律；②侵权人在被侵权人经常居所地没有从事相关经营活动的，适用侵权人主营业地法律或者损害发生地法律。

之所以将被侵权人经常居所地作为产品责任侵权法律适用的基本原则，盖因被侵权人通常熟悉其经常居所地法，适用之往往既符合其预期，也最有利于保护其利益。同时，作为理性人，被侵权人如主动选择适用侵权人主营业地法律、损害发生地法律的，通常系因侵权人主营业地法律或损害发生地法律比其经常居所地法更有利于保护其利益，所以，在被侵权人单方选择适用该法的情况下适用该法，符合保护其利益的立法意旨。此外，如侵权人在被侵权人经常居所地没有从事相关经营活动，购买产品的被侵权人属于"主动消费者"，产品生产者不知晓，也无法预见其产品与被侵权者经常居所地之间有任何联系，因此，在这种情况下，如适用被侵权人经常居所地法，会超出产品生产者的合理预期，显失公平。为此，该条规定，在这种情况下，适用侵权人主营业地法律或者损害发生地法律。

2. 网络侵权。《涉外民事关系法律适用法》首次对通过网络侵害人格权的法律适用作出了规定，这是因为：在网络侵权纠纷中，侵权行为实施地与损害结果发生地均无法用传统的地域性连结因素加以确定，故无法适用侵权行为地法。此外，近年来的司法实践表明，目前，我国通过网络侵害人格权的形势较为严峻。《涉外民事关系法律适用法》第46条规定："通过网络或者采用其他方式侵害姓名权、肖像权、名誉权、隐私权等人格权的，适用被侵权人经常居所地法律。"显然，鉴于网络侵权的特点，该条舍弃了侵权行为地法，而以被侵权人经常居所地法代之，这不仅有利于保护被侵权人的利益，而且有利于简化此类纠纷的法律适用问题。需要指出，关于本条的理解，以下两点值得提及。

第一，由于《涉外民事关系法律适用法》公布时，我国尚未规定系统独立的人格权制度，所以，在当时的法律背景下，需要明确本条调整的人格权的范围。该法公布后，学者普遍认为，该条中的人格权应作有限的扩张解释，姓名权、肖像权、名誉权、隐私权都是以抽象人格利益为内容的精神性人格权，依此类推，人格权前的"等"字的含义是指不排除未来可能出现的其他精神性人格权。[1] 不过，由于《民法典》专设"人格权"一编，在该法典实施后，我国法语境下的人格权，应依之确定。

第二，关于该条"采取其他方式"的含义，应理解为与网络相近或类似的媒介传播方式。不过，其具体含义仍然较为模糊，有待今后的立法或司法解释予以厘定。

3. 知识产权侵权。在 2010 年《涉外民事关系法律适用法》公布之前，

---

[1] 万鄂湘主编：《〈中华人民共和国涉外民事关系法律适用法〉条文理解与适用》，中国法制出版社 2011 年版，第 331 页。

我国国际私法关于知识产权的立法相当薄弱。为填补立法空白、建立系统的国际私法体系，《涉外民事关系法律适用法》专设第七章"知识产权"，分3条较为系统地规定了知识产权的法律适用规则，分别规定了知识产权归属和内容（第48条）、知识产权转让和许可（第49条）以及知识产权的侵权责任（第50条）的法律适用。

在知识产权侵权的法律适用领域，学界通说认为，应适用"被请求保护国法"（lex loci protectionis）处理法律冲突，这符合知识产权的地域性特征，亦为各国立法与司法实践普遍接受。不过，被请求保护国法原则也有缺陷：

第一，对于被请求保护国的界定，目前仍存在争议，其焦点在于被请求保护国与原始国、侵权行为地国以及法院地国的关系。从实践上看，被请求保护国常常既是原始国，又是侵权行为地国，还是法院地。尽管如此，需要指出的是，四者彼此独立，不能混同。侵权行为地与原始国属于静态的连结点，两者不难确定，区分的关键在于被请求保护国与法院地两个动态连结点之间的关系。被请求保护国是指权利人认为其知识产权应当受到保护的国家，而受理诉讼请求的法院可能是被请求保护国，也可能不是被请求保护国。例如，中国某出版商未经权利人同意，翻译、出版了一部德文作品的中译本，出版后的中译本还销售到德国。该德文作品在中国已过了保护期，但由于德国的保护期比中国长，故该作品在德国仍受保护。如权利人在中国法院起诉该出版商在德国的销售行为侵权，中国法院应适用德国法，而非中国法。由此可见，在这种情况下，被请求保护国法并不是法院地法。[1]

第二，在同一个侵权人在两个或多个的国家对同一项知识产权实施了侵权行为（并发侵权行为）时，适用被请求保护国法很可能会导致法律适用既复杂，也可能欠缺合理性。例如，韩国A公司同时在中国、韩国与日本注册了某商标。中国B公司未经其授权，仿冒其商标生产了同类产品，并销售至中、日、韩三国。现A公司诉至B公司主营业地的中国某法院，要求其承担商标侵权责任。依据"被请求保护国法"原则，B公司在中、日、韩三国的侵权行为应分别适用中、日、韩三国法律。在这种情况下，法院查明与适用外国法的负担必然相当沉重；同时，本质上为一个侵权行为造成的纠纷，适用三个国家的法律，其合理性亦值得怀疑。

鉴此，《涉外民事关系法律适用法》第50条并没有单纯采纳被请求保护国法，其规定为："知识产权的侵权责任，适用被请求保护地法律，当事人也可以在侵权行为发生后协议选择适用法院地法律。"

由此可见，关于知识产权侵权的法律适用，《涉外民事关系法律适用法》采用了选择性冲突规范，依该法第50条，知识产权的侵权责任原则上适用被请求保护地法，但当事人也可以在侵权行为发生后协议选择适用法院地法。本书认为，上述规定将有限制的意思自治引入知识产权侵权，既尊重了当事

---

[1]　赵相林主编：《国际私法》，中国政法大学出版社2014年版，第231页。

人的意愿，又避免了单纯适用被请求保护国原则可能产生的问题，而且可以巧妙地扩大本国法的适用，减少查明外国法的成本，不失为一条可圈可点的法律适用规则。

本章二维码

9-1 第九章拓展阅读

9-2 案例9-1判例详细资料

9-3 案例9-2判例详细资料

第十章

不当得利与无因管理的法律适用

✉ 导 语

不当得利是指没有法律上的原因取得利益，致他人受损害的事实。不当得利发端于罗马法，经过漫长的演变，到近代得到大陆法系各国的普遍承认，成为与合同、侵权并立的重要制度。诚如王泽鉴所言："民法上很少有一种制度，像不当得利那样源远流长，历经二千余年的演变，仍然对现行法律的解释适用具有重大的影响。"[1]

与其他民事法律制度相比，不当得利制度最为突出的特点是其在各国法制上的巨大差异，故有"比较法上千变万化的精灵"之雅称。与不当得利在大陆法系上早已确立独立地位不同，英美法系上长期缺失统一、独立的不当得利制度。直至 20 世纪中后期，随着"返还请求权"（restitution）由单纯的救济方式发展为独立的请求权基础，这一状况才得以改观。返还请求权虽然在名称上有所不同，但其基础为不当得利之返还，故实质是与大陆法系上不当得利大体对应的法律制度。[2]

无因管理是指无法律上的义务而为他人管理其事务，其性质上属于事实行为，为债的发生原因之一。在债之法律关系的发生原因中，各国关于不当得利与无因管理的规定有重大区别。尤其是无因管理，其规模小，极易被忽视。然而，实际上，它却是大陆法系与英美法系的一个最为突出的差别，而且即便在同为大陆法系的不同国家内，亦存在严重的法律冲突。

概言之，不当得利与无因管理，尽管其规模及其在法律体系中的地位远不及合同与侵权，但由于各国法制在该领域差异甚大，比较法与国际私法因而须对之予以特别关注。

---

〔1〕 王泽鉴：《债法原理》（第二册：不当得利），中国政法大学出版社 2002 年版，第 7 页。
〔2〕 参见霍政欣：《不当得利的国际私法问题》，武汉大学出版社 2006 年版，引言。

👉 第一节 不当得利

一、不当得利的法律冲突

（一）不当得利法的形成和发展过程的冲突

不当得利最早可追溯到《十二铜表法》，该法第 7 表第 10 条规定，果实落在邻人的土地上，果树的所有权人有权将其取回。[1] 后来，随着商品经济的发展，民事关系的日渐增多，罗马法上出现了"返还诉权"（condicto）。这是一种对人诉讼，以请求给付特定债之标的物为内容。公元 3 世纪，罗马法学家庞波尼乌斯提出了"依据自然法，损人而利己有违公"的著名法谚。但需指出，此法谚仅为学者为了便于教学而对不当得利制度所作的概括说明，并不表明罗马法已有一般化的不当得利制度。主流观点认为，罗马法仅针对实践中出现的损人利己的个案规定了具体之诉权，以资保护，但一直没形成统一、概括的不当得利制度。[2]

1804 年的《法国民法典》承袭了罗马法的衣钵，将不当得利视为"准契约"，仍未设概括性规定。1882 年的《瑞士债务法》对不当得利制度的发展具有划时代的意义。该法首次将不当得利列入债的发生原因，并设一般规定，正式确立了不当得利制度。[3] 以后的《德国民法典》和《日本民法典》均效而仿之，从而使不当得利制度在大陆法系国家得以普遍确立。[4]

如果说不当得利制度在大陆法系国家经过长期发展已进入成熟期，那么，在英美法系国家，不当得利制度还处于快速成长期，其独立地位的确立只是不久以前的事。不当得利在英美法系中，归为"返还请求权法"（Law of Restitution）的一部分。所谓"restitution"，传统上并不是一种请求权基础，而只是一种救济方式，指恢复损害发生前的状态，或者使之恢复无违约前的应有状态，可以是取回原物，也可支付相应的等价物。而大陆法系意义上的不当得利在英美法系中则长期分散于准契约、信托等制度内，一直未能形成一个独立的法律部门。这种状况直到 20 世纪 60 年代才有所改观。1966 年，英国学者高夫（Goff）和琼斯（Jones）出版了巨著《返还请求权法》，[5] 该书整合了上述关于"restitution"和分散于其他制度内"不当得利"的规定，提出了相对独立和完整的返还请求权，从而开创了一个崭新的法律领域，被誉为返还请求权法发展史上的里程碑。自此，建立在不当得利基础上的返还请求

---

[1] 周枏：《罗马法原论》（下册），商务印书馆 1994 年版，第 829~830 页。

[2] 霍政欣：《不当得利的国际私法问题》，武汉大学出版社 2006 年版，第 25~26 页。

[3] 王泽鉴：《债法原理》（第二册：不当得利），中国政法大学出版社 2002 版，第 9 页。

[4] 参见《德国民法典》第 812 条；《日本民法典》第 703 条。

[5] See Lord Goff of Chieceley & Gareth Jones, The Law of Restitution (5th ed.), London：Sweet & Maxwell，1998.

权法成为普通法发展最快的法律部门之一。[1]

(二) 不当得利的构成要件的比较分析

一般来说，在大陆法系中，不当得利的构成要件有以下三点：①一方受益；②致他方受到损害；③无法律上的原因（unjustified）。[2] 而在英美法系中，其构成要件为：①被告受有利益；②致原告受损；③被告保有该利益具有"不正当"（unjust）性。可见，两大法系在不当得利的构成要件方面颇具相似性，只是在第三个要件上有所不同。大陆法系强调的是严格依据法律，而英美法系求助于"不正当"的抽象概念，难免有不确定性之虞。好在英美法系有"因循先例"的传统，因此，在判断被告保有所得利益是否"不正当"时，需要比照判例法已确定的各种不正当的因素或种类，只有在符合先例的情况下，才能产生返还请求权。如此一来，"不正当"概念过于模糊的缺陷，在很大程度上得以避免。

(三) 不当得利类型的比较分析

关于不当得利的类型，大陆法系理论向来有"统一说"和"非统一说"两种对立见解，至今尚无定论。"统一说"认为，一切不当得利的基础，有其统一的意义，应对任何情形的不当得利作统一说明。"非统一说"把不当得利分为"给付不当得利"与"非给付不当得利"两种基本类型。该说认为，各种不当得利各有基础，不能求其统一，对不当得利的构成要件亦难为统一说明，而应就各种不当得利分别判断。"非统一说"由奥地利学者威尔伯格（Wilburg）于1934年首倡，并提出了完整的理论基础。他认为，应区别"因给付而受利益"及"因给付外事由而受利益"两种基本情形，分别探求财产变动在法律上之原因。[3] 这一理论经德国学者卡梅瑞等人的阐扬，形成了严密的理论体系，已成为德国、奥地利、瑞士、日本等国的通说。

相比之下，在英美法系理论中，返还请求权的类型已取得相当一致，鲜见争论。英美法系根据不当得利是否由被告的不法行为引起，将其分为"独立不当得利返还请求权"和"不法行为返还请求权"两类。需指出的是，这两类不当得利并不是相互排斥的，在某些情况下可能并存或竞合。还需强调一点，由于不当得利制度在两大法系的形成过程差异甚大，英美法系中的这种分类与大陆法系中的"非统一说"在理论基础、出发点、标准和内容等各方面都有本质性的区别。[4]

---

[1] Francis Rose（ed.），*Restitution and the Conflict of Laws*，Oxford：Mansfield Press，1995，preface.

[2] 史尚宽：《债法总论》，中国政法大学出版社2000年版，第74页。

[3] 霍政欣：《不当得利的国际私法问题》，武汉大学出版社2006年版，第35~36页。

[4] 由于本章重点探讨不当得利的法律适用，故不对两种分类法做系统的比较。但需注意的是，英美法系的"不法行为返还请求权"包括违约和侵权后作为救济手段的"restitution"，因而不可将之等同于大陆法系"非给付不当得利"中"权益侵害不当得利请求权"。在这一点上，笔者不同意王泽鉴先生把两者等同起来的观点。参见王泽鉴：《债法原理》（第二册：不当得利），中国政法大学出版社2002版，第139页；霍政欣：《不当得利的国际私法问题》，武汉大学出版社2006年版，第149~156页。

（四）不当得利法的功能分析

尽管在不当得利的构成要件和分类上，大陆法系与英美法系存在诸多分歧，但在不当得利法的功能上，两大法系却有异曲同工之妙。依据大陆法系理论，不当得利法具有以下两个基本功能：矫正欠缺法律关系的财产转移与保护财产的归属。质言之，不当得利法的规范目的乃在取除"收益人"无法律上原因所受之利益，而不在于赔偿"受损人"的损失，故与侵权法不同。[1] 英美法系理论认为，不当得利法的原则在于"不正当之利益必须返还"，从而与侵权法"不法侵害得给予赔偿"的原则相异。[2]

从以上对比、分析可以看出，不当得利法的制度与内容在两大法系中存在许多不同点，亦有若干相似之处。这一方面为不当得利的法律冲突埋下了伏笔，另一方面为设计出一套能被广泛接受的法律适用规则提供了可能。

二、不当得利的法律适用规则

（一）不当得利发生地法

受"场所支配行为"这一古老法律原则和"既得权"理论的共同影响，不少学者提出，不当得利之债应适用不当得利发生地法，该规则曾被不少国家的立法采纳，并在相当一段时期内是不当得利法律适用的支配性原则。

不当得利适用发生地法的主要依据是，有关事件发生地的法律与不当得利之债有最密切的联系。这种依据有一定道理，但并非无懈可击。因为如果不当得利当事人之间曾存在某种法律关系，且不当得利系因该法律关系产生时，调整该法律关系的法律应比发生地法与不当得利之债有更为密切的联系。所以，在该情况下，按最密切联系原则，应该适用的是调整原法律关系的法律，而非发生地法。此外，即使当事人之间不曾存在法律关系，发生地亦有可能与不当得利之债没有牵连。尤其在现代社会，资金流转异常迅速、方便，有时资金流动到某地仅仅是因为某些其他原因，如避税、保密等，而与不当得利本身并无任何关联。

综上所述，在当事人不曾有法律关系的情况下，不当得利之债适用不当得利发生地法是一条较为适合的法律选择规则，但同时存在一些不足之处。所以，在晚近国际私法中，该规则已经不再是不当得利法律适用的支配性规则。

（二）属人法

有学者提出"属人法说"，认为涉外不当得利案件应由当事人的共同属人法决定，如果当事人的属人法不同，则适用被告之属人法。"属人法说"的理由主要有以下两条：①不当得利之债为被告的法定债务，故应由被告的属人法确定。②当事人有适用其属人法的期望。但实际上，这两条理由都欠妥当。

---

〔1〕　参见王泽鉴：《债法原理》（第二册：不当得利），中国政法大学出版社 2002 版，第 3～4 页。

〔2〕　［英］埃万·麦肯雅克：《契约法》，法律出版社 2003 年版，第 6 页。

第一条理由的理论根据是：自然人不论在哪里、不论从事何种活动，都只受其本国法制约。这一观点是殖民时代的产物，带有浓厚的不平等色彩，在当代早已被废弃。考虑到不当得利之债产生的实际情况，第二条理由在某些情况下具有合理性，但如果不当得利当事人之间曾存在某种法律关系，且不当得利因该既存法律关系而引发，在这种情况下，当事人通常会希望调整原法律关系的法律适用于不当得利之债，而非其属人法。

此外，属人法的缺陷主要包括：①属人法历来有国籍国法和住所地法之争，其认定标准不一；鉴此，在当代国际私法语境下，经常居所代替住所或国籍是一个比较理想的确定属人法的连结点。②如果被告不止一人，则其属人法亦有数个之可能。③属人法与不当得利之债往往并无实质性联系，适用之有失公允。综上所述，当事人共同属人法只有一定条件下，尤其是当事人共同经常居所地与不当得利发生地均位于一个国家时，才具有合理性。

（三）起因法律关系的准据法

在实践中，大量的不当得利之债是产生在曾存在合同关系或其他法律关系的当事人之间的。尤其是在合同被撤销或宣告无效后，当事人之间经常会发生不当得利的返还问题。针对这种情况，很多学者提出，如果不当得利的产生与合同有关，则应适用合同的准据法，理由如下：

第一，在不当得利起因于合同关系时，适用合同的准据法符合最密切联系原则。不当得利与合同的密切联系主要体现在以下几个方面：①在判断不当得利请求权是否存在时，合同是一个重要的依据与参考标准。②在依据合同的准据法，合同关系确已消灭时（如被撤销或被宣告无效），法官仍须慎重考虑该合同的准据法之所以使合同关系归于消灭的"政策性原因"，尤其是在合同因违法而被宣告无效的情况下。③认定合同消灭的法律与调整合同消灭后果的法律具有内在的不可分割性，如果由两种不同的法律分别适用于这两个问题，不仅极不方便，而且势必打破其内在的统一性与连贯性，有碍法律纠纷得到公正、合理、迅速的解决。

第二，在不当得利起因于合同关系时，适用合同的准据法将大大增加判决结果的一致性。现代各国在合同的法律适用上已取得广泛一致，即合同首先适用当事人自主选择的法律，在当事人未做选择时，适用与合同有最密切联系的法律。所以，适用合同的准据法，在很大程度上可以降低因适用不同准据法而导致判决结果的不一致。

第三，在不当得利起因于合同关系时，适用合同的准据法符合当事人的意愿与期望。当事人订立合同时，通常会希望其选定的准据法支配他们之间因合同产生的各种纠纷。事实上，当事人之所以会选择法律，其中一个重要原因就是确保如发生不可预见的情形，能够求助于其选择的法律。而在合同关系消灭、不当得利产生时，偏偏不考虑其选择的法律，显然有悖当事人的初衷。

随着法律关系的日趋多样，不当得利发生的实际情况愈加复杂，有关当事人之间不仅可能曾存在合同关系，还有可能曾存在其他各种各样的法律关系，如侵权、代理、信托等。那么，不当得利如果起因于这些法律关系，其准据法又该如何确定呢？对此，有学者将不当得利因合同产生时适用合同准据法的做法推而广之，提出：如果当事人之间曾存在某种法律关系，且不当得利因之产生，则不当得利适用调整该法律关系的法律。一些国家的立法也采用了这种观点，如《瑞士联邦国际私法法规》第 128 条规定：因不当得利而提起的求偿诉讼，如果不当得利起因于某一法律关系，适用调整这种关系的法律。《戴西、莫里斯与考林斯论冲突法》第 257 条第 1 款明确规定，不当得利引发的非合同之债，包括错误接受支付，如起因于当事人之间的合同或侵权关系，且两者之间存在密切联系，则适用支配该合同或侵权关系的法律。[1]

采用这种做法的理由与在不当得利因合同产生时适用合同的准据法类似，如操作方便、符合最密切联系原则、有利于促进判决结果取得一致等。不过，需要强调的是，当事人之间的这种法律关系应当符合以下标准：当事人之间的这种法律关系独立且先于不当得利产生；同时，其后产生的不当得利与之有实质联系。只有满足这样的前提，适用该有关法律关系的准据法才能取得上述积极效果。

（四）意思自治原则

意思自治原则最早适用于合同领域，当代已扩张至非合同之债领域。允许当事人就非合同之债选择适用的法律，便于纠纷得到迅速解决。不过，与侵权类似，由于不当得利是法定之债，当事人通常无法事先选择法律，所以，意思自治在非合同领域的作用不及在合同领域那么大。

除在起因于合同的情况下，不当得利可受当事人选择的合同准据法支配外，一些国家还将意思自治原则规定为不当得利法律适用的优先原则，即在当事人就不当得利之债的法律适用达成一致时，依照其协议。譬如，《戴西、莫里斯与考林斯论冲突法》第 257 条第 5 款明确规定，如果当事人就不当得利引发的非合同之债达成一致，则适用其选择的法律，而不考虑第 1~4 款的规定。[2]

不过，在实践中，由于当事人在不当得利之债发生后，其利益格局已经明朗化，"无知之幕"已被揭开，其就法律选择达成一致的可能性并不大，意思自治在不当得利中的地位自不可与其在合同中的地位同日而语。

（五）最密切联系原则

最密切联系原则也是当代国际私法中运用最广泛的选法方法之一，目前

---

[1] Collins of Mapesbury（ed.），Dicey，*Morris and Collins on The Conflict of Laws*（15th ed.），London：Sweet & Maxwell，2012，p. 2289.

[2] Collins of Mapesbury（ed.），Dicey，*Morris and Collins on The Conflict of Laws*（15th ed.），London：Sweet & Maxwell，2012，p. 2289.

已广泛适用于各类民事法律关系的法律适用，包括非合同之债。20世纪后期以来，不少国家的国际私法已将之引入不当得利领域，将最密切联系原则作为确定不当得利准据法的基本原则。

例如，美国《第二次冲突法重述》第221条规定，当事人在返还请求权诉讼中有关该特定问题的权利与义务，依照第6条的原则由与案件当事人有最密切联系的州的法律调整。[1] 再如，《戴西、莫里斯与考林斯论冲突法》第257条第4款规定，如果综合案件所有情况，因不当得利引发的非合同之债明显与另一个国家的法律有更密切联系，则适用该有最密切联系的国家的法律，而不考虑第1~3款的规定。[2]

（六）复合规则体系

在不当得利法律关系日益复杂化和多样化的背景下，采用单一规则解决所有不当得利法律适用问题的方法因其僵硬、呆板，已不适应实践的需要。正因如此，晚近国际私法在不当得利领域出现一种新的发展趋势：对不当得利的各种情况进行分类，再根据其不同类型设计有针对性的法律适用规则，并辅以"弹性例外"的法律适用条款，以公平合理地解决日益复杂的不当得利法律适用问题。

例如，《戴西、莫里斯与考林斯论冲突法》第257条共包含5款，规定如下：[3]

（1）不当得利引发的非合同之债，包括错误接受支付，如起因于当事人之间的合同或侵权关系，且两者之间存在密切联系，则适用支配该合同或侵权关系的法律。

（2）如依照第1款无法确定适用的法律，而不当得利当事人的共同经常居所与不当得利发生同在一个国家，则适用该国法律。

（3）如依照第1款与第2款无法确定适用的法律，适用不当得利发生地国法律。

（4）如果综合案件所有情况，因不当得利引发的非合同之债明显与另一个国家的法律有更密切联系，则适用该有最密切联系的国家的法律，而不考虑第1款至第3款的规定。

（5）如果当事人就不当得利引发的非合同之债达成一致，则适用其选择的法律，而不考虑第1款至第4款的规定。

需要指出的是，上述第1~3款规则的排列顺序是有先后之分的，不可颠

---

〔1〕　American Law Institute, *Restatement（Second）of the Conflict of Laws*，§221（1971）.

〔2〕　Collins of Mapesbury（ed.），Dicey, *Morris and Collins on The Conflict of Laws*（15th ed.），London：Sweet & Maxwell, 2012, p. 2289.

〔3〕　Collins of Mapesbury（ed.），Dicey, *Morris and Collins on The Conflict of Laws*（15th ed.），London：Sweet & Maxwell, 2012, p. 2289.

倒。它反映了各款所指向的准据法与不当得利之间的联系由强至弱不断递减；第4款与第5款则分别体现了最密切联系原则与意思自治原则，这两项当代法律选择方法的引入，既可以提高这组规则的灵活性，也可以确保法律适用的公平合理。这套规则是《罗马条例Ⅱ》第10条在英国的体现，反映了晚近国际私法在不当得利领域的最新发展趋势。［参见二维码10-1］

三、中国的法律规定

我国国际私法在不当得利领域长期处于立法空白状态，这种状态直到《涉外民事关系法律适用法》颁布以后才得以改观。该法合并规定了不当得利与无因管理的法律适用问题，其第47条规定："不当得利、无因管理，适用当事人协议选择适用的法律。当事人没有选择的，适用当事人共同经常居所地法律；没有共同经常居所地的，适用不当得利、无因管理发生地法律。"关于该条的理解，以下三点值得提及。

第一，必须承认，上述规定填补了我国国际私法的立法空白，并将意思自治等弹性法律选择原则引入不当得利领域，具有重要的进步意义。依据上述规定，涉外不当得利之债首先适用意思自治原则，即看当事人是否就应适用的法律达成一致。需要强调的是：该条对当事人选择的法律未做任何限制；换言之，当事人可以选择与不当得利之债没有任何关联的国家的法律。

第二，如果当事人无法就不当得利之债适用的法律达成一致，那么，再看双方当事人是否具有共同经常居所地，如有，则适用其共同经常居所地法。由于《涉外民事关系法律适用法》将经常居所确立为确定自然人属人法的连结点，因此，本条将共同经常居所而非共同国籍或住所，作为在无法适用意思自治的情况下确定不当得利之债准据法的连结点。

第三，如果当事人未就法律选择达成一致，其经常居所地也不在同一个法域，则适用不当得利发生地法。

尽管上述规定的积极意义不容小觑，但应看到，其规定仍存在明显不足：①它对不当得利与无因管理两类性质不同的法律关系合并规定，在体例上并不科学。②不当得利发生地包括不当得利起因行为发生地、损害发生地与利益发生地，上述规定未对不当得利发生地的具体含义作出解释，这容易导致法官的自由裁量权过大。③它未体现当代许多国家国际私法立法与理论所采纳的最密切联系原则，也未能区分不当得利的各种情况，分别制定有针对性的法律适用规则，因而明显落后于当代国际私法立法的先进水平，亦难以满足日益复杂的司法实践。④它引入了意思自治，但其实际作用值得质疑。作为法定之债的不当得利，当事人通常只能在不当得利发生后才能考虑法律适用问题，然而，在此阶段，由于当事人的利益格局已经明朗化，作为理性人，他们自然希望选择对己有利的法律，故该条体现的意思自治原则，其象征意义远大于实际意义。

👉 第二节　无因管理

一、无因管理的法律冲突

大陆法系上的无因管理制度发端于罗马法。依查士丁尼《民法大全》，债可分为契约之债、私犯之债、准契约之债、准私犯之债等四类。其中，准契约之债指那些既非产生于契约，又与私犯无关，但与契约之债非常相似的债之种类，主要有"返还诉权"与"无因管理"这两个类型。返还诉权，第一节已有论述，是现代大陆法系国家不当得利制度的滥觞。无因管理之诉权，是市民法上的诚信诉权，包括保护本人权利与财产管理人的两个平行诉权。1804 年《法国民法典》完全承袭了罗马法的衣钵，专设"准契约"一章，规定"非债清偿"与"无因事务管理"。其中，非债清偿为返还诉权中"非债清偿之诉权"的再现，而后者就是罗马法无因管理的翻版。

除法国之外，现代大陆法系国家均排除准契约的概念，而是把合同、侵权、不当得利等并列作为债的发生原因。不过，在如何处置无因管理的问题上，却存在重大差别。德国和瑞士两国民法理论认为，无因管理虽有其独特性，但系建立在"默示合意"或"事实合意"的基础上，类似于委任合同，故应纳入广义合同之债的范畴。所以，德、瑞两国民法典，一方面专设条款调整无因管理，另一方面却未将之视为一种独立的债之发生原因，因而规定于合同之债内，紧随委任合同之后。[1] 其他大陆法系国家，如日本、意大利等，大多认为无因管理与合同、侵权与不当得利同为债之发生原因。故在立法上单独制定其规则，使其具有完全的独立性。[2]

与大陆法系普遍承认无因管理并设规则以调整不同，英美法系国家没有无因管理制度，难怪戚希尔和诺斯论说："对英国法院而言，'无因管理'（negotiorum gestio）是一个新鲜的名词。"[3] 英美法系之所以缺少无因管理制度，主要有两方面的原因：①由于历史和地理原因，英国基本游离于罗马法的影响之外。因此，罗马法中的无因管理制度未能在英国得以传承。英国法传统上恪守"无救济即无权利"的原则，习惯从救济方式而非权利性质对诉讼进行分类，无因事务管理人的请求权因而不显独立特征。②因为英美法系坚持个人主义的原则，认为不能让一个人为他没有要求得到的服务实行给付，否则就是在鼓励"多管闲事"，不仅侵害他人权利，而且违反私法自治原则。不过，英美法系并非完全否定无法律上义务而管理他人事务之管理人的请

---

〔1〕《德国民法典》第 677～687 条；《瑞士债务法》第 419～424 条。

〔2〕《日本民法典》第 697～702 条；《意大利民法典》第 2028～2032 条。

〔3〕 James Fawcett & Janeen M. Carruthers, *Cheshire, North & Fawcett Private International Law*（14th ed.），Oxford：Oxford University Press，2008，p.765.

求权。

近年来，英美法系理论开始将"返还请求权"视为一种独立的请求权，无因事务管理人要求本人偿还其为管理所支出费用的请求权，被纳入返还请求权中予以救济。[1]

二、无因管理的法律适用

(一) 委任合同准据法

《瑞士债务法》将无因管理规定于第二编"各种合同"中，视其为类似于委任合同的一种合同。因此，无因管理在瑞士民法中并不是独立的债之发生原因。至少从立法的体例安排上看，立法者倾向于把无因管理看作无因事务管理人与本人之间的一种事实上的委任合同关系。在此背景下，被视为当代国际私法立法典范的《瑞士联邦国际私法法规》没有规定无因管理的法律适用规则，就不足为奇了。一般认为，在《瑞士联邦国际私法法规》的立法体例下，如遇有涉外无因管理案件，应将其定性为委任合同案件，准用委任合同之准据法即可。

不可否认，无因管理与委任合同确有不少共通特征，但是，因表面特征而忽略两者在法律性质上的根本区别，这一做法并不可取。委任合同是当事人意思表示一致的产物，乃意定之债；而无因管理是因事实行为而发生的法定之债，与合同霄壤有别。因此，无因管理准用委任合同之准据法的做法，于法理不通，与逻辑相悖，不宜提倡。从晚近各国国际私法立法来看，将无因管理视为独立债因，设专门的法律适用规则已是大势所趋。

(二) 属人法

有学者提出"属人法说"，认为涉外法定之债（包括不当得利与无因管理）的当事人若有共同属人法，则其共同属人法应优先适用。在当事人没有共同属人法时，学者们提出了不同的解决方法。茨威格特主张，在此情况下，应适用管理人之属人法，[2] 另有学者则认为应适用本人之属人法。[3] 这两种观点，尽管有所不同，但都采用了"单一法"，即无因管理案件作为一个整体，适用同一准据法。相比之下，德国学者齐特而曼（E. Zitemann）的观点，就颇为不同。他主张采用"分割法"（depeçage），即在当事人没有共同属人法的情况下，应并行适用双方当事人的属人法。细言之，管理人义务适用管

---

[1] 参见张建良、霍政欣：《"无因管理的法律适用"的立法设计与论证》，载《武汉大学学报（哲学社会科学版）》2005 年第 5 期。

[2] K. Zweigert & D. Müller-Gindullis，"Quasi Contract"，ch. 30 of K. Liptsen（ed.），*III International Encyclopedia of Comparative Law*，Frankfurt：Brill，1974，p. 19.

[3] Ernst Rabel，*The Conflict of Laws：A Comparative Study*，（2nd ed.），Chicago：The University of Michigan Press，1964，p. 371.

理人的属人法，本人义务适用本人的属人法。[1]

以上诸种观点，不能说毫无道理，但难经推敲。

第一，作为一个系属公式，属人法一般用来解决与人身有关的民事法律关系，而无因管理为法定之债，与人身毫无干系，如此援引，恐有不妥。

第二，主张采用"单一法"的主要理由是：管理人或本人属人法与无因管理之债有最密切联系。但此见解，显然牵强附会，无因管理之债是因管理人实施管理行为而生，因此，在一般情况下，事务管理地应与之有最密切之联系。可见，属人法与无因管理之债往往并无实质性联系，适用之有失公允。即便不考虑属人法与不当得利之债缺乏密切联系，在管理人与本人对无因管理之债的重要程度间，也难分轩轾。所以，认为在当事人没有共同属人法的情况下应适用某方之属人法的观点，仍有不妥。

第三，无因管理之债虽然包含本人对管理人以及管理人对本人的义务两个方面，但双方当事人的权利义务实际上是相互依存、不可分割的。从当事人的主观愿望来看，也很难想象他们会期望将一个法律关系分割开来，分别受制于不同的法律。因此，"分割法"人为地割裂了无因管理之债的统一性，不仅有违现代国际经济生活所追求的便捷与效率，而且难以满足当事人的正当期望，维护当事人的合法权益。

综上所述，除非满足特定条件，如当事人的经常居所地与事务管理地均位于一个国家，否则，不宜用当事人的属人法确定无因管理的准据法。

（三）事务管理地法

受"场所支配行为"这一古老法律原则和"既得权"理论的共同影响，不少学者都提出，无因管理适用事务管理地法，且该规则被大多数国家的立法所采纳，并曾一度成为无因管理法律适用的支配性原则。采用事务管理地法主要有以下几条理由：①无因管理的构成要件须有为他人谋利的意思，有利于鼓励人类相倚互助，是一种值得赞扬和保护的行为，深受行为发生地关于公平、正义等概念的影响，且有维护社会利益、协调经济平衡之功效，具有明显的属地性，故应由当地法律调整之；②无因管理之债是因管理人实施管理行为而生，因此，事务管理地应与之有最密切之联系；③无因管理是事实行为，而非法律行为，一般无法适用意思自治原则。

应该说，事务管理地法是一条比较合适的法律适用规则，这也是其被各国立法、司法和理论界所接受的原因。即便如此，该规则仍非尽善尽美。例如，在交通、通信技术高度发达的现代社会，可能出现管理行为跨越数个不同法域的情况。因此，如何确定事务管理地有时是一难题。更为重要的是，随着涉外民商事法律关系的日益复杂，无因管理之债也呈现出多样化趋势，有时无因管理之债的当事人之间，已经有某种法律关系，且正是该法律关系

---

[1] E. Zitemann, Band Ⅱ 527, 转引自陈荣传：《国际私法各论集》，五南图书出版公司 1998 年版，第 133 页。

引起了无因管理之债。在此背景下，事务管理地法并不一定与无因管理有最密切的联系，这一点与不当得利之债非常相似。例如，有时一方无法律上义务而为他方管理事务，但并非自始即无法律上义务，而是由于原有管理义务已经消灭，但管理人并未觉察而继续为之；或者是由于管理行为超过原有义务范围所致。在这些情况下，若仍坚持适用事务管理地法这一硬性规则，恐有不妥。

（四）起因法律关系之准据法

如前所述，在实践中，无因管理的当事人之间往往有某种法律关系，且正是该法律关系诱发了无因管理之债的产生。例如，A、B 间订有合同，但合同期届满后，B 未及时察觉而继续为 A 管理事务。待 B 发现后，提起无因管理之诉，要求 A 偿还其为管理事务所支付的费用。针对这种情况，茨威格特提出，若当事人之间曾存在某种法律关系，且其引发了无因管理之债，则无因管理应适用调整该法律关系的法律。[1]

采用这种法律适用规则的理由和好处主要有：①在这种情况下，适用无因管理起因法律关系之准据法符合最密切联系原则。②在判断无因管理之债是否存在时，当事人先前存在的法律关系是一个重要的依据与参考标准。因为只有管理人无法定或约定义务而为他人管理事务，才能产生无因管理之债，而判断是否有法定义务或约定义务，需要比照当事人曾经存在的法律关系才能判断。③有助于提升判决结果的一致性。由于无因管理在各国实体法上的巨大差异，一些无因管理案件，可能会在一些国家被定性为其他性质的债，如合同（瑞士）、返还请求权（英美诸国）等。在无因管理起因于某法律关系时，适用该法律关系的准据法，尤其是起因于合同关系而适用合同准据法时，可以解决因识别产生的问题。而且现代各国在合同准据法问题上已取得广泛一致，即合同首先适用当事人自主选择的法律，在当事人未做选择时，适用与合同联系最密切的法律。所以，适用合同的准据法，在很大程度上可以降低因采用不同准据法标准而导致判决结果的不一致。实际上，正是由于以上诸多优点，不少国家才会在新近立法中采用适用无因管理起因法律关系之准据法的做法。

不过，需要强调的是，无因管理适用当事人之间既有法律关系之准据法是需要符合一定条件的，即当事人之间的这种法律关系独立且先于无因管理产生；同时，其后产生的无因管理与之有实质联系。只有满足这样的前提，适用该有关法律关系的准据法才能取得上述积极效果。

（五）最密切联系原则

自 20 世纪 70 年代以来，最密切联系原则在各国国内立法、司法实践和国际条约中得到广泛运用，成为当代国际私法的一项重要原则。在此背景下，

---

〔1〕 K. Zweigert & D. Müller-Gindullis, "Quasi Contract", ch. 30 of K. Liptsen （ed.）, *III International Encyclopedia of Comparative Law*, Frankfurt：Brill, 1974, p. 30.

越来越多的国际私法立法开始将最密切联系原则运用到无因管理的法律适用中。例如，《奥地利联邦国际私法法规》将最密切联系原则作为基本原则，其第1条就开宗明义地规定："与外国有连结的事实，在私法上，应依与该事实有最强联系的法律裁判。"第47条则具体规定："无因管理依此种管理行为完成地的法律；但是，如与另一法律义务或关系有密切联系，则类推适用第45条的规定。"该法第45条规定："法律行为，其效力系因既存之义务而生者，依该义务所应适用之法律。"

（六）复合规则体系

随着无因管理的日益复杂化以及立法技术的提高，晚近国际私法出现了区分无因管理的不同情况分别制定法律适用规则的新趋势，如英国国际私法及欧盟国际私法。前已论及，英美等国在实体法上并没有无因管理的概念与制度，当代法理多倾向于将无因管理人要求本人偿还其为管理所支出费用的请求权，纳入返还请求权中。因此，在国际私法上，英美法系传统上也认为无因管理应适用返还请求权的法律适用规则。不过，在《罗马条例Ⅱ》颁布后，英国已确立了独立用于确定无因管理之债的法律适用规则，体现在《戴西、莫里斯与考林斯论冲突法》第258条，其规定如下：[1]

（1）因无适当授权管理他人事务而生之非契约之债，如涉及当事人之间既有的法律关系，譬如，无因管理之债系起因于当事人之间的合同或侵权关系，且该法律关系与无因管理联系密切，则应适用调整该既有法律关系的法律。

（2）在第1款无法适用的情况下，如果当事人的惯常居所与事务管理地在同一国家，则适用当事人的惯常居所地法。

（3）在第1款与第2款均无法适用的情况下，适用事务管理地法。

（4）在适用前3款的情况下，如果无因管理之债与另一国家的法律明显有更密切的联系，则适用该有更密切联系的国家的法律。

上述规则充分考虑无因管理的复杂性与多样性，并反映最密切联系原则的法律适用条款，是解决日益复杂的无因管理法律适用问题的切实可行的方法。这套规则是《罗马条例Ⅱ》第11条在英国的体现，反映了晚近国际私法在无因管理领域的最新发展。[参见二维码10-2]

最后需要提及，由于英国事实上已经将《罗马条例Ⅰ》与《罗马条例Ⅱ》转化成英美法系规则，从这个意义上说，即便英国完成了脱欧的法律进程，其涉及合同与非合同之债的法律适用规则并不会因此而受到实质影响。

---

[1] Collins of Mapesbury (ed.), *Dicey, Morris and Collins on The Conflict of Laws* (15th ed.), London：Sweet & Maxwell, 2012, p. 2328.

三、中国的法律规定

与不当得利一样，中国国际私法立法在无因管理领域也曾长期处于空白状态，直到 2010 年《涉外民事关系法律适用法》公布，这一状态才得以改观。如第一节所述，该法合并规定了不当得利与无因管理的法律适用问题，其第 47 条规定："不当得利、无因管理，适用当事人协议选择适用的法律。当事人没有选择的，适用当事人共同经常居所地法律；没有共同经常居所地的，适用不当得利、无因管理发生地法律。"

这条规定填补了我国立法空白，具有积极意义，但作为一部制定于 21 世纪第二个 10 年的国际私法单行法，《涉外民事关系法律适用法》关于无因管理的规定存在明显缺陷，主要包括：①它合并规定无因管理与不当得利的法律适用规则，这与两者为性质不同的民事法律关系不相契合；②它的规定较为简陋，未体现晚近国际私法立法在无因管理领域的最新发展趋势，难以满足司法实践的发展；③它虽引入意思自治，但其实际作用值得质疑。关于此点，第一节已作解释，此处不再赘述。

 本章二维码

10-1　The Rome II Regulation，Article 10
　　　Unjust enrichment

10-2　The Rome II Regulation，Article 11
　　　Negotiorum Gestio

第十一章

婚姻家庭的法律适用

✉ 导 语

　　家庭是社会的基本细胞，维系着社会的稳定与国家的安定，其法律调整因而深受各国重视，由此确立的婚姻家庭制度成为各国法律制度的重要组成部分。英美法系国家习惯上将调整婚姻家庭关系的法律统称为"家庭法"，大陆法系国家则多采用"亲属法"的称谓。从论述的方便性与表述的全面性出发，兼顾我国国际私法立法的措辞，本章采用"婚姻家庭"之称谓来统摄本章内容。具体而言，本章包含的内容有：结婚、离婚、夫妻关系、父母子女关系、收养、扶养与监护等。

　　随着当代人员的国际交往的空前密切，国际婚姻家庭关系大量产生，其在国际私法上的重要性亦日益提高。需要指出，与财产法相比，婚姻家庭法具有"本土性""习俗性""差异性""伦理性"等特点，[1] 这决定婚姻家庭关系在国际私法上具有以下突出特点：

　　第一，国际私法上基本没有用于调整婚姻家庭关系的统一实体规范，婚姻家庭问题主要靠冲突规范以间接方式调整。通过学习，我们知道，国际社会在财产法领域，尤其是在债法领域，已经订立了一定数量的国际统一实体公约，但迄今为止，国际社会在婚姻家庭领域尚未能成功制定具有全球影响的统一实体公约。从本质上说，这一状况是由婚姻家庭制度的上述特点所决定的：受各国社会、文化、宗教、风俗习惯以及伦理道德的影响很大，各国在该领域的法律制度差异因而非常悬殊，且婚姻家庭事关社会稳定，各国可以妥协的空间较小。[2] 因此，婚姻家庭法是全球法律趋同化浪潮中的一座"孤岛"，这将是一个长期的现象。

　　第二，在处理涉外家庭纠纷案件中，法院的管辖权比在处理其他涉外民商事案件时更为重要。由于各国在婚姻家庭领域的法律制度差异很大，加之没有国际实体公约加以协调，这导致同一个家庭纠纷在不同国家审理，会产

---

〔1〕 马俊驹、余延满：《民法原论》，法律出版社 2010 年版，第 777 页。

〔2〕 例如，大多数国家遵循一夫一妻制，但一些伊斯兰国家因宗教等原因允许一夫多妻制；再如，同性婚姻在一些国家已经合法化，但大多数国家基于文化、宗教、理念等原因坚决不认可此类婚姻的合法性。

生不同的结果。另外，由于与其他民商事法律关系相比，婚姻家庭纠纷直接涉及当事人的人身权利和由此而产生的财产利益，妥当处理此类纠纷对一个国家的社会稳定甚为重要，因此，许多国家在该领域尽可能地扩张其法院的管辖权，从而导致比较严重的管辖权冲突。

第三，法院援用公共秩序保留制度和当事人规避法律的情况较多。由于各国法律关于婚姻家庭的法律规定差异很大，当一国法院在此类纠纷中依据冲突规定的指引适用外国法时，常发现其与本国的公共秩序相抵触，因此，在此类涉外纠纷中，一国法院运用公共秩序保留制度排除外国法适用的概率远高于其他民事领域。此外，涉外婚姻家庭案件中的当事人为了达到各自的目的，经常通过改变连结点的方式规避本应适用的法律。

第四，国际私法在婚姻家庭领域的晚近发展体现了婚姻自由、男女平等、儿童利益最大化以及弱者权益保护等价值理念，充分反映了人类文明与社会的进步与发展。在相当长的历史时期内，婚姻家庭制度的保守性很强，国际私法上则体现为冲突规范以夫的属人法、父的属人法、尊亲属的属人法为主，漠视妻、子及卑亲属的利益，很多国家还通过对离婚设定重叠适用的冲突规范以最大限度地阻止离婚。随着人类的全面进步，自由、平等和保护弱势当事方利益的理念已全方位渗透国际私法，当代国际私法在此领域因而发生了重大改变。

2010 年公布的《涉外民事关系法律适用法》专设第三章"婚姻家庭"，较为系统地规定了涉外婚姻家庭关系中的主要问题，标志着我国国际私法在该领域的框架基本建立。尽管如此，该法第三章的部分条款依然存在缺陷，亟待完善。鉴此，本章在对本领域各事项的问题进行探讨后，以中国立法为重点展开论述，旨在揭示中国法律在该领域的演进过程及其未来的发展趋势。

第一节 结婚

一般意义上说，结婚是男女双方根据法律规定的程序和条件结成夫妻的法律行为。[1] 结婚只有符合法律规定的实质要件和形式要件，婚姻才能有效成立。在当代国际私法理论与实践中，结婚以及离婚特具重要意义，这不仅是因为当前跨国婚姻的数量大为增加，亦因各国国内法关于婚姻的条件、方式以及无效与解除的规则差异很大，这导致跨国婚姻常出现一些不幸的现象，例如，在一国缔结的婚姻，到另一个国却被认为是无效的，亦即"跛脚婚姻"（limping marriage）；或者一个国家的法院已作出离婚判决，但该判决不为其他

---

〔1〕 当然，在同性婚姻合法化的国家，婚姻的定义与此不同。例如，加拿大 2005 年颁布的旨在承认同性婚姻合法性的《民事婚姻法》对结婚定义如下："为民事之目的，结婚是两个人排他性的在法律上的结合。"（Marriage, for civil purposes, is the lawful union of two persons to the exclusion of all others.）*Civil Marriage Act*, S. C. 2005, c. 33（Canada）.

国家所承认。

从国际私法上看，早期各国法律关于婚姻的法律适用较为简单，所有事项都由婚姻缔结地法律来解决，而不区分婚姻的形式要件和实质要件；当代，各国法律普遍区分婚姻的形式要件和实质要件，规定不同的法律适用规则，以体现两者对婚姻家庭不同的重要性与关联度。

一、实质要件

结婚的实质要件包括婚姻当事人必须具备的条件和必须排除的条件。前者一般指双方当事人必须达到法定年龄，双方当事人自愿结婚等。后者一般指双方当事人不在禁止结婚的血亲之内，没有不能结婚的疾病和生理缺陷，没有既存婚姻关系等。

婚姻的实质要件事关婚姻制度的核心，与各国政治、经济、文化、宗教和人口等因素密切相关，因此，各国法律对结婚实质要件的规定差异很大。比如法定婚龄，各国的差异很明显，从 12 岁到 22 岁不等，且具体条件也多有不同；[1] 此外，在婚姻双方当事人是否为一男一女、[2] 是否禁止重婚与近亲结婚以及关于是否能因患某些疾病而禁止结婚的问题上，各国的规定也不相同；即便在同一个国家，在不同的历史时期也有不同的规定。纵观各国国际私法，解决婚姻实质要件的法律冲突问题，主要有如下几种做法：

1. 适用"婚姻举行地法"（lex loci celebrationis）。"在婚姻举行地有效的婚姻到处有效；在婚姻举行地无效的婚姻到处无效。"这种制度可以回溯到"法则区别说"，并曾长期居于主导地位，甚至曾被视为万民法的一部分。[3] 因婚姻举行地容易辨认，采取这一做法简便易行，便于解决法律冲突，而且有的国家认为，婚姻也是一种契约关系或法律行为，根据"场所支配行为"原则，婚姻成立的实质要件当然应受婚姻举行地法支配。此外，这也关系到婚姻举行地的善良风俗和公共秩序。

然而，这一做法的缺点也非常明显，它容易被当事人利用：如果当事人在其国籍国或住所地无法满足婚姻实质要件的法律规定，他们可以选择去一个"安全法域"（haven jurisdiction）（即不存在法律障碍的法域）缔结婚姻。如此一来，当事人的本国或者住所地国基于风俗、习惯、宗教、伦理、优生

---

[1] 据联合国权威机构统计，2010 年，有 158 个国家的法律（包括成文法或习惯法）规定女性年满18 岁可结婚，且无需得到父母的同意；146 个国家规定，不足 18 岁的女性结婚，须得到父母或其他机构的同意；52 个国家规定，不足 15 岁的女性如得到父母同意，可以结婚。与此相对，180 个国家的法律规定，男性年满 18 岁可结婚，且无需得到父母的同意；105 个国家规定，不足 18 岁的男性结婚，须得到父母或相关机构的同意；23 个国家规定，不足 15 岁的男性，如得到父母同意可以结婚，载 http://www.unfpa.org/sites/default/files/pub - pdf/MarryingTooYoung.pdf，最后访问日期：2017 年 2 月 28 日。

[2] 截至本书第三版修订时，全球共有 37 个国家和地区对同性婚姻合法化。

[3] [美] 弗里德里希·K. 荣格：《法律选择与涉外司法》，霍政欣、徐妮娜译，北京大学出版社2007 年版，第 33 页。

等因素而制定的法律规定就有可能被架空。事实上，大量"跛脚婚姻"即因这一现象而产生。

2. 适用当事人属人法。一些国家认为婚姻关系属于身份关系，故主张婚姻的实质要件适用当事人属人法。在采用当事人属人法的国家中，又分为本国法和住所地法两种。如果双方当事人属人法相同，适用当事人属人法自然简便容易。如果双方当事人的属人法不同，主要有以下几种做法：

（1）适用丈夫的属人法。这一做法在早期被不少国家采用，不过，由于其有悖于男女平等原则，这一做法在当代已被各国所摒弃。

（2）分别适用双方当事人各自的属人法。只要婚姻分别符合双方当事人各自属人法规定的实质要件，该婚姻就是有效的婚姻，而不管他们的属人法是否存在抵触。

（3）重叠适用双方当事人的属人法。结婚只有在同时满足双方当事人的属人法所规定的实质要件时，才被认为是有效的婚姻。例如，1979年《匈牙利国际私法》第37条第1款规定，婚姻的实质要件依双方当事人缔结婚姻时共同的属人法。如果双方当事人的属人法在缔结婚姻时不同，婚姻只有在同时满足双方当事人的属人法要求的实质要件时方为有效；再如，英国的司法实践曾长期采用重叠适用双方住所地法原则（dual domicile principle）。[1]

3. 适用混合原则。由于单纯适用婚姻缔结地法或者当事人的属人法都存在明显缺陷，越来越多的国家采取适用混合原则解决婚姻实质要件的法律适用问题。归纳起来，混合原则又可分为以下两种具体做法：

（1）以婚姻举行地法为主，但在一定条件下适用当事人的属人法。如《瑞士联邦国际私法法规》第44条第1款与第2款规定：在瑞士结婚的实质要件由瑞士法律支配。如果外国人之间结婚不符合瑞士法律规定的要件，但满足当事人一方本国法规定的要件时，仍可以结婚。

（2）以当事人的属人法为主，但在一定条件下适用婚姻举行地法。例如，1979年《匈牙利国际私法》第38条第1款与第2款规定：如果外国人意欲在匈牙利结婚，他必须证明其属人法对缔结婚姻没有障碍。如果依匈牙利法缔结婚姻有不可逾越的障碍，则不能在匈牙利结婚。

混合原则可以避免以往机械地适用传统冲突规则的缺陷，有利于提高法律适用的灵活性，有利于立法意旨的实现，已为越来越多的国家所接受。

二、形式要件

结婚的实质要件是婚姻成立的基本条件，但婚姻的成立还需要一定的形式。以比较法的视角观之，目前有关缔结婚姻的方式主要有民事登记方式和宗教方式。根据民事登记方式，缔结婚姻的双方必须到法律指定的机关办理

---

[1] James Fawcett & Janeen M. Carruthers，*Cheshire*，*North & Fawcett Private International Law*（14th ed.），Oxford：Oxford University Press，2008，p. 896.

登记手续，取得一定的证件后，婚姻才有效成立。包括我国在内的世界上许多国家都采取民事登记方式。宗教方式要求缔结婚姻的双方根据自己信仰的宗教的规定，举行一定的宗教仪式后，婚姻才成立。目前，除极少数国家外，大部分国家已不再将依宗教方式结婚视为婚姻成立的必要条件。不过，在不少国家中，当事人在进行民事登记的同时也举行宗教婚礼；在举行宗教婚礼时，也办理民事登记。

对于结婚形式要件的法律适用，根据"场所支配行为"的原则，世界上许多国家曾长期适用婚姻举行地法，即只要结婚的方式符合婚姻举行地法的要求，即为有效的婚姻。单纯适用婚姻举行地法简单易行，但在司法实践中，也暴露出不少弊端。例如，如不同国家关于婚姻形式要件的规定不同，就会出现"跛脚婚姻"。为了避免发生这种情况，越来越多的国家不再单纯适用婚姻缔结地法，且鉴于形式要件对一国的秩序与利益影响较小，不少国家通过制定选择性冲突规范以放松对婚姻形式要件的要求。例如，1978 年《奥地利联邦国际私法法规》第 16 条规定：在国内举行的婚姻，其方式依国内法关于方式的规定；在国外举行的婚姻，其发生依婚姻举行地法，但符合当事人一方的本国法规定的方式，亦为有效。

当前，将婚姻的形式要件与实质要件分开规定是各国立法的总体趋势，因为两者对一国的利益和影响是不同的。一般来说，形式要件对一国的利益与影响没有实质要件那么大，所以，各国对结婚的形式要件规定得比较宽松，而对实质要件规定得相对要严格一些。

三、领事婚姻

领事婚姻，又称外交婚姻，是指在驻在国不反对的情况下，国家授权其驻外领事或外交代表为本国侨民按照本国法律规定的结婚方式办理结婚手续而成立婚姻的制度。就结婚形式而言，领事婚姻是办理在国外的本国人的婚姻的一种变通形式，是国内结婚形式在国外的延伸。领事婚姻制度是 19 世纪的产物；在当代，这一制度已为许多国家国内立法和国际条约所接受。一般而言，在派遣国领事办理婚姻登记时，不仅婚姻的形式要件要适用派遣国法的规定，婚姻的实质要件也要适用该国法的规定。

依据《维也纳领事关系公约》，领事职务包括担任公证人、民事登记员及类似之职司，并办理若干行政性质之事务，但以接受国法律规章无禁止之规定为限。[1]这里的"民事登记"包括出生、死亡、婚姻之登记活动。需要指出，领事婚姻本质上是一国对居住在外国的本国人行使属人管辖权的体现，所以，派遣国领事办理婚姻登记的情况主要是结婚的双方当事人均为该国公民。

如果结婚的一方当事人是派遣国公民，另一方当事人是驻在国公民，驻

---

[1] 《维也纳领事关系公约》第 5 条第 6 款。

在国通常不允许该派遣国领事办理婚姻登记。例如，我国《婚姻登记条例》第 4 条第 2 款规定，中国公民同外国人在中国内地结婚的，内地居民同香港居民、澳门居民、台湾居民、华侨在中国内地结婚的，男女双方应当共同到内地居民常住户口所在地的婚姻登记机关办理结婚登记。我国外交部门还曾专门回复某外国政府的外交照会，指出：中国公民或中国公民与外国公民在中国内地办理婚姻登记，应当在中方婚姻登记机关办理。外国驻华使馆办理的中国公民与该外国公民的婚姻登记，中方不予承认。[1]

对于结婚的当事人一方为派遣国公民，另一方为第三国公民，是否得由该派遣国领事办理婚姻登记的问题，则取决于驻在国与派遣国之间是否有条约或互惠关系。对此，我国外交部门的立场是："对于双方国籍不同的外国人在其本国或双方其中一方的国籍所属国驻华大使馆办理的结婚登记，我国不干预。在互惠的原则下，我国有关部门承认他们的婚姻形式有效。"[2]

需要强调，依据包括《维也纳领事关系公约》在内的国际条约，领事婚姻须以接受国法律规章无禁止之规定为限。在实践中，对领事婚姻的承认以不与驻在国的公共秩序相抵触为前提，否则，驻在国得不承认该领事婚姻的效力。

【案例 11-1】 2014 年 9 月 6 日，北京英国驻华大使馆府邸内，33 岁的美籍华人张志鹄（Scott Chang）与 50 岁的英国驻上海总领事戴维绅（Brian Davidson）在时任英国驻华大使吴思田（Sebastian Wood）的见证下，缔结了婚姻。在中国，他们是第二对登记注册结婚的英国同性恋伴侣。[3] 2014 年 3 月，英国新修订的《婚姻法案》生效，其中规定，同性伴侣可以合法结婚，并平等享受异性伴侣结婚后的一切权益。自此，英国成为世界上第 16 个正式承认同性婚姻的国家。尽管英国法律承认该领事婚姻的效力，但由于同性婚姻违反了中国法律的基本原则，中国不承认其在中国境内的法律效力，产生的后果包括：英国驻华使领馆不得基于上述同性婚姻关系，要求中国给予张志鹄外交官配偶享有的特权与豁免；如果两人今后在中国离婚，不得要求中国法院认可两人婚姻的效力等。[参见二维码拓展阅读 11-1]

四、中国关于涉外结婚的规定

（一）2010 年之前的规定

在 2010 年《涉外民事关系法律适用法》公布前，我国关于涉外结婚的规定主要体现在《民法通则》以及民政部、外交部等部委制定的部门规章中。

---

〔1〕 许育红编著：《领事公证认证法律实务》，法律出版社 2007 年版，第 255 页。
〔2〕 许育红：《领事婚姻登记若干问题的实证研究——兼议〈涉外民事关系法律适用法〉》，载教育部人文社会科学重点研究基地武汉大学国际法研究所主办：《武大国际法评论》，武汉大学出版社 2012 年版，第 39 页。
〔3〕 http://news.ifeng.com/a/20140906/41890798_0.shtml，最后访问日期：2017 年 2 月 28 日。

总体来说，这一阶段的规定较为粗陋、零散，不成体系。其中，最重要的规定当属《民法通则》第 147 条。该条分两部分，前半句规定结婚的法律适用，后半句规定离婚的法律适用，其中，前半句的规定为："中华人民共和国公民和外国人结婚适用婚姻缔结地法律。"

以今天的标准来看，上述规定存在明显缺陷：其一，它未能涵盖所有类别的涉外结婚，而仅仅适用于中国公民与外国公民结婚。在实践中，我国处理的涉外结婚的情况至少包括以下几种情况：①中国人和外国人在中国境内结婚；②外国人之间在中国境内结婚；③中国人和外国人在中国境外结婚；④中国人之间在中国境外结婚；⑤外国人之间在境外结婚，要求在我国承认其效力。其二，它未能区分结婚的实质要件与形式要件，笼统规定适用婚姻缔结地法，这不仅与当代国际私法立法趋势相脱节，而且容易招致当事人通过变更婚姻缔结地以规避法律的情况。

根据我国 1983 年公布的《民政部关于办理婚姻登记中几个涉外问题处理意见的批复》，对于男女双方都是来华工作的外国人，或是一方是在华工作的外国人，另一方是临时来华的外国人，要求在华办理结婚登记的，只要他们具备《中国公民同外国人办理婚姻登记的几项规定》中所要求的证件，符合我国《婚姻法》关于结婚的规定，可予以办理结婚登记。但为了保证我国婚姻登记的有效性，使我国的婚姻登记在当事人本国或第三国有效，可以让婚姻当事人提供其本国法律准许在国外办理结婚登记的条文。外国当事人可以按宗教仪式结婚，但如要使其婚姻在我国具有法律效力，就必须按我国法律规定到婚姻登记机关进行登记。

关于我国公民在外国结婚，我国 1997 年公布了《出国人员婚姻登记管理办法》予以调整。此处的"出国人员"系指依法出境，在国外合法居留 6 个月以上未定居的中国公民。依照该办法，出国人员居住国承认领事婚姻的，出国人员可向我国驻该国的使、领馆申请登记结婚，出国人员进行结婚登记应符合我国有关婚姻的法律、法规规定；出国人员也可以在居住国办理结婚登记，如符合我国婚姻法基本原则和有关结婚的实质要件，则承认其有效。

可见，出国人员在国外结婚，采用领事婚姻的方式则实质要件和形式要件均依我国法律；如在居住国登记结婚，实质要件也不得违反我国的法律规定。该管理办法还规定，出国人员中的现役军人、公安人员、武装警察、机要人员和其他掌握国家重要机密的人员，不得在我国的驻外使、领馆和居住国办理结婚登记。

（二）《涉外民事关系法律适用法》的规定

《涉外民事关系法律适用法》第 21 条与第 22 条分别规定了结婚的实质要件与形式要件。第 21 条规定："结婚条件，适用当事人共同经常居所地法律；没有共同经常居所地的，适用共同国籍国法律；没有共同国籍，在一方当事人经常居所地或者国籍国缔结婚姻的，适用婚姻缔结地法律。"第 22 条规定："结婚手续，符合婚姻缔结地法律、一方当事人经常居所地法律或者国籍国法律的，均为有效。"

与《民法通则》第 147 条相比，《涉外民事关系法律适用法》的规定显然更加完善。首先，它的调整范围更广，适用于所有类型的涉外婚姻。其次，它区分了结婚的形式要件与实质要件，分别作了规定。细言之，《涉外民事关系法律适用法》第 21 条调整结婚的实质要件，第 22 条调整结婚的形式要件。对结婚的形式要件与实质要件分开规定，与当代国际私法立法的发展趋势相契合。

从《涉外民事关系法律适用法》第 21 条的规定来看，它是一条有条件选择适用的冲突规范，依之，按先后顺序适用当事人共同经常居所地法与当事人共同国籍国法。鉴于《涉外民事关系法律适用法》将经常居所地确立为属人法的主要连结点，第 21 条将共同经常居所地法置于共同国籍国法之前应属合理。在两者均不存在的情况下，如在一方当事人经常居所地或者国籍国缔结婚姻的，适用婚姻缔结地法律。这实际上也等于适用一方当事人的经常居所地法律或国籍国法。可见，该条相当重视当事人属人法的适用，这与《民法通则》第 147 条对结婚仅规定适用婚姻缔结地法律显然不同。[1]

不过，这条规定也存在一个问题：如果双方当事人既不存在共同经常居所地，也不存在共同国籍国，且他们结婚的地点不在任何一方的经常居所地或者国籍国，那么，其结婚实质要件应适用哪一国家的法律？对此，《涉外民事关系法律适用法》第 21 条显然无法提供答案。在这种情况下，求助《涉外民事关系法律适用法》第 2 条第 2 款似乎是唯一的办法，该款规定为："本法和其他法律对涉外民事关系法律适用没有规定的，适用与该涉外民事关系有最密切联系的法律。"质言之，如遇这种情况，应依最密切联系原则确定应适用的法律。尽管该法第 2 条第 2 款在一定程度上可以弥补其第 21 条的缺陷，然而，鉴于最密切联系原则的适用缺少客观性衡量标准，这无疑会增加法律适用的主观性与不确定性。

《涉外民事关系法律适用法》第 22 条采用了无条件选择适用的冲突规范，规定得比其第 21 条远为宽松，依之，符合婚姻缔结地法、一方当事人经常居所地法律或者国籍国法的，均为有效。这一规定体现了尽量不因结婚的形式要件问题而否定婚姻效力的立法意旨，从而达到减少"跛脚婚姻"，维护、稳定涉外婚姻家庭的目的。

☞ 第二节　离婚

离婚是指在配偶生存期间解除婚姻关系的法律行为。离婚制度是婚姻法律不可缺少的组成部分。在涉外婚姻中，由于双方当事人往往存在语言、习俗与文化等方面的差异，涉外婚姻的离婚率明显高于国内婚姻，故在涉外婚

---

〔1〕　赵相林主编：《国际私法》，中国政法大学出版社 2014 年版，第 147 页。

姻制度中，离婚向来比较重要。

从历史发展的脉络来看，离婚制度大体经历了禁止离婚、离婚过错主义和离婚自由主义的阶段。当前，除极少数国家仍然不允许离婚以外，世界上绝大部分国家对离婚持许可态度。尽管如此，同结婚一样，受历史文化、宗教信仰、风俗习惯等影响，各国法律对离婚的原因、方式、程序及法律后果等方面的规定存在明显差异，离婚的法律适用因而是国际私法上的重要问题。

一、离婚的法律适用的主要做法

（一）法院地法

长期以来，英美等国家在离婚的法律适用问题上采用法院地法的做法。一旦确定对离婚案件有管辖权，英美法院一般只适用法院地法。由于英美法院主要是依婚姻当事人的住所或经常居所作为行使管辖权的依据，法院地法通常就是婚姻当事人的住所地法或经常居所地法。所以，身为法官与法学家的斯托里主张，当事人的住所地对离婚案件的管辖权与准据法具有支配性作用。[1] [参见二维码拓展阅读 11-2]

适用法院地法的主要理论依据是：离婚涉及一国的公共秩序和善良风俗，故法院应该适用自己的法律。适用法院地法简便易行，亦有利于维护法院地的公序良俗，不过，适用法院地法在实践中也存在一些弊端。首先，它可能促使当事人选择对自己有利的法院起诉，从而导致挑选法院的现象增多。在美国司法实践中，曾因此出现大量的"出州离婚"（out-of-state divorces），即当事人为达离婚之目的，故意到其他州取得住所，从而得到解除婚姻关系的判决。[2] 其次，由于各国关于离婚的法律规定不同，适用法院地法可能产生"跛脚婚姻"。

（二）属人法

该原则由法国学者巴迪福提出，并为大多数欧洲大陆法系国家的立法所采用。[3] 主张离婚适用属人法的理由主要包括：离婚是消灭既存婚姻关系的一种法律行为，与人的身份有密切关系，故应适用当事人的属人法；离婚应与婚姻成立的准据法一致，既然婚姻的成立适用属人法，离婚也应适用属人法。

一方面，早期离婚适用当事人的属人法通常指适用丈夫的本国法或住所地法，但这种父权主义的偏见会给已婚女性带来非常不利的后果。"如果她的丈夫远走他乡，住所会随他而变动，妻子本国的法院因而丧失管辖权。这样，她被迫到异地进行诉讼，备尝不便与诉讼成本增加之苦。另一方面，丈夫只

---

〔1〕 ［美］弗里德里希·K. 荣格：《法律选择与涉外司法》，霍政欣、徐妮娜译，北京大学出版社2007年版，第79页。

〔2〕 See *Coe v. Coe*, 334 U. S. 378 (1948).

〔3〕 万鄂湘主编：《〈中华人民共和国涉外民事关系法律适用法〉条文理解与适用》，中国法制出版社2011年版，第197页。

要简单地变更其住所，就可以单方面地决定战场与战斗规则。他若希望离婚，可以选择一个离婚便利的法域；他若想挫败其妻解除婚姻的努力，只需到一个不允许离婚的国家定居即可。而倘若他潜逃到一个无人知晓的蛮荒之地，则可彻底使其妻子寻求法律救济的种种努力化为泡影。"〔1〕［参见二维码拓展阅读 11-3］

当代，男女平等原则已深入人心，绝大多数国家已摒弃采用夫之属人法的做法，转而主张适用当事人的共同本国法或共同住所地法；但若配偶双方的住所或国籍不同，就会给法院适用法律带来困难。因此，在当代，单纯采用属人法的国家日渐减少。

（三）属人法和法院地法相结合

如前所述，由于完全依据当事人的属人法或法院地法均有弊端，大多数欧洲大陆法系国家以及日、韩等国采用本国法和法院地法相结合的做法。例如，《波兰国际私法》第 18 条规定，离婚依请求离婚时夫妇所服从的本国法；如无共同本国法则依共同住所地法；住所不在同一国家时，依波兰法。依据 2001 年《韩国国际私法》第 37 条和第 39 条的规定，如果夫妇有共同本国法，适用其共同本国法；如果无共同本国法而有共同经常居所，适用共同经常居所地法；如果既无共同本国法也无共同经常居所地法，适用与夫妇有最密切关系地的法律。但是，如果离婚当事人一方为在韩国有经常居所的韩国公民，则适用韩国法。

（四）有利于离婚的原则

值得注意的是，随着婚姻自由理念被各国法律所接受，晚近国际私法立法出现了"有利于离婚"（favor divortii）的趋势。各国立法体现这一趋势的主要方法是：在离婚的冲突规范中规定复数连结点，指引法院选择产生预定结果的法律；如法院地关于离婚的要求更宽松，在至少一方当事人与法院地国存在某种从属关系的情况下，法官可以适用法院地法。

例如，《瑞士联邦国际私法法规》第 61 条规定，离婚双方有共同外国国籍且其中一方居住在瑞士的，离婚和别居适用他们的共同本国法；如应适用的外国法不允许离婚，或对离婚作出非常严格规定的，只要夫妻一方具有瑞士国籍或在瑞士居住满 2 年以上，可以依瑞士法律处理离婚问题。《奥地利联邦国际私法法规》第 20 条规定：离婚的要件和效力依离婚时支配婚姻的人身法律效力的法律。如依该法婚姻不能根据所举事实而解除，或不具备第 18 条规定的任何连结因素，则适用离婚时原告的属人法。

---

〔1〕 ［美］弗里德里希·K. 荣格：《法律选择与涉外司法》，霍政欣、徐妮娜译，北京大学出版社 2007 年版，第 79~80 页。

二、中国关于涉外离婚的规定

(一) 管辖权

审理涉外离婚案件时，在解决法律适用之前，法院首先需要确定管辖权问题。如前所述，包括英美在内许多国家将管辖权的行使作为离婚纠纷法律适用的依据，即只要对离婚案件具有管辖权，法院就只适用其本国法。在司法实践中，这意味着确定了法院，即确定了法律。因此，离婚案件的管辖权与法律适用的关系非常密切，且前者往往直接决定了后者。所以，在学习我国关于涉外离婚的法律适用之前，有必要先梳理我国关于涉外离婚的管辖权规则。

概言之，对离婚案件行使管辖权的原则主要有两项：一是以当事人的住所或经常居所为依据；二是以当事人的国籍为依据。在我国，根据 2023 年修正的《民事诉讼法》第 22 条及第 23 条第 1 款，我国法院在受理涉外离婚案件时，原则上采取"原告就被告"的原则，只要被告在我国有住所或经常居住地，我国法院就有管辖权。同时，对于被告不在我国领域内居住的涉外离婚案件，如原告在我国境内有住所或经常居住地，则可由原告住所或经常居住地的法院管辖。此外，在当事人的住所与经常居住地不一致的情况下，由其经常居住地人民法院管辖。这样的规定，显然扩大了涉外离婚案件的管辖权，便于我国当事方在本国提起离婚诉讼。

此外，依据 2015 年公布并于 2022 年第二次修正的《民诉法解释》第 13~16 条，我国法院在以下几种情况下也具有管辖权：

第 13 条　在国内结婚并定居国外的华侨，如定居国法院以离婚诉讼须由婚姻缔结地法院管辖为由不予受理，当事人向人民法院提出离婚诉讼的，由婚姻缔结地或者一方在国内的最后居住地人民法院管辖。

第 14 条　在国外结婚并定居国外的华侨，如定居国法院以离婚诉讼须由国籍所属国法院管辖为由不予受理，当事人向人民法院提出离婚诉讼的，由一方原住所地或者在国内的最后居住地人民法院管辖。

第 15 条　中国公民一方居住在国外，一方居住在国内，不论哪一方向人民法院提起离婚诉讼，国内一方住所地人民法院都有权管辖。国外一方在居住国法院起诉，国内一方向人民法院起诉的，受诉人民法院有权管辖。

第 16 条　中国公民双方在国外但未定居，一方向人民法院起诉离婚的，应由原告或者被告原住所地人民法院管辖。

以上 4 条规定，在整体上均以便利当事人提起离婚诉讼为考量。其中，第 13 条与第 14 条旨在解决离婚案件管辖权的消极冲突，以维护当事人的合法权益。第 15 条规定尽管有利于扩大中国法院的管辖权，但在司法实践中容易产生管辖权的积极冲突，这会给我国法院判决日后在域外的承认与执行带来困难。关于此点，留待本书第十三章介绍外国法院判决的承认与执行时，再行详述。鉴于短期在外国居住的中国公民通常不熟悉居住国的法律，也不愿意在居住国法院提起诉讼，第 16 条规定旨在便利他们回国提起离婚诉讼。

（二）法律适用

中国关于涉外离婚法律适用的规定，在《涉外民事关系法律适用法》颁布后发生了重大变化。在此之前，中国的法律规定主要体现在《民法通则》及《民通意见》中。前已论及，《民法通则》第 147 条分两部分，前半句规定结婚的法律适用，后半句规定离婚的法律适用，其后半句规定了中华人民共和国公民和外国人"离婚适用受理案件的法院所在地法律"。与该条前半部分仅规定中国公民和外国人结婚的法律适用相对应，它仅规定了中国公民和外国人离婚的法律适用，而没有涵盖涉外离婚的其他情况，这显然有失全面性。

作为必要补充，《民通意见》第 188 条规定："我国法院受理的涉外离婚案件，离婚以及因离婚而引起的财产分割，适用我国法律。认定其婚姻是否有效，适用婚姻缔结地法律。"据此，我国法院对其受理的涉外离婚案件，即使离婚的双方并非分别为中国公民和外国人，也适用受案法院的所在地法——中国法律。不过，由于上述规定仅适用于诉讼离婚，协议离婚的适用法律因而处于法律真空状态。

与《民法通则》相比，《涉外民事关系法律适用法》关于离婚法律适用的规定有较大进步，它区分了协议离婚与诉讼离婚，并针对两类离婚各自的特点，分别在第 26 条与第 27 条规定了不同的法律适用条款。

《涉外民事关系法律适用法》第 26 条规定："协议离婚，当事人可以协议选择适用一方当事人经常居所地法律或者国籍国法律。当事人没有选择的，适用共同经常居所地法律；没有共同经常居所地的，适用共同国籍国法律；没有共同国籍的，适用办理离婚手续机构所在地法律。"该条首先指明了当事人可以协议选择适用一方当事人经常居所地法律或者国籍国法律，有限制地引入意思自治原则。与诉讼离婚相比，协议离婚是在夫妻双方自愿的基础上完成的，起主导作用的是当事人的意愿，实质上是意思自治原则在离婚领域的体现，因此，只要不违反社会道德风俗，法律一般不会否定协议离婚当事人的意愿。[1] 职是之故，《涉外民事关系法律适用法》第 26 条将意思自治引入协议离婚的法律适用，契合协议离婚的本质特点。同时，鉴于婚姻不同于一般合同，无限制地允许当事人选择法律并不合理，因此，《涉外民事关系法律适用法》第 26 条仅允许当事人在一方当事人经常居所地法律或者国籍国法律中进行选择，以确保选择的法律与当事人及其婚姻关系存在合理、密切的联系。

在当事人没有选择适用一方当事人经常居所地法律或者国籍国法律的情况下，依先后顺序适用当事人的共同经常居所地法与共同国籍国法，这显然是依最密切联系原则确定法律适用，也与《涉外民事关系法律适用法》将经

---

[1] 万鄂湘主编：《〈中华人民共和国涉外民事关系法律适用法〉条文理解与适用》，中国法制出版社 2011 年版，第 193 页。

常居所地作为确定自然人属人法首要连结点的做法相一致。如上述条件均无法满足，则应适用办理离婚手续机构所在地法，这是因为离婚手续机构通常与双方当事人有实质性联系，且适用该法有利于确定协议离婚的效力。

从立法完整性的角度来看，《涉外民事关系法律适用法》为协议离婚规定了专门的法律适用条款，这固然是进步。不过，从司法实践的角度来看，涉外婚姻的当事人一旦选择在我国通过协议离婚的方式离婚，通常会对离婚涉及的事项作出直接约定，极少会就法律适用问题作出特别约定。不仅如此，实践表明，对于涉外协议离婚，我国婚姻登记机关通常按中国法律进行审查，只要其符合中国法律的规定，没有违背违反中国的强制性规定和社会公共利益时，都会尊重当事人的协议，颁发离婚证书。换言之，即便双方在协议离婚中选择某外国的法律作为离婚的准据法，登记机关也不太可能查明并适用外国法律。由此可见，《涉外民事关系法律适用法》专门规定协议离婚的法律适用并赋予当事人选法的权利，尽管在立法技术及体例上值得肯定，但其在实践中的实际意义尚待观察。

《涉外民事关系法律适用法》第 27 条规定："诉讼离婚，适用法院地法律。"之所以作出该规定，主要基于以下两点考量：①这是《民法通则》确立的规则，已被我国司法实践长期适用。②诉讼离婚适用法院地法合理、简便，有利于维护法院地的社会稳定与伦理道德，也为大多数国家所采纳。

👉 第三节　夫妻关系

男女因结婚而成为夫妻，双方之间具有特定的身份，与其他两性关系具有本质区别。夫妻关系不仅是重要的伦理关系，也是重要的法律关系。从法律关系上讲，夫妻关系的内容主要涉及夫妻人身关系和夫妻财产关系两个方面。

一、夫妻人身关系的法律适用

夫妻人身关系是指具有合法婚姻关系的男女双方，在社会和家庭中的地位、身份等方面的权利与义务关系，一般包括姓氏权、同居义务、忠诚义务、住所决定权、从事劳动和社会活动的权利、夫妻间的日常家务代理权等方面内容。[1] 在上述问题上，由于各国政治制度、经济状况、社会风俗、历史传统、宗教信仰等不同，常有法律冲突的现象。

以比较法为视角观之，对于夫妻人身关系的法律适用，各国普遍以当事人的属人法为基本原则。之所以适用当事人属人法，当然是因为夫妻人身关系与当事人身份密切相关，而身份问题历来就归属人法支配。[2] 不过，不同

---

[1]　参见马俊驹、余延满：《民法原论》，法律出版社 2010 年版，第 822~828 页。
[2]　赵相林主编：《国际私法》，中国政法大学出版社 2014 年版，第 153 页。

国家对属人法具体含义的理解并不一样，且在不同历史阶段的做法也有很大差异。

（一）国籍国法

大多数大陆法系国家将国籍作为自然人属人法的连结点，故主张夫妻人身关系应适用当事人的国籍国法。由于夫妻双方的国籍国既可能相同，也可能不同，各国在具体适用上又有所不同。历史上，采取国籍国法的国家多以夫的国籍作准，但这一夫权主义的做法目前已被大多数国家摒弃，仅有一些阿拉伯国家仍采用这一做法。当代，越来越多的国家认为，在夫妻关系中，妻子拥有独立的人格与权利，因此，当夫妻具有共同国籍国时，其人身关系适用共同国籍国法；如没有共同国籍国法，则不应概以夫的国籍作准。在这种情况下，有国家主张适用夫妻共同住所地法或共同经常居所地法，有国家主张依最密切联系原则确定应适用的法律。

（二）住所地法

大多数英美法系国家与一部分大陆法系国家以住所地法确定夫妻人身关系。它们大多认为，婚姻关系与住所地的公共秩序和经济负担有关，婚姻与住所地的关系因而极为密切，夫妻人身关系故应适用住所地法。与国籍国法的演进类似，在历史上，夫的住所地曾长期处于主导地位，但在当代已让位于男女平等原则。在夫妻有共同住所地时，适用其共同住所地法，而在没有共同住所地时，适用共同经常居所地法，或依最密切联系原则确定应适用的法律。

由此可见，国际私法在夫妻人身关系领域已从早期适用夫之属人法发展为：夫妻具有共同属人法时适用其共同属人法；如无共同属人法，则依最密切联系原则确定法律适用。这一演进过程生动地反映出人类社会已从夫权时代迈入男女平等的时代。

二、夫妻财产关系的法律适用

夫妻财产关系，又称夫妻财产制或婚姻财产制，是指具有合法婚姻关系的男女双方对于家庭财产的权利义务关系，主要内容包括婚姻对双方当事人的婚前财产发生什么效力、婚姻存续期间所获财产的归属以及夫妻对财产的管理、处分、债务承担以及婚姻终止时财产分割与清算等方面的制度。

影响夫妻财产制的因素较为复杂，包括经济发展水平、所有制制度、传统文化、宗教、妇女地位等。职是之故，各国在夫妻财产制领域的法律冲突严重，甚至在某些国家内部，其制度也不统一。譬如，在美国，路易斯安那州、得克萨斯州、新墨西哥州、亚利桑那州、加利福尼亚州、华盛顿州、爱达荷州、内华达州和威斯康星州9个州施行"夫妻共同财产制"（community property），而其他州采用普通法制度。两者的区别在于夫妻双方所享有的财产权利不同：在英美法系制度下，配偶一方拥有个人的一切收益；而在夫妻共有财产制下，配偶一方收益的一半由对方拥有。以比较法为视角观之，各国国际私法主要依据意思自治以及属人法原则确定夫妻财产关系的法律适用。

（一）意思自治原则

大部分国家在夫妻财产关系上尊重当事人的意愿，采用意思自治原则作为确定法律适用的基本原则。具体而言，有的国家不对当事人选择法律的范围进行限制，如《奥地利联邦国际私法法规》第 19 条规定，夫妻财产，依当事人明示选择的法律，无此种协议选择的法律时，依结婚时支配婚姻的人身效力的法律；有的国家则对于当事人选择法律的范围作出限制，如《德国民法施行法》第 15 条第 2 款规定："对于婚姻在财产法上的效力，夫妻双方可以选择：①夫妻一方所属国法律；②夫妻一方的经常居所地法；③不动产所在地法。"这种有限制的意思自治，一方面反映了对处理财产关系时当事人自主处分权的尊重，另一方面充分考虑到夫妻财产关系的准据法应与夫妻或其财产有实质联系，故更具合理性。

（二）属人法

部分国家不认可婚姻的契约性质，故在夫妻财产关系上亦排除适用意思自治原则。这部分国家的国际私法大多规定，夫妻财产关系应适用属人法。例如，1966 年《波兰国际私法》第 17 条规定：①夫妇之间的人身关系及财产关系，依夫妇双方的本国法。夫妇财产契约的缔结、修改或解除，亦依夫妇双方的本国法。②夫妇依契约而产生的财产关系，依缔结契约时夫妇所服从的本国法。③夫妇双方无共同本国法时，依波兰法。

不过，晚近国际私法的发展表明，在夫妻财产制上排除当事人意思自治的做法呈式微之态。毕竟剥夺当事人对其财产事项的自主安排，不仅不合情理，也有悖所有权人对其财产的处分权。所以，波兰于 2011 年颁布的《关于国际私法的法令》已经改变了原先立法的做法，将意思自治引入夫妻财产制，该法第 52 条第 1 款规定："夫妻双方可以约定其财产关系适用夫妻一方的本国法、住所地法或经常居所地法。该法律选择亦可在结婚前作出。"

三、中国的法律规定

在《涉外民事关系法律适用法》公布之前，我国立法没有专门调整夫妻人身关系与财产关系的法律适用条款；相对而言，这一阶段的国际私法立法与司法实践在夫妻人身关系上的规定更为薄弱，因为《民通意见》第 188 条的规定至少直接涉及夫妻因离婚而引起的财产分割问题。如前所述，依该条规定，我国法院受理的涉外离婚案件，离婚以及因离婚而引起的财产分割，适用我国法律。

由此可见，在 2010 年以前，我国国际私法在夫妻关系领域的立法较为落后，这给司法实践带来诸多难题。在夫妻人身关系的法律适用上，因立法阙如，有部分观点遂认为，应适用婚姻关系效力的法律适用规则，即婚姻缔结地法。但这一立场显然混淆了结婚与夫妻人身关系的内涵与性质，在理论上站不住脚，在实践中也难以产生良好效果。

在夫妻财产关系的法律适用上，《民通意见》第188条关于离婚引起的财产分割一律适用法院地法的规定亦广受诟病。[1] 首先，对所有类型的涉外婚姻，尤其是夫妻双方均为外国人的婚姻，一律适用我国法律解决离婚财产关系的法律适用，其合理性明显欠缺，不利于维护涉外婚姻当事人的权益。其次，它未涉及非因离婚财产分割引起的其他夫妻财产关系问题，其规定因而并不全面。

从这个意义上说，《涉外民事关系法律适用法》特具重要意义，因为它专设第三章调整婚姻家庭，系统地规定了包括结婚、离婚及夫妻关系在内的诸多问题，标志着我国国际私法在婚姻家庭领域趋于完善。

《涉外民事关系法律适用法》第23条规定："夫妻人身关系，适用共同经常居所地法律；没有共同经常居所地的，适用共同国籍国法律。"由此可见，该法在确定夫妻人身关系的问题上，采用了属人法。同时，鉴于经常居所地被确立为自然人属人法的首要连结点，本条因而体现为一条有条件选择适用的冲突规范，即首先适用夫妻共同经常居所地法；如无此法，再适用共同国籍国法。

上述条款规定填补了立法空白，其积极意义自不待言。然而，它仍难称完美，其中，最明显的问题是：如果夫妻双方既没有共同经常居所，也没有共同国籍国，其人身关系应适用何法？或许有人会反问：既然是夫妻，怎么会没有共同经常居所？但本书认为，在跨国婚姻中，这种情况并不罕见，且人身关系或财产关系产生纠纷的夫妻，其感情往往并不和睦，经常居所分处不同国家因而更为常见。如遇这种情况，《涉外民事关系法律适用法》第23条显然无能为力，故只能求助该法第2条第2款，依最密切联系原则确定应适用的法律。

关于夫妻财产关系，《涉外民事关系法律适用法》第24条规定："夫妻财产关系，当事人可以协议选择适用一方当事人经常居所地法律、国籍国法律或者主要财产所在地法律。当事人没有选择的，适用共同经常居所地法律；没有共同经常居所地的，适用共同国籍国法律。"

上述条款将意思自治原则引入夫妻财产关系，且对当事人选择的法律限制于一方当事人经常居所地法律、国籍国法律或者主要财产所在地法律。因为这些法律通常与夫妻财产有密切关系，所以在这些法律中进行选择才具有合理性与可预见性。如当事人未选择法律，或选择超出上述限制，则应适用当事人的共同经常居所地法；如无共同经常居所，再适用共同国籍国法。同样，该条也无法解决夫妻双方既未选择法律也无共同经常居所与共同国籍国的情况，对此，只有再次求助《涉外民事关系法律适用法》第2条第2款，依最密切联系原则确定应适用的法律。[参见二维码拓展阅读11-4]

---

[1] 万鄂湘主编：《〈中华人民共和国涉外民事关系法律适用法〉条文理解与适用》，中国法制出版社2011年版，第183页。

👉 第四节　父母子女关系

父母子女关系，又称亲子关系，是指父母和子女之间的权利义务关系。基于产生的根据不同，父母子女关系可分为自然血亲的父母子女关系与法律拟制的父母子女关系两类。前者是基于子女出生的事实而产生的亲生父母子女关系，包括婚生的父母子女关系和非婚生的父母子女关系。后者是基于法律的认可，人为设定的父母子女关系，包括基于收养行为而发生的养父母子女关系和继父母与受其抚养教育的继父母子女关系。[1] 此外，随着科学技术，尤其是辅助生育技术的飞速发展，试管婴儿等现象大量出现，传统社会观念与法律制度正面临严峻挑战。

父母子女关系历来是婚姻家庭关系的重要组成部分，但在不同的历史阶段，父母子女关系有着不同的内容与特点，大体经过了从家族本位主义到个人本位主义、再到儿童利益最大原则的发展过程。早期，父母子女以家族为本位，男性家长往往集父权、家长权于一身，子女则完全受其支配。同时，非婚生子女受到歧视，非经准正，不享有婚生子女的法律地位与权利。到了近代，亲子关系从家族本位发展到个人本位，父母子女的法律地位日趋平等。同时，基于人生而平等的理念，非婚生子女逐渐获得与婚生子女平等或近似的法律地位。到了当代，尤其是在联合国《儿童权利公约》"关于儿童的一切活动均应以儿童的最大利益为首要考量"的基本原则确立后，各国相继修改有关父母子女关系的法律，以确保未成年子女的权益。[2] 这一发展脉络在各国国际私法立法与司法实践中得到了完整体现。

一、亲生父母子女关系

亲生子女是指与双亲间具有自然血缘关系的子女。依父母有无法律上的婚姻关系，又可分为婚生子女与非婚生子女。历史上，法律对婚生子女和非婚生子女常加以严格区别。随着时代的发展，当代绝大多数国家的立法已缩小了婚生子女与非婚生子女的区别。尽管仍有一些国家的法律对非婚生子女施加了某些歧视，但赋予其与婚生子女同等的法律地位已为大势所趋。鉴此，本节不再专门对子女是否为婚生以及非婚生子女的准正等传统国际私法上的问题予以介绍；同时，依据法律面前人皆平等的基本原则以及晚近国际私法的发展趋势，本节不再区分婚生与非婚生子女，而对亲生父母子女关系的法律适用作统一分析。

一般而言，父母子女间的权利义务关系包括两个方面：一是人身方面的权利和义务，二是财产方面的权利和义务。以比较法为视角观之，各国国际

---

〔1〕　无抚养关系的继父母继子女不产生亲子关系。

〔2〕　参见王丽萍：《亲子法研究》，法律出版社 2004 年版，第 29~41 页。

私法用于确定父母子女关系法律适用的做法主要包括：父母属人法、子女属人法等。

（一）父母属人法

早先，由于在家庭关系中居主导地位的通常是父母，尤其是父亲，故不少国家认为，父母子女关系应适用父母（尤其是父亲）的属人法，或在父母子女没有共同属人法的情况下适用父母的属人法。例如，1978 年修订的《意大利民法典》第 20 条规定："父母和子女的关系，适用父亲本国法。" 1966 年制定的《葡萄牙民法典》第 57 条规定："父母与婚生子女的关系适用父母共同国籍国法。没有共同国籍国法的，适用其共同经常居所地法。如果父母的经常居所不在同一国家的，适用父亲的属人法。如果是由母亲单独行使亲权的，可适用母亲的属人法。"

（二）子女属人法

当代，随着儿童利益最大原则被广为接受，为保护未成年人的利益，越来越多的国家将子女的属人法确立为支配或优先支配父母子女关系的法律。例如，《瑞士联邦国际私法法规》第 82 条第 1 款规定："父母与子女的关系，适用子女的经常居所地法律。"《德国民法施行法》第 21 条规定："子女与其父母之间的法律关系，适用该子女的经常居所地法。"

1977 年葡萄牙修订其民法典时，对第 57 条进行了修改，特具代表性。修改后的条文如下："①父母与子女的关系适用父母共同国籍国法。没有共同国籍国法的，适用其共同经常居所地法。如果父母的经常居所不在同一国家的，则适用子女的属人法。②仅与生父母一人确立亲子关系时，适用该人之属人法；如生父母中一人已死亡，则以仍生存者之属人法为准据法。"上述条款不再区分婚生与非婚生子女，并在父母子女没有共同属人法的情况下将适用父母的属人法改为适用子女的属人法，体现人皆平等及保护未成年人利益等现代法律公认的基本原则，是晚近国际私法立法发展的典型例证。

二、收养关系

收养是自然人依法领养他人子女的身份法律行为，使本无父母子女关系的人之间产生法律拟制的父母子女关系。[1] 在法律规定的权利义务上，通过收养建立的父母子女关系，与在自然血亲基础上形成的父母子女关系基本相同，但作为拟制血亲关系，前者既可以依法产生，也可以依法解除，而后者则不能人为地解除。

鉴于收养的成立、收养的效力以及收养关系的解除影响到的利益方不同且各自具有相对独立性，各国国际私法普遍对收养的这几个方面采取"分割法"，分别规定其法律适用规则。

---

[1]　马俊驹、余延满：《民法原论》，法律出版社 2010 年版，第 858 页。

（一）收养的成立

收养在收养人与被收养人，有时还会在被收养人和其生父母之间发生人身关系和财产关系上一系列的法律后果。因此，收养必须符合法律规定的实质要件和形式要件，才能成立。关于收养的实质条件，各国的法律规定存在显著差异。例如，关于收养人的年龄，各国规定成年人才可以收养子女，而关于成年年龄的规定在各国并不相同；除此之外，不少国家还设置了其他条件，有的国家还视收养者是否为已婚以及是否有子女等设置不同的条件。例如，依据《法国民法典》，未别居的夫妻，结婚满 2 年且配偶一方年满 28 岁才有资格申请收养；对于独身者，除最低年龄要求外，《法国民法典》还要求收养人与被收养人之间的年龄差距在 15 年以上。[1] 我国的规定则更加严格，收养人须年满 30 周岁，无配偶的男性收养女性的，收养人与被收养人之间的年龄应相差 40 岁以上。《民法典》第 1098 条与第 1102 条。[2]

此外，各国法律对收养必须履行的手续也多有不同，例如，依据我国公布的《外国人在中华人民共和国收养子女实施办法》（以下简称《实施办法》），外国人在华收养子女，在办理收养登记后，收养关系当事人还应当亲自到收养登记机关所在地的公证机关办理收养公证。而依据《日本民法典》，在外国的日本人之间收养的收养人须向驻在国的日本大使、公使或领事申报；[3] 法国法则规定，收养须经司法调查，由法院决定并宣布才告成立。[4]

当前，大多数国家对收养的实质要件和收养形式要件不作区分，制定统一的法律适用规则。[5] 以比较法为视角观之，各国国际私法在收养成立法律适用的问题上主要采取的做法包括：①收养人的属人法；②被收养人的属人法；③分别适用收养人和被收养人各自属人法或重叠适用收养人和被收养人双方的属人法；④法院地法；等等。

有些国家认为，在收养关系中，收养人是成立收养关系的主动一方，一旦收养成立，收养人即须负担相应的责任与义务。职是之故，应依收养人的属人法决定收养是否成立。譬如，《德国民法施行法》第 22 条第 1 款规定："子女的收养，适用收养人在收养时的所属国法律。"葡萄牙、意大利、波兰、韩国等不少国家有类似规定。

少数国家认为，收养制度主要是为被收养人的利益考虑而设，故依其属人法决定收养关系是否成立有利于保护被收养人的利益。采用这一做法的国家不多，2001 年《立陶宛共和国民法典》第 1.33 条第 1 款规定：收养子女，

---

[1]　参见《法国民法典》第 343 条、第 344 条。

[2]　值得注意的是，依据我国《民法典》，中国公民收养子女须满足无子女或只有一名子女的要求，而华侨在收养三代以内旁系同辈血亲的子女时无须满足此项要求。

[3]　《日本民法典》第 801 条。

[4]　《法国民法典》第 353 条。

[5]　万鄂湘主编：《〈中华人民共和国涉外民事关系法律适用法〉条文理解与适用》，中国法制出版社 2011 年版，第 206 页。

适用子女的固定住所地国法律；1991 年《加拿大魁北克民法典》第 3092 条第 1 款规定："对收养子女的同意与批准的有关规则，应依该子女的住所地法确定。"

还有一些国家认为，收养关系的成立同时影响收养人和被收养人的身份和利益，故应适用他们各自或双方的属人法，这样不仅可以顾及双方的利益，还能减少"跛足收养"的出现。从实际情况看，采用该原则的国家较多。例如，2007 年《土耳其共和国关于国际私法与国际民事诉讼程序法》第 18 条第 1 款规定：收养的能力和条件，依收养时当事人各自的本国法。

在英、美等国，收养关系是法院根据当事人的申请作收养宣告而成立的，所以，一旦英美法院认为自己有作出宣告收养的管辖权，就会适用自己的法律，即法院地法。[1]

（二）收养的效力

除收养成立的条件与程序外，各国在收养的效力问题上也存在诸多法律冲突。大多数国家的法律规定收养是完全收养，旨在使被收养人完全融入收养家庭，即收养关系成立后，被收养人与其生父母之间的权利义务即告终止，收养人与被收养人之间建立权利义务关系，养子女享有与婚生子女完全同样的地位。不过，法国、比利时等少数国家认为，血缘关系不可能被完全隔断，因而规定了不完全收养制度，即收养关系成立后，被收养人与其亲生父母之间的关系并非完全断绝，他们之间仍可享有某种继承权。[2] 关于收养效力的法律适用，各国主要采用以下几种原则确定其准据法：

第一，适用收养人的属人法。采用这一原则，主要是考虑被收养人在收养关系成立后，通常要到收养人的本国或住所地与收养人共同生活，适用该国或该地的法律，能更加有效地保护被收养人的利益。在实践中，采用这一做法的国家较多，例如，《奥地利联邦国际私法法规》第 26 条第 2 款规定，收养的效力，依照收养人的属人法加以判定。1991 年《加拿大魁北克民法典》第 3092 条第 2 款规定："收养的效力依收养人住所地法确定。"2011 年《罗马尼亚民法典》第 2608 条规定，收养的效力以及收养人与被收养人之间的关系适用收养人本国法。

第二，适用收养人和被收养人的共同属人法。一些国家认为，收养成立以后，收养人与被收养人建立亲子关系，他们通常生活在一起，故应适用其共同属人法。采用这一原则的国家不多，保加利亚是一例。2005 年《保加利亚国际私法法典》第 84 条第 5 款规定："收养的效力，依收养人和被收养人的共同本国法；如果收养人和被收养人国籍不同，依他们的共同经常居所

---

〔1〕 Collins of Mapesbury（ed.），*Dicey*，*Morris and Collins on The Conflict of Laws*（15th ed.），London：Sweet & Maxwell，2012，p. 1244.

〔2〕 万鄂湘主编：《〈中华人民共和国涉外民事关系法律适用法〉条文理解与适用》，中国法制出版社 2011 年版，第 207 页。

地法。"

第三，适用支配收养人婚姻效力的法律。对于夫妻双方共同收养子女的，一些国家认为，这事实上属于婚姻关系的一部分，故此种收养的效力应适用支配其婚姻效力的法律。例如，《德国民法施行法》第 22 条规定：①子女的收养适用收养人在收养时的所属国法律。夫妻共同作出的收养或被收养人为收养人配偶之子女时，适用支配其婚姻一般效力的法律。②就被收养子女与收养人以及与该子女有家庭关系的其他人之间所形成的亲属关系而言，收养的后果适用第 1 款所确定的法律。

（三）收养的解除

作为法律拟制的亲子关系，收养关系可以依法解除。收养的解除一般可以依双方协议解除，也可以依当事人一方的要求解除。各国法律在这方面的规定不尽相同。关于收养解除的法律适用，各国的主要做法有：①适用与收养成立相同的准据法。例如，2005 年《保加利亚国际私法法典》第 84 条第 6 款规定，收养的解除适用前款关于收养条件的法律；2006 年《日本法律适用通则法》亦有类似规定。[1] ②适用法院地法。因收养关系的解除，涉及家庭关系的解散，事关法院地的稳定，所以，一些国家主张适用法院地法，如英国。

三、中国的法律规定

（一）亲生父母子女关系

在 2010 年之前，我国没有专门适用于亲生父母子女关系的法律适用规则，《涉外民事关系法律适用法》填补了该领域的立法空白，该法第 25 条规定："父母子女人身、财产关系，适用共同经常居所地法律；没有共同经常居所地的，适用一方当事人经常居所地法律或者国籍国法律中有利于保护弱者权益的法律。"

该条对父母子女之间的人身与财产关系规定了统一适用的法律适用规则，依之，首先适用父母子女共同经常居所地法。这是因为父母子女的共同经常居所是父母对未成年子女行使亲权的中心，也是成年子女赡养父母的中心，与各方当事人的关系通常最为密切。此外，父母子女关系往往涉及其经常居所地的道德风化和社会秩序，[2] 因此，先适用共同经常居所法具有合理性。

根据该规定，对于没有共同经常居所地的父母子女，其相互之间的人身、财产关系，依保护弱者权益的原则选择适用一方当事人的经常居所地法律或国籍国法律；换言之，在这两个法律当中，哪一个最有利于保护弱方当事人的权益就适用哪一个。根据实际情况的不同，父母子女关系中的弱方当事人，

---

〔1〕《日本法律适用通则法》第 31 条。

〔2〕 万鄂湘主编：《〈中华人民共和国涉外民事关系法律适用法〉条文理解与适用》，中国法制出版社 2011 年版，第 189 页。

既可能是子女，也可能是父母。在一般情况下，如子女是未成年人，则弱方当事人为子女；如父母是年迈需要赡养的老年人，则父母是弱方当事人。在实际运用时，法官应当依据案件的实际情况加以判断。

尽管这一条款体现了保护弱者利益的理念，其本身值得肯定，但在当下中国的司法环境中，其是否能取得预想效果尚难以判断：在审理涉及亲子关系的案件中，法官首先需要对具体案件中的弱者作出界定，其次需要对一方当事人的经常居所地法律或国籍国法律中哪一个适用于本案对弱者更为有利作出分析与比较；最后选择最有利于本案弱者的法律予以适用。这无疑会增加法官查明、理解外国法的负担。

此外，在中国司法裁判文书普遍存在说理不够充分这一问题的现实背景下，如果法官未经充分论证直接以某法（通常是法院地法）最有利于弱者为由适用该法，这是否构成法律适用的错误？是否会增加法律适用的随意性？是否会因此架空本条的立法意旨？这些问题，需要在司法实践中加以密切观察并予以应对。

（二）收养关系

20世纪80年代以后，在我国，收养引发的法律问题越来越多，特别是出现了大量外国人来华收养子女（尤其是弃婴）的情况。为适应这一形势，我国于1991年制定了《收养法》，还于1993年公布了《实施办法》。1998年，全国人大常委会修订《收养法》；1999年，我国对《实施办法》进行修订，并将其更名为《外国人在中华人民共和国收养子女登记办法》（以下简称《登记办法》）。《收养法》及其配套部门规章构成2010年前我国涉外收养法律适用的国内法渊源。

《收养法》第21条第1~2款规定："外国人依照本法可以在中华人民共和国收养子女。外国人在中华人民共和国收养子女，应当经其所在国主管机关依照该国法律审查同意……"这一规定表明，外国人在我国收养子女，必须符合我国法律和该外国人所在国法律。《实施办法》及旨在替代它的《登记办法》也明确规定，外国人在我国境内收养我国公民的子女，必须重叠适用我国法律和该外国人所在国（经常居住地国）法。

之所以重叠适用我国法律与收养人所在国法律，显然是为了对收养的条件与手续从严要求，以维护被收养的我国儿童的利益。上述规定尽管在特定历史时期起到了积极作用，但其缺陷显而易见：①它们仅调整外国人在中国收养中国公民的子女的情况，无法涵盖所有类别的涉外收养，如外国人在华收养外国公民的子女，以及我国公民收养外国公民的子女等。②上述规定的某些表述彼此之间不统一，适用上存在一些不确定性。[1]

---

[1]　有规定"外国人在中华人民共和国境内收养子女"的，也有规定"外国人在中华人民共和国境内收养中国公民的子女"的；另外，有规定"收养人经常居住地国的法律"的，也有规定"收养人所在国法律"。

《民法典》实施后,《收养法》被废止。外国人在华收养子女的规定体现在《民法典》第 1109 条,其规定如下:外国人依法可以在中华人民共和国收养子女。外国人在中华人民共和国收养子女,应当经其所在国主管机关依照该国法律审查同意。收养人应当提供由其所在国有权机构出具的有关其年龄、婚姻、职业、财产、健康、有无受过刑事处罚等状况的证明材料,并与送养人签订书面协议,亲自向省、自治区、直辖市人民政府民政部门登记。前款规定的证明材料应当经收养人所在国外交机关或者外交机关授权的机构认证,并经中华人民共和国驻该国使领馆认证,但是国家另有规定的除外。由此可见,《收养法》关于外国人在我国收养子女须重叠适用我国法律与收养人所在国法律的原则被《民法典》继受,后者在此基础上又对收养人所提交的所在国材料作出了更加细致的规定。

此外,需要指出,中国在 2000 年 11 月签署了 1993 年海牙《跨国收养方面保护儿童及合作公约》(以下简称《公约》),并于 2005 年 9 月 16 日批准了该公约。[1] 该公约因而构成我国涉外收养领域的国际法渊源。[参见二维码 11-2]

公约规定,跨国收养,不论被收养儿童和收养人的国籍,只要其经常居所位于不同的缔约国境内,就属于公约的适用范围。《公约》还就各缔约国建立相互合作的中央机关以及跨国收养的程序要求等内容作了详细规定。根据中国加入公约的批准书,我国指定民政部作为中央机关。虽然公约没有对跨国收养的实质要件和形式要件的法律适用作出具体规定,但从其整个收养的程序要件来看,可以推定其对于实质要件主要是区分收养人和被收养人的情形,分别适用其经常居所地的法律;对于形式要件,则根据场所支配行为的规定,一般应适用行为所在地的法律。关于跨国收养关系的承认和效力,《公约》指出,符合其规定的收养应在各个缔约国以法律形式予以承认,为儿童的最大利益考虑,只有当收养明显违反某一缔约国的公共秩序时,该缔约国才可以对其拒绝承认。[2]

《涉外民事关系法律适用法》对收养的法律适用作了系统规定,适用于各种类型的涉外收养,标志着我国国际私法在该领域趋于完善。该法第 28 条规定:"收养的条件和手续,适用收养人和被收养人经常居所地法律。收养的效力,适用收养时收养人经常居所地法律。收养关系的解除,适用收养时被收养人经常居所地法律或者法院地法律。"从该条的规定来看,这部立法对收养的法律适用采用了"分割法",对收养的条件和手续、效力以及解除规定了不同的法律适用规则,这符合当代国际私法的立法潮流。

关于收养的条件与手续,该法规定了一条重叠适用的冲突规范,即同时

---

〔1〕 截至本书第三版修订时,批准该公约的成员共 106 个,载 https://www.hcch.net/en/instruments/conventions/status-table/? cid=69,最后访问日期:2024 年 3 月 14 日。

〔2〕 沈涓主编:《国际私法》,社会科学文献出版社 2006 年版,第 339 页。

适用收养人和被收养人经常居所地法律，这是因为收养的成立对收养人与被收养人均会产生权利与义务，收养人和被收养人两方面的情况都应该加以考虑，故应重叠适用其属人法；同时，由于经常居所地被该法确立为自然人属人法的连结点，故该条规定重叠适用的是双方当事人的经常居所地法。此外，同时适用收养人与被收养人的属人法，体现了法律适用的从严要求，这样可以防止"跛脚收养"的出现，维护涉外家庭关系的稳定性。

关于收养的效力，《涉外民事关系法律适用法》第28条规定适用收养时收养人经常居所地法律，这是因为收养的效力涉及收养人的义务和责任，且在跨国收养实践中，通常是被收养人到收养人的家中随收养人一起生活，对收养人的影响较大。同时，鉴于经常居所地是一个可变的连结点，所以，第28条对适用收养人的经常居所地施加了时间上的限定，即"收养时"，以增强法律适用的稳定性。可见，收养的效力适用收养时收养人经常居所地法律，既具有稳定性，也符合实际，还能较好的保护收养人的积极性，从而达到鼓励跨国收养这一善举的效果。[1]

关于收养的解除，《涉外民事关系法律适用法》第28条使用了无条件选择适用的冲突规范，即适用收养时被收养人经常居所地法律或者法院地法律。将收养时被收养人经常居所地法与法院地法作为两个法律适用的可选项，主要是基于以下几点考量：①由于收养关系的解除对被收养人的利益影响较大，适用经常居所地法有利于维护其利益。同时，该条对被收养人的经常居所地法限定于"收养时"，这是因为在跨国收养实践中，我国主要作为被收养儿童送养国，所以，适用收养时被收养人经常居所地国法，往往意味着适用我国法律，这有利于保护我国儿童的权益。②由于收养关系的解除往往涉及一国的伦理道德、社会稳定与公序良俗，法院在受理解除收养关系诉讼时，适用法院地法有利于维护本国的道德与法律秩序。鉴此，对我国法院而言，第28条的实际后果往往是收养时被收养人经常居所地法律与法院地法律是重叠的，即均指向中国法。

最后需要指出，《涉外民事关系法律适用法》第28条的规定与《民法典》的相关规定显然存在不同。对此，《涉外民事关系法律适用法》第2条第1款规定："涉外民事关系适用的法律，依照本法确定。其他法律对涉外民事关系法律适用另有特别规定的，依照其规定。"据此，《民法典》关于外国公民在华收养子女的相关特别规定应该得到优先适用。

👉 第五节　扶养

扶养是指根据身份关系，在特定的亲属间，一方对另一方给予生活上的

---

〔1〕 万鄂湘主编：《〈中华人民共和国涉外民事关系法律适用法〉条文理解与适用》，中国法制出版社2011年版，第212页。

扶助。扶养有广义和狭义之分，广义上的扶养包括抚养（即尊亲属对卑亲属的扶养）、赡养（即卑亲属对尊亲属的扶养）和狭义上的扶养（即配偶之间的扶养）。在扶养关系中，提供扶养的人称为扶养义务人或扶养人，接受扶养的人称为扶养权利人或被扶养人。

一般认为，扶养具有以下法律特征：①扶养只发生在法律上规定的特定亲属之间，是一种法律上的义务，法律规定以外的亲属或其他人之间不具有扶养义务；②扶养关系只发生于一方有扶养的必要而另一方有扶养能力的一定亲属之间；③扶养本质上是一种私法上的法定义务，是基于身份关系而发生的，具有不可转让性，虽然某些公共机构在一定条件下可能承担了对儿童的扶养义务，但这并不能就此改变扶养的私法特质。

以比较法为视角观之，各国法律在扶养的范围、成立、方式、顺序和终止等方面存在诸多差别，涉外扶养关系因而是国际私法上需要研究与解决的婚姻家庭问题之一。

一、扶养法律适用的主要方法

关于扶养，各国国际私法常用的法律适用方法包括：适用法院地法、适用当事人的属人法（具体包括扶养人的属人法、被扶养人的属人法、适用扶养人和被扶养人共同的属人法）以及适用有利于被扶养人的法律等。

（一）法院地法

英美国家大多主张适用法院地法。例如，英格兰法认为，扶养是对原告的一种程序上的法律救济，因此，英格兰法院总是将其法律适用与管辖权问题联系在一起，并以管辖权的方法来解决法律适用问题。只要英格兰法院对于案件有管辖权，即使当事人的住所在国外，法院也会适用英格兰法。[1] 美国也采用这种观点，美国《第二次冲突法重述》没有规定扶养的法律适用规则，而仅对扶养的管辖权作了规定，因为确定了管辖权，即确定了适用的法律。[2]

（二）当事人的属人法

不少国家（尤其是大陆法系国家）认为，扶养问题是身份关系的后果，所以，扶养应该适用当事人的属人法。具体而言，此处又可以进一步分为适用扶养人的属人法与适用被扶养人的属人法等两种方法。

少数国家认为，扶养义务是扶养制度的基础和本体，故应适用扶养人，即扶养义务人的属人法。不过，目前采用这一做法的国家已经罕见，因为越来越多的国家认为，扶养制度的目的在于为被扶养人利益而设置，在扶养权利义务关系中，被扶养人处于弱势地位，故适用被扶养人（即扶养权利人）

〔1〕 Collins of Mapesbury（ed.），*Dicey*, *Morris and Collins on The Conflict of Laws*, London（15th ed.），Sweet & Maxwell，2012，p. 1199.

〔2〕 American Law Institute，*Restatement（Second）of the Conflict of Laws*，§77（1971）.

的属人法更为合理。土耳其国际私法在扶养问题上的演变颇具代表性。1982年《土耳其国际私法和国际民事诉讼程序法》第 21 条规定，"扶养义务适用义务人本国法"；到 2007 年该法修改后，调整扶养关系的第 21 条修改为：扶养请求权，适用扶养请求权人的经常居所地法。显而易见，新修订的土耳其国际私法在扶养问题上有两点主要变化：①从适用扶养义务人的属人法转变为适用扶养权利人的属人法；②属人法从住所地法转变为经常居所地法。

（三）有利于扶养权利人的法律

当代国际私法在运用冲突规范调整涉外民事关系时，开始引入利益分析与政策定向作为选法的依据，以确保法律适用结果的公平正义。在扶养领域，鉴于被扶养人通常是弱势当事方，其权益需要得到倾斜性保护，晚近国际私法出现了以有利于扶养权利人为导向的法律适用规则。

1973 年的《海牙扶养义务法律适用公约》就明显体现了这一导向。根据该公约的规定，扶养义务首先应适用扶养权利人的经常居所地法；如果适用该法不能让扶养权利人获得扶养费，则适用当事人的共同本国法；如仍不能获得扶养费，则适用法院地法。［参见二维码 11-3］

2005 年《保加利亚国际私法法典》也有类似规定，其第 85 条如下：①扶养义务，适用扶养权利人的经常居所地国法，除非其本国法对其更为有利。此时，适用扶养权利人的本国法。②如扶养权利人和扶养义务人具有同一国籍，且扶养义务人的经常居所也在该国境内，则适用其共同本国法。③如果根据第 85 条第 1 款与第 2 款规定适用的法律不允许判给扶养费，则适用保加利亚法。

二、中国的法律规定

我国《民法通则》第 148 条对扶养的法律适用作了专门规定，该条规定："扶养适用与被扶养人有最密切联系的国家的法律。"作为一部制定于 20 世纪 80 年代的立法，该法关于扶养的法律全面引入了最密切联系原则，增强了法律适用的灵活性，颇具超前性。

至于如何确定最密切联系地，《民通意见》第 189 条作了具体规定："父母子女相互之间的扶养、夫妻相互之间的扶养以及其他有扶养关系的人之间的扶养，应当适用与被扶养人有最密切联系国家的法律。扶养人和被扶养人的国籍、住所以及供养被扶养人的财产所在地，均可视为与被扶养人有最密切的联系。"

这条司法解释表明，首先，《民法通则》第 148 条所称的扶养应作广义理解，包括父母子女之间的扶养、夫妻相互之间的扶养以及其他有扶养关系的人之间的扶养。其次，与被扶养人有最密切联系国家的法律包括扶养人和被扶养人的国籍、住所以及供养被扶养人的财产所在地法。不过，由于最密切联系原则的主观性特点，在司法实践中确定与被扶养人有最密切联系的法律，依然存在一些不确定性与随意性。

　　《涉外民事关系法律适用法》重构了扶养的法律适用规则，该法第 29 条规定："扶养，适用一方当事人经常居所地法律、国籍国法律或者主要财产所在地法律中有利于保护被扶养人权益的法律。"

　　与《民法通则》第 148 条明显不同，该条舍弃最密切联系原则，转而将有利于保护弱方当事人——被扶养人确立为扶养法律适用的基本原则。在此基础之上，该条规定，扶养一方当事人经常居所地法律、国籍国法律或主要财产所在地法律，它们当中哪一个最有利于保护被扶养人权益就适用哪一个。这一规定体现了政策定向的选法模式，与当代国际私法的最新发展趋势相一致。

　　不过，在司法实务中，政策定向的分类选择规范比最密切联系原则在适用上对法官的要求更高。最密切联系原则要求法官把握与民事关系有关联的所有连结点，分别对比各连结点与民事关系联系的强度，在分析、对比后，选出联系最密切的连结点。这个过程一般只涉及对连结点本身的考量与判断，并不要求对各个连结点指向的实体法内容及其适用于个案的结果进行分析与比较。与此相对，政策定向的法律选择规则不仅要求法官考察各个连结点，而且要对各连结点指向的实体法的内容及其适用于个案的后果进行分析与比较，再选出最符合该政策标准的一个准据法。[1]

　　职是之故，《涉外民事关系法律适用法》第 29 条体现了法律选择的结果导向，固然有利于实现个案公平正义，但在中国当下的司法环境下，这一条款是否具有可操作性？法官的司法任务是否会过于繁重？是否只有在查明并比较所涉 5 个法律后才可以作出判决？如未穷尽查明有关法律，是否属于法律适用的错误？在我国现有的法律制度与规则下，这些问题显然很难找到明确的答案。鉴此，本书认为，尽管该条在立法理念上比《民法通则》第 148 条明显先进，但在司法实践中，其具体适用的效果如何，尚有待观察。

　　关于《涉外民事关系法律适用法》第 29 条与《民法通则》第 148 条的关系，有观点认为，按照《涉外民事关系法律适用法》第 2 条第 1 款的规定，其他法律对涉外民事关系法律适用另有特别规定的依照其规定，因此，《民法通则》第 148 条仍可适用。[2] 不过，本书并不赞同这种观点，这是因为《涉外民事关系法律适用法》第 29 条与《民法通则》第 148 条的调整范围完全一致，后者并不属于严格意义上的特别规定。在这种情况下，依据《法律适用法解释（一）》第 3 条第 1 款的规定："涉外民事关系法律适用法与其他法律对同一涉外民事关系法律适用规定不一致的，适用涉外民事关系法律适用法的规定，但《中华人民共和国票据法》《中华人民共和国海商法》《中华人民共和国民用航空法》等商事领域法律的特别规定以及知识产权领域法律的特

〔1〕　万鄂湘主编：《〈中华人民共和国涉外民事关系法律适用法〉条文理解与适用》，中国法制出版社 2011 年版，第 217 页。

〔2〕　赵相林主编：《国际私法》，中国政法大学出版社 2014 年版，第 172 页。

别规定除外"。据此,在《涉外民事关系法律适用法》实施以后,涉外扶养的法律适用应当适用该法第 29 条。

第六节 监护

一般而言,监护是指依法对某些特殊的自然人的人身及财产权设置的保护制度。所设立的监督保护人为监护人,被保护的人为被监护人。监护制度滥觞于罗马法,但基于各国不同的历史、文化、社会及经济发展水平,当代各国的监护法律制度无论是在基本概念上,还是在监护人、监护开始、监护内容、监护终止等具体规定上均存在显著不同。例如,关于监护制度,大陆法系和英美法系对其范围的理解上有所差异。

大陆法系认为,监护是未成年人和精神病人在无父母或父母不能行使亲权的情况下,监护人为保护其人身、财产以及其他合法权益而对其进行监督和保护的一种民事法律制度。[1] 所以,在大陆法系的传统理论中,监护制度独立于亲权制度,监护是一种义务,而不是一种权利,监护人通常是父母以外的其他第三人。英美法系则采用了广义的监护,即把父母对未成年子女的人身和财产上的父母责任和父母以外的第三人对未成年人的监护统一规定。[2] 在此背景下,监护历来是国际私法上需要面对与处理的问题。

一、监护法律适用的主要方法

由于监护制度是为保护受监护人的利益而设置的,从此目的出发,各国国际私法立法大多以被监护人的属人法作为有关监护问题的准据法,或者原则上适用被监护人的属人法,兼采其他法律,或者直接规定适用对被监护人有利的法;还有的国家采用分割法,依据监护关系的不同方面分别确定准据法;英美法系国家则依旧从管辖权入手,一旦裁定对涉外监护纠纷有管辖权,则会适用法院地法。

(一)适用被监护人的属人法

相关国际公约和各国国内立法原则上主张监护适用被监护人的属人法,如《奥地利联邦国际私法法规》第 27 条规定,设立、终止监护或者保佐的要件及其效力,依照被监护人的属人法。当然,对于属人法的理解,不同国家并不一致。有的国家主张适用被监护人的本国法,如 1995 年《意大利国际私法制度改革法》第 43 条规定,监护和其他无行为能力人的制度,适用无行为能力人的本国法。一些南美洲国家主张适用被监护人的住所地法,如 1998 年《委内瑞拉国际私法法令》第 26 条规定:"监护和其他保护无行为能力人的制

〔1〕 马俊驹、余延满:《民法原论》,法律出版社 2010 年版,第 873 页。

〔2〕 See Bryan A. Garner(ed.),*Black's Law Dictionary*(9th ed.),St. Paul,Thomson Reuters,2009,p. 1258.

度，依无行为能力人住所地的法。"还有些国家则主张适用被监护人的经常居所地法，如 2005 年《保加利亚国际私法法典》。

值得注意的是，德国等国不仅规定了监护应适用被监护人的属人法，而且对在内国有住所或居所的外国人或无国籍人，或者在内国有财产的外国人的监护问题作了规定。如《德国民法施行法》第 24 条规定：监护、照管与保佐的产生、变更和终止以及法定监护和保佐的内容，适用被监护人、被照管人或者被保佐人的所属国法律。对于在德国有经常居所或没有经常居所但在德国有居所的外国国民，也可以依照德国法为其指定一个照管人。这种立法考虑到了在内国的外国人的人身或财产也可能需要设立监护的情况，更好地体现了监护制度保护被监护人利益的宗旨。

（二）适用有利于被监护人的法律

一些国家的国际私法立法采用了政策导向与利益分析的法律选择规则，规定监护适用最有利于被监护人（尤其是儿童）的法律，如 1998 年《突尼斯国际私法典》第 50 条规定："监护由离婚准据法支配，或者由儿童的本国法或住所地法支配。法官应适用其中对儿童最有利的法律。"如 1979 年《匈牙利国际私法》第 48 条第 3 项规定："监护人和被监护人之间的法律关系适用作出监护命令的机关的本国法，如果被监护人居住在匈牙利，且匈牙利法律对被监护人比较有利，则应该适用匈牙利法律。"

（三）适用分割法

随着立法技术的提高以及涉外监护关系的日益复杂，一些国家对监护关系采取分割法，区分监护关系的不同方面，规定不同的法律适用规则。这种立法模式有利于兼顾监护关系各方的利益，有利于个案得到公平的解决。例如，2005 年《保加利亚国际私法法典》第 86 条规定：①监护与托管的设立与终止，适用被监护人或托管人的经常居所地法；②被监护人或被托管人与监护人或托管人之间的关系，适用依第 1 款确定的准据法；③承担监护或托管的义务，适用被指定为监护人或托管人的人的本国法；④如果被监护人或被托管人的人身及其财产位于保加利亚境内，则可以根据保加利亚法律采取临时或紧急保护措施。可见，保加利亚国际私法依据涉外监护的不同方面制定不同的法律适用规则，针对性更强，有利于在个案中确保公平正义；当然，这也会增加法律适用的复杂性。

（四）适用法院地法

以英格兰为代表的英美法系国家或地区在监护问题上仍是首先从管辖权入手。一般来说，如果这些法院对某一涉及监护的案件有管辖权，它便只适用法院地法。此外，英国法中有一条重要原则经常被适用于决定有关监护人问题，即首要考虑未成年利益的原则，对此，英国 1989 年《儿童保护法》第 1 条有明确规定：在向法院提起的任何诉讼，如果涉及儿童的法定监护与抚育的问题，法院在对这一问题作出判决时，应以儿童的福利作为首要考虑。[1]

二、中国的法律规定

2010 年之前，中国正式立法中一直没有关于涉外监护法律适用的规定。为弥补立法缺陷，最高人民法院在《民通意见》中对该问题作了具体规定，《民通意见》第 190 条规定："监护的设立、变更和终止，适用被监护人的本国法律。但是，被监护人在我国境内有住所的，适用我国的法律。"

这一规定在强调监护原则上适用被监护人本国法方面，同大多数大陆法系国家的主张一致；但在被监护人在中国境内有住所的情况下，不论被监护人本国法关于监护的规定如何，中国法院都将适用中国法，即被监护人的住所地法，从而将被监护人的本国法和法院地法有机结合起来。

《涉外民事关系法律适用法》的公布，标志着我国国际私法在立法上对监护作出了明确规定，该法第 30 条规定："监护，适用一方当事人经常居所地法律或者国籍国法律中有利于保护被监护人权益的法律。"

与《涉外民事关系法律适用法》关于亲子关系与扶养关系的条款相似，本条体现了保护弱方当事人的立法意旨。同时，鉴于监护关系与当事人经常居所地法律与国籍国法律通常有实质性联系，所以，该条将法律选择限定在当事人经常居所地法律与国籍国法律中。与《涉外民事关系法律适用法》第三章"婚姻家庭"中其他体现保护弱方当事人原则的法律选择条款相似，本条固然是当代先进国际私法立法理念的产物，但也会在实践中增加法律适用的难度、主观性与不确定性，其实际效果还需留待司法实践的检验。

本章二维码

11-1　第十一章拓展阅读

11-2　《跨国收养方面保护儿童及合作公约》全文及简介

11-3　《海牙扶养义务法律适用公约》全文

---

〔1〕　*Children Act* 1989, Section. 1（C41. UK）.

第十二章

继承的法律适用

✉ 导 语

继承是指财产所有者死亡或宣告死亡后，依法将其遗留下来的财产或与此有关的权利义务转移给继承人所有的一种法律制度。[1] 当今世界，国际人员交往空前密切，涉外婚姻家庭大量出现，涉外继承纠纷的涌现因而在所难免。由于继承法律制度不但植根于一国的财产法与家庭法制度，而且深刻反映其民族、伦理、社会、历史、文化的观念与特点，所以，当今各国的继承法律制度千差万别，不可避免地产生法律冲突问题，继承是国际私法上需要研究与解决的重要问题，因而自不待言。

细言之，国际私法上关于继承的问题主要包括遗嘱继承、法定继承以及无人继承财产的处理等三个问题。在民法上，由于遗嘱继承直接表达了被继承人的意愿，故遗嘱继承在适用上优先适用于法定继承。不过，在国际私法上，对法定继承的讨论常多于遗嘱继承。这是因为在大多数涉外继承的情况下，如果被继承人留下了遗嘱，对其遗产的分割依照其遗嘱即可，一般不涉及法律适用问题，除非对立遗嘱人的能力、遗嘱的形式、效力及解释等问题产生争议；而如果被继承人没有留下遗嘱，则往往会涉及应依据哪一国法律对其遗产进行分割的问题。因此，在国际私法实践中，法定继承引发的问题多于遗嘱继承。鉴此，本章先讨论法定继承，再讨论遗嘱继承，最后论及无人继承财产。

▶ 第一节 法定继承

"法定继承"（intestate succession），又称无遗嘱继承，是指由法律直接规定继承人范围、继承顺序和遗产分配等的继承方式。以比较法的视角观之，各国立法与实践关于继承人的范围、继承人的顺序、代位继承、应继承份额、继承权的丧失和放弃等方面存在着诸多法律冲突，故法定继承的法律适用问题一直是国际私法上的重要议题。

———————————

[1] 李双元、温世扬主编：《比较民法学》，武汉大学出版社 1998 年版，第 957 页。

通过前几章的学习，我们知道，国际私法上，不同领域的法律适用制度不尽相同。在物权领域，物之所在地法居于统帅地位；在合同领域，意思自治原则广受推崇；在婚姻家庭领域，属人法占据优势地位。与此不同，继承领域（尤其是法定继承）一直没有出现某种法律适用原则独领风骚的局面。长久以来，同一制和区别制共同撑起继承冲突法的天空。

一、同一制与区别制

（一）同一制

"同一制"（unitary system），也称"单一制"，是指不管遗产是动产还是不动产，继承关系作为一个整体适用同一冲突规范所指向的实体法，即被继承人的属人法（本国法或住所地法）。同一制滥觞于罗马法的"概括继承"，亦译为"普遍继承"（universal succession，succession per universita）。概括继承是以查士丁尼的如下神秘思想为基础的：死亡者和他的继承人在某种意义上是一个人，继承人是死亡者人格的继承。[1] 换言之，在罗马法上，继承是继承人在法律上取得被继承人的地位，其意义在于使死者的人格得到延续，而非财产的转移。受此原则引导，继承自然无须区别财产是否为不动产，而应统一适用当事人的属人法来解决继承问题，这就是国际私法上同一制的起源。

该制度在 19 世纪得到萨维尼的推崇，因而得到越来越多的国家承认和采纳。不过，在孟西尼成功阐扬国籍国法之后，在实行同一制的国家中，又分为两种方法：①适用被继承人死亡时的住所地法，采用这一原则的国家主要有瑞士、丹麦、挪威、巴西、哥伦比亚、危地马拉等国；②适用被继承人死亡时的本国法，采取这种做法的国家包括德国、日本、奥地利、意大利、荷兰、西班牙、葡萄牙、波兰等。[2]

（二）区别制

"区别制"（scission system），又称"分割制"，是指将遗产区分为动产与不动产，对继承人的遗产继承分别适用不同的准据法；一般主张动产继承适用被继承人的属人法，不动产继承适用物之所在地法。区别制的历史根源在于欧洲封建时期的法律。如果封建领主的一个封臣取得了外国的住所，领主是不会允许其土地的继承受到影响的。[3] 在此历史影响之下，英格兰法上产生了"土地戒律"（land taboo），据该制度，凡涉及土地产权转移的所有事项，均应受物之所在地法支配。在此背景下，绝大多数英美法系国家的国际私法在继承的法律适用上采用区别制。

---

〔1〕 ［德］马丁·沃尔夫：《国际私法》（下卷），李浩培、汤宗舜译，北京大学出版社 2009 年版，第 626 页。

〔2〕 沈涓主编：《国际私法》，中国社会科学文献出版社 2006 年版，第 348 页。

〔3〕 ［德］马丁·沃尔夫：《国际私法》（下卷），李浩培、汤宗舜译，北京大学出版社 2009 年版，第 625 页。

此外，在古代社会，身份十分重要，继承因而主要是身份权利的延续，然而，近代以降，随着人类社会从身份向契约的演进，身份继承大多被废止。只承认财产继承，成为历史发展的趋势，这使得一些大陆法系国家也采取了区别制度，尤其是在法定继承领域。当前，英国、美国、法国、比利时、卢森堡、匈牙利、保加利亚、智利、玻利维亚、加拿大魁北克省、白俄罗斯等采用区别制。在采用区别制的国家中，对不动产继承均主张适用物之所在地法；但在动产继承方面，各国的做法分为两种：大部分大陆法系国家主张适用被继承人死亡时的本国法，而大部分英美法系国家主张适用被继承人死亡时的住所地法。

（三）同一制与区别制的比较

前已论及，在继承的法律适用领域，同一制与区别制长期处于分庭抗礼之势，一直未出现一种制度压倒另一种的情况，这既与继承的双重属性有关，也是这两种制度各有利弊决定的。

从法理上看，对于同一制抑或区别制的态度和各国对于继承法律关系的性质的认识有一定的关联。继承具有人身性和财产性的双重特性。从逻辑上看，强调继承制度身份特质的国家倾向于采用同一制，适用被继承人的属人法；而强调继承制度财产法性质的国家则倾向于采用区别制，对于不动产继承适用物之所在地法，对于动产继承，则适用被继承人的属人法。

从实践上看，同一制与区别制则各有利弊。区别制为许多国家所采用的主要原因在于其考虑到了不动产所在国对不动产的特殊关注，有利于实现不动产所在地国的公共利益，故采用区别制就有利于判决的承认与执行。但是，采用区别制也有缺陷，如果遗产分布在两个或两个以上的国家，遗产继承就要受两个或两个以上的国家的法律支配，从而使继承关系复杂化，法律适用上可能会碰到诸多麻烦和困难，还可能有违公平正义。在一个英国案例中，区别制的缺陷表现得尤为明显。[参见二维码 12-1]

【案例 12-1】　该案中，[1] 被继承人瑞·考莱斯（Re Collers）的大部分遗产都位于特立尼达、多巴哥以及巴巴多斯，位于英国的一小部分遗产中包含不动产。被继承人的住所在特立尼达和多巴哥，他的妻子从位于特立尼达和多巴哥的遗产中获得了 100 万美元后，又在英国法院提起诉讼要求从位于英国的不动产中获得英国法所规定的法定份额。如果在本案中对被继承人的整个遗产均适用死者的住所地法，则被继承人妻子依据死者住所地法对整个遗产的权利要求因其获得 100 万美元而已全部得到满足。不过，由于英国采用区别制，法官判决：虽然被继承人的遗产指其在全世界的遗产，但是英国有关的继承法仅调整位于英国的不动产继承，而不能在由死者住所地法所调

---

[1] Re Collers (deceased), *Royal Bank of Canada (London) Ltd. v. Krogh and others* [1986] 1 Ch. 505.

整的继承所涉及的遗产上产生权利。因此，尽管被继承人的妻子已从位于特立尼达和多巴哥的遗产中获得了 100 万美元，其依据英国法在位于英国的不动产上的权利要求并未就此得到满足，其仍有权利再从位于英国的不动产中获得英国法所规定的法定份额。不过，在判决中，法官对其上述判决也表示遗憾，认为死者的妻子因遗产分布在几个国家而获得过多的利益是不公平的。

采用同一制的最大优点在于简单方便。无论遗产分布在几个国家，也无论遗产是动产还是不动产，遗产继承都将只受被继承人属人法支配，所有被继承人的财产都作为一个单一的财团，继承人的范围及继承顺序都按照一个国家的法律支配，因此，该制度避免了区别制的繁琐和不便。但同一制也有缺陷，即如果死者属人法与财产所在地法不同，特别是在财产所在国的国际私法采用区别制时，根据属人法作出的判决有可能在不动产所在地国无法得到承认与执行。

同一制与区别制的根本分歧在于不动产继承的法律适用问题。为了协调两者的对立，有些国家（如日本等）在继承问题上接受反致；[1]《瑞士联邦国际私法法规》则在一定范围内允许被继承人选择继承的准据法，即允许当事人意思自治。[2] 海牙国际私法会议于 1988 年通过的《死者遗产继承法律适用公约》原则上采纳了同一制，但规定的是复合型连结点，确立了以经常居所为主的多元连结因素，还通过有限制地引入意思自治及反致等手段，试图弥合同一制与区别制的区别，体现了继承领域国际私法的发展趋势。［参见二维码 12-2］

二、中国的法律规定

（一）2010 年之前的法律规定

由于侨民数量巨大，中国立法历来重视涉外法定继承的法律适用问题。在《涉外民事关系法律适用法》公布以前，《继承法》与《民法通则》即包含关于法定继承的法律适用条款。

1985 年公布的《继承法》第 36 条规定：中国公民继承在中华人民共和国境外的遗产或者继承在中国境内的外国人的遗产，以及外国人继承在中国境内的遗产或者继承在中华人民共和国境外的中国公民的遗产，动产适用被继承人住所地法律，不动产适用不动产所在地法律。按最高人民法院 1985 年发布的《关于贯彻执行〈中华人民共和国继承法〉若干问题的意见》第 63 条，被继承人住所地法系指被继承人生前最后住所地法。1986 年颁布的《民法通则》第 149 条规定："遗产的法定继承，动产适用被继承人死亡时住所地法律，不动产适用不动产所在地法律。"比较、分析上述规定，可以得出以下

---

〔1〕 参见《日本法律适用通则法》第 41 条。
〔2〕 参见《瑞士联邦国际私法法规》第 90 条。

几点结论：

第一，中国在法定继承的法律适用上采用区别制，无论是《继承法》，还是《民法通则》，均区分不动产和动产并分别规定冲突规范。

第二，这一阶段，中国的立法将被继承人属人法的连结因素确定为被继承人死亡时的住所地法，而非其国籍国法，这与我国一贯以来方便华侨在定居国生活的做法是一致的。华侨长期在国外生活而且熟悉当地的法律，故采用住所地法能更好地维护华侨的利益。

第三，比较而言，《民法通则》的规定比《继承法》更加科学。首先，《民法通则》第149条是一条完整的双边冲突规范，可调整各类型的涉外法定继承，而《继承法》第36条虽然措辞复杂，但涵盖范围有限，无法适用于中国公民继承华侨在中国境内的遗产以及外国人继承位于境外的外国公民的遗产。其次，《民法通则》第149条规定其调整的关系为法定继承，且将被继承人的住所地明确为其生前的最后住所地，措辞更加准确。

第四，这一阶段，我国法律仅对法定继承的法律适用作了规定，尽管《继承法》第36条在措辞上并未限定于法定继承，但从其内容来看，显然仅调整法定继承，而未囊括遗嘱继承。遗嘱继承的法律适用因而处于立法空白状态。

（二）《涉外民事关系法律适用法》的规定

《涉外民事关系法律适用法》专设第四章"继承"，对法定继承、遗嘱继承、遗产管理及无人继承遗产的法律适用作了系统规定。其中，第31条是调整法定继承的条款，其规定如下："法定继承，适用被继承人死亡时经常居所地法律，但不动产法定继承，适用不动产所在地法律。"

与《民法通则》与《继承法》相比，本条的规定既有传承，亦有变革。从传承的一面来看，它因循了区别制，区分动产与不动产，分别规定法律适用规则。从变革的角度来看，关于被继承人死亡时的属人法，它不再以住所地为连结因素，转而采纳经常居所地。关于《涉外民事关系法律适用法》为何将经常居所地确立为自然人的属人法的基本连结点以及在司法实践中如何确定经常居所地，本书在本编第一章第一节已详细解析，此处不再赘述。

由于本条与前述《民法通则》第149条及《继承法》第36条存在冲突，两者之间的关系因而需要处理。依据《涉外民事关系法律适用法》第51条，《继承法》第36条与该法的规定不一致的，适用本法。由此可见，在《涉外民事关系法律适用法》实施之后，《继承法》第36条与该法第31条冲突的，适用后者。虽然《涉外民事关系法律适用法》未明确规定《民法通则》第149条与该法的关系，但依据新法优于旧法的基本原则以及《法律适用法解释（一）》第3条的规定，本书认为，亦应作类似处理。当然，这再次表明，因《涉外民事关系法律适用法》未系统整合既存冲突规范而引起的时际法律冲突是一个立法者需要予以重视的问题。当然，由于《民法典》实施后，《民法通则》与《继承法》均被废止，此处的时际法律冲突因而得到解决。

第二节 遗嘱继承

"遗嘱继承"（testate succession）是法定继承的对称，也称"指定继承"或"意定继承"，是指按照被继承人所立的合法有效的遗嘱继承被继承人遗产的继承制度。立遗嘱的被继承人称为遗嘱人，遗嘱指定的继承人称为遗嘱继承人。

在一般情况下，遗嘱继承优先于法定继承。如果遗嘱人立下了遗嘱，应当按照其遗嘱对财产进行分割，而无须依法律分割之，遑论法律冲突问题。但是，由于在司法实践中，涉外遗嘱继承纠纷的当事人常围绕立遗嘱人的能力、遗嘱方式以及遗嘱效力等问题产生纠纷，国际私法因而需要对这些问题予以关注和解决。

一、立遗嘱能力的法律适用

一个遗嘱要有效成立必须符合一定的实质要件和形式要件。遗嘱人是否具备通过遗嘱处分其财产的能力，属于遗嘱有效成立的实质要件。各国关于立遗嘱能力的规定存在着明显差异。首先，大多数国家采用被继承人立遗嘱的能力与行为能力一致的做法，但也有少数国家采用立遗嘱的能力与行为能力不一致的做法。例如，《日本民法典》第 961 条规定，已达 15 岁的人，可以订立遗嘱，而根据该法第 4 条，年满 20 岁方成年。其次，关于无立遗嘱能力人的规定，各国也有所不同。一些国家除规定未成年人或精神病患者无立遗嘱能力外，还规定被宣告为无行为能力或限制行为能力的浪费人等不具有立遗嘱能力。[1]

关于立遗嘱能力问题的法律冲突，各国国际私法大多单独规定法律适用规则，普遍规定由当事人的属人法解决，且多为立遗嘱人立遗嘱时的属人法。其中，一些国家采用立遗嘱人的本国法，如日本、奥地利、韩国、捷克等；另一些国家采用立遗嘱人的住所地法或经常居所地法，如瑞士等。

此外，大多数英美法系国家在立遗嘱能力上采取区别制，规定动产的立遗嘱能力由立遗嘱人的住所地法决定，而不动产立遗嘱的能力要求适用不动产所在地法。对此，英国学者戚希尔和诺斯指出，不动产立遗嘱的能力应排他性地适用不动产所在地法，这一点殆无异议。[2]

---

[1] 万鄂湘主编：《〈中华人民共和国涉外民事关系法律适用法〉条文理解与适用》，中国法制出版社 2011 年版，第 245 页。

[2] James Fawcett & Janeen M. Carruthers, *Cheshire*, *North & Fawcett Private International Law*（14th ed.），Oxford：Oxford University Press，2008，p. 1279.

二、遗嘱方式的法律适用

以法律行为的分类来看，遗嘱是一种要式民事法律行为，各国法律对遗嘱的形式要件一般均有明确要求，非依法律规定的方式做成的遗嘱不发生遗嘱的效力。[1] 由于各国的风俗习惯与文化传统不同，各国关于订立遗嘱的方式也多有不同。概言之，英美法系国家无公证遗嘱的方式，法国、日本、德国、瑞士等国无代书遗嘱的规定，而除了中国和韩国外，几乎所有国家都没有录音遗嘱的方式。[2] 在此背景下，在涉外遗嘱继承中，遗嘱方式的法律冲突颇为严重。

关于遗嘱方式的有效性，一些国家采用同一制，不区分动产与不动产，统一规定应适用的法律，一般采用属人法或立遗嘱行为地法为准据法。具体做法又可分为：①首先依遗嘱人的属人法，如果属人法认为遗嘱方式无效而立遗嘱地法认为有效，则依立遗嘱时的住所地法。②属人法与立遗嘱时所在地法中，只要有一个国家的法律认为其遗嘱方式有效，即承认其有效。另一些国家则采用区别制，区分动产与不动产分别规定应适用的法律，即不动产遗嘱方式适用不动产所在地法，动产遗嘱方式适用的法律则比较灵活，大多采用选择性的冲突规范。

目前，普遍的观点是对遗嘱方式的准据法采取放宽灵活的态度，动产遗嘱方式只要符合下列法律之一者就有效：①立遗嘱地法；②遗嘱人立遗嘱时或死亡时的住所地法；③遗嘱人立遗嘱时或死亡时的本国法；④遗嘱人立遗嘱时或死亡时的经常居所地法。1961 年订立、1964 年生效的《海牙遗嘱处分方式法律冲突公约》集中反映了这一趋势。这些立法规定以及相关国际公约的影响力表明，在当今世界范围内，一个遗嘱很难因其方式被宣告为无效。[3] ［参见二维码 12-3］

三、遗嘱内容的法律适用

遗嘱内容是否发生法律效力而能够被执行，这是遗嘱的实质有效性问题，有时也被称为遗嘱的效力问题，如立遗嘱人是否必须给他的配偶和子女留有特留份额的遗产、遗赠是否有效等。

对于遗嘱的内容，一些国家采取同一制，不区分遗嘱内容涉及的是动产还是不动产，都规定遗嘱效力适用立遗嘱人的属人法。其中，有的国家规定适用立遗嘱人的本国法，如德国、日本、土耳其、奥地利、波兰、匈牙利等国；有的国家规定适用立遗嘱人的住所地法，如委内瑞拉、阿根廷等国。

---

〔1〕 马俊驹、余延满：《民法原论》，法律出版社 2010 年版，第 873 页。

〔2〕 万鄂湘主编：《〈中华人民共和国涉外民事关系法律适用法〉条文理解与适用》，中国法制出版社 2011 年版，第 238 页。

〔3〕 赵相林主编：《国际私法》，中国政法大学出版社 2014 年版，第 179 页。

还有一些国家采用区别制，按遗嘱内容的不同将其区分为处置动产的遗嘱与处置不动产的遗嘱，规定前者适用立遗嘱人属人法即住所地法，后者适用不动产所在地法。例如，在英国，关于动产遗嘱，立遗嘱人的能力由立遗嘱人立遗嘱时住所地法决定；遗嘱的内容或实质有效性由立遗嘱人死亡时住所地法支配；不动产遗嘱的内容和实质有效性由不动产所在地国家的法律支配。

由此可见，对于遗嘱效力的问题，尤其是处置动产的遗嘱，各国大多规定适用立遗嘱人的属人法。不过，需要指出，在适用其何时的属人法这一具体问题上，各国的做法并不相同。大多数国家规定适用立遗嘱人立遗嘱时的属人法，如日本、波兰、匈牙利等国；有的国家规定适用立遗嘱人死亡时的属人法，如美国、英国、法国等国；还有的国家则规定，如奥地利、阿根廷不论立遗嘱人立遗嘱时的属人法还是其死亡时的属人法，其中任何一个认为遗嘱有效者皆可作准。

值得注意的是，由于遗嘱继承本质上是立遗嘱人对其财产的自主安排，是其主观意愿的体现，所以，晚近一些国家的立法及国际条约开始将意思自治原则引入遗嘱继承的法律适用领域。例如，1987 年通过的《瑞士联邦国际私法法规》第 90 条规定：被继承人死亡时最后住所地在瑞士的，遗产继承适用瑞士法律。立遗嘱的外国人可以选择其本国法来调整继承关系。但立遗嘱人在立遗嘱时已不再是该国国民，或者已经加入瑞士国籍的，不适用上述规定。再如，2001 年《波兰国际私法》第 64 条规定：①立遗嘱人可以在遗嘱或者其他死因处分行为中指定遗产事项适用其本国法、实施该项法律行为时或死亡时的住所地法或者经常居所地法。②未选择法律时，遗产事项适用立遗嘱人死亡时的本国法。事实上，1988 年海牙《死者遗产继承法律适用公约》也规定了有限制的意思自治原则。该公约规定允许被继承人生前指定适用于遗产继承和继承协议的法律，但须受制于一些限制，主要包括：其一，选择必须是明示的，且须符合订立遗嘱的形式要件；其二，当事人选择只限于其在指定法律时或死亡时的国籍国法或经常居所地法；其三，因该公约采用同一制，故当事人选择的法律只能适用于全部财产的继承。

四、中国的法律规定

前已论及，2010 年以前，我国法律在遗嘱继承的法律适用领域处于空白状态。《涉外民事关系法律适用法》设专章"继承"，系统地规定该领域的各项问题。除前一节讨论的法定继承外，该章还对遗嘱继承、遗产管理以及无人继承遗产的法律适用作了规定。其中，该法第 32 条与第 33 条分别规定了遗嘱方式与遗嘱效力的法律适用。

关于遗嘱方式，即遗嘱的形式要件，《涉外民事关系法律适用法》第 32 条规定如下：遗嘱方式，符合遗嘱人立遗嘱时或者死亡时经常居所地法律、国籍国法律或者遗嘱行为地法律的，遗嘱均为成立。

从上述条款的规定中，我们可以得出以下几点结论：①在遗嘱方式上，它采用的是同一制，而非区别制。②它是一条无条件选择适用的冲突规范，是对遗嘱形式要件的法律适用的宽松规定，体现了立法者对立遗嘱人生前意愿的充分尊重，不希望遗嘱仅因形式要件而无效。这样的规定也符合当代国际私法的发展趋势。

关于遗嘱的效力，《涉外民事关系法律适用法》第 33 条规定："遗嘱效力，适用遗嘱人立遗嘱时或者死亡时经常居所地法律或者国籍国法律。"可见，关于遗嘱效力的法律适用，本条规定也采用了同一制，与第 32 条一致。此外，该条也是无条件选择适用的冲突规范，有四个连结点可供选择，即遗嘱人立遗嘱时经常居所地、遗嘱人死亡时经常居所地、遗嘱人立遗嘱时的国籍国、遗嘱人死亡时的国籍国。只要遗嘱人所立遗嘱的实质要件符合上述任何一个地方的法律，该遗嘱即为有效成立。本条关于遗嘱效力法律适用的规定较为宽松，仅比第 32 条少了"遗嘱行为地"一个连结点，符合尽量使遗嘱有效的立法趋势，体现了国家充分尊重当事人意愿、维护当事人利益的立法理念。

综合上述第 32 条与第 33 条，可以发现，《涉外民事关系法律适用法》关于遗嘱继承的法律适用采取了同一制，这明显有别于该法第 31 条关于法定继承所采用的区别制。由此，《涉外民事关系法律适用法》在继承领域体现了鲜明的中国特色：法定继承采取区别制，而遗嘱继承采用同一制。

本书认为，这样的立法模式比单纯采纳单一制或区别制更加合理，因为遗嘱反映了被继承人的意志，体现了被继承人对其遗产的自由、统一的处分，遗嘱继承旨在实现被继承人生前处分其财产的意愿。在这种情况下，如遗嘱继承采用区别制，区分动产与不动产，有可能使一项遗嘱继承适用不同的法律，这不仅不方便，而且不动产适用不动产所在地法，有可能出现违背被继承人意愿的结果。因此，在遗嘱继承中采用同一制具有合理性。

不过，《涉外民事关系法律适用法》并没有对立遗嘱能力的法律适用作出明确规定。如前所述，遗嘱能力的准据法主要是用来判断立遗嘱人生前所立遗嘱的行为是否有效，它所涉及的是立遗嘱人的意思表示能力问题，而遗嘱效力的准据法主要是用来判断该遗嘱能产生什么样的结果，所涉及的是根据遗嘱可为何种行为的问题。所以，遗嘱能力在遗嘱中具有相对独立性，大多数国家的国际私法因而对遗嘱能力的法律适用作出单独的规定。[1]

职是之故，《涉外民事关系法律适用法》没有对遗嘱能力进行单独规定，实属遗憾。不过，该法第 12 条对自然人民事行为能力的法律适用有明确规定：①自然人的民事行为能力，适用经常居所地法律。②自然人从事民事活动，依照经常居所地法律为无民事行为能力，依照行为地法律为有民事行为

---

[1] 赵相林、杜新丽等：《国际民商事关系法律适用法立法原理》，人民法院出版社 2006 年版，第 620 页。

能力的，适用行为地法律，但涉及婚姻家庭、继承的除外。由此可知，自然人涉及遗嘱的行为能力不适用该法第 12 条第 2 款，在这种情况下，自然人的遗嘱能力应适用该法第 12 条第 1 款的规定还是第 33 条关于遗嘱效力的规定，尚存疑问，还需立法机构或最高人民法院今后作出解释。显而易见的是，与第 12 条第 1 款的规定相比，该法第 33 条的规定更有利于遗嘱的有效成立。

此外，《涉外民事关系法律适用法》对遗产管理的法律适用作了专门规定，该法第 34 条规定："遗产管理等事项，适用遗产所在地法律。"遗产管理之所以适用遗产所在地法，主要是由于遗产管理活动牵涉遗产所在地的利益，且遗产所在地法更为方便。当前，我国涉外继承纠纷大量出现，遗产管理事项的法律适用问题需要得到立法回应，本条关于遗产管理法律适用的规定因而极具必要性。

第三节 无人继承财产

"无人继承财产"（bona vacantia），亦称绝产，是指继承开始后，无人继承又无人受遗赠的遗产。对于无人继承财产，各国法律一般均规定归属国库或其他公共团体。但对于国家或公共团体以何种资格取得无人继承财产则存在两种不同的主张：

第一，无主物先占说。这种观点主张，根据国家领土主权，国家将无人继承财产视为无主物，通过先占权而取得无人继承财产，这种主张为英国、美国大部分州、多数拉丁美洲国家、奥地利和土耳其等国所采纳。[1]

第二，法定继承人说。这种观点主张，国家是作为最终的法定继承人取得无人继承财产，这种主张为德国、意大利、西班牙、葡萄牙等国所采纳，我国澳门特别行政区也规定政府作为最后继承人的身份。[2]《德国民法典》的规定则更加具体，该法第 1936 条规定：①继承开始时，被继承人既无血亲，也无同性生活伴侣，亦无配偶的，被继承人死亡时所隶属的邦的国库为法定继承人。被继承人隶属于两个以上的邦的，其中每一个邦的国库有资格按等份继承。②被继承人为不属于任何邦的德国人者，德国国库为法定继承人。

由于各国对国家取得无人继承财产的依据有不同的认识，在解决无人继承财产的归属时有可能产生法律冲突。例如，一个德国人在英国死亡并留有一笔无人继承的动产，关于该动产的归属，依据被继承人的本国法——德国

---

〔1〕 ［德］马丁·沃尔夫：《国际私法》（下卷），李浩培、汤宗舜译，北京大学出版社 2009 年版，第639 页。

〔2〕 我国《民法典》第 1160 条规定："无人继承又无人受遗赠的遗产，归国家所有，用于公益事业；死者生前是集体所有制组织成员的，归所在集体所有制组织所有。"这条规定表明，在中国境内的无人继承又无人受遗赠的遗产，分别由国家或者集体所有制组织取得，但并没有指明国家和集体所有制组织是先占取得还是继承取得。

法与依据其死亡时的住所地法——英国法，会导致不同的结果。细言之，由于德国采用法定继承说，该动产应归德国；由于英国采取先占权说，该动产应由英国先占取得。鉴此，无人继承财产的归属需要专门的法律适用规则予以调整。

一、无人继承财产的法律适用

以比较法的视角观察，各国国际私法关于无人继承财产归属的法律适用，主要有以下两种做法：

第一，适用被继承人的属人法。德国采用被继承人的本国法作为准据法，所以，如果被继承人的本国法把本国视为被继承人的最后继承人，则该财产归被继承人的本国所有；如果被继承人的本国法将对无人继承的财产的权利视为先占权，那么，德国将以先占的身份取得财产。例如，一个西班牙人在德国留下一笔无人继承的财产，依据《德国民法施行法》应依据该西班牙人的本国法即西班牙法确定这笔遗产的归属。由于西班牙采取继承权主义，所以，遗产应归西班牙所有。如果是一个英国人在德国留下一笔无人继承的财产，由于英国采取先占权说，所以，遗产应归德国所有。一般而言，采用此原则的国家多主张继承权主义，认为国家作为最终的法定继承人而取得无人继承财产。

第二，适用遗产所在地法。如1978年《奥地利联邦国际私法法规》第29条规定，无人继承财产的归属依被继承人死亡时财产所在地法，而不适用关于继承关系的冲突规范所指定的被继承人死亡时的本国法。一般而言，采用此原则的国家多主张先占权说，认为国家是基于先占权而取得无人继承财产的。

二、中国的法律规定

关于涉外语境下无人继承财产的归属问题，《继承法》和《民法通则》均没有规定。不过，最高人民法院在《民通意见》第191条作了解释性规定：“在我国境内死亡的外国人，遗留在我国境内的财产如果无人继承又无人受遗赠的，依照我国法律处理，两国缔结或者参加的国际条约另有规定的除外。”依据该规定，对于外国人遗留在我国境内的无人继承财产，我国在司法实践中遵循的法律适用原则如下：①两国缔结或参加的国际条约有规定的，依照条约规定；②如果没有可适用的国际条约，适用财产所在地法，即中国法处理。

《涉外民事关系法律适用法》设专条规定了无人继承遗产的归属，弥补了该领域的立法空白，该法第35条规定：“无人继承遗产的归属，适用被继承人死亡时遗产所在地法律。”

与《民通意见》第191条相比，《涉外民事关系法律适用法》第35条既有相同之处，也有不同之处。相同之处在于：它们均在原则上依遗产所在地法确定无人继承财产的归属。尽管《涉外民事关系法律适用法》没有明确提及国际条约，但依据《民法通则》《民事诉讼法》的相关规定，在该领域如有可适用的国际条约，国际条约应优先适用。可见，《涉外民事关系法律适用法》第 35 条在总体上延续了我国历来关于无人继承遗产问题的司法实践，并用法律的形式确定下来。

不同之处则体现为以下两个方面：①新规定是一条完全的双边冲突规范，适用于各种类型的具有涉外因素的无人继承财产的归属，其适用范围更加全面；②它给适用财产所在地加上了时间限制，即被继承人死亡时，从而增加了适用的明确性与稳定性。

本章二维码

12-1　Scission *System* v. *Unitary System*

12-2　《死者遗产继承法律适用公约》全文

12-3　《海牙遗嘱处分方式法律冲突公约》全文

第三编

程　序

第十三章

国际民事诉讼

✉ 导 语

"国际民事诉讼程序",也称"涉外民事诉讼程序",是指一国法院在审理涉外民事案件时,法院、当事人和其他诉讼参与人必须遵守的特殊程序。与国内民事诉讼程序相比,其特殊性在于它含有涉外因素。[1] 与国内民事诉讼相比,国际民事诉讼具有明显特点,可概括如下:

第一,国际民事诉讼是含有国际因素或涉外因素的诉讼。这些国际因素的存在常常使一个诉讼的某些环节或行为需要在国外进行,例如,有关诉讼或非诉讼文书需要送达国外,或者需要在国外获取某些与案件有关的证据,或者需要到国外申请承认与执行法院的判决,等等。

第二,国际民事诉讼的程序事项通常适用法院地法解决,而不适用外国法,这是世界各国普遍遵循的原则。程序问题适用法院地法的理由包括:①法官熟悉本国的诉讼法,适用起来驾轻就熟,准确无误,有助于案件的顺利地审理、迅速地进行。②法院在本国境内的司法行为是一种司法主权行为,其权力及权能只能来源于本国法律的规定,也只有该国的法律才能约束法院的行为。③一般认为,诉讼程序法属于公法范畴,而公法具有严格的属地性,不具有域外效力。

第三,调整国际民事诉讼的程序法既包括一国法院审理国内民事案件所适用的一般程序规范,也包括专门处理国际民事案件所适用的特殊程序规范。依据特别法优于普通法的基本原则,一国关于国际民事诉讼的特殊程序规范优先适用于该国关于民事诉讼的一般程序,只有当特殊程序规范没有规定或不能适用时,才适用一般程序规范。例如,我国《民事诉讼法》专设第四编"涉外民事诉讼程序的特别规定"调整国际民事诉讼,其中,第270条明确规定:"在中华人民共和国领域内进行涉外民事诉讼,适用本编规定。本编没有规定的,适用本法其他有关规定。"

---

[1] 《民诉法解释》第520条:有下列情形之一,我国法院可以认定为涉外民事案件:①当事人一方或者双方是外国人、无国籍人、外国企业或者组织的;②当事人一方或者双方的经常居所地在中华人民共和国领域外的;③标的物在中华人民共和国领域外的;④产生、变更或者消灭民事关系的法律事实发生在中华人民共和国领域外的;⑤可以认定为涉外民事案件的其他情形。

"国际民事诉讼法"是指规定国际民事诉讼程序的各种法律规范的总称。任何国际民事诉讼程序只有严格按照有关的国际民事诉讼法律规范来进行，其法律效力才会得到有关国家的认可，基于这种诉讼程序作出的法院判决才有可能得到有关国家的承认和执行，才能最终达到妥善解决有关国际民事法律争议、促进国际民事法律关系发展的目的。

以比较法为视角观之，在不同国家，国际民事诉讼法存在一些差异；尽管如此，下列问题是各国国际民事诉讼法共通的问题：①外国人的民事诉讼地位；②国际民事诉讼管辖权；③国际民事司法协助；④判决的相互承认与执行等。[1] 鉴于此，本章将分四节对这几个问题进行论述。

第一节　外国人的民事诉讼地位

一、基本原则

外国人的国际民事诉讼地位是指外国人（不具有法院地国国籍的人，包括外国自然人和法人以及无国籍人）在某一国境内享有什么样的民事诉讼权利，承担什么样的民事诉讼义务，并能在多大程度上通过自己的行为，行使民事诉讼权利、承担民事诉讼义务，即具有什么样的民事诉讼权利能力和民事诉讼行为能力。

外国人的民事诉讼地位问题是国际民事诉讼程序必须首先解决的问题，因为只有一国赋予外国人在内国以相应的民事诉讼地位，民事诉讼活动才得以进行。职是之故，规范外国人民事诉讼地位的法律规范向来是国际民事诉讼法的重要组成部分，具体包括：外国人民事诉讼地位的基本原则、诉讼代理问题、诉讼费用的担保和诉讼费用的减免、享有外交豁免权的外国人的民事诉讼地位问题，等等。

在外国人民事诉讼地位的问题上，各国民事诉讼立法和相关国际条约原则上给予外国人以国民待遇，即规定外国人享有与本国国民同等的民事诉讼权利，承担同等的民事诉讼义务，其诉讼权利不因其为外国人而受到限制；同时，外国人在内国享有的诉讼权利也不能超出内国国民享有的权利范围。这一原则亦为我国法律所体现。《民事诉讼法》第 5 条第 1 款规定："外国人、无国籍人、外国企业和组织在人民法院起诉、应诉，同中华人民共和国公民、法人和其他组织有同等的诉讼权利义务。"

与此同时，为保证本国国民在外国也能得到所在国的国民待遇，绝大多数国家对外国人诉讼地位的国民待遇附有对等或互惠条件，即如果证实某一外国国家对内国在该国的国民的民事诉讼地位加以限制，根据对等原则，内国也有权对对方国家的国民在内国的民事诉讼地位加以限制。在外国人民事

---

[1]　何其生：《比较法视野下的国际民事诉讼》，高等教育出版社 2015 年版，第 23 页。

诉讼地位的问题上，我国《民事诉讼法》一方面确立了国民待遇原则，另一方面对之施加了对等原则的限制，该法第 5 条第 2 款规定："外国法院对中华人民共和国公民、法人和其他组织的民事诉讼权利加以限制的，中华人民共和国人民法院对该国公民、企业和组织的民事诉讼权利，实行对等原则。"

二、外国人的诉讼代理制度

"诉讼代理"（litigation agency）是指诉讼代理人基于当事人或其法定代理人的授权以当事人的名义实施诉讼行为，而直接对当事人发生法律效力的行为。

纵观世界各国的诉讼立法与实践，诉讼代理制度已为国际社会所普遍接受，各国都允许国际民事诉讼程序中的外国当事人委托诉讼代理人代为进行诉讼活动。法国和奥地利等大陆法系国家甚至把代理诉讼作为一种义务加以规定，即外国当事人不仅有权利，而且有义务委托诉讼代理人代为实施诉讼行为。[1] 至于外国当事人可以委托什么样的人作为诉讼代理人以及诉讼代理人的法定权限等问题，各国立法有所不同，但涉外民事诉讼中的律师代理有一个相同点，即各国都要求聘请法院地国的律师。

法院地国不允许委托外国律师以律师的身份代理诉讼主要有两种考量：①委托诉讼代理人的目的在于寻求法律上的帮助，外国律师一般对法院地国的法律不熟悉，而法院地国律师熟悉本国的法律和司法程序，从而能更好地保护当事人的合法权益；②基于主权因素，允许外国律师出庭参与诉讼，无异于对内国司法权力的否定。[2]

此外，在国际民事司法实践中，还存在"领事代理"（consular agency）制度，即一个国家的驻外领事，可以依据有关国家的立法和国际条约的规定，在其管辖范围内的驻在国法院，依职权代表本国国民参与有关的诉讼程序，以保护有关自然人或法人在驻在国的合法权益。

关于外国人的诉讼代理制度，我国《民事诉讼法》及其司法解释有具体规定。《民事诉讼法》第 274 条规定："外国人、无国籍人、外国企业和组织在人民法院起诉、应诉，需要委托律师代理诉讼的，必须委托中华人民共和国的律师。"2022 年修正的《民诉法解释》对此作了进一步的解释。依《民诉法解释》第 526 条，涉外民事诉讼中的外籍当事人，可以委托本国人为诉讼代理人，也可以委托本国律师以非律师身份担任诉讼代理人；外国驻华使领馆官员，受本国公民的委托，可以以个人名义担任诉讼代理人，但在诉讼中不享有外交或者领事特权和豁免。

综上，关于外国人在中国的诉讼代理制度，可以总结如下：①外国人在

---

[1]　韩德培、肖永平编著：《国际私法学》，人民法院出版社、中国社会科学出版社 2004 年版，第 336 页。

[2]　何其生：《比较法视野下的国际民事诉讼》，高等教育出版社 2015 年版，第 30 页。

我国法院参与民事诉讼可以亲自进行，也有权通过一定的程序委托中国律师或其本国律师或其使领馆官员代为进行。②外国人委托律师代理诉讼，只能委托中国律师，而不能委托外国律师。③外国人委托其本国律师或其使领馆官员代理诉讼的，其本国律师只能以非律师身份担任诉讼代理人，而其使领馆官员在诉讼中不享有特权与豁免。

值得提及的是，依据我国民事诉讼法及其司法解释，外国人能否委托其本国任何一位律师或公民以公民代理的形式代理其在中国的民事诉讼，这似乎是一个存有一定争议的问题。有观点认为，既然《民诉法解释》第526条明确规定，外国当事人可以委托本国人为其代理人，也可委托本国律师以非律师身份担任诉讼代理人，那么，答案应该是肯定的。

本书认为，这一观点是将《民诉法解释》第526条进行割裂理解的结果，有违民事诉讼法的立法意旨。如前所述，依据《民事诉讼法》第270条之规定，涉外民事诉讼，适用该法第四编的规定，该编没有规定的，适用该法其他有关规定。可见，在国际民事诉讼中，优先适用《民事诉讼法》第四编，而非排他性适用之。所以，关于外国人是否能委托其本国律师或公民以公民代理的形式代理其在中国的民事诉讼，不仅要适用《民事诉讼法》第四编及其相应司法解释的规定，对于该编未涉及的事项还应当看该法其他编章的相关规定。

我们知道，为促进中国律师行业的健康发展、维护中国律师的职业权益，在中华全国律师协会的建议下，2012年《民事诉讼法》的修订大大缩减了公民代理的范围。依据2023年修订后的《民事诉讼法》第61条第2款的第2项与第3项，仅当事人的近亲属或工作人员以及当事人所在社区、单位及有关社会团体推荐的公民才能以公民代理的形式代理诉讼。[1] 由此可见，对于中国公民，能够以公民代理的形式为其代理诉讼的人，必须符合上述两项的规定。在此背景下，如果允许外国人委托其本国任何一位律师或公民以公民代理的形式代理其在中国的民事诉讼，显然有违国际民事诉讼的国民待遇原则，也与此次《民事诉讼法》修改的意图不符。鉴于此，本书认为，外国律师与外国公民在原则上不能以公民代理的形式代理诉讼，除非其符合《民事诉讼法》第61条第2款的第2项与第3项的规定。

三、诉讼费用担保制度

"诉讼费用担保"（security for cost）制度是指审理国际民事案件的法院依据内国诉讼法的规定，要求作为原告的外国人在起诉时提供以后可能判决由他负担的诉讼费用的担保。此处的诉讼费用不包括案件受理费，而是指当事

---

[1] 《民事诉讼法》第61条：当事人、法定代理人可以委托一至二人作为诉讼代理人。下列人员可以被委托为诉讼代理人：①律师、基层法律服务工作者；②当事人的近亲属或者工作人员；③当事人所在社区、单位以及有关社会团体推荐的公民。

人、证人、鉴定人、翻译人员的差旅费、出庭费及其他诉讼费用。[1]

设立该项制度，首先系考虑到国际民事诉讼的复杂性与特殊性，为防止外国原告败诉后拒不缴纳诉讼费用，而法院对其征缴又无能为力所采取的一种保障措施；同时，这样做可以防止外国原告在没有事实依据的情况下恶意诉讼，从而给本国人造成不必要的损失。不过，采取该制度在客观上会造成外国人在诉讼地位上与本国人不平等，这是对外国人诉讼权利的一种限制。

对于外国原告是否应提供诉讼费用担保以及提供担保的范围和免除担保的条件，各国的法律规定不尽相同。归纳起来，主要有以下几种做法：①少数国家不要求外国原告提供担保。②不少国家实行互惠原则，如本国人在某一外国作为原告无须提供诉讼费用担保，则该外国人在内国作为原告也无须提供。③有一些国家不以原告的国籍为准，而以原告在内国有无住所或经常居所或足够的财产为准，确定原告是否应提供诉讼费用担保。④还有一些国家要求外国籍原告提供诉讼担保费用，但以原告申请为要件。[2]

我国立法没有对外国人的诉讼担保制度作出具体规定。依据国务院于2006年公布的《诉讼费用交纳办法》第5条，外国人、无国籍人、外国企业或者组织在人民法院进行诉讼，适用该办法。外国法院对中华人民共和国公民、法人或者其他组织，与其本国公民、法人或者其他组织在诉讼费用交纳上实行差别对待的，按照对等原则处理。由此可见，在包括诉讼担保在内的诉讼费用等事项上，我国原则上对外国人采取国民待遇标准，但受制于对等原则。

第二节　国际民事诉讼管辖权

一、概念

"国际民事诉讼管辖权"（international civil jurisdiction）是指一国法院或具有审判权的其他司法机关受理、审判具有国际因素的民事案件的权限。由于国际民事纠纷通常与两个或两个以上的国家有联系，故须解决由哪一国家的法院管辖的问题。

国际民事诉讼管辖权在公法和私法上均具有重要意义。从公法的角度看，国际民事管辖权是国家主权的体现。当代国际公法认为，国家对其国民和领土内的一切人和物以及发生的行为拥有管辖权，国家对国际民事管辖权的调整是一国主权范围内的事情。

从私法的角度看，国际民事管辖权的意义主要包括：①管辖权是国际民

---

〔1〕　韩德培、肖永平编著：《国际私法学》，人民法院出版社、中国社会科学出版社2004年版，第337页。

〔2〕　何其生：《比较法视野下的国际民事诉讼》，高等教育出版社2015年版，第40页。

事诉讼面临的首要问题。不解决案件应由哪一国法院审理的问题，其他一切问题便无从谈起。②管辖权直接影响到有关国际民事纠纷的审理结果。通过前两编内容的学习，我们知道，同一个国际民事纠纷在不同的国家起诉，有可能因识别及冲突规范的冲突等原因，不同国家的法院适用不同的实体法，进而导致不同的判决结果。职是之故，在某些国际民事诉讼中，选择法院的重要性甚至远远大于法律选择事项，因为"确定了战场，就等于确定了战斗规则"。[1] 所以，国际民事案件管辖权不仅为各国立法者和司法者所关注，也为当事人所高度重视。

需要指出的是，广义上的管辖权可分为"司法管辖权"（judicial jurisdiction）、"立法管辖权"（legislative jurisdiction）与"执行管辖权"（enforcement jurisdiction）三类。许多国家的法院只有在当事人或其财产及其诉讼请求从属于法院地的司法管辖权时，才会审理该民事纠纷。细言之，司法管辖权包括：①法院对特定的人或物作出判决的权力；②法院审理特定类型的诉讼请求的权力或权限。司法管辖权不同于立法管辖权，后者是指一国有关当局制定普遍适用于某些人与行为的法律的权力。司法管辖权也不同于执行管辖权，后者是指一国有关当局依据其法律强制当事人服从法律，以及当事人不服从法律时施以惩罚的权力。[2] 由此可见，本节关于国际民事诉讼管辖权的概念，实际上是司法管辖权层面上的含义。

还需提及的是，在国际私法的语境下，国际民事诉讼管辖权应当与以下两个问题相区别：

第一，与特定国家（如中国）的某个具体法院是否有权受理民事诉讼相区别。譬如，一起涉外民事纠纷，是基层人民法院，还是中级人民法院，抑或高级人民法院对之有管辖权？是被告居住地的人民法院，还是合同订立地或履行地的人民法院有管辖权？这些问题属于一个国家内部的管辖权分配问题，而非国际私法需要研究的问题。在国际私法语境下，我们主要关心的是哪个国家的法院有管辖权，而非某个国家内部具体哪一个法院有管辖权。

第二，与一国法院已经进行的诉讼程序在另一国的效力相区别，尤其要与外国法院判决的承认与执行问题相区别。后一个问题当然也是国际私法问题，但在后面的章节会探讨。我们在本节仅讨论甲国的法院依据甲国的法律所享有的国际民事诉讼管辖权。在本章第四节，我们还会讨论甲国法院行使的国际民事管辖权是否受到其他国家认可的问题。在这两种情况下，都涉及管辖权的厘定问题。法国法学家将前一种管辖权称为"直接管辖权"（compétence général directe），将后一种管辖权称为"间接管辖权"（compétence

---

〔1〕 ［美］弗里德里希·K. 荣格：《法律选择与涉外司法》，霍政欣、徐妮娜译，北京大学出版社 2007 年版，第 64 页。

〔2〕 Gary B. Born, *International Civil Litigation in the United States*（4th ed.），Austin：Wolters Kluwer，2007，p. 1.

général indirecte)。[1] ［参见二维码拓展阅读13-1］

二、国际民事诉讼管辖权的种类

由于传统、利益以及立法与司法实践不同，各国在国际民事案件管辖权的分类上存在明显差异。本节以比较法为视角，对各国法律关于国际民事诉讼管辖权的种类作简要介绍。

（一）对人诉讼管辖权、对物诉讼管辖权和长臂管辖

在英美法系中，以诉讼目的为标准，管辖权可区分为"对人诉讼管辖权"（in personam jurisdiction）和"对物诉讼管辖权"（in rem jurisdiction）。不过，在英美法系的不同国家，对人管辖权和对物管辖权的范围并不相同。

在英国，对人管辖权与对物管辖权主要体现在"对人诉讼"（claim in personam）和"对物诉讼"（claim in rem）上。对人诉讼是指对某个人提起的强迫其做某一特定事项的诉讼行为，如债务的偿还、因违反合同或侵权的损害赔偿、合同的特定履行诉讼；或者强迫他不做某事，譬如，当事人请求一项禁止令的诉讼。对物诉讼在英国是指针对船舶或其他与船舶有关（诸如货物或者运费之类）的物或者针对航空器或气垫船提起的对物之海事诉讼。[2]

在美国，对人管辖权是指法院具有确定当事人之间权利和义务的权限，并且具有约束当事人的权力，具有对人管辖权的法院所作出的判决可直接针对当事人的人身和财产执行。对物管辖权是指法院对诉讼标的位于本州内的某些财产行使权力。法院有权确定与该财产有关所有人的各种权利，而无须具有对这些人的对人管辖权。美国的对物管辖权包括遗嘱检验、海事和无人继承案件的管辖权，范围较广。[3]可见，在美国，将诉讼划分为是对人诉讼还是对物诉讼，取决于原告寻求的司法救济的种类。如果原告试图主张或获得对某特定财产的权利，该诉讼就是对物诉讼。如果原告仅仅针对被告提出一般性的权利主张，该诉讼就是对人的。请求签发禁令、获得损害赔偿以及其他金钱赔偿的主张，是典型的对人诉讼。

依据英美法系国家的法律，在对人诉讼中，法院的管辖权一般以有关诉讼的传票能否送达被告作为基础；在对物诉讼中，法院的管辖权则以有关标的物在法院国境内作为基础。

此外，美国于20世纪中叶以来确立的"长臂管辖权"（long arm jurisdiction）也值得关注。在"国际鞋业公司诉华盛顿州"案中，[4]美国联邦最高法院以"最低联系"（minimum contacts）作为确立管辖权存在的衡量标准，

---

〔1〕 霍政欣：《国际私法》（英文版），对外经贸大学出版社2015年版，第139页。

〔2〕 Collins of Mapesbury（ed.），Dicey，*Morris and Collins on The Conflict of Laws*（15th ed.），London：Sweet & Maxwell，2012，p. 371，646.

〔3〕 William M. Richman，*William L. Reynolds*，*Understanding Conflict of Laws*（3rd ed.），Newark：LexisNexis，p. 13.

〔4〕 *International Shoe Co. v. State of Washington*，326 U. S. 310（1945）.

即只要被告与法院地之间有"最低联系",以保证对被告进行诉讼不致违反传统的公平与正义观念,法院地所在州便可对该非居民被告行使属人管辖权。美国各州据此制定出的对非居民被告行使管辖的规则被称为"长臂管辖权法则"(long arm statutes),依之,对于非本州的居民或法人的被告,如果他们和该州存在某种最低联系,该州法院就可以对被告行使属人管辖权、送达司法文书。

从目前来看,美国各州长臂管辖权规则对"最低联系"的要求总体相当宽泛,大致有两种方式。第一种是以加州为代表的概括型规定。依据加州法律,"本州法院只要在不违反美国宪法及本州宪法的情况下即可行使管辖权"。[1] 这是一种非常宽泛的规定,给予该州法院在行使管辖权时以极大的自由裁量权,依之,只要不违反《美国宪法》的"正当程序条款",该州法院事实上就可以对国际民事纠纷行使管辖权。[2] 正是因为此种长臂管辖权的存在,加之美国加州的陪审团素以作出高额赔偿而闻名,该州已成为国际民事诉讼案件中原告"挑选法院的天堂"。第二种方式为美国《统一州际和国际诉讼法》采用的详细列举方式,包括纽约州在内的美国大多数州的长臂管辖权规则采纳了这一方式,对本州法院行使长臂管辖权的情况作了必要的限定。[参见二维码拓展阅读13-2]

需要指出的是,近年来,美国动辄以其国内法的域外效力为依据对我国公民和实体进行制裁,如美国以中兴和华为公司违反其制裁伊朗的国内法为主要理由,对这两家中国高技术公司展开法律围剿,又以中国军方违反其制裁俄罗斯的国内法为由,将中央军委装备发展部及其时任部长列入制裁名单。针对这种法律霸凌行径,我国政府将之称为美国法的"长臂管辖",如国务院新闻办公室于2018年9月发布的《关于中美经贸摩擦的事实与中方立场》白皮书专设"以国内法'长臂管辖'制裁他国"一节论述美国政府的贸易霸凌主义行为。[3] 由此可见,我国政府诟病的美国"长臂管辖",实际上是对美国以不合理及不合法的方式无节制地扩张域外效力的形象称谓。不过,这与美国法上长臂管辖的原意存在显著区别。

第一,两者适用的场景与调整的关系不同。美国法上的长臂管辖适用于民事诉讼场景,调整的是私主体之间的民事关系;我国政府反对的美国长臂管辖主要涉及公权力行使场景,调整的主要是权力机关对私主体的管制关系。

第二,两者的性质不同。美国法院依长臂管辖规则对外国人行使司法管

---

〔1〕 A court of this state may exercise jurisdiction on any basis not inconsistent with the Constitution of this state or of the United States. Cal. Civ. Proc. Code 410. 10 (West 1973).

〔2〕 William M. Richman, William L. Reynolds, *Understanding Conflict of Laws* (3rd ed.), Newark：LexisNexis, p. 13.

〔3〕 《〈关于中美经贸摩擦的事实与中方立场〉白皮书》全文,载 http：//www. scio. gov. cn/zfbps/ndhf/2019n/202207/t20220704_130603. html,最后访问日期：2019 年 7 月 5 日。

辖权，在大多数情况下是民事诉讼原告单方面挑选法院的结果，美国司法机关行使管辖权具有相对被动性。与此不同，我国政府反对的美国长臂管辖通常是美国国家权力机关主动对域外的行为或事项行使公权力的结果，具有明显的主动性。

第三，两者在国际法上的定性不同。如前所述，美国法上的长臂管辖属于私法自治的范畴，通常不涉及违反国际法的问题。与此不同，我国政府反对的美国长臂管辖是指在与规制的域外行为或事项不存在合理联系的情况下，美国权力机关强行主张其国内法域外效力的法律霸凌行径，不仅缺乏国际法上的管辖权依据，而且侵入了他国主权范围内的事务，更以将美国主权凌驾在他国主权之上为出发点，因而属于国际法上的违法行为。

第四，两者的应对路径不同。美国法院基于长臂管辖规则审理以外国人为被告的民事纠纷后，被告可以提出管辖权异议，依据"非方便法院原则"等理由请求法院中止管辖或放弃行使管辖权，也可以选择在本国法院就相同诉因提起诉讼进行反制，被告的母国政府通常不会直接介入此类民事案件。与此不同，就我国政府反对的美国长臂管辖而言，美国执法或司法机关依据其国内法对外国人行使管辖权和作出处罚后，被处罚的对象虽可依美国国内法寻求救济，但实践中更常见的后果是其母国政府向美国提出外交抗议，或采取相应的法律阻断或反制裁措施，甚至有母国政府将美国诉诸国际司法机构的先例。[1]

（二）属地管辖权与属人管辖权

在大陆法系国家的立法和司法实践中，由于确定管辖权的侧重点不同而存在"属地管辖权"（territorial jurisdiction）和"属人管辖权"（personal jurisdiction）之分。属地管辖权侧重于法律事实或法律行为的地域性质或属地性质，强调一国法院对其领域内的一切人和物以及法律事件和行为都具有管辖权；这种管辖权的基础通常就是被告在法院国境内设有住所或经常居所，或者是物之所在地或法律事件和行为发生地位于该国领域内。与此相对，属人管辖权侧重于诉讼当事人的国籍，强调一国法院对于本国国民参与的诉讼具有管辖权；这种管辖权的基础就是诉讼当事人中有一方是法院国的国民。

概言之，以德国为代表的日耳曼法族各国多以属地管辖为基本原则（尤其以被告的住所为确定管辖权的基本原则），以当事人的国籍来确定管辖权为例外（如有关婚姻和涉及身份地位的诉讼）；而以法国为典范的拉丁法族各国一般以属人管辖为基本原则，以属地管辖为补充。

（三）专属管辖权和任意管辖权

"专属管辖权"（exclusive jurisdiction），又称排他性管辖，是指内国对特定范围内的民商事案件行使独占排他的管辖，从而排除其他国家的法院对这

---

[1] 霍政欣：《域外管辖、"长臂管辖"与我国法域外适用：概念厘定与体系构建》，载《新疆师范大学学报（哲学社会科学版）》2023年第2期。

类民商事案件的管辖权。概言之，世界各国大多在其诉讼立法中把那些与国家的公共政策与重大利益密切相关的法律关系无条件地隶属于内国的专属管辖权范围，从而排除其他国家法院的管辖。

"任意管辖权"（non-exclusive jurisdiction），是指内国在主张某些种类的涉外案件具有管辖权的同时，并不否认外国法院对此类案件的管辖权。在任意管辖中，内国只是一般性地规定行使国际民商事管辖权的连结因素。如果该连结因素在内国，内国法院有管辖权；如果该连结因素在外国，则由外国法院管辖。任意管辖多适用于与国家和社会的重大政治利益关系不大，但连结因素复杂多样的涉外纠纷。例如，因合同纠纷引起的诉讼，既可以由合同履行地管辖，也可以由合同签订地的法院管辖；航空运输中发生的诉讼，可以由运输始发地、目的地或者合同签订地法院管辖。对于任意管辖的案件，原告可以依法选择管辖法院。

（四）法定管辖、协议管辖和应诉管辖

根据管辖权产生的根据不同，可将管辖权分为"法定管辖"（statutory jurisdiction）、"协议管辖"（jurisdiction by agreement）与"应诉管辖"（prorogation）。法定管辖是指以国内立法或国际条约中的规定为根据行使管辖权，前述专属管辖权和任意管辖权都是以法律为依据的，因而都属于法定管辖。

"协议管辖"又称"约定管辖""合意管辖"，是指双方当事人在不违背内国专属管辖的前提下，以协商一致的方式来选择管辖法院。从理论上讲，协议管辖可以在争议发生前确定，也可以在争议发生后形成，因此，管辖协议可以表现为合同中的选择管辖法院条款，也可以是独立的选择管辖法院协议。协议管辖是契约自由和私法自治原则在国际民事诉讼领域的自然延伸。协议管辖可以使原来没有管辖权的外国法院获得管辖权，也可以使原本具有管辖权的法院丧失管辖权。

虽然协议管辖为各国立法和实践所普遍承认，但在协议选择的案件范围、被选择法院与案件的实际联系程度、协议管辖的排他效力等问题上，各国规定存在相当大的差异。以比较法的视角观之，各国对协议管辖通常附加一定的限制，主要表现在：①协议管辖的范围多限于有关合同或财产权益的争议；②协议管辖仅限于选择一审法院；③当事人协议选择的管辖法院须与案件有实际联系；④一般情况下，当事人的管辖协议应是书面的或以书面形式证明。[1] 2005 年海牙《选择法院协议公约》（Convention on Choice of Court Agreement）就将协议管辖事项限定在较为狭窄的范围，并规定当事人只能以明示的方式选择法院。

"应诉管辖"又称"推定管辖"或"服从管辖"，是指根据国际条约或国内立法，国际民事案件的被告不抗辩法院的管辖权而出庭应诉并进行言词辩论，因而确定法院管辖权的制度。综合国际条约和各国立法，被告应诉接受

---

[1] 赵相林主编：《国际私法》，中国政法大学出版社 2014 年版，第 366 页。

管辖可通过下列行为表示：被告人出庭或通过律师出庭，被告提交答辩状、提起反诉等。对于这种管辖权，不少国家规定只有满足法律的严格限定条件，才予以承认。因为从意思自治理论来看，因被告出庭应诉即被视为其默示同意原告的管辖权选择的应诉管辖，应有一个前提，即被告明确知道其出庭应诉的行为将构成对原告管辖权选择的同意，否则，就是原告单方面指定法院，而这恰恰是各国民事诉讼法所禁止的管辖权依据之一。

（五）一般管辖权和特殊管辖权

根据管辖权的性质和适用范围，国际民事管辖权可分为"一般管辖权"（general jurisdiction）和"特殊管辖权"（specific jurisdiction）。前者是指对一般涉外民事案件都适用的管辖原则，如对于包括中国在内的许多国家而言，"原告就被告原则"就属于一般管辖权；后者是指根据涉外民事案件的特殊性质确定的管辖权规则，如关于侵权案件的管辖权规则等。[1]

三、国际民事诉讼管辖权的冲突

国际民事诉讼管辖权的冲突是指对同一个国际民事纠纷，有不止一个国家的法院对其行使管辖权，或者没有一个国家的法院对其行使管辖权，前者称为管辖权的积极冲突，后者称为管辖权的消极冲突，俗称"诉讼无门"。一事两诉、一事再理、平行诉讼、重复诉讼或重叠诉讼、未决诉讼等现象都是国际民事诉讼管辖权积极冲突的表现方式。相对而言，管辖权消极冲突出现得较少，表现形式单一，解决也更为简单。所以，如何协调国际民事诉讼管辖权的积极冲突成为国际民事诉讼中的重要问题之一。如果要找到协调或解决管辖权积极冲突的途径，我们首先需要了解冲突产生的原因。

（一）冲突的产生原因

国际民事诉讼管辖权的冲突，其产生原因可从主权、法律及经济三个层面加以解析。

第一，从主权层面上说，国家主权平等是国际法的基本原则，各国可自主立法决定本国法院对国际民事案件的管辖权。因此，为维护本国国家及其国民的利益，各国往往会扩大本国法院的管辖权，从而致使国际民事案件管辖权产生冲突。换言之，各国拥有独立、平等的立法管辖权，这是国际民事诉讼管辖权产生冲突的前提。

第二，从法律层面上看，除外国国家、元首和外交代表以及国际组织及其官员享有特权和豁免外，国际上一直未形成一套公认的用来调整国际民事案件管辖的规则或惯例。各国均根据本国国情并从有利于本国及其国民进行民事诉讼活动的角度来规范国际民事诉讼管辖权，从而形成各不相同的管辖权制度。

---

[1] Gary B. Born, *International Civil Litigation in the United States* (4th ed.), Austin: Wolters Kluwer, 2007, pp. 132-164.

整体而言，英美法系国家一般基于"有效控制原则"，以对人诉讼中的被告处于本国境内能收到有关传票，或者以对物诉讼中的标的物处于本国境内的法律事实，分别确定本国法院的国际民事诉讼管辖权；以法国为代表的拉丁法族各国主要以有关诉讼当事人具有内国国籍的事实作为内国法院对有关国际民事案件行使管辖权的根据；在其他大陆法系国家（如德国、奥地利、葡萄牙、瑞士和斯堪的纳维亚各国）的立法中，一般以被告一方在内国设有住所或经常居所，或者有关诉讼标的物地处于内国境内的事实确定内国法院对有关国际民事案件的管辖权。由此可见，世界各国确定内国法院国际民事案件管辖权所依据的法律事实——即各国诉讼立法中的管辖权依据存在明显的不同，这使国际民事诉讼管辖权很可能成为现实。[1]

第三，从主观原因（经济原因）上看，由于国际民事纠纷通常涉及财产或人身权益，出于维护本国国家及国民利益等因素的考量，各国大多有扩张本国法院管辖权的倾向，这导致同一个国际民事纠纷往往有不止一个国家的法院有适格的管辖权。同时，因各国法院在识别、冲突规范以及对实体法的理解不可能完全相同，同一个纠纷在不同国家的法院审理很可能会得出不同的结果。如此一来，作为理性人，当事人出于实现自我利益最大化的考虑，会在进行一番比较后，选择最有可能作出对自己有利判决的国家的法院进行诉讼，此即"挑选法院"（forum shopping）。所以，在国际民事诉讼实践中，国际民事诉讼管辖权冲突是一种常见的现象。

（二）冲突的解决途径

解决国际民事诉讼管辖权的积极冲突，大体而言，有两种解决途径：国际途径与国内途径，两种途径各有其特点与优缺点。

所谓国际途径，就是通过制定国际条约的方式协调各国关于国际民事诉讼管辖权的制度与规则。细言之，国际途径又可分为双边途径与多边途径。所谓双边途径，是指两个国家之间通过缔结双边条约，解决彼此之间的管辖权冲突。这一方式固然直接有效，但仅适用于该两国之间，适用范围因而有限。

相较之下，如能制定一部由各国广泛参加的全球性多边国际公约，从根本上消弭各国在国际民事诉讼管辖权领域的法律冲突，这显然是一个最理想的方式。事实上，作为国际私法领域的政府间国际组织——海牙国际私法会议一直在为此目标而孜孜不倦地努力着。从 1992 年起，该机构就开始组织讨论和起草这样一个公约。经过多年努力，海牙国际私法会议于 1999 年 10 月拟定出《民商事管辖权及外国判决公约》（*Convention on Jurisdiction and Foreign Judgments in Civil and Commercial Matters*）草案，计划在 2000 年的外交大会上通过。该公约草案在结构上采用了双重公约的形式，既规定民商事判决的承认与执行，也直接规定各类民商事案件的管辖权标准，内容上包含了现

代国际社会中民商事管辖权和对外国法院判决的承认和执行等方面的先进的观念和规则。因此，如其得以顺利通过，必将对全面消除国际民商事诉讼管辖权领域的法律冲突起到重大作用。然而，由于公约调整事项的重要性与敏感性，各国围绕公约草案展开了激烈的斗争与博弈（尽管这一草案本身已经是妥协的产物）。在这样的背景下，这一包含管辖权与判决承认与执行的"大公约"被迫搁浅，公约的范围被缩小到"法院选择协议"这一狭小领域。

2005 年 6 月，海牙国际私法会议第 20 届外交大会上，各国代表以协商一致为原则，采取逐条通过的方式，最终通过了《选择法院协议公约》。尽管这一公约本身的积极意义不容否定，但鉴于其狭窄的调整范围以及核心条款制定的模糊性，它所能起到的实际作用十分有限。从"大公约"的无疾而终，到最终缩水为"小公约"的出台，这一过程充分反映：在该领域制定一项能被大多数国家接受的全球性多边国际公约，从当下的情况看，其现实可行性还很小。在 2019 年《承认与执行外国民商事判决公约》成功通过后，海牙国际私法会议将民商事领域的工作重心重新转回到了管辖权领域，试图制定一项协调各国国际民商事管辖权的公约，但相关立法谈判过程注定是一个缓慢的过程，且即便未来通过该公约，其能否被大多数国家接受，仍然不容乐观。
[参见二维码拓展阅读 13-3]

值得一提的是，20 世纪后期以来，随着欧盟国际私法的迅速发展，国际途径出现了一种新的方式，这种方式在性质上属于多边条约，但在范围上属于区域性条约，而非全球性条约。1968 年签订的《布鲁塞尔公约》及其议定书在很大程度上消除了欧盟范围内各国民商事案件的管辖权及判决的执行问题，标志着解决管辖权冲突的区域性努力取得成效。自《阿姆斯特丹条约》生效以来，欧盟直接进行国际私法立法，并将以前的国际私法公约转化成欧盟立法，[1] 这不仅使国际私法统一化的方式发生了变化，而且使欧盟国际私法的性质发生了变化，即使欧盟国际私法从由国际法渊源和"超国家法"渊源组成的法律体系，逐步朝"超国家法"的方向发展。几十年以来，欧盟国际私法浸成巨观，极大地便利了欧盟各国的民商事交往，是当代国际私法的重要发展成果。不过，鉴于世界各国法律传统、社会经济发展极度不平衡，欧盟国际私法的成功，在可预见的未来，还难以在世界其他地区复制。

所谓国内途径，是指一国在其国内法层面上，通过在立法与司法领域采取措施解决与其他国家在国际民事诉讼管辖权领域的冲突。对于消除法律冲突而言，这一途径虽不及国际途径彻底，但其现实可操作性无疑更强。

从国内立法方面来说，立法者应秉持"开明的自利原则"（enlightened self-interest），不应过分强调本国利益而置国际通行做法于不顾。在全球化的背景下，绝对的自利已经不合时宜，而且最终会令本国的长远利益受损。因此，在进行国际民事诉讼立法时，一国立法者应考虑国际社会的一般做法，

---

〔1〕 例如，1968 年《布鲁塞尔公约》被转化为《布鲁塞尔条例 I》等。

尽量使自己的管辖权规范能得到绝大多数国家的认同，摒弃一味扩张本国管辖权的陈旧思维。

1. 立法上应尽量减少专属管辖权的范围，把内国法院享有专属管辖权的范围限制在关乎内国公共政策和最重大利益方面的事项，以避免产生管辖权的"硬性碰撞"。

2. 考虑到当事人通过协议选择管辖法院的做法不仅符合当事人的意愿，有利于纠纷的顺利解决，也是消弭有关国家之间管辖权冲突的有效途径，各国在立法上应尽量扩大协议管辖的范围。

从司法实践的角度来说，下列做法如被各国法院广泛采纳，也可以在很大程度上缓解国际民事诉讼管辖权的冲突：

第一，一国法院在确定对涉外民事纠纷是否应行使管辖权时，应遵循"既判力原则"（res judicata）与"异国未决诉讼原则"（lis alibi pendens）。在国际民事诉讼中，如果两个国家的法院审理同一个纠纷，它们有可能作出相互矛盾的判决，这不仅是对司法资源的浪费，也无益于纠纷的解决与当事人权益的维护。为了解决这一问题，有两项原则可以援用：一是既判力原则，依之，有合法管辖权的一国法院就某案件作出终局判决后，原当事人不得就同一事项、同一诉讼标的、同一请求再次在另一国提起诉讼；二是异国未决诉讼原则，依之，原被告之间关于某一事项的诉讼在一国法院尚未审结时，当事人不得就同一诉讼标的在另一国法院提起诉讼。该原则源于国际礼让，它允许一个国家的法院为避免出现平行诉讼而拒绝行使管辖权。

第二，采纳"非方便法院原则"（forum non conveniens）。非方便法院原则，也称不方便法院原则，其历史悠久，起源于苏格兰法，现为大多数英美法系国家的法院所遵循。依据美国冲突法理论与实践，非方便法院原则指在国际民事诉讼中，如案件由另一国的法院审理更为方便，且更能达到公正之目的，则法院可自由裁量，拒绝行使管辖权，迫使原告到另一个更为合适的法院起诉。一般而言，适用非方便法院原则须满足"充分可替代法院要件"（adequate alternative forum requirement），即案件至少存在另一个完全可替代的法院；换言之，当没有可替代的法院或可替代法院不充分时，美国法院就不能依非方便法院原则拒绝行使管辖权。

美国法院在判断"充分可替代法院要件"是否满足时通常考察：①是否在另一国家或司法辖区存在合格的替代法院；②当存在这一替代法院时，再从私人利益与公共利益两方面进行综合权衡，并考虑多种因素，如原告的国籍、替代法院的能力、取得证据的相对便利、出庭人员的出庭费用、判决的可执行性、法院的工作负担、案件与法院地的关联性、案件适用的法律及其后果等。只有综合各种因素权衡后的结果有力地支持被告时，法院才对原告的法院选择作出干预，即法院以其自由裁量权作出是否适用非方便法院原则

的决定。[1]　[参见二维码拓展阅读13-4]

非方便法院原则是对法院管辖权的一种限制，其目的是避免因原告不当地挑选法院而给被告与法院带来的困难与重荷。[2]尤其是在美国各州普遍存在长臂管辖规则的情况下，非方便法院原则对于限制法院过于宽泛的国际民事管辖权、遏制当事人挑选法院起到了显著作用。在"包头空难案"中，美国加州法院即以非方便法院原则中止对部分空难家属在加州提起的民事赔偿诉讼行使管辖权。

【案例13-1】　2004年11月21日，从包头直飞上海的东航小型客机MU5210航班起飞后不久，就坠入离机场不远的南海公园。事故共造成55人遇难，其中包括47名乘客和6名机组人员，以及2名地面人员。空难发生后一周，东航公布了赔偿方案——对每名遇难者的全部赔偿额为21.1万元人民币。这个赔偿标准引起部分空难家属的不满，但限于中国当时的法律规定，遇难者家属无法获得更高的赔偿。

2005年8月17日，部分家属因为不满意东航的空难赔偿标准以及行政诉讼屡被驳回，遂委托律师在美国加州法院起诉中国东方航空公司（以下简称"东航"）以及飞机制造商加拿大庞巴迪公司（以下简称"庞巴迪"）和飞机发动机制造商美国GE公司（以下简称"GE"）。美国加州法院根据"长臂管辖"原则受理了此案。2007年5月，东航方面以美国法院管辖"不方便"的理由，申请在中国诉讼。2007年7月5日，美国加州高等法院发出了《中止诉讼指令》，同意东航的申请，中止诉讼。法官认为，依据"非方便法院原则"，美国法院审理本案不方便，最合适行使管辖权的法院为中国法院。根据该《中止诉讼指令》，东航同意，不会就原告在这些案件上提出的诉求在中国法院进行抗辩；如果原告在美国法院同意被告申请之日起6个月内在中国法院重新提起诉讼，东航将给予所有原告完整赔偿金，并放弃中国适用的任何关于赔偿金的限制、最高限度或封顶限度；在所有适当上诉之后，东航将受中国法院所作裁决的约束并须履行裁决。

基于加州高等法院《中止诉讼指令》的指引，2007年11月22日，受32名包头空难家属委托，3名中国代理律师来到北京市二中院提起民事赔偿诉讼，要求被告赔偿（包括但不限于被告以前承诺的1175万美元在内的）所有原告应得的人身死亡损害赔偿。经过近6年的周折，2013年下半年，该案以调解的方式结案，由于各方当事人签订了保密协议，具体赔偿数额不详。[参见二维码13-2]

---

[1]　*Gulf Oil Corp.* v. *Gilbert*, 330 U. S. 501（1947）.

[2]　See Gary B. Born, *International Civil Litigation in the United States*（4th ed.）, Austin：Wolters Kluwer, 2007, pp. 347-434.

四、中国的法律规定

（一）法律渊源

中国关于国际民事管辖权的法律规定，既有国际法渊源，也有国内法渊源。从国际法渊源上看，我国缔结或参加的有关国际民事诉讼管辖权的国际条约主要有：1954 年参加的于 1951 年制定的《国际铁路货物联运协定》、1980 年参加的于 1969 年制定的《国际油污损害民事责任公约》以及 1999 年签署并于 2005 年批准的《蒙特利尔公约》等。[1] 此外，在我国与一些国家的双边经贸协定、双边司法协助条约或领事条约中也规定了管辖权的确定原则，如 1987 年《中华人民共和国和法兰西共和国关于民事、商事司法协助的协定》、1980 年《中华人民共和国和美利坚合众国领事条约》等。在这些双边条约中，一般采用"原告就被告"原则确定国际民事诉讼管辖权以及外国法院判决承认与执行中的间接国际民事诉讼管辖权。[2]

就国内立法来说，我国有关国际民事诉讼管辖权方面的法律规定主要体现在以下立法及其司法解释中：①1991 年制定、2023 年最新修改后于 2024 年 1 月 1 日起施行的《民事诉讼法》；②2014 年发布并经第二次修正后于 2022 年 4 月 10 日起实施的《民诉法解释》；③1999 年制定的《海事诉讼特别程序法》；④2003 年 1 月公布、2008 年调整并于 2008 年 12 月 31 日起施行的《最高人民法院关于适用〈中华人民共和国海事诉讼特别程序法〉若干问题的解释》；⑤2018 年公布、2023 年修改后于 2024 年 1 月 1 日起施行的《关于设立国际商事法庭的规定》。⑥2022 年公布并于 2023 年 1 月 1 日起施行的《最高人民法院关于涉外民商事案件管辖若干问题的规定》。依据上述立法与司法解释，我国一般把管辖权分为一般管辖、特殊管辖、专属管辖和协议管辖。

尤须指出的是，2023 年立法机关修改《民事诉讼法》重点对第四编"涉外民事诉讼程序的特别规定"（"涉外编"）进行了完善。《民事诉讼法》涉外编是涉外法律体系的重要组成部分，是涉外基础性法律。本次修改是《民事诉讼法》自 1991 年 4 月施行三十余年来首次对涉外编进行的"大修"，也是继《对外关系法》《外国国家豁免法》等重大涉外立法之后涉外法治领域的又一里程碑事件，进一步提升了涉外法律体系的系统性、整体性、协同性、实效性，对于进一步提升涉外民商事案件审判质效，平等保护中外当事人合法权益，营造市场化、法治化、国际化的一流营商环境，更好维护国家主权、安全、发展利益，具有重要意义。

此次对涉外编的修改主要包括五个方面的内容：一是修改管辖的相关规定，进一步扩大我国法院对涉外民商事案件的管辖权；二是顺应国际趋势，增加平行诉讼的一般规定、不方便法院原则等相关条款；三是进一步修改涉

---

〔1〕《蒙特利尔公约》取代了 1929 年《华沙公约》。

〔2〕赵相林主编：《国际私法》，中国政法大学出版社 2014 年版，第 373 页。

外送达的相关规定，着力解决涉外案件"送达难"问题，提升送达效率，切实维护涉外案件当事人的合法权益；四是完善涉外民商事案件司法协助制度，增设域外调查取证相关规定；五是完善外国法院生效判决、裁定承认与执行的基本规则。[1]

（二）一般管辖

受大陆法系传统影响，我国民事诉讼法在管辖权上采取"原告就被告"的基本原则，以被告住所地作为一般管辖权的依据。《民事诉讼法》第22条第1款、第2款规定："对公民提起的民事诉讼，由被告住所地人民法院管辖；被告住所地与经常居住地不一致的，由经常居住地人民法院管辖。对法人或者其他组织提起的民事诉讼，由被告住所地人民法院管辖。"依据此规定，凡被告（自然人、法人或其他组织）的住所在我国境内的涉外民事案件，我国法院有管辖权。

同时，依据《民诉法解释》第3条及第4条，自然人的住所地是指其户籍所在地，其经常居住地是指其离开住所地至起诉时已连续居住1年以上的地方；而法人的住所地是指法人的主要办事机构所在地。

以上规定不仅适用于国内民事诉讼，也适用于国际民事诉讼。

（三）特殊管辖

在确立以"原告就被告"原则作为一般管辖原则的同时，民事诉讼法还对某些种类的国际民事诉讼规定了不同的管辖权依据，主要包括对于有关身份关系的诉讼、有关合同和其他财产权益的诉讼等。

关于有关身份关系的诉讼，《民事诉讼法》原则上采取"原告就被告"原则确定管辖权；与此同时，为便利我国当事方行使诉权，该法还规定了以原告的住所和经常居住地作为一般管辖依据的补充。依据《民事诉讼法》第23条的规定，对不在中国境内居住的人、下落不明或者宣告失踪的人提起的有关身份关系的诉讼，由原告住所地或经常居住地法院管辖。《民诉法解释》第15条、第16条还补充道："中国公民一方居住在国外，一方居住在国内，不论哪一方向人民法院提起离婚诉讼，国内一方住所地人民法院都有权管辖。国外一方在居住国法院起诉，国内一方向人民法院起诉的，受诉人民法院有权管辖。中国公民双方在国外但未定居，一方向人民法院起诉离婚的，应由原告或者被告原住所地人民法院管辖。"关于上述规定，尤其是第16条规定在司法实践中产生的问题，上一编谈及离婚管辖权时已作剖析；同时，对照前文关于国际民事诉讼管辖权冲突的内容，我们可以发现，至少对于涉外离婚诉讼，我国法院并不认可异国未决诉讼原则。

《民事诉讼法》还对在中国领域内没有住所的被告提起除身份关系以外的涉外民事纠纷规定了多种管辖权依据。特别是2023年修正后的《民事诉讼

---

[1]　参见《我国民事诉讼法完成修改，将更好保障当事人的诉讼权利和合法权益》，载"人民法院报"微信公众号2023年10月24日。

法》较为明显地扩展了人民法院的涉外民事管辖权。该法第276条规定："因涉外民事纠纷，对在中华人民共和国领域内没有住所的被告提起除身份关系以外的诉讼，如果合同签订地、合同履行地、诉讼标的物所在地、可供扣押财产所在地、侵权行为地、代表机构住所地位于中华人民共和国领域内的，可以由合同签订地、合同履行地、诉讼标的物所在地、可供扣押财产所在地、侵权行为地、代表机构住所地人民法院管辖。除前款规定外，涉外民事纠纷与中华人民共和国存在其他适当联系的，可以由人民法院管辖。"

此次《民事诉讼法》修改在该条上的变化主要体现为两点：

第一，扩展管辖纠纷类型。该法第276条第1款规定该条适用于对在中国领域内没有住所的被告提起除身份关系以外的涉外民事诉讼；换言之，该条不仅适用于"合同纠纷或者其他财产权益纠纷"，也适用于该两大类纠纷以外的其他涉外民事纠纷。由于《民事诉讼法》第二章"管辖"第23条第1项已规定"对不在中华人民共和国领域内居住的人提起的有关身份关系的诉讼"适用原告住所地管辖的规则，为确保法条之间的周延性，故此次修改对其中所涉身份关系诉讼作了除外性规定。

第二，新增"其他适当联系"这一管辖依据。该法第276条第2款规定"除前款规定外，涉外民事纠纷与中华人民共和国存在其他适当联系的，可以由人民法院管辖"。由于"适当联系"是一个主观性较强的措辞，这赋予人民法院在认定涉外民事管辖权时以较大的司法裁量权，较大程度地扩展了人民法院地涉外民事管辖权。按照最高人民法院的解释，"适当联系"原则借鉴、吸收了一些国家或地区关于"必要管辖"立法实践中的合理要素，但对"必要管辖"所强调的"充分联系""密切联系"作了适度软化，并不强调案件与受诉法院之间必须存在充分或密切的联系。在该款讨论过程中，曾考虑过"合理联系""实际联系"等其他措辞。但最后讨论认为，"适当联系"原则不仅从根本上区别于以"最低限度联系"为基础的"长臂管辖"原则，而且该概念的开放性和延展性大于和优于"合理联系"或"实际联系"，其可涵盖主客观"适当性"判断的多项要素。此条第2款规定"其他适当联系"不仅包括纠纷与我国的联系因素，也包括对我国主权、安全、发展利益的维护等重要考量，且司法实践中已有相关案例使用该概念。因此，法律条款最终确定采用"适当联系"这一表述。这也意味着，如果涉外民事案件与我国法院的联系因素过于薄弱，不能达到"适当联系"标准的，我国法院不应行使管辖权，避免将"适当联系"原则变相扩大为任意性"长臂管辖"的过度管辖。[1]

总体而言，该条采取的是"特定依据+兜底条款"的模式。《民事诉讼法》第276条第1款规定的六种连结点是特定化、明确化的适当联系管辖依

---

[1] 沈红雨、郭载宇：《〈民事诉讼法〉涉外编修改条款之述评与解读》，载《中国法律评论》2023年第6期。

据；而《民事诉讼法》第 276 条第 2 款规定则是兜底式的"其他适当联系"之管辖依据，人民法院结合个案的具体情况，足以认定涉外纠纷案件在六种连结点以外与我国存在其他适当的、必要的、合理的联系，可以依据第 2 款规定行使管辖权，以保护中外当事人的合法权益，维护我国的主权、安全和发展利益。

此次《民事诉讼法》涉外编的修改是对长期涉外司法实践经验的总结和提炼，又具有相当的前瞻性和国际性，有着守正创新、求真务实、稳中求进、开放包容的鲜明时代特征，但就本条而言，还存在一些值得思考的问题：

1. 上述规定有可能对协议管辖形成不合理的限制。《民事诉讼法》允许涉外民事纠纷当事人在满足一定条件的前提下选择法院，这也是各国的通行做法。[1] 在这种情况下，如果一方当事人不顾已有的管辖法院选择条款，在满足《民事诉讼法》第 276 条规定的某人民法院提起诉讼，该人民法院有据此行使管辖权的可能性。尽管从学理上分析，如当事人订立了有效的法院选择条款，其选择应得到尊重，其他法院不应行使管辖权，但中国的司法实践表明，在这种情况下，法院以《民事诉讼法》第 276 条为依据行使管辖权并非罕见。[2] 特别是考虑到《民诉法解释》第 531 条的规定，其第 276 条对协议管辖不当限制的可能性更不可小觑，《民诉法解释》第 531 条第 1 款规定如下：中国法院和外国法院都有管辖权的案件，一方当事人向外国法院起诉，而另一方当事人向中华人民共和国法院起诉的，人民法院可予受理。

2. 尽管最高人民法院指出，"适当联系"原则是一种谦抑性的保护性管辖，其强调实施管辖的必要性、适度性与合理性，但由于"适当联系"缺少客观判断标准，这是否会在司法实践中导致人民法院出于某些考虑对一些与我国联系明显薄弱的涉外民事案件行使管辖权，仍是一个需要高度重视的问题。过度管辖不仅会致使行使管辖权实际不便，不利于判决在境外得到承认和执行，长此以往，还会降低中国司法的国际公信力。因此，本书认为，最高人民法院应在及时总结最新司法实践的基础上，尽快通过制定司法解释的方式为各级法院正确、妥当地理解和适用"适当联系"原则提供客观性指引或标准，防止和遏制过度管辖问题。

此外，我国《民事诉讼法》第 24~26 条、第 28~33 条还规定了一些特殊的民事案件可以由被告住所地或者有关地方的人民法院管辖。因此，如果这些特殊的民事案件中含有涉外因素或国际因素，而被告不在我国境内，有关地方的人民法院同样具有管辖权，具体内容有：

（1）因合同纠纷提起的诉讼，由被告住所地或者合同履行地人民法院

---

〔1〕 关于协议管辖，请结合下文对协议管辖条款的分析进行理解。

〔2〕 例如福建省宁德地区经济技术协作公司诉日本国日欧集装箱运输公司案，转引自肖永平、何其生：《对海牙〈民商事管辖权和外国判决公约〉（草案）的分析》，载中国国际私法学会主办：《中国国际私法与比较法年刊·2001（第四卷）》，法律出版社 2001 年版，第 280 页。

管辖。

（2）因保险合同纠纷提起的诉讼，由被告住所地或者保险标的物所在地人民法院管辖。

（3）因票据纠纷提起的诉讼，由票据支付地或者被告住所地人民法院管辖。

（4）因铁路、公路、水上、航空运输和联合运输合同纠纷提起的诉讼，由运输始发地、目的地或者被告住所地人民法院管辖。

（5）因侵权行为提起的诉讼，由侵权行为地或者被告住所地人民法院管辖。

（6）因铁路、公路、水上、航空事故请求损害赔偿提起的诉讼，由事故发生地或者车辆、船舶最先到达地、航空器最先降落地或者被告住所地人民法院管辖。

（7）因船舶碰撞或者其他海事损害事故请求损害赔偿提起的诉讼，由碰撞发生地、碰撞船舶最先到达地、加害船舶被扣押地或者被告住所地人民法院管辖。

（8）因海难救助费用提起的诉讼，由救助地或者被救助船舶最先到达地人民法院管辖。

（9）因共同海损提起的诉讼，由船舶最先到达地、共同海损理算地或者航程终止地的人民法院管辖。

（四）专属管辖

专属管辖，前已提及，又称排他性管辖，即强制性地规定只能由内国法院行使独占性管辖权，而不承认其他任何国家的法院对此类国际民事案件具有管辖权。专属管辖不仅是否定管辖协议效力的依据，而且具有排除或不承认其他国家法院管辖权的效果，外国法院行使管辖权违反我国专属管辖规定的，我国法院应当拒绝承认和执行该外国法院作出的判决、裁定。我国《民事诉讼法》第279条为专属管辖条款，该条规定，下列民事案件，由人民法院专属管辖：①因在中华人民共和国领域内设立的法人或者其他组织的设立、解散、清算，以及该法人或者其他组织作出的决议的效力等纠纷提起的诉讼；②因与在中华人民共和国领域内审查授予的知识产权的有效性有关的纠纷提起的诉讼；③因在中华人民共和国领域内履行中外合资经营企业合同、中外合作经营企业合同、中外合作勘探开发自然资源合同发生纠纷提起的诉讼。

对于以上三类专属管辖，第三类是较早以前就有规定的，为此次修法所保留。在我国境内履行的这三类合同涉及我国的重大利益，故《民事诉讼法》规定我国法院对其行使专属管辖，当事人不得约定由外国法院管辖。需要强调的是，针对现行专属管辖规定偏于保守的情况，此次修改《民事诉讼法》新增两类专属管辖依据。

第一，新增"因在中华人民共和国领域内设立的法人或者其他组织的设立、解散、清算，以及该法人或者其他组织作出的决议的效力等纠纷提起的诉讼"，即增加关于与公司有关的特定纠纷的专属管辖依据。法人和其他组织的拟制人格源于国家公权力的确认，其设立、解散、清算有关的争议关系着公司和其他组织人格的存在，与登记设立地法律、登记设立地国的公共秩序密切相关。法人或者其他组织作出的决议的效力纠纷往往涉及决议的内容、表决程序、表决方式等是否符合其设立地国的法律、法规以及该组织的章程。一些国家或地区将此类纠纷纳入专属管辖的范围。随着我国商主体对外交往的日益活跃，立法者认为，有必要借鉴国际社会成熟做法，将该类纠纷纳入专属管辖范畴。

第二，增列"因与在中华人民共和国领域内审查授予的知识产权的有效性有关的纠纷提起的诉讼"为专属管辖事项。知识产权具有地域性，对与"审查授予的知识产权"的有效性相关的纠纷的专属管辖作出明确规定，进一步丰富了民事诉讼的专属管辖制度，更加有效地适应知识产权领域的新情况、新要求。"审查授予的知识产权"是指我国的相关行政管理部门依法审查后授予的专利权、商标权、植物新品种权、集成电路布图设计专用权等知识产权。在条文起草过程中，有意见提出，根据《中华人民共和国专利法》《中华人民共和国商标法》等知识产权法律，由相关行政主管机关对专利权、商标权的有效性作出认定并公告，故与我国领域内审查授予的知识产权的有效性引起的纠纷属行政争议，不应在民事诉讼法中对该问题作出规定。鉴此，最后由全国人大常委会通过的条文表述通过专门将一读稿中该条帽段的"下列案件"改为"下列民事案件"，突出强调本条是从民事诉讼专属管辖的角度作的规定，旨在解决我国法院作为整体对该类纠纷的专属管辖，并强调外国法院不得侵犯我国法院的专属管辖权。因此，该条并不涉及我国相关行政管理部门依法对"审查授予的知识产权"的有效性作出行政决定，亦不涉及对相关行政决定通过知识产权行政诉讼予以救济的问题。[1]

由此可见，把与法人或其他组织的设立、解散、清算以及决议效力的纠纷和与知识产权有效性有关的纠纷新增为专属管辖范围，是因为在与国家利益和社会公共利益的关联性程度上，这两类纠纷与中外合资经营企业合同、合作经营企业合同、勘探开发自然资源合同相关纠纷诉讼具有相当性，其立法目的可以理解为减少中国企业国外法院应诉的压力和成本，减少外部资本渗透对中国企业的不良影响，防止外部资本通过解散、清算、违规决议等方式损害中国企业的正常发展，保护中国企业自主知识产权。

另外，根据《民事诉讼法》第34条规定，下列案件，由该条规定的人民法院专属管辖：因不动产纠纷提起的诉讼，由不动产所在地人民法院管辖；因港口作业中发生纠纷提起的诉讼，由港口所在地人民法院管辖；因继承遗产纠纷提起的诉讼，由被继承人死亡时住所地或者主要遗产所在地人民法院

---

[1]　沈红雨、郭载宇：《〈民事诉讼法〉涉外编修改条款之述评与解读》，载《中国法律评论》2023年第6期。

管辖。不过，这一条规定主要针对国内民事纠纷，尤其是关于继承纠纷的管辖权，该条的规定是双边性管辖权规则，已不具有"专属性"。[1]

需要指出的是，对于我国法院专属管辖的案件，尽管当事人不得约定外国法院管辖，但当事人依然可以通过约定仲裁来排除我国法院的司法管辖权。对此，《民诉法解释》第529条第2款明确规定了根据民事诉讼法第34条和第273条（现第279条）规定，属于中华人民共和国法院专属管辖的案件，当事人不得协议选择外国法院管辖，但协议选择仲裁的除外。

（五）协议管辖

协议管辖是意思自治原则在国际民事诉讼管辖权领域的体现，有利于提高国际民事纠纷解决的可预见性与效率，亦为减少管辖权冲突的有效方式，因而被各国广泛采纳。1991年《民事诉讼法》第244条（2007年修订后变为242条）就对协议管辖作了明确规定："涉外合同或者涉外财产权益纠纷的当事人，可以用书面协议选择与争议有实际联系的地点的法院管辖。选择中华人民共和国人民法院管辖的，不得违反本法关于级别管辖和专属管辖的规定。"

上述规定一方面肯定了国际民事诉讼双方当事人合意选择管辖法院的权利，另一方面对当事人的这种意思自治权作出一定限制：①协议管辖的范围一般限于涉外合同或涉外财产权益纠纷，涉及人的身份、能力、家庭关系方面纠纷的当事人，则不得选择管辖法院。②协议管辖不能违反我国关于专属管辖和级别管辖的规定；当事人只能协议选择一审法院。③协议管辖必须以书面形式作出。④当事人只能选择与有关的法律关系有实际联系的国家的法院作为管辖法院。

至于如何理解"与争议有实际联系"的问题，一般认为，当事人的住所地、营业地、合同签订地、合同履行地、标的物所在地、侵权行为地、代表机构所在地、可供扣押财产所在地、货物装运地、货物运输目的地等因素之一在当事人所选择法院的管辖区域内的，就可以认定该法院与争议有实际联系。值得注意的是：当事人选择我国法律作为准据法以及选择某法院管辖本身不能使该法院与争议有实际联系。不过，从我国的司法实践看，各地的法院对此认定并不相同。例如，"荷兰铁行渣华邮船公司依提单管辖权条款提出管辖权异议"案即引发了诸多争论。[2]

【案例13-2】　原告中国保险股份有限公司系一批货物的保险人，两被告荷兰铁行渣华邮船公司和福建省某海运公司系该批货物的承运人。第一被告荷兰铁行渣华邮船公司的香港代理签发了提单，货物由第二被告所属的轮船承运，起运港为台湾高雄，目的港为福州马尾。船舶在运输过程中因故沉

---

〔1〕 何其生：《比较法视野下的国际民事诉讼》，高等教育出版社2015年版，第113页。
〔2〕 杜涛、陈力：《国际私法》，复旦大学出版社2004年版，第481页。

没，货物灭失。原告在理赔后，取得代位求偿权，提起诉讼，请求厦门海事法院判令两被告赔偿损失。第一被告在提交答辩状期间提出管辖权异议，认为根据提单背面条款第 25 条的规定，运输合同项下的任何诉讼必须由荷兰鹿特丹法院审理，任何其他法院无权审理有关的纠纷，因此，本案应由荷兰鹿特丹法院管辖。厦门海事法院经审查认为：提单约定的鹿特丹法院仅为本案其中一个被告的住所地法院，鹿特丹非本次运输货物的起运地、中转地、目的地以及海事事故发生地，与本案争议并无实际联系。因此，裁定驳回被告荷兰铁行渣华邮船公司对本案管辖权提出的异议。在本案中，争议的焦点是鹿特丹是否属于"与争议有实际联系的地点"。第一被告是国际著名航运公司，在世界各主要港口大多设有分公司、代理机构或办事处，鹿特丹为其公司总部所在地。根据国际实践，提单中所选择的管辖法院通常就是承运人住所地法院，这一点已经得到了国际航运界的承认。本案中，法院以提单中所选择的法院与案件没有实际联系为由排除其效力，这种做法有失妥当，因而饱受诟病。

2012 年修正《民事诉讼法》时，立法者将上述条款与规定国内诉讼协议管辖的原第 25 条合并规定，以期在协议管辖上达到国内诉讼与涉外诉讼适用统一规定的目的。2012 年修正的《民事诉讼法》第 34 条规定："合同或者其他财产权益纠纷的当事人可以书面协议选择被告住所地、合同履行地、合同签订地、原告住所地、标的物所在地等与争议有实际联系的地点的人民法院管辖，但不得违反本法对级别管辖和专属管辖的规定。"

对比 2012 年修正后的《民事诉讼法》第 34 条与 2007 年修正《民事诉讼法》第 242 条，可以发现关于协议管辖的变化体现在以下三点：①2012 年的《民事诉讼法》的协议管辖条款位于第一编"总则"，故其统一适用于国内民事诉讼与涉外民事诉讼。②2012 年的《民事诉讼法》的条文明确列举了哪些地点是与争议有实际联系的地点。当然，这里的列举仅为描述性的，而非穷尽性的。③2012 年的《民事诉讼法》第 34 条关于当事人选择的法院使用了"人民法院"的措辞。鉴于在当代各国、各地区中，只有我国内地法院以"人民法院"冠名，这样的措辞显然构成立法上的语言瑕疵，如严格按照字面解释，涉外合同与或涉外财产权益纠纷的当事人只能选择我国内地的法院，而无法选择外法域的法院。

为解决这一立法瑕疵，《民诉法解释》作了弥补性解释，《民诉法解释》第 529 条第 1 款规定："涉外合同或者其他财产权益纠纷的当事人，可以书面协议选择被告住所地、合同履行地、合同签订地、原告住所地、标的物所在地、侵权行为地等与争议有实际联系地点的外国法院管辖。"

随着涉外民商事审判实践的发展，越来越多的外国当事人选择向我国法院提起诉讼，协议管辖要求"实际联系"原则不仅落后于现实需求，也不符合尊重当事人协议选择法院意思自治这一国际民事诉讼发展趋势。另外，从

《海事诉讼特别程序法》2000 年施行以来的情况看，该法第 8 条 "海事纠纷的当事人都是外国人、无国籍人、外国企业或者组织，当事人书面协议选择中华人民共和国海事法院管辖的，即使与纠纷有实际联系的地点不在中华人民共和国领域内，中华人民共和国海事法院对该纠纷也具有管辖权" 的规定，在司法实践中取得良好效果，其成功经验为涉外协议管辖不要求 "实际联系" 提供了有益借鉴。

为此，2023 年修正的《民事诉讼法》重构了我国涉外民事诉讼中的协议管辖。依据第 277 条规定，"涉外民事纠纷的当事人书面协议选择人民法院管辖的，可以由人民法院管辖"。由此可见，关于涉外民事诉讼的协议管辖，此次修法主要作出三点改变：①所有的涉外民事纠纷均可协议选择我国法院管辖，而不再仅局限于涉外合同或财产权益纠纷；②我国法院基于协议管辖对涉外民事纠纷行使管辖权，已不再需要满足 "实际联系" 的要求。③为确保立法行文表述的简洁性，该条直接以 "人民法院" 指代 "中华人民共和国人民法院"，不影响该条主旨在于确定我国法院整体上对涉外案件可否基于协议管辖规定而行使管辖权。如果涉外管辖协议指向特定人民法院，而该人民法院实施管辖将违反《民事诉讼法》级别管辖、专属管辖、专门管辖、集中管辖等规定的，并不会导致选择法院管辖协议整体无效，此时应根据《民事诉讼法》及其司法解释确定的管辖权规则确定由相应的某一人民法院具体行使管辖权。因此，有别于《民事诉讼法》第 35 条协议管辖的规定，该条没有 "不得违反本法对级别管辖和专属管辖的规定" 的但书内容。

（六）应诉管辖

2007 年修正之前的《民事诉讼法》第四编曾专门规定适用于涉外民事诉讼的应诉管辖条款，即第 245 条（2007 年修正后变为第 243 条，现行第 278 条）规定："涉外民事诉讼的被告对人民法院管辖不提出异议，并应诉答辩的，视为承认该人民法院为有管辖权的法院。"

这一管辖的唯一依据是有关涉外民事诉讼中的一方当事人向我国法院提起诉讼，另一方当事人进行了实体答辩，且没有就法院的管辖权问题提出任何异议，从而推定当事人双方（尤其是被告方）均承认我国法院的管辖权，进而认定我国法院对有关涉外民事案件具有管辖权。如果被告的出庭只是就案件的管辖权提出抗辩，那么，就不能作为法院行使管辖权的基础。[1]

从我国的司法实践来看，在不少案例中，一方当事人（绝大多数为中国当事方）向我国法院提起诉讼，作为被告的外方当事人没有对管辖提出异议并应诉答辩，据此，我国法院对该纠纷行使管辖权。如 "菲达电器厂诉美国

---

[1] 这种方式在美国法上称为 "特别出庭"（Special Appearance），以区别于 "一般出庭"（General Appearance）。参见李双元、谢石松：《国际民事诉讼法概论》，武汉大学出版社 1990 年版，第 220 页。

总统轮船公司案"[1]"福建阳春村村民诉肉身坐佛荷兰持有人案"等。

【案例13-3】 1993年7月29日,菲达厂与新加坡艺明灯饰公司签订了出口一批灯饰的合同,菲达厂委托长城公司办理出口手续。1993年8月14日,长城公司以托运人的名义委托被告美国总统轮船公司承运该批货物,美国总统轮船公司签发了一式三份记名提单。货物抵达新加坡后,新加坡艺明灯饰公司在未取得正本提单的情况下将货物提走。菲达厂持有全套正本提单,以美国总统轮船公司无单放货为由在广州海事法院提起诉讼。同时,长城公司申请以第三人身份参加诉讼,且表示支持菲达厂的诉讼请求。广州海事法院受理此案后,美国总统轮船公司没有提出管辖权异议,并应诉答辩。鉴于此,广州海事法院对本案行使管辖权并作出判决。

需要指出的是,在2007年《民事诉讼法》修正之前,应诉管辖并不适用于国内诉讼程序,这是因为立法者曾担心,如果在国内诉讼程序中一概适用应诉管辖,有可能导致大量诉讼经验欠缺、法律意识淡薄的当事人对于自己诉讼权利的不当放弃,甚至由于该程序性问题而导致实体权利的损害;而在涉外案件中适用应诉管辖,则可最大限度地争取国内法院管辖的机会,为中方当事人争取更为有利的管辖利益。

不过,随着经济社会的发展以及国内民事诉讼中律师代理比例的大幅度提高,上述将应诉管辖限定在涉外民事诉讼中的理由已不复存在。鉴于此,2012年修正《民事诉讼法》时,立法者将应诉管辖的规定从第四编前移至第二编"审判程序"中,统一适用于国内民事诉讼与涉外民事诉讼。

2012年修正后的《民事诉讼法》第127条规定如下:①人民法院受理案件后,当事人对管辖权有异议的,应当在提交答辩状期间提出。人民法院对当事人提出的异议,应当审查。异议成立的,裁定将案件移送有管辖权的人民法院;异议不成立的,裁定驳回。②当事人未提出管辖异议,并应诉答辩的,视为受诉人民法院有管辖权,但违反级别管辖和专属管辖规定的除外。

【案例13-4】 1995年12月,福建省三明市大田县阳春村村民发现村内"普照堂"供奉的"章公祖师"坐佛被盗,村民多番苦寻,20年杳无音讯。2015年3月,匈牙利博物馆展出一尊千年坐佛,因坐佛内藏有一名高僧遗骸而受关注,后经我国文物部门确认,坐佛系大田县吴山乡阳春村1995年被盗的章公祖师像,该佛像目前被一位荷兰藏家持有。在向该藏家索要无果后,当地村民于2015年12月委托律师以其为被告在福建省三明市中级人民法院提起诉讼,请求法院判令被告返还坐佛像。三明中院立案后,这位荷兰藏家

---

[1] 万鄂湘主编:《中国涉外商事海事审判指导与研究 2002年第2卷》,人民法院出版社2002年版,第186页。

未提出管辖权异议，并委托一位中国律师应诉答辩。鉴于此，三明中院对本案行使管辖权，并进行实体审理。

2023 年修改《民事诉讼法》时恢复了在第四编专门规定应诉管辖的规定。此次修法新增第 278 条，"当事人未提出管辖异议，并应诉答辩或者提出反诉的，视为人民法院有管辖权"。如前所述，2012 年修正后的《民事诉讼法》在第二编中已有"应诉管辖"的规定，统一适用于国内民事诉讼与涉外民事诉讼，但因这两个条文的分布相距甚远，在实践中容易被人们忽略，故此修法又在第四编中明确加以单独规定，并且在"应诉答辩"之外增加了"提起反诉"的行为，从而使其规定更加全面。

（七）非方便法院原则

通过前述关于中国对于国际民事诉讼管辖权种类的梳理可知，总体而言，我国法院对于国际民事诉讼有扩张管辖权的倾向，这也是大多数国家的做法。不过，随着我国法院审理的涉外民事纠纷呈跳跃式增长态势，为适应审判实践的需要，进入 21 世纪以后，我国法院开始引入源自英美法系的非方便法院原则。［参见二维码 13-3］

2004 年，最高人民法院在《涉外商事海事审判实务问题解答（一）》中首次明确指出，我国法院可依据非方便法院原则放弃管辖权。2005 年《第二次全国涉外商事海事审判工作会议纪要》对如何适用非方便法院原则作了进一步规定。[1] 经过一段时间的实践积累，最高人民法院最终以司法解释的形式正式确立了非方便法院原则在我国司法实践中的地位。2022 年修正的《民诉法解释》第 530 条规定如下：

涉外民事案件同时符合下列情形的，人民法院可以裁定驳回原告的起诉，告知其向更方便的外国法院提起诉讼：

（一）被告提出案件应由更方便外国法院管辖的请求，或者提出管辖异议；

（二）当事人之间不存在选择中华人民共和国法院管辖的协议；

（三）案件不属于中华人民共和国法院专属管辖；

（四）案件不涉及中华人民共和国国家、公民、法人或者其他组织的利益；

（五）案件争议的主要事实不是发生在中华人民共和国境内，且案件不适用中华人民共和国法律，人民法院审理案件在认定事实和适用法律方面存在重大困难；

（六）外国法院对案件享有管辖权，且审理该案件更加方便。

---

［1］《第二次全国涉外商事海事审判工作会议纪要》，法发［2005］26 号。

　　上述规定是我国最高司法机关学习、借鉴外国先进司法制度的一次尝试。不过，比较该条规定与英美国家（尤其是美国）的非方便法院原则，也可以发现二者之间存在一些明显区别：①关于非方便法院原则的适用，中国要求不涉及中国国家、公民、法人或者其他组织的利益，而美国并无此方面的要求。②关于非方便法院原则的适用，中国法院可以直接驳回当事人的起诉，而美国法院多为"中止"（stay）诉讼，一旦外国的法院不行使管辖权或存在其他情况致使"充分可替代法院要件"不再满足，则可恢复行使管辖权。③美国法院适用非方便法院原则主要从私人利益和公共利益两方面进行权衡，往往还对相关外国法院的正当程序与司法制度进行审查，而中国适用该原则，似乎完全是为了减少诉累，并无对外国当事方私人利益的考量。[1] ④在判断是否适用非方便法院原则放弃行使管辖权的方面，美国法官拥有较大的自由裁量权，而依据上述司法解释，我国法院在适用该原则时，需要同时满足6项硬性条件，法官几乎没有自由裁量权。

　　客观而言，上述区别是中美两国不同的司法制度及实践的反映。然而，在本书看来，最高人民法院引进非方便法院原则，尽管其初衷值得肯定，但就《民诉法解释》第530条的规则设计来看，在当下以及可预见的未来，其适用的空间并不大，实效性令人怀疑。

　　我们知道，美国各州普遍存在长臂管辖规则，美国的民事诉讼制度与律师专业水平在全球范围内享有盛誉，加之美国的陪审团（尤其是加州）素以作出高额损害赔偿裁决而闻名，所以，不少与美国联系甚微的民事纠纷当事人利用长臂管辖权规则选择去美国诉讼，美国加州甚至因而成为国际民事诉讼中"挑选法院的天堂"。前述包头空难案部分家属到美国加州起诉，即为典型例证。由此可见，在美国，非方便法院原则实际上构成对长臂管辖权的制衡，以避免美国法院在与本国无关的诉讼中浪费司法资源，毕竟美国的司法机关是由美国当地的纳税人所供养的。

　　与此不同，尽管中国的民事诉讼制度在不断改善，但整体上难称完善；同时，中国律师的国际竞争力并不强，中文也非国际通用语言，且中国法院作出的损害赔偿数额通常远低于发达国家法院。所以，在当前及可预见的未来，与中国完全没有联系的民事纠纷当事人选择到中国法院起诉的可能性似乎较小；换言之，中国法院审理的涉外民事案件，不涉及中国国家、公民、法人或者其他组织的利益的概率应该相当小。在此背景下，依照《民诉法解释》第530条的规定，涉外民事案件只有在同时符合其规定的6项要求时，中国法院才能以非方便法院原则驳回原告的起诉，这样的要求显然过于苛刻，势必导致其适用的空间非常有限。综上，本书认为，我国《民诉法解释》所体现的非方便法院原则与英美法系上的非方便法院原则可谓"形同而神不同"。

---

[1] 参见何其生：《比较法视野下的国际民事诉讼》，高等教育出版社2015年版，第179页。

【**案例13-5**】 天卓国际发展有限公司诉盈发创建有限公司案。天卓公司、盈发公司均系在中国香港注册成立的公司。2011年1月17日，天卓公司与案外人泰和投资发展有限公司（以下简称泰和公司）签订盈发公司股东协议，其中贷款与融资部分约定天卓公司应向盈发公司提供金额相当于人民币1900万元的外部借款。在关于法律适用及管辖部分，双方约定："本契约受香港法律管辖并根据香港法律解释，因执行本契约引起的任何索赔，双方在此不可撤销地接受香港法院的非排他性司法管辖权。"2011年1月18日，香港歌德有限公司从香港上海汇丰银行电汇盈发公司2 882 281美元。天津市第一中级人民法院（以下简称天津一中院）受理原告天卓公司与被告盈发公司借款纠纷一案后，被告盈发公司在提交答辩状期间对管辖权提出异议，认为原告诉请的依据是股东协议，实际借款人是香港歌德有限公司，该公司注册地在中国香港，且香港歌德有限公司已经就此笔借款诉至香港高等法院，香港高等法院亦已作出终局判决，天津一中院不应再受理此案。

天津一中院认为，本案双方当事人均系在中国香港注册成立的公司，双方在股东协议中约定"本契约受香港法律管辖并根据香港法律解释，因执行本契约引起的任何索赔，双方在此不可撤销地接受香港法院的非排他性司法管辖权"。其中关于"非排他性"管辖权的约定虽然不排除其他有管辖权的法院行使管辖权，但据此亦可认定，双方不存在选择中国内地法院管辖的协议。同时借款案件不属于中国内地专属管辖，借款行为的实施地亦在中国香港特别行政区，香港特别行政区法院审理该案件更加方便。综上，天津一中院于2015年10月30日作出一审裁定，裁定驳回原告天卓公司的起诉。

天津市高级人民法院（以下简称天津高院）认为，《民诉法解释》第530条确定了不方便法院原则，该条款适用存在必要前提，一是内地法院对于案件本身具有管辖权，二是该条规定的6项条件必须同时满足，此时，内地法院才可以放弃行使管辖权。首先，涉案股东协议签订的背景系为解决盈发公司的投资问题，盈发公司与案外人天津农垦东方实业有限公司签订合资合同，在内地成立华北城盈发创建（天津）有限公司。后盈发公司作为华北城盈发创建（天津）有限公司的股东，持有该公司49%的股权，故本案的处理涉及华北城盈发创建（天津）有限公司的利益。其次，虽然天卓公司与盈发公司均系在香港特别行政区注册成立的法人，涉案款项系由香港歌德有限公司经香港上海汇丰银行电汇至盈发公司，但从案件证据的取得、证人出庭作证、准据法的查明及审理中使用的语言等方面考量，上述因素尚不足以构成内地法院重大、明显的不方便管辖因素，案件在认定事实和适用法律方面并不存在重大困难。因此，盈发公司以不方便管辖为由主张原审法院不应行使管辖权的主张不能成立，二审法院不予支持。

据此，天津高院于2016年7月27日作出二审裁定，撤销天津一中院一审

民事裁定。[1]　［参见二维码 13-4］

需要指出的是，在系统总结《民诉法解释》第 530 条在司法实践中出现的问题和经验的基础上，2023 年修正的《民事诉讼法》新增第 282 条，较为系统地完善了非方便法院制度，具体如下：

"人民法院受理的涉外民事案件，被告提出管辖异议，且同时有下列情形的，可以裁定驳回起诉，告知原告向更为方便的外国法院提起诉讼：（一）案件争议的基本事实不是发生在中华人民共和国领域内，人民法院审理案件和当事人参加诉讼均明显不方便；（二）当事人之间不存在选择人民法院管辖的协议；（三）案件不属于人民法院专属管辖；（四）案件不涉及中华人民共和国主权、安全或者社会公共利益；（五）外国法院审理案件更为方便。裁定驳回起诉后，外国法院对纠纷拒绝行使管辖权，或者未采取必要措施审理案件，或者未在合理期限内审结，当事人又向人民法院起诉的，人民法院应当受理。"

上述规定将《民诉法解释》第 530 条关于非方便法院原则的规定上升为法律，并在适用条件方面作了进一步优化：

第一，删除司法解释关于"被告提出案件应由更方便外国法院管辖的请求"之内容，规定非方便法院原则的适用必须因被告提出管辖异议方才启动，如被告未在管辖权异议期间内提出适用该原则，而是在其后案件审理过程中提出的，人民法院不予支持；另外，人民法院亦不得主动适用该原则而拒绝行使管辖权。

第二，删除了司法解释关于案件不涉及中国公民、法人或者其他组织的利益的规定，仅规定案件不涉及中国的社会公共利益。这是因为在我国法院审理的涉外民商事案件中，有相当大比重的案件至少一方当事人涉及我国自然人、法人或其他组织。因此，如保留司法解释的该限制条件，非方便法院原则在司法实践中的适用可能将大为降低，其协调平行诉讼竞合与冲突的功能将大为受限。

第三，将司法解释关于案件不适用中国法律、人民法院适用法律方面存在重大困难的规定，修改为"案件争议的基本事实不是发生在中国领域内，人民法院审理案件和当事人参加诉讼均明显不方便"。作此修改的理由在于：一方面，案件不适用我国法律、依据《涉外民事关系法律适用法》适用外国法律乃涉外民商事审判之常态，外国法的准确查明和适用不应成为判断是否适用不方便法院原则的法定要件；另一方面，不方便法院原则的实质在于内国法院将司法管辖权礼让于具有管辖权的、更加方便审理案件的外国法院，故请求适用非方便法院原则的当事人应当证明的要件之一为人民法院审理案件和当事人参加诉讼均明显不方便以及外国法院审理案件更为方便，而非仅

---

[1]　天津市高级人民法院（2016）津民终 45 号民事裁定书。

仅人民法院审理案件不方便。

第四，《民事诉讼法》第 282 条第 2 款进一步完善了非方便法院原则的适用程序。对于人民法院裁定驳回当事人起诉后，外国法院对纠纷拒绝行使管辖权，或者未采取必要措施审理案件，或者未在合理期限内审结，当事人又向人民法院起诉的，人民法院应当受理，从而防止中外当事人因救济无门而致权利受损。

（八）平行诉讼

除将非方便法院原则上升为法律并作系统完善外，2023 年的《民事诉讼法》修改还首次系统规定了协调管辖权国际冲突、减少平行诉讼的基本立场。在吸收《民诉法解释》第 531 条以及《第二次全国涉外商事海事审判工作会议纪要》（以下简称《纪要》）第 10 条关于平行诉讼规定的基础上，《民事诉讼法》新增第 280 条规定："当事人之间的同一纠纷，一方当事人向外国法院起诉，另一方当事人向人民法院起诉，或者一方当事人既向外国法院起诉，又向人民法院起诉，人民法院依照本法有管辖权的，可以受理。当事人订立排他性管辖协议选择外国法院管辖且不违反本法对专属管辖的规定，不涉及中华人民共和国主权、安全或者社会公共利益的，人民法院可以裁定不予受理；已经受理的，裁定驳回起诉。"

由此可见，对于当事人之间的同一纠纷，无论是重复诉讼还是对抗诉讼，依照民事诉讼法规定，人民法院有管辖权的，即可予以受理，并不受当事人是否已向外国法院提起诉讼的影响。但是，相较《民诉法解释》第 531 条，2023 年《民事诉讼法》修改增加了人民法院行使管辖权的限制性适用条件，即当事人之间如订有排他性管辖协议，且在该协议未违反我国法院专属管辖规定、亦不违反我国公共政策而系有效协议的情形下，人民法院应当尊重排他性管辖协议的约定，不行使管辖权。如受理后发现当事人之间存在有效排他性管辖协议的，人民法院应当裁定驳回起诉。这一规定与尊重当事人协议管辖制度的思路一脉相承，即通过认可排他性管辖协议的效力、自我限缩管辖权，以保证当事人选择法院的确定性和可预见性。

至于如何确定排他性管辖协议，《全国法院涉外商事海事审判工作座谈会会议纪要》（以下简称《2021 年纪要》）第 1 条结合实践中当事人通常未指明约定法院为唯一的、排他性的管辖法院之情形，采取推定为排他性管辖协议的做法，规定："涉外合同或者其他财产权益纠纷的当事人签订的管辖协议如明确约定由一国法院管辖，但未约定该管辖协议为非排他性管辖协议的，应当推定该管辖协议为排他性管辖协议"，以尽可能通过协议管辖制度避免各国管辖权的竞合与冲突。[1]

2023 年《民事诉讼法》修正亦首次规定了平行诉讼中的中止诉讼制度。

---

[1]　最高人民法院民事审判第四庭编著：《〈全国法院涉外商事海事审判工作座谈会会议纪要〉理解与适用》，人民法院出版社 2023 年版，第 31 页。

《民事诉讼法》新增第 281 条规定："人民法院依据前条规定受理案件后，当事人以外国法院已经先于人民法院受理为由，书面申请人民法院中止诉讼的，人民法院可以裁定中止诉讼，但是存在下列情形之一的除外：（一）当事人协议选择人民法院管辖，或者纠纷属于人民法院专属管辖；（二）由人民法院审理明显更为方便。外国法院未采取必要措施审理案件，或者未在合理期限内审结的，依当事人的书面申请，人民法院应当恢复诉讼。外国法院作出的发生法律效力的判决、裁定，已经被人民法院全部或者部分承认，当事人对已经获得承认的部分又向人民法院起诉的，裁定不予受理；已经受理的，裁定驳回起诉。"

依据上述条款，一方面，人民法院行使管辖权后，可以考虑外国法院受理在先之平行诉讼等因素，裁定中止诉讼，此举体现了司法礼让原则。人民法院在收到当事人中止诉讼申请后，对裁定是否中止诉讼享有一定的司法裁量权，主要考虑外国法院是否受理在先、外国法院的审理进程是否远快于我国法院、外国法院是否即将作出判决等因素，从而以更为灵活、合理的方式避免平行诉讼、节约司法资源和降低当事人诉讼成本。另一方面，如果当事人之间存在选择我国法院管辖的协议、纠纷属于我国法院专属管辖或者纠纷与我国具有密切联系等因素，由我国法院审理更加方便的，人民法院则不应裁定中止诉讼。《民事诉讼法》第 281 条第 2 款还规定了中止诉讼后发现外国法院未采取必要措施审理案件或者未在合理期限内审结的，人民法院应当依据当事人的申请及时恢复诉讼，避免诉讼进程不当延误。

《民事诉讼法》第 281 条有两点值得注意的事项：一是最终法律条文删除了一读稿中"且根据本法的规定外国法院判决可能被中国法院承认的"的内容。作此删除系因在征求意见过程中，多数法官认为"外国判决预期承认理论"不符合我国司法实际：在平行诉讼进展过程中，不仅难以判断该外国法院未来作出的判决是否可能得到我国法院承认，亦无此必要。二是其第 281 条第 3 款规定了另一种平行程序情形，即外国法院既决诉讼与我国受理案件涉及同一纠纷的情形。根据其第 3 款的规定，必须是外国法院作出的生效裁判经人民法院全部或部分承认，方能产生相应的既判力效果，对该已获承认部分，当事人不得在人民法院再次起诉。该款与《民事诉讼法》第 302 条有一定关联，第 302 条规定人民法院受理的起诉与同一法院或其他法院受理申请承认和执行外国法院判决案件涉及的纠纷属同一诉讼的，人民法院亦可以裁定中止诉讼，等待申请承认和执行外国法院判决案件的结果，裁定不予承认的，恢复诉讼；裁定承认的，则直接裁定驳回起诉。[1]

（九）国际商事法庭的管辖权

为服务和保障"一带一路"建设，2018 年最高人民法院公布了《关于设

---

[1] 沈红雨、郭载宇：《〈民事诉讼法〉涉外编修改条款之述评与解读》，载《中国法律评论》2023 年第 6 期。

立国际商事法庭的规定》，为国际商事法庭的设立和运行提供了法律依据。2018 年 6 月 29 日，最高人民法院第一国际商事法庭、第二国际商事法庭分别在深圳市和西安市正式揭牌。依据 2018 年《关于设立国际商事法庭的规定》的第 2 条规定，国际商事法庭受理下列案件：

①当事人依照《民事诉讼法》第 34 条的规定协议选择最高人民法院管辖且标的额为人民币 3 亿元以上的第一审国际商事案件；

②高级人民法院对其所管辖的第一审国际商事案件，认为需要由最高人民法院审理并获准许的；

③在全国有重大影响的第一审国际商事案件；

④依照该规定第 14 条申请仲裁保全、申请撤销或者执行国际商事仲裁裁决的；

⑤最高人民法院认为应当由国际商事法庭审理的其他国际商事案件。

依据上述规定，国际商事法庭的管辖权有较为明显的制度创新，其中最为显著的是：在满足一定条件的情况下，国际商事纠纷的当事人可以选择最高人民法院国际商事法庭作为审理纠纷的法院，这突破了之前的司法实践。在 2018 年《关于设立国际商事法庭的规定》颁布前，根据《人民法院组织法》《民事诉讼法》及相关司法解释的规定，除了"在全国有重大影响的案件"和最高院"认为应当由本院审理的案件"这两种情况，从级别管辖和专属管辖的角度来看，并不存在其他最高院直接对涉外民商事案件进行一审的情形。

依据 2018 年《关于设立国际商事法庭的规定》第 2 条第 1 项，对于标的额 3 亿元以上的国际商事纠纷，当事人可以依据《民事诉讼法》第 34 条的规定协议选择由最高院管辖。如前所述，2017 年修正的《民事诉讼法》第 34 条规定："合同或者其他财产权益纠纷的当事人可以书面协议选择被告住所地、合同履行地、合同签订地、原告住所地、标的物所在地等与争议有实际联系的地点的人民法院管辖，但不得违反本法对级别管辖和专属管辖的规定。"可见，对于与中国（大陆地区）有实际联系的、标的额 3 亿元以上的国际商事纠纷，当事人可选择最高院国际商事法庭作为一审管辖法院。换言之，国际商事法庭不能审理与中国（大陆地区）无实际联系的案件，亦即"离岸案件"。这一点与世界上其他一些国际商事法庭（如新加坡国际商事法庭）显著不同。[1]

此外，值得注意的是，根据 2022 年 11 月 14 日公布的《最高人民法院关于涉外民商事案件管辖若干问题的规定》，高级人民法院管辖诉讼标的额 50 亿元（人民币）以上（包含本数）或者其他在本辖区有重大影响的第一审民事案件。该司法解释大大提高了高级法院受理案件的标准，据此，对于标的

---

[1] Zhengxin Huo, Yip Man, "Comparing the International Commercial Courts of China with the Singapore International Commercial Court", *In' tl & Comp. LQ*, 68：4（2019）.

额在 3 亿元至 50 亿元之间的国际商事案件，当事人既可以选择中级人民法院一审、高级人民法院二审的模式，也可以直接协议选择最高院国际商事法庭一审终审。因此，《关于设立国际商事法庭的规定》向许多原本无法由最高院审理的案件提供了被最高院管辖的可能。

2023 年《民事诉讼法》修正较为系统地修改了人民法院的涉外民事管辖权，为了与之相协调，最高人民法院于 2023 年 12 月 18 日公布《关于修改设立国际商事法庭问题的决定》，自 2024 年 1 月 1 日起施行。《关于修正设立国际商事法庭问题的决定》共两条。一是拓展外国法律的查明途径。关于此点，本书在第一编第五章已有论述；二是扩大当事人协议选择国际商事法庭管辖的案件范围。

具体而言，《关于修正设立国际商事法庭问题的决定》将《关于设立国际商事法庭的规定》第 2 条第 1 项修改为："（一）当事人依照民事诉讼法第二百七十七条的规定协议选择最高人民法院管辖且标的额为人民币 3 亿元以上的第一审国际商事案件"。如前所述，《民事诉讼法》第 277 条构建了符合我国国情、顺应国际趋势的涉外协议管辖制度，明确涉外民事纠纷的当事人书面协议选择人民法院管辖的，可以由人民法院管辖，不要求争议必须与我国有实际联系，以鼓励外国当事人选择中国法院管辖，充分体现我国尊重当事人意思自治、平等保护、包容开放的司法态度。据此，《关于设立国际商事法庭的规定》第 2 条第 1 项作适应性修改，明确国际商事法庭受案范围包括当事人依照《民事诉讼法》第 277 条规定协议选择最高人民法院管辖且标的额为人民币 3 亿元以上的第一审国际商事案件，不再适用《民事诉讼法》第 35 条（2012 年《民事诉讼法》第 34 条）关于当事人协议管辖须选择与争议有实际联系的地点的人民法院的规定。这一修改有利于扩展国际商事法庭的管辖权，为持续提升我国司法的国际公信力和影响力、更好服务保障共建"一带一路"和推进高水平对外开放提供了更为有力的依据。

第三节 国际民事司法协助

一、概念

国际法禁止一国未经另一国许可而在其境内从事政府行为。这一原则适用于国际民事纠纷解决的诸多方面——包括送达、取证、判决的承认与执行等。因此，一国法院如得不到其他国家法院的支持，往往不能有效地进行国际民事诉讼。一国法院对另一国法院或当事人提供的协助被称为"国际司法协助"（international judicial assistance）。[1] ［参见二维码拓展阅读 13-5］

---

[1] Gary B. Born, *International Civil Litigation in the United States* (4th ed.), Austin: Wolters Kluwer, 2007, p. 813.

不过，关于国际司法协助的概念，无论是在国际法学界，还是在国际社会的立法和司法实践中，都存在着不同的理解，主要有广义和狭义两种观点。狭义的观点认为，司法协助包括协助送达诉讼文书、传询证人和收集证据。广义的观点认为，除了送达诉讼文书、传询证人、提取证据以外，司法协助还包括外国法院判决和外国仲裁裁决的承认与执行。大陆法系国家多采取这种主张。[1] 我国《民事诉讼法》在第四编"涉外民事诉讼程序的特别规定"第二十七章"司法协助"中，对送达文书、调查取证、法院判决和仲裁裁决的承认与执行作了比较详细的规定，可见，我国立法采用了广义的观点。不过，鉴于广义上的国际民事司法协助涵盖的内容较多，为便于读者学习，本书将法院判决的承认与执行问题放在下一节单独论述，外国仲裁裁决的承认与执行问题则留待第十四章介绍国际商事仲裁时再行详述。

二、域外送达

（一）概念

域外送达（service abroad），是指一国法院根据国际条约或本国法律或按照互惠原则将"司法文书和司法外文书"（judicial and extrajudicial documents）送交居住在域外的诉讼当事人或其他诉讼参与人的行为。[2]

在国际民事诉讼中，送达是必不可少的环节之一。就当事人而言，只有在收到司法文书并知悉其内容的情况下，才能确定自己如何行使诉讼权利和承担诉讼义务，如果送达不合法，可以就此提出异议或主张权利。就司法机关而言，只有合法、有效地送达了司法文书，才能与当事人和其他诉讼参与人产生诉讼上的法律关系，才能行使司法审判权，而且诉讼过程中的许多诉讼期间也是从有关司法文书的送达开始计算的。在一般情况下，未对当事人进行适当通知和送达的缺席判决，是得不到域外法院承认和执行的。

送达是诉讼程序中的重要环节，但由于各国法律制度与诉讼模式不同，不同国家对于送达的性质及其形式有不同的理解。概言之，大陆法系国家的民事诉讼采取"职权主义"，庭审则多采取"纠问制"，法官在民事诉讼中居于主动地位，故大陆法系国家大多认为，司法文书的送达是国家司法机关履行司法职权的"公"权力行为，因而送达基本上是由法院及其工作人员完成的。与此不同，在英美法系国家，诉讼通常采取"当事人主义"，庭审则多采

---

[1] 韩德培、肖永平编著：《国际私法学》，人民法院出版社2004年版，第347页。

[2] 司法文书，又称诉讼文书，通常是指在诉讼中由司法机关（法院）作出的与诉讼有直接联系的各种书面材料，如传票、裁定书、判决书等。司法外（诉讼外）文书是指非法院制作的诉讼程序以外的文书，包括：有关国家机关依法制作的公证书、认证书、汇票拒绝书、给付催告书、离婚协议书、收养同意书、申请人提交的需要确认的材料等。司法外文书具有以下两个特点：①它与诉讼案件没有直接联系；②它需要某一"当局"或"司法人员"的介入。前一个特征使它与司法文书相区别；后一个特征使它与私人文书相区别。参见赵相林主编：《国际私法》，中国政法大学出版社2014年版，第376页。

取"抗辩制"，法官在诉讼中仅起着被动的公断人的作用，故在英美法系国家，除强制性文书的送达外，送达不属于履行司法权的行为，是由当事人或其律师完成的，属于"私"的性质，不能与国家（州）的权力联系在一起。[1]

鉴于各国（尤其是两大法系）对国际民事诉讼中送达的性质有不同的认识，各国在进行域外送达时需要相互协调。一方面，世界各国须在其内国的诉讼立法中对文书的域外送达以及外国文书在内国的送达作专门规定；另一方面，各国订立了各种涉及域外送达诉讼和非诉讼文书的双边和多边条约，逐步建立和完善了域外送达的途径与制度。

目前，关于域外送达的国际公约主要有1965年《海牙关于向国外送达民事或商事司法文书和司法外文书公约》（以下简称《海牙送达公约》）以及各国之间缔结的双边司法协助条约和领事条约。截至2024年1月，《海牙送达公约》共有82个缔约国，是该领域影响最大的全球性国际公约。[2] ［参见二维码拓展阅读13-6］

（二）方式

司法文书的域外送达主要通过以下两种途径进行：一是直接送达，即由内国法院根据内国法律和国际条约的有关规定通过一定的方式直接送达；二是间接送达，即由内国法院根据内国法律和国际条约的有关规定通过一定的途径委托外国的中央机关代为送达。[3]

1. 直接送达。一般而言，直接送达的方式主要有以下几种：

（1）外交代表或领事送达。外交代表或领事送达是指由内国法院将需要在国外送达的司法文书委托给内国驻有关国家的外交代表或领事代表代为送达。采用这种方式进行域外送达的对象一般只能是所属国国民，且不得采取强制措施。这种方式已为国际社会所普遍认可和采用。1963年《维也纳领事关系公约》第5条和1954年海牙《民事诉讼程序公约》第6条都规定了这种送达方式。

（2）邮寄送达。邮寄送达是指由内国法院将司法文书直接邮寄给位于国外的诉讼当事人或其他诉讼参与人。《海牙送达公约》第10条规定了这种送达方式。不过，各国立法和司法实践对这种送达方式所持的态度不同。美国、法国等国家在批准和加入《海牙送达公约》时认可了这一方式，但德国、瑞士、卢森堡、挪威、土耳其、埃及等国则明确表示反对。我国于1991年批准加入《海牙送达公约》时，明确表示反对采用公约第10条所规定的邮寄送达等方式在我国境内送达。

（3）个人送达。个人送达是指内国法院将司法文书委托给具有一定身份

---

[1]　参见何其生：《比较法视野下的国际民事诉讼》，高等教育出版社2015年版，第203~204页。

[2]　参见https：//www.hcch.net/en/instruments/conventions/status-table/? cid=17，最后访问日期：2024年1月18日。

[3]　参见韩德培、肖永平编著：《国际私法学》，人民法院出版社2004年版，第349~351页。

的个人代为送达。这种个人可以是有关当事人的诉讼代理人，也可以是当事人选定的人或与当事人关系密切的人。个人送达方式一般为英美法系国家所承认和采用，而大陆法系国家通常反对这一送达方式。

（4）公告送达。公告送达是指内国法院将需要送达的司法文书的内容以张贴公告或登报的方式告知有关当事人或其他诉讼参与人，自公告之日起一定期限届满后视为已送达。不少国家的民事诉讼法均规定，在一定条件下可适用公告送达的方式。

（5）以当事人协商的方式送达。这是当事人意思自治在文书送达上的体现，主要为英美法系国家所采用。在美国，对外国国家的代理人或代理处以及对外国国家或外国政治实体的送达，可以依诉讼双方当事人之间特别协商的方法进行。在英国，合同当事人甚至可以在其合同中约定送达方式。

2. 间接送达。间接送达，亦即通过国际司法协助的途径来进行送达，它必须按照双方共同缔结或参加的双边或多边条约的规定，通过缔约国的中央机关来进行。根据各国法律和有关司法协助的条约，此种间接送达必须经过特别的程序。

关于提出请求的机关，一般认为，应依请求国法律来界定。如《海牙送达公约》第3条将提出请求的机关规定为"依文书发出国法律有权主管的当局或司法助理人员"。对我国而言，由于送达文书属于法院职权范围，因此，有权向外国提出请求的主体只能是法院。

请求途径一般应依条约的规定进行，没有条约关系的，通过外交途径进行。关于请求的执行和执行情况的通知，根据《海牙送达公约》和有关国家的实践，一国执行外国提出的送达请求，主要有以下三种方式：①正式送达，即被请求国法院按照其国内法规定的在国内诉讼中对在其境内的人员送达文书的方法自行送达该文书。②特定方式送达，即文书可按照请求方要求采用特定方法进行送达。但是，此种特定方法不得与被请求国的法律相抵触。③非正式送达，即由被请求国法院按照本国法律的规定进行一般性送达，完全以有关当事人或其他诉讼参与人自愿接受为条件。前两种方式属于强制送达，第三种方式属于非强制送达，其也比较灵活，只要让收件人得知有送达给他的有关文件或只要将有关文件交到他手上即可，无须拘泥于某种严格的方式和程序。

至于执行结果的通知，国际社会的普遍做法是采用送达回证或由有关机构出具送达证明书的形式将执行情况通知请求机构，而且这种通知的途径与司法协助请求书的转递途径相同。

关于请求的拒绝，基于国家主权的考虑，世界各国都在其国内立法和有关国际公约中规定了拒绝履行送达委托的条件。一般来说，当某些文书的送达将损害被请求国主权、安全或国内公共秩序时，被请求国有关机构可拒绝履行这种送达委托。另外，按照《海牙送达公约》第1条和第4条的规定，对受送达人地址不详或请求书不符合要求并且不能及时补正的，也可拒绝执行或对请求书提出异议。

（三）中国的域外送达制度

中国关于司法文书和司法外文书的域外送达制度主要体现在我国缔结或参加的有关国际条约以及国内立法和有关规定中。国际条约包括《海牙送达公约》和中国与外国缔结的一系列双边司法协助条约，国内立法包括《民事诉讼法》及其司法解释以及最高人民法院、外交部、司法部联合发布的有关文件等。需要强调的是，涉外案件"送达难""调查取证难"一直是制约我国涉外民商事审判效率提升的关键因素，社会各界对提升涉外送达效率的呼声尤为强烈。2023 年修正的《民事诉讼法》采取问题导向、求真务实的立法态度，全面总结涉外案件送达和调查取证审判实践经验及需求，在充分保障当事人诉权的前提下，积极改革涉外送达制度，增设域外调查取证制度，力求解决制约涉外审判质效的"卡脖子"问题。

1991 年 3 月 2 日全国人大常委会作出批准加入《海牙送达公约》的决定，该公约自 1992 年 1 月 1 日起对中国生效。这是中国加入的第一个海牙国际私法公约，标志着海牙国际私法会议制定的统一国际私法公约开始成为中国国际私法的国际法渊源之一。同时，鉴于该公约是文书送达领域最重要的国际条约，所以，在中国与同为该公约缔约国之间的文书送达，主要依据该公约进行，除非两国之间缔结了双边司法协助条约。

值得强调的是，中国批准加入《海牙送达公约》时，指定司法部作为中央机关和有权接受外国通过领事途径转递的文书的机关。此外，我国对该公约的一些条款作出了保留：①对外交人员或领事直接送达，我国声明"只有文书须送达给文书发出国公民时"，才能采用上述方式在我国境内进行送达。②对邮寄送达、主管人员直接送达以及利害关系人直接送达三种替代送达方式，我国声明反对在我国境内采用。因此，对于同是该公约的缔约国，这三种方式都不适用。

依据上述国际条约与中国国内法，中国的域外送达制度可以从中国法院向外国送达诉讼文书和外国法院向在我国境内的当事人送达诉讼文书两个方面加以分析。

1. 中国法院向国外送达诉讼文书。按照《民事诉讼法》第 283 条的规定，我国法院对在我国领域内没有住所的当事人送达诉讼文书，可以采用下列方式：[参见二维码 13-3]

（1）依照受送达人所在国与我国缔结或共同参加的国际条约规定的方式送达。如该外国与我国缔结有双边司法协助条约，应优先适用该条约；如该外国尚未与我国缔结双边司法协助条约，但为《海牙送达公约》缔约国，则可依据该公约规定的途径进行。依据 1992 年 3 月 4 日发布的《最高人民法院、外交部、司法部关于执行〈关于向国外送达民事或商事司法文书和司法外文书公约〉有关程序的通知》，我国法院若请求公约成员国向该国公民或第三国公民或无国籍人送达民事或商事司法文书，有关中级人民法院或专门人民法院应将请求书和所送达司法文书送有关高级人民法院转最高人民法院，由最高人民法院送司法部转送给该国指定的中央机关；必要时，也可由最高人民法院送我国驻该国使馆转送给该国指定的中央机关。此外，最高人民法院于 2003 年公布了《最高人民法院办公厅关于指定北京市、上海市、广东省、浙江省、江苏省高级人民法院依据海牙送达公约和海牙取证公约直接向外国中央机关提出和转递司法协助请求和相关材料的通知》。上述五省市的高级法院据此可以直接向《海牙送达公约》成员国中央机关提出和转递本院及下级人民法院依据该公约提出的送达民事司法文书和司法外文书的请求书及相关材料。但《海牙送达公约》成员国中与我国签订含有民事司法协助内容的双边司法协助条约的，按条约规定的途径办理。

不过，就《海牙送达公约》的运作实践来看，整体效率不高。统计数据显示，我国依据该公约向外国送达文书，平均用时为一年半，且其中仅有约 70% 的协助送达请求得到对方某种程度的回应。

（2）通过外交途径送达。中国法院向同中国建交但未签订双边司法协助条约或非《海牙送达公约》缔约国境内的非中国籍当事人送达文书，可以通过此方式。依据《最高人民法院、外交部、司法部关于我国法院和外国法院通过外交途径相互委托送达法律文书若干问题的通知》，要求送达的法律文书须经高级人民法院审查，由外交部领事司负责转递。

（3）在外国境内的中国国籍的当事人送达文书，如该国允许我国使、领馆直接送达，可委托我国驻该国使、领馆送达。

（4）向受送达人本案中委托的诉讼代理人送达。向受送达人委托的代理人送达，与直接向受送达人送达相同，相对简单，也是各国普遍采纳的送达方式。依据《民事诉讼法》及其司法解释，外籍当事人在人民法院起诉、应诉，需要委托律师代理诉讼的，必须委托中国律师。涉外民事诉讼中的外籍当事人，可以委托本国人为诉讼代理人，也可以委托本国律师以非律师身份担任诉讼代理人；外国驻华使领馆官员，受本国公民的委托，可以以个人名义担任诉讼代理人，但在诉讼中不享有外交或者领事特权和豁免，上述涉外民事案件外籍当事人的诉讼代理人都可以作为受送达的对象。[1] 需要指出，2023 年《民事诉讼法》修改，删除对诉讼代理人进行送达时其须"有权代其接受送达"的规定。这是因为诉讼代理人，无论其为一般授权还是特别授权，均有义务为其所代理的当事人接受法院送达的司法文书，此系诉讼代理人的基本义务和当然义务，也是其参与诉讼活动不可或缺的一环。鉴于司法实践中存在诉讼代理人提交的授权委托书载明"不包括接受司法文书"，意图逃避送达、拖延诉讼的情形，故 2023 年《民事诉讼法》修正删除了诉讼代理人"有权代其接受送达"之限制性规定。

（5）向受送达人在我国领域内设立的独资企业、代表机构、分支机构或

---

〔1〕 参见何其生：《比较法视野下的国际民事诉讼》，高等教育出版社 2015 年版，第 236 页。

者有权接受送达的业务代办人送达。2023 年《民事诉讼法》修正新增向受送达人在我国领域内设立的独资企业送达的规定。该送达方式吸收了《2021 年纪要》第 12 条第 1 项的规定。虽然在公司法意义上，股东与其设立的独资公司系各自独立的法人，但在程序法意义上，送达的功能在于通知相关诉讼事项，因独资企业的日常经营管理人员全来自外国单一股东的委派，并无其他股东委派的人员，不存在送达事项影响其他股东投资利益的问题，故无须外国股东另行向其设立的独资企业进行授权。在征求意见过程中，有意见提出，此种情形下的送达应不限于"独资企业"，可以拓展至受送达人在我国领域内设立的合资企业、合作企业等企业形式。为避免诉讼事宜波及其他股东，引发其他股东的担忧，最终未采纳这一建议。2023 年《民事诉讼法》修改，删除对法人依法设立的分支机构进行送达时须以其"有权接受送达"为前提的规定。根据《民法典》第 74 条的规定，法人设立的分支机构并不具有独立的法人人格。分支机构作为受送达人的内设机构，与受送达人之间的关系属于内部关系，其不仅具备向所属法人传递信息的功能，而且负有接受司法文书后及时传递给所属法人的义务，故 2023 年《民事诉讼法》修正删除了分支机构接受送达以"有权接受送达"之前提条件。

（6）受送达人为外国人、无国籍人，其在中国领域内设立的法人或者其他组织担任法定代表人或者主要负责人，且与该法人或者其他组织为共同被告的，向该法人或者其他组织送达。这是 2023 年《民事诉讼法》修正新增的送达方式，它吸纳了《2021 年纪要》第 12 条第 2 项的规定。与一读稿的规定相比，最终法律条文增加了"且与该法人或者其他组织为共同被告的"之限制性表述。其中原因在于，如果该外国人、无国籍人系因私人事务涉诉，如婚姻纠纷案件、继承案件、涉及个人隐私的案件等，由公司、企业接受送达可能导致个人隐私泄露等损害受送达人利益的后果。因此，最终法律条文将该种送达方式限制在商事纠纷领域，且规定仅适用于其任职的法人或者其他组织成为共同被告的情形。

（7）受送达人为外国法人或者其他组织，其法定代表人或者主要负责人在中国领域内时，向其法定代表人或者主要负责人送达。该规定来源于《民诉法解释》第 533 条，依之，外国人或者外国企业、组织的代表人、主要负责人在中华人民共和国领域内的，人民法院可以向该自然人或者外国企业、组织的代表人、主要负责人送达。外国企业、组织的主要负责人包括该企业、组织的董事、监事、高级管理人员等。经司法实践证明，这是一种有效、成熟的途径，故 2023 年《民事诉讼法》修正将其上升为法律。

（8）受送达人所在国的法律允许邮寄送达的，可以邮寄送达，自邮寄之日起满 3 个月，送达回证没有退回，但根据各种情况足以认定已经送达的，期间届满之日视为送达。

（9）采用能够确认受送达人收悉的电子方式送达，但是受送达人所在国法律禁止的除外。在 2023 年《民事诉讼法》修正过程中，条文草案曾对电子送达采取了列举的立法方式，列举出传真、电子邮件、即时通讯工具、特定电子系统等电子送达方式，但考虑到随着信息技术的飞速发展，电子送达途径不断更新，立法机关认为，有必要从立法技术上使用"电子方式"这一高度抽象、开放包容的表述，为未来信息技术通信手段作为合法送达方式预留空间。因此，2023 年修改的《民事诉讼法》第 283 条第 1 款第 9 项规定"采用能够确认受送达人收悉的电子方式送达，但是受送达人所在国法律禁止的除外"，即电子送达不再主要限于传真、电子邮件等方式，只需能够确认受送达人收悉，同时强调电子送达应以受送达人所在国不禁止该方式为前提。值得注意的是，在司法实践中，为保证受送达人的合理权益，确保程序正义，采用电子邮件等方式送达的，须以能够确认受送达人收悉为前提。因此，仅仅发了传真或电子邮件，而受送达人未确认收悉的，不能视为有效送达；采取电子邮件送达的，即便受送达人的电子邮箱设置了自动回复，也不能仅凭此确认其已收悉。

（10）以受送达人同意的其他方式送达，但是受送达人所在国法律禁止的除外。该项兜底式的送达方式具有一定开放性，包括亲友代为转交等，只要受送达人同意，且不违反受送达人所在国法律的，即可采用。至于何为受送达人同意，须司法实践中予以明确。一般而言，受送达人填写的送达地址确认书、签署的包含诉讼送达约定条款的协议等可以认定为其明确表示同意。

（11）不能用上述方式送达的，公告送达，自发出公告之日起，经过 60 日，即视为送达。需要指出的是，公告送达仅为一种拟制送达。在涉外民事诉讼中，受送达人能够通过公告送达知悉法院通知事项的实际可能性很低，所以，为保障受送达人的合理利益，便于我国法院的判决在域外得到承认与执行，我国法院在涉外民事诉讼中应尽量避免使用公告送达。需要指出，公告送达系法律拟制的送达方式，非涉外案件公告期限已经从 60 日缩短至 30 日，故社会各界对缩短涉外公告送达期限以提升涉外审判质效的呼声颇高。在起草过程中有部分意见提出，为提升涉外送达效率，可以考虑将涉外公告送达的期限与非涉外公告送达保持一致，均规定为 30 日。考虑到涉外民商事审判程序的相关期限均一倍于非涉外案件期限，例如，在我国领域内无住所的当事人的上诉期、答辩期均为 30 天，在我国领域内有住所的当事人上诉期、答辩期则为 15 天，最终法律条文将对我国领域内无住所的当事人进行公告送达期限由《民事诉讼法》原先规定的 3 个月缩短为 60 天。[1]

2. 外国法院向在我国境内的当事人送达诉讼文书的方式。根据《民事诉讼法》第 294 条以及有关的司法解释和通知的规定，外国法院向在我国境内的当事人送达诉讼文书的，可以采用以下方式：[参见二维码 13-3]

（1）外国与我国有条约关系的，依照双方缔结或参加的国际条约规定的

---

〔1〕 参见沈红雨、郭载宇：《〈民事诉讼法〉涉外编修改条款之述评与解读》，载《中国法律评论》2023 年第 6 期。

途径进行。如该外国与我国缔结有双边司法协助条约，应优先适用该条约；如该外国尚未与我国缔结双边司法协助条约，但为《海牙送达公约》缔约国，则可依据该公约规定的途径进行，我国声明保留的送达方式除外。依据《最高人民法院外交部、司法部关于执行〈关于向国外送达民事或商事司法文书和司法外文书公约〉有关程序的通知》，凡公约成员国驻华使、领馆转送该国法院或其他机关请求我国送达的民事或商事司法文书，应直接送交司法部，由司法部转递给最高人民法院，再由最高人民法院交有关人民法院送达给当事人。送达证明由有关人民法院交最高人民法院退司法部，再由司法部送交该国驻华使、领馆。凡公约成员国有权送交文书的主管当局或司法助理人员直接送交司法部请求我国送达的民事或商事司法文书，由司法部转递给最高人民法院，再由最高人民法院交有关人民法院送达给当事人。送达证明由有关人民法院交最高人民法院退司法部，再由司法部送交该国主管当局或司法助理人员。［参见二维码 13-3］

【案例 13-6】　2003 年 8 月 8 日，美国华盛顿特区联邦法院受理了仰融等人起诉辽宁省政府的财产纠纷案件。2003 年 8 月 21 日，仰融的律师以 UPS 特快专递挂号方式寄往中国司法部，向辽宁省政府发出民事案传票及诉状。传票要求被告方向原告律师送达针对该传票随附诉状的答辩，并规定答辩须在传票送达 60 日内作出，如被诉方未按时送达签办，则法院将缺席判决被诉方败诉并作出诉状要求的赔偿。2003 年 10 月 23 日，中国司法部拒绝了仰融律师的送达请求，理由是：依据《海牙送达公约》第 13 条第 1 款"执行请求将损害被请求国国家主权或安全"的不予送达的规定。2003 年 11 月 19 日，美国华盛顿特区联邦法院委托美国国务院通过外交途径，向中国外交部送达了仰融状告辽宁政府侵犯财产权一案的有关外交照会，并附传票、诉讼状及诉讼通知书。中国外交部、司法部与辽宁省政府对此不再作出回复。2005 年 3 月 3 日，美国华盛顿特区联邦法院以对该案没有管辖权为由，驳回了仰融的诉讼请求。

回顾这个案子，尽管其结果有惊无险，但在处理美方送达的事项上，我国政府的做法似有值得推敲之处。例如，司法部以《海牙送达公约》第 13 条第 1 款为由拒绝仰融律师的送达请求，依本书之见，尽管这是一种可选的处理方式，但未必是当时的最佳选项。如前所述，由于中美两国均为《海牙送达公约》缔约国，所以，两国间的跨国送达文书，应依据该公约的规定，中国保留的送达方式除外。在加入《海牙送达公约》时，中国政府明确反对公约第 10 条规定的方式在我国境内送达，也就是反对邮寄送达和个人直接送达。因此，中美虽然同是该公约缔约国，但美国方面不得基于公约第 10 条通过邮寄送达的方式向中国境内的当事人进行文书送达。事实上，美国华盛顿特区联邦法院行政事务办公室曾专门向各法院发送备忘录，其中特别指出，由于中国拒绝邮寄送达的方式，发往中国的传票应通过美国国务院以外交渠道送达。

由此可见，仰融的律师犯了一个错误——他们以一种无效的方式送达传票。在这种情况下，中国司法部可以对之置之不理。这样，仰融的律师会认为其已完成文书送达的义务，已对被告进行了适当的通知，只是被告未按传票的要求进行答辩与应诉。接下来，他们就会按传票规定的送达后的 60 日内要求美国法院作出缺席判决。而等到美国华盛顿特区联邦法院准备开庭之际，中国司法部再亮出底牌，将《海牙送达公约》有关中国的保留条款与美法院管理办公室的通知的副本送交仰融的律师。这个时候，仰融的律师就不得不承受不利后果：根据美国华盛顿特区《律师行为守则》第 3 条第 3 款，仰融的律师必须将此副本转交法庭，而向法庭转交副本意味着承认犯错及诉讼应予以撤销。[1] 然而，由于中国司法部以《海牙送达公约》第 13 条第 1 款为由拒绝送达，反而在某种程度上"帮了"仰融律师的忙，他们不得已请求美国华盛顿特区联邦法院通过外交途径送达，而这种途径是一种有效的送达方式。在这种情况下，如果中国方面置之不理，中国被诉方拒绝答辩与应诉，就很有可能导致缺席审判，鉴于华晨中国的股票在纽约股票交易所上市，如果作出判决，美国华盛顿特区联邦法院的判决很容易得到执行。因此，反观中国政府当时对仰融律师邮寄送达传票所声明的立场，尽管其本身难称错误，但这是否为当时的最佳选择，显然值得商榷。[参见二维码 13-5]

（2）既没有与我国缔结双边司法协助条约，也非《海牙送达公约》缔约国的国家，则可通过外交途径进行。依据《最高人民法院、外交部、司法部关于我国法院和外国法院通过外交途径相互委托送达法律文书若干问题的通知》，凡已同我国建交国家的法院，通过外交途径委托我国法院向我国公民或法人以及在华的第三国或无国籍当事人送达法律文书，除该国同我国已订有协议的按协议办理外，一般根据互惠原则按下列程序和要求办理：①由该国驻华使馆将法律文书交外交部领事司转递给有关高级人民法院，再由该高级人民法院指定有关中级人民法院送达给当事人。当事人在所附送达回证上签字后，中级人民法院将送达回证退还高级人民法院，再通过外交部领事司转退给对方；如未附送达回证，则由有关中级人民法院出具送达证明交有关高级人民法院，再通过外交部领事司转给对方。②委托送达法律文书须用委托书，委托书和所送法律文书须附有中文译本。③法律文书的内容有损我国主权和安全的，予以驳回；如受送达人享有外交特权和豁免，一般不予送达；不属于我国法院职权范围或因地址不明或其他原因不能送达的，由有关高级人民法院提出处理意见或注明妨碍送达的原因，由外交部领事司向对方说明理由，予以退回。

---

[1] 根据美国《联邦民事诉讼程序规则》第 12 条，传票与诉状的无效送达将导致诉讼的撤销，而不能作出缺席判决。这是美国司法制度中"程序正义"的一个重要组成部分。

（3）外国驻华使领馆可以直接向在华的本国国民送达法律文书，但不得损害我国的主权、安全和社会公共利益，不得采取强制措施。

此外，对拒绝转递我国法院通过外交途径委托送达法律文书的国家或有特殊限制的国家，我国可根据情况采取相应的对等措施。[参见二维码 13-3]

三、域外取证

（一）概念

域外取证（taking of evidence abroad），是指在国际民事诉讼中，一国司法机关及其人员或当事人及其他相关人员在该国境外收集、提取与案件有关的证据。域外取证直接关系到国际民事诉讼程序是否能顺利进行，并影响案件的审理结果，是国际民事诉讼中的一个重要环节。

同域外送达类似，各国关于域外取证的立法与实践方面存在很大区别。例如，关于域外取证的性质、取证的范围等事项，大陆法系国家与英美法系国家的立场就颇有不同。大陆法系国家大多认为，域外取证事关一国的司法主权和安全，因而强调其具有严格的属地性。所以，依据这些国家的法律，一国的司法机关只有在本国境内调查取证的权力，未经有关国家的同意，不能在别国境内实施取证行为。[1]与此不同，在英美法系国家，民事诉讼中的证据获得原则上属于当事人及其律师分内的事情，法院一般不主动为之。譬如，"为公正、有效地解决争议，必须赋予诉讼当事人获取与解决其争议相关的所有证据的法律权力"，这被确立为美国民事诉讼的基本前提。所以，依据美国法，诉讼当事方拥有向对方及非当事方调查取证的广泛权限。[2]

由于取证制度的差异，各国在域外取证上不免产生冲突。例如，美国通常承认域外单方面获取证据行为的合法性，而大多数大陆法系国家则对外国在其本国境内的取证行为进行限制，认为这类司法行为必须经过批准或由当地司法官员进行。即便同为英美法系国家，对于美国那种未经许可单方面获取证据的行为，在一些国家也被视为违反国家主权的行为，并引发了不少外交抗议。[3]

为了迅速、及时、有效地处理涉外民商事案件，各国一方面在国内立法中规定了域外取证制度，另一方面通过国际合作缔结调整跨国取证的国际条约。在这些条约中，既有双边条约，也有多边条约；在多边条约中，既有全球性条约，也有区域性条约，其中，作为全球性多边条约的1970年《关于从国外调取民事或商事证据的公约》（以下简称《海牙取证公约》）的影响最

---

[1] 参见何其生：《比较法视野下的国际民事诉讼》，高等教育出版社 2015 年版，第 261 页。

[2] Gary B. Born, *International Civil Litigation in the United States* (4th ed.), Austin：Wolters Kluwer, 2007, pp. 907-908.

[3] 参见何其生：《比较法视野下的国际民事诉讼》，高等教育出版社 2015 年版，第 262 页。

大，截至2024年1月，已有包括中国、美国在内的66个国家加入该公约。[1]
目前，《海牙取证公约》已成为我国与其他缔约国进行域外调查取证合作的主
要法律依据。[参见二维码拓展阅读13-7]

《海牙取证公约》对于便利域外取证取得了积极效果，根据海牙国际私法
会议2013年问卷调查的反馈结果，各国依据该公约执行取证请求的平均时间
如下：38%的请求在2个月内完成，18%的请求在2~4个月内完成，5%的请
求在4~6个月内完成，17%的请求在6~12个月内完成。[2]

（二）方式

关于域外取证的方式，大致可分为直接取证和间接取证两种途径。直接
取证是指受诉法院国的司法机关或有关人员依据其与其他国家之间的条约或
互惠关系，或在征得有关国家同意的情况下，直接在外国境内提取有关案件
所必需的证据；间接取证是指受诉法院国的司法机关或有关人员通过司法协
助的途径，采用请求书的方式，委托有关国家的主管机构进行取证。[3]

1. 直接取证。直接取证一般不涉及取证地国家主管机关的司法行为，无
须得到该外国司法机关的协助，其方式主要有以下几种：

（1）外交和领事人员取证。这种方式是国际社会所普遍承认和采用的方
式，世界各国的民事诉讼法和各国间缔结的外交、领事关系条约、司法协助
条约等对此都作了明确规定。例如，《法国新民事诉讼法典》第733条规定，
法官可经当事人要求或依职权委托法国驻外国的外交或领事机构在该外国境
内进行其认为必要的证据调查措施或其他司法活动。[4]《维也纳外交关系公
约》和《维也纳领事关系公约》规定，依据现行的国际协定，或者在没有这
类国际协定时依照符合接受国法律和规章的任何其他方式，外交代表和领事
代表可以为派遣国法院录取证词。[5]《海牙取证公约》第15条第1款规定，
在民事或商事案件中，每一缔约国的外交官员或领事代表在另一缔约国境内
其执行职务的区域内，可以向他所代表的国家的国民在不采取强制措施的情
况下调取证据，以协助在其代表的国家的法院中进行的诉讼。

外交和领事人员取证可分为两种情况：①外交与领事人员在驻在国对其
本国国民取证。当前，绝大多数国家对这种类型的域外取证持许可态度。
②外交与领事人员在驻在国对驻在国国民或第三国国民取证。这种类型的域
外取证，通常受到驻在国的严格限制，须得到所在国主管机关的许可并遵循
一定的程序。《海牙取证公约》第16条第1款规定，在符合下列条件的情况

---

[1] 参见 https：//www.hcch.net/en/instruments/conventions/status-table/? cid=82，最后访问日期：
2024年1月18日。

[2] 参见 http：//www.hcch.net/upload/wop/2014/2014sc_id02.pdf，最后访问日期：2017年2月1
日。

[3] 参见韩德培、肖永平编著：《国际私法学》，人民法院出版社2004年版，第353~355页。

[4] 参见罗结珍译：《法国新民事诉讼法典》（上册），法律出版社2008年版，第763页。

[5] 参见《维也纳外交关系公约》第3条、《维也纳领事关系公约》第5条。

下，每一缔约国的外交官员或领事代表在另一缔约国境内执行职务的区域内，亦可以向他执行职务地所在国或第三国国民在不采取强制措施的情况下调取证据，以协助在其代表的国家的法院中进行的诉讼：①他执行职务地所在国指定的主管机关已给予一般性或对特定案件的许可，并且②他遵守主管机关在许可中设定的条件。

依据各国民事诉讼立法和有关国际条约的规定，外交与领事取证受到的限制条件主要包括：①外交领事官员只能在其执行职务的区域内调查取证，且派遣国已依法赋予其取证的权力；②取证行为不违反取证地国法律的规定；③不得采取任何强制措施。

（2）当事人或诉讼代理人自行取证。这种取证方式为包括美国在内的一些英美法系国家所采用。依据美国法律与实践，民事诉讼中的取证主要是由有关律师代表他们各自的当事人进行，法院几乎不会对其进行直接的司法监督。美国民事诉讼法允许并且实际上要求诉讼当事人在提出正式的诉讼之后、审理开始之前进行调查取证。[1]《海牙取证公约》在原则上并不否认这一取证方式，但同时允许缔约国对此声明保留，包括中国在内的大多数缔约国对这一方式提出保留。

（3）特派员取证。特派员取证是指受诉法院委派专门官员去外国调查取证的制度。受诉法院的法官、书记员及律师，甚至取证地国的公职人员或律师，都可被受诉法院委派为特派员。在某些情况下，外交或领事官员也可以作为法院的特派员。这种取证方式主要为一些英美法系国家所采用。大陆法系国家一般认为，这种方式有损一国的司法主权，故对其采取了极为谨慎的态度。《海牙取证公约》第17条规定，在民商事案件中，被合法地专门指定为特派员的人，如果得到作为缔约国的取证地国家指定的主管机关一般性或对特定案件的许可，并且遵守主管机关在许可中设定的条件，则可在不加强制的情况下进行取证。公约同时允许缔约国对此提出保留，包括中国在内的一些缔约国对该条提出了保留。

2. 间接取证。间接取证是以请求书的方式，通过司法协助途径进行的取证。因此，依这一方式取证，必须要经过一些特别程序。鉴于《海牙取证公约》是域外取证领域影响最为广泛的全球性多边公约，此处以该公约为主要依据对采取请求书的方式进行调查取证作简要介绍。

（1）关于请求的提出。请求应以请求书的形式向外国的中央机关提出，并由中央机关转交该国主管机关执行。请求书应以被请求国官方语言或有关条约中所规定的语言并用一定的格式写成，或附有该文字的译文。

（2）关于取证行为的实施和证据的移交。被请求国法院一般应依本国法律的规定，按照国内民商事案件的取证方式和程序提取证据。被请求国法院

---

[1] Gary B. Born, *International Civil Litigation in the United States* (4th ed.), Austin: Wolters Kluwer, 2007, p. 909.

也可按请求书所要求的特殊方式和程序取证，但以该方式和程序不违背被请求国法律为限。《海牙取证公约》第 9 条规定，执行请求书的司法机关应适用其本国法规定的方式和程序。但是，该机关应采纳请求机关提出的采用特殊方式或程序的请求，除非其与执行国国内法相抵触或因其国内惯例和程序或存在实际困难而不可能执行。

被请求国法院实施取证行为后，无论结果如何，都应通过某种途径将执行情况通知请求机关，并将已提取的有关证据材料移交给请求机关。如果有关请求的一部分或全部未得到执行，被请求国法院应通过同一途径及时地将这一情况及理由通知请求机关。《海牙取证公约》第 13 条规定，证明执行请求书的文书应由被请求机关采用与请求机关所采用的相同途径送交请求机关。在请求书全部或部分未能执行的情况下，应通过相同途径及时通知请求机关，并说明原因。

（3）关于请求的拒绝。一般认为，请求书的执行不属于被请求国司法机关的职权范围，或被请求国认为其主权、安全将会受到损害的，被请求国机关可拒绝执行该项请求，并将拒绝的理由及取证请求书通过一定途径退回请求国。《海牙取证公约》第 12 条规定，只有在下列情况下，才能拒绝执行请求书：①在执行国，该请求书的执行不属于司法机关的职权范围；②被请求国认为，请求书的执行将会损害其主权和安全。执行国不能仅因其国内法已对该项诉讼标的规定专属管辖权或不承认对该事项提起诉讼的权利为理由，拒绝执行请求。

（三）中国的域外取证制度

中国的域外取证制度，一部分体现在中国缔结或参加的有关国际条约中，一部分体现于国内立法和有关规定中。国际条约主要包括《海牙取证公约》以及我国与外国缔结的双边司法协助条约；国内法主要包括《民事诉讼法》及其司法解释以及最高人民法院、外交部、司法部联合发布的有关文件等。

需要指出的是，1997 年 7 月 3 日，中国全国人大常委会作出批准加入《海牙取证公约》的决定，该公约自 1998 年 2 月 6 日起对中国生效。所以，在中国与同为该公约缔约国之间的跨国取证主要依据该公约进行，除非两国之间缔结了双边司法协助条约。

我国加入该公约时作出如下声明：①指定司法部为负责接收来自另一缔约国司法机关的请求书，并将其转交给执行请求的主管机关的中央机关；②对于英美法系国家旨在进行审判前文件调查的请求书，仅执行已在请求书中列明并与案件有直接密切联系的文件调查请求；③对公约第二章"由外交或领事人员和特派员获取证据"的所有规定，我国只承诺履行第 15 条规定的内容；换言之，除了外交与领事官员向其本国公民取证的方式外，我国对外交与领事官员向中国公民及第三国公民取证以及特派员取证均予以保留。

按照目前的做法，各缔约国按照《海牙取证公约》的要求，制作请求书并提供相关材料，将请求递交到中国司法部；司法部根据公约规定和国内法相关规定，进行初步审查；经初步审查符合规定的，司法部将相关材料转交最高人民法院，由法院系统负责执行。

此外，依据最高人民法院2003年公布的《关于指定北京市、上海市、广东省、浙江省、江苏省高级人民法院依据海牙送达公约和海牙取证公约直接向外国中央机关提出和转递司法协助请求和相关材料的通知》，该五省市的高级法院可以直接向《海牙取证公约》成员国中接受我国加入并且该公约已在我国与该国之间生效的成员国中央机关提出和转递本院及下级人民法院依据该公约提出的涉外民事调查取证的请求书及相关材料。但上述成员国中与我国签订含有民事司法协助内容的双边司法协助条约的，按条约规定的途径办理。

【案例13-7】　德国法兰克福某法院请求中方协助调查位于中国境内的某位证人并获取证言。我国司法部收到德方请求并完成审查后，将相关材料转最高人民法院。最高人民法院再次审查后，将请求转至北京市高级人民法院。本案最终由北京市第二中级人民法院（以下简称北京二中院）负责具体取证。北京二中院决定采取开庭的方式，将德方请求询问的证人传至法院，通过由法官主持，证人、翻译及其他法院工作人员参与的方式进行取证。在确定采取开庭的方式之后，北京二中院又通过其上级法院请司法部将开庭的时间、地点通知德方，以便德方安排原告代表及律师出席，同时就费用问题与德方进行沟通并取得一致意见。本案自我国司法部接到德方请求至取证结束后将所调取的证言返还德方，共用了一年半时间。虽然耗费时间较长，但最终成功调取证据。[1]

对于我国法院遇到的需要去域外调取证据的情况，由受案法院提出取证请求并附相关案卷材料，通过上一级法院，逐级转递到最高人民法院，再由最高人民法院按照《海牙取证公约》规定制作请求书，统一向有关国家中央机关提出取证请求。目前，北京、上海、江苏、浙江、广东5省的高级人民法院可直接向公约成员国中央机关发出取证请求。[2]

从近年来的实践来看，《海牙取证公约》在我国的适用主要是我国协助外国进行调查取证。根据司法部的数据统计，我国中央机关近5年来每年办理的调查取证请求约30件，其中绝大部分是美国、德国、韩国等依照公约向中国提出协助调查取证的请求。而中国依照《海牙取证公约》向外国提出的取证请求寥寥无几，总数不超过5件。

---

〔1〕　李智颖：《域外调查取证难在哪儿？海牙公约中方联系人告诉你》，载"天同诉讼圈"微信公众号，2016年6月23日推送。

〔2〕　李智颖：《域外调查取证难在哪儿？海牙公约中方联系人告诉你》，载"天同诉讼圈"微信公众号，2016年6月23日推送。

这种提供协助和请求协助案件数量的失衡主要有以下几点原因：①传统文化中的诉讼意识问题，人们通常对诉讼避而远之，导致一些国际纠纷没有通过司法途径解决。②当事人或者某些案件受理法院对国际民事司法协助不了解，更不知道可以通过国际条约实现跨国取证。因此，一旦出现需要通过取证公约请求外国协助调取证据的情况，因不知如何处理，导致诉讼搁置。③存在替代途径，比如，有些国家不禁止外国人在其本国调取证据，或者不认为取证公约具有排他性和强制性。因此，一些当事人可以通过律师或其他手段直接在国外取得证据，然后通过公证认证使得证据可以在国内法庭出示使用。[1]

值得注意的是，近年来，我国司法部接到的外国提交的取证请求中，越来越多的请求涉及使用电话、音频、视频或视频连线等电子手段取证。对于这类取证请求，司法部通常以目前国内法无明确规定而无法操作为由拒绝，同时向对方建议，由我国人民法院根据中国《民事诉讼法》的相关规定代为取证。

鉴于通信科技的迅速发展与互联网的普及，海牙国际私法会议先后于2003年、2009年与2014年召开了三次取证公约特委会会议。2003年的公约特委会已明确表示公约本身不妨碍新技术手段的使用，并且特委会支持通过使用新技术手段提高公约的执行效率。在2014年召开的取证公约特委会会议上，澳大利亚等国家建议为取证公约制定《视频取证任择性议定书》，大会在结论文件中重申有必要推动视频取证方式，并建议成立专门工作组研究使用视频及其他新技术手段协助取证的问题。[2]

由于公约本身并不构成电子取证的障碍，本书认为，我国不妨顺应科技的发展潮流，尝试允许在公约框架下借助电子技术协助取证，这既可以显著提高公约的执行效率，节约司法资源，也可以为今后完善相关国内立法与参与国际条约的改革积累司法经验。

另外，如前所述，当前我国已经与30多个国家缔结了双边司法协助条约，其中大多涉及域外取证方面的规定。依据《海牙取证公约》第28条，公约不妨碍任何两个或两个以上的缔约国缔结协定排除相关条款的适用。所以，我国与这些国家相互委托调查取证时，应优先适用双方条约的规定办理。

2021年修正的《民事诉讼法》第283条第1款规定："根据中华人民共和国缔结或者参加的国际条约，或者按照互惠原则，人民法院和外国法院可以相互请求，代为送达文书、调查取证以及进行其他诉讼行为。"该规定从司法协助角度出发对域外取证作出原则性指引，未建立域外取证的制度框架，

---

〔1〕 李智颖：《域外调查取证难在哪儿？海牙公约中方联系人告诉你》，载"天同诉讼圈"微信公众号，2016年6月23日推送。

〔2〕 参见 http://www.hcch.net/upload/wop/2014/2014sc_concl_en.pdf，最后访问日期：2017年2月1日。

也难以满足域外取证司法实践的需要。据此，2023 年修正后《民事诉讼法》新增第 284 条域外调查取证方式的规定，主要增加的内容包括：

第一，明确人民法院可以依据当事人申请，通过我国参加或缔结的国际公约或双边条约，调查收集我国领域外的证据，或者通过外交途径调查收集证据。以公约或双边条约规定的方式调查取证是域外取证制度的重要内容。以《海牙取证公约》为例，其规定的取证方式包括请求书（letters of request）方式和外交官、领事人员和特派员取证方式。其中，请求书方式为主渠道取证方式，由请求调取证据的请求国司法机关通过向证据所在的被请求国送交请求书的方式，请求该国司法机关代为调查和收集证据。

被请求国一般依本国法律规定的方式和程序进行取证，也可以按请求国的要求依特殊方式或程序进行，除非该要求与被请求国的国内法相抵触。我国在 1997 年决定加入《海牙取证公约》时对外交官、领事人员和特派员取证方式作了保留声明，仅执行第 15 条的规定，即仅允许外国的外交官、领事人员在不采取强制措施的前提下向其本国公民调取证据，不接受外交官、领事人员对我国公民和第三国公民的取证，也不接受特派员取证。

第二，规定在所在国法律不禁止的情况下，人民法院可以采用如下域外取证方式：

（1）委托我国驻当事人、证人所在国的使领馆代为对具有我国国籍的当事人、证人取证。需要注意的是，外交和领事人员在驻在国境内向本国国民调取证据，多数国家都基于条约或互惠给予外交和领事人员此种权力，但也有国家不予准许，故应根据当事人、证人所在国法律确定。

（2）经双方当事人同意的即时通讯工具或其他方式调查取证。有意见认为，视频取证方式较为敏感，且能够为"双方当事人同意"的取证方式所涵盖，可以不作规定。经研究，最高人民法院前期已经通过司法解释对互联网司法的相关问题进行了有益探索，可以在立法层面对该问题作出原则规定。因此，2023 年修正的《民事诉讼法》第 284 条第 2 款之第 2 项、第 3 项分别规定了经双方当事人同意，通过即时通讯工具取证以及双方当事人同意的其他方式取证两种途径，但均以不违反所在国禁止性法律规定为前提。其中，第 3 项为开放式规定，在尊重当事人意思自治的基础上，为未来更多取证方式预留空间。

根据我国《民事诉讼法》第 293 条的规定，我国人民法院和外国法院可以依据国际条约和互惠原则，相互请求代为调查取证。但外国法院请求我国法院代为调查取证，不得有损我国的主权、安全和社会公共利益，否则，不予执行。《民事诉讼法》第 294 条第 2 款与第 3 款还规定，外国驻我国使领馆可以向该国国民调查取证，但不得违反我国法律，并不得采取强制措施。除第 2 款规定的情况外，未经中华人民共和国主管机关准许，任何外国机关或者个人不得在中华人民共和国领域内送达文书、调查取证。

由此可见，除《民事诉讼法》第 294 条第 2 款与第 3 款规定的外国驻我国使领馆向该国公民调查取证的方式外，未经主管机关许可，任何外国机关或者个人不得在中国领域内调查取证。实践中，我国法院对上级法院逐级转递下来的外国提出的调查取证请求会按照我国《民事诉讼法》中有关证据的规定予以办理。

📖 第四节　外国法院判决的承认与执行

一、概念

一般而言，在国际民事诉讼中，一国法院确定自己有管辖权后即可启动诉讼程序，在进行了有效送达并取得了审判所需要的证据后，便可依据确定的准据法作出判决。不过，在国际民事诉讼中还可能会出现一个比较棘手的问题：根据国家主权原则，一国法院对某涉外民事纠纷作出的判决原则上只在其境内有效。所以，败诉方完全有可能因为其本人或其财产在外国境内而对这个判决置之不理。在这种情况下，只有该判决得到败诉方本人或其财产所在国的承认与执行，胜诉方的合法权益才能得到维护，国际私法上的公平正义才能实现；否则，再公正合理的判决也只能沦为一纸空文，整个国际民事诉讼也失去了实际意义。由此可见，法院判决的跨国承认与执行问题是国际民事诉讼中的一个重要环节与议题。

"外国法院判决的承认与执行"（recognition and enforcement of foreign judgments）是指一国法院依据本国立法或有关国际条约，承认外国法院的民商事判决在内国的域外效力，并在必要时依法予以强制执行。为准确理解这一问题，首先需要精准理解其中的 4 个构成要素：①外国；②法院；③判决；④承认与执行。

对此处"外国"一词的理解，应该注意以下两点：①它是司法意义而非政治意义上的外国；换言之，准确地说，这里的外国应当是外法域。关于此点，本书开篇探讨国际私法上的"国际"因素时已交代。②在判断一个判决是否是"外国判决"时，不能以地域作为唯一标准。在一些特殊情况下，在一国领域内作出的判决，也有可能被识别为"外国判决"。在一国领域内可能存在一些具有审判权的国际组织机构（例如，荷兰境内的国际法院），这些国际司法机构所作出的判决，尽管在一国领域内，但通常也被识别为外国判决，其承认与执行的条件与内国法院的判决是完全不同的。所以，在某些时候，在一国领域内作出的判决也有可能被识别为"外国判决"。

关于此处的"法院"，应理解为具有审判权的司法机构，而不能仅仅看其名称是否冠以"法院"之称。各国司法制度斑驳不一，其司法机关名称与种类存在显著区别。例如，巴林争议解决委员会是巴林王国的司法机关，俄罗斯联邦的"仲裁法院"（арбитражный суд）并非一般理解的商事仲裁机构，而是受理民商事案件的司法机关，亦即法院。再如，我国的司法机关名称为

"人民法院",也不同于其他国家司法机关的名称。

这里"判决"的含义应作广义理解,是指有审判权的司法机关所作的有法律效力的裁决。由于各国的法律制度不同,对于哪些文书可以构成判决,各国有着不同的认定范围与标准。从当前各国的理论与实践来看,在涉及"判决"的定义时,一般的做法是依文书作出地国的民事诉讼法确定。另外,此处的判决一般限于民商事方面,但也包括外国法院在审理刑事案件时就附带民事诉讼所作的判决以及行政机关在处理民事法律争议时所作的裁决。

最后需要指出的是,"承认"与"执行"外国法院判决是两个既有联系又有区别的法律行为。此处的"承认"是指一国法院以外国某司法裁决为依据排除某特定的诉讼请求,而"执行"是指一国法院使用其强制力,强迫被告履行在外国作出的判决。概言之,承认外国法院判决是执行外国法院判决的前提条件,但在某些案件中,执行并不是承认外国法院判决的必然结果。一方面,有一些已经得到承认的外国法院判决可能由于某种原因而无法获得强制执行;另一方面,除给付判决以外的外国民事判决通常只发生承认问题,如一个单纯允许当事人离婚而不涉及任何财产或其他经济问题的判决就无需执行。[1]

二、理论依据

一国法院对某涉外民事纠纷作出判决是其行使国家司法权的结果,因此,这种行为的效力原则上只在其境内有效。不过,当今世界,各国在一定条件下承认与执行外国法院的判决绝非罕见。那么,世界各国这么做的理由是什么?换言之,承认与执行外国法院判决的依据是什么?在不同国家及不同时期,理论学说并不一致,主要有如下几种学说:[2]

（一）国际礼让说

"国际礼让说"主张内国法院承认与执行外国法院判决,并不是因为该外国法院判决本身具有什么域外效力,而完全是内国基于对外国的"礼让"而作出的行为。"国际礼让说"滥觞于17世纪荷兰的"胡伯三原则",该说不仅涉及法律选择,也适用于对外国判决的承认和执行,主张内国承认和执行外国判决是基于对外国的礼让。"国际礼让说"对近代德国和法国的国际私法理论产生了重大影响,大陆法系国家早期有关外国判决的承认与执行制度就以礼让为原则。后来,这一学说为英美法系国家所接受,直到今天,仍在美国占据主导地位。[3]

（二）既得权说

"既得权说"首先由英国学者戴西系统论述,后来得到美国学者比尔的阐

---

[1] Gary B. Born, *International Civil Litigation in the United States* (4th ed.), Austin: Wolters Kluwer, 2007, p. 1010.

[2] 参见韩德培、肖永平编著:《国际私法学》,人民法院出版社2004年版,第356~357页。

[3] 何其生:《比较法视野下的国际民事诉讼》,高等教育出版社2015年版,第316页。

扬，曾经一度为英美等国所广为采用。根据这一学说，诉讼当事人一方依据有关的外国法院判决对于诉讼另一方所取得的权利，属于一种既得权。内国法院既然应该尊重该项既得权，就必须承认创设或确定该项权利的外国法院判决，并予以执行。"既得权说"的实质是内国法院应尊重胜诉方当事人基于外国法院判决所获得的权利，从而应在内国境内承认与执行该项外国法院判决。

（三）债务说

"债务说"认为，当一外国法院依据适当的管辖权作出判决后，该外国判决应被表面推定为在双方当事人之间创制的一项债务，胜诉方可以通过债务诉讼使其在内国得到承认与执行。在英国，"债务说"取代"礼让说"成为承认与执行外国法院判决的主要理论。

（四）既判力说

"既判力说"是指有合法管辖权的一国法院就某案件作出终局判决后，原当事人不得就同一事项、同一诉讼标的、同一请求再次在另一国提起诉讼，否则，诉讼会无休无止。一些美国学者指出，这构成承认与执行外国法院判决的依据。他们还指出，一国法院作出判决后，如果当事人又在另一国法院提起诉讼，即构成对"再诉禁止"（estoppel）原则的违反，必须予以禁止。[1]

（五）互惠说

"互惠说"是指一国法律之所以规定内国法院应该承认与执行外国法院所作出的判决，在于它期望本国法院的判决在同样的情况下也能获得有关外国法院的承认与执行。这一学说首先承认内国的主权地位，认为内国法律规定承认与执行外国法院判决不是由于要尊重什么外国的既得权，或由于要承认外国判决确定的债务等，而完全是基于本国利益的考虑，即希望使内国法院的判决能得到外国法院的承认与执行，从而保护内国当事人的利益。与其他学说相比，该学说较为接近一国承认和执行外国法院判决的真实考量，但似乎未能阐明承认与执行外国法院判决的深层次理由。

在本书看来，一个国家之所以要承认与执行外国法院的判决，其原因很难单独用上述某一种理论诠释。与适用外国法近似，当代各国在一定条件下承认与执行外国法院的判决，既有务实的互惠考量，也有维护国际公平正义的价值追求，还有提高司法效率、增进国际合作的因素，是社会、政治、经济、文化、法律等各因素叠加的必然结果。

需要提及的是，2019 年海牙国际私法会议在外交大会上通过了《承认与执行外国民商事判决公约》，包括中国在内的数十个国家的代表签署确认了公约文本。该公约是首个全面确立民商事判决国际流通统一规则的全球性国际

---

[1] See Gary B. Born, *International Civil Litigation in the United States* (4th ed.), Austin: Wolters Kluwer, 2007, p. 1010.

条约，系统规定了承认和执行外国民商事判决的范围和条件等，一旦被广泛接受，必将会对国际民商事领域司法合作产生深远影响。截至 2024 年 1 月，该公约有 29 个缔约国，主要包括 27 个欧盟成员国、乌克兰和乌拉圭。[1]由于欧盟内部早已通过《布鲁塞尔条例 I》（重订本）解决了民商事判决的自由流动问题，现阶段该公约的实际全球影响力还相当有限。

三、条件

由于世界各国的政治、经济、社会与法律制度千差万别，加之各国利益常有冲突以及随之而来的对外国法院司法行为的不信任等因素，各国国内立法和有关国际条约在规定内国法院需承认与执行外国法院判决的同时，通常对承认与执行外国法院判决施加了多种条件。尽管各国及不同国际条约规定的条件不尽相同，但以比较法为视角观之，下述的这些条件是普遍存在的。[2]

（一）原判决国法院必须具有合格的管辖权

一国法院对涉外民事纠纷具有管辖权，这是其进行诉讼活动的前提。所以，原判决国法院具有合格的管辖权是其判决得到其他国家承认与执行的基本条件；同时，这也是各国保证内国法院管辖权和其他重大利益不受损害的必然要求。在谈及管辖权时，本书曾指出，法国法学家将一国法院在承认与执行外国法院判决时据以确定原判决法院是否具有管辖权的规范称为"间接管辖权"。

值得注意的是，间接管辖权也是一个充满争议的问题。目前，大多数国家的法律规定在承认与执行外国法院判决时，内国法院应依据被请求承认与执行的法院地国法（亦即内国法）确定判决国法院是否有管辖权，如《德国民事诉讼法典》第 328 条第 1 款第 1 项规定，"依德国法律，该外国法院无管辖权"时，外国法院的判决不应得到承认。如《中华人民共和国和法兰西共和国关于民事、商事司法协助的协定》第 22 条第 1 款第 1 项规定，如果按照被请求一方法律有关管辖权的规则，裁决是由无管辖权的法院作出的，不予承认和执行。美国法院的做法则更加复杂，在承认与执行外国法院判决时，美国法院要求作出判决的法院同时拥有对人管辖权（personal jurisdiction）与事项管辖权（subject matter jurisdiction）。一般而言，在判断原判决国法院是否拥有对人管辖权时，美国法院依美国法予以确定，而在判断原判决国法院是否拥有诉讼标的管辖权时，则依据该外国法予以确定。[3]

---

〔1〕　参见 https：//www.hcch.net/en/instruments/conventions/status-table/？cid = 137，最后访问日期：2024 年 1 月 18 日。

〔2〕　参见韩德培、肖永平编著：《国际私法学》，人民法院出版社 2004 年版，第 357~360 页。

〔3〕　See Gary B. Born, *International Civil Litigation in the United States*（4th ed.），Austin：Wolters Kluwer，2007，pp. 1052-1054.

（二）有关的诉讼程序具有必要的公正性

一国法院的判决应经过公正的诉讼程序才能作出并生效，这一条件是各国立法及有关国际条约基于对败诉一方当事人的保护而设立的。各国国内法及相关条约大多规定，内国法院在承认与执行外国法院判决时，应对有关外国法院判决所依赖的诉讼程序的特定方面（如对败诉一方当事人是否适当地行使了辩护权的问题）进行审查。如果发现败诉方当事人基于除其本身失误以外的原因而未能适当地行使辩护权，被请求法院即可认为该诉讼程序不具备应有的公正性，从而拒绝承认与执行外国法院的判决。

美国法院在此方面的要求更加严格，除重点考察败诉方是否获得程序正义外，还对判决作出国的司法制度是否公正予以审查。美国 1962 年《承认外域金钱判决统一法》（*The Uniform Foreign Money-Judgments Recognition Act*，以下简称《1962 年承认法》）规定，如原判决法院所在国的司法制度无法保证"公平与公正"（fairness and impartiality），则不予承认与执行。[1]

（三）外国法院判决是确定的判决

判决具有确定性，这是各国法律与有关国际条约普遍规定的承认与执行外国判决的条件。如果一项判决在作出国尚未生效或不具有执行力，在本国就不会执行，遑论得到外国的承认与执行。一般认为，在国际民事诉讼中，一个"确定的"判决是指由一国法院或有审判权的其他机关按照其内国法所规定的程序，对诉讼案件中的程序问题和实体问题所作出的具有约束力而且已经发生法律效力的判决或裁定。[2] 不过，某一外国法院的判决是否为"确定的"判决、它在什么时候成为确定的判决以及到底应具备什么样的效力，各国的立法不尽相同。如遇法律冲突，一般应依据作出判决的外国法院所属国的法律进行确定。

（四）外国法院判决是合法的判决

请求承认与执行的外国法院判决必须合法，也就是说，有关的外国法院判决是基于合法手段获取的。大多数国家的立法和司法实践强调，运用"欺诈"（fraud）手段获得的外国法院判决不能在内国境内得到承认与执行。至于应适用哪一个国家的法律来识别某一欺诈行为，各国立法一般没有作出明确规定。不过，大多数国家的法律都是基于内国法来进行识别的。

（五）外国法院判决不与其他有关的法院判决相抵触

外国法院判决不与其他有关的法院判决相抵触这一条件强调，只有在有关的外国法院判决不与内国法院就同一当事人之间的同一争议所作的判决相冲突，或不与内国法院已经承认的第三国法院就同一当事人之间的同一争议所作的判决相冲突时，内国法院才可以在满足其他条件的情况下承认与执行该外国法院的判决。这也是各国立法和司法实践所普遍接受和采用的条件。

---

[1] Uniform Foreign Money Judgments Recognition Act（UFMJRA），4（a）1（1962）.

[2] 韩德培、肖永平编著：《国际私法学》，人民法院出版社 2004 年版，第 358 页。

我国同有关国家签订的司法协助协定，如《中华人民共和国和法兰西共和国关于民事、商事司法协助的协定》第 22 条第 1 款第 6 项与《中华人民共和国和波兰人民共和国关于民事和刑事司法协助的协定》第 20 条第 5 项，也体现了这一条件，依之，被请求国法院已经就相同当事人之间的同一诉讼作出确定的判决，或被请求国法院已经承认了某一第三国法院就相同当事人之间的同一案件所作出的确定判决时，应拒绝承认与执行有关的外国法院判决。

（六）原判决国法院适用了适当的准据法

这一要求的普遍性不及前述 5 项条件，它只是一部分国家对一些特定案件的要求。如《德国民事诉讼法典》第 328 条第 1 款第 3 项规定，如果外国法院在有关婚姻关系、家庭关系、认领或收养关系等方面作出的判决不符合《德国民法施行法》的相关法律适用规范，并且判决不利于德国当事人，该判决在德国不应得到承认与执行。[1] 我国同有关国家签订的司法协助协定也有这方面的要求，如《中华人民共和国和法兰西共和国关于民事、商事司法协助的协定》第 22 条第 1 款第 2 项规定，在自然人的身份或能力方面，请求一方法院没有适用按照被请求一方国际私法规则应适用的法律时，可以拒绝承认与执行请求法院所作出的有关判决，但其所适用的法律可以得到相同结果的除外。显然，这一规定要求外国法院在自然人的身份和能力方面适用了依内国的国际私法规范所确定的准据法，或其所适用的有关准据法不与依内国的国际私法规范所确定的准据法相冲突。

（七）有关国家之间存在互惠关系

顾名思义，"互惠"（reciprocity）是指相互给予好处。互惠原则的本意是以互利为目标，并在积极追求双赢的过程中实现利益平衡的效果。根据互惠原则，在有关国家之间没有缔结涉及承认与执行外国法院判决的国际条约的情况下，内国法院可以基于互惠原则承认与执行外国法院判决；如果原判决法院所属国拒绝给予互惠待遇，则内国法院也可因此而拒绝承认与执行该国法院的判决。互惠原则在外国法院判决承认与执行中的价值取向在于：鼓励国家之间相互承认与执行对方国家法院判决、促进各国在外国法院判决承认与执行领域的合作以维护本国国家与国民的利益。

以比较法的视角观之，当代许多国家的法律都在不同程度上规定，在与相关国家不存在互惠关系的情况下，内国法院应拒绝承认与执行该外国法院作出的判决。不过，关于互惠，有两点需要讨论：

1. 在承认与执行外国法院判决方面，美国法经历一个从要求互惠到基本摒弃之的转变，其中的原因颇值思考。1895 年，联邦最高法院通过"希尔顿案"将互惠确立为承认与执行外国法院判决的条件之一。在该案中，一位法国公民在法国起诉两位美国纽约州居民，在获胜诉判决后请求美国承认并执行该法国判决，但被联邦最高法院以美法间缺乏互惠关系为由拒绝。该案成

---

〔1〕 转引自何其生：《比较法视野下的国际民事诉讼》，高等教育出版社 2015 年版，第 336 页。

为美国承认和执行外国判决法律制度的发展起点。[1] 然而，进入 20 世纪下半叶以后，这一做法饱受诟病。越来越多的美国学者与法官提出，在美国法院，私人权利一般不受制于外国法律，因此，在承认与执行外国法院判决时，以当事人的本国或其他国家的法律不对美国法院判决施以互惠为由惩罚当事人，这是不公平和武断的；同时，他们认为，将互惠确定为必要条件有助于鼓励外国法院承认与执行美国法院判决的观点缺少足够的证据。

在此背景下，美国统一州法委员会于 1962 年制定的《1962 年承认法》以及 2005 年制定的《承认外国金钱判决统一法》（*The Uniform Foreign Country Money-Judgments Recognition Act*，以下简称《2005 年承认法》）均不再将互惠作为承认与执行外国法院判决的条件。[2]

截至 2019 年，全美有 24 个州及哥伦比亚特区采纳了《2005 年承认法》；10 个州及美属维尔京群岛采纳了《1962 年承认法》；剩余的 16 个州依然使用本州普通法。由此可见，美国的大部分州当前已不再将互惠确立为承认与执行外国法院判决的条件之一。[3] ［参见二维码拓展阅读 13-8］

2. 适用互惠原则为核心的问题是：如何判断两国之间在判决的承认与执行方面是否存在互惠关系。由于互惠原则自身的不确定性和模糊性，各国在这一原则的运用上没有形成固定、统一的标准。在不存在条约包含互惠条款的情况下，纵观世界各国立法和司法实践，主要有以下几种互惠形式：[4]

（1）法律互惠。法律互惠是指一国通过国内立法的形式规定承认与执行外国法院判决的条件，且两国规定的条件相对等。1877 年《德国民事诉讼法典》将互惠写入了承认与执行外国法院判决的条件，这种做法继而被许多大陆法系国家效仿。

关于法律互惠的审查标准，主要是将判决作出国立法对承认与执行外国法院判决要求的条件与承认国规定的条件进行比较。但因为各国法律语言、法律习惯以及司法传统的差异，将不同国家规定的承认与执行外国法院判决的条件进行比较非常困难，这种严格的标准在实践中几乎无法达到。为了使互惠原则不至于被架空，一种变通的理论开始盛行，即至少判决国的条件不比承认国规定的更严格。

例如，2006 年德国柏林高等法院作出裁定承认与执行中国江苏省无锡市中级人民法院作出的民商事判决。该案中，德国法官判定承认与执行中国法院判决的一个重要依据是其认为中国与德国之间存在法律上的互惠关系。其

---

〔1〕 *Hilton v. Guyot*, 159 U.S. 113, 16 S. Ct. 139 (1895).

〔2〕 See Gary B. Born, *International Civil Litigation in the United States* (4th ed.), Austin: Wolters Kluwer, 2007, pp. 1031-1032.

〔3〕 参见霍政欣：《论承认和执行外国判决的美国法困境——中国的因应与殷鉴》，载《法律科学（西北政法大学学报）》2019 年第 5 期。

〔4〕 参见任明艳：《论互惠原则在承认与执行外国法院判决中的适用》，载《公民与法（法学）》2011 年第 1 期。

具体的理由是：中国立法将不违反公共政策作为承认与执行外国法院判决的唯一实质性条件。比较而言，中国立法规定的承认与执行外国法院判决的条件比德国立法规定的条件更宽松，因此，不应当对两国之间的互惠产生怀疑。[1] 这种逐渐放宽对互惠对等条件要求的做法被学界认为是互惠原则由形式互惠走向实质互惠的理念更替过程。再如，2015 年 10 月 6 日，以色列特拉维夫法院也采用法律互惠标准，作出了一份具有里程碑意义的裁决：由中国地方法院作出的商业纠纷的判决，在以色列司法制度下是可执行的。

【案例 13-8】 原告江苏省海外企业集团有限公司与被告艾萨克·莱特曼（以色列公民）在中国签约，为后者负责的乌克兰建设项目招聘和安置中国建筑工人。原告依约派遣工人至乌克兰后，双方产生纠纷，工人被遣返回中国。原告遂在南通市中级人民法院（以下简称南通中院）对被告提起索赔诉讼。2009 年 12 月，南通中院就该案作出判决，判令被告返还江苏省海外企业集团有限公司 1000 余万元。南通中院的判决是以色列强制执行程序的标的。

由于中以两国之间没有可适用的国际条约，以色列特拉维夫地方法院（以下简称以色列法院）在审查是否应执行该中国判决时，适用的是《以色列外国判决执行法》。依据该法，在无国际条约的情况下，承认与执行外国民事判决须满足互惠条件。由于截至该案审判之日，中国法院还未审查过在中国执行以色列判决的申请，因此，以色列法院在判断中以两国是否存在互惠关系时产生争论。

以色列当事人聘请的律师及专家证人提出，由于没有中国法院执行以色列法院判决的先例，根据互惠原则，以色列法院不应先行承认中国法院的判决；而且中国之前曾以此理由拒绝承认日本、英国等国的民事判决。中国当事人聘请的专家则强调，中以两国的法院完全可以依据法律上的互惠原则承认与执行对方的判决。互惠原则旨在促进国际司法互助，而不是拒绝执行外国判决的挡箭牌。互惠原则的建立，必须有一方愿意迈出第一步才能实现两国间的互惠互利，如果各国都裹足不前，互惠原则就失去了实际意义。以色列法院先行承认中国法院的判决是中以两国在司法互助领域的良好开端，能够进一步促进两国间的贸易往来与财产安全。

在听完几位中国法专家作出的就中国法庭是否会执行以色列法庭的判决表达的截然不同的看法，并审查了所有的证据之后，特拉维夫法院裁决如下：与此案有关的中国法为《民事诉讼法》第 281 条和第 282 条，依之，中国法院可基于互惠原则执行外国的判决。关于中国法院曾拒绝执行日本和英国法院作出的几次判决的事实，法庭认为，这并不表示中国法院会拒绝执行以色列判决。目前以色列和中国之间增强的贸易和相互关系，带来了持久的公共

---

[1] 参见马琳：《析德国法院承认中国法院民商事判决第一案》，载《法商研究》2007 年第 4 期。

利益，进一步促进了两国之间的商业合作；这种利益是该案考虑的一个重要因素。根据本案所提交的证据，存在以色列判决在中国被执行的合理可能性，即互惠的要求已在本案被证明。据此，特拉维夫法院决定执行中国的判决。

（2）事实互惠。在两国没有条约关系的情况下，一些国家会以事实互惠来判断两国之间是否存在互惠关系。事实互惠是指一国在司法实践中已经有了承认并执行另一国法院判决的先例，且该先例与申请承认和执行的案件在性质和社会影响等方面具有相似性。目前，我国法院在司法实践中即采取事实互惠认定标准，关于此点，后文将详述。

（3）推定互惠。推定互惠是与实存互惠相对的一个概念。实存互惠包括法律互惠和事实互惠，它们都是确实存在于法律文件和已决案件当中的，并可以通过各种有形的证据加以证明。而推定互惠则主张，只要当事人不能证明外国确有拒绝承认与执行内国判决的事实，则推定互惠关系的存在。在采用推定互惠的国家，一般由败诉方提供证据证明判决作出国有拒绝承认与执行内国法院判决的事实，如果不存在这种情形，则法院一般就推定两国之间存在互惠关系。

（八）外国法院判决的承认与执行不违反内国的公共秩序

国际私法上的公共秩序保留制度是最后一道安全阀，它不仅适用于法律适用阶段，在国际司法协助领域（包括承认与执行外国法院判决），公共秩序保留也起着重要作用。各国立法与实践普遍要求，承认与执行外国法院判决，须以不违反内国的公共秩序为前提。

值得注意的是，以公共秩序为由拒绝承认与执行外国法院的判决，其主要目的不在于保护私方当事人，而在于保护内国的国家利益与公序良俗。与法律适用阶段一样，在承认与执行外国法院判决阶段，内国法院援用公共秩序保留亦应谨慎为之：只有为维护内国国家的重大利益、基本政策、道德与法律的基本观念和基本原则，使它们不至于因为外国法院判决在内国的承认与执行而受到威胁和动摇时，方能援用。

四、程序

（一）以法、德为代表的执行令程序

在以法国与德国为代表的大多数大陆法系国家，在受理当事人或其他利害关系人提出的承认与执行某一外国法院判决的请求以后，有关的内国法院先对该外国法院判决进行审查，如果符合内国法所规定的有关条件，即由该内国法院作出裁定，并发给执行令，从而赋予该外国法院判决与内国法院判决同等的效力，并按照执行本国法院判决的同样程序予以执行。

（二）以英、美为代表的登记程序和重新审理程序

英国法院目前主要是视原判决法院所属国的不同而分别采用登记程序或重新审理程序来承认与执行外国法院判决。根据英国 1868 年《判决延伸法》、

1933 年《（相互执行）外国判决法》、1982 年《民事管辖权和判决法》、2012 年《布鲁塞尔条例Ⅰ》以及英国同法国、比利时等国签订的司法协助条约的规定，有管辖权的英国法院对于英联邦国家和欧盟各国法院所作出的判决适用登记程序。[1] 在这种情况下，在收到有关利害关系人提交的执行申请以后，英国法院只要查明外国法院判决符合英国法所规定的条件，就予以登记并交付执行。

对于其他不属于上述法律规定的国家的法院判决，英国法院适用判例法所确定的重新审理程序。换言之，英国法院不直接执行这些国家的法院所作出的民商事判决，而只是把它作为可以向英国法院重新起诉的根据，英国法院经过对有关案件的重新审理，确定外国法院判决与英国的有关立法不相抵触时，作出一个与该外国法院判决内容相同或相似的判决，然后由英国法院按照英国法所规定的执行程序予以执行。这样，根据英国法官的理解，英国法院所执行的就是本国法院的判决，而不再是外国法院的判决。［参见二维码拓展阅读 13-9］

在美国，外国法院判决的承认与执行程序通常依据被请求承认与执行的法院所在州的法律规定。目前，美国各州均有关于承认与执行外国法院判决的程序规则，美国联邦法院一般遵循其所在州的相关规则。

对于外国金钱判决的承认与执行，美国近半数的州采纳了《2005 年承认法》。依据该法第 7 段，如美国法院裁定外国法院的金钱判决是可执行的，则依照与本州法院判决相同的程序执行该外国判决。[2] 对于未采纳该法的少部分州，则须以各州的程序法为依据，这些州大多视原判决法院所属国的不同而分别采用登记程序或重新审理程序。

五、我国的立法和实践

当前，中国关于承认与执行外国法院判决的法律规定主要体现在我国缔结或参加的有关国际条约以及国内立法和有关司法解释中。目前，我国尚未缔结或参加承认与执行外国法院判决的多边性专门公约，但在我国缔结或参加的其他公约中，有一部分涉及外国判决的承认与执行问题，如 1969 年《国际油污损害民事责任公约》第 10 条的规定；另外，在我国与许多国家订立的双边司法协助条约中也都有相互承认和执行对方法院判决的内容。国内立法则主要包括《民事诉讼法》及其司法解释。需要强调的是，2023 年立法机关修改《民事诉讼法》时采取了开放包容的态度，积极推进民商事判决的跨境流通，较为系统地完善了承认与执行外国法院判决的制度规则，增强了我国法院处理该类司法审查案件的透明度和规范性，稳定了相关法律关系和当事

---

[1] 在英国完成退出欧盟的程序后，英国与欧盟国家之间的判决是否仍适用登记程序，还需要看未来英国与欧盟达成的协议。

[2] *Uniform Foreign Country Money Judgments Recognition Act*（UFCMJRA），7（2）（2005）.

人预期，标志我国在该领域的立法取得历史性进展。

依据这些法律规定，中国关于承认与执行外国法院判决的法律制度可以分为向我国法院申请承认与执行外国法院判决与向外国法院申请承认与执行中国法院判决两个方面。

（一）向我国法院申请承认与执行外国法院判决

在2023年修法之前，2021年《民事诉讼法》第281、282条是专门调整中国法院承认与执行外国法院判决的条款。依据这两条规定及相关司法解释，关于向人民法院申请承认与执行外国法院判决的事项，可梳理如下：[参见二维码13-3]

1. 关于申请主体，既可以是外国法院判决中的当事人，也可以是作出判决的外国法院；而在司法实践中，绝大多数提出申请的主体属于前者。

2. 关于受理申请的我国法院，应是有管辖权的中级人民法院，亦即被执行人住所地或被执行的财产所在地的中级人民法院。

3. 关于承认与执行外国法院判决的条件，主要包括：①必须是发生法律效力的判决或裁定；②外国法院的判决、裁定不得违反我国法律的基本原则或者国家主权、安全、社会公共利益，否则不予承认和执行；③我国法院和外国法院都有管辖权的案件，一方当事人在外国法院起诉，另一方当事人在我国人民法院起诉，而我国法院受理并作出判决后，外国法院申请或当事人请求人民法院承认和执行外国法院对本案作出的判决、裁决的，不予准许，但双方共同参加或签订的国际条约另有规定的除外；④外国与我国有共同缔结或参加国际条约的，按国际条约规定的条件；没有条约的，以互惠原则为基础，但当事人向人民法院申请承认外国法院作出的发生法律效力的离婚判决除外。[1]

至于我国法院如何适用互惠原则，从2023年《民事诉讼法》修改前的司法实践来看，采取的主要是事实互惠标准。请见案例13-9：[参见二维码13-3]

【案例13-9】　日本公民五味晃申请承认和执行日本国法院作出的生效债务判决案。[2] 1990年，原告日本人五味晃在日本国横滨地方法院以日本日中物产有限公司及其法定代表人宇佐邦夫在中国投资，设立大连发日海产食品有限公司，向五味晃借的1.5亿日元到期未还为由提起诉讼。1991年，该

---

〔1〕《民诉法解释》第542条第1款规定：当事人向中华人民共和国有管辖权的中级人民法院申请承认和执行外国法院作出的发生法律效力的判决、裁定的，如果该法院所在国与中华人民共和国没有缔结或者共同参加国际条约，也没有互惠关系的，裁定驳回申请，但当事人向人民法院申请承认外国法院作出的发生法律效力的离婚判决的除外。

〔2〕详见最高人民法院中国应用法学研究所编：《人民法院案例选（1992年至1996年合订本）——民事、经济、知识产权、海事、民事诉讼法程序卷（上、下）》，人民法院出版社1997年版，第2170页。

日本法院作出了原告胜诉的判决。1993 年 12 月 12 日，日本熊本地方法院根据该生效的判决发出了冻结被告在大连发日海产食品有限公司的投资金 485 万元人民币的命令，之后，熊本地方法院玉名分院作出了债权转让命令，要求大连发日海产食品有限公司将 485 万元转让给原告五味晃。1994 年 2 月，日本法院依据《海牙送达公约》，通过其中央机关经中国司法部将上述债权转让命令送达大连发日海产食品有限公司，但遭到大连发日海产食品有限公司的拒绝。1994 年 5 月，原告五味晃向大连市中级人民法院提起承认日本法院的判决、债权冻结命令及债权转让命令的法律效力，以及对大连发日海产食品有限公司中的被告的投资额给予执行的申请。大连市中级人民法院通过辽宁省高级人民法院向最高人民法院请示，在得到最高人民法院的复函后，[1] 于 1994 年 11 月 5 日作出裁定，驳回申请人五味晃的请求，主要理由是：依据《民事诉讼法》的规定，中国与日本国之间没有缔结或者参加相互承认和执行法院判决、裁定的国际条约，亦未建立相应的互惠关系。[2] ［参见二维码 13-3］

需要指出的是，该案是在中国与日本之间不存在彼此拒绝承认与执行对方判决的先例的背景下发生的；换言之，该案表明，中国法院以不存在日本法院承认与执行中国法院的先例为由，认定两国之间不存在互惠关系。显然，这种事实互惠的要求，不利于国家间相互承认和执行判决，毕竟对于互惠关系，总有一个国家要先迈出一步。在该案发生后，日本法院就此认定，中日之间不存在互惠关系，从而拒绝承认和执行我国法院的一个判决。[3]

由此可见，事实互惠的要求实际上会导致"囚徒游戏"（Prisoner's Game）的怪圈，即谁都不愿意首先承认或执行对方国家的判决，这不利于当事人权利的保护，也不利于两国间互惠关系的实际建立。职是之故，未来中国关于互惠关系的认定，本书认为，有必要从事实互惠转为法律互惠。

事实上，近年来，最高人民法院已在多个司法文件中表明从事实互惠转向法律互惠甚至更为宽松的推定互惠的立场。如《最高人民法院关于人民法院为"一带一路"建设提供司法服务和保障的若干意见》规定，可以在一带一路沿线一些国家尚未与我国缔结司法协助协定的情况下，综合考虑由我国法院先行给予对方国家当事人司法协助，积极促成形成互惠关系。2017 年 6 月 8 日，《第二届中国—东盟大法官论坛南宁声明》第 7 条进一步指出：区域内的跨境交易和投资需要以各国适当的判决的相互承认和执行机制作为其司法保障。在本国国内法允许的范围内，与会各国法院将善意解释国内法，减

---

[1] 值得注意的是，在我国的司法文件中，"复函"一般没有司法约束力，而"批复"有约束力。

[2] 参见《最高人民法院关于我国人民法院应否承认和执行日本国法院具有债权债务内容裁判的复函》，[1995] 民他字第 17 号。

[3] 何其生：《比较法视野下的国际民事诉讼》，高等教育出版社 2015 年版，第 327 页。

少不必要的平行诉讼，考虑适当促进各国民商事判决的相互承认和执行。尚未缔结有关外国民商事判决承认和执行国际条约的国家，在承认与执行对方国家民商事判决的司法程序中，如对方国家的法院不存在以互惠为理由拒绝承认和执行本国民商事判决的先例，在本国国内法允许的范围内，即可推定与对方国家之间存在互惠关系。

2021 年 12 月下发的《2021 年纪要》明确对互惠关系的司法认定给出了明确意见。《2021 年纪要》已不再把外国法院先行承认和执行我国法院民商事判决作为认定互惠关系的必要条件，而是采用了"法律互惠"的认定标准。依据《2021 年纪要》第 44 条，人民法院在审理申请承认和执行外国法院判决、裁定案件时，有下列情形之一的，可以认定存在互惠关系：①根据该法院所在国的法律，人民法院作出的民商事判决可以得到该国法院的承认和执行；②我国与该法院所在国达成了互惠的谅解或者共识；③该法院所在国通过外交途径对我国作出互惠承诺或者我国通过外交途径对该法院所在国作出互惠承诺，且没有证据证明该法院所在国曾以不存在互惠关系为由拒绝承认和执行人民法院作出的判决、裁定。人民法院对于是否存在互惠关系应当逐案审查确定。[1]

尽管最高人民法院的上述司法政策值得肯定，但由于我国法律关于承认和执行外国判决的条件设置相对粗陋，互惠与公共秩序保留构成拒绝的两项实质性条件，因此，一旦最高人民法院在互惠要求上采用宽松的法律互惠甚至推定互惠标准，我国承认和执行外国判决的大门便会就此敞开，公共秩序保留成为法官拒绝承认和执行外国判决的唯一理由。鉴于公共秩序保留属于需要严格适用的例外性制度，且颇具争议性，我国法院适用法律互惠标准，须以法律或司法解释已设置了较为完善的承认和执行外国判决的条件为前提，否则会有"国门失守"之虞。

因此，本书力倡，我国应尽快修改《民事诉讼法》或者制定单行的"承认和执行外国民事判决法"，以系统构建承认和执行外国判决的法律体系。这套法律体系应对承认和执行外国判决的原则、模式与条件，尤其是间接管辖权、正当程序保障、互惠原则的适用标准等问题作出明确、系统的规定。[2]可喜的是，在我国加快涉外领域立法的背景下，2023 年《民事诉讼法》修改较为全面地完善了我国承认和执行外国法院判决的制度和规则体系。关于2023 年修法涉及承认和执行外国法院判决的内容，后文将行详述。

【案例 13-10】 艾斯艾洛乔纳斯有限公司申请承认以色列民事判决案。

---

〔1〕 最高人民法院民事审判第四庭编著：《〈全国法院涉外商事海事审判工作座谈会会议纪要〉理解与适用》，人民法院出版社 2023 年版，第 291 页。

〔2〕 霍政欣：《论承认和执行外国判决的美国法困境——中国的因应与殷鉴》，载《法律科学（西北政法大学学报）》2019 年第 5 期。

申请人以色列艾斯艾洛乔纳斯有限公司于 2016 年 2 月将被申请人杨某诉至以色列耶路撒冷裁判法院，要求被申请人偿还欠款 64 225 以色列新谢克尔。2016 年 2 月 25 日，申请人与被申请人达成《协议和解书》，被申请人应偿还申请人 50 000 以色列新谢克尔，并于协议书签订之日起 10 日内付款等。2016 年 3 月 2 日，申请人将《协议和解书》提交以色列耶路撒冷裁判法院，请求作出判决。2016 年 4 月 10 日，以色列耶路撒冷裁判法院裁定《协议和解书》成立，并作出判决，但被申请人未履行该判决。申请人遂向福建省福州市中级人民法院申请承认和执行该以色列国法院民事判决。

福州市中级人民法院经审查认为，以色列与我国没有缔结或者共同参加国际条约，也没有互惠关系，不符合我国法律规定的承认外国法院作出的发生法律效力判决的条件，并依照《民诉法解释》第 542 条规定，裁定驳回申请人的申请。[参见二维码 13-6]

福州市中级人民法院的法官显然没有注意到以色列法院在 2015 年已有裁定承认和执行了中国法院的判决（案例 13-8）。假如以色列法官知道了这一情况，还会认为以色列判决在中国的承认"存在合理潜在可能性"吗？此外，前已提及，《最高人民法院关于人民法院为"一带一路"建设提供司法服务和保障的若干意见》中要求各级法院摒弃事实互惠，然而，尽管以色列是"一带一路"重要沿线国，福州中院仍然继续坚持事实互惠，甚至未能及时注意到该国事实上有承认中国判决的先例，这令人遗憾。[参见二维码 13-6]

【案例 13-11】 挪威某航运公司与某物流公司因租船合同担保纠纷，于 2015 至 2016 年间在双方约定的英国法院进行诉讼，挪威某航运公司取得终审胜诉判决。后来，某物流公司没有履行英国法院生效裁判确定的义务，挪威某航运公司向上海海事法院提出申请，请求承认英国法院的判决。上海海事法院认为，对互惠关系的认定是本案的审查重点。在以往较长一段时间，司法实践中通常以外国法院是否有承认和执行我国法院民商事判决的先例作为判断互惠的关键标志，但近年来随着我国对外开放不断扩大、深入，促进国家间相互承认和执行民商事判决的现实需要越来越被司法政策导向所关注和吸纳。如前所述，2021 年 12 月下发的《2021 年纪要》已不再把外国法院先行承认和执行我国法院民商事判决作为认定互惠关系的必要条件，而是采用了"法律互惠"的认定标准，即如果根据作出判决的外国法院所在国的法律，我国法院作出的民商事判决可以得到该法院的承认和执行，即可以认定我国与该国存在承认和执行民商事判决的互惠关系。

结合本案，上海海事法院经审查认为，根据英国并不以存在相关条约作为承认和执行外国法院民商事判决前提条件，从法理上衡量，我国法院作出的民商事判决是可以得到英国法院承认和执行的，而且本案中被申请人也没有证明英国法院曾以不存在互惠关系为由拒绝承认和执行我国法院民商事判决，故可以根据互惠原则对英国法院判决给予承认。司法互惠关系是不断发展的，特别是在如今我国进一步扩大对外开放的背景下，准确适用互惠原则对于跨境民商事纠纷解决、跨境民商事判决相互承认和执行有着积极意义。本案根据互惠原则承认英国法院判决，是《2021年纪要》下发后依照法律互惠的标准对外国法院判决予以承认的首例案件，有利于进一步推动我国与相关国家间司法判决朝着互认的方向相向而行。

之所以承认外国离婚判决无须以条约或互惠为条件，盖因此类判决事关当事人的身份地位并对当事人是否能再婚构成直接影响，所以，倘若以条约或互惠关系作为承认外国法院作出离婚判决的前提，会对当事人的婚姻自由产生重大影响。职是之故，承认外国法院作出的离婚判决，我国不要求该外国与中国有条约或互惠关系。

需要指出的是，离婚案件除涉及夫妻间人身关系外，经常还涉及父母子女间的抚养或监护关系、夫妻财产关系等内容。外国法院判决当事人解除婚姻关系的同时，往往将子女监护与抚养、夫妻共同财产分割等事项一并作出判决。在实践中，我国法院一般会对此类判决予以分割，其中，有关解除婚姻关系内容的承认无须以中国与该外国存在条约或互惠关系为前提，但外国法院离婚判决中关于夫妻财产分割、生活费负担、子女抚养方面的内容仍须按照《民事诉讼法》第281条、第282条的规定确定其承认与执行事项。

【案例13-12】 李某与丁某均系中国公民，两人于1974年11月结婚。婚后，两人感情尚好，并于1975年2月生一女。1980年11月，李某赴日本留学，从此之后，双方感情逐渐淡漠。1988年1月，丁某赴日本留学，双方在日本共同生活了一段时间之后，于同年底开始分居。1989年春，丁某向日本大阪府地方法院提起离婚诉讼，因手续不全，日本大阪府地方法院未受理。1990年12月，丁某再次提起离婚诉讼，日本大阪府地方法院受理并于1991年2月27日作出判决，内容包括：解除李某与丁某的婚姻关系；丁某在中国、日本的财产归丁某所有；李某给付丁某生活费200万日元；李某在日本的财产归李某所有；女儿由丁某抚养，李某给付抚养费200万日元。事后，丁某准备回中国，向日本大阪府地方法院要求提取李某已交付于法院的生活费、抚养费。大阪府地方法院提出，只有在离婚判决书得到中国法律的认可后，才能将上述费用交给丁某。因此，李某与丁某分别向我国北京市某中级人民法院（以下简称北京法院）申请承认日本大阪府地方法院作出的该离婚判决书。

该北京法院受理申请后，经审查认为，日本大阪府地方法院对李某与丁某离婚一案作出的解除双方婚姻关系的判决，与我国法律规定的承认外国法院判决、裁定的条件不抵触，于1991年5月28日作出裁定：日本大阪府地方法院作出的离婚判决书，其解除李某与丁某婚姻关系的部分在中华人民共和国领域内具有法律效力。

本案中有两个应注意的问题：①本案是中国公民申请承认与我国既无司法协助协议关系（条约关系）亦无互惠关系的日本法院作出的离婚判决效力案。②该日本法院的离婚判决书中不但包括解除双方婚姻关系的内容，还包括财产分割和生活费、抚养费的给付及子女抚养的内容。北京法院在收到申请人的申请后，经审查后作出的裁定表明：①承认外国法院作出的离婚判决，我国法院不要求该外国与中国有条约或互惠关系。②我国法院承认外国法院作出的离婚判决书，仅限于对该判决书中关于解除婚姻关系的内容，其他部分的内容是不在承认范围之内的。

4. 关于承认与执行外国法院判决的方式，根据《民事诉讼法》第 299 条的规定，人民法院对申请或请求承认和执行的外国法院作出的发生法律效力的判决、裁定，依照我国缔结或参加的国际条约，或者按照互惠原则进行审查后，认为不违反我国法律的基本原则且不损害国家主权、安全、社会公共利益的，裁定承认其效力；需要执行的，发出执行令，依照该法的有关规定进行。

5. 关于承认与执行外国法院判决的程序，根据《民诉法解释》第 541 条的规定，申请人应当向有管辖权的人民法院提交申请书，并附外国法院作出的发生法律效力的判决、裁定正本或者经证明无误的副本以及中文译本。外国法院判决、裁定为缺席判决、裁定的，申请人应当同时提交该外国法院已经合法传唤的证明文件，但判决、裁定已经对此予以明确说明的除外。中国缔结或者参加的国际条约对提交文件有规定的，按照规定办理。

需要强调的是，2023 年《民事诉讼法》的修改较为系统地完善了承认和执行外国法院判决的制度和规则，主要变化体现在以下几点：

第一，首次系统规定承认和执行外国法院判决的审查事由。2023 年《民事诉讼法》新增第 300 条规定："对申请或者请求承认和执行的外国法院作出的发生法律效力的判决、裁定，人民法院经审查，有下列情形之一的，裁定不予承认和执行：（一）依据本法第三百零一条的规定，外国法院对案件无管辖权；（二）被申请人未得到合法传唤或者虽经合法传唤但未获得合理的陈述、辩论机会，或者无诉讼行为能力的当事人未得到适当代理；（三）判决、裁定是通过欺诈方式取得；（四）人民法院已对同一纠纷作出判决、裁定，或者已经承认第三国法院对同一纠纷作出的判决、裁定；（五）违反中华人民共和国法律的基本原则或者损害国家主权、安全、社会公共利益。"

该条从反向条件规定承认和执行外国法院判决、裁定的审查条件，即不予承认和执行的具体情形。在条文起草过程中，立法机关参考了我国对外缔结的双边司法协助协定中关于外国法院民商事判决的内容以及 2019 年海牙《承认与执行外国民商事判决公约》的规定，并大部分吸收了《2021 年纪要》第 46 条关于我国法院对外国法院判决、裁定进行审查的具体条件。

依据《民事诉讼法》第 300 条规定，我国法院审查的主要事项包括：一是间接管辖权，即应依哪一国法律对判决、裁定作出国法院有无管辖权进行判断。二是外国法院是否保障当事人正当程序权利，是否存在剥夺当事人得到合法传唤的权利、陈述权、代理权等明显违反法定程序的情形。三是判决是否系通过欺诈方式取得。四是我国法院是否就同一纠纷已经作出判决或者已经承认和执行第三国法院判决、裁定，承认和执行本案外国法院判决、裁定是否将与我国法院判决、裁定的既判力相冲突。五是公共政策保留条款，外国法院作出的发生法律效力的判决、裁定是否违反我国法律的基本原则或者国家主权、安全、社会公共利益。

第二，首次明确规定间接管辖权的认定标准。管辖权适格是一国法院进行诉讼活动并作出有效判决的前提，间接管辖权的认定标准因而关乎对外国法院管辖权的审查，既是判断外国法院管辖权适当与否的程序性规则，也是承认和执行外国法院判决的先决条件。在《民事诉讼法》修改草案起草过程中，针对应当适用哪国法律来认定间接管辖权，曾经讨论过以下两种方案。

第一种方案拟规定：有下列情形之一的，应当认定该外国法院对案件无管辖权：①外国法院依据其法律对案件没有管辖权；②违反本法对专属管辖的规定；③违反当事人排他性选择法院管辖的协议；④当事人存在有效的仲裁协议。第二种方案拟规定：不单独针对间接管辖权设立条文，改为将第 300 条第 1 项规定为"根据中华人民共和国法律，可以认定外国法院对案件无管辖权的"。

上述第一种方案是以判决作出国法律作为基本判断标准，体现了开放包容的司法立场，但可能出现因标准过于宽松而产生对我国不利的情形。第二种方案借鉴德国等大陆法系国家的做法，以执行法院所在国的法律为判断标准，既可以将专属管辖、排他性管辖、仲裁排除诉讼管辖等原则体现在间接管辖权的审查中，又可以防止外国法院通过"长臂"法律滥用管辖权，但可能产生标准过于僵化和严格的问题。

在修法过程中，在综合两种意见的基础上，立法机关最终形成了 2023 年《民事诉讼法》第 301 条规定的间接管辖权认定标准，即"有下列情形之一的，人民法院应当认定该外国法院对案件无管辖权：（一）外国法院依照其法律对案件没有管辖权，或者虽然依照其法律有管辖权但与案件所涉纠纷无适当联系；（二）违反本法对专属管辖的规定；（三）违反当事人排他性选择法院管辖的协议"。该条是《民事诉讼法》第 300 条第 1 项"外国法院对案件无管辖权"标准的细化，也是我国在法律上首次对该问题作出明确规定。《民事诉讼法》第 301 条所明确的间接管辖权判断模式，既不同于单纯地采用判决作出国法律模式，也不是仅依照被请求国法律的"镜像"模式，而是采取了"双向结合"的综合判断模式。

其一，外国法院作为判决作出国法院必须根据该国法律具有管辖权。其二，即便外国法院依照该国法律具有管辖权，但如果管辖依据过于薄弱，与纠纷无适当联系，或纯属滥用管辖权，该判决、裁定也不能予以承认和执行。这一要求，显然是对美国长臂管辖权的反制规则。其三，违反《民事诉讼法》专属管辖规定的，应当认定该外国法院对案件无管辖权。其四，违反当事人排他性选择法院管辖协议的，亦应当认定该外国法院对案件无管辖权。人民法院经审查认定外国法院不具有管辖权的，均构成不予承认和执行外国法院判决的事由。

第三，首次规定承认和执行外国法院的判决、裁定程序中的救济机制。2023 年《民事诉讼法》新增第 303 条规定："当事人对承认和执行或者不予承认和执行的裁定不服的，可以自裁定送达之日起十日内向上一级人民法院申请复议。"人民法院裁定是否承认和执行外国法院的判决、裁定，对当事人实体权利义务的影响巨大，本次修改正式建立了该类案件的复议程序救济机制，彰显立法机关对程序正义的重视和保障。[1]

此外，根据《民诉法解释》第 544～545 条的规定，对外国法院作出的发生法律效力的判决、裁定，需要人民法院执行的，当事人应当先向人民法院申请承认。人民法院经审查，裁定承认后，再根据《民事诉讼法》第三编的规定予以执行。当事人仅申请承认而未同时申请执行的，人民法院仅对应否承认进行审查并作出裁定。承认和执行外国法院判决、裁定的案件，人民法院应当组成合议庭进行审查。当事人申请承认和执行外国法院作出的发生法律效力的判决、裁定或者外国仲裁裁决的期间，适用《民事诉讼法》第 250 条的规定。[2] 当事人仅申请承认而未同时申请执行的，申请执行的期间自人民法院对承认申请作出的裁定生效之日起重新计算。

由此可见，申请承认与执行外国法院判决的期间为 2 年；当事人在获得外国法院的判决或裁定后，如须我国人民法院承认与执行，应及时提出申请；否则，即便中国与相关外国之间存在条约或互惠关系，且该外国法院作出的判决或裁定符合《民事诉讼法》关于承认与执行的条件，也有可能因执行的期间届满而导致其申请无法得到支持的不利后果。

（二）向外国法院申请承认与执行我国法院判决

《民事诉讼法》第 297 条第 1 款对我国法院判决在外国的承认和执行作了规定。根据这一规定，人民法院作出的发生法律效力的判决、裁定，如果被执行人或者其财产不在我国领域内，当事人请求执行的，可以由当事人向有管辖权的外国法院申请承认和执行，也可以由人民法院依照我国缔结或参加的国际条约的规定，或者按照互惠原则，请求外国法院承认和执行。

---

〔1〕　沈红雨、郭载宇：《〈民事诉讼法〉涉外编修改条款之述评与解读》，载《中国法律评论》2023 年第 6 期。

〔2〕　《民事诉讼法》第 250 条规定："申请执行的期间为二年。申请执行时效的中止、中断，适用法律有关诉讼时效中止、中断的规定。前款规定的期间，从法律文书规定履行期间的最后一日起计算；法律文书规定分期履行的，从最后一期履行期限届满之日起计算；法律文书未规定履行期间的，从法律文书生效之日起计算。"

由此可见，向外国法院申请承认与执行我国法院作出的生效判决，其主体也有两类：当事人或人民法院。承认与执行的条件与程序，有条约的依条约，无条约的则依据互惠原则请求外国法院承认与执行。当然，在没有条约的情况下，我国法院的判决是否能得到外国法院的承认与执行，主要由外国法院依据其本国法确定。

值得强调的是，尽管我国与西方发达国家在法院判决的承认与执行方面缔结的双边条约数量十分有限，但是，随着中外交往的日益密切以及中国司法制度的不断完善，近年来不断出现西方国家承认与执行我国法院判决的先例，其中不少案例颇值研究。

【案例13-13】 2011年6月底，湖北葛洲坝三联实业股份有限公司（以下简称"三联公司"）和湖北平湖旅游船有限公司（以下简称"平湖公司"）诉美国罗宾逊直升机有限公司（以下简称"罗宾逊公司"）直升机产品侵权纠纷一案是第一例在美国申请承认与执行中国法院判决并获得成功的标志性案件。[1] 本案是由于直升机质量问题导致人员伤亡及其他经济损失引发的产品质量责任侵权纠纷。作为直升机的购买及使用者，三联公司和平湖公司曾于1995年3月在美国加州洛杉矶高等法院提起诉讼，主张由直升机的生产商罗宾逊公司承担飞机坠毁事故中的损害赔偿金。在该法院的听证过程中，罗宾逊公司以"非方便法院原则"提出应由适当的中国法院审理本案，并且罗宾逊公司同意放弃诉讼时效的抗辩。1995年11月，美国加州洛杉矶高等法院接受罗宾逊公司关于以"非方便法院原则"要求中止诉讼或驳回起诉的申请，裁定中止诉讼。

2001年1月，三联公司和平湖公司在中国湖北省高级人民法院（以下简称湖北高院）提起诉讼，要求被告罗宾逊公司承担因产品质量事故造成的直升机损失以及其他经济损失赔偿。该诉讼程序中的传票、诉状、出庭通知等相关文件于2004年2月送达至被告罗宾逊公司，但罗宾逊公司并未出席其后的开庭审理，也未申请延期诉讼或采取其他措施。2004年12月，湖北高院在罗宾逊公司缺席庭审的情况下作出判决，支持三联公司和平湖公司的诉讼请求，判决罗宾逊公司向三联公司和平湖公司支付总计2000多万元人民币的损失赔偿金及相应的利息。

为了使中国判决得以执行，2006年3月，三联公司和平湖公司委托律师，在美国联邦法院加州中部地区法院提起关于承认和执行中国判决的请求。经过长达3年多的双方争辩及法院审查过程，美国联邦地区法院于2009年8月作出判决，同意承认与执行本案的中国判决。三联公司和平湖公司由此将获得总额约650万美元的赔偿及相应的利息。罗宾逊公司不服，于2009年10月

---

〔1〕 参见雷磊：《首例中国法院判决被美国承认并执行》，载《南方周末》2011年9月30日，第A3版。

向美国第九巡回法院提起上诉；2011 年 3 月，美国联邦第九巡回法院驳回了上诉请求。2011 年 6 月底，罗宾逊公司履行相关赔偿义务。

目前，美国法院承认和执行外国法院判决通常适用各个州的法律和案例法确定的规范。总体而言，美国的大部分州（包括加利福亚州）采纳了 2005 年由美国统一州法委员会制定的《2005 年承认法》作为其州法，而该法已经不再将互惠作为承认与执行外国法院判决的条件；其他没有采纳《2005 年承认法》的州则依旧适用案例法的礼让和互惠原则。《2005 年承认法》的适用范围限于金钱支付类的外国判决，规定了一系列与承认和执行外国法院的支付判决有关的判断标准，并且只要求对外国司法体系和法院判决进行程序是否正当的审查而并不对实体问题进行重审。[参见二维码 13-7]

【案例 13-14】 申请人刘利与被申请人陶莉、童武申请承认和执行外国法院民事判决案。申请人刘利申请称，申请人与被申请人于 2013 年 9 月 22 日签订股权转让协议，被申请人以 150 000 美元的价格将其在美国 JIAJIA MANAGEMENT INC 50%股权转让给申请人。在申请人依约支付 125 000 美元后，被申请人携款潜逃。申请人后向美国加利福亚州洛杉矶县高等法院提起诉讼，该院于 2015 年 7 月 24 日作出第 EC062608 号判决，判令被申请人返还申请人 125 000 美元及审判前利息 20 818 美元和审判成本 1674 美元，总共 147 492 美元。该判决已经生效，被申请人未按判决履行。因被申请人现居住在湖北省武汉市并有可供执行的财产，申请人请求武汉市中级人民法院（以下简称武汉中院）承认和执行该州洛杉矶县高等法院判决。

武汉中院认为，本案中，被申请人陶莉、童武在湖北省武汉市拥有房产，该院作为被申请人财产所在地和经常居住地法院，对本案依法享有管辖权。同时，申请人刘利在向该院递交申请承认和执行申请书时，已提交经证明无误的美国加州洛杉矶县高等法院作出的编号 EC062608 判决副本及中文译本，符合申请承认和执行外国法院判决的形式要件。

武汉中院特别指出，因美国同我国之间并未缔结也未共同参加相互承认和执行民事判决的国际条约，申请人的申请应否予以支持应依据互惠关系原则进行审查。经审查，申请人提交的证据已证实美国有承认和执行我国法院民事判决的先例存在，可以认定中美之间存在相互承认和执行民事判决的互惠关系。同时，上述美国加州洛杉矶县高等法院判决系对申请人与被申请人之间有关股权转让的合同关系作出，承认该民事判决并不违反我国法律的基本原则或者国家主权、安全、社会公共利益。鉴于此，武汉中院裁定承认和执行该加州法院判决。

本书认为，在承认和执行外国判决领域，当代美国不存在统一的联邦法，因此，美国某一州承认和执行中国法院判决，并不代表其他州也会如此。同时，由于联邦地区法院在该事项上适用所在州的州法，即便此类法院承认中国判决，也不具有联邦层面上的普遍意义。另外，由于美国大部分州不将互惠作为承认和执行外国判决的条件，中国承认和执行美国判决的先例并不一定会换来美国法院的"投桃报李"。可见，以 2013 年美国加州法院承认和执行湖北省高级人民法院判决为依据，认为中美两国在国家层面上已建立互惠关系并不准确。进而言之，泛泛谈及美国法关于承认和执行外国判决的法律规定或美国法院对中国判决的立场，不仅不具实际意义，而且可能导致司法误判。[1]［参见二维码 13-8］例如，2021 年 4 月 30 日，美国纽约州纽约县高等法院就上海雍润投资管理有限公司诉喀什星河创业投资有限公司、徐茂栋一案作出判决，对北京市高级人民法院（2019）京民终 115 号民事判决不予执行，理由是中国民事诉讼程序制度整体不符合美国正当法律程序要求。[2]

本章二维码

13-1　第十三章拓展阅读

13-2　案例 13-1 判例
详细资料

13-3　第十三章主要法规与
司法解释

13-4　案例 13-5 判例
详细资料

13-5　案例 13-6 判例
详细资料

13-6　案例 13-10 判例
详细资料

13-7　案例 13-13 判例
详细资料

13-8　案例 13-14 判例
详细资料

---

[1] 霍政欣：《论承认和执行外国判决的美国法困境——中国的因应与殷鉴》，载《法律科学（西北政法大学学报）》2019 年第 5 期。

[2] Shanghai Yongrun Inv. Mgt. Co., Ltd. v Kashi Galaxy Venture Capital Co., Ltd. – 2021 NY Slip Op 31459（U）.

第十四章

国际商事仲裁

✉导　语

　　与诉讼相比，仲裁具有灵活、便捷、高效、保密等特点，因而深受国际商务人士的欢迎。国际商事仲裁已经成为当代国际民商事纠纷的常用解决方式。在此背景下，世界上许多国家制定了现代化的仲裁法律，新的国际商事仲裁中心不断出现。迅速发展的国际商事仲裁法律和实践也成为各国法学界与实务界关注的重要课题。

　　鉴于此，在介绍完国际民事诉讼后，本书再辟一章，专门探讨国际商事仲裁。需要指出的是，鉴于仲裁法在我国法学院校通常是一门独立开设的选修课，本书无意对仲裁法作系统介绍，而仅以国际民商事纠纷的解决为视角，探讨国际商事仲裁的相关问题。概言之，本章重点讨论的问题包括：国际商事仲裁的概念和特点、仲裁协议、国际商事仲裁的法律适用以及国际商事仲裁裁决的承认与执行。其中，仲裁协议、国际商事仲裁的法律适用和国际商事仲裁裁决的承认与执行是本章的学习重点。

👉 第一节　概述

一、国际商事仲裁的概念

　　"仲裁"（arbitration）一词来自拉丁语"arbitratio"，是指争议双方当事人将他们之间发生的争议交付第三者（即仲裁员）居中评断是非，并作出裁决的做法。商事仲裁起源于13世纪、14世纪地中海北部沿岸；到19世纪末20世纪初，逐渐被国际社会普遍认可为解决国际民商事法律争议的一种常用方式。

　　作为国际民商事争议解决的一种方式，"国际商事仲裁"（international commercial arbitration）是指国际商事交往的当事人通过协议自愿将他们之间的有关争议提交某一临时仲裁机构或某一常设仲裁机构审理，由其依据有关法律或依公平原则作出裁决，并约定自觉履行该项裁决所确定的义务的一种制度。准确理解国际商事仲裁的含义，需要把握"国际"和"商事"这两个核心要素的确切含义。

（一）"国际"的含义

在理论与实践中，区别国内仲裁与国际仲裁已经成为一种惯例，并具有多重意义。对国际仲裁而言，除了仲裁在进行仲裁的国家境内发生之外，它通常与进行仲裁的国家没有什么特殊联系。所以，以比较法为视角观之，各国法律通常对国际仲裁采取更为宽松的态度。

此外，国际仲裁几乎总是会遇见不同国籍、不同法律背景和文化、不同法律制度和不同原则的情形。这个理由在实践中也许是最重要的，它要求对此类仲裁采取一种不同和真正的"国际主义"的方式所涉及的各方（尤其是仲裁员）理解这一点至关重要。

即使有些国家在立法中未对"国内"和"国际"仲裁作出正式区分，它们在执行仲裁裁决时，也必须承认和遵循这种区别。[1] 这是因为以 1958 年《关于承认及执行外国仲裁裁决的纽约公约》（以下简称《纽约公约》）为代表的当代一系列国际条约在调整仲裁裁决的承认与执行时，仅限于对"外国"或"国际"裁决予以规定，而国内仲裁的承认与执行则属于各国国内法规定的事项。

尽管如此，关于"国际"仲裁的界定，世界上并未形成一致的做法。以比较法为视角观之，当前有两个主要的标准被单独或共同使用来界定国际商事仲裁中的"国际"一词，[2] 并由此形成了三种做法。

第一，"实质性连结因素标准"（material connecting factors criterion）。这种标准以双方当事人的国籍、住所或经常居所、法人注册地、公司管理部门所在地、仲裁地等实质性连结因素为依据，如果这些因素在不同国家，所进行的商事仲裁就是国际商事仲裁。这个标准又被称为"地理标准"（geographic criterion）或者"司法标准"（juridical criterion）。1961 年《欧洲国际商事仲裁公约》就采用了这一方法，将其适用的协议定义为"为解决自然人或法人之间产生于国际贸易的争议而订立的仲裁协议，如果订立协议时当事人在不同缔约国有经常居所或住所"。[3]

第二，"争议的国际性质标准"（the international nature of dispute test）。这种标准主张，由于国际商事交易的多样性、广泛性和流动性，如果仅仅基于仲裁地点、当事人的国籍、住所或营业地这类简单的连结因素确定仲裁的国际性，往往有失偏颇，因而应该对争议的性质加以分析，如果争议"涉及国际商事利益"，为解决该争议所进行的仲裁便是国际仲裁。国际商会（the International Chamber of Commerce, ICC）采用的就是这一标准，对此，国际商

---

〔1〕 ［英］艾伦·雷德芬、马丁·亨特等：《国际商事仲裁法律与实践》，林一飞、宋连斌译，北京大学出版社 2005 年版，第 14 页。

〔2〕 参见韩德培、肖永平编著：《国际私法学》，人民法院出版社 2004 年版，第 293 页。

〔3〕 Geneva, "European Convention on International Commercial Convention", 21 April 1961, *United Nations Treaty Series* (1963-1964), Vol. 484, p. 364, p. 7041.

会在其出版的说明中指出："仲裁的国际性并不意味着当事人必然具有不同的国籍。合同仍然可以因为其标的的缘故而跨越国家，例如，合同由同一个国家的两个国民签订，但在另一个国家履行，或者由一个国家和在该国从事经营活动的外国公司的子公司签订。"[1] 法国的仲裁立法与实践也采取这一标准。

第三，"混合式"（mixed test），也称"综合性方法"（comprehensive test）。由于各国对"国际"商事仲裁采取的界定标准存在区别，为弥合冲突，便利仲裁裁决的跨国执行，一些国际公约或国际示范法将上述两种标准混合起来使用。例如，《联合国国际贸易法委员会国际商事仲裁示范法》（以下简称《示范法》）第1条第3款将"国际"定义为："一项仲裁是国际性的，如果：①仲裁协议双方当事人在签订该协议的时候，它们的营业地位于不同的国家；②下列地点之一位于双方当事人营业地共同所在的国家之外：（a）仲裁协定中或根据仲裁协议确定的仲裁地；（b）商事关系义务的主要部分将要被履行的任何地点或与争议的客体具有最密切联系的地点；（c）双方当事人已明示约定仲裁协议的客体与一个以上的国家有联系。"［参见二维码拓展阅读14-1］

包括《民事诉讼法》和《仲裁法》在内的中国法律并没有使用"国际商事仲裁"一词，而是使用"涉外经济贸易、运输和海事仲裁"的措辞，所以，中国法律未对国际商事仲裁中的"国际"一词予以明确界定。鉴于此，在中国法的语境下，对"国际"仲裁的界定须比照《涉外民事关系法律适用法》《民事诉讼法》以及这两部法律的司法解释关于"涉外"一词的定义予以理解。同时，作为《纽约公约》的缔约国，仲裁地具有涉外因素也应作为认定仲裁国际性的重要标准。[2] 此外，涉及我国香港、澳门特别行政区或我国台湾地区的仲裁，我国司法机关通常按照涉外仲裁予以处理。

（二）"商事"的含义

一般认为，对于解决产生于商事关系（例如，相对于家事关系）的争议，仲裁是一种特别合适的方式。在一些国家（尤其是大陆法系国家），只有产生于商事合同的争议才可以提交仲裁。对国际仲裁而言，"商事"的含义更为重要，因为以《纽约公约》为代表的当代国际条约允许各缔约国将其公约义务限定于依据国内法被认为是具有商事性质的合同，亦即"商事保留"。

以比较法为视角观之，当今大多数国家的立法以及国际条约或国际示范法对"商事"作广义的解释。例如，《示范法》对"商事"的注释是："'商事'一词应给予广义的解释，以便包括产生于所有具有商业性质的关系的事项，不论这种关系是否为契约关系。具有商事性质的关系包括但不限于下列

---

〔1〕 转引自［英］艾伦·雷德芬、马丁·亨特等：《国际商事仲裁法律与实践》，林一飞、宋连斌译，北京大学出版社2005年版，第14页。

〔2〕 赵相林主编：《国际私法》，中国政法大学出版社2014年版，第394页。

交易：任何提供或交换商品或劳务的贸易交易；销售协议；商事代表或代理；保付代理；租赁；咨询；设计；许可；投资；融资、银行业；保险；开采协议或特许权；合营企业或其他形式的工业或商业合作；客货的航空、海洋、铁路或公路运输。"［参见二维码拓展阅读 14-2］

中国在加入《纽约公约》时作出商事保留声明，依之，"契约性和非契约性商事法律关系"是指，由于合同、侵权或者根据有关法律规定而产生的经济上的权利义务关系，例如，货物买卖、财产租赁、工程承包、加工承揽、技术转让、合资经营、合作经营、勘探开发自然资源、保险、信贷、劳务、代理、咨询服务和海上、民用航空、铁路、公路的客货运输以及产品责任、环境污染、海上事故和所有权争议等，但不包括外国投资者与东道国政府之间的争端。可见，我国也对商事作了广义定义，但明确将外国投资者与东道国政府之间的争端排除在外。

二、国际商事仲裁的特点

作为解决国际商事纠纷的方式之一，仲裁在相当程度上替代了诉讼。初学者也许会问，如果当事人希望通过有约束力的方式解决争议，他们似乎更应该诉诸一国司法机关——固定的法院，而非临时组成的仲裁庭。那么，国际商事仲裁为何广受当事人的青睐？要理解这一点，首先要理解仲裁与诉讼的区别以及国际商事仲裁基于这些区别所产生的相对优势。概言之，诉讼与仲裁的区别主要体现在以下几个方面：

第一，诉诸法院，一方当事人无需事先得到另一方的同意或双方达成诉讼协议；只要一方当事人向有管辖权的法院起诉，法院就可依法受理争议案件，另一方就必须应诉。换言之，法院诉讼是法定管辖，是国家法律的要求；而仲裁则是协议管辖，是当事人意思自治的体现。

第二，在法院诉讼的当事人不能选定审判员，法院会依职权指定法官或人民陪审员组成合议庭审理案件；而仲裁的双方当事人有权各指定一名仲裁员，一般再由仲裁机构的主席指定一名首席仲裁员组成仲裁庭审理案件，且除法律人士外，仲裁员还可以由审理纠纷相关的专业技术人员担任。

第三，法院审理案件以公开审理为原则；而仲裁庭审理案件一般不公开进行，案情不公开，裁决也不公开，开庭时没有旁听，审理中仲裁庭或仲裁机构的秘书处不接受任何人采访。

第四，一方当事人对法院判决不服的可以上诉，中国法院是两审终审制，而外国法院多实行三审终审制；与此相对，仲裁裁决一般是终局的，不能上诉，亦即一裁终局。

第五，法院作出的判决要到境外执行时，需根据判决作出国与被申请执行国之间签订的国际条约或者互惠原则处理。从全球范围来看，关于法院判决跨国承认与执行的全球性国际公约尚付阙如。与此不同，在仲裁裁决跨国承认与执行领域，《纽约公约》已经拥有 172 个缔约国（截至 2024 年 1 月），是当代影响最大的国际商事条约之一,[1] 所以,仲裁机构所作出的仲裁裁决要到境外执行时,只要作出裁决的所在地国与申请执行所在地国均为《纽约公约》缔约国,当事人可以依据该公约向执行地国的主管法院提出承认及执行的申请;否则需根据相关司法协助条约或者互惠原则办理。

依据诉讼与仲裁的上述区别,可以将国际商事仲裁的特点概括如下:

1. 广泛的国际性。几乎所有的国际性常设仲裁机构都聘用了来自不同国家的专业人员作仲裁员。在仲裁实践中,国际商事仲裁案件由不同国籍的仲裁员组成仲裁庭进行审理是十分常见的。

2. 高度的自治性。在国际商事仲裁中,双方当事人享有多方面的选择自由,具有高度的自治性。这种高度的自治性体现在以下几个方面:①双方当事人可以选择仲裁机构或仲裁庭的组织形式。②双方当事人可以选择仲裁地点。③双方当事人可以选择审理案件的仲裁员。④双方当事人可以选择或约定仲裁的程序,还可以选择仲裁应适用的实体法与程序法。

3. 明显的中立性。由于国际商事合同的当事人几乎是来自不同的国家,一方当事人的本国法院通常就是另一方当事人的外国法院。一旦一国法院审理案件,就意味着它只会使用自己的语言,只会适用自己的程序法与冲突法,所以,另一方当事人对此会有天然的抵触心理。与此不同,提交仲裁意味着争议可以在中立仲裁地解决,可以使用当事人共同选择的语言,可以适用他们共同选择的程序与法律,由他们共同选择或认可的仲裁员居中裁判。

4. 稳定的保密性。仲裁的保密性通常被认为是仲裁的重要优势。各国民事诉讼法通常将公开审理作为一般原则,在法院审理过程中,媒体与公众因而有权出席。与此不同,国际商事仲裁是一个不公开的程序,当事人因而可以在仲裁程序中充分披露、阐释其分歧,讨论财务及技术情况,而无需担心商业秘密暴露于公众的目光之下,这有利于保护当事人的权益,也有利于纠纷得到公平合理的解决。

5. 一定的强制性。虽然国际商事仲裁具有民间性,国际商事仲裁机构是一种民间性质的组织,不是国家司法机关,但各国的立法和司法都明确承认仲裁裁决的法律效力,并赋予仲裁裁决和法院判决同等的强制执行效力。值得强调的是,由于《纽约公约》的存在,仲裁裁决的跨国承认和执行拥有坚实的国际法依据,这使得仲裁裁决能比较容易地在外国得到承认与执行。

6. 相当的灵活性与便捷性。仲裁的灵活性很大,它不像法院那样要严格遵守程序法,特别是在临时仲裁中更是如此。此外,由于仲裁奉行一裁终局原则,因此,与诉讼相比,它更加便捷,符合当事人高效解决纠纷的期望。

正是基于上述特点,国际商事仲裁已经成为国际民商事交往中当事人普遍接受的争议解决方式。

---

[1] 参见 http://www.newyorkconvention.org/list+of+contracting+states,最后访问日期:2024 年 1 月 22 日。

第二节 仲裁协议

一、仲裁协议的概念

仲裁协议是国际商事仲裁的基石，它记录了当事人将争议提交仲裁的合意。这种合意对于任何国家法院之外的争议解决程序均是不可或缺的。[1] 一份有效的仲裁协议是国际商事仲裁的先决要件。

"仲裁协议"（arbitration agreement）是指双方当事人愿意把他们之间将来可能发生或者业已发生的争议提交仲裁的协议。仲裁协议既是任何一方当事人将争议提交仲裁的依据，又是仲裁机构和仲裁员受理案件的基石。如果没有仲裁协议或者仲裁协议无效，任何一方当事人都不能强迫对方进行仲裁，仲裁机构也不能受案进行仲裁。如果双方当事人已签订有效的仲裁协议，任何一方当事人都不能单方面地撤销已表示同意仲裁的约定。根据仲裁协议表现形式的不同，仲裁协议可分为三种：[2]

第一，"仲裁条款"（arbitration clause）。仲裁条款是指双方当事人在订立合同时，在合同的某一条款中，约定将以后执行合同中可能发生的争议提交仲裁。仲裁条款是该合同的一部分。仲裁条款是订立仲裁协议所采用的较为普遍的一种形式。

第二，"仲裁协议书"（submission to arbitration agreement）。仲裁协议书是指双方当事人为把有关争议提交仲裁解决而专门单独订立的协议书。这类协议书通常被称作"提交仲裁协议书"。采用仲裁协议书形式订立仲裁协议的情况较为少见。这一形式多用于争议发生后，把现有争议提交仲裁的情况。从这个意义上说，仲裁条款着眼于将来，而仲裁协议则着眼于过去。

第三，"其他书面文件中所包含的仲裁协议"（arbitration clause in other written documents）。这种协议是指双方当事人针对有关合同关系或其他关系而互相往来的信函、电传、传真或其他书面材料，约定将他们已经发生或可能发生的争议提交仲裁的意思表示。这种协议的表现形式不是集中反映在某一合同的有关条款或某一单独的协议中，而是分散在有关当事人相互往来的函件中。由于国际商事关系的跨国性，空间上的距离给双方当事人共同签署一项仲裁协议带来交通和经济上的不便，而国际通信事业的发展又把这种空间距离人为缩小到最低程度。所以，在国际商事仲裁实践中，这种形式的仲裁协议也是常见的。

---

[1] ［英］艾伦·雷德芬、马丁·亨特等：《国际商事仲裁法律与实践》，林一飞、宋连斌译，北京大学出版社 2005 年版，第 139 页。

[2] 参见韩德培、肖永平编著：《国际私法学》，人民法院出版社 2004 年版，第 293 页。

二、仲裁协议的内容

仲裁协议的内容至关重要，它直接关系到仲裁协议的效力，关系到争议能否得到公平合理的解决，关系到当事人的切身利益。一般而言，仲裁协议包括下面几个方面的内容：

第一，提交仲裁的事项，即提请仲裁的争议范围。当事人在决定将他们之间的争议提交仲裁解决时，首先应约定将什么样的争议提交仲裁。这是有关仲裁庭行使仲裁管辖权的重要依据之一，也是当事人申请有关国家的法院承认和执行仲裁裁决必备的重要条件。一方当事人实际提请仲裁的争议以及仲裁机构所受理的争议，都不得超越仲裁协议所规定的提交仲裁事项，否则，仲裁机构无权审理。因此，在国际商事仲裁实践中，仲裁条款通常起草得很宽泛，以确保产生于特定合同或与其有关的争议均得提交仲裁。将仲裁限定于某些争议，而将其他争议留给法院，这虽有可能，但这多数不合乎实际需要。所以，如当事人同意其合同包含仲裁条款，通常会选择标准格式或示范条款。此类条款来自仲裁机构或诸如联合国贸法会这样的国际权威机构。这些示范条款均起草得非常广泛，例如，联合国贸法会的示范条款："由于本合同而发生的或与本合同有关的任何争议、争端或请求，或有关本合同的违约、中止、无效……"[1] 中国国际经济贸易仲裁委员会（以下简称"贸仲"）的示范仲裁条款："凡因本合同引起的或与本合同有关的任何争议，均应提交中国国际经济贸易仲裁委员会，按照申请仲裁时该会现行有效的仲裁规则进行仲裁。仲裁裁决是终局的，对双方均有约束力。"

第二，仲裁地点。这是仲裁协议的主要内容之一，对于当事人具有重要意义。概言之，在哪个国家仲裁，往往就要适用哪个国家的仲裁法；如果当事人对适用的实体法未作约定，仲裁庭往往将根据仲裁所在地国的冲突规则确定应适用的实体法，这将对仲裁结果产生影响。在国际商事仲裁实践中，当事人选择仲裁地点时，通常应考虑到诸如距离远近、是否提供庭审室、是否位于拥有完备的国际商事仲裁法律制度的国家、是否位于《纽约公约》缔约国等因素。

第三，仲裁机构，即受理案件并作出裁决的机构。在国际商事仲裁中，当事人将纠纷提交仲裁有两种做法，一种是提交常设仲裁机构仲裁（机构仲裁），另一种是提交临时组成的仲裁庭仲裁（临时仲裁）。如果当事人约定常设仲裁机构仲裁，则应写明仲裁机构的名称；如果约定临时仲裁庭仲裁，则应注明组成仲裁庭的人数和如何指定仲裁员以及采用的仲裁程序规则等。在国际商事仲裁实践中，当事人在拟订仲裁条款时，最好选定适当的常设仲裁机构，而在选择仲裁机构时，应考虑该仲裁机构的信誉、规则的内容及费用、

---

[1] ［英］艾伦·雷德芬、马丁·亨特等：《国际商事仲裁法律与实践》，林一飞、宋连斌译，北京大学出版社 2005 年版，第 167 页。

语言等多种因素。

第四，仲裁程序规则。一般而言，仅在以下两种情况才有必要对各项程序事项作出约定：①当事人希望在某些方面与仲裁条款选择的常设仲裁机构的规则不一致；②当事人约定临时仲裁。在国际商事仲裁实践中，当事人选择在哪个常设仲裁机构仲裁，通常就应该按照其仲裁程序规则进行仲裁，即便仲裁条款没有约定仲裁规则，也可以推定其默示约定适用该仲裁机构所制定的仲裁规则。例如，2024 年《中国国际经济贸易仲裁委员会仲裁规则》第 4 条的第 2 项与第 3 项规定："当事人约定将争议提交仲裁委员会仲裁的，视为同意按照本规则进行仲裁。当事人约定将争议提交仲裁委员会仲裁但对本规则有关内容进行变更或约定适用其他仲裁规则的，从其约定，但其约定无法实施或与仲裁程序适用法强制性规定相抵触者除外……"不过，有些国家也允许双方当事人自由选用他们认为合适的仲裁程序规则。例如，在瑞典进行仲裁，双方当事人可以不采用瑞典的仲裁程序规则，而选用其他国家的仲裁程序规则。组成临时仲裁庭的仲裁程序则完全由当事人约定。

仲裁协议除须明确规定上述内容外，有的还载明仲裁协议适用的法律以及仲裁费用的分担、仲裁语言以及仲裁的效力等内容。

三、仲裁协议的法律效力

一份有效的仲裁协议对当事人、仲裁庭和仲裁机构、法院以及对裁决本身的执行力等均具有明确的法律效力。

对当事人而言，仲裁协议一经依法成立，他们便因此丧失了就仲裁协议约定的争议事项向法院提起诉讼的权利，承担了不得向法院起诉的义务。仲裁协议也使当事人承担履行由仲裁庭最后作出的裁决的义务，除非该裁决经有关国内法院裁定无效。

对仲裁庭或仲裁机构而言，一份有效的仲裁协议是仲裁庭或仲裁机构受理争议案件的依据，是其对特定争议事项取得管辖权的主要依据；与此同时，仲裁庭或仲裁机构的管辖权范围受到仲裁协议的严格限制。仲裁庭或仲裁机构只能受理当事人按仲裁协议中的约定所提出的争议事项。对于超出仲裁协议范围的事项，仲裁庭或仲裁机构无权过问。

对法院而言，各国仲裁立法均承认，一份有效的仲裁协议具有排除法院司法管辖的效力。例如，我国《仲裁法》第 5 条规定："当事人达成仲裁协议，一方向人民法院起诉的，人民法院不予受理，但仲裁协议无效的除外。"《纽约公约》第 2 条第 1 款亦明确规定："当事人以书面协定承允彼此间所发生或可能发生之一切或任何争议，如涉及可以仲裁解决事项之确定法律关系，不论为契约性质与否，应提交仲裁时，各缔约国应承认此项协定。"《纽约公约》第 2 条第 3 款还规定："当事人就诉讼事项订有本条所称之协定者，缔约国法院受理诉讼时应依当事人一造之请求，命当事人提交仲裁，但前述协定经法院认定无效、失效或不能实行者不在此限。"

此外，一项有效的仲裁协议是申请法院强制执行仲裁裁决的依据。有关国际条约和各国国内立法均规定，如果一方当事人拒不履行仲裁裁决，他方当事人可向有关国家法院提交有效的协议和裁决书，申请强制执行该裁决。例如，《纽约公约》第4条规定，为获得仲裁裁决的承认和执行，申请承认和执行裁决的当事人应当在申请时提供仲裁协议的正本或其正式副本。

四、仲裁协议的有效性

（一）仲裁协议的有效条件

以比较法为视角观之，尽管各国仲裁法与国际公约对仲裁协议的有效要件的规定并不完全相同，但对构成有效仲裁协议的基本条件的规定还是一致的。[1] 概言之，一份有效的仲裁协议必须具备的基本条件可概括如下：

第一，需要书面形式，这是形式有效性的要求。由于一份有效的仲裁协议可以排除法院的司法管辖权，意味着当事人之间的争议必须通过仲裁解决，其意义重大，所以，各国立法、国际公约及示范法均要求仲裁协议采用"书面"（written）形式。

随着科技与通信技术的发展，各国立法与国际条约或示范法关于书面的定义不断演进，宽松地解释书面形式成为一种趋势。[2] 例如，《纽约公约》第2条第2款规定，"书面协议"包括当事人所签署的或者来往书信、电报中所包含的合同中的仲裁条款和仲裁协议。20世纪50年代，书信是最典型的书面形式，而电报是书面传递紧急信息的最便捷方式，所以，《纽约公约》关于书面的定义反映了那一时代通信技术的发展水平。

到了20世纪80年代，传真及其他电讯技术飞速发展，鉴于此，联合国国际贸易法委员会于1985年主持制定的《示范法》规定："协议如载于当事各方签字的文件中，或载于往来的书信、电传、电报或提供协议记录的其他电讯手段中，或在申诉书和答辩书的交换中当事一方声称有协议而当事他方不否认，即为书面协议。在合同中提出参照载有仲裁条款的一项文件即构成仲裁协议，如果该合同是书面的而且这种参照足以使该仲裁条款构成该合同的一部分的话。"显而易见，上述《示范法》关于书面的定义体现了彼时通信技术的最新发展，而且"当事一方声称有协议而当事他方不否认，即为书面协议"的规定被视为对仲裁"默示合意"的认可，这显示当代法律朝着放宽形式要件的方向发展。

联合国国际贸易法委员会于2006年通过的《示范法》修正案进一步体现了通讯技术的发展和从宽解释书面要件的趋势，依之，"电子通信所含信息可

---

〔1〕 根据《纽约公约》的规定，一个有效的仲裁协议需满足6个条件：①是书面协议；②是处理当事人之间已发生或可能发生的争议的协议；③这种争议与一个特定的法律关系有关；④这种争议是有关一个能用仲裁方法解决的事项；⑤根据对他们适用的法律，当事人在签订协议时有完全行为能力；⑥协议不是无效的、未生效的或不可能实行的。

〔2〕 参见杨良宜：《国际商务仲裁》，中国政法大学出版社1997年版，第77页。

以调取以备日后查用的，即满足了仲裁协议的书面形式要求；'电子通信'是指当事人以数据电文方式发出的任何通信；"数据电文"是指经由电子手段、磁化手段、光学手段或类似手段生成、发送、接收或储存的信息，这些手段包括但不限于电子数据交换、电子邮件、电报、电传或传真。另外，仲裁协议如载于相互往来的索赔声明和抗辩声明中，且一方当事人声称有协议而另一方当事人不予否认的，即为书面协议。"

2006年颁布、2008年修订的《最高人民法院关于适用〈中华人民共和国仲裁法〉若干问题的解释》（以下简称《仲裁法解释》）进一步反映了通信技术的发展，其第1条规定，仲裁法第16条规定的"其他书面形式"的仲裁协议，包括以合同书、信件和数据电文（包括电报、电传、传真、电子数据交换和电子邮件）等形式达成的请求仲裁的协议。我国最高人民法院公布的司法解释体现了21世纪初通信技术的发展状况，并为未来技术的发展预留了空间。

第二，当事人须具有签订仲裁协议的行为能力。合同当事人必须有签订合同的行为能力，否则合同无效。仲裁协议也是一种合同，所以，仲裁协议的当事人也需要具有签订有效合同所必需的行为能力。如果仲裁协议是由不具有签订仲裁协议能力的一方当事人签订的，依据《纽约公约》的规定，在仲裁程序开始阶段，当事人可以请求有管辖权的法院中止仲裁，理由是仲裁协议无效；在仲裁程序结束时，当事人可以请求有管辖权的法院拒绝承认和执行裁决，理由是仲裁协议的一方当事人依据对其适用的法律存在有某种无行为能力的情形。[1] 至于当事人签约的行为能力应适用什么法律的问题，《纽约公约》未作规定，而是将此问题留给各缔约国自行解决。一般而言，关于当事人订立仲裁协议的行为能力，各国通常适用当事人行为能力的准据法。[2]

第三，提交仲裁的事项应具有"可仲裁性"（arbitrability）。仲裁协议中约定提交仲裁的事项，必须是有关国家立法所允许采用仲裁方式处理的事项。如果所约定的事项属于有关国家立法规定的不可仲裁的事项，该国法院将判决仲裁协议无效，并命令中止仲裁协议的实施或拒绝承认和执行已作出的仲裁裁决。《纽约公约》第5条第2款规定，如果依据申请承认及执行地所在国的法律，争议事项系不能以仲裁解决者，则该国得拒不承认及执行仲裁裁决。

争议事项可仲裁性的概念，实际上是对仲裁范围施以公共政策的限制。每一个国家都可以出于本国公共政策的考虑，决定哪些问题可以通过仲裁解决，哪些问题不可以通过仲裁解决。例如，在一些欧美国家，反托拉斯法和竞争法事项是不具有可仲裁性的。不过，尽管"可仲裁性"直接关系到仲裁协议的有效性，但是，对商事进行广义定义，承认大部分商事争议的可仲裁

---

〔1〕 参见《纽约公约》第2条第3款与第5条第1款。
〔2〕 鉴于国际商事仲裁的当事人一般为自然人与法人，该问题请参见本书（第二编）第六章的内容。

性是当代绝大部分国家法律的基本原则。[1] 如前所述，中国在加入《纽约公约》时所作的商事保留对商事也作了广义解释，仅将外国投资者与东道国政府之间的争端排除在外；同时，我国《仲裁法》第 3 条规定，婚姻、收养、监护、扶养、继承纠纷和依法应当由行政机关处理的行政争议不能仲裁。

第四，仲裁协议要有明确的内容，以使仲裁程序能够顺利进行。尽管明确的仲裁协议与有效的仲裁协议是两个不同的概念，但根据我国《仲裁法》第 18 条的规定，当仲裁协议关于仲裁事项或者仲裁委员会的约定不明确，当事人又不能达成补充协议时，该仲裁协议就是无效的。不过，何为"不明确"，实践中常会发生争议。但多数国家的法院主张，只要不是国家的法律禁止提交仲裁的商事争议，如果当事人选择了仲裁，就应该充分尊重他们的这种选择，哪怕这种选择的协议还存在着这样那样的缺陷或瑕疵。[2]

（二）仲裁条款的独立性原则

"仲裁条款独立性原则"（autonomy of the arbitration agreement）主要是指仲裁条款是与主合同的其他条款相分离而独立存在的一项条款；主合同无效、撤销、终止或者变更，仲裁条款作为当事人约定的解决主合同争议的条款，仍独立存在，并不因主合同变更、无效或者终止而当然无效或者失效。仲裁条款的独立性原则已经得到包括中国在内的世界各国的广泛接受和采纳，成为现代仲裁法的重要理论和实践。

仲裁条款是一种特殊类型的协议。一个包含仲裁条款的合同，应被视为由两个相对独立的合同构成，其中一个为主合同或基础合同，它规定双方当事人在商业利益方面的权利义务关系；另一个为从合同或附属合同，即以仲裁条款形式出现的仲裁协议，它规定的是发生争议后解决争议的方式。二者的主要差别在于：当事人签订主合同的唯一目的在于切实履行主合同中所规定的权利义务，从而实现他们所期望的商业利益；当事人订立仲裁条款旨在约定通过何种方式定分止争，它的履行或实施是以主合同的履行发生困难或争议为前提，并作为主合同不能履行或不能完全履行时的一种救济手段而存在，它不是双方当事人订约时所期望实施的。如果当事人之间未就主合同发生任何争议，它就没有实现的必要。在当事人之间发生约定的特定争议时，从合同才得以实施，而其实施的结果是建立一个仲裁庭，并按约定的程序和依据可适用的法律或公平原则裁决各方当事人根据主合同的有效或无效而产生的权利和义务。所以，以仲裁条款为内容的这一从合同，在整个国际商事合同中具有相对特殊的独立性，一方面，它因主合同的订立而订立，并随着主合同的完全履行而终止；另一方面，它的效力不仅不因主合同发生争议或被确定无效而失去效力，反而因此而得到实施，以发挥它作为救济手段的作

〔1〕　［英］艾伦·雷德芬、马丁·亨特等：《国际商事仲裁法律与实践》，林一飞、宋连斌译，北京大学出版社 2005 年版，第 154 页。

〔2〕　韩德培、肖永平编著：《国际私法学》，人民法院出版社 2004 年版，第 309 页。

用。所以，它不像一般的从合同那样完全依赖于主合同，相反，它具有相对独立性，其有效性不受主合同有效性的影响。[1]

仲裁条款的独立性原则的提出也是仲裁实践的需要。如果仲裁条款不具有独立性，那么，一方当事人一旦提出主合同变更、终止、解除或者无效，仲裁条款也就随之变更、终止、解除或者无效了，当事人在合同中订立仲裁条款的目的就很难实现。[2]毕竟，当事人选择仲裁的主要目的就是将主合同纠纷提交仲裁解决。

【案例14-1】 轻纺公司诉裕亿公司与太子公司侵权损害赔偿上诉案。[3]1996年5月，轻纺公司与裕亿公司、太子公司签订两份销售合同，由裕亿公司与太子公司向轻纺公司提供普通旧电机，两份合同均约定："凡因执行本合约所发生的或与本合约有关的一切争议，双方可以通过友好协商解决；如果协商不能解决，应提交中国国际经济贸易仲裁委员会，根据该会的仲裁规则进行仲裁。仲裁裁决是终局的，对双方均有约束力。"

裕亿公司与太子公司实际上欲利用合同进行诈骗，最终提供给轻纺公司的是各种废结构件、废钢管、废齿轮箱、废元钢等，轻纺公司遂向江苏省高级人民法院提起诉讼。裕亿公司与太子公司以双方当事人之间对合同纠纷已自愿达成仲裁协议为由，提出管辖权异议，江苏省高级人民法院（以下简称江苏高院）认为被告利用合同欺诈，构成侵权，原告有权提起侵权之诉，不受仲裁条款约束，裁定驳回裕亿公司、太子公司提出的管辖权异议，判决其败诉。两被告不服，向最高人民法院上诉。

最高人民法院认为：本案争议的焦点在于仲裁机构是否有权对当事人之间的侵权纠纷作出裁决。《仲裁法》第2条规定："平等主体的公民、法人和其他组织之间发生的合同纠纷和其他财产权益纠纷，可以仲裁。"第3条规定："下列纠纷不能仲裁：（一）婚姻、收养、监护、扶养、继承纠纷；（二）依法应当由行政机关处理的行政争议。"从被上诉人轻纺公司在原审起诉状中所陈述的事实和理由看，其所述上诉人裕亿公司和太子公司的侵权行为，均是在签订和履行两份销售合同过程中产生的，同时也是在仲裁法实施后发生的。而该两份合同的第8条均明确规定："凡因执行本合约所发生的或与本合约有关的一切争议，双方可以通过友好协商予以解决；如果协商不能解决，应提交中国国际经济贸易仲裁委员会，根据该会的仲裁规则进行仲裁。仲裁裁决是终局的，对双方均有约束力。"

根据《仲裁法》的上述规定，最高人民法院认为，本案各方当事人均应

---

[1] 赵健：《国际商事仲裁的司法监督》，法律出版社2000年版，第81~82页。

[2] 沈涓主编：《国际私法》，社会科学文献出版社2006年版，第502页。

[3] 《江苏省物资集团轻工纺织总公司诉（香港）裕亿集团有限公司、（加拿大）太子发展有限公司侵权损害赔偿纠纷上诉案》，载《中华人民共和国最高人民法院公报》1998年第3期。

受合同中订立的仲裁条款的约束，所发生的纠纷应通过仲裁解决，中国国际经济贸易仲裁委员会有权受理侵权纠纷，因此本案应通过仲裁解决，人民法院无管辖权，遂于1998年5月13日裁定撤销江苏高院一审判决，驳回轻纺公司的起诉。

在本案中，江苏高院的基本逻辑是：合同因欺诈而自始无效，作为合同组成部分的仲裁条款也随之无效。因此，争议由合同纠纷变为侵权损害纠纷，轻纺公司不受仲裁条款的约束，有权向法院起诉。这样，江苏高院就否定了仲裁条款的独立性原则。然而，最高人民法院认为，因欺诈而自始无效的合同，其仲裁条款并不必然无效，其有效性需要依照《仲裁法》的规定予以确认。正是基于此，最高人民法院终审裁定撤销了江苏高院的初审裁定，驳回了轻纺公司的起诉。最高人民法院在本案中对仲裁条款独立性的确认在实践中具有重要意义，为我国各级法院处理同类问题确立了符合时代精神和仲裁制度本质的指导原则。[1]

值得注意的是，有些学者认为，尽管仲裁协议不受主合同无效的影响，但如果主合同不存在，仲裁协议应受到影响。这一观点在20世纪90年代也曾被英国的某些判例所采纳。然而，必须强调，这种区分是站不住脚的。"以一方当事人主张主合同从未成立为由否认仲裁协议独立性原则会产生便利拖延策略的风险，而这种风险正是该原则所要阻止的。这是因为在合同无效与不存在之间作出区分非常困难；此外，合同从未存在的概念既难以定义，也很少遇见。因此，仅主张主合同不存在，并不足以否定仲裁员的管辖权。"[2]这一立场也为我国司法实践所采纳。最高人民法院公布的《仲裁法解释》第10条第2款规定："当事人在订立合同时就争议达成仲裁协议的，合同未成立不影响仲裁协议的效力。"[参见二维码拓展阅读14-3]

（三）自裁管辖权原则

如前所述，仲裁条款独立于主合同，但是，如果当事人对仲裁庭的管辖权提出异议，该异议由谁来作出决定？通常认为，仲裁庭有权决定其是否具有管辖权，这被称为"自裁管辖权"（Competence-Competence Principle）原则。该原则是当代仲裁法的基本原则之一，也被视为仲裁条款独立性原则的必然产物。

仲裁庭有权对其自身的管辖权作出决定，这一原则被大多数国家的立法及国际条约或示范法所体现。例如，《示范法》第16条第1款规定，仲裁庭可以对它自己的管辖权包括对仲裁协议的存在或效力的任何异议，作出裁定。为此目的，构成合同的一部分的仲裁条款应视为独立于其他合同条款以外的

---

[1] 陈治东：《国际商事仲裁法》，法律出版社1998年版，第55页。

[2] Emmanual Gaillard, John Savage, *Fouchard Gaillard Goldman on International Commercial Arbitration*, Kluwer Law International, 1999, p.211.

一项协议。仲裁庭作出关于合同无效的决定，不应在法律上导致仲裁条款的无效。

需要指出的是，自裁管辖权原则的真实目的并不是将仲裁庭的管辖权完全交由仲裁庭自己确定。在当事人提出撤销或执行仲裁裁决时，仲裁庭的管辖权必须受到法院的审查。换言之，仲裁庭并不是关于其管辖权的唯一裁判者，而是第一个裁判者，而法院在这一方面具有最终决定权。因此，准确地说，自裁管辖权是指仲裁庭有权首先审理涉及其管辖权的异议，但该权利受制于法院的事后审查。[1]

这一立场被包括中国在内的大多数国家的法律采纳。我国《仲裁法》第19条规定，仲裁协议独立存在，合同的变更、解除、终止或者无效，不影响仲裁协议的效力。仲裁庭有权确认合同的效力。该法第20条进一步指出，当事人对仲裁协议的效力有异议的，可以请求仲裁委员会作出决定或者请求人民法院作出裁定。一方请求仲裁委员会作出决定，另一方请求人民法院作出裁定的，由人民法院裁定。当事人对仲裁协议的效力有异议，应当在仲裁庭首次开庭前提出。[参见二维码拓展阅读14-4]

五、仲裁协议的法律适用

前已论及，当事人可以就仲裁适用的程序法与实体法作出选择或约定，例如，他们可以在仲裁条款中约定："在香港仲裁，适用英格兰法支配仲裁的程序问题与实体问题。"这就表明，仲裁庭应依据英格兰法对其审理纠纷的程序事项与争议的实体事项作出决定。但是，如果当事人对仲裁协议本身产生争议，又作何处理？这也是国际商事仲裁实践中的一个重要问题，因为在现代仲裁制度中，仲裁协议的有效性问题至关重要，而仲裁协议的法律适用又直接关系到仲裁协议效力的认定。换言之，仲裁协议法律适用的重要性取决于仲裁协议有效性本身的重要性。

（一）依当事人选择的法律

本书第八章已交代，在处理涉外合同的法律适用问题上，各国主要采用意思自治原则，赋予当事人选择合同准据法的自由。现代国际商事仲裁也同样采用了这一原则。

曾有一种观点认为，如果仲裁协议是包含在合同中的仲裁条款，而该合同中已订有法律选择条款，仲裁条款作为主合同的一部分，应适用当事人在法律选择条款中所选择的法律。例如，一位法国学者指出：仲裁条款独立于主合同，并不意味着他们之间是完全独立的，这一点可由适用于主合同的法

---

[1] ［英］艾伦·雷德芬、马丁·亨特等：《国际商事仲裁法律与实践》，林一飞、宋连斌译，北京大学出版社2005年版，第274页。

律同时也适用于仲裁协议这个事实予以证明。[1] 然而，这一立场无法与仲裁条款的独立性原则相兼容。当前，主流观点认为，主合同和仲裁条款的目的不同，主合同关系到当事人间有关实质问题的法律关系，而仲裁条款关系到解决产生于主合同的争议的程序。当事人在合同中订立了一般法律选择条款，其意图是就应适用于实质问题的法律给仲裁员一个指示，而不是指明支配仲裁协议的法律。所以，他们认为，由于仲裁协议独立于主合同，因此，它们可以受不同的法律支配。

由于仲裁协议也是一种合同，所以，意思自治原则也被适用于确定仲裁协议的准据法。当事人有权选择支配其仲裁协议的法律，现已被许多国家承认和接受。例如，我国《涉外民事关系法律适用法》第 18 条规定："当事人可以协议选择仲裁协议适用的法律。……"

不过，在国际商事仲裁实践中，由当事人特别指明仲裁条款适用某一法律，而合同的其他部分适用另一法律的情况是很少见的。所以，在这种情况下，如何确定仲裁条款应适用的法律，是一个需要特别关注的问题。

（二）依仲裁地国法

在当事人未对适用于仲裁协议的法律进行约定或选择时，国际上的通行做法是以仲裁地国法作为仲裁协议的准据法。例如，1999 年《瑞典仲裁法》第 48 条规定，在当事人没有约定仲裁协议准据法的情况下，仲裁协议应当受根据该协议仲裁已经进行地国法或仲裁将要进行地国法的支配。根据《纽约公约》第 5 条第 1 款第 1 项的规定，在确定仲裁协议是否有效时，如果当事人未指明以何法律为准，则适用裁决地所在国法律。《欧洲国际商事仲裁公约》和《示范法》亦有类似规定。[2]

值得一提的是：在国际商事仲裁实践中，"仲裁地"具有两种含义，即地理意义的仲裁地和法律意义的仲裁地，前者是指仲裁程序实际发生的地点，后者是指在仲裁和特定的法律制度之间建立联系的地点。地理意义的仲裁地和法律意义的仲裁地既有联系，也有区别。

二者的联系在于：如果当事人约定了或者仲裁庭根据相关规则确定了一个法律意义上的仲裁地，而所有的仲裁程序又在该地进行，则地理意义上的仲裁地与法律意义上的仲裁地是重合的。此外，如果当事人没有约定一个法律意义上的抽象仲裁地，而仅约定仲裁或仲裁程序在某地进行，则可以认为当事人同时约定了地理意义的仲裁地和法律意义的仲裁地。

二者的区别在于：地理意义的仲裁地和法律意义的仲裁地可以是不同的地点。首先，即使当事人约定了或者仲裁庭根据相关规则确定一个法律意义上的仲裁地，也不表明所有的仲裁程序都在该地进行。其次，法律意义上的

---

[1] Julia Lew, "The Law Applicable to the Form and Substance of the Arbitration Clause", *ICCA Congress Series*, No. 14, 1998, Paris, para. 36.

[2] 《欧洲国际商事仲裁公约》第 6 条第 2 款；《示范法》第 34 条。

仲裁地只有一个，而地理意义上的仲裁地可以多于一个。决定仲裁和特定的法律制度建立联系的地点只有一个，这是保证仲裁程序确定性和可预见性的要求，但出于经济、效率、方便等方面的考虑，不同阶段的仲裁程序可以分别在不同地点进行。

在国际商事仲裁实践中，对仲裁协议的法律适用具有影响的是法律意义的仲裁地。对于仲裁地的确定，大多数国家的法律及国际条约允许当事人自主决定；在当事人未约定时，做法并不一致：有的由仲裁机构决定，有的由仲裁庭或仲裁员决定，有的直接以仲裁机构所在地为仲裁地。[1]

（三）中国的立法与实践

我国《仲裁法》未对仲裁协议的法律适用作出明确规定。在司法实践中，我国法院在早期主要适用法院地法，即依据中国法律确定仲裁协议的效力。在当事人未对仲裁协议的法律适用作出特别约定的情况下，我国法院一般直接适用中国法律，而不考虑仲裁协议是否约定了仲裁地。例如，在"诺和诺德股份有限公司与海南中医药科技开发公司经销协议纠纷"案中，最高人民法院同意海南省高级人民法院关于仲裁协议未约定仲裁机构因而无法执行的意见，指示海口市中级人民法院进行审理，而涉案仲裁协议约定的仲裁地是伦敦。[2]

20世纪90年代末，最高人民法院逐渐改变了对仲裁协议一律适用中国法的做法，开始依据仲裁地法认定仲裁协议的效力。[3] 进入21世纪后，最高人民法院在给数省高级人民法院的答复中进一步改变了做法：仲裁协议首先适用当事人约定的法律，当事人未约定仲裁协议准据法，但约定了仲裁地的，适用仲裁地法律；当事人既没有约定仲裁协议准据法，也未约定仲裁地的，适用法院地法律，即中国法律。[4]

经过多年的实践探索，最高人民法院在2006年公布的《仲裁法解释》中，对仲裁协议的法律适用作出规定，将上述做法以司法解释的形式确立下来。《仲裁法解释》第16条规定："对涉外仲裁协议的效力审查，适用当事人约定的法律；当事人没有约定适用的法律但约定了仲裁地的，适用仲裁地法律；没有约定适用的法律也没有约定仲裁地或者仲裁地约定不明的，适用法院地法律。"

---

[1] 万鄂湘主编：《〈中华人民共和国涉外民事关系法律适用法〉条文理解与适用》，中国法制出版社2011年版，第141页。

[2] 参见《最高人民法院关于海南省高级人民法院审理诺和诺德股份有限公司与海南际中医药科技开发公司经销协议纠纷案的报告的复函》，法经〔1996〕449号。

[3] 参见《最高人民法院关于湖北省高级人民法院（1999）鄂字呈字第7号函的复函》，法经〔1999〕143号。

[4] 参见《最高人民法院关于德国旭普林国际有限责任公司与无锡沃可通用工程橡胶有限公司申请确认仲裁协议效力一案的请示的复函》，〔2003〕民四他字第23号；《最高人民法院关于戴维斯-标准公司与宁波协议电子电线有限公司买卖合同货款纠纷一案仲裁条款无效的请示的复函》，〔2004〕民四他字第13号。

值得注意的是，《涉外民事关系法律适用法》对仲裁协议的法律适用作出了专门规定，且其规定与《仲裁法解释》并不一致。该法第 18 条规定："当事人可以协议选择仲裁协议适用的法律。当事人没有选择的，适用仲裁机构所在地法律或者仲裁地法律。"可见，依据该条，仲裁协议首先适用当事人选择的法律，这一点与司法解释相同，也与国际通行做法一致；在当事人未选择的情况下，上述条文规定适用仲裁机构所在地法或者仲裁地法的规定，这既不同于《仲裁法解释》的规定，也与国际通行做法不尽相同。《法律适用法解释（一）》第 12 条进一步规定，当事人没有选择涉外仲裁协议适用的法律，也没有约定仲裁机构或者仲裁地，或者约定不明的，人民法院可以适用中华人民共和国法律认定该仲裁协议的效力。

2017 年公布的《最高人民法院关于审理仲裁司法审查案件若干问题的规定》对上述存在冲突的规定作出了明确回应。该规定第 13 条规定："当事人协议选择确认涉外仲裁协议效力适用的法律，应当作出明确的意思表示，仅约定合同适用的法律，不能作为确认合同中仲裁条款效力适用的法律。"第 14 条进一步指出：人民法院根据《涉外民事关系法律适用法》第 18 条的规定，确定确认涉外仲裁协议效力适用的法律时，当事人没有选择适用的法律，适用仲裁机构所在地的法律与适用仲裁地的法律将对仲裁协议的效力作出不同认定的，人民法院应当适用确认仲裁协议有效的法律。

【案例 14-2】　中粮酒业有限公司（以下简称"中粮酒业"）申请确认仲裁协议效力案。[1] 中粮酒业是在北京市朝阳区注册成立并进行经营的公司，GLORIA VINO 是在香港特别行政区注册成立的才智有限公司（THINKSMART LIMITED）的下属分公司，其注册和办公地点均位于香港。中粮酒业和 GLORIA VINO 于 2011 年签订《销售合同》，约定中粮酒业向 GLORIA VINO 购买进口葡萄酒。《销售合同》第 13 条规定："①有关本合同或本合同的签署所发生的所有争议均通过友好协商解决。如未能达成一致意见，将把所发生争议提请仲裁。②仲裁在瑞士进行。③仲裁裁决为最终裁决，对双方均具有约束力。④仲裁费用由败诉方承担。"《销售合同》没有约定发生争议时应适用的法律。合同签订后，中粮酒业按约向 GLORIA VINO 支付了全部货款。但 GLORIA VINO 一直未向中粮酒业发货，违反了合同约定。中粮酒业认为，虽然《销售合同》规定双方发生争议时通过仲裁解决，仲裁在瑞士进行，但约定的仲裁地点瑞士是国家名称，并没有约定在瑞士的哪个城市哪个仲裁机构进行仲裁，属于仲裁地点不明。据此，中粮酒业请求北京第三中级人民法院（以下简称北京三中院）确认上述《销售合同》中的仲裁条款无效。

北京三中院经庭审查明，中粮酒业与 GLORIA VINO 于 2011 年签订的《销售合同》明确约定争议解决方式为仲裁，仲裁在瑞士进行，但未约定法律

---

[1]　北京市第三中级人民法院（2014）三中民特字第 07946 号特别程序民事裁定书。

适用及仲裁机构。因 GLORIA VINO 系在香港特别行政区注册成立的才智有限公司的下属分公司，注册和办公地点均位于香港，涉案《销售合同》签订于2011 年 6 月 16 日，《涉外民事关系法律适用法》已经生效，故应当适用该法第 18 条确定应适用的法律。《涉外民事关系法律适用法》第 18 条规定，当事人可以协议选择仲裁协议适用的法律。当事人没有选择的，适用仲裁机构所在地法律或者仲裁地法律。涉案《销售合同》虽然未约定法律适用，但约定在瑞士进行仲裁，故本案应适用瑞士法律确认有关仲裁条款的效力。

本案系因涉案《销售合同》产生的争议，属于当事人之间的财产争议，具有可仲裁性。涉案仲裁条款虽然未约定仲裁机构，但《瑞士联邦国际私法法规》第十二章规定当事人对仲裁庭如何组成未作约定时，可以按照第 179条的规定，请求仲裁地法院任命仲裁员，即瑞士认可临时仲裁。因此，涉案仲裁条款不违反《瑞士联邦国际私法法规》的强制性规定，应认定有效。北京三中院依照《仲裁法》第 20 条之规定，裁定驳回中粮酒业有限公司的申请。[参见二维码 14-2]

事实上，倘以比较法为视角观之，不难发现，在当事人未约定仲裁协议适用的法律，但约定了仲裁地的情况下，适用仲裁地法是国际通行做法。[1]一般认为，依仲裁地法确定仲裁协议效力的理论与实践做法根源于合同法律适用领域的最密切联系原则。在合同当事人未选择合同准据法时，各国通常依据最密切联系原则确定应适用的法律；由于在仲裁实践中，仲裁地往往与仲裁条款（或仲裁协议）的联系最为密切，因此，在当事人未约定仲裁协议适用的法律，但约定了仲裁地的情况下，适用仲裁地法与最密切联系原则相契合。[2]

第三节 国际商事仲裁的法律适用

一、仲裁程序的法律适用

适用于国际商事仲裁程序事项的法律既包括仲裁程序法或称"仲裁法"（lex arbitri），也包括仲裁规则，二者既有联系，也有区别。

仲裁程序法与仲裁规则的联系表现为：仲裁程序法是本国仲裁机构制定仲裁规则的依据，仲裁规则是在本国仲裁立法的宗旨下制定的，因此，在通常情况下，二者是不会发生矛盾的。

仲裁程序法与仲裁规则的区别表现在：①制定的主体不同，仲裁程序法是由国家立法机关制定颁布的法律、法规，其制定主体通常为一国的立法机

---

[1] 参见《纽约公约》第 5 条第 1 款、《欧洲商事仲裁公约》第 6 条、《示范法》第 34 条。

[2] 参见赵秀文：《国际商事仲裁及其适用法律研究》，北京大学出版社 2002 年版，第 38 页。

关；而仲裁规则是由仲裁机构制定供当事人直接适用的程序规则。②仲裁程序法调整的范围更为广泛，既包括仲裁庭的内部运作事项，又包括仲裁庭的外部运作事项，如法院强制证人作证、采取证据保全措施、撤销仲裁裁决或拒绝执行仲裁裁决等。与此不同，仲裁规则仅调整仲裁庭的内部运作关系，例如，仲裁的申请，答辩与反诉，仲裁员的指定与确认，请示仲裁员的回避与替代，仲裁地点与仲裁规则的选择与决定，仲裁审理程序的终结，裁决作出的形式，等等。③当仲裁庭适用当事人自行约定的仲裁地以外的仲裁规则进行仲裁时，该仲裁规则就有可能与仲裁地的仲裁程序法产生冲突。在这种情况下，仲裁应服从仲裁地程序法的强制性规定。

与诉讼程序适用法院地法不同，在国际商事仲裁中，各国立法和实践允许当事人合意选择仲裁程序事项适用的法律；若无此种选择，往往适用仲裁机构自身的仲裁规则或仲裁地法。[1]

（一）适用当事人选择的法律

不少国家的法律明确规定，当事人可以选择仲裁适用的法律，包括程序规则。《法国新民事诉讼法典》第 1494 条规定，仲裁协议可以通过直接规定或参照某一套仲裁规则确定仲裁审理中应当适用的程序。仲裁协议亦可以规定仲裁程序受其规定的程序法约束。在仲裁协议没有此种规定的情况下，仲裁员应依据需要按照某一法律或某一仲裁规则直接确定仲裁程序。[2]

当前，一些主要的国际商事仲裁公约也确认或反映了当事人选择仲裁程序法的权利。例如，《纽约公约》第 5 条第 1 款第 4 项规定，如果仲裁的组成或仲裁程序同当事人间的协议不符，被申请承认和执行裁决地的法院将可以根据当事人的请求，拒绝承认和执行有关裁决。《示范法》第 19 条第 1 款规定："依照本法，当事人可自由约定仲裁庭在仲裁中遵循的程序。"

（二）当事人未明示选择时法律的确定

当事人一旦在仲裁协议中选择了仲裁程序法或仲裁规则，仲裁庭一般都会尊重当事人的该项自治权而直接适用其所选定的仲裁程序法或仲裁规则。然而，在许多情况下，当事人并没有行使该项选择权，在这种情况下，许多国家的立法明确赋予仲裁庭确定仲裁程序应当适用的程序法或仲裁规则的权力。例如，《瑞士联邦国际私法法规》第 182 条第 2 款规定，若双方当事人未确定仲裁程序，仲裁庭应当根据需要，直接确定或参照法律或仲裁规则确定仲裁程序。又如，《示范法》第 19 条第 2 款规定，如未达成此种协议，仲裁庭可以在本法规定的限制下，按照它认为适当的方式进行仲裁。

实践中，在当事人未在仲裁协议中就仲裁程序法明示选择时，仲裁程序法还可按国际私法的一般原则予以确定，即推定当事人默示选择的法律。例

---

〔1〕　参见 Emmanual Gaillard, John Savage, *Fouchard Gaillard Goldman on International Commercial Arbitration*, Kluwer Law International, 1999, p. 648-650.

〔2〕　引自罗结珍译：《法国新民事诉讼法典》（下册），法律出版社 2008 年版，第 1194 页。

如，如果当事人已约定由某一机构指派首席仲裁员，该指派机构所在地就是一个重要的连结因素。又如，如果仲裁程序已经开始，仲裁员实际上已适用了某特定法律体系的仲裁程序法，则可能认为当事人已同意选择该仲裁程序法。[1] 在多数情况下，倘若当事人没有选择仲裁程序法而选择了仲裁地，便可以据此推定当事人默示选择了仲裁地法作为仲裁程序法，这在理论上和各国国际商事仲裁实践中均得到了普遍认同。

不过，这一观点近年来也受到了挑战。一些学者主张，仲裁应摆脱仲裁举行地法律的控制，甚至主张应摆脱任何特定国家的法律控制，实现仲裁程序的完全自治。这种主张被称为"非当地化"（de-localization）或"非国内化"（de-nationalised）仲裁。

尽管如此，仲裁程序适用仲裁地法，在国际商事仲裁实践中仍占有重要地位。[2] 因为从客观上讲，仲裁适用仲裁地国以外的国家的仲裁程序法，其实际效力是有限的，毕竟仲裁地国对其领域内进行的仲裁才具有有效的控制和管辖权。

二、仲裁实体问题的法律适用

在程序问题解决之后，仲裁庭的主要任务是解决争议的实体问题。在国际商事仲裁中，实体问题的法律适用与法院确定涉外合同的法律适用较为相似。但是，国际商事仲裁中实体问题的法律适用也有诸多特殊之处，主要表现在以下几个方面：

第一，一国法院必须根据法院地冲突规则的指定确定实体问题的准据法；但在国际商事仲裁中，仲裁庭没有自己固定的冲突规则，也没有义务适用仲裁地国家的冲突规则，仲裁庭还可以基于当事人的授权，无须借助任何冲突规则直接决定实体问题应适用的法律。

第二，当事人意思自治在国际商事仲裁领域得到更广泛、限制更少的适用，如它既适用于契约性的国际商事仲裁案件，也适用于非契约性的国际商事仲裁案件。

第三，一国法院有义务适用法院地国参加或缔结的国际条约，不论其方式如何；而仲裁庭则没有义务适用仲裁地国家参加或缔结的统一实体法条约。

第四，一国法院通过冲突规则选择的实体法一般是国内法规则，仲裁庭适用的实体法经常是国际法规则；此外，在处理特殊案件时，仲裁庭还可以根据需要，适用所谓的"并存法"（concurrent law），即将国际法或一般法律原则同特定国家的国内法结合起来适用。

第五，一国法院适用的实体法主要限于具有严格法律意义的实体规则；仲裁庭适用的法律还包括当事人协议决定或由其授权经仲裁庭决定适用的不

---

[1] 韩德培主编：《国际私法新论》，武汉大学出版社 1997 年版，第 740 页。

[2] 韩德培、肖永平编著：《国际私法学》，人民法院出版社 2004 年版，第 313 页。

属于严格法律意义上的实体规则。

第六，一国法院代表国家行使审判权，它对案件的判决必须依据法律作出；仲裁庭经当事人授权或同意，对案件可以不依据任何法律规则作出裁决。

综上可见，国际商事仲裁中实体法的适用要比国际民事诉讼中关于实体法的确定更加灵活、特殊和复杂。[1]

（一）适用当事人选择的法律

概言之，国际商事仲裁的当事人可以自由选择实体问题的准据法，这是意思自治原则在仲裁领域的体现。事实上，仲裁庭的管辖权源于当事人的合意，所以，在适用当事人选择的法律上，仲裁庭仅仅是在执行他们的协议。职是之故，当今世界各国立法及国际条约或示范法均将当事人的意思自治作为确定仲裁实体问题准据法的首要原则。不过，当事人的自主权不是绝对的，各国法律对当事人协议选择法律的方式、时间和范围等有不同的限制性规定。

需要注意的是，在国际商事仲裁中，当事人选择的法律并不局限于一国的实体法，还包括国际公法、一般法律原则、并存法、商人法（lex mercatoria）、国际软法（如联大通过的宣言等）、贸易惯例、公平正义原则、宗教法（如伊斯兰法）等。[2]

（二）当事人未选择法律时的法律适用

依据各国立法与国际商事仲裁实践，在当事人未选择法律时，应由仲裁庭决定纠纷实体事项应适用的法律。具体而言，仲裁庭确定仲裁实体法主要有两种方法：一是依冲突规则确定仲裁实体法；二是根据案件情况直接确定仲裁实体法。[3]

在依据冲突规范确定实体法的方法中，又可分为以下几种具体做法：①适用仲裁地的冲突规则；②适用仲裁庭认为合适的冲突规则确定准据法，通常包括仲裁员本国的冲突规则，被申请承认和执行裁决地国家的冲突规则，与争议有最密切联系国家的冲突规则以及一般冲突规则等。

主张适用仲裁地国冲突规则的观点认为，在当事人未作法律选择的情况下，仲裁庭应当适用仲裁举行地的冲突规则，它强调仲裁地与仲裁之间的有机联系，要求仲裁庭像法院那样，有适用仲裁地冲突规则的义务。这一观点曾在国际商事仲裁实践中得到广泛适用，其优点就在于具有统一性和可预见性。

但是，这种方法在实践中也遇到了诸多难以克服的困难：

第一，仲裁地作为确定可适用的冲突规则的连结因素不一定具有合理性。因为无论是当事人选择的仲裁地，还是仲裁员指定的仲裁地，多是出于中立

---

〔1〕 参见谢石松主编：《商事仲裁法学》，高等教育出版社 2003 年版，第 281~282 页。

〔2〕 ［英］艾伦·雷德芬、马丁·亨特等：《国际商事仲裁法律与实践》，林一飞、宋连斌译，北京大学出版社 2005 年版，第 103 页。

〔3〕 韩德培、肖永平编著：《国际私法学》，人民法院出版社 2004 年版，第 314~315 页。

或便利的考虑，往往具有一定的偶然性，仲裁地的选择与仲裁地的冲突规则之间并不一定有必然的联系。基于这一偶然因素适用的冲突规则所确定的实体法自然也会带有偶然性。

第二，仲裁庭适用仲裁地的冲突规则，还存在一些难以解决的问题。如在多个国家进行仲裁的，或通过信函方式进行仲裁的，或在网上进行仲裁的，则仲裁地难以确定。仲裁地发生变更，也会发生对仲裁地的识别困难，从而影响仲裁实体法的适用。在仲裁地难以识别时，这种做法势必面临无法确定可适用的实体法的困难。

当代国际商事仲裁实践表明，依仲裁地的冲突规则确定准据法对仲裁员并不是一项有约束力的一般规则。同时，基于仲裁的自治性质，仲裁员不同于法官，仲裁员没有法律义务适用仲裁地国的冲突规则，仲裁员可以选择适用仲裁地法以外的冲突规则或以其他方式确定实体法。[1]

所以，不少学者认为，在当事人未作法律选择的情况下，应赋予仲裁庭广泛的自由裁量权，由仲裁庭选出其认为适当的或可适用的冲突规则来确定仲裁实体法，这种做法不要求仲裁庭必须适用仲裁地的冲突规则，而是给予仲裁庭较大的自主权和灵活性，由仲裁庭综合考虑各方面的因素决定可适用的冲突规则。该做法打破了传统固定适用某种冲突规范的僵化格局，使仲裁庭可根据案件实际情况更加灵活地选择冲突规范，从而也使得最终确定的实体法更加公平合理。

具体而言，主张适用仲裁员本国冲突规则的观点认为，由于仲裁员对其本国法律较为熟悉，可以适用仲裁员本国的冲突规则，但这种方法具有极大的不确定性，不便于实施。主张适用裁决执行国的冲突规则的学者认为，这样做可以保证仲裁裁决的可执行性，但这一主张也存在明显问题：在法律适用阶段，仲裁庭难以预料是否会出现裁决须在外国或在哪一个外国强制执行的情况；此外，根据《纽约公约》的规定，是否适用裁决执行地的冲突规则，并不影响仲裁裁决的承认与执行。主张适用与争议有最密切联系国家的冲突规则的学者认为，既然最密切联系原则在国际私法中被各国普遍采用，也可以把它作为确定可适用的冲突规则的方法。用最密切联系原则确定实体法固然是合理的，但是，在国际商事仲裁中用其确定冲突规则，其合理性尚待论证。

由于依冲突规则确定实体法带来了实体法和冲突规范的双重法律冲突和选择问题，使得仲裁中实体问题的法律适用比民事诉讼中实体问题准据法的确定更加复杂和难以预见，于是，越来越多的学者认为，与其允许仲裁庭自由适用冲突规则以确定实体法，还不如赋予仲裁庭直接确定仲裁实体法的自由裁量权，以保证仲裁实体法的合理性和正当性。这一方法现已在不少国家的仲裁实践、仲裁立法、机构仲裁规则以及国际条约中得到体现，并成为当

---

[1] 沈涓主编：《国际私法》，社会科学文献出版社2006年版，第555页。

代国际商事仲裁法律适用理论的发展趋势之一。

需要指出的是，仲裁庭直接确定仲裁实体法，所考虑的不仅包括国内实体法，还会考虑国际公法、一般法律原则、并存法、商人法、国际软法（如联大通过的宣言等）、贸易惯例、公平正义原则、宗教法等。例如，在 1951 年"石油开发有限公司诉阿布扎比"案中，[1] 当事人未选择法律，仲裁庭原先按照冲突规范应适用东道国法律，但以东道国法律不发达为由，转而适用了一般法律原则。

第四节　国际商事仲裁的程序

一、国际商事仲裁的申请与受理

国际商事仲裁程序是指，从申请人提起仲裁请求开始直至作出终局仲裁裁决的整个过程中，有关仲裁机构、仲裁员、申请人、被申请人以及其他关系人（如代理人、证人、鉴定人）参与仲裁活动时须遵守的程序与规则。概言之，国际商事仲裁程序主要包括仲裁申请的提出与受理、仲裁员的指定与仲裁庭的组成、仲裁案件的审理、仲裁中的调解、仲裁裁决的作出、仲裁费用的负担与给付等内容。

（一）仲裁的申请

仲裁的申请是指，仲裁协议中所约定的争议事项发生以后，仲裁协议的一方当事人依据该协议将有关争议提交他们所选定的仲裁机构，从而提起仲裁程序的行为。提出仲裁申请是开始仲裁程序最初的法律步骤。一些国家的仲裁立法明确规定，仲裁机构受理仲裁案件的依据除了仲裁协议外，还必须有当事人一方的申请。

仲裁申请的提出须以书面形式进行，各国仲裁立法和各仲裁机构的仲裁规则大都对此作了明确规定。仲裁申请书的内容一般应该包括：①申请人和被申请人的名称、住所、联系方式等信息；②申请仲裁所依据的仲裁协议；③申请人的仲裁请求及其所依据的事实和理由；④案情与争议要点等。

申请人在提交仲裁申请书时，应当附具与仲裁有关的合同、仲裁协议、证据以及有关的材料。申请书及其有关的附件，均需依被申请人的数目附具副本。此外，根据各仲裁机构的一般做法，申请人还必须按照仲裁委员会的规定预缴仲裁费，这是启动下一步仲裁程序的条件。

（二）仲裁的受理

仲裁的受理是指，仲裁机构接到申请人的仲裁申请书，经审查认为符合申请仲裁的条件，决定行使仲裁管辖权的程序。在收到申请人提交的仲裁申请书及有关材料后，仲裁机关应立即进行初步审查，以决定是否立案受理。

---

[1]　参见朱克鹏：《国际商事仲裁的法律适用》，法律出版社 1999 年版，第 181 页。

一般来说，审查事项包括：①仲裁条款或仲裁协议是否有效，该仲裁机构是否享有对该争议的管辖权；②请求仲裁事项是否属于仲裁协议的范围，或是否能进行仲裁；③是否超过仲裁时效等：④签订仲裁协议的当事人与仲裁申请书的申请人和被申请人的名称是否一致等。经过审查，如果认为符合仲裁条件，即立案受理，否则将仲裁申请书及有关材料退回申请人，并说明其不予受理的理由。如仅是某些形式要件不符合规定，仲裁机构可要求申请人予以完备。

（三）答辩、抗辩与反请求

仲裁机构受理案件后应及时将仲裁申请书副本及其附件送交被申请人，要求其在规定的时间内进行答辩。在收到仲裁通知之日后一定的时间内，被申请人应向仲裁委员会秘书局提交答辩书及有关证明文件。答辩书的内容应针对申请人在仲裁申请书中提出的请求、陈述的事实和依据的理由，加以回答、抗辩和反驳。仲裁与仲裁申请书一样，答辩书通常也应该写明案情经过，答辩的事实、理由及证明，争议的焦点，被申请人对上述问题的看法，等等。

如果对仲裁协议书或仲裁案件管辖权持有异议，被申请人可以在答辩书中对申请人提出的要求进行抗辩，其抗辩应当在仲裁庭首次开庭前书面提出；对书面审理案件管辖权的抗辩，应当在第一次实体答辩前提出。对仲裁协议或仲裁案件管辖权提出异议不影响按仲裁程序审理。

被申请人也可以在答辩的同时提出反请求，这是被申请人保障其利益的重要手段，也是仲裁当事人地位平等的重要体现。与仲裁申请相同，被申请人提出反请求时，应写明具体的反请求事项及其所依据的事实和理由，并附具有关的证据材料以及其他证明文件。同时，按照仲裁机构的有关规定预缴仲裁费。

二、仲裁员与仲裁庭

（一）仲裁员的指定

从仲裁程序来看，仲裁机构作出受理案件的裁定后，就应该通知各方当事人在规定时间内指定仲裁员。一般而言，如果仲裁庭由一人组成，该独任仲裁员由当事人双方共同协商选定，或者共同委托仲裁机构代为指定。例如，《联合国国际贸易法委员会仲裁规则》（2010 修订）第 8 条第 1 款规定，独任仲裁员首先由双方当事人协商指定，若当事人在规定期间内未就选择独任仲裁员达成协议的，则由指定机构基于当事人的请求代为指定 1 名仲裁员。如果仲裁庭由 3 人组成，叫做合议仲裁庭。合议仲裁庭的仲裁员由双方当事人各自在仲裁机构提供的仲裁员名单中指定 1 名，然后再由双方共同指定或委托仲裁机构指定第三名，作为首席仲裁员。首席仲裁员的指定通常也会首先尊重当事人的选择，之后才考虑由有关机构代为指定。

关于仲裁员的资格，各国仲裁立法法和各仲裁机构仲裁规则的规定不尽相同，但是，以下通常是仲裁员的必备条件：①仲裁员必须是完全行为能力人；②仲裁员必须是具有国际经济、贸易和法律专业知识的人士；③仲裁员必须是无私、公正和公平的人；④仲裁员必须是与案件无利害关系的人。

（二）仲裁庭的组成

仲裁庭是具体负责对交付仲裁的争议事项进行仲裁审理并作出仲裁裁决的组织。仲裁庭由当事人双方合意选定，或由仲裁机构基于当事人的授权或者依职权指定的仲裁员组成。仲裁庭根据人数的不同分为独任仲裁庭与合议仲裁庭。独任仲裁庭由一名仲裁员组成，合议仲裁庭一般由3名仲裁员组成。某一具体案件应由何种类型的仲裁庭审理，取决于当事人的意思表示，他们可以在有关协议中约定组织独任仲裁庭或合议仲裁庭对其提交的争议事项进行仲裁。如果有关当事人没有就仲裁庭的类型和人数作出明确的约定，国际社会普遍认为可由有关的仲裁机构依照法律或仲裁规则作出决定。在我国的国际商事仲裁实践中，由独任仲裁员单独审理案件的情况并不常见，大多数案件由3名仲裁员组成合议庭进行审理作出裁决的。

（三）仲裁员的回避和替换

在国际商事仲裁中，由于仲裁员发挥着决定性角色，起着类似于法官的作用，不仅仲裁员的专业素养、品德等因素对案件有重要影响，仲裁员和当事人之间的关系也会直接影响仲裁案件的审理，因此，许多国家的立法和仲裁机构仲裁规则都对仲裁员的回避事项有明确规定。例如，《联合国国际贸易法委员会仲裁规则》（2010修订）第12条第1款规定："如果存在可能对任何仲裁员的公正性或独立性产生有正当理由怀疑的情况，均可要求该仲裁员回避。"

凡是仲裁员与本案有一定利害关系的，都应该回避。可以由仲裁员主动请求回避；也可以由当事人向仲裁机构提出要求某仲裁员回避的请求。仲裁员是否回避的决定，由仲裁机构作出。我国《仲裁法》第34条规定，仲裁员有下列情形之一的，必须回避，当事人也有权提出回避申请：①是本案当事人或者当事人、代理人的近亲属；②与本案有利害关系；③与本案当事人或代理人有其他关系，可能影响公正仲裁的；④私自会见当事人、代理人，或者接受当事人、代理人的请客送礼的。

仲裁员回避后或者仲裁员因死亡、健康等原因不能继续履行职责时，一般需要有新的仲裁员进行补充、更替，重新组成仲裁庭审理有关争议。指定替代仲裁员的方式与指定仲裁员的方式相同。一般来说，新组成的仲裁庭有权决定是否重新审理及重新审理的范围。

三、国际商事仲裁的审理

（一）审理的方式

仲裁审理是指仲裁庭以一定的方式和程序收集和审查证据、询问证人、鉴定人，并对整个争议事项的实质性问题进行全面审查的仲裁活动。对于国际商事仲裁审理的方式，国际上一般有两种做法：

1. 口头审理。这种审理方式也称开庭审理，即由仲裁庭事先通知双方当事人或其代理人在规定的开庭之日出庭，以口头辩论的方式，接受仲裁员的询问，当事人之间当面辩论、质询。如果一方当事人拒不出庭，仲裁庭有权作出缺席裁决。口头审理不等同于公开审理。为了保守"商业秘密"，国际商事仲裁案件一般不公开审理，不允许他人旁听，不允许记者采访、报道。双方当事人要求公开审理时，则由仲裁庭作出是否公开审理的决定。

2. 书面审理。这种审理方式由仲裁庭根据双方当事人、证人和专家提供的书面证据、材料，对争议案件进行审理，不要求当事人出庭作当面口头辩论。

各国仲裁法及各仲裁机构仲裁规则对上述两种审理方式的规定不同，但一般都允许当事人自由选择。例如，我国《仲裁法》第 39 条规定："仲裁应当开庭进行。当事人协议不开庭的，仲裁庭可以根据仲裁申请书、答辩书以及其他材料作出裁决。"

（二）审核证据和询问证人

为了公正、恰当地裁决有关仲裁案件，在审理过程中，仲裁庭可以根据一方当事人的请求，或者在仲裁庭认为必要的时候依职权传讯证人或鉴定人，或者通过主动调查收集其他与案件有关的证据材料。在采取书面审理方式时，可以要求有关当事人提取证据材料。

另外，与诉讼不同的是，各国仲裁立法和各仲裁机构仲裁规则一般规定，仲裁庭只能传讯自愿出庭作证的证人，只能提取有关证人自愿提交的证据材料，而无权强迫证人作证。仅在相关法律允许的情况下，仲裁庭可基于一方当事人请求或其职权向有关的法院提出申请，要求法院协助强制该证人作证。此外，如果有关证据位于仲裁地所属国境外，仲裁庭一般也无权直接到有关国家境内提取证据，而只能通过司法协助方式获取。

（三）仲裁中的调解

仲裁中的调解是指，在仲裁过程中，经双方当事人的请求或同意，在仲裁机构或仲裁庭的主持下，由双方当事人自愿协商，互谅互让，达成和解，以解决争议的活动。一般而言，仲裁程序中的调解须由双方当事人共同提出，或者一方当事人有调解愿望并经仲裁庭征得另一方当事人同意的，仲裁庭可以在仲裁程序进行过程中对其审理的案件进行调解。仲裁中的调解，由仲裁庭主持。仲裁庭可以按照其认为适当的方式进行调解。在进行调解过程中，如果任何一方当事人提出终止调解或仲裁庭认为已经没有调解成功的可能时，仲裁庭应该停止调解，继续进行仲裁程序。在仲裁庭进行调解的过程中，即使双方当事人在仲裁庭之外达成和解的，也应视为是在仲裁庭调解下达成的和解。经仲裁庭调解达成和解的，双方当事人签订书面和解协议；除非当事人另有约定，仲裁庭应根据当事人书面和解协议的内容作出裁决书结案。

如果调解不成，任何一方当事人均不得在其后的仲裁程序、司法程序和其他任何程序中援引对方当事人或仲裁庭在调解过程中发表过的、提出过的、建议过的、承认过的以及愿意接受过的或否定过的任何陈述、意见、观点或建议作为其请求答辩或反请求的依据。

此外，如果当事人在仲裁庭之外自行达成和解，可以请求仲裁庭根据其和解协议的内容作出裁决书结案，也可以由申请人撤销案件。在仲裁庭组成前申请撤销案件的，由仲裁委员会主席作出决定，在仲裁庭组成后申请撤销案件的，由仲裁庭作出决定。

四、国际商事仲裁裁决

（一）国际商事仲裁裁决的含义与种类

从狭义上说，国际商事仲裁裁决是指仲裁庭对争议事项进行审理后所作出的终局裁决。仲裁庭作出最终裁决后，整个仲裁程序即告终结。从广义上讲，除了最终裁决外，仲裁庭根据仲裁规则还可以作出中间裁决、部分裁决、合意裁决、缺席裁决、补充裁决等。

中间裁决，又称临时裁决，是指仲裁庭在案件审理过程中，如果认为案件的某部分事实已经查清，并且有必要先行作出裁决的，就对该部分事实作出裁决。部分裁决一经作出，即具有法律约束力，在性质上和终局裁决一样，只不过是在最后审理终结前作出的。已经在部分裁决中裁决的事项，在终局裁决中就不得再次进行裁决。

部分裁决，是指在仲裁程序进行过程中，仲裁庭为了有利于继续审理其他争议，就已经查明的部分事实先行作出的裁决。部分裁决具有法律约束力，并不得在终局裁决中被更改。它通常用于涉及面广、案情复杂的案件。

最终裁决，又称终局裁决，是指仲裁庭在审理终结后，对争议的所有问题或遗留下来的问题作出的结论性意见。最终裁决的作出意味着仲裁程序的终结。最终裁决一经作出，即具有法律约束力，当事人既不能向法院起诉，也不能请求其他机构变更仲裁裁决。

合意裁决，是指仲裁庭依据双方当事人达成的和解协议或者仲裁调解协议作出的裁决。合意裁决与终局裁决一样具有强制执行力。

缺席裁决，是指仲裁庭在被申请人（包括反请求中的被申请人）及其代理人接到开庭通知无正当理由拒不到庭，或者未经许可中途退庭的情况下作出的仲裁裁决。

补充裁决，是指仲裁庭在作出最终裁决后的一段时期内，自行或者根据当事人的申请，就被遗漏的当事人的请求事项作出的裁决。

（二）国际商事仲裁裁决的形式与内容

在国际商事仲裁实践中，除了少数仲裁立法和仲裁规则没有涉及裁决形式问题外，绝大多数国家的仲裁立法和仲裁机构的仲裁规则都规定仲裁裁决必须以书面形式作成。关于裁决书的内容，各国仲裁立法与仲裁规则的规定不尽相同，但通常应当包括有关当事人的情况、仲裁程序事项、案情和裁决事项、裁决理由等。

根据我国《仲裁法》第 54 条及规定，裁决书中应当写明仲裁请求、争议事实、裁决理由、裁决结果、仲裁费用的负担、裁决的日期和地点。除非当事人达成协议或者按照当事人和解协议的内容作出裁决的，裁决书应当附具理由。裁决书由仲裁员签名并加盖仲裁委员会印章。对裁决持不同意见的仲裁员可以不签名。

（三）作出国际商事仲裁裁决的期限

为了实现仲裁的高效性，确保仲裁当事人的经济利益免遭更大损失，大多数仲裁立法与仲裁规则都会对裁决作出的期限给予规定，并且这个期限有缩短的趋势。例如，中国国际经济贸易仲裁委员会以前的仲裁规则对涉外案件审理期限的规定是自仲裁庭组成之日起 9 个月，2005 年修订的《中国国际经济贸易仲裁委员会仲裁规则》将这个期限缩短为 6 个月，目的在于进一步加快仲裁程序，提高效率，尽快实现当事人通过仲裁解决争议的目的。当然，对于某些案情复杂的案件，如果无法在上述期限内作出仲裁裁决，在仲裁庭的要求下，仲裁委员会秘书长认为确有正当理由和必要的，可以延长该期限。

（四）国际商事仲裁裁决的效力

关于仲裁裁决的效力问题，如前所述，大多数国家的仲裁立法规定裁决为终局的，对双方当事人都有法律约束力，任何一方不得就同一事实和理由重新要求仲裁或者向法院起诉。我国涉外仲裁机构仲裁规则均规定，仲裁裁决是终局的，任何一方当事人均不得向法院起诉，也不得向其他机构提出变更仲裁裁决的请求。仲裁裁决一经作出，当事人应当在限定期限内自动履行，否则另一方有权请求法院强制执行。当然，仲裁裁决的终局效力也不是绝对的，当事人可以根据法律规定的某些理由，请求法院撤销裁决。

（五）国际商事仲裁裁决的更正、补充和解释

仲裁裁决作出后，如果当事人或仲裁庭发现裁决书上存在计算、打印或类似错误，则可以对裁决内容加以更正。不过，仲裁庭不得以更正的名义重新仲裁，否则会破坏仲裁裁决的严肃性与一裁终局制度。

在裁决作出后，如果当事人或仲裁庭发现，当事人在仲裁程序中已经提出的仲裁请求或反请求事项被遗漏，或者仲裁庭在裁决书的仲裁庭意见部分已经认定的当事人的请求被遗漏，仲裁庭对此应作出补充裁决。

有些仲裁机构的仲裁规则还规定，裁决作出后，当事人如果对裁决内容有不清楚之处，可以在一定期限内请求仲裁庭予以解释。例如，《联合国国际贸易法委员会仲裁规则》（2010 修订）第 37 条规定，在收到裁决书后 30 天内，任何一方当事人，经通知他方，可以请求仲裁庭对裁决书作出解释。仲裁庭应当于收到请求后 45 天内以书面形式作出解释。此项解释应构成裁决书的一部分。

👉 **第五节 外国仲裁裁决的承认与执行**

一、概述

国际商事仲裁胜诉的一方总是希望裁决能够立即得到履行。在实践中，能够得到的统计数据表明，大多数仲裁裁决确实能够得到自动履行。事实上，这是仲裁的本质特点所决定的，也是仲裁的优点之一。与调解、和解等大多数替代争议解决方式不同，仲裁的目的在于对争议作出有约束力的决定，一旦裁决作出，当事人将履行裁决，这是每一份仲裁协议隐含的条件。为了使此点确定无疑，不少国际仲裁机构推荐的示范仲裁条款都含有仲裁具有约束力的表述。例如，《联合国国际贸易法委员会仲裁规则》（2010 修订）规定，裁决"应是终局的和对当事人双方具有约束力的。双方承担立即履行裁决的义务";[1] "贸仲"的示范仲裁条款规定："仲裁裁决是终局的，对双方均有约束力。"

但是，在国际商事仲裁实践中，败诉方拒绝履行的例子亦不鲜见。如遇这种情况，胜诉方该怎么办？需要指出的是，由于仲裁程序本质上属"私程序"，仲裁庭在执行其裁决方面不起任何作用。裁决一经作出，除了被请求作出补充裁决或者对裁决作出更正或解释外，仲裁庭即已完成其职责。换言之，执行裁决，既不属于仲裁员的职权范围，仲裁庭以及仲裁机构也没有执行仲裁裁决的强制权。所以，如败诉方拒绝承认和履行裁决，胜诉的一方当事人就需要向法院申请承认和执行，通过法院这一公权机关强制执行裁决。[2]

仲裁裁决的"承认"与"执行"既相互联系，也相互区别。二者的区别主要体现在：承认本身通常是一个防御性程序，一般是获得有利裁决的一方当事人向法院提交裁决，要求法院承认其有效，以阻止对方当事人提出新的法律程序。1996 年《英国仲裁法》第 101 条第 1 款规定，裁决应予承认为"对裁决当事人具有约束力"，因而可以相应地被该当事人在英格兰、苏格兰、威尔士及北爱尔兰的任何法律程序中用于"答辩、抵销或其他"。

例如，甲乙两公司签订货物买卖合同，并订立仲裁协议。后甲公司以乙公司违约为由在其本国法院起诉。倘若乙公司在此之前已经将双方的纠纷提交仲裁，且裁决已经作出，乙公司申请该法院承认该裁决构成对甲公司所提诉讼的有效抗辩，法院一旦承认该裁决，即应驳回甲公司的诉讼请求，但该裁决本身并没有被执行。与此不同，当申请法院执行仲裁裁决时，不仅是请求法院承认该裁决的法律效力，而且是请求法院使用强制力确保裁决得到履行。在这种情况下，承认是执行的前提，执行是承认的结果。〔参见二维码拓

---

〔1〕 《联合国国际贸易法委员会仲裁规则》（2010 修订）第 32 条第 2 款。
〔2〕 赵健：《国际商事仲裁的司法监督》，法律出版社 2000 年版，第 149~151 页。

展阅读 14-5]

需要指出的是，与法院判决相比，仲裁裁决的跨国承认与执行要容易得多，这主要得益于《纽约公约》的存在，事实上，这也是仲裁作为国际商事争议解决方法的主要优势之一。《纽约公约》被誉为"国际仲裁大厦所倚赖的最为重要的支柱"，"可能有资格成为整个商法历史上最有效的国际立法实例"，[1]有鉴于此，本节主要以该公约为主线，分析探讨外国仲裁裁决的承认与执行问题。

二、内国仲裁裁决与外国仲裁裁决的区分标准

各国通常将当事人申请执行的裁决分为内国裁决和外国裁决，对内国裁决和外国裁决的承认和执行有不同的规定或要求。对内国裁决的承认和执行，程序比较简易；对外国裁决的承认和执行，则限制较多，例如，要求以互惠为条件，或以外国裁决不违反本国的公共秩序为前提等。有些国家还要求取得"双重许可"，即要求申请人首先在裁决作出地国取得可以在该国执行的法院令，然后再凭此命令取得申请执行裁决地所在国法院或主管当局发出的准许执行裁决的命令，方可执行裁决。

一般来说，就某一裁决而言，如果裁决作出地国和被申请承认和执行裁决地国是同一国家，被申请承认和执行地国通常认为该裁决属于"内国裁决"（domestic award），除非被申请承认和执行裁决地国依据有关法律或解释，不认为该裁决属于内国裁决。对于如何界定一项裁决是外国仲裁裁决，各国做法并不一致，大体有"领域标准"（territorial test）和"非内国裁决标准"（non-domestic award test）两种。

依据领域标准，如果裁决是在被申请承认和执行该裁决所在国领域外的国家作出的，该裁决通常被认为属于外国裁决。可见，这种划分内国裁决和外国裁决是以裁决作出地为标准的。大多数国家和有关公约都接受或采纳了这一标准。2023年修正后的《民事诉讼法》第304条也采取了这一标准。

少数国家除采取领域标准认定外国裁决外，出于特定的原因和考虑，将某些在本国领域内作出的又在本国申请承认与执行的裁决认定为非内国裁决，在承认与执行该裁决时适用有关承认与执行外国仲裁裁决的法律规定。这种认定方式通常被称为非内国裁决标准。如何对非内国裁决作出认定，完全是被申请承认与执行裁决地国的权限。

作为一项全球性多边公约，为了消弭各国的法律冲突，《纽约公约》最终兼采两种标准，首先规定："由于自然人或法人间的争执而引起的仲裁裁决，在一个国家的领土内作成，而在另一个国家请求承认和执行时，适用本公约"，同时，它还规定："在一个国家请求承认和执行这个国家不认为是本国

---

〔1〕 转引自［英］艾伦·雷德芬、马丁·亨特等：《国际商事仲裁法律与实践》，林一飞、宋连斌译，北京大学出版社2005年版，第472页。

裁决的仲裁裁决时，也适用本公约。"显然，前一个规定适用的是领域标准，而后一个规定体现了非内国裁决标准。[参见二维码拓展阅读 14-6]

三、拒绝承认和执行外国仲裁裁决的理由

《纽约公约》旨在便利外国仲裁裁决的承认与执行，尽管如此，公约还是规定了拒绝承认与执行的若干理由。这些理由值得研究与学习，不仅是因为公约本身的重要性，而且因为这些原因被各国法律普遍接受。

在对这些理由进行具体分析之前，需要强调几点：①公约不允许对裁决的实体问题进行审查；②公约规定的这些理由是穷尽性的；换言之，它们是拒绝承认与执行的全部理由；③在公约规定的 7 项理由中，前 5 项是应当事人的请求，裁决可以被拒绝承认与执行的理由，且举证责任应由被申请承认和执行的当事人承担，后两项则是执行地法院可以主动援引的理由；④即使证实存在拒绝承认与执行的理由，被申请执行法院并非必须拒绝，而是"可以"拒绝；⑤公约规定的拒绝承认和执行仲裁裁决的理由应当被限制性地适用，以实现公约的意旨。[1]　[参见二维码拓展阅读 14-7]

（一）仲裁协议无效

《纽约公约》第 5 条第 1 款第 1 项规定，仲裁协议的双方当事人，根据对他们适用的法律，在签订仲裁协议时，处于某种无行为能力的情况之下；或者根据双方当事人选定适用的法律，或在没有这种选定的时候，根据裁决作出地国的法律，仲裁协议无效。在上述任一情况下，被申请承认和执行裁决地国法院可根据作为执行对象的当事人提出的请求，拒绝承认和执行该裁决。

（二）违反正当程序

违反正当程序的理由主要是指：对作为裁决执行对象的当事人未曾给予有关指定仲裁员或者进行仲裁程序的适当通知，或者作为裁决执行对象的当事人由于其他情况未能申辩。这是《纽约公约》规定的最为重要的拒绝承认与执行的理由。公约的上述规定主要在于确保正当程序得到遵守，仲裁给予当事人公平的聆听机会，使仲裁程序以"看得见的公正"的方式进行，从而使来自不同国家的当事人对仲裁作为国际民商事争议解决的方式具有信心。如果作为裁决执行对象的当事人已被给予适当的通知，而该当事人拒绝参加仲裁或者在仲裁中持消极或回避态度，则认为该当事人是有意放弃其机会，不影响裁决的承认和执行。

（三）仲裁员超越权限

所谓仲裁员超越权限，是指仲裁员所作的裁决涉及仲裁协议未曾提到或者不包括在仲裁协议规定内的争议，或者裁决内容含有对仲裁协议范围以外事项的决定。因仲裁协议无效而导致的仲裁员不具有管辖权的问题，不属仲裁员超越权限范畴。

---

[1]　Van den Berg, *The New York Convention of* 1958, The Netherlands：Kluwer, 1989, p. 268.

依据《纽约公约》，仲裁员越权仲裁可以分为两种情况：①仲裁员处理了当事人未提交仲裁的争议；②仲裁员在某些方面或某些事项上超越了其管辖权。对于第二种情况，即使越权部分能得到证实，但仲裁庭就其管辖范围内有关事项作出的那部分裁决仍可予以承认和执行。[1]

如果所作出的裁决没有解决提交仲裁庭的一切问题，则该裁决属不完全裁决。不完全裁决虽然没有解决提交仲裁庭的所有争议问题，但该裁决毕竟是在仲裁员权限内作出的，这与仲裁员超越权限作出裁决的情况不同。所以，如果以仲裁员超越权限为由，要求拒绝承认和执行不完全裁决的请求一般是不能成立的。在实践中，一些国家的商事仲裁机构在其仲裁规则中对不完全裁决的补救作出了规定，即在一定期限内，当事人可以要求仲裁庭对不完全裁决中漏裁的事项作出补充裁决，仲裁庭自己也可主动作出补充裁决。[2]

（四）仲裁庭的组成或仲裁程序不当

"仲裁庭的组成或仲裁程序不当"是指，仲裁庭的组成或仲裁程序同当事人间的协议不符，或者当事人之间未约定此种协议时，仲裁庭的组成或仲裁程序不符合仲裁地国的法律。

《纽约公约》将当事人之间关于仲裁庭组成和仲裁程序的协议与仲裁地国法明确区分，使当事人之间的协议在确定仲裁庭组成和仲裁程序是否正当方面成为独立的可依循标准，并允许优先适用当事人之间的协议。不过，在实践中，与公约规定的其他理由一样，被申请执行的法院通常应对这项理由予以限制性解释。

例如，1994 年香港高等法院审理了一起申请承认与执行中国内地仲裁机构作出裁决的案件。在该案中，当事人提出，该裁决应被拒绝执行，因为仲裁庭的组成不符合当事人之间的协议，所选定的仲裁员来自贸仲深圳分会的仲裁员名册，而非仲裁协议具体规定的贸仲（北京）的仲裁员名册。审理该案的法官认为，尽管这在技术上符合《纽约公约》拒绝执行的理由，但反对执行的一方明知仲裁员并非选自正确的名册依然参加了诉讼，因此，他不应从这一错误中获利。可见，这位香港法官将英美法系上的"禁反言"（estoppel）原则适用于此，对《纽约公约》规定的拒绝承认与执行的理由作了狭义解释。[3]

还需指出的是，国际商事仲裁的进行，包括仲裁庭的组成和仲裁程序，一般都要受到仲裁地国法中强制性规定的支配。如果仲裁庭的组成和仲裁程序违反了仲裁地国法的强制性规定，作出的裁决可被仲裁地国法院撤销。在不违反仲裁地法强制性规定的前提下，当事人之间关于仲裁庭组成和仲裁程

---

〔1〕［英］艾伦·雷德芬、马丁·亨特等：《国际商事仲裁法律与实践》，林一飞、宋连斌译，北京大学出版社 2005 年版，第 483 页。

〔2〕韩德培、肖永平编著：《国际私法学》，人民法院出版社 2004 年版，第 326 页。

〔3〕 *China Nanhai Oil Joint Service Corp. v. Gee Tai Holdings Co. Ltd.* ［1995］2 HKLR 215.

序的协议必须得到遵守。

（五）裁决对当事人尚未发生约束力或者已被撤销或停止执行

在《纽约公约》之前，1927 年《日内瓦公约》要求仲裁庭作出的裁决须是"终局的"（final），该裁决方可得到执行。在一些国家，这导致了"双重许可"问题，即首先需要裁决作出国法院宣告裁决是终局的，还需执行地法院作出如此宣告。[1] 在起草《纽约公约》的会议上，大多数代表同意排除双重许可制，所以，《纽约公约》摒弃了"终局的"一词，而采用了"有约束力"（binding）一词，这被认为是对 1927 年《日内瓦公约》作出的重大改进。

此外，如果裁决被裁决作出地国或裁决所依据的法律的国家主管机关撤销或停止执行，被申请承认和执行裁决地国家法院可拒绝承认和执行该裁决。尽管这一理由看似合理，但在国际商事仲裁实践中，一项已经被撤销且在其作出国不可执行的裁决，依据《纽约公约》，一国本可拒绝执行之但得到执行的案例并不少见。

造成这一情形的原因主要有两个：①如前所述，公约规定的拒绝承认与执行的理由并非强制性的，被执行法院有权自由裁量；②公约并不影响各缔约国之间订立更有利于承认与执行外国仲裁裁决的双边或多边协议，也不影响被执行地国法律规定更为有利和优惠的权利。《纽约公约》第 7 条第 1 款规定：本公约之规定不影响缔约国间所订关于承认及执行仲裁裁决之多边或双边协定之效力，亦不剥夺任何利害关系人可依援引裁决地所在国之法律或条约所认许之方式，在其许可范围内，援用仲裁裁决之任何权利。该款被称为公约中的"更优权利条款"。

关于裁决尚无约束力或者被裁决作出地国撤销或停止执行由哪一方当事人证明的问题，经缔约会议表决，由裁决执行对象提供这方面的证明。[2]

（六）争议事项不可用仲裁方式解决

如果按照被申请承认和执行裁决地国的法律，裁决中的争议事项属于不可用仲裁方式解决的争议事项，被申请承认和执行裁决地国的法院可以拒绝承认和执行该裁决。

前已论及，关于可仲裁性的问题，各国法律并不一致。这一问题既可能发生在仲裁开始时，也可能发生于仲裁结束后，还可能发生在当事人不履行裁决后。在第一个阶段涉及的是仲裁协议的执行（亦即仲裁协议是否有效），第二个阶段涉及的是当事人对裁决提出异议、申请撤销，而第三个阶段涉及的是当事人申请执行该裁决。上述议题所处的阶段不同，但所关系到的可仲裁性问题具有同一性。需要指出的是，在以上不同阶段判定可仲裁性问题所

---

〔1〕 ［英］艾伦·雷德芬、马丁·亨特等：《国际商事仲裁法律与实践》，林一飞、宋连斌译，北京大学出版社 2005 年版，第 485 页。

〔2〕 沈涓主编：《国际私法》，社会科学文献出版社 2006 年版，第 579 页。

依据的法律是不同的：在执行仲裁协议和提起裁决撤销程序时，通常是依仲裁地国法判定争议事项是否可以仲裁，而在执行仲裁裁决时，则要依被申请承认和执行裁决的国家的法律判定争议事项的可仲裁性。

（七）违反公共政策

公共政策（公共秩序）既是用以拒绝适用外国法的一种传统理由，也是用以拒绝承认和执行外国法院判决的一种传统理由。公共政策在各国有关法律以及关于承认和执行外国仲裁裁决的公约中，同样也被作为拒绝承认和执行仲裁裁决的一项理由。

实际内容的不确定性和模糊性是"公共政策"的基本特点之一。由于各个国家奉行的经济政策、法律、基本道德信念、政治制度、宗教不一，对是否与本国的公共政策相抵触所持标准也不一，所以，承认和执行某项裁决是否构成对公共政策的违反，将取决于特定国家的法律、标准或解释。需要指出的是，被执行地国法院在将公共政策运用于拒绝承认和执行外国仲裁裁决时，应指的是"国际公共政策"，而非国内公共政策。公约实施以来的实践表明，各国法院显示出限制（甚至是严格限制）援用公共政策拒绝承认与执行外国仲裁裁决的强烈意愿，目的是尽量不给需要进行的国际商事活动设置重重障碍。

四、外国仲裁裁决在中国的承认和执行

（一）法律依据

《民事诉讼法》对我国承认与执行外国仲裁裁决作出了概括性规定。依据2023年修正后的《民事诉讼法》第304条的规定，在中国领域外作出的发生法律效力的仲裁裁决，需要人民法院承认和执行的，当事人可以直接向被执行人住所地或者其财产所在地的中级人民法院申请。被执行人住所地或者其财产不在中国领域内的，当事人可以向申请人住所地或者与裁决的纠纷有适当联系的地点的中级人民法院申请。人民法院应当依照中国缔结或者参加的国际条约，或者按照互惠原则办理。2023年《民事诉讼法》修改在该条文上的变化组合要体现为以下三点：

第一，将认定仲裁裁决籍属的标准由仲裁机构标准修改为裁决地标准，以促进仲裁裁决的跨境执行。

第二，将"应当由当事人直接向有管辖权的外国法院申请承认和执行"改为"当事人可以直接向有管辖权的外国法院申请承认和执行"；即"应当"改为"可以"。"应当"通常被理解为是一种义务，"可以"则通常被理解为"权利"，仲裁裁决作出后，是否到法院申请承认与执行，是当事人的权利而非义务，因此，修改后的措辞尊重当事人的自主权，在法理上更为顺畅。

第三，在2023年修法之前，对于被执行人的住所地或其财产不在中国境内，境内当事人是否也可以在人民法院法院申请承认与执行外国仲裁裁决，法律规定是不明确的，2023年《民事诉讼法》第304条填补了这一漏洞，规

定在被执行人住所地或者其财产不在中国领域内的，当事人可以向申请人住所地或者与裁决的纠纷有适当联系的地点的中级人民法院申请。

由于《纽约公约》未将承认和执行的外国仲裁裁决限定于仲裁机构作出的仲裁，为便于公约的执行，《民诉法解释》第543条专门对此作出解释性规定：对临时仲裁庭在中华人民共和国领域外作出的仲裁裁决，一方当事人向人民法院申请承认和执行的，人民法院应当依照民事诉讼法第290条（现第304条）规定处理。

由此可见，外国仲裁裁决在中国的承认与执行大体有两种途径：①根据互惠原则承认和执行外国仲裁裁决；②根据国际条约或协议承认和执行外国仲裁裁决。

需要指出的是，《纽约公约》是我国参加的关于承认和执行外国仲裁裁决的最为重要、最具有实际意义的一项公约，且由于世界上大多数国家都已加入该公约，外国仲裁裁决在中国的承认和执行主要根据该公约的规定办理。此外，最高人民法院还于1987年4月10日公布了《最高人民法院关于执行我国加入的〈承认及执行外国仲裁裁决公约〉的通知》（以下简称《执行纽约公约的通知》），对我国如何执行该公约作出了具体规定。所以，本节以《纽约公约》为主线，探讨外国仲裁裁决在中国的承认与执行。［参见二维码14-3］

（二）《纽约公约》在中国的适用

中国在加入《纽约公约》时作出了互惠保留和商事保留声明：①中国只在互惠的基础上对在另一缔约国领土内作出的仲裁裁决的承认和执行适用该公约；②中国只对根据中国法律认定为属于契约性和非契约性商事法律关系所引起的争议适用该公约。

前已论及，最高人民法院在《执行纽约公约的通知》中，对商事保留作了具体解释：所谓"契约性和非契约性商事法律关系"，具体是指由于合同、侵权或者根据有关法律规定而产生的经济上的权利义务关系，例如货物买卖、财产租赁、工程承包、加工承揽、技术转让、合资经营、合作经营、勘探开发自然资源、保险、信贷、劳务、代理、咨询服务和海上、民用航空、铁路、公路的客货运输以及产品责任、环境污染、海上事故和所有权争议等，但不包括外国投资者与东道国政府之间的争端。

关于申请承认和执行外国仲裁裁决的主体以及受理案件的法院，依据《执行纽约公约的通知》的规定，申请我国法院承认和执行在另一缔约国领土内作出的仲裁裁决，是由仲裁裁决的一方当事人提出的。对于当事人的申请，应由我国下列地点的中级人民法院受理：

①被执行人为自然人的，为其户籍所在地或者居所地；②被执行人为法人的，为其主要办事机构所在地；③被执行人在我国无住所、居所或者主要办事机构，但有财产在我国境内的，为其财产所在地。

关于法院的审查以及当事人申请的期间，依据《执行纽约公约的通知》，我国有管辖权的人民法院接到一方当事人的申请后，应对申请承认和执行的仲裁裁决进行审查，如果认为不具有《纽约公约》第5条第1项、第2项所列的情形，应当裁定承认其效力，并且依照我国的民事诉讼程序法律规定的程序执行；如果认定具有第5条第2项所列的情形之一，或者根据被执行人提供的证据证明具有第5条第1项所列的情形之一，应当裁定驳回申请，拒绝承认和执行。申请必须在我国法律规定的申请执行期限内提出，依据《民事诉讼法》第239条的规定，申请执行的期间为2年。

为确保《纽约公约》能够在我国得到有效实施，最高人民法院还建立了拒绝承认与执行外国仲裁裁决的报告制度。1995年8月28日，最高人民法院公布了《最高人民法院关于人民法院处理与涉外仲裁及外国仲裁事项有关问题的通知》，依据该通知，凡各级人民法院拟撤销涉外仲裁裁决、不予执行涉外仲裁裁决、不予承认与执行外国仲裁裁决，均应逐级呈报最高人民法院审查，在最高人民法院答复前，不得裁定撤销或不予执行。[参见二维码14-4]

从近二十年的实践来看，关于是否承认与执行仲裁的报告案例，均为地方法院倾向于撤销或不予承认和执行的案例，但最终结果取决于最高人民法院的复函，而最高人民法院的原则立场是依据《纽约公约》的精神，尽可能推动域外仲裁裁决在国内的承认与执行。所以，最高人民法院在决定是否拒绝承认与执行外国仲裁裁决的事项上发挥了"守门人"的角色，对于钳制地方法院扩张性适用《纽约公约》规定的拒绝承认与执行外国仲裁裁决的理由起到了重要作用。请见案例14-3：

【案例14-3】 "昂佛化品"合资有限责任公司申请承认并执行白俄罗斯工商会国际仲裁院仲裁裁决案。[1] 2008年8月25日，白俄罗斯昂佛化品合资有限责任公司（以下简称"昂佛化品"）与中国河南浩丰化工（以下简称"浩丰化工"）签订合同，约定浩丰化工向昂佛化品出售食用正磷酸。昂佛化品在合同规定的时间内支付了货款，而浩丰化工并没有按照合同约定向昂佛化品移交全套装船单据，也未在指定地点交货，昂佛化品认为浩丰化工在较长时间内没能履行合同规定的义务，于2008年12月5日向浩丰化工寄出了关于废除合同的235号通知书。2008年12月24日，昂佛化品根据本案合同中的仲裁条款，向白俄罗斯工商会国际仲裁院提交了仲裁申请书。2009年1月5日，白俄罗斯工商会国际仲裁院受理该案，并随后将仲裁通知书与仲裁申请书以及附件材料通过快递寄给浩丰化工，并于2009年3月9日被签收。但浩丰化工并未出庭。最终，仲裁院作出了有利于申请人昂佛化品的仲裁裁决。

收到仲裁裁决后，昂佛化品依据该仲裁裁决向郑州中院申请承认和执行

---

[1] 《最高人民法院关于"昂佛化品"合资有限责任公司申请承认并执行白俄罗斯工商会国际仲裁院仲裁裁决一案的请示的复函》，(2012)民四他字第42号复函。

上述仲裁裁决。浩丰化工在一审中辩称，因白俄罗斯工商会国际仲裁院在整个仲裁过程中从未通知浩丰化工参加仲裁活动，完全剥夺了浩丰化工对案件提出意见的权利，该机构作出的仲裁裁决因程序违法而无效，此情形完全符合《纽约公约》所规定的拒绝承认和执行的情形，因此，应当裁定驳回昂佛化品的申请。

郑州中院拟驳回昂佛化品的申请，理由如下：首先，昂佛化品向法院出具的关于白俄罗斯工商会国际仲裁院向浩丰化工送达文件的证据，应当经过公证认证。其次，白俄罗斯工商会国际仲裁院通过邮寄方式向浩丰化工送达的行为，不具有法律效力，构成《纽约公约》第5条第1款第（乙）项所规定的可以拒绝承认和执行的情形。由于郑州中院拟予以拒绝，遂依规定向河南省高院报请审查。河南省高院审查后，拟同意郑州中院的请示意见，并报最高院批示。

2012年11月2日，最高人民法院作出复函，否决了郑州中院和河南省高院的意见。关于本案所涉仲裁裁决是否存在《纽约公约》第5条第1款第（乙）项的不予承认及执行事由，即仲裁被申请人是否未被给予指定仲裁员或者进行仲裁程序的适当通知的问题。最高人民法院在复函中指出，仲裁程序中的送达，应当依照当事人约定或约定适用的仲裁规则确定是否构成适当通知，不应适用《海牙送达公约》或《中华人民共和国和白俄罗斯共和国关于民事和刑事司法协助的条约》的规定。白俄罗斯工商会国际仲裁院通过邮寄方式向仲裁被申请人住所地送达，不违反当事人约定及仲裁规则的规定。关于邮寄方面的证据，昂佛化品提供了从仲裁案卷中复印的快递公司邮件底单及回执，并加盖白俄罗斯工商会国际仲裁院公章及附具该院主席的签名。因该两份证据是在我国境外形成的，根据《最高人民法院关于民事诉讼证据的若干规定》第11条的规定，可以由受理法院确定合理的期限，由申请人办理公证认证或通过司法协助途径办理相应的证明手续，以证明上述证据与仲裁案卷中的留存件相符。

综上，最高人民法院认为，《纽约公约》第5条第1款第（乙）项规定的拒绝承认和执行事由的举证责任在被申请人，现有证据尚不足以证明被申请人浩丰化工未被给予适当通知，浩丰化工主张的该项拒绝理由不能成立。如涉案仲裁裁决不存在其他不予承认和执行的情形，应裁定予以承认和执行。
[参见二维码14-5]

【案例14-4】　2017年9月2日，M银行有限公司（以下简称"M公司"）与W集团有限公司（以下简称"W公司"）签订《保证合同》，约定W公司为M公司与案外人A公司之间的全部现有及将来的原油买卖交易提供担保；并且约定"因本保证合同及其签订而引起或与之有关的任何和所有纠纷或其他分歧，包括有关其成立、有效性、撤销或终止的任何问题，应根据当时有效的新加坡国际仲裁中心的仲裁规则在新加坡提起仲裁…"

2020 年 2 月 25 日，因案外人 A 公司未履行其支付货款的义务，W 公司亦未承担保证责任，M 公司以 W 公司为被申请人向新加坡国际仲裁中心提起仲裁，要求 W 公司为 A 公司的未付债务承担保证责任，向申请人支付货款及利息、申请人基于实现《保证合同》项下债权（包括提起本案新加坡仲裁程序）所产生的相关费用、因 A 公司未按时付款而产生的其他费用。

2020 年 10 月 5 日，新加坡国际仲裁中心仲裁庭就本案作出编号为 2020 年第 135 号仲裁裁决（以下简称"案涉仲裁裁决"），裁决被申请人 W 公司立即向申请人支付本金、利息、仲裁费用以及 A 公司费用。

2021 年 2 月 4 日，上海金融法院正式受理 M 公司申请承认和执行案涉仲裁裁决案（以下简称"本案"）。2021 年 11 月 1 日，上海金融法院经审理，最终裁定承认和执行案涉仲裁裁决。[1]

值得关注的是，W 公司在本案答辩期间提出，本案首席仲裁员所属的埃塞克斯园大律师事务所（Essex Court Chambers）因恶意传播谎言和虚假信息被中国政府实施制裁，故案涉仲裁裁决本身有失公正。所以，该裁决不应被承认和执行。上海金融法院经审理，对仲裁员身份及仲裁员所属律师事务所进行了区分，其认为：外交部公布之制裁信息系针对首席仲裁员所在的埃塞克斯园大律师事务所（Essex Court Chambers），并非针对其仲裁员的身份。该制裁亦非《纽约公约》第 5 条规定的不予认可范围，与本案审理无关；且在仲裁员选择的过程中，新加坡国际仲裁中心及申请人均向被申请人履行了告知义务，程序中并无不当。

然而，本书认为，从反外国制裁的角度来看，上海金融法院的裁定颇值商榷。首先，由于法院地国反制裁法律或措施具有公共秩序的属性，《纽约公约》第 5 条关于公共秩序保留的规定已为法院拒绝承认和执行有违法院地国反制裁法律或措施的外国裁决预留了足够的空间。然而，该法院仅考量仲裁约定的效力及仲裁程序的合法性，而对外国仲裁裁决涉及的中国反制裁措施及其牵涉的公共秩序缺乏应有的考察。更为重要的是，该法院关于制裁律师事务所不等于制裁该所律师的观点属于对国家反制裁措施实质内容进行的审查和阐释，其合法性和合理性不足。由于地方法院一般不熟悉外交事务，加之外交事务属于中央事权，在未与相关中央机构进行必要沟通的情况下，地方法院对国家反制裁法律和措施进行独立解释，不仅有可能超越司法权的合理边界，而且容易减损此类法律和措施的统一性、权威性和威慑力。[2]

---

〔1〕 参见上海金融法院（2021）沪 74 协外认 1 号裁定书。

〔2〕 霍政欣、陈锐达：《反外国制裁的司法维度展开》，载《世界社会科学》2023 年第 2 期。

本章二维码

14-1 第十四章拓展阅读

14-2 案例 14-2 判例详细资料

14-3 《最高人民法院关于执行我国加入的〈承认及执行外国仲裁裁决公约〉的通知》

14-4 《最高人民法院关于人民法院处理与涉外仲裁及外国仲裁事项有关问题的通知》

14-5 案例 14-3 判例详细资料

全书二维码

参考文献、中国国际私法主要立法与司法解释、国际私法常用术语中英文对照表：

参考文献

中国国际私法主要立法与司法解释

国际私法常用术语中英文对照表

中国特色社会主义法治理论系列教材

书 名	作 者
法理学	雷 磊
宪法学	秦奥蕾
行政法与行政诉讼法学	林鸿潮
中国法制史	赵 晶
民法学：总论	刘智慧
民法物权	刘家安
民法学：合同	田士永
经济法学	刘继峰
商法总论	王 涌
民事诉讼法学（第二版）	杨秀清
刑法学总论（第二版）	罗 翔
刑法学分论	方 鹏
刑事诉讼法学	汪海燕
国际法学	李居迁
国际私法学（第三版）	霍政欣
国际经济法（2017 年版）	杨 帆
国际经济法学（2020 年版）	祁 欢
法律职业伦理（第三版）	许身健
财税法	施正文
环境法学	于文轩
劳动法与社会保障法学	娄 宇
证据法	施鹏鹏
知识产权法（第二版）	陈 健
公司法学	王 涌